Pyrénées-Orientales

UNE DESTINATION NATURE

Bienvenue en Pays Catalan. Ce petit bout de France, bordé par les Pyrénées et la Méditerranée a pour frontières l'Espagne, l'Andorre et... l'Occitanie. Ce petit paradis béni des dieux est farouchement préservé par 485 400 habitants privilégiés à l'identité catalane fièrement affirmée. Le *Petit Futé* vous invite à le découvrir au travers de ces femmes et ces hommes, dynamiques gardiens de cet héritage culturel qui transmettent aux générations futures ce fragile cadeau de la nature. L'homme qui était déjà présent 560 000 ans avant notre ère a trouvé les ressources suffisantes pour se sédentariser démontrant que les Pyrénées-Orientales ont tout pour séduire. Les nombreux peuples qui s'y sont succédé au fil des siècles ont apporté leur culture, leur savoir et se sont adaptés au relief de notre département. De nos jours, la nature y a été préservée avec ses onze réserves naturelles, le massif du Canigó Grand Site de France, deux Parcs naturels régionaux, un Parc naturel marin, le site classé de Paulilles, etc. Ces sites sont prétexte à de nombreuses randonnées à pied, à vélo, à ski, en raquettes, ou encore à cheval. Partout la nature est présente, même les forteresses Vauban, inscrites au patrimoine mondial de l'Humanité, le Palais des Rois de Majorque et le Château Royal de Collioure, les abbayes et chapelles romanes ainsi que les cloîtres et clochers tels un musée à ciel ouvert sont en osmose avec le paysage. D'ailleurs, les plus grands peintres ont immortalisé cet immense patrimoine et nous, habitants du Pays Catalan, ferons tout pour préserver cet héritage.

PEFC
10-31-1895
Certifié PEFC
Ce produit est issu de forêts gérées durablement et de sources contrôlées.
pefc-france.org

SOMMAIRE

Palais des rois de Majorque. © HIFROMBELGIUM - STOCK.ADOBE.COM

Collioure côtoie la mer. © PHBCZ

6 INSPIRER

Les bonnes raisons d'y aller, les mots-clés à connaître, les événements à ne pas manquer... Voici un premier aperçu de la destination !

6 : Quand y aller ?
8 : Les bonnes raisons d'y aller
11 : Les 12 mots-clés
13 : Interview audio / vidéo
17 : Idées de séjour

25 DÉCOUVRIR

Histoire, géographie, gastronomie, sports, architecture... Toutes les clés pour bien comprendre le territoire.

26 : Culture et traditions catalanes
29 : Géographie
31 : Nature
35 : Histoire
37 : Architecture
39 : Musiques et scènes
41 : Beaux-arts
42 : Littérature
44 : Que rapporter ?
45 : Sports et loisirs
48 : Gastronomie
52 : Agenda

57 PERPIGNAN ET SA RÉGION

Proche de l'Espagne et de la mer Méditerranée, Perpignan est une ville du sud de la France marquée par une forte identité catalane. Richesse des monuments, charme des canaux et des jardins, et l'ambiance vous séduiront avant tout.

61 : PERPIGNAN
109 : Dans les environs

119 MER

Le littoral catalan, long de 70 km, est la destination préférée des vacanciers dans les Pyrénées-Orientales. Il est composé de lagunes, de plages de sable, de criques, de petits ports de pêche...

123 : Côte Radieuse
155 : Côte Vermeille

179 ARRIÈRE-PAYS

L'arrière-pays englobe toutes les zones rurales ou vallonnées et le versant sud du Canigó. Des terres brutes et sauvages des Fenouillèdes à la région montagnarde du Vallespir, vous trouverez votre bonheur.

183 : Albères
191 : Aspres
205 : Fenouillèdes
215 : Ribéral
222 : Bas-Conflent
247 : Salanque
256 : Vallespir

283 MONTAGNE

Les Pyrénées catalanes couvrent un tiers du territoire. D'est en ouest, on distingue le Haut Conflent avec le massif du Canigó et du Madres. A partir de Mont-Louis, on découvre les plateaux de Cerdagne et du Capcir, paradis des sportifs.

287 : Capcir
297 : Cerdagne
312 : Haut-Conflent

317 ORGANISER SON SÉJOUR

318 : S'y rendre
319 : Séjours et circuits
321 : Se loger
322 : Se déplacer
323 : S'informer
329 : Index

Pyrénées-Orientales
QUILLAN
Tuchan
Paziols
SALSES-LE-CHÂTEAU
Port Leucate
SAINT-PAUL-DE-FENOUILLET
MAURY
TAUTAVEL
Port-Barcarès
LE BARCARÈS
Luzenac
AUDE
ANSIGNAN
RIVESALTES
TORREILLES
Pia
SAINTE MARIE
CARAMANY
BÉLESTA
Corneilla-la-Rivière
PERPIGNAN
CANET-EN-ROUSSILLON
ARIÈGE
Le Soler
CABESTANY
FONTRABIOUSE
ILLE-SUR-TÊT
VINÇA
FORMIGUÈRES
THUIR
SAINT-CYPRIEN
P.N.R. des Pyrénées Catalanes
PRADES
MATEMALE
ELNE
Mer Méditerranée
LES ANGLES
VILLEFRANCHE-DE-CONFLENT
OLETTE
LA LLAGONNE
LE BOULOU
ARGELÈS-SUR-MER
COLLIOURE
FONT-ROMEU-ODEILLO-VIA
MONT-LOUIS
PORT-VENDRES
CÉRET
AMÉLIE-LES-BAINS-PALALDA
SAILLAGOUSE
LE PERTHUS
BANYULS-SUR-MER
ERR
ARLES-SUR-TECH
VALCEBOLLÈRE
Bellver De Cerdanya
Colera
PRATS-DE-MOLLO-LA-PRESTE
El Pla
Maçanet De Cabrenys
La Molina
ESPAGNE
Garriguella
El Port De La Selva
Palau-Saverdera
Massís de les Salines
20 KM
Figueres
Puig Rom
3

Villefranche-de-Conflent.

QUAND Y ALLER

JANVIER

4° / 13°

LA ROMEUFONTAINE
(FONT-ROMEU-ODEILLO-VIA)
Un trail en plein hiver à 1700 m d'altitude, une épreuve pour les costauds qui n'ont pas peur du froid !

$

FÉVRIER

3° / 12°

FÊTES DE L'OURS
(ARLES-SUR-TECH)
Vivez la légende du Moyen Âge où un ours enlève une belle bergère afin de la séduire. Un spectacle joué par les habitants des villages.

$

MARS

6° / 15°

FETE DE LA BUNYETTE ET DE L'OLIVE
(MILLAS)

© MADZIA71 - ISTOCKPHOTO.COM

Deux semaines avant Pâques, le village de Millas fête la Bunyete (sorte de beignet rond) et l'olive.

$

JUILLET

17° / 28°

LES DÉFERLANTES
(CÉRET)
Sur la scène de ce festival pop-rock qui se tient à Céret, des pointures et des nouveaux talents s'alternent.

ELECTRO BEACH FESTIVAL (EMF)
(LE BARCARÈS)
Le 3e plus grand festival de musique de France ! Durant 3 jours, les plus grands artistes de la musique électro se relaient.

$ $ $

AOÛT

17° / 28°

FESTIVAL PABLO CASALS
(PRADES)
Festival de grands solistes qui interprètent le répertoire de musique de chambre classique et contemporain.

$ $ $

SEPTEMBRE

14° / 24°

VISA POUR L'IMAGE
(PERPIGNAN)

© VENTDUSUD - SHUTTERSTOCK.COM

Rendez-vous international, le festival Visa pour l'Image réunit dans différents sites du centre-ville des photojournalistes du monde entier.

$ $

« **O**uvert à l'année » ! Tel pourrait être la devise du département des Pyrénées-Orientales. Imaginez-vous allongé, les doigts de pieds en éventail sur un bout de nos 72 kilomètres de littoral méditerranéen, le corps alangui sur un arrière-pays riche d'un patrimoine local important et la tête posée sur les sommets enneigés de nos Pyrénées, c'est la carte postale idéale que le monde entier nous envie. Ajoutez 300 jours d'ensoleillement par an, un bon verre de vin et vous êtes au paradis.

AVRIL

8° / 17°

FÊTE DE LA SANT JORDI
(PERPIGNAN)
Le jour de la Sant Jordi (Saint Georges) les Catalans fêtent l'amour et le savoir.

LA PROCESSION DE LA SANCH
(PERPIGNAN)
La procession de la Sanch symbolise le chemin de croix du Christ en ce Vendredi saint. Une manifestation qui attire des milliers de spectateurs.

$ $

MAI

11° / 20°

FÊTE DE LA CERISE
(CÉRET)

© MADZIA71 - STOCK.ADOBE.COM

Durant 2 jours, Céret fête la cerise dans une joyeuse ambiance. Au programme : représentation de castellers, concours de dénoyautage et de cracher de noyaux...

$ $

JUIN

14° / 25°

FESTIVAL VOIX DE FEMMES
(MAURY)
Voix de Femmes est un festival de plein air avec 4 concerts sur trois soirs où les voix de femmes sont à l'honneur.

FEUX DE LA SAINT JEAN
(PERPIGNAN)
Immanquable nuit fêtée le 23 juin où de toutes parts, des feux illuminent la nuit du solstice d'été.

$ $

OCTOBRE

NOVEMBRE

7° / 16°

LA FOIRE SAINT-MARTIN
(PERPIGNAN)
Incontournable depuis 160 ans, cette foire fait partie des 5 plus grandes fêtes foraines de France, avec 150 forains et plus de 400 000 visiteurs.

$

DÉCEMBRE

5° / 15°

LE VILLAGE DE NOËL
(LE BARCARÈS)

© MAIRIE DU BARCARES

Bienvenue dans le village du père Noël du Barcarès, un lieu rempli d'animations et de magie du matin au soir. Un plaisir pour tous les âges !

LES BONNES RAISONS D'Y ALLER

© HANS GEEL - SHUTTERSTOCK.COM

LA CÔTE VERMEILLE

Un littoral rocheux découpé au couteau, des criques magiques et des villages enchanteurs.

COLLIOURE

Berceau du Fauvisme, ses ruelles pavées, son château et son célèbre clocher.

© PANI GARMYDER - SHUTTERSTOCK.COM

© ALTITUDE DRONE - SHUTTERSTOCK.COM

LA CÔTE RADIEUSE

35 km de plages de sable blond et des cités balnéaires bordées par une vaste lagune.

© ALEX TIHONOV - STOCK.ADOBE.COM

PERPIGNAN

La capitale de la Catalogne nord, son ambiance solaire et ses monuments de brique rouge.

© IAKOV FILIMONOV - SHUTTERSTOCK.COM

CÉRET

Les plus grands artistes du siècle passé y ont séjourné. Petite ville au charme fou.

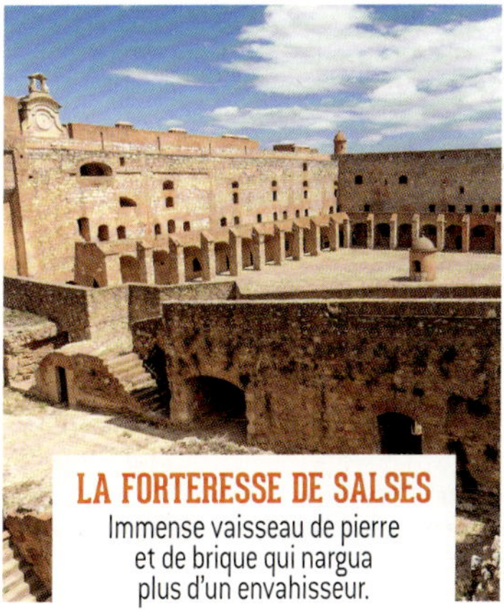

© YAREKM - SHUTTERSTOCK.COM

LA FORTERESSE DE SALSES

Immense vaisseau de pierre et de brique qui nargua plus d'un envahisseur.

© ARENYSAM - STOCK.ADOBE.COM

LES GORGES DE GALAMUS

Entaille vertigineuse de plusieurs centaines de mètres dans le calcaire blanc.

LES BONNES RAISONS D'Y ALLER

LES PYRÉNÉES CATALANES

Parc naturel régional 1 400 km^2 de lacs, forêts et pics enneigés jusqu'à 3 000 m.

PROXIMITÉ

Les Pyrénées-Orientales sont au cœur du triangle Toulouse-Montpellier-Barcelone.

FONT-ROMEU

Station de sports de montagne renommée. Un paradis pour skieurs et randonneurs.

LES 12 MOTS-CLÉS

#AGRICULTURE BIO

20% des terres agricoles sont en BIO dans le département. Le respect de la terre et du vivant a le vent en poupe en Pays Catalan. Dans les vignes, les jardins ou les vergers, les «paysans» se tournent de plus en plus vers l'agriculture de demain. Visitez nos marchés de villages, allez à la rencontre des producteurs, vous serez séduits et convertis.

#ART MODERNE

Les Pyrénées-Orientales furent au siècle dernier une source d'inspiration pour les peintres attirés par la lumière ou la nature. Collioure, berceau du Fauvisme, se souvient de Matisse et Derain. Céret garde Picasso dans sa mémoire. Et Perpignan le «centre du monde» ne jure que par Dali ! Sans oublier les artistes de renom nés au pays comme Maillol ou Terrus.

#ART ROMAN

La Catalogne nord recèle une richesse inestimable pour qui sait se perdre à l'intérieur des terres et lever les yeux dans la fraîcheur des édifices religieux, petits ou grands. Les monuments les plus emblématiques sont le prieuré de Serrabone, les abbayes de saint Michel de Cuxa et Saint Martin du Canigou ou encore le cloître d'Elne.

#CANIGÓ

Le massif du Canigó culmine à 2784 m d'altitude. Visible de très loin, cet imposant massif est devenu un symbole pour les catalans qui l'ont surnommé la montagne sacrée. C'est à son sommet que se ravive tous les ans au solstice d'été la flamme qui descendra dans tous les villages. Il faut y monter une fois dans sa vie car de là-haut, la vue est magnifique.

© BRIMEUX - STOCK.ADOBE.COM

#LANGUE CATALANE

Mieux vaut ne pas dire à un catalan que sa langue «est un patois» ! parlée par plus de 10 millions de personnes (Catalogne nord et sud) cette langue romane née aux VIIIème siècle est l'élément clé et fédérateur de l'identité catalane. La culture catalane est présente, vivace et revendiquée par un large éventail de la population. *Visca la terra.*

#MÉDITERRANÉE

Le littoral catalan s'étire sur 70 km avec une étonnante variété de paysages dont deux tiers de cordon sableux bordé par une vaste lagune entre le Barcarès et Argelès-sur-Mer. Ensuite viennent les plages de galets et les criques. Tous les styles d'activités nautiques trouvent leur place sur la côte : kite surf, paddle, plongée sous marine...

© L. LACOMBE

#MONTAGNE

Conflent, Vallespir, Cerdagne et Capcir sont les régions montagneuses du département et occupent un tiers de sa superficie. Les Pyrénées catalanes ne font pas seulement le bonheur des randonneurs, des skieurs ou des alpinistes, elles offrent aussi une diversité écologique unique de 300 à près de 3000 m d'altitude et une grande variété de paysages.

© LAURENT PIERSON

LES 12 MOTS-CLÉS

#RETIRADA

Entre janvier et février 1939, plus de 500 000 réfugiés Espagnols franchissent la frontière pour fuir le régime franquiste. C'est la retraite que l'histoire retiendra sous le nom espagnol de «*Retirada*». Aujourd'hui, plus de 70 ans plus tard, de nombreux descendants d'exilés vivent dans le département et entretiennent la mémoire de cet exode sans retour.

#RUGBY

Le Pays Catalan est terre de Rugby. A XV avec l'équipe de l'USAP championne de France de Pro D2 cette année qui rejoint l'élite du Top 14 et le XIII avec nos valeureux Dragons Catalans qui disputent avec brio le championnat d'Angleterre et portent haut les couleurs «Sang et Or» avec peut-être cette saison une seconde coupe d'Angleterre au palmarès.

#TRADITIONS

Les traditions catalanes sont tout aussi vivaces. Marchant main dans la main avec la langue et la culture, elles scellent le sceau de cette identité régionale. Elles donnent lieu à de nombreuses manifestations tout au long de l'année. Les plus célèbres représentations sont les *Correfocs*, les *Gegants*, les *Castellers* ou les fêtes de la Sant Jordi.

#VAUBAN

Comment ne pas parler d'architecture militaire sans évoquer Vauban ? Du nord au sud et jusque dans les montagnes catalanes, l'architecte du Roi-Soleil ferma les verrous et consolida les frontières avec l'Espagne. L'état de conservation des édifices est surprenant à Villefranche-de-Conflent, Salses, Mont Louis et au Fort de Bellegarde au Perthus.

#VIGNOBLE

Les gradins de l'amphithéâtre du Pays Catalan sont occupés par la vigne depuis les romains. Une mosaïque de terroirs variés unique en France! Les vins du Roussillon sont d'une grande richesse, fruités et corsés, chacun exprimant un caractère particulier inspiré par la terre, le climat et le vigneron. Sans oublier les célèbres Vins Doux Naturels.

© LAURENT PIERSON

VOUS ÊTES D'ICI, SI...

- en été, vous allez à la plage très tôt pour éviter le flot des touristes
- en hiver vous vous baignez aussi parfois
- à l'heure de l'apéro, vous commandez des tapas
- vous quittez la plaine ou Perpignan pour passer le week-end dans un chalet à la montagne
- vous ne jurez que par les vins du Roussillon et votre gosier refuse tout autre breuvage
- vous êtes fan de l'USAP ou des Dragons et ne ratez aucun match de rugby
- vous connaissez une bonne dizaine d'expressions en catalan et vous savez aligner quelques phrases dans la langue
- vous appelez «gavatx» toute personne qui n'est pas originaire de la Catalogne nord
- vous faites votre shopping à Figuères ou Barcelone le week-end
- vous êtes une femme, vous portez au moins un grenat catalan
- vous avez au moins une fois dans votre vie gravi le Canigó, la montagne sacrée des catalans
- vous ne prêtez plus attention aux bourrasques de la Tramontane (le vent qui rend fou mais qui chasse les nuages)
- vous vous émerveillez de vivre dans un pays où mer, plaine et montagne sont réunis

MES PYRÉNÉES-ORIENTALES

avec Laetitia Martinez, guide

© DF

Interview

De la mer à la montagne, je vous invite à suivre Laetitia, Directrice de l'Office de Tourisme Pyrénées-Cerdagne et professeure à l'université de Perpignan. Très impliquée dans la vie associative et culturelle du département, elle est « LA » guide idéale pour vous faire découvrir l'histoire des Pyrénées-Orientales, sa culture et ses traditions, mais aussi vous conter les légendes du Pays Catalan.

TOP 5

SE RESTAURER

Vous avez de la chance ! Le département des Pyrénées-Orientales possède la plus belle carte circuit court au monde. Les cuisiniers catalans sont passés maîtres dans l'art de sublimer les fruits, légumes, viandes, poissons, miel, herbes et condiments que nous offre le Pays Catalan.

LE 17

Perpignan
Au pied de la cathédrale Saint-Jean, le chef Frédéric Marchand jongle avec les saveurs et propose une cuisine de haut vol.

© LE 17

© BENJAMIN BAKIR

LE GALIE

Prades
Une cuisine locale, de terroir et créative à déguster sur une terrasse joliment fleurie.

© GÉRARD MARION

LA BALETTE

Collioure
En 7, 8, 10 ou 12 services, le Chef étoilé Laurent Lemal va vous faire voyager en jouant avec « Léphé - mer- terre ».

LA GALINETTE

Perpignan
La devise du chef étoilé Christophe Comes : « Cueilli à l'aube, préparé le matin, dégusté le midi ». Une table incontournable !

© LA GALINETTE

© GÉRARD MARION

LA TABLE DE JORDI

Banyuls-sur-Mer
Un restaurant proposant des tapas et des poissons de Méditerranée. Une cuisine onctueuse !

TOP 5

SE LOGER

Vous êtes plutôt plaine, mer, montagne, arrière-pays ? Hôtel, camping, chambre d'hôtes, gîte ? Le Pays Catalan possède tant d'atouts que vous trouverez chez nous votre bonheur pour une nuit, un week-end, une semaine ou plus. Voici une sélection de 5 établissements testés par le Petit Futé.

© MAS MANYAQUES

MAS MANYAQUES***

Le Tech

Cet ancien moulin du XVIIe siècle, restauré avec goût, au cœur d'un parc arboré de 3 ha propose 6 gîtes.

© IMAGINE ROUSSILLON

IMAGINE ROUSSILLON

Canet-en-Roussillon

Elodie et Guillaume vous accueillent pour « LA » destination famille par excellence. Ici, l'enfant est roi.

© GÉRARD MARION

LA MASÍA DEL TAULAT***

Llo

Bâtisse de montagne rénovée avec goût, elle vous offre une vue sur le pic du Carlit et le village de Llo avec ses bains d'eaux chaudes à 10 minutes à pied.

© CÉRET LAURENT LACOMBE

LE MAS DES COLOMBES

Oms

Au cœur des Aspres sauvages, les propriétaires vous proposent de séjourner dans un grand mas de pierre, entouré d'un bois.

LA VIE EN PENTE DOUCE

Corsavy

Bienvenue au mas l'Andreu ! Un lieu rare et précieux, emmitouflé dans la forêt.

© MAS L'ANDREU

TOP 5

ACTIVITES

Choisir 5 activités à faire dans un département aussi riche est un véritable crève-cœur. Nous aurions pu choisir des activités nautiques de mer, de lac ou de rivière, pédestres, à ski, à vélo ou aériennes, mais nous avons préféré la science, la nature, la culture et le devoir de mémoire.

AQUARIUM ONIRIA - CANET-EN-ROUSSILLON

Canet-en-Roussillon
Inauguré en juin 2021, le bâtiment abrite l'aquarium, une jungle, une salle d'expo... Tout pour comprendre la métamorphose de l'eau.

© GÉRARD MARION

© LAURENT PIERSON

GROTTE DES GRANDES CANALETTES

Villefranche-de-Conflent
La visite parmi les spectaculaires concrétions mises en valeur par un éclairage judicieux, se fait à son rythme.

© PARC ANIMALIER

PARC ANIMALIER LES ANGLES

Les Angles
Ce n'est ni une réserve ni un zoo où les animaux sont confinés, mais 37 hectares de liberté pour des pensionnaires heureux.

CAMP DE RIVESALTES

Salses-le-Château
Découvrez cet espace de référence de l'histoire de l'internement et des flux migratoires, restituant les conflits du XXe siècle.

© GÉRARD MARION

© CHARLES LIMA - STOCK.ADOBE.COM

LE TRAIN JAUNE

Villefranche-de-Conflent
Embarquez à bord de ce train, emblème de la région ! Surnommé le « canari », il sillonne les montagnes des Pyrénées-Orientales depuis plus d'un siècle.

IDÉES DE SÉJOUR

Histoire et géographie plurielles invitent le voyageur à appréhender le département dans sa diversité. Prendre goût et s'imprégner du Pays Catalan nous plonge dans une histoire mouvementée au sein de laquelle les hommes ont érigé des temples vers le ciel ou cherché à protéger les frontières. La variété des paysages et notamment les Pyrénées catalanes ne peuvent être oubliées et combleront les amoureux d'espaces sauvages. Enfin, la viticulture et la culture du vin sont indissociables de l'histoire et du développement économique de la région. Aujourd'hui l'œnotourisme a le vent en poupe et nombreux sont les vignerons qui vous ouvrent leurs caves. Nous vous proposons 4 itinéraires ou suggestions de découverte à partir de Perpignan : deux à la rencontre de l'histoire : l'art roman et Vauban, un pour cheminer sur les sentiers pyrénéens et enfin un dernier qui met en avant un des 3 produits nobles de la Méditerranée : le vin.

PROTÉGER LA FRONTIÈRE : L'ŒUVRE DE VAUBAN EN PAYS CATALAN

L'histoire du Pays Catalan est parsemée d'invasions et de conquêtes comme toutes les régions frontalières. Du Haut Moyen Âge à Vauban, les monarques ont façonné les frontières de ce territoire pour résister à l'envahisseur au point de créer un véritable « pré carré » méridional qui subsiste aujourd'hui dans un état de conservation remarquable.

› Jour 1 - Forteresse et forts

La **Forteresse de Salses** (p.255)

Direction le nord et la « frontière ». L'édifice gigantesque est un véritable spécimen de transition entre le château médiéval et la forteresse moderne géométrique et enfoncée dans le sol. Au cœur de la plaine viticole, les énormes murs de brique et de pierre s'enfoncent dans le sol. On y retrouve les éléments classiques de l'architecture défensive médiévale : douves, donjon, meurtrières, courtines et pont-levis. Les logements, sous le chemin de ronde, étaient conçus pour 1 500 hommes et les étables pour 300 chevaux !

Le **Fort Saint-Elme** (p.166)

Descendre plein sud pour une petite incursion en Côte Vermeille à **Collioure** ★★★ (p.165) pour découvrir une forteresse antérieure à Vauban (mais dont ce dernier s'inspira pour ses futurs aménagements). Située sur un pic à 160 mètres d'altitude, entre Collioure et **Port-Vendres** ★ (p.174), « la sentinelle de la Côte vermeille » est un chef-d'œuvre de l'architecture militaire remanié par Vauban et aujourd'hui un lieu de culture consacré au Moyen Âge et à la Renaissance.

Vue de la Forteresse de Salses et des étangs.

Du Fort Saint-Elme, et tout particulièrement des terrasses au sommet de la tour de laquelle, vous aurez une vue imprenable à 360 degrés sur toute la côte de Collioure jusqu'à Sète, mais aussi jusqu'au Canigó et aux chaînes des Albères et des Corbières.

Le **Fort de Bellegarde** (p.190)

Longer les Albères vers l'ouest puis virer au sud jusqu'à la frontière et gagner **le Perthus** (p.190). Le panorama de là-haut est exceptionnel et s'ouvre à la fois sur la France et l'Espagne, de la baie de Rosas aux Pyrénées. Un pont-levis permet de pénétrer dans la bâtisse. Le circuit passe par les impressionnants remparts, la chapelle et le fameux puits de 63 m de profondeur. Un système de chaîne avec godets servait à puiser l'eau déversée ensuite dans une canalisation. La place d'armes du fort est si grande qu'elle pourrait accueillir un terrain de football ! À noter que des cinéastes s'y installèrent dans les années 1970 pour y tourner *La Scoumoune* avec Jean-Paul Belmondo et Claudia Cardinale, et Charles Bronson pour *L'Évadé*.

› Jour 2 - Villes fortifiées

Villefranche-de-Conflent ★★ (p.229)

Filer vers l'ouest et les montagnes. Peu après **Prades** ★ (p.222), on découvre Villefranche. Ville fortifiée inscrite au Patrimoine mondial de l'Unesco derrière les remparts pluricentenaires de laquelle une superbe cité médiévale qui compte parmi les plus Beaux Villages de France. Outre l'enceinte avec son double chemin de ronde couvert, il faut voir la superbe église romane Saint-Jacques, édifiée au XIIe siècle et une vingtaine de façades d'hôtels particuliers

Mont-Louis ★ (p.312)

Poursuivre vers l'ouest en remontant la vallée de la Têt et en s'enfonçant dans les montagnes. La citadelle et les remparts sont inscrits au Patrimoine mondial de l'Unesco, une reconnaissance que Mont-Louis partage avec Villefranche-de-Conflent. N'ayant jamais subi de siège, la place forte, bâtie sur un promontoire stratégique, est parvenue jusqu'à nos jours dans son état originel. Été comme hiver, la ville est animée de nombreux commerces et restaurants. L'emplacement de Mont Louis n'est pas seulement stratégique, il est aussi à la confluence de trois régions: le haut Conflent, la Cerdagne et le Capcir.

UN PEU PLUS PRÈS DU CIEL : L'ART ROMAN DES PYRÉNÉES-ORIENTALES

Les Catalans vous diront que l'art roman est né chez eux, les Italiens aussi. Qu'importe ! Les deux Catalognes réunies sont tout de même fières de posséder le plus bel héritage architectural roman au monde. Cloîtres, églises, prieurés... et petites chapelles perdues dans la montagne, que de grâce et d'émerveillement pour les yeux.

› Jour 1 - Cabestany - Elne - Villelongues-dels-Monts

Le centre de sculpture romane de **Cabestany** (p.109)

Au XIIe siècle, un sculpteur anonyme au style singulier laisse des œuvres uniques dans les Pyrénées-Orientales et dans tout l'arc latin : le Maître de Cabestany. On sait peu de choses sur lui sinon qu'il se distingua par un style d'une grande originalité. Il se caractérise par son atypisme et sa « modernité ». Le **Centre de sculpture romane** (p.109) situé à 10 km au sud-est de **Perpignan** ★★★ (p.61) propose un voyage fascinant dans l'univers de cet artiste. Les œuvres présentées sont des moulages mis en scène dans un espace ultra contemporain grâce à de savants jeux de lumière.

Le cloître et la cathédrale d'**Elne** ★★ (p.111)

Continuer vers le sud pour gagner Elne. Bâtie au XIe siècle, c'est une basilique sans transept, à trois nefs. Sa façade crénelée est dominée par un clocher carré et par une tour de brique. On y pénètre par un élégant portail de marbre, à l'intérieur, une nef voûtée en plein cintre avec arcs doubleaux. Le cloître est considéré comme l'un des plus beaux d'Europe, c'est un riche témoin de la sculpture médiévale roussillonnaise. Construit entre les XIIe et XIVe siècles, tout de marbre blanc veiné de bleu, il vous fait traverser deux époques, deux styles : le roman et le gothique.

Le **Prieuré Santa Maria del Vilar** (p.124)

Détour dans les Albères à Villelongue-dels-Monts à 20 min de voiture au sud-ouest d'Elne pour découvrir ce petit bijou. Cet édifice construit entre les IXe et le XIIe siècle est considéré comme un des plus purs joyaux de l'art roman catalan. Les fresques qui couvrent l'abside sont surprenantes et le nymphaeum romain découvert en 1998 vient étayer les preuves d'une spiritualité continue de ces lieux. Depuis 2005, une communauté monacale orthodoxe roumaine habite le prieuré.

› Jour 2 - Serrabone - Codalet - Casteil

Le Prieuré de Serrabone

De **Perpignan** ★★★ (p.61), on gagne Serrabone en 45 min de route vers l'ouest (direction **Prades** ★ (p.222)). Au cœur d'une forêt de chênes verts, perchée sur un éperon rocheux qui domine le massif des Aspres, on découvre cette petite église si célèbre. La richesse de l'intérieur du prieuré est éblouissante. Les chapiteaux et les sculptures romanes en marbre rose de **Villefranche-de-Conflent** ★★ (p.229) illustrent l'art religieux roussillonnais des Xe et XIIe siècles.

© SIMON BIGAR - SHUTTERSTOCK.COM

L'Abbaye de Saint-Martin du Canigou.

Particulièrement remarquable, la tribune est considérée comme le plus bel exemple d'un travail de sculpture pour l'époque romane en Pays Catalan. Les environs de Serrabona sont aussi un lieu magique pour faire de belles balades au cœur des Aspres sauvages : forêts, prairies, petits ruisseaux…

L'abbaye Saint-Michel de Cuxa (p.223)

Redescendre et poursuivre vers Prades et à la sortie de la ville, suivre le fléchage. L'abbaye qui fut édifiée au cours de trois périodes entre le Xe et le XIIe siècle comprend une vaste église pré-romane, un clocher roman percé de baies géminées, une crypte, un cloître et une tribune en marbre rose, splendides manifestations de la sculpture romane roussillonnaise. L'abbaye se développa rapidement et connut un vaste essor jusqu'au milieu du Moyen Âge. L'abbaye est aujourd'hui occupée par une communauté de bénédictins qui y entretiennent la vie monastique initiée il y a onze siècles.

L'abbaye Saint-Martin du Canigou (p.230)

Poursuivre par Taurinya et gagner Vernet-les-Bains ★★. L'abbaye apparaît au visiteur comme un nid d'aigle posé sur un éperon rocheux dominant un ravin au fond duquel gronde le Cady. Plus que ses sœurs Saint-Michel de Cuxa ou le prieuré de Serrabone, Saint-Martin fascine autant par son architecture que pour son site grandiose et « vertigineux ». Culminant à 1 098 mètres d'altitude, il se présente sous la forme de deux églises superposées et jouxtées d'un cloître. On accède au site en moins de 45 min à pied depuis Casteil par un très beau chemin qui grimpe vers le ciel.

© BRIMEUX - STOCK.ADOBE.COM

Massif du Canigó.

LES PYRÉNÉES CATALANES

Le massif pyrénéen s'étend de la Côte Vermeille (les Albères plongeant dans la mer sont le dernier souffle de ces montagnes) jusqu'au plateau de Cerdagne. Vallées profondes entaillées de furieuses rivières ou plateaux baignés de soleil, les Pyrénées catalanes offrent au visiteur une folle diversité. Canigó, Puigmal ou Carlit, à vous de choisir votre sommet préféré.

› Jour 1 - Le massif du Canigó

Vers l'est, on voit la mer et vers l'ouest les sommets. À partir de **Prades** ★ (p.222), gagner Vernet-les-Bains ★★. À partir de cette station thermale, les possibilités sont nombreuses. Petite balade jusqu'à la cascade des Anglais ou le refuge de Mariailles. Ou bien faire l'ascension du Canigó depuis ce même refuge (piste depuis Casteil) en 3h30. Panorama époustouflant garanti.

© LAURENT PIERSON

Vue sur les environs de Tautavel.

Un autre lieu en amont de Prades est propice à de belles randos (plus longues) vers les sommets. Il s'agit du petit village Valmanya que l'on rejoint en longeant la Lentilla. Ambiance sauvage assurée !

› Jour 2 - Le Capcir

La « petite Sibérie » se gagne en remontant la Têt jusqu'à Mont Louis. Ensuite, vers le nord suivre le fléchage « site des Bouillouses ». En été, un service de navette vous amène jusqu'aux berges de ce splendide lac artificiel. Le circuit des lacs du Carlit est une merveille de paysage lacustre (et accessible à tous). Les plus courageux se lanceront dans l'ascension du pic Carlit – 2 910 m et point culminant de la Catalogne nord (7h A/R).

› Jour 3 - La Cerdagne

Plus de 300 jours de soleil par an ! Et surtout à l'ouest de ce plateau très paisible, la merveilleuse vallée du Lanoux (suivre le fléchage vers l'Andorre). Plusieurs options s'offrent à vous : déambuler le long des rives de l'étang del Passet et admirer les vautours fauves, une petite balade jusqu'à l'étang de Font Vives (2h A/R) ou choisir de grimper vers le lac du Lanoux (4h A/R), un des plus grands des Pyrénées et surtout posé au cœur d'un superbe cirque sauvage.

LA ROUTE DES VINS DU ROUSSILLON

Incontournable circuit à la découverte du vignoble du Roussillon qui offre une multitude de terroirs traversés par les 3 fleuves côtiers Agly, Têt et Tech, sans oublier une grande diversité géologique: calcaire, granit et schiste. Les itinéraires suivants sont détaillés dans le guide « Œnotourisme en Roussillon ».

› Jour 1 - La vallée de l'Agly

Au départ de **Perpignan** ★★★ (p.61), filer vers **Rivesaltes** ★ (p.247) en Salanque ou plaine du Roussillon qui est un large bassin alluvionnaire. À mesure que l'on avance vers l'ouest, on découvre des paysages de garrigue calcaire à Espira de l'Agly, **Calce** (p.253) ou **Tautavel** ★★ (p.240). Ensuite, cap sur les Fenouillèdes où la vigne s'accroche sur des coteaux arides. C'est un pays de terroirs variés et uniques : marnes schisteuses de **Maury** (p.211), granit de Lesquerdes…

› Jour 2 - La vallée de la Têt

Cette vallée est la plus longue du Pays Catalan. Le long du fleuve, la vigne implantée sur les alluvions, apparaît en Bas Conflent, là où la vallée s'élargit, de **Prades** ★ (p.222) à Illes-sur-Têt. Plus bas, le cours d'eau débouche dans la plaine du Roussillon, traverse **Perpignan** ★★★ (p.61) et se faufile entre les étangs jusqu'à la mer à proximité de **Canet-en-Roussillon** ★ (p.136).

› Jour 3 - La vallée du Tech

Le vignoble s'étend vers l'aval du fleuve à partir de Céret. Dans les collines des hautes Aspres autour de **Thuir** ★ (p.191), il est caractérisé par des terres rouges puis à mesure que l'on descend, on rencontre des galets roulés. Enfin, le clou du spectacle est la côte Vermeille, royaume du schiste où la vigne est cultivée en terrasses plongeant dans la mer.

DÉCOUVRIR

Découvrir une région qui est un résumé géographique de la France. Plaine nourricière cultivée, arrière-pays composé d'un moutonnement de collines, massif montagneux où fleurissent des lacs d'altitude et enfin littoral sableux et rocheux bordant le département à l'est. Découvrir un pays aux mille paysages pour mille itinéraires de randonnée à pied, à vélo ou à cheval entre le niveau de la mer et 3 000 m d'altitude. Découvrir un somptueux littoral jusque-là préservé qui accueille tant de vacanciers chaque année. Découvrir l'histoire mouvementée d'un pays partagé entre France et Espagne et dont les monuments militaires ou religieux en sont les témoins. Découvrir une culture catalane authentique et vivace inscrite dans le sang et le cœur de chaque homme ou femme. Découvrir une région encore épargnée de la pieuvre tentaculaire des grandes villes et du tout béton, un pays où les termes ruralité et nature ne sont pas une légende.

CULTURE ET TRADITIONS CATALANES

Peuple fier et farouchement attaché à son identité, le catalan a sa propre langue. Langue romane, elle est née il y a plus de 1 200 ans et elle est la 20e langue la plus employée sur internet. Parlée par plus de 8 millions de personnes, elle est langue officielle en Andorre et à l'ONU et co-officielle en Catalogne, Baléares, provinces de Valencia et d'Aragon ainsi que dans la ville d'Alguer en Sardaigne. Ici en catalogne, le religieux se mélange souvent au païen, l'un détournant l'autre en mettant un *caganer* dans la crèche au moment de Noël ou en détournant le solstice d'été en célébration de la Saint-Jean. Pays frontalier de par ses terres, son massif pyrénéen, mais aussi par sa façade méditerranéenne, le département des Pyrénées-Orientales est riche de l'apport des cultures donnant au peuple catalan son enracinement et au passage des traditions aux générations futures. Ici nous disons : « Visca Catalunya, Mai morirem « (vive la catalogne, nous ne mourrons jamais.)

Des fêtes typiques

Les feux de la Saint Jean : focs de la sant joan

Immanquable que cette nuit de la Saint Jean fêtée le 23 juin où, de toutes parts, des feux illuminent la nuit du solstice d'été. Tout commence le dimanche qui précède la Saint Jean-Baptiste avec la « Trobada del Canigó » ; au départ du refuge des Cortalets, hommes, femmes et enfants par centaines entament l'ascension du Canigó en entonnant des chants traditionnels, avec dans leurs bras des branchages, des fagots de bois ou même de simples brindilles dans le creux de la main. Chaque fagot représente un village catalan du nord et du sud. A l'intérieur de chacun d'eux, des vœux y sont glissés, écrits sur des petits papiers, ensuite, ils sont déposés au fur et à mesure autour de la croix du Canigó. La symbolique est très forte, car l'édifice de cet immense bûcher n'est possible qu'avec la cohésion de tous et de tout un peuple qui sera réuni à nouveau le temps de cette nuit magique. Le 22 juin, trois jeunes montagnards prennent au bout d'une torche un peu de flamme du feu qui est entretenue depuis 1964 à la Casa Païral (au pied du Castillet à Perpignan). Ils gagnent ensuite le sommet du Canigó et embrasent l'immense monticule de bois au dernier coup de minuit. Cette lumière perchée à 2 764 mètres d'altitude est visible, tel un phare, à des centaines de kilomètres alentour. Aussitôt, des coureurs, lampes champêtres en main, dévalent les flancs de la

Feux de la Saint-Jean à Collioure.

montagne sacrée et distribuent la flamme à des relayeurs qui partent dans tous les sens et s'arrêtent dans chaque village pour y allumer les feux de la Saint Jean sous les applaudissements et les « vivas » des habitants. Comme par enchantement, on peut suivre la progression de cette flamme qui, de minute en minute, illumine tous les sommets des Pyrénées catalanes, mais également les stades et les places. Vu des hauteurs, le Pays Catalan ressemble à un immense ciel étoilé avec pour apothéose le retour du feu sacré à Perpignan. Là, des grimpeurs confirmés, escaladent les 30 m de la façade du Castillet en portant sur leur dos une torche enflammée avec laquelle ils allumeront la vasque au sommet de l'édifice. La boucle est bouclée, le peuple catalan scelle ainsi, comme une promesse tous les ans renouvelée, son unité dans la joie et la paix. La Saint Jean, c'est beaucoup plus qu'une fête traditionnelle religieuse, c'est également une nuit spéciale propice aux cueillettes d'herbes magiques. N'oubliez pas de cueillir les quatre plantes sacrées (l'orpin, l'immortelle, le millepertuis et le noyer) afin de composer le « ramallet de bonaventura » et de l'offrir à vos proches en guise de porte-bonheur. Il est dit qu'il protège les demeures et ses occupants. Cette flamme qui exprime la fraternité entre les peuples est tellement marquante pour tous les esprits que, depuis 2010, la Generalitat de Catalogne a déclaré la « Sant Joan » « festa nacional dels països catalans » (Fête nationale des Pays catalans).

Des Noëls avec un petit plus

Dans les crèches catalanes, nous avons un petit plus... Regardez attentivement celles que vous verrez exposées durant la période de Noël. N'avez-vous rien remarqué de particulier ? Oui, ça y est, vous l'avez vu ce petit personnage accroupi dans un coin de ces scènes de la Nativité. Il s'agit du fameux Caganer, littéralement « le chieur ». Vous ne rêvez pas, il est bien en train de déféquer. Ce santon atypique vêtu traditionnellement du costume catalan symbolise la prospérité et repousse les mauvais présages. De plus, ses excréments rendent la terre fertile et améliorent ainsi les récoltes à venir. Il rappelle également de façon fort explicite que tous les hommes sont égaux face aux fonctions biologiques. Apparue au XVIIe siècle, cette figurine, de nos jours, change tous les ans d'apparence et prend de façon fort ironique le visage de politiciens, artistes ou sportifs de haut niveau.

Fête de la Sant Jordi

Le 23 avril, jour de la Sant Jordi (Saint Georges), les Catalans fêtent l'amour et le livre. Ce jour-là, les hommes offrent une rose à leur dulcinée, et en retour, les femmes offrent un livre à l'élu de leur cœur. C'est une sorte de Saint Valentin à la catalane... la culture en plus.

Sant Jordi était un militaire romain né au IIIe siècle en Cappadoce (actuelle Turquie). Servant sous les ordres de l'empereur Dioclétien, il aurait été exécuté pour refus d'obéissance. La popularité de son culte sera telle, que sont apparues au fil du temps des histoires légendaires et fantastiques autour de son personnage. Ainsi, dans de nombreux récits on le fera mourir en martyr pour avoir été chrétien ou bien avoir refusé de persécuter des chrétiens. Ce n'est qu'au XIe siècle qu'apparaît la légende de la lutte contre le dragon, qui elle aussi connaît une multitude de versions. Voici donc la nôtre : il y a fort, fort longtemps, un terrible dragon faisait régner la peur sur les habitants d'une ville nommée Silène ou Montblanc. Seule une offrande quotidienne de deux agneaux parvenait à le maintenir calme, mais à un tel régime, les agneaux vinrent à manquer et la population dut se résoudre à lui donner en pâture des êtres humains. Chaque jour le sort désignait une personne à sacrifier. Le jour où Jordi fit une halte dans la ville, le funeste destin s'abattit sur la fille unique du roi. Voyant la très belle jeune fille qu'on menait, en larmes, devant l'antre du dragon pour y être dévorée, son sang ne fit qu'un tour. N'écoutant que son courage et sa détermination, il enfourcha son cheval blanc, se munit du signe de la croix et brandit sa longue épée. Le valeureux chevalier tua le dragon après un rude combat. Du sang encore chaud de la bête, qui se répandait sur le sol, naquit un rosier aux fleurs rouges, Sant Jordi en cueillit une et l'offrit à la princesse. Cet acte héroïque, symbole de la victoire du Bien contre le Mal, valut au chevalier d'être sanctifié et reconnu comme saint patron de l'Angleterre et de la Catalogne. La tradition d'offrir une rose à sa bien-aimée le 23 avril, remonterait au XVe siècle lorsque Jordi devint le saint patron de la ville de Barcelone et que des foires à la rose se tinrent pour l'occasion.

© NITO - SHUTTERSTOCK.COM

Le caganer.

© NATURSPORTS - SHUTTERSTOCK.COM

La procession de la sanch.

Mais pourquoi des livres ? Cette coutume ne date que de 1926, elle est née du désir de l'écrivain valencien Vicent Clavel Andrés de faire une fête du livre. La première fête du livre eut lieu un 7 octobre. En 1930, la date est changée pour le 23 avril, en l'honneur de Miguel de Cervantes et William Shakespeare, morts tous deux le 23 avril 1616. Depuis lors, La Sant Jordi est un événement annuel important dans la vente littéraire, les auteurs et éditeurs en profitent pour présenter leurs nouveautés. Ce jour-là, ou plus exactement le week-end le plus proche du 23 avril, une foule dense de promeneurs déambule dans les rues et sur les places de Perpignan au milieu des nombreux stands qui vendent livres et roses. En 1995, l'Unesco a déclaré le 23 avril comme « Journée mondiale du livre et du droit d'auteur », donnant tout son sens à la Sant Jordi, à savoir la victoire du savoir et de la connaissance sur l'obscurantisme, la rose rouge symbolisant le sang du dragon.

La procession de la sanch

Procession unique en France qui attire tous les ans des milliers de spectateurs, la procession se déroule à Perpignan chaque Vendredi saint depuis 1416. Elle symbolise le chemin de croix du Christ ne ce Vendredi saint, jour de sa crucifixion. Ne vous fiez pas à ses aspects de manifestation folklorique, car tout ce qui touche aux célébrations de la semaine sainte et de la Passion est parfaitement régi et minutieusement programmé depuis six siècles. A 15h, au départ de l'église Saint-Jacques, s'élance un lent cortège silencieux de quelque 700 pénitents coiffés d'une Caparutxa (cagoule conique pointue) noire et souvent pieds nus, ils portent sur leurs épaules les lourds et imposants Mistéris (ce sont les 36 représentations grandeur nature des scènes de la passion du Christ). En tête du cortège, le Régidor, vêtu de rouge, donne le rythme de la marche avec sa cloche de fer. La marche des pénitents dure près de 3 heures dans les rues de la vieille ville en passant par la cathédrale Saint-Jacques avant de revenir à leur point de départ. A vivre au moins une fois dans sa vie, croyant ou pas, pour cette atmosphère si particulière qui émane du cortège qui rend la foule silencieuse.

Les castellers

« Força, Equilibri, Valor i Seny », en français : « De la force, de l'équilibre, du courage et de la sagesse », telle est la devise de ces hommes qui bâtissent des tours humaines à géométrie harmonieuse. Les Castellers, du mot catalan « castell » (château), sont des édificateurs de tours humaines aux structures complexes et de hauteurs différentes (certaines peuvent atteindre l'équivalent d'un immeuble de 5 étages) qui suivent un code précis. Inscrite au Patrimoine culturel immatériel de l'humanité de l'UNESCO depuis le 16 novembre 2010, cette tradition qui est certainement la plus riche de sens dans la culture catalane, remonte au XVe siècle. C'est un spectacle participatif époustouflant mêlant force, agilité et souplesse qui se déroule le plus souvent sur une place publique. Au-delà d'une simple manifestation festive, c'est une philosophie de vie, une démonstration de coopération, de travail en équipe, de solidarité, d'abnégation, de concentration, de courage, de force physique et mentale où hommes, femmes et enfants, quels que soient l'âge, l'origine sociale et les caractéristiques physiques sont indispensables à l'élévation de l'édifice, chacun devant faire confiance à l'autre avant d'être à son tour un pilier.

GÉOGRAPHIE

Le département des Pyrénées-Orientales est un vaste amphithéâtre tourné vers la Méditerranée, c'est-à-dire le Midi et l'Orient. Les gradins qui le bordent et l'ourlent sont au nord la barrière calcaire des Corbières et les monts du Fenouillèdes, à l'ouest la silhouette altière du massif du Canigó et au sud le Vallespir puis les Albères, crête frontalière avec l'Espagne et ultime soupir des Pyrénées avant de se jeter dans la Méditerranée. Plus à l'ouest, se trouvent les plateaux d'altitude de la Cerdagne et du Capcir où culminent les plus hauts sommets. Ils sont limitrophes de l'Ariège, de la Catalogne sud et de l'Andorre. Trois fleuves, l'Agly, la Têt et le Tech, à l'instar de sillons fendant les gradins de schiste, calcaire ou granit, ont creusé de profondes vallées et coulent d'ouest en est vers la plaine du Roussillon. La géologie de ce département étant assez complexe, elle mérite un petit éclaircissement.

Une mosaïque de paysages

La superficie totale du département est de 4 116 km². Son point culminant n'est pas le Canigó malgré son socle imposant et vertigineux, mais le pic Carlit en Cerdagne (2 921 m). Les forêts recouvrent 106 000 ha du territoire et l'on peut y trouver des essences d'arbres telles que le chêne, le hêtre et toutes sortes de conifères en altitude. Mais la beauté paysagère des Pyrénées Orientales est encore plus frappante depuis la mer, depuis la scène de cet amphithéâtre qui offre le spectacle des cultures maraîchères occupant la plaine et le littoral, des vergers s'épanouissant dans les vallées et enfin de la vigne courant sur les marches et s'accrochant aux gradins de ce cirque majestueux offert à la lumière. Cette mosaïque ou marqueterie de paysages et de cultures est un véritable musée à ciel ouvert qui se laisse interpréter à l'aune d'une géologie tourmentée.

Le climat

Dans l'ensemble, c'est un climat méditerranéen, modifié en altitude par les influences montagnardes qui deviennent prépondérantes vers l'ouest du département. Ce climat, l'un des plus cléments de France, est un atout majeur. Dû à la diversité extrême de la géographie, il se concrétise sur la carte météo par un temps chaud, sec et ensoleillé en été, doux en hiver. Cela donne environ 300 jours de soleil par an, soit 2 578 heures d'ensoleillement. Certes il pleut quelquefois ! La pluviométrie moyenne annuelle se situe entre 515 mm et 1 500 mm. Au printemps ou à l'automne, le Roussillon connaît des orages parfois torrentiels. Le département doit en partie son ciel d'azur intense à la tramontane, ce vent dont les anciens ont coutume de dire qu'il rend fou. A certaines périodes de l'année, elle peut souffler jusqu'à 110 km/h, et parfois pendant deux semaines entières, avec des pointes de 140 km/h voir plus de 190 km/h vers le cap Bear.

- **Températures :** en plaine, les étés sont chauds et secs et les hivers généralement doux avec seulement quelques rares journées de gel sur le littoral. Les températures des Pyrénées-Orientales sont parmi les plus douces de l'Hexagone.

DÉCOUVRIR

Ascension du sommet du Carlit.

© LAURENT PIERSON
Le massif des Albères.

Toutefois, dans les zones montagneuses, les températures sont relativement basses en hiver, tandis que les étés restent plutôt chauds. Si le nombre de jours de gelée n'est en moyenne que de douze à Perpignan, le Capcir et la Cerdagne restent sous la neige durant quatre à cinq mois de l'année. Les températures diurnes moyennes du département sont, de décembre à mars, comprises entre 5 °C et 12 °C ; ensuite, elles s'élèvent rapidement et restent supérieures à 20 °C de juin à septembre avec des pics à 38 °C voire plus en juillet et août.

Ensoleillement : le département a connu 2 578 heures d'ensoleillement en 2019, contre une moyenne nationale des départements de 2037 heures de soleil. Données revues à la hausse pour 2020 en raison du dérèglement climatique mondial. Les Pyrénées-Orientales se situent en bonne position du classement des départements les plus ensoleillés de l'Hexagone.

Vent : dans le département, les vents dominants sont la Tramontane, vent du nord-ouest, qui atteint fréquemment des vitesses supérieures à 100 km/h et le Xaloc ou Marinade (S/E), qui apporte pour sa part grisaille et pluie, auxquels il faut ajouter le Gregal ou Narbonès (N/E), le Levant, qui comme son nom l'indique vient de l'Est, le Mijorn équivalant au Sirocco (du sud), le Garbi ou vent d'Espagne (S/O) et enfin le Canigonec, qui comme son nom l'indique vient du Canigó (O).

Pluviométrie : le département des Pyrénées-Orientales a connu 425 millimètres de pluie contre une moyenne nationale de 799 millimètres. Les pluies, qui tombent souvent en épisodes orageux intenses, se concentrent essentiellement en automne et au printemps avec une période de sécheresse l'été.

Phénomènes naturels : le département est soumis à des épisodes pluvieux intenses qui peuvent entraîner une crue des cours d'eau. En été, les sécheresses sont fréquentes et le risque majeur demeure les incendies, la végétation privée d'eau est particulièrement fragilisée. Les Pyrénées-Orientales connaissent une activité sismique non négligeable, la dernière secousse significative enregistrée a eu lieu en 1996 avec une magnitude de 5,2 sur l'échelle de Richter.

Une géologie mouvementée

600 millions d'années séparent les granits des Albères des dépôts quaternaires du littoral. De manière globale et simplifiée, la répartition géologique des roches est regroupée en trois grands secteurs naturels :

Au sud et à l'ouest du département, la haute chaîne des Pyrénées qui comprend le massif du Canigó, les Albères et le Capcir. Elle est constituée de massifs anciens (ère paléozoïque) de granit ou de schistes qui sont séparés par des couloirs de failles (vallées de la Têt et du Tech).

Au nord, le Fenouillèdes et les Corbières constituent une zone de piémont de reliefs estompés où l'on retrouve des calcaires du Jurassique et du Crétacé fortement plissés (ère mézozoïque)

A l'est, la plaine du Roussillon et le littoral sont un bassin de remplissage et de colmatage d'âge pliocène (ère cénozoïque) et du quaternaire composés de sédiments marins et d'alluvions continentaux (lessivage des reliefs accentués par les rivières coulant d'ouest en est).

La géologie du département est fortement liée à l'histoire de la chaîne pyrénéenne, à l'enchaînement de deux histoires superposées des « vieilles » et des « jeunes » Pyrénées. Trois étapes géologiques distinctes marquent sa formation :

l'histoire hercynienne : une ancienne chaîne de montagnes s'étend sur une large partie de l'Europe (de -600 MA à -300 MA) et constitue la base des roches de l'ère Primaire.

l'histoire alpine des Pyrénées (de -240 MA à -65 MA) correspond à la surrection de nouvelles montagnes comme les Alpes et la création d'une vaste chaîne de montagnes qui s'étend de la Galice à la Provence et englobe le golfe du Lion.

l'histoire méditerranéenne (de -30 MA à -1,65 MA) voit l'ouverture du bassin méditerranéen et la naissance du golfe du Lion. L'érosion va peu à peu arracher des quantités considérables de matériaux aux massifs et combler le golfe du Roussillon. Enfin, l'alternance de périodes glaciaires et chaudes va modeler l'hydrographie de la région par des phases de creusement de rivières et d'accumulation de graviers.

NATURE

Les Pyrénées-Orientales ont su préserver de vastes espaces naturels. Des bords de la Méditerranée aux hauts sommets des Pyrénées catalanes, le département dispose de 17 000 hectares protégés sous forme de onze Réserves Naturelles. Ce sont des espaces accessibles au public mais protégés par une réglementation préservant l'ensemble de l'environnement et en particulier la flore et la faune. Elles couvrent plus de 4 % de la superficie du département et elles abritent plus de 11 000 espèces végétales, animales et aquatiques. Sans vouloir être chauvin, peu de départements dans l'Hexagone offrent une telle richesse et diversité et ont la chance d'être un « résumé géographique de la France ». Tous les climats et tous les paysages ! Ces réserves sont le paradis des randonneurs, des plongeurs, des photographes et de tous les amoureux de nature sauvage.

Des réserves naturelles de la mer...

Banyuls-Cerbère. Située à la limite de la frontière espagnole, cette vaste zone marine de 650 ha a été créée il y a 40 ans afin d'enrayer la dégradation du littoral par le tourisme, la pêche et la pollution. Elle est l'unique réserve naturelle exclusivement marine de France et s'étend sur 6,5 km et couvre 650 ha de mer entre Banyuls-sur-Mer et Cerbère. La physionomie et la beauté de la côte Vermeille se retrouve sous la surface de l'eau. De haut en bas, la diversité des paysages est étonnante, près de 1 700 espèces végétales et animales ont été recensées. Les espèces typiques des côtes rocheuses méditerranéennes y sont bien représentées. Visibles en juillet et en août grâce à l'aménagement d'un sentier sous-marin qui se découvre en palmes et tuba, au départ de la plage de Peyrefitte.

Le mas Larrieu. De part et d'autre de la rivière Le Tech, sur le territoire des communes d'Elne et d'Argelès-sur-Mer, la réserve s'étend sur 145 ha. Trois types de milieux se rencontrent sur le site : plages, roselières et forêts riveraines. C'est l'un des derniers sites « sauvages » du littoral Roussillonnais. Il est devenu une « zone de refuge » pour de nombreuses espèces animales et végétales. Malgré sa superficie réduite, le site est marqué par une forte hétérogénéité paysagère. Celle-ci est composée par ses 33 habitats naturels dont trois sont mentionnés d'intérêt européen : le cordon dunaire méditerranéen, les milieux riverains du Tech et de la Riberette, les prés de fauche. Un sentier de découverte, des panneaux d'informations, une aire de pique-nique ont été aménagés pour faciliter la visite.

... à la terre

Prats-de-Mollo. Situé dans le Haut-Vallespir, à 60 km de Perpignan, le site occupe 2 300 ha. Ce territoire s'étire depuis les sources du Tech jusqu'au Pla Guillem sur une longueur de 11 km et une largeur d'environ 2 km. S'étageant de 1 490 m à 2 507 m, il se caractérise par sa diversité végétale : hêtres, pins à crochets, sapins. La grande faune emblématique de la montagne pyrénéenne y est bien représentée, parmi les mammifères, on compte l'isard, le chat forestier, l'hermine, le desman des Pyrénées. Dans l'avifaune, on trouve l'aigle royal, le vautour fauve, le gypaète barbu, le grand tétras, le lagopède, la perdrix grise de montagne... Les amphibiens et reptiles sont représentés par l'euprocte des Pyrénées, la salamandre, la grenouille rousse, la couleuvre à collier et la vipère aspic.

Vallée d'Eyne. La réserve naturelle, d'une surface de 1 177 ha, se situe entre 1 700 m et 2 800 m d'altitude, on la surnomme « la vallée des fleurs ». La partie basse de la vallée est couverte d'une forêt de pins à crochets et plus haut, les landes occupent une grande surface. Les sources y sont nombreuses. La vallée d'Eyne est réputée chez les botanistes pour sa richesse en plantes médicinales, dont certaines endémiques aux Pyrénées. Côté vie animale, on note la présence de cerfs, chevreuils, renards, martes, isards, mouflons et marmotte. Pas moins de 82 espèces d'oiseaux nicheurs sont répertoriées.

© GEORGES BLOND - SHUTTERSTOCK.COM

Réserve naturelle de Cerbère-Banyuls.

© MICHEL VIARD - ISTOCKPHOTO.COM

Gypaète barbu.

Chez les papillons, on y aperçoit le grand et le semi-apollon, quant aux insectes, la vallée est remarquable avec la présence de 32 espèces de bourdons. Ici, l'écotourisme est à l'honneur. Quant à la maison de la Réserve, elle organise des expositions, des sorties nature...

La Massane. C'est une des premières réserves créées en France (1973) d'une superficie d'environ 336 ha, on connait également cette réserve sous l'appellation de « forêt des Couloumates ». Située dans la partie la plus orientale des Albères, elle n'est plus exploitée par l'homme depuis plus d'un siècle, ce qui permet de la présenter comme un exemple de ce que pourrait être une forêt primaire de la montagne pyrénéenne. Elle est considérée comme une des 40 dernières vieilles forêts du bassin méditerranéen. Le site est aujourd'hui une station d'observation de l'évolution de la flore et de la faune lorsque l'humain n'intervient plus sur l'écosystème forestier. Au sommet une vue incontournable s'offre à vous.

Py. Limitrophe des réserves naturelles de Nyer et Mantet, ce territoire de 3 930 ha se situe entre les massifs du Canigó et du Costabona. Le site s'étage de 950 à 2 465 m. d'altitude et on y trouve successivement des végétations de style collinéen, montagnard, subalpin et alpin. La forêt est omniprésente avec notamment le chêne, le bouleau et le noisetier ainsi que les pins à crochets. La grande faune est représentée par les isards, sangliers, aigles royaux... Les petits mammifères et mustélidés sont nombreux dans les prairies et le long des cours d'eau. On note la présence d'un grand nombre d'invertébrés.

Mantet. Entre les massifs du Canigó et de la Carançà, d'une superficie de 3 000 ha, la réserve naturelle de Mantet s'étend autour de la vallée de l'Alemany et s'étage de 1 400 m à 2 700 m d'altitude. Elle est caractéristique des anciennes vallées glaciaires. L'opposition des versants est particulièrement nette, avec la forêt de pins à crochets en versant nord et des milieux ouverts en versant sud. Les espèces animales qui y évoluent, sont typiques de celles que l'on rencontre traditionnellement dans les montagnes pyrénéennes. L'activité pastorale y est encore bien présente, notamment en période d'estive.

Nyer. Au sein du Haut-Conflent, limitrophe de celles de Py et Mantet, la réserve naturelle de Nyer couvre 2 200 ha soit près de 60 % de la superficie totale de la commune. Elle s'étage de 730 m et s'élève jusqu'à 2 663 m au pic de la Serre Gallinière. Son entrée nord est caractérisée par des gorges étroites et spectaculaires. Le paysage forestier varie selon la vallée, la vallée de Nyer montre plus de feuillus que de résineux alors que celle de la Carença est dominée par le pin à crochets.

Jujols. Au nord de la commune de Jujols, d'une superficie de 472 ha, elle débute à 1 100 m d'altitude et atteint le sommet du mont Coronat à 2 172 m, dominant la vallée de la Têt. Les falaises calcaires qui s'étendent sur le versant sud du Madres-Coronat constituent un vaste réservoir de chaleur, créant des conditions favorables aux végétaux méditerranéens, généralement absents à ces altitudes (chênes verts, thyms, lavande...). La beauté du paysage est ici le résultat de contrastes. La faune y est également remarquable et d'une grande diversité.

Nohèdes. Sur un territoire de 2 100 ha, la réserve naturelle de Nohèdes s'étend sur 10 km de long et s'étage entre 760 m et 2 459 m d'altitude. Les milieux naturels sont contrastés et diversifiés, en quelques km, selon les expositions, et l'altitude on passe de l'influence méditerranéenne jusqu'à la rigueur hivernale quasi arctique.

JE DIS
OUI
AUX PRODUITS BIO
D'OCCITANIE
Sud de France
l'occitanie
AVEC SUD DE FRANCE,
PRENEZ LE PARTI DES PRODUITS D'OCCITANIE
Rendez-vous sur produitenoccitanie.fr
iBO
InterBIOccitanie
AGRICULTURES & TERRITOIRES
IRQUALIM
Occitanie
QUALITÉ & ORIGINE
La Région
Occitanie
Pyrénées · Méditerranée
POUR VOTRE SANTÉ, ÉVITEZ DE MANGER TROP GRAS, TROP SUCRÉ, TROP SALÉ. - MANGERBOUGER.FR

© TOLO - STOCK.ADOBE.COM

Randonnée dans la vallée d'Eyne.

La réserve abrite une grande richesse floristique, 1 100 espèces végétales sont recensées sur ce territoire dont 41 espèces d'orchidées connues depuis longtemps par des générations de botanistes. L'omniprésence de la forêt, et les fortes pentes constituent des zones refuges pour la faune : cerfs, chevreuils, isards, genettes, chats forestiers et hermines sont bien présents, tout comme les grands rapaces.

Conat. Sur un territoire de 543 ha, la réserve naturelle de Conat dans le Conflent s'étage de 700 m à 1 680 m. Entre le plateau sommital aride, semé de landes et de pelouses, et les versants, couverts de landes ou de pins sylvestres selon leur exposition, le contraste est grand. L'homme, par son activité agro-pastorale, a contribué ici à créer des espaces ouverts propices au développement d'espèces végétales dont certaines méditerranéennes atteignent des records d'altitude.

Des sports au cœur de la nature

Cyclotourisme

Plusieurs voies vertes et pistes cyclables ont été aménagées dans le département pour le cyclo tourisme. Elles sont souvent réalisées en « enrobé lisse » et sont sécurisées quand c'est possible. 3 itinéraires transfrontaliers et européens traversent le département : Eurovelo 8, Pirenexus et Véloroute V81. Toutes les informations sur : www.tourisme-pyreneesorientales.com et www.pyrenees-orientales.ffct.org

VTT

La Fédération Française de Cyclisme a créé 3 sites labellisés FFC-VTT en pays catalan :

- Haut Vallespir (16 parcours) - www.sudcanigo.com
- Pyrénées Catalanes (36 parcours) - www.capcir-pyrenees.co
- Espace VTT Madres- Coronat (18 parcours) - www.tourisme-canigou.com
- Base VTT Vallée de l'Agly (16 circuits). Circuits labellisés FFCT. www.cc-aglyfenouilledes.fr - www.vttclubdufenouilledes.jimdo.com

Les communes et communautés de Communes ont également créé 3 bases VTT sur des sites emblématiques :

- Base VTT Vallée de l'Agly (16 circuits). Circuits labellisés FFCT. www.cc-aglyfenouilledes.fr - www.vttclubdufenouilledes.jimdo.com
- Base VTT Valmy - Argelès sur Mer (10 circuits) - www.argeles-sur-mer.com/vtt
- Espace VTT - Le Canigou (12 circuits) - www.tourisme-canigou.com

En règle générale, les offices de tourisme vous proposent de télécharger gratuitement les circuits. Vous trouverez des renseignements complémentaires sur le site de la FFC : https://sitesvtt.ffc.fr/trace-vtt ou sur www.vtopo.fr

Rando pédestre

- 4 sentiers de Grande Randonnée traversent le département : les GR10, GR36, GR7, GR107 et GRT83.
- 9 sentiers sont homologués Grande Randonnée de Pays (GRP) : le Tour du Capcir (70 km), le Tour du Carlit (52 km), le Tour de Cerdagne (68 km), le Tour des Fenouillèdes (114 km), le Tour du Vallespir (85 km), la Ronde du Canigó, le Tour du Canigó, le Tour du Vallespir et le Tour des Réserves naturelles.
- 50 sentiers de promenades et randonnées, répondant à une charte de qualité ont reçu l'agrément PR (590 km). Cerdagne-Capcir, Haut-Conflent, Corbières-Fenouillèdes ou Albères et Vallespir n'auront plus de secrets pour vous.

Les offices de tourisme mettent à votre disposition des topos et des cartes (PDF téléchargeables) pour arpenter les sentiers en toute sécurité. Enfin, les sites internet de l'ADT et du Département sont une mine de renseignements. www.tourisme-pyreneesorientales.com/experience/randonnees
www.rando66.fr

HISTOIRE

Retracer l'histoire du département équivaut littéralement à remonter au fond des âges. De par sa situation géographique, le Pays Catalan a toujours été une terre d'accueil pour l'homme. L'histoire du Pays Catalan sera toujours un peu plus ancienne que les autres régions de France ou pays d'Europe car le premier européen a élu domicile sur les hauteurs de Tautavel. Ce pays sera marqué par les conquêtes et les invasions tout au long de son histoire, déchiré en Catalogne, France et Espagne. D'Hannibal à la Révolution française, le pays catalan vivra presque 2000 ans de tourments. Région frontalière et région d'influence qui ne cessera de s'enrichir au fil des échanges et des conquêtes. Avec la paix revenue, cette terre va séduire les artistes du monde entier et le XXème siècle sera son apogée. Pour l'avenir, le Pays Catalan mise sur le tourisme et son désenclavement grâce au triangle Toulouse-Barcelone-Marseille.

- 450 000 ANS

Des fossiles du genre Homo sont retrouvés dans la Caune de l'Arago à Tautavel. Ce sont les plus anciens trouvés en Europe.

Le site de la Caune de l'Arago.

3È SIÈCLE AVANT J.-C.

Hannibal le Carthaginois franchit le col de Panissars – près du Perthus – avec ses éléphants pour porter la guerre à Rome.

2È SIÈCLE AVANT J.-C.

Les Romains s'installent à Ruscino, la cité ibère devenue Castell-Rosselló (Château Roussillon) à l'est de Perpignan.

IXÈME SIÈCLE

Le comte Guifré el Pilós (le Velu) est le premier de la dynastie des comtes de Barcelone, les rois de Catalogne. La légende lui attribue la création de la bandera (le drapeau catalan) : un écu d'or sur lequel sont tracées quatre barres de sang.

XI ET XIIÈMES SIÈCLES

Le futur Pays Catalan connut un véritable renouveau religieux. Cela se traduit par la construction de nombreuses commanderies Templières, églises, abbayes, prieurés et ermitages, donnant ainsi à l'Europe médiévale quelques chefs-d'œuvre de l'art roman.

XIIIÈME SIÈCLE

Les comtés de Roussillon et Cerdagne connaissent un bref épisode de séparation du reste de la Catalogne. Un des fils de Jaume Ier le Conquérant donne au tout nouveau Royaume de Majorque, Perpinyà pour capitale continentale (et Palma pour capitale insulaire). Le territoire connaît une ère brillante: prospérité et croissance, développement architectural et politique, expansion commerciale (vins, huiles, draperies).

XIVÈME SIÈCLE

Réintégration à la Principauté de Catalogne (1343).

© BORIS25 - ISTOCKPHOTO.COM

Timbre anniversaire des 300 ans du traité des Pyrénées.

1659 Traité des Pyrénées. La France en mettant un terme à la guerre de Trente Ans annexe les territoires occupés : Roussillon, Vallespir, Conflent, Capcir et la moitié de la Cerdagne. Pour la petite histoire, les Catalans furent mis à l'écart de la négociation, ils n'eurent connaissance du traité des Pyrénées que trois mois plus tard. Cette seconde moitié du XVIIe siècle sera marquée en Catalogne nord par de nombreuses révoltes contre « l'occupant ». De cette époque datent les fortifications mises en place ou renforcées par Vauban pour contrôler les nouvelles terres conquises, et entourer le royaume d'une véritable ceinture défensive.

1790 A la Révolution française, la province est transformée en Pyrénées-Orientales par l'adjonction d'une partie du Fenouillèdes languedocien.

1793-1795 La guerre du Roussillon oppose la jeune République française au royaume d'Espagne (et par extension aux monarchies européennes).

1858 Le chemin de fer arrive à Perpignan en 1858, il contribua au désenclavement de cette région et favorisa une économie de marché bénéfique aux productions légumières et fruitières, à ses vins comme à son industrie.

1907 Révolte des vignerons mécontents de la mévente et de la chute des cours du vin. L'issue sera sanglante.

A PARTIR DE 1905 Engouement de nombreux peintres pour Collioure avec Matisse et Derain suivis de Valtat, Manguin, Marquet, Vlaminck,... Picasso, lui tombera amoureux de Céret qui sera surnommé la Mecque du Cubisme.

JANVIER ET FÉVRIER 1939 La Retirada. Une véritable marée humaine déferle sur le département avec l'exode massif de milliers de républicains Espagnols fuyant le franquisme, de nombreux camps de fortune seront créés pour les regrouper (Argelès, Saint-Cyprien, Rivesaltes...). La démographie des Pyrénées-Orientales en sera notablement modifiée. Durant la Seconde Guerre mondiale, des milliers de juifs et tziganes seront enfermés dans le camp de Rivesaltes que l'on surnommera le « Drancy de la zone libre ».

1944 Le village de Valmanya est incendié et rasé par les troupes allemandes. Le département est libéré à la mi-août 1944.

1962 Des centaines de « pieds-noirs » arrivent par bateaux entiers à Port-Vendres, tout sera mis en œuvre pour que ces nouveaux migrants et leurs capitaux restent dans le département.

1967 La construction de l'A9 qui va jusqu'au Perthus met Perpignan en relation directe avec Montpellier et Paris au nord et Barcelone au sud. Le terrain est prêt pour la création des stations balnéaires construites sur le modèle de celle de la Costa Brava. Depuis lors, le tourisme est devenu un des piliers de l'économie locale.

2016 Réforme territoriale des régions qui voit la naissance de l'Occitanie en lieu et place des Midi Pyrénées et Languedoc Roussillon.

ARCHITECTURE

Les Pyrénées-Orientales sont un vaste amphithéâtre tourné vers la Méditerranée, portant tout au fil des siècles un flux de peuples apportant leur culture et leur savoir. L'arrivée des Grecs et des Phéniciens qui implantèrent la vigne a commencé à modifier le paysage. Plus tard, au Moyen Age, les Templiers façonnent la côte pour la culture de la vigne et nous laissent en héritage 4000 km de murets en pierre seiche entretenus par les viticulteurs. Avec eux, les cloitres, chapelles et églises fleurissent pour donner cette richesse architecturale à notre Pays Catalan. Plus tard, avec les guerres entre la France et l'Espagne, les fortifications naissent tout autour de nos frontières. Vauban en fut un des principaux architectes. De nos jours, les bâtiments modernes continuent à se fondre dans notre paysage comme le Théâtre de l'Archipel créé par Jean Nouvel ou encore le modelage de la friche industrielle de l'usine Nobel sur la baie de Paulilles.

Architecture religieuse

L'Art roman. La présence du marbre dans le département, et son utilisation dans les constructions, donnera à celui-ci un cachet qui lui est propre. Les Pyrénées-Orientales sont riches de merveilleuses petites églises ou d'importantes abbayes construites aux XIe et XIIe siècles ; sous leur allure modeste, elles sont emplies de trésors en statuaires, vierges à l'enfant et mobiliers romans d'une exceptionnelle beauté. Les édifices les plus emblématiques sont : le prieuré de Serrabone, les abbayes de Saint-Michel de Cuxa ou de Saint-Martin du Canigó, ou encore le cloître d'Elne pour ne citer qu'eux. Mais la sensibilité de chacun déterminera ses préférences. On part volontiers à la recherche des sculptures du Maître de Cabestany, reconnaissables entre toutes, sur les Tympans.

L'Art gothique et l'art baroque. Les retables peints et dorés constituent de véritables chefs-d'œuvre de l'art gothique puis du baroque flamboyant, comme les hospices d'Ille, les retables des églises de Prades, Font-Romeu, Vinça, Baixas ou encore Osséja, sculptés des mains de Joseph Sunyer, les peintures de Hyacinthe Rigaud dans la cathédrale Saint-Jean de Perpignan ou en l'église Saint-Jacques, qui plus tard devint le portraitiste de Louis XIV. Il serait réducteur de ne citer que ceux-ci. Les Offices de tourisme de tous les villages du Département se feront un plaisir de vous conseiller.

Architecture militaire

Vauban

Comment ne pas parler d'architecture militaire sans évoquer Vauban ? A la demande de Louis XIV, et pour contenir la révolte des « Angelets », qui refusaient de payer la gabelle, en 1669, les remparts de Prats-de-Mollo furent surélevés. Puis, puisque dix années auparavant, le comté du Roussillon eut été rendu par l'Espagne à la France, il consolida les frontières, la forteresse de Salses au nord, le fort Saint-Elme à Collioure, le fort de Bellegarde au Perthus, le fort Libéria à Villefranche-de-Conflent et surtout il fit construire la forteresse la plus haute de France en donnant le nom de son roi « Mont Louis ». L'état de conservation des édifices est incroyable, preuve s'il en était que l'architecte du Roi-Soleil était un bâtisseur militaire hors pair.

DÉCOUVRIR

© LAURENT PIERSON

Abbaye Saint-Michel de Cuxa.

Le château de Valmy, construit par l'architecte danois Viggo Dorph Petersen.

Les tours à signaux

Afin de voir le danger arriver de loin et d'en informer rapidement les troupes armées prêtes à défendre la Catalogne, les sommets de nos montagnes et de nos collines se sont coiffés de vigies nommées « tours à signaux ». Leurs origines fort lointaines ne sont pas clairement définies, toutefois l'âge d'or de ces tours se situe sous le règne des rois de Majorque (1276-1344). Durant le XIIIe siècle, ils en construisirent de nombreuses afin de protéger leur royaume menacé, et compléter ainsi un réseau déjà existant mais pas assez performant. Partout où on avait besoin de protéger une vallée ou un accès à la mer, il y avait une tour ! Toute la Catalogne était chapeautée de ce dense maillage de petites tours circulaires. Comme indiqué dans leur dénomination, elles émettaient des signaux, mais pas n'importe lesquels, ceux-ci se faisaient par de la fumée le jour et par un feu hardant la nuit. En quelque sorte précurseurs du Morse, c'était un système très efficace puisqu'un message partant de Perpignan arrivait à Barcelone environ 2h30 plus tard (le TGV met 1h20 !). Le système de défense des tours à signaux va perdurer jusqu'au traité des Pyrénées (1659), les pays catalans situés au nord des Pyrénées étant annexés par la France, rendent inutile le système des tours. Vauban réorganise entièrement le système de défense en abandonnant les tours à signaux au profit d'imposantes fortifications capables d'assurer elles-mêmes leur défense.

Architecture civile

Viggo Dorph Petersen : l'architecte du rêve Art nouveau

Dans le département, au gré de ses pérégrinations, on ne manque pas de remarquer ces châteaux et demeures, aux paradoxales et savoureuses notes bavaroises ou aux airs de belles résidences de bord de Loire qui ornent, ci et là, les Pyrénées-Orientales. Majestueuses, élégantes et rarement discrètes, ces constructions quelque peu « exotiques » en ce paysage méditerranéen, sont l'œuvre de l'architecte danois Viggo Dorph Petersen (Barfredsshøj,1851 – Perpignan, 1937), qui influencé par l'Art nouveau barcelonais, mélangera allègrement l'esthétique élancée du néo-gothique au romantisme des châteaux de Bavière. C'est fin XIXe, début XXe siècle, en pleine période Belle Epoque, que cet architecte de talent marquera de son empreinte si caractéristique les constructions de la grande bourgeoisie locale qui ose enfin, à l'instar de ce qui se passe partout en Europe, afficher de façon totalement décomplexée, sa réussite économique et son attraction pour un certain luxe ostentatoire. Dimensions imposantes, tourelles aériennes, clochetons ouvragés, longues fenêtres asymétriques, bow-windows et médaillons floraux de céramique en façade forment d'audacieux, mais harmonieux, mélanges de styles auxquels de nombreux notables du terroir, désirant afficher leur fortune et leur bon goût, succombent. On doit à Petersen quelques-unes des demeures les plus originales de cette charnière des deux siècles derniers parmi lesquelles les Château Valmy (Argelès) et d'Aubiry (Céret). Cet amoureux inconditionnel des Pyrénées-Orientales, que fut Viggo-Dorph Petersen, passera le restant de sa vie dans son département de cœur. Désigné vice-consul du Danemark à Perpignan en 1909, il s'éteindra dans sa ville d'adoption en 1937. Atypique et novateur, il nous a laissé un patrimoine impressionnant et une des plus belles pages de notre héritage contemporain.

Ouvrages d'art

La ligne de chemin de fer du Train jaune (el tren groc) est sans contestation une prouesse technique à elle seule. Pas moins de 650 ouvrages d'art ont été nécessaires à sa construction sur seulement 60 kilomètres qui séparent Villefranche-de-Conflent de Latour-de-Carol. Qui dit mieux ? Le pont Séjourné (également nommé le pont de Fontpédrouse) en est une preuve à lui seul. Construit en 1906-1908, ce viaduc ferroviaire en maçonnerie mesure 236,70 mètres de long et culmine à 65 mètres au-dessus du lit de la Têt et de la nationale 116. Malgré plus d'un siècle de bons et loyaux services, il n'a pas pris une ride et permet le passage de 400 000 voyageurs par an par tous les temps. Un ouvrage qu'il serait dommage de contempler depuis la route, le plus impressionnant restant sa traversée à bord du « Canari ».

MUSIQUES ET SCÈNES

La musique a toujours été un moyen de communication entre tous les peuples du monde. Qu'elle soit gutturale, sans doute à l'époque de l'Homme de Tautavel, rituelle louant les dieux dans l'Antiquité, religieuse plus tard, elle évoque toujours des sentiments de joie souvent et bien sûr de tristesse. Le département des Pyrénées-Orientales, terre d'accueil s'il en est, a connu au fil des siècles un brassage de populations venant des rives de la Méditerranée. Ce mélange de cultures nous donne notre identité avec nos sardanes, cette ronde qui se danse main dans la main, symbole fort de cette communion des peuples, les havanères, les rumbas catalanes... Tradition rime aussi avec modernité et le XXe siècle nous offrira deux grands compositeurs visionnaires: Pablo Casals et Jordi Barre.

Des musiciens, compositeurs, poètes...

- **Déodat de Séverac – 1872-1921**. Ce compositeur qui mourut à Céret, exprima son amour de la région dans un opéra : Le Cœur du Moulin, et plusieurs recueils pour piano d'une grande beauté.
- **Pablo Casals 1876 -1973**. Le célèbre violoncelliste espagnol qui révolutionna l'histoire de cet instrument à cause de sa façon moderne d'en jouer fuit le régime franquiste en 1939 et s'installe définitivement à Prades en Conflent. Il y crée le fameux Festival en 1956. Le maître ne bouge plus ; les artistes et le monde viendront à lui.
- **Jordi Barre 1920- 2011**. Lorsque les vignobles cernaient la cité (jusqu'aux années 1950), le catalan était la langue de tous et même la langue de la vigne, selon les anciens. Ce besoin de retrouver ses racines à peut-être poussé les catalans du nord à s'approprier Jordi Barre. Le chantre de la Nova Cancó catalana s'est éteint à 91 ans et sa voix de crooner donne toujours le frisson. L'homme aux 200 compositions a laissé un grand vide.
- **Cali**. Ce jeune musicien du Vallespir a réussi à Paris mais n'a pas oublié son Pays Catalan. Après une jeunesse à écumer les bars du département avec son groupe Tom Scarlett, Bruno Calicciuri (c'est son nom), compositeur de talent a su imposer son style et gagner le cœur d'un large public.
- **Gérard Jacquet**. Auteur, compositeur, interprète, poète et conteur, Gérard Jacquet a été, durant de nombreuses années, animateur sur France Bleu Roussillon. Ses chansons à vivre et à rire, sont le reflet de notre vie d'ici, des places de villages, des anciens qui tapent le carton et des mamies qui palabrent devant les pas de porte. Se définissant comme una soca, une souche, avec des racines longues et profondes, indéracinable il reste un des principaux passeurs de nos traditions.

La sardane

Image incontournable de l'identité catalane, symbole de paix et d'amitié, la sardane se danse sur les places publiques des Pyrénées-Orientales et de la Catalogne-sud. La sardane se danse en cercle fermé alternant, en principe, un homme et une femme. Les mains enlacées et les bras tendus vers le ciel, les danseurs font tantôt des pas à droite, tantôt à gauche et également sur place. Danse festive et populaire par excellence, Il est de coutume de faire une place à toute personne qui veut entrer dans la ronde. D'aspect plutôt facile, cette chorégraphie à pas comptés est en fait très élaborée. Le rythme est donné par un orchestre traditionnel catalan, nommé une cobla. Quant à son origine, on peut assurer qu'elle remonte au XVIe siècle et qu'elle est née en Catalogne-sud.

© IVICA DRUSANY - SHUTTERSTOCK.COM

Statue du violoncelliste Pablo Casals.

© MARCOZOUVEK - SHUTTERSTOCK.COM

Danse de sardane à Cerbère.

Autre certitude, c'est que sa version actuelle est née au XIXe siècle sous l'impulsion d'un musicien nommé Pep Ventura et du chorégraphe Miquel Pardas. Durant la période franquiste, la sardane fut interdite en Catalogne-sud, mais comme une bravade face à la dictature, on continuait à la danser jusque sur le parvis de la cathédrale de Barcelone. La sardane fut connue hors de Catalogne grâce à « L'oratorio » de Pablo Casals et la chanson de Charles Trenet « La jolie sardane » composée sur une musique rappelant la danse catalane.

Les Havanères

Les Havanères sont un genre musical né à La Havane vers 1830 assimilées ici aux chants de marins. Au cours du XIXème siècle, nombreux étaient les catalans qui partaient tenter de faire fortune à Cuba (de nos jours, beaucoup de Cubains portent des noms de famille catalans comme Partagas, la marque de cigares de renommée mondiale). Ceux qui effectuaient régulièrement des traversées entre le vieux continent et les Caraïbes, à bord de navires dont les calles débordaient de rhum et de tabac, ramenaient avec eux, à chaque voyage, un peu de culture des iles. En 1905, lorsque la guerre qui opposait Cuba et l'Espagne éclata, ils furent contraints de quitter l'ile emportant avec eux dans leurs mémoires, ces chants chaloupés aux accents mélancoliques mêlés de gaité, de sarsuelas, qui rappellent parfois des airs de fado, de flamenco et de rythmes africains. Les termes abordés tournent principalement autour de la mer, du marin, de son environnement et surtout de la femme. Accompagnées de guitare, accordéon et contrebasse, les havanères sont transmises oralement jusqu'à s'ancrer dans la culture catalane.

La Rumba Catalane

Au même titre que la sardane ou les havanères, la rumba catalane fait partie de notre patrimoine culturel et elle est sans doute celle qui interpelle le plus large public. Musique métissée empreinte de salsa, mambo, flamenco et saupoudrée de notes de rock, jazzy, voire plus si affinités… elle connait un succès international. Née dans les années 50, dans les quartiers de Barcelone, et plus exactement dans le quartier du Raval, on en attribue la paternité à deux musiciens gitans « Orelles » et « Toqui », mais c'est sous l'impulsion du grand musicien Pedro Pubill Calaf (1935-2014) dit Peret, qu'elle prendra sa dimension universelle. Peret est, en effet, l'inventeur du fameux « ventilador », technique qui consiste à percuter avec la main droite la caisse de la guitare tout en pinçant les cordes dans un mouvement rythmique qui n'est pas sans rappeler les pales d'un ventilateur. Le 9 août 1992, les rumbas de Peret animèrent la cérémonie de clôture des jeux olympiques de Barcelone devant un milliard de téléspectateurs. En France, c'est à Perpignan, au sein de la communauté gitane du quartier Saint Jacques que la rumba catalane est introduite au début des années 70. Elle ne tarde pas à se répandre comme une trainée de poudre dans les quartiers Saint Mathieu et du Haut Vernet pour donner naissance à une rumba perpignanaise poignante et musclée au rythme vibrant et authentique défendue avec une talentueuse passion par les groupes locaux. Source d'inspiration pour nombre d'artistes, il y a pléthore de groupes au succès planétaire qui mêlent aujourd'hui la rumba catalane à d'autres genres musicaux. A noter que depuis une dizaine d'années, un dossier est en cours d'étude pour sa reconnaissance comme Patrimone Culturel Immatériel de l'UNESCO.

BEAUX-ARTS

Notre département est une terre d'artistes : sculpteurs, peintres, musiciens... Ils sont nombreux à profiter de la nature et de la lumière incomparable des Pyrénées-Orientales et de s'en servir comme source d'inspiration. Beaucoup d'artistes sont venus immortaliser les paysages de notre terre catalane. Dans les lieux culturels, on retiendra le Musée Hyacinthe Rigaud de Perpignan et le Musée d'Art Moderne de Céret qui sont les témoins du passage des grands artistes du XXème siècle. Ils y ont laissé de nombreuses œuvres comme trace de leur passage. Picasso, Dali, Gris, Soutine, Chagall, Herbin, Matisse, Masson, Krémègne, Miro, Tapiès, Toni Grand, Bioulès pour ne citer que ceux-là ont posé leurs chevalets pour conter Collioure, la Méditerranée, le Vallespir ou nos montagnes des Pyrénées à grand renfort de couleurs flamboyantes. Petit tour d'horizon des plus grands noms...

Sculpture

Aristide Maillol – 1861-1944

Né à Banyuls-sur-Mer, le plus grand sculpteur du XXème siècle n'eut cesse de célébrer la beauté et la grâce du corps féminin à travers des formes d'une grande simplicité. Les modèles auprès desquels il puisa son inspiration étaient les jeunes filles en fleur de son village. Ses nus sont exposés à Banyuls, Perpignan, Céret, mais aussi à Paris.

Célestin Manalt – 1867 – 1942

Né à Perpignan, ce touche-à-tout de génie, pourtant méconnu du grand public, a été tapissier, luthier, puis violoniste avant de se consacrer à la sculpture. Ses œuvres appelées : le Doute, l'Effort, la Prostituée, le Mendiant, l'Enfant aux cymbales, l'Homme de la terre ou le Violoncelliste sont exposées dans les rues de Perpignan, au square Bir-Hakeim ou sur la promenade des platanes.

Peinture

Hyacinthe Rigaud 1659–1743

Peintre officiel de Louis XIV puis de Louis XV, et portraitiste par excellence des élites européennes, il peint La Fontaine, Boileau, Racine, Vauban, Bossuet... Beaucoup de ses toiles sont exposées au musée qui porte son nom au cœur du vieux Perpignan.

Henri Matisse et André Derain : le Fauvisme

Ils ne sont pas Catalans mais le célèbre et audacieux mouvement pictural qu'ils créèrent est né en Pays Catalan. Au cours de l'été 1905, Matisse et Derain séjournent et travaillent ensemble à Collioure dans une lumière dorée qui efface les ombres. Ils commencent à utiliser des couleurs complémentaires appliquées par touches larges et énergiques, cherchant un équivalent de la lumière et non son rendu exact. Les Fauves rejettent la palette impressionniste aux tons doux et miroitants pour les couleurs pures et vives. « Il n'y a pas en France de ciel plus bleu que celui de Collioure... Je n'ai qu'à fermer les volets de ma chambre et j'ai toutes les couleurs de la méditerranée chez moi » (Henri Matisse).

Salvador Dali 1904-1989

L'illustrissime peintre né à Figuères et ses fantasmagoriques envolées littéraires qui lui ont valu cette analyse cabalistique de la gare de Perpignan comme étant le centre métaphysique du monde. Et ce que disait le divin Dali, comme il aimait à se surnommer, ne pouvait évidemment être mis en doute. Son musée qui lui est entièrement consacré à Figuères est à ne pas manquer.

Portrait de Louis XIV en costume de sacre, peint par Hyacinthe Rigaud, huile sur toile, 1701.

LITTÉRATURE

La littérature nord-catalane semble, pour « l'étranger au pays », pauvre à première vue. Mais pour les autochtones que nous sommes, elle est, en réalité, riche pour qui comprend notre langue. Mis à part les écrivains célèbres de la fin du XIXe siècle à nos jours, d'illustres inconnus ont laissé les traces de notre riche patrimoine culturel au travers des contes et légendes du Pays catalan. Une boutique, la Lliberia Catalana, place Jean Payra à Perpignan, s'en est fait la spécialité et possède une multitude de titres allant des contes et légendes pour enfants aux livres d'histoire, d'architecture, d'auteurs contemporains du cru en passant par les romans et les bandes dessinées locales. Petit tour d'horizon des auteurs...

Des romanciers

Ludovic Massé 1900-1982

Instituteur, cet enfant du Conflent, près d'Olette, se distingua par sa sensibilité et son anticonformisme. Il fut un des porte-flambeau de la littérature campagnarde et prolétarienne. Auteur d'un grand nombre de livres glorifiant la campagne roussillonnaise – *Le Mas des Oubells, Ombres sur les champs*... Il fut un temps journaliste et participa à la création du Cri Cérétant.

Claude Simon 1913-2005

Couronné en 1985 Prix Nobel de littérature pour l'ensemble de son œuvre, Claude Simon a longtemps résidé rue de la Cloche d'Or à Perpignan avant de partir pour Paris. Mais il avait une maison à Salses où il aimait se ressourcer. Dans son roman l'Acacia, l'écrivain trace de longues et très belles descriptions d'une ville qui ne nomme jamais. Cette ville est évidement Perpignan, la cité de son enfance.

© FELIPE CAPARROS - SHUTTERSTOCK.COM

Statue du poète Antonio Machado.

Et des poètes

Josep-Sebastià Pons 1886-1962

Un classique de la littérature catalane. Poete d'Ille sur Têt et des Aspres, il est resté fidèle à la langue du pays à l'époque de la francisation intense. Ses nombreux recueils poétiques Roses i xipers, Canta perdiu, L'aire i la fulla... et ses contes en prose ont donné aux lettres nord-catalanes qualité, rigueur et reconnaissance.

Jordi-Père Cerdà (Antoni-Cayrol) 1920-2011

Poète dramaturge, auteur de contes et de prose, il est né à Saillagouse en Cerdagne, (comme l'indique son pseudonyme). Il est l'auteur nord catalan le plus primé : Prix de littérature de la Generalitat (1989), Prix National de Littérature(1999), Croix de Sant Jordi - la Légion d'Honneur catalane (1986) et prix d'Honneur des Lettres Catalanes (1995).

Antonio Machado 1875 - 1939

Grand poète espagnol né en 1875 à Séville, il fuit la dictature espagnole à cause des idées politiques. Le 22 janvier 1939, entouré de sa famille et de quelques amis, il quitte Barcelone et choisit Collioure comme lieu d'exil. Recueilli à la Casa Quintana, épuisé et malade, le poète meurt le 22 février 1939. Devenu symbole de l'exil, il n'a cessé de grandir dans le silence de Collioure ou il repose toujours, sous une tombe modeste dans le vieux cimetière du village. Son vers le plus célèbre demeure « El camino se hace andando » (le chemin se dessine en marchant).

La nouvelle génération

Citons Joan-Lluis Luis avec une dizaine de romans et essais à son actif. Citons encore Gérard Jacquet et ses *Petits Dicos d'Acqui*, Hélène Legrais et ses magnifique romans qui nous narrent les années 1890 avec ses *Tans bordeuses d'Oranges – Les enfants d'Elisabeth* (à vous tirer les larmes) – *Le Front dans l'Azur* (sur la guerre civile en Espagne) ... Mais aussi Patrick Gifreu, Joan Tocabens (parolier de Jordi Barre) ....

DÉCOUVRIR

QUE RAPPORTER ?

Toujours la même question où que l'on se trouve : « Que pourrions-nous bien rapporter comme souvenir de notre séjour ? » Pas de panique, ici, vous avez le choix ! Nous allons essayer de vous donner des pistes afin que vous trouviez votre bonheur, selon vos envies, votre budget ou vos goûts, que ce soit une petite attention pour votre famille, vos amis ou pour votre plaisir à vous. Quel que soit l'endroit du département où vous avez séjourné il y a une spécialité gastronomique ou artisanale qui vous fera craquer. Et si vraiment vous n'avez plus d'argent par ce que vous avez tout dépensé, n'oubliez pas que les plus beaux souvenirs resteront ceux que vous avez vécus ici, faits de rencontres amicales au milieu de paysages extraordinaires ou autour de bonnes tables et d'un verre de vin. Les images du Pays Catalan que vous emporterez avec vous resteront à jamais dans votre cœur, et cela n'a pas de prix.

Du côté culinaire...

Des gourmandises sucrées

Pour les biscuits et gâteaux de voyage, les rousquilles, croquants et autres panellets sont la solution idéale... si toutefois vous ne les mangez pas pendant votre voyage. Les miels feront aussi un beau cadeau ou souvenir. Notre territoire est si diversifié que les abeilles ont le choix des fleurs à butiner. Miel de châtaigner, de rhododendron, de thym, de garrigue et tant d'autres…

et des spécialités

Les anchois de Collioure, au sel ou à l'huile sont des valeurs sûres toujours appréciés. Les 2 seules maisons de transformation de l'anchois à Collioure sont les établissements Roque et Desclaux, la visite de leurs ateliers est un régal.

La moutarde de Cerdagne qui pousse à l'état sauvage dans nos montagnes vous fera oublier les moutardes que vous connaissez déjà.

Le vinaigre de Banyuls est plébiscité par les plus grandes tables du monde entier qui se l'arrachent. Invitez-le à la vôtre.

Les huiles d'olive, faites à partir de variétés locales pour des huiles artisanales. L'olivère, la plus cultivée ici, la courbeil, l'argoudeil, la verdale et la golry, toutes sauront donner du « peps » à vos plats.

Incontournable, la charcuterie de montagne en convertirait les végétariens. Avec ces porcs élevés en pleine nature, nourris de glands, de pommes et autres végétaux, rien que du bon et du bio pour des saucissons, des pâtés (en conserves, plus facile à transporter) et des saucisses.

Enfin, n'oublions pas les fromages. Vache, brebis ou chèvre, les fromages de nos alpages sont des exemples de souvenirs gourmands certes plus délicats à transporter si vous devez traverser la France.

A boire...

Les vins. Emportez avec vous le soleil en bouteille ! Les vins tranquilles rouges, blancs ou rosés de nos diverses appellations ou encore nos Vins doux naturels que les sommeliers du monde entier s'arrachent. Maury, Banyuls blancs, ou rouges véritables spécificités du département ainsi que Muscat de Rivesaltes.

La bière. Vous trouverez de multiples brasseries artisanales, dont une est primée « Meilleure Bière du Monde » et une autre « Meilleure bière belge au monde » ! Non, vous ne rêvez pas vous avez bien lu.

Des produits artisanaux

Tissage et toiles catalanes

Les Toiles du Soleil de la Maison Quinta à Saint-Laurent de Cerdan ou à Perpignan pour un chez vous aux couleurs du pays catalan.

Les espadrilles

Plus que des chaussures, des « vigatanes » (espadrilles catalanes) ! Prenez soin de vos pieds avec les véritables vigatanes. Deux fabricants : Création Catalane et Payote.

Le grenat

Bijou catalan de plus en plus à la mode. Alors pourquoi ne pas offrir un grenat catalan, la pierre que toutes les dames d'ici aiment à porter en bague, bracelet, boucles d'oreilles ou collier ?

Et pour les petits budgets

Un vrai bon tuyau, à Perpignan ! Rue Lazare Escarguel, derrière la préfecture, il y a la seule boutique de souvenirs dont les produits sont *made in Catalunya*, la boutique Visca aux prix tous petits puisque certains articles sont à moins de 1€.

SPORTS ET LOISIRS

Le département des Pyrénées-Orientales est le paradis des sports et loisirs de pleine nature. Balades à cheval et golf permettent notamment de s'oxygéner en toute saison. Et l'ouverture sur la mer Méditerranée du Barcarès à Cerbère offre une telle variété de littoraux que l'on peut pratiquer tous les sports, de la plongée sous-marine à la navigation de plaisance, en passant par la planche à voile, le kite-surf, kayak de mer... A l'intérieur des terres, sur les cours d'eau et les bases d'eaux vives, les amateurs de canyoning, rafting, hydro speed, nage en eaux vives, ou tubbing auront de quoi éprouver des sensations. La pêche en mer, en lac et en rivière est une activité saisonnière tout aussi bien sportive que ludique. Entre Cerdagne et Capcir, 450 km de pistes de ski nordique, 180 km de pistes de ski alpin, plus de 250 km de sentiers pour raquettes et 9 snowparks complètent l'offre hivernale.

Terre de rugby

Ici, le sport, c'est d'abord et avant tout le rugby ! Sept fois champion de France (et autant de finales perdues !), le dernier bouclier de Brennus datant de 2009, l'USAP, le club emblématique du rugby à XIV est revenu dans l'élite du Top 14. « És més que un club » (c'est plus qu'un club) selon la formule. Même en pro D2 les supporters sont restés fidèles à leur équipe, le stade Aimé-Giral n'a jamais aussi bien porté son surnom de «cathédrale», car le Roussillon est depuis longtemps un vivier à champions dans ce domaine. On ne peut parler du XV sans rendre hommage aux équipes féminines de l'USAP et du SO Villelongue qui portent fièrement les couleurs catalanes bien au-delà du département et aux espoirs USAP champions de France de en 2017 et champions de France de pro D2 en 2021. Le rugby à XIII passionne également les foules qui suivent de près les exploits des Dragons Catalans, seul club de XIII accepté au sein de la Super League professionnelle anglaise depuis 2006 et unique équipe française à avoir gagné une coupe d'Angleterre en 2018.

Plongée sous-marine

Du Barcarès à la réserve marine de Banyuls-Cerbère (classée parmi les 10 plus beaux spots de plongée en France), les Pyrénées-Orientales dévoilent un très riche univers sous-marin, accessible à tous. En snorkeling (avec palmes, masque et tuba) ou avec une bouteille, dans des profondeurs de 0 à 25 m, débutants et confirmés pourront découvrir des fonds d'éboulis rocheux et des formations coralligènes de toute beauté où évoluent sars, daurades royales, mérous, corbes, dentis, raies, barracudas...

DÉCOUVRIR

© PEOPLEIMAGES - SHUTTERSTOCK.COM

Les aventuriers dans l'âme partiront dans l'exploration d'épaves : Le Bananier, l'Astrée, le Saumur, le Saint Lucien, le Pythéas... pour des plongées mémorables. A noter que certains centres sont accessibles aux personnes à mobilité réduite et aux déficients visuels sur Banyuls-sur-Mer.

Sur toute la côte, des clubs de plongée vous accueilleront pour une immersion totale en Pays Catalan ! Et puis, mis à part la plongée en mer, il est possible de plonger en plein hiver, sous la glace au lac de Matemale entre Les Angles et Formiguères. Renseignements auprès des offices de tourisme.

Alpinisme, escalade et via ferrata

Les Pyrénées-Orientales sont un département qui offre, du pourtour méditerranéen aux sommets pyrénéens, un formidable terrain de jeu avec des sites naturels diversifiés tant en termes de difficultés que d'environnement. Avec plus de 700 voies d'escalade, les falaises calcaires de Vingrau et de Tautavel constituent un des plus grands «spots» d'Europe.

La via ferrata est accessible même aux moins expérimentés puisqu'elle ne fait appel à aucune technique particulière. Entre ponts de singe, passerelles de bois, tyroliennes, barreaux et échelles, les aventuriers pourront également faire le plein de sensations le long « des voies de fer » de Saint-Paul-de-Fenouillet avec la « Panoramique » et la « Pichona » ou « les Escaldilles » de Llo. Toujours plus haut ! Des grandes voies granitiques du massif du Canigó, aux fissures du pic des Baillettes, en passant par les belles goulottes du Malaza, les couloirs du Cambre d'Aze, les sommets des Pyrénées catalanes sont taillées pour l'alpinisme.

Un conseil, n'y allez jamais seul, même si vous êtes un grimpeur confirmé, des clubs et des structures sont là pour vous conseiller, vous accompagner et vous équiper.

Golf

Le plus grand et le plus connu est celui de Saint-Cyprien construit entre mer et étang. Son parcours 18-trous s'intègre au cœur d'une réserve ornithologique et son 9-trous se niche au milieu d'une pinède, ce golf ravira tous les passionnés, du débutant au joueur confirmé. On se laisse aisément charmer par le côté « bout du monde » du 18-trous de Falgos. Perché à 1 100 m d'altitude, en limite de la frontière espagnole, juste au-dessus de Saint-Laurent-de-Cerdans, il offre des formules all inclusive qui oscillent entre simplicité et luxe. Quelques kilomètres en aval, on pourra taper la balle sur le golf compact 7-trous d'Amélie-les-Bains. En bordure du Tech, il est idéal pour faire ses débuts ou pour travailler son « petit jeu ». On reprend une sacrée hauteur avec le golf de Font-Romeu et ses allures de nid d'aigle. Juché à une altitude moyenne de 1 800 m, cet éprouvant 9-trous de montagne étire son parcours vallonné dans une forêt de pins traversée par une rivière. On regagne le plancher des vaches et on boucle la boucle avec le 9-trous de Montescot à seulement 10 minutes de Perpignan. Son panorama exceptionnel à 360°, vous permet d'épouser d'un seul regard toutes les beautés du Pays Catalan.

Via ferrata à Saint-Paul-de-Fenouillet.

Pêche

De Matemale au Cap Bear, l'eau des Pyrénées-Orientales donne la pêche ! Avec 275 cours d'eau, 1 396 km de rivières, 60 lacs de montagnes regroupés en chapelets, 435 ha de plans d'eau et plus de 60 km de côte méditerranéenne, ici pêcher se conjugue au pluriel. En montagne, c'est surtout la truite fario et arc-en-ciel qu'on taquine dans la multitude de lacs, plans d'eau, sources, cours d'eau et étangs aux eaux fraiches et cristallines. En descendant, l'important réseau de rivières du département, entre fosses et plages qui s'alternent avec des calmes et des courants, offre d'excellents spots pour pêcher l'une ou plusieurs des 29 espèces répertoriées. Les plans d'eau qui s'égrènent dans toutes les Pyrénées-Orientales sauront réserver de longues heures de suspens, de calme et parfois de prises surprenantes à tout pêcheur qui saura s'armer de patience. La Fédération de Pêche édite un topoguide très complet des différents parcours que vous pouvez télécharger sur www.peche66.org. En mer, amateurs de surf casting ou de pêche au gros trouveront leur bonheur. Plages, jetées et rochers de schiste vous accueilleront pour pêcher daurades, loups, et autres mulets. A bord d'une embarcation et pas trop loin du rivage, on pêche des galets, des grondins, des merlans et des congres à profusion. Sur toute la côte, de nombreux clubs vous accueilleront, histoire de partager quelques vives émotions.

Sports d'eaux vives

Dans les Pyrénées-Orientales, c'est avec brio que rivières et torrents ont patiemment creusé leur chemin dans la roche des montagnes pour sculpter vasques bouillonnantes, biefs, toboggans lustrés et cascades. Ici, c'est un pays où l'eau se joue de la pierre et se laisse éclabousser de mille rayons de lumière. Ce terrain de jeu naturel accessible à tous, mais toujours accompagné de guides confirmés, est le lieu idéal pour s'adonner aux palpitants plaisirs pluriels du canyoning. Les plus aguerris et les plus sportifs apprécieront les gorges du Llech, du Cady et de Taurinya dans le massif du Canigó, tandis que les familles et les novices pratiqueront cette discipline dans la Castellane à Molitg-les-Bains ou dans le Gourg des Anelles au-dessus de Céret. Les plus sages pourront découvrir la randonnée aquatique dans les impressionnantes gorges de Galamus, alors que les frileux et les amateurs de sensations nouvelles essayeront le canyoning d'eau chaude à Thuès-les-Bains !

Autre plaisir, autres sensations, l'hydrospeed – également nommé « nage en eaux vives » – est une activité toujours relativement peu connue qui consiste à descendre une rivière, en toute sécurité, la moitié supérieure du corps allongée sur une sorte de luge en mousse rigide. Equipé de palmes, d'une combinaison, de chaussons, d'un gilet de sauvetage et d'un casque. Cette activité physique réserve son flot de sensations et de fous rires entre jeux avec les courants et slaloms entre les rochers... Les moins téméraires pourront également s'amuser avec le Tubing où vous descendrez assis sur une grosse bouée dans les eaux plus calmes du côté de Marquixanes.

Sports d'hiver

Le domaine skiable des Neiges Catalanes qui s'étend du Haut-Conflent à la Cerdagne et le Capcir compte 9 domaines. Si vous doutez encore de la diversité de l'offre, voici quelques chiffres qui vous feront certainement changer d'avis : plus de 180 km de pistes de ski alpin, près de 100 remontées mécaniques, 1 250 canons à neige, 450 km de ski nordique, près de 340 moniteurs, 14 écoles de ski, plus de 250 km de sentiers raquettes et 9 snowparks. Les stations, toutes très bien équipées, rivalisent de créativité pour nous offrir toujours plus d'émotions et de plaisirs à savourer entre amis ou en famille. Et afin que chacun puisse profiter pleinement de son séjour, les Neiges Catalanes ont mis en place un ski-pass commun aux huit domaines – Font-Romeu Pyrénées 2000, Porté-Puymorens, Puigmal-Pyrénées-Cerdagne, Espace Cambre d'Aze (Eyne et Saint-Pierre-dels-Forcats), Puyvalador, La Quillane, Les Angles et Formiguères – qui permet de skier sur l'ensemble des domaines. Quant à la station climatique de Font-Romeu, elle bénéficie d'infrastructures sportives de qualité qui lui permettent d'accueillir régulièrement des sportifs de haut niveau. Les équipes de France de football et de rugby y font leur stage d'oxygénation tout comme les nageurs, les cyclistes et bien sûr les équipes nationales de sports individuels ou collectifs du monde entier. www.neigescatalanes.com

Le ski de fond pour des sommets d'émotions !

Les espaces nordiques des Pyrénées Catalanes se caractérisent par leur altitude comprise entre 1 500 m et 2 200 m ainsi que leur enneigement remarquable et leur ensoleillement exceptionnel. Leur situation permet d'évoluer dans un paysage grandiose et sauvage, baigné de lumière et de silence et ce, sur les plus de 240 km de pistes balisées et sécurisées dédiées au ski de fond que comptent la Cerdagne et le Capcir. Entre panoramas grandioses, denses forêts, plateaux et pics acérés, on se laisse séduire par l'authenticité des sites tout au long des sentiers sportifs, ludiques ou débutants... tout en songeant que c'est certainement sur ces mêmes traces que les frères Fourcade se sont préparés à leurs exploits sportifs. Vous êtes ici sur une terre de champions !

GASTRONOMIE

La cuisine catalane ressemble à la diversité des paysages de cette belle région, entre mer et montagne. Elle fait la part belle aux légumes frais ainsi qu'aux fruits gorgés de soleil, mais également aux féculents, à l'huile d'olive, à l'ail, au thym, aux fruits secs, au miel et aux épices. A cela s'ajoutent toutes les richesses de la Grande Bleue et des viandes très variées, comprenant la volaille, l'agneau, le lapin, le veau, le gibier sauvage et le porc qui est une constante dans la cuisine catalane. On ne peut pas faire l'impasse sur l'escargot « petit gris » qui occupe une place toute particulière dans notre gastronomie. Du côté des douceurs, les Catalans ont la réputation d'être gourmands, les amandes et les pignons de pin sont largement utilisés. Variée, colorée, parfumée, cette cuisine s'inscrit dans une longue tradition inspirée des grandes influences latines, grecques, mais également arabes ou juives.

Les spécialités locales

L'huile d'olive

Le département fut longtemps le 1er producteur d'huile d'olive en France, mais la viticulture a pris le dessus après le gel de 1956. Délaissée durant de nombreuses années, la culture des oliviers connaît un renouveau depuis les années 90 et le mouvement ne cesse de s'amplifier. Dans les Pyrénées-Orientales, on recense une grande diversité de variétés. La Cueillette est manuelle et les oléiculteurs sont nombreux à ouvrir leur domaine pour faire découvrir un savoir-faire ancestral.

Els cargols

Lorsqu'on parle de cuisine catalane, on ne peut faire l'impasse sur l'escargot « petit gris » qui occupe une place toute particulière dans notre gastronomie. Grillés ou dans une onctueuse sauce relevée, ces gastéropodes occupent une place de choix dans le cœur des Catalans.

Les anchois

Collioure est réputée pour sa spécialité d'anchois depuis le Moyen Âge. Les anchois de Collioure bénéficient d'un label IGP (Indication Géographique Protégée) depuis 2004. Dans les deux ateliers de production qui fonctionnent encore dans le respect de la tradition artisanale (Roque et Desclaux), les anchois sont salés manuellement, puis étêtés, éviscérés et placés en couronne dans des barils de saumure durant au moins une centaine de jours pour obtenir une chair fine, délicate, fondante et rouge brun foncé, à l'arôme et au goût incomparables. Ils sont ensuite conditionnés, au sel, en saumure ou recouverts d'huile d'olive, dans des bocaux de verre.

Les produits du terroir

Viandes et charcuteries

Notre territoire spécifique, fortement influencé par le relief, permet de pratiquer la transhumance des troupeaux et de valoriser au maximum la pro-

Els cargols.

VOS VACANCES EN MÉDITERRANÉE
Sirène Holidays
campings clubs
★★★★★
Aire de jeux géante
Piscines couvertes & chauffées
Toboggans - Animations
Restaurants - Bars - Clubs
Salle de spectacle
Mobil home Luxe...
CAMPING***** LA SIRÈNE
ARGELÈS-SUR-MER
+33 (0)4 68 81 04 61
www.camping-lasirene.fr

Marre des vacances ruinées car tous les bons plans affichaient complet en dernière minute ?
my petit fute
M'A RECONCILIÉ AVEC LES GUIDES DE VOYAGE : SUR MESURE, PAS CHER ET DISPO SUR MON SMARTPHONE
VOTRE GUIDE NUMÉRIQUE SUR MESURE EN MOINS DE 5 MINUTES POUR 2,99 €
mypetitfute.fr
© COOLFINGER101 - STOCK.ADOBE.COM

duction de viande à base d'herbe et de végétaux. Des labels comme le porc Tirabuxo, les veaux Rosé des Pyrénées ou Vedell, l'agneau catalan « Xai » font la fierté des Catalans et le bonheur des gastronomes. La charcuterie catalane est par tradition, élaborée en montagne, notamment en Cerdagne. Elle tient une place très importante dans la gastronomie et la gourmandise locale. Jambons secs de montagne et pâtés goûteux, saucisses, saucissons et boudins ont toujours leur place sur les tables de la région. Pour un Catalan, il est impensable de faire une cargolade (escargots grillés sur une braise de sarments de vigne) sans qu'un joli tourbillon de saucisse et quelques boudins ne soient également grillés. Evidemment, en entrée, pour patienter, on servira une belle tranche de pâté, catalan lui aussi, une autre de carn de perol (sorte de terrine de museau de porc), quelques tranches de saucisson sec et des morceaux de fuet (saucisse catalane séchée). C'est bon la vie !

Fromages et produits laitiers

Les éleveurs de brebis, chèvres et vaches bénéficient de la variété des paysages (littoral, plaine, piémont, et montagnes) qui donnent au lait des saveurs typées que l'on retrouve dans les fromages pyrénéens. La fabrication en est toujours artisanale ou BIO et se fait à la ferme ou à la bergerie. Les fromages au lait de vache ou de brebis viennent essentiellement des zones montagneuses (Cerdagne, Capcir, Haut-Conflent, Haut-Vallespir), leur distribution est plutôt confidentielle, on les trouve donc essentiellement sur les marchés ou, bien évidemment, directement chez le producteur. Les chèvres sont plus coriaces, leur élevage se fait donc sur tout le département et il existe un grand nombre de producteurs. Frais, secs, natures, cendrés ou agrémentés de fruits séchés, les fromages de chèvre sont pléthore. Pour avoir un vrai goût de Catalogne, laissez-vous tenter par le mel i mató. De vache, brebis ou chèvre, ce petit pot de fromage onctueux ultra-frais (le mató), généreusement nappé de miel du pays (le mel), est à lui seul une ode à l'art de vivre catalan.

Fruits et légumes

Les cultures maraîchères et fruitières sont une tradition dans le département baigné par plus de 300 jours de soleil. La plaine du Roussillon et ses dépôts alluvionnaires se prêtent à merveille à ces cultures qui ont besoin d'eau et de soleil. Le plus beau verger et potager de France vous invite selon la saison à déguster l'artichaut de la salanque, le « carxofa », la pomme de terre primeur du Roussillon « Bea du Roussillon », l'oignon rouge de Toulouges, la pêche et la nectarine ou les pommes de la vallée de la Rotja. Enfin, les plus célèbres et mondialement connues sont les cerises de Céret (dont les deux premières cagettes récoltées sont adressées tous les ans à l'Elysée) et l'abricot rouge du Roussillon AOC.

© BRAD PICT - STOCK.ADOBE.COM

Rousquilles.

Les douceurs

En Pays catalan, l'amour des bonnes choses n'est pas une légende et pour tout dire, un bon repas catalan ne saurait se terminer sans une délicieuse note sucrée, voire plusieurs...

En haut du palmarès, nous trouvons bien entendu :

- **La crema cremada** (crème catalane brûlée) : mondialement connue depuis quelques années, plus spécifiquement sous l'appellation de Crème Catalane, c'est une onctueuse crème anisée relevée de délicates touches de cannelle et zeste de citron, recouverte d'une fine couche craquante de caramel. On en sublime la saveur en l'accompagnant d'un petit verre de vieux muscat ou de rivesaltes ambré.
- **La rousquille** : Proust avait sa madeleine, tout Catalan à sa rousquille ou rosquille ! C'est un petit anneau de pâte fondante aux arômes d'anis et d'agrumes, recouvert d'une délicate couche de sucre glace. A goûter impérativement pour effleurer l'âme catalane, mais, s'il vous plaît, choisissez l'artisanale !

Les vins du Roussillon

L'amphithéâtre du Pays catalan est occupé sur les alluvions fertiles de la plaine du Roussillon par les cultures maraîchères et dans les basses vallées de la Têt et du Tech par les vergers. Quant à la vigne, elle s'épanouit sur les collines et coteaux des Aspres et du Fenouillèdes, sur les piémonts des massifs montagneux des Albères, des Corbières et du Canigó, et enfin elle s'accroche au dernier élan des Pyrénées vers la mer sur la Côte Vermeille.

La vigne est une plante « tout-terrain » qui s'épanouit sur des sols maigres et arides du fait de son enracinement très pénétrant et profond.

© LAURENT PIERSON

Vendanges en Pyrénées-Orientales.

La pauvreté des sols en Pays Catalan peut devenir la gloire du vigneron car la vigne, dans sa « souffrance », offre du fait de la faiblesse de ses rendements (nettement inférieurs à la moyenne nationale) une grande maturité et une richesse en sucre. On peut ajouter qu'aucun vignoble de France ne se trouve autant favorisé par une si longue période de chaleur et de luminosité, nombre de versants sud ou soulanes jouissant d'une ensoleillement parfait grâce à leur degré de pente ou leur exposition.

On voit bien que le vignoble du Roussillon se caractérise par l'extrême variété de son relief, de ses sols, de son climat et de la diversité de son encépagement en une aire géographique restreinte qui crée une marqueterie paysagère unique en France et dans le monde. Ce minuscule territoire à l'échelle mondiale offre aux vignerons une palette de terroirs issus des trois grandes ères géologiques !

D'un point de vue pédologique, on retrouve en Roussillon dans l'aire d'implantation de la vigne (en piémont et dans les bassins) des sols argilo-calcaires, des argilo-limoneux, des sols caillouteux, des schistes noirs, des schistes bruns, des arènes granitiques et du gneiss. C'est cette richesse naturelle qui a permis d'accueillir 25 cépages blancs et noirs donnant des vins uniques et typés.

La production

Le département compte 2 200 exploitations, 360 caves particulières et 29 caves coopératives (qui assurent 75% de la production). Dans le Roussillon, les vignes qui couvraient encore quelque 70 000 ha dans les années 60, représentent aujourd'hui 21 000 ha, dont 85 % sont classés. La production départementale est de 690 000 hl. Les Pyrénées Orientales se positionnent aujourd'hui au 9e rang des départements viticoles français, avec 2 % de la production nationale en volume, dont 80 % des Vins Doux Naturels de France.

Avec 14 AOC (Appellation d'Origine Contrôlée) et 3 IGP (Indication Géographique Protégée), les vins du Roussillon sont d'une grande richesse, à la fois fruités et corsés, chacun exprimant un caractère particulier, inspiré par la terre, le climat et le vigneron.

Les appellations AOC en vins secs :

- Collioure
- Côtes du Roussillon
- Côtes du Roussillon Villages
- Côtes du Roussillon Villages Caramany
- Côtes du Roussillon Villages Latour de France
- Côtes du Roussillon Villages Les Aspres
- Côtes du Roussillon Villages Lesquerde
- Côtes du Roussillon Villages Tautavel
- Maury Sec

Les appellations AOC en Vins Doux Naturels :

- Banyuls
- Banyuls Grand Cru
- Maury
- Muscat de Rivesaltes
- Rivesaltes

Les IGP en vins secs :

- Côtes Catalanes
- Côte Vermeille
- Pays d'OC

Parmi les 25 cépages utilisés de manière courante en Roussillon, voici les plus courants et emblématiques des Côtes du Roussillon :

Cépages blancs et gris : Grenache blanc, Grenache gris, Macabeu, Muscat à petits grains et Muscat d'Alexandrie.

Cépages noirs : Carignan noir, Grenache noir, Lledoner pelut, Mourvèdre, Syrah.

Vinification et élevage

Vins secs

Entre modernité et tradition, les vignerons ont adapté les nouvelles technologies à leur savoir-faire pour mettre en valeur les vins blancs, rosés et rouges de leurs différents terroirs. Aujourd'hui les contrôles de température de vinification et d'élevage sont omniprésents.

L'élevage des vins rouges se fait pendant deux ans en moyenne. Traditionnellement, il correspond à une maturation du vin en cuves pleines avant la mise en bouteilles. Pour certaines cuvées plus concentrées, l'élevage a lieu dans le bois, en barriques ou demi-muids.

Les Vins Doux Naturels

Le procédé du mutage arrête l'action des levures avant qu'elles n'aient pu transformer tout le sucre en alcool. C'est ainsi que les Vins Doux Naturels conservent une partie de la douceur naturelle contenue dans le fruit. Les Vins Doux Naturels Ambrés et Tuilés sont élevés au contact de l'air, généralement sous bois ou en cuves, de 36 mois à parfois plus de 20 ans...

TOP 10

GASTRONOMIE LOCALE

Bon profit (Bon appétit) ! Amis épicuriens, vous avez trouvé votre paradis, que Rabelais n'aurait pas renié. Vous l'avez remarqué, ici la convivialité passe par la table, les grillades et les cargolades font partie de nos gènes, le tout arrosé bien entendu d'un verre de divin nectar à consommer avec modération (ou pas ...).

ELEVAGE

Production de viande d'excellence : bœuf, veau, porc, canards gras, volailles…

© ALEKSANDR TALANCEV - SHUTTERSTOCK.COM

FRUITS

Le climat est propice à la culture fruitière : abricots, nectarines, pêches, kiwis, pommes, olives…

© LAURENT PIERSON

MIEL

La diversité de nos paysages offre aux abeilles une innombrable variété de fleurs à butiner.

© BRYCIA JAMES - ISTOCKPHOTO.COM

ESCARGOTS

Le Catalan est bien connu pour ses cargolades, le petit gris en est devenu l'emblème de certains villages.

© NITO - SHUTTERSTOCK.COM

LÉGUMES

Artichauts Mako ou violets, salades, tomates, poivrons, aubergines, courgettes et cultures maraîchères.

© ENKIPHOTO - ISTOCKPHOTO.COM

VINS TRANQUILLES

Des vins de grande qualité honorent désormais les plus grandes tables du monde.

© LAURENT PIERSON

GRILLADES

Les sarments de vigne donnent à nos grillades ce goût incomparable que vous ne trouverez qu'ici.

© GOR PHOTO - SHUTTERSTOCK.COM

FROMAGES ET PRODUITS LAITIERS

Vache, brebis, chèvre, mais aussi faisselle, tome et yaourts Cimelait de Cerdagne.

© ROCKERSTOCKER - SHUTTERSTOCK.COM

VINS DOUX NATURELS

VDN spécificité catalane dégusté nature ou en cocktail : Maury, Banyuls rouge ou Blanc et Muscat.

© NATHAUXUSA - ISTOCKPHOTO.COM

AÏOLI

De l'ail, de l'huile d'olive, un peu de sel, de poivre et beaucoup d'huile de coude.

© HANDMADEPICTURES - SHUTTERSTOCK.COM

AGENDA

Il est très difficile de résumer les actualités du département et n'oublier personne car le territoire est immense et vit 365 jours par an. La Méditerranée offre les fêtes nautiques en été avec les barques catalanes pavoisées pour la Saint Vincent à Collioure, les festivals de musique comme au Barcarès avec l'lectro-Beach Festival, les Déferlantes à Céret, le Festival Pablo Casals à Prades pour la musique classique. Au printemps, les Feux de la Saint Jean qui illuminent le Canigó avant d'embraser toute la Catalogne le jour du solstice d'été, Les Xicolatades de Palau de Cerdagne, en février, les fêtes de l'Ours du Vallespir à Arles-sur-Tech, Prats-de-Mollo et Saint-Laurent-de-Cerdan, le festival folklorique international de danse et musiques du monde à Amélie-les-bains, et bien sur nous en oublions... Ne passons pas à côté du festival de reportage et de photojournalisme VISA pour l'Image qui se déroule tous les ans à Perpignan.

LA ROMEUFONTAINE

38, avenue Emmanuel Brousse
FONT-ROMEU-ODEILLO-VIA ✆ 04 68 30 60 30
www.traildefontromeu.com
Réservations à l'office de tourisme.
www.font-romeu.fr

Font-Romeu est pour 2 journées la capitale mondiale des sportifs de l'extrême. Un trail en plein hiver à 1700 mètres d'altitude, une épreuve pour les costauds qui n'ont pas peur du froid. Une épreuve inhumaine pour la plupart d'entre nous, mais pour ces femmes et ces hommes un exercice qui fait mal, mais pas insurmontable. Une épreuve nocturne de 5 kilomètres et le lendemain 30 kilomètres avec un dénivelé D+1000, 21 km D+700 ou 12 km D+400, les connaisseurs apprécieront la performance. A voir au moins une fois dans sa vie à défaut de participer à l'épreuve.

FETE DE LA BUNYETTE ET DE L'OLIVE

MILLAS
✆ 04 68 57 32 07

Deux semaines avant Pâques, le village de Millas fête la *Bunyete* et l'olive. Appréciées des Catalans les *Bunyetes*, sorte de beignet rond, large parfumé à la fleur d'oranger et généreusement parsemé de sucre sont depuis toujours confectionnées en famille où des plus jeunes aux plus âgés, chacun met «la main à la pâte» dans une convivialité générationnelle. Pour l'olive, de nombreux producteurs vous feront déguster leurs meilleurs crus et les différents utilisations du petit fruit vert.

FÊTES DE L'OURS

ARLES-SUR-TECH
www.sudcanigo.com
Pendant les vacances février zone C chaque week-end sur 3 villages, Arles sur Tech, Saint Laurent de Cerdan et Prats de Mollo.

Vivez la légende du Moyen Âge où un ours enlève une belle bergère afin de la séduire. Les cris de la belle alerteront les bucherons qui viendront la délivrer. Ce spectacle au combien vivant est «joué» par les habitants des villages qui transmettent au-delà des générations la culture catalane. Trois villages sur 3 week-ends pendant les vacances de février de la zone C participent Prats de Mollo, Arles sur Tech et Saint-Laurent de Cerdans. A noter que les enfants ont leur fête «de l'os petit» (de l'ours petit). Conseil, ne vous habillez pas avec des vêtements neufs.

LA PROCESSION DE LA SANCH

PERPIGNAN
Chaque Vendredi saint à partir de 15h... depuis 1416 !

Procession unique en France qui attire tous les ans des milliers de spectateurs, la procession de la Sanch symbolise le chemin de croix du Christ en ce Vendredi saint, jour de sa crucifixion. Le lent cortège silencieux de quelque 700 pénitents coiffés d'une cagoule conique pointue noire dure près de 3 heures dans les rues de la vieille ville. A vivre au moins une fois dans sa vie, croyant ou pas pour cette atmosphère si particulière qui émane du cortège qui rend la foule silencieuse.

FÊTE DE LA SANT JORDI

PERPIGNAN ✆ 04 68 62 38 56

Le 23 avril. Si ce jour tombe en semaine, les festivités se déroulent le week-end avant ou après cette date. Nombreuses rencontres littéraires durant tout le mois d'avril, à Perpignan et dans tout le département. Toutes les infos sur les dates et lieux des manifestations auprès de l'Office de tourisme de Perpignan : www.perpignantourisme.com.

Le jour de la Sant Jordi [Saint Georges] les catalans fêtent l'amour et le savoir, les hommes offrent une rose à leur dulcinée et les femmes un livre à l'élu de leur cœur. C'est une sorte de Saint Valentin à la sauce catalane. Jordi, représenté terrassant le dragon est le symbole de la victoire du bien sur le mal. L'UNESCO a déclaré le 23 avril comme «Journée mondiale du livre et du droit d'auteur», donnant tout son sens à la Sant Jordi, à savoir la victoire du savoir et de la connaissance sur l'obscurantisme, la rose rouge symbolisant le sang du dragon terrassé.

FÊTE DE LA CERISE

Rue du Commerce - **CÉRET** ✆ 04 68 87 00 53

www.ot-ceret.fr

Pendant 2 jours, week-end de fin mai ou début juin. Un petit train assure la navette gratuite entre le pont de Céret et le centre-ville durant les deux jours de la fête de 10h à 12h30 et de 14h à 18h.

Depuis plus de 20 ans, quand arrive la fin mai ou le début juin, Céret « la capitale de la cerise » fait la fête autour de son fruit emblématique. Durant 2 jours une joyeuse ambiance règne en ville avec le grand marché de la cerise sur les boulevards, des danses qui rythment la fête, ainsi que de nombreuses animations : représentation de castellers, concours de dénoyautage, concours de cracher de noyaux, manèges pour les enfants, repas en plein air... et surtout, les restaurateurs cérétans qui proposent leurs menus avec la cerise de l'entrée au dessert, un régal !

FESTIVAL VOIX DE FEMMES

MAURY

✆ 04 68 50 08 54

www.festival-voixdefemmes.fr

Festival en juin durant le week end. Toutes les infos sur le net.

Voix De Femmes est un festival de plein air avec 4 concerts sur trois soirs où les voix de femmes sont à l'honneur. Donner la parole aux femmes est le but du festival, mais le faire en chanson est tellement plus beau. Internationale, originale, mêlant toutes les formes musicales, la programmation éclectique de ce festival qui draine un large public est toujours d'une très grande qualité et réserve de belles surprises. Nouveaux talents, nouvelles voix sont à ce rendez-vous annuel convivial, mais aussi artistes confirmées de la scène internationale. Bravo Charlie !

FEUX DE LA SAINT JEAN

52, Avenue Maréchal Foch

PERPIGNAN

✆ 04 68 35 07 60

Le 23 juin.

Focs de Sant Joan immanquable nuit fêtée le 23 juin où de toutes parts, des feux illuminent la nuit du solstice d'été. Fête païenne récupérée par l'église au Ve siècle pour la [re] «baptiser» Saint-Jean. Cette célébration de l'été commence le dimanche qui précède le 23/06 avec la *Trobada del Canigó* où hommes et femmes issus des 2 côtés des Pyrénées portent les fagots garnis de papiers de souhaits au sommet de la montagne sacrée pour y régénérer la flamme conservée au Castillet à Perpignan et redescendre le «feu sacré» dans chaque village afin de célébrer l'été.

ELECTRO BEACH FESTIVAL [EMF]

Avenue du Paquebot-des-Sables - **LE BARCARÈS**

✆ 04 68 86 11 64 - www.electrobeach.com

3 jours en juillet. Le festival est réservé aux plus de 16 ans. Billetterie en ligne et sur place. Restauration.

Un festival XXL où les DJs internationaux sont au rendez-vous du 3e plus grand festival de musique de France qui doit sa renommée à la qualité de son *line up* d'exception, accueillant chaque année les plus grands artistes de la planète dans le domaine de la musique électro. Durant 3 jours, l'élite mondiale des DJs se relaie sur les 4 scènes de l'EMF offrant un moment de partage et de fête inégalé aux couleurs sang et or, dans les jardins du Lydia, l'unique paquebot ensablé au monde.

LES DÉFERLANTES

Parc du château d'AUBIRY
CÉRET
✆ 04 68 81 15 85
www.festival-lesdeferlantes.com/fr
Du 7 au 10 juillet

Pari réussi pour Céret qui accueille désormais la scène Pop-Rock des Déferlantes. Durant 4 jours, début juillet, des artistes de la scène française et internationale se produisent dans le parc du château d'Aubiry. Un festival à la programmation toujours plus audacieuse avec des têtes d'affiche qui vous donnent rendez-vous pour des concerts d'anthologie avec un savoureux mélange de « poids lourds » mythiques et de talents de la nouvelle scène française et internationale. «Le» festival de l'été à ne pas manquer et à partager avec toute la famille ou entre potes.

FESTIVAL PABLO CASALS

33, rue de l'Hospice - **PRADES** ✆ 04 68 96 33 07
www.prades-festival-casals.com
3 semaines entre juillet et août. La programmation, les horaires et tarifs sont disponibles sur le site internet.

Fondé en 1950 par le célèbre violoncelliste catalan Pablo Casals, le festival de Prades accueille chaque année de grands solistes qui interprètent le répertoire de musique de chambre classique et contemporain. Les concerts se déroulent à l'abbaye de Saint-Michel-de-Cuxa, à l'église Saint-Pierre-de-Prades, dans les grottes de Grandes Canalettes à Villefranche-de-Conflent et autres lieux. Depuis 2018, le festival s'exporte tous les ans au théâtre des Champs-Elysées à Paris. Une véritable reconnaissance pour la ville de Prades et surtout un festival international.

VISA POUR L'IMAGE

18, rue Emile-Zola
PERPIGNAN
✆ 04 68 62 38 00
www.visapourlimage.com
Du 27 août au 11 septembre

Les photographes sont les yeux de notre conscience, regards sur le monde pour nous donner à réfléchir... Ce rendez-vous international majeur du photojournalisme, le festival Visa pour l'Image, réunit tous les ans à Perpignan dans différents sites du centre-ville des photojournalistes du monde entier. Expositions, reportages abordent de nombreux sujets : guerre, nature, environnement, populations, religions, faits de société et grands fléaux de notre époque. Rendez-vous incontournable des amoureux de la photographie, le festival reçoit plus de 230 000 visiteurs.

FÊTE DES VENDANGES

BANYULS-SUR-MER
✆ 04 68 88 31 58
En général première semaine d'octobre. Renseignements auprès de l'office de tourisme de Banyuls-sur-Mer.

Fête incontournable qui se déroule la première semaine d'octobre et attire tous les ans plus de 7000 personnes. Se mêlent animations patrimoniales et festives au travers de moments emblématiques comme le pétrissage du raisin par les enfants, ou l'arrivée de la vendange par la mer, le marché du terroir, les dégustations à thème, les sonorités et musiques de toutes sortes ainsi que les conférences et les rencontres « mets et vins ». La fête se clôture par le repas traditionnel de fin de vendanges sur la plage le dimanche midi en échange d'une somme modique.

LE VILLAGE DE NOËL

Avenue du Paquebot des Sables
LE BARCARÈS
✆ 04 68 86 16 56
www.noelbarcares.com
Tout le mois de décembre

Un labyrinthe et ses surprises, la grande roue, deux patinoires, pistes de luge et autres attractions. Les chalets proposent des pauses sucrées ou salées et les halles couvertes des produits cuisinés devant le public. Majestueux, émergeant d'une banquise éphémère peinte sur sa coque, le Lydia s'habille de projections lumineuses et se coiffe de feux d'artifice pour la Saint Sylvestre. L'entrée donne accès à tous les spectacles et parades, à la forêt enchantée et au Labyrinthe, à la Maison du père Noël, à l'arche de Noé (hors manèges et espaces de glisse).

LA FOIRE SAINT-MARTIN

Parc des Expositions
PERPIGNAN
Du dernier samedi d'octobre au dernier dimanche de novembre tous les jours de 14h à minuit. Chèques non acceptés.

Depuis 160 ans, la foire Saint Martin, qui s'étale sur 4,5 hectares et qui accueille 150 forains, fait partie des 5 plus grandes fêtes foraines de France. Durant un mois complet, les quelque 400 000 visiteurs iront du manège à sensations fortes aux carrousels pour enfants en passant par la grande roue, le grand huit ou encore les autos tamponneuses avec un tour vers les stands de barbe à papa et pommes d'amour. Et, le 11 novembre, la traditionnelle foire aux étalagistes et ses 500 camelots venus de la France entière avec leur inimitable bagout.

Besoin
de nature ?
Par ici
la sortie !
petit futé.com
Avis et conseils
rédigés par des
auteurs du cru
depuis 45 ans
© PILAT666 - ISTOCKPHOTO.COM
SELJALANDSFOSS - ISLANDE

PERPIGNAN ET SA RÉGION

Souvent décriée par de vils jaloux qui ne la connaissent visiblement qu'au travers des « il paraît » et des « on m'a dit que »..., nous vous invitons à venir constater par vous-même l'élan de dynamisme qui semble souffler sur la capitale du Roussillon. Perpignan « la Rayonnante » (puisqu'elle a été rebaptisée ainsi) tente de renouer avec la tradition méditerranéenne, chaleureuse et joyeuse. La culture, au travers du Musée Rigaud et de ses expositions de qualité, le festival de musique sacrée et Visa pour l'Image pour ne citer que les principales manifestations restent les moteurs de la ville. N'oublions pas non plus les villages alentour qui proposent tout au long de l'année, outre les fêtes locales, des animations de qualité mettant en avant les artistes de village. Cette vie sociale permet de tisser des liens entre résidents, de faire travailler les commerces de proximité et de donner aux édiles le satisfecit d'une mandature réussie.

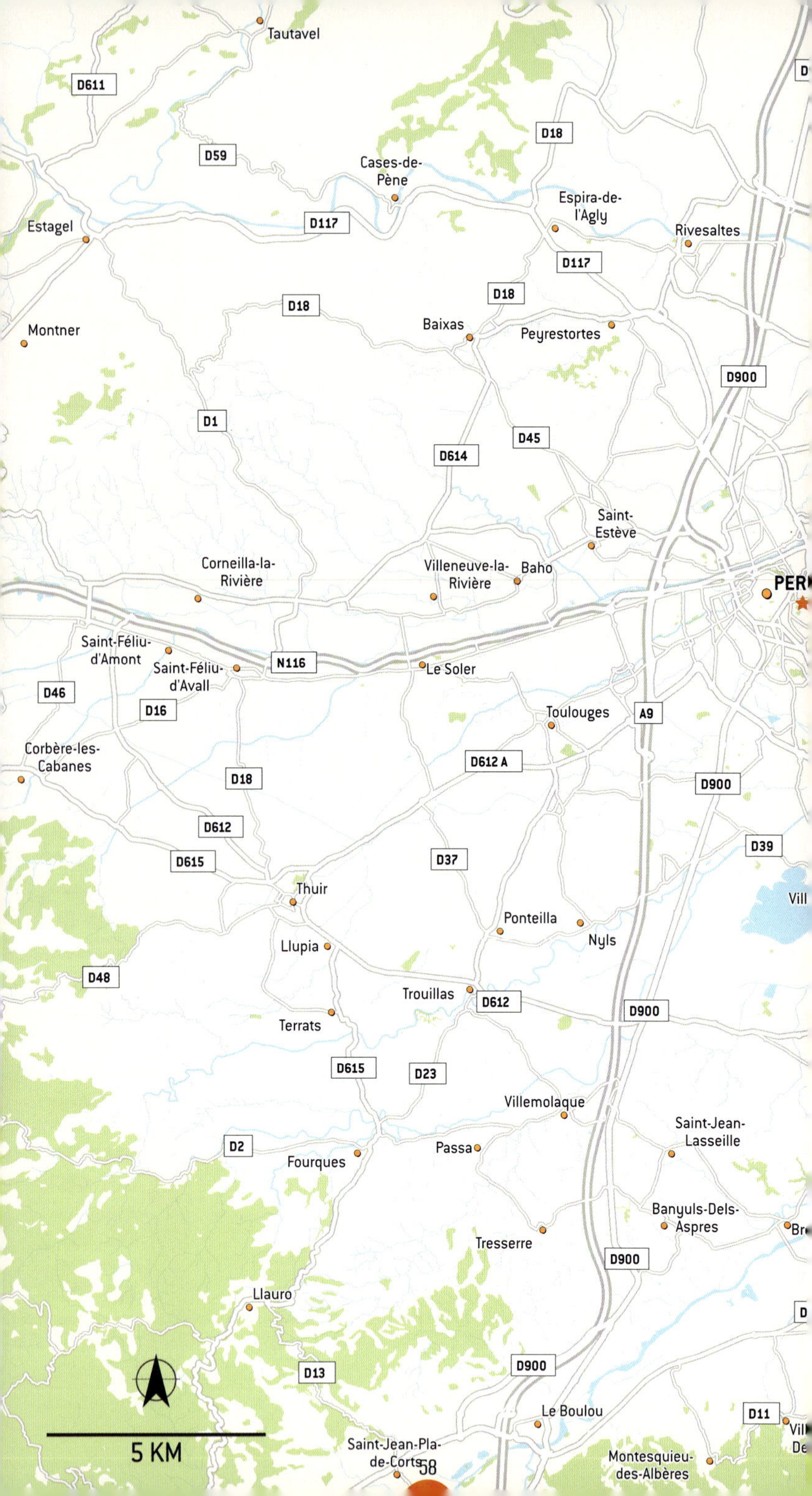
Tautavel
D611
D59
Cases-de-Pène
D18
Espira-de-l'Agly
Rivesaltes
Estagel
D117
D117
D18
D18
Baixas
Peyrestortes
Montner
D900
D1
D45
D614
Saint-Estève
Corneilla-la-Rivière
Villeneuve-la-Rivière
Baho
PER
Saint-Féliu-d'Amont
Saint-Féliu-d'Avall
N116
Le Soler
D46
D16
Toulouges
A9
Corbère-les-Cabanes
D612 A
D18
D900
D612
D39
D615
D37
Thuir
Vill
Ponteilla
Nyls
Llupia
D48
Trouillas
D612
D900
Terrats
D615
D23
Villemolaque
Saint-Jean-Lasseille
D2
Fourques
Passa
Banyuls-Dels-Aspres
Br
Tresserre
D900
Llauro
D13
D900
Le Boulou
D11
Vil
De
5 KM
Saint-Jean-Pla-de-Corts
Montesquieu-des-Albères

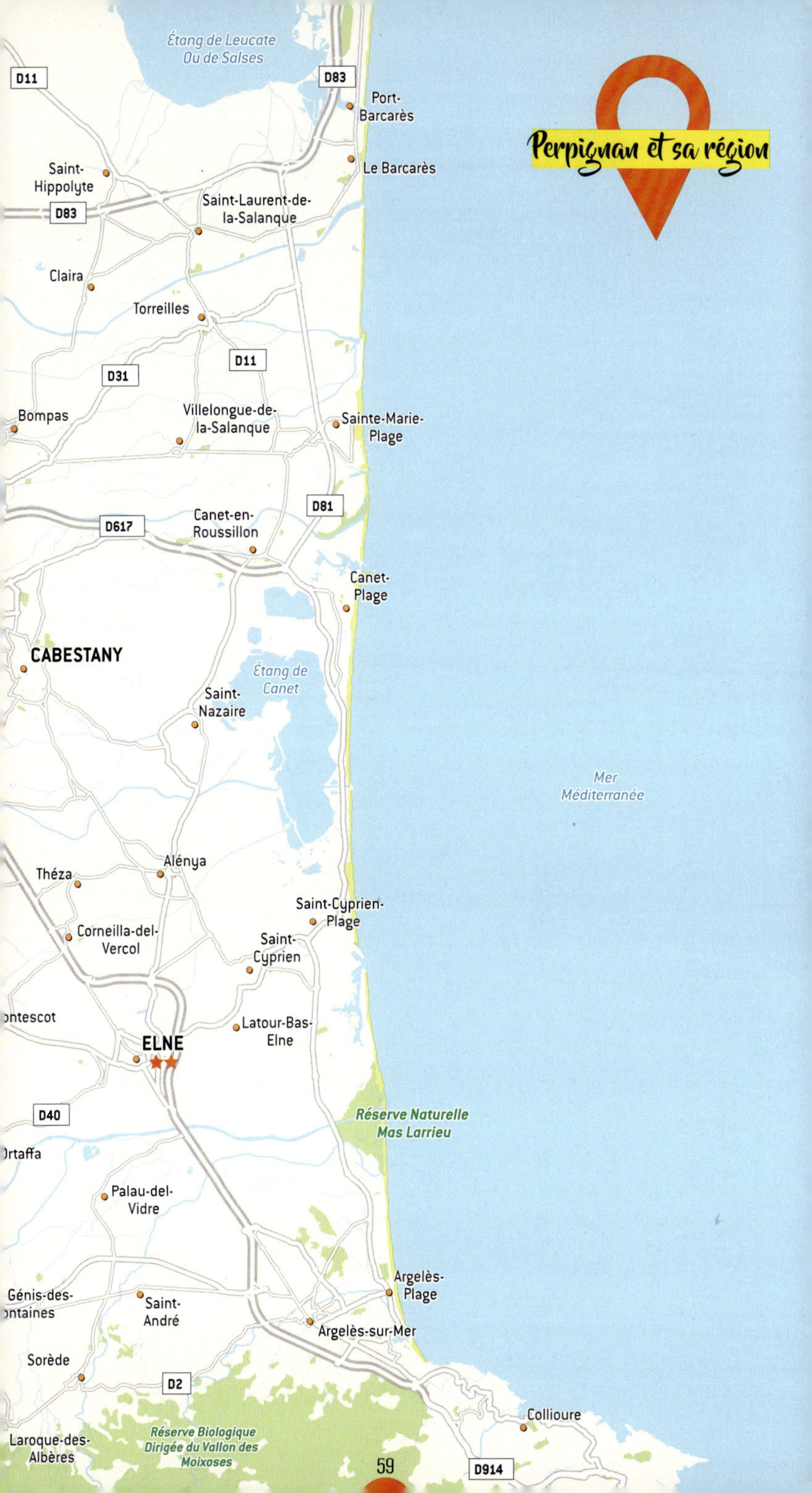

Perpignan et sa région
Étang de Leucate
Ou de Salses
D11
D83
Port-
Barcarès
Le Barcarès
Saint-
Hippolyte
D83
Saint-Laurent-de-
la-Salanque
Claira
Torreilles
D11
D31
Bompas
Villelongue-de-
la-Salanque
Sainte-Marie-
Plage
D81
D617
Canet-en-
Roussillon
Canet-
Plage
CABESTANY
Étang de
Canet
Saint-
Nazaire
Mer
Méditerranée
Alénya
Théza
Saint-Cyprien-
Plage
Corneilla-del-
Vercol
Saint-
Cyprien
ntescot
Latour-Bas-
Elne
ELNE
D40
Réserve Naturelle
Mas Larrieu
rtaffa
Palau-del-
Vidre
Argelès-
Plage
Génis-des-
ntaines
Saint-
André
Argelès-sur-Mer
Sorède
D2
Collioure
Laroque-des-
Albères
Réserve Biologique
Dirigée du Vallon des
Moixoses
D914

PAGES

61 ●● PERPIGNAN

109 ●● DANS LES ENVIRONS

109 CABESTANY

111 ELNE ★★

PERPIGNAN

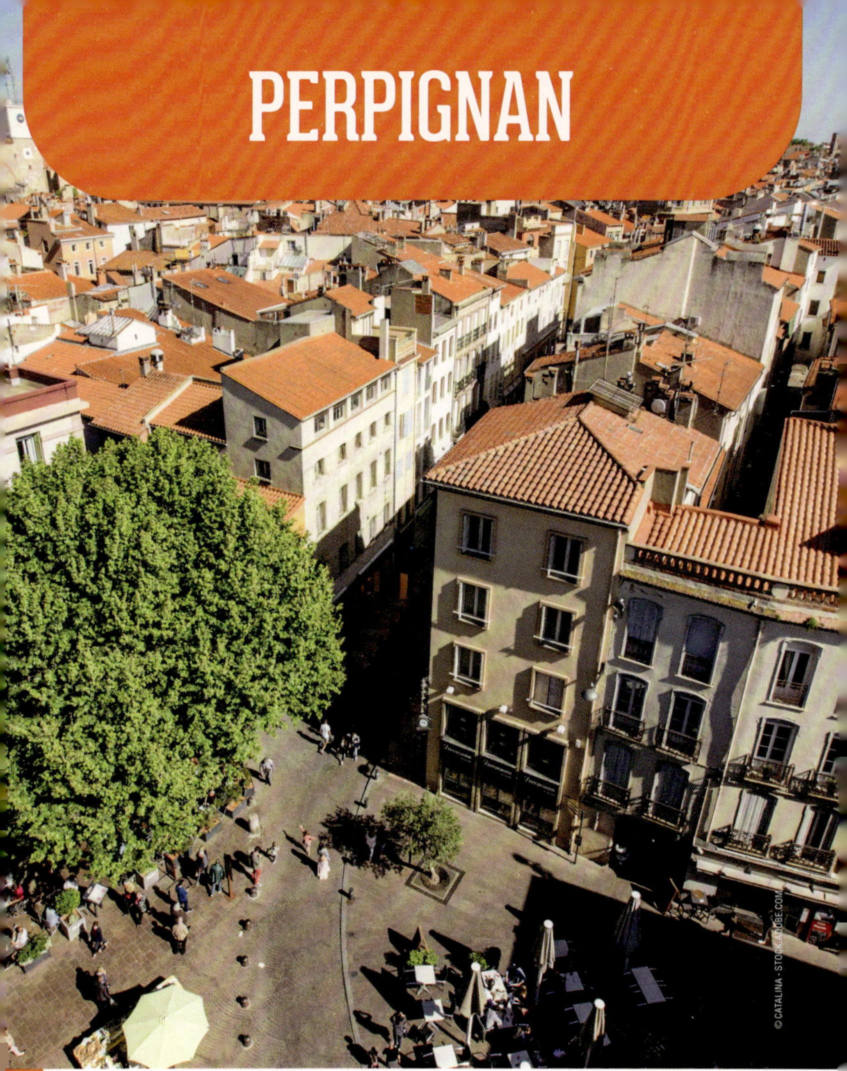

© CATALINA - STOCK.ADOBE.COM

Proche de l'Espagne et de la mer Méditerranée, Perpignan est une ville du sud de la France marquée par une forte identité catalane. Au cœur de la plaine du Roussillon et au pied de la chaîne des Pyrénées, Perpignan jouit d'un environnement remarquable. Mais ce sont la richesse des monuments de la destination, le charme de ses canaux et de ses jardins, l'ambiance variant d'un quartier à l'autre qui vous séduiront avant tout. Osons le dire : Perpignan est une cité splendide ! Pas moins de 34 bâtiments sont répertoriés à l'inventaire des monuments historiques, essentiellement d'origine médiévale. S'ajoute un patrimoine unique en matière d'Art déco. Cette Ville d'Art et d'Histoire invite tout au long de l'année à un séjour passionnant, alternant la flânerie de monuments en espaces verts, la gastronomie aux couleurs catalanes et les escales culturelles, sans oublier des tentations à tous les coins de rue.

SE REPÉRER SE DÉPLACER

La circulation à Perpignan est, comme dans toutes les grandes villes, souvent compliquée. La belle cité catalane ne déroge pas aux embouteillages aux heures de pointe, mais des solutions existent avec les nombreux « Parcs Relais » en périphérie de la ville. Le réseau de bus de l'agglomération est idéal pour se déplacer au cœur de la ville. Une fois sur place, profitez des rues piétonnes, agréables par leur fraîcheur les chaudes journées d'été, levez la tête et admirez l'architecture des bâtiments. Si toutefois vous avez une petite flemme, les trottinettes sont à votre disposition, ici la location de vélo reste hélas confidentielle. Dès les beaux jours, un petit train touristique vous fait découvrir les vieux quartiers, dont le pittoresque quartier gitan, avec un audioguide dans toutes les langues. Pour y accéder vous ne pouvez pas rater l'arrêt, il est au pied du Castillet, l'emblème incontournable de Perpignan la « rayonnante ».

AÉROPORT DE PERPIGNAN - SUD DE FRANCE

Avenue Maurice-Bellonte
✆ 04 68 52 60 70
www.aeroport-perpignan.com

Ouvert tous les jours. Navettes avec le centre-ville toutes les 30 min. Avec correspondance gares SNCF et routière.

Situé à seulement 3 km au nord de Perpignan, l'aéroport international de Perpignan-Sud de France (récemment relooké) est desservi par plusieurs compagnies chaque jour ou chaque semaine tout au long de l'année : Air France, Ryanair, Hop, Volotea, Chalair, Aer Lingus, Iberia Regional. Une borne multi-services dans le hall permet de consulter les horaires et tarifs des vols, d'effectuer réservations, achat des billets et enregistrement. Wifi gratuit et grand parking.

FLIXBUS

www.flixbus.fr/voyages-car

Liaisons régulières vers les villes du grand sud. Départ et arrivée à la gare routière de Perpignan (à côté gare TGV).

FlixBus vous emmène en toute sécurité de Perpignan à Toulouse en 3 heures, à l'aller comme au retour, ainsi que vers de nombreuses autres destinations, notamment l'aéroport de Gérone ou la gare routière de Barcelone nord. Avec des sièges garantis et beaucoup d'espace pour les jambes, les cars de la compagnie Flixbus sont un moyen confortable, plaisant et sans stress pour voyager, vous assurant d'arriver à destination reposé et détendu. La compagnie dessert les villes du grand sud de Bordeaux à Barcelone. Une belle alternative économique.

GARE SNCF ET GARE TGV DE PERPIGNAN

Place Salvador-Dali (gare régionale)
✆ 36 35
www.sncf.com

Les deux gares sont installées de part et d'autre des rails et communiquent par un souterrain.

- **Du côté de la gare TGV « Centre del Món »**, liaisons quotidiennes avec Paris (4 TGV), Lyon (3 TGV), Marseille, Metz, Strasbourg, Lille, Toulouse, Genève, Bruxelles, Barcelone (6 aller-retour quotidiens en 1h20).
- **Du côté de la gare régionale et inter-régionale**, liaisons quotidiennes avec Narbonne, Montpellier, Nîmes, Avignon, Villefranche, Cerbère, etc. par TER ou intercités. Depuis 2015, le dispositif du « Train à 1 euro » est appliqué pour tous les TER sur certaines destinations.

GARE ROUTIÈRE DÉPARTEMENTALE

Boulevard Saint-Assiscle
✆ 08 06 80 80 90
www.laregion.fr

Cars LIO à 1 € sur l'ensemble du département hors Communauté urbaine (réseau Sankeo).

Contiguë de la gare Centre Del Món, la gare routière départementale est une vaste plateforme de départs et d'arrivées de tous les bus du département et de la région. Navette toute les 10 minutes avec le centre-ville afin de vous permettre d'avoir des correspondances régulières avec les bus du réseau Sankeo (agglo de Perpignan). Avantage, voyage à 1 euro ! Toutes les infos (lignes, horaires, carte téléchargeable...) sur le site : www.laregion.fr/transports-pyrenees-orientales-regulier

RENT A CAR

Imapsse Jacques de Noell

✆ 04 68 50 10 00 0- www.rentacar.fr

Ouvert du lundi au samedi de 8h à 18h30. Horaires variables en fonction des 3 agences.

Vous souhaitez louer un véhicule de tourisme, un minibus de 6 ou 9 places, un utilitaire jusqu'à 20 m³ ? Rent A Car Perpignan a ce qu'il vous faut dans chacune de ses 3 agences. Tarifs adaptés en fonction de la durée de location et du type de véhicule, siège bébé ou rehausseur pour votre enfant. Vous pouvez aussi réserver par téléphone ou sur Internet. Le sourire est l'autre « petit plus » chez Rent A Car, mais là il vous est offert.

▸ **Autres adresses** : Perpignan Gare, Boulevard Saint Assiscle, 04 11 300 270 – Perpignan Centre 16, rue Philippe Lebon, 04 68 50 20 20.

SANKEO

Quai Sadi Carnot

✆ 04 68 61 01 13

www.sankeo.com

Lignes de bus sur la ville et dans l'agglomération Perpignan-Méditerranée.

Lors de votre venue à Perpignan, ayez le réflexe « écolo », prenez le bus ! SANKEO vous facilite la vie de tous les jours et vos déplacements en ville et dans tous les villages de l'agglomération. 3 navettes « cœur d'agglo » desservent gratuitement l'hyper centre-ville. De chez vous, vous pouvez : calculer votre itinéraire, télécharger les horaires et trajets, recharger vos abonnements en vous connectant sur www.sankeo.com et, où que vous soyez, visualisez vos itinéraires et horaires sur votre smartphone en flashant le QR-Code ou en téléchargeant l'application.

ACCUEIL PERPIGNAN TAXI

52, avenue Maréchal-Foch

✆ 04 68 35 15 15

www.accueilperpignantaxi.fr

Stations : Gare TGV, Castillet, place Gabriel-Perri et aéroport. Prise en charge 2,65€. Tarif au km de 1,05€ à 3,15€.

Sans aucun doute le numéro de téléphone le plus connu du département. De jour comme de nuit, et 365 jours par an, une flotte de 34 taxis conduits par des chauffeurs indépendants est le moyen le plus rapide pour vous rendre à destination. Elle est composée de berlines, breaks, monospaces et vans qui répondent à vos besoins pour vous mener à toute heure là où vous le désirez. Vous pouvez prévoir également un accueil personnalisé à la descente de votre avion ou de votre train, ils vous attendront même si vous arrivez en retard... avec le sourire garanti !

À VOIR / À FAIRE

Ville du pourtour méditerranéen, Perpignan a toujours été une terre d'accueil donnant un joli métissage de populations. Différents peuples y ont apporté cultures et coutumes et les étals de la rue Paratilla, du marché République, de Saint-Martin ou de la légendaire place Cassanyes embaument d'épices venues d'Orient qui viendront agrémenter les produits locaux. Côté culture, ne manquez pas les musées des Beaux-Arts Hyacinthe Rigaud, des Monnaies et des Médailles Joseph Puig, ou encore le Muséum d'Histoire Naturelle. Un petit tour à la cathédrale Saint-Jean-Baptiste s'impose avec le Campo Santo et son histoire. Bien sûr le Palais des Rois de Majorque est incontournable tout comme le Castillet et son musée Casa Pairal. Ne manquez pas la Casa Xanxo, musée d'art et d'histoire, une des rares maisons gothiques existantes. Enfin, parmi les réalisations de l'architecte danois Viggo Dorph Petersen : l'Hôtel Pams et le château du Parc Ducup.

OFFICE DE TOURISME PERPIGNAN MÉDITERRANÉE

Place de la Loge
✆ 04 68 66 30 30
www.perpignantourisme.com
Ouvert du lundi au samedi et le dimanche (sauf entre novembre et janvier).

L'Office de tourisme Perpignan Méditerranée est désormais installé dans le magnifique bâtiment de la Loge de Mer contigu à la Mairie. La ville vous étonnera par son riche patrimoine culturel et son goût pour la fête. Vous serez accueilli par une équipe dynamique de professionnels du tourisme prête à vous donner les meilleurs conseils afin que votre séjour à Perpignan et ses environs soit des plus agréables. Sourire, disponibilité et compétences sont les mots qui résument cette équipe !

LE PETIT TRAIN DE PERPIGNAN

Place de la Victoire
✆ 06 52 12 32 34
www.petit-train-de-perpignan.com
Ouvert d'avril à octobre et les vacances scolaires. Départs toutes les 30 min. Infos sur le site.

Au départ du Castillet, le petit train (60 passagers) propose une passionnante visite commentée de la ville (plusieurs langues) durant 50 min. C'est une jolie balade de 7 km, à travers rues et ruelles du vieux Perpignan, qui permet de cerner tous les lieux emblématiques du centre-ville, avant de boucler son circuit au pied du Castillet. A Noël, le petit train reprend du service avec un parcours raccourci afin de découvrir les plus belles décorations et illuminations de la ville.

LA CUEILLETTE DE PYRÈNE

✆ 06 25 90 23 27
Découverte des plantes comestibles de nos régions. Excursions à thème, conférences.

Voilà une idée géniale : Myriam, folle des plantes et de la nature, et formée auprès de botanistes, vous propose à travers des balades à la rencontre des plantes sauvages et comestibles de notre région. Il en existe plus de 150 en Pays catalan ! Si vous aimez la botanique, la cuisine et la santé, suivez le guide hors des sentiers battus. Vous apprendrez à goûter et sentir… une vraie reconnexion avec la nature et une belle démarche écologique ! Pensez à réserver, car les places sont limitées et Myriam a de plus en plus de succès… et nous au Futé, on a adoré !

TRÉSORS 66

Castillet
✆ 04 48 07 00 39
www.tresors66.com
Sur réservation. Cluedos® géants de 20 à 36 personnes ; Murder-parties de 10 à 40 personnes après demande de devis.

Toute aussi innovante que divertissante, cette idée de Cluedo® géant mêlée de chasse aux trésors est l'occasion de découvrir ou redécouvrir les Pyrénées-Orientales ! L'aventurier qu'il y a en vous prendra le pouvoir le temps de quelques heures afin mener à bien la mission qu'il vous sera attribuée. Chaque indice à trouver, plus ou moins difficile, est de fait en corrélation avec l'histoire, la culture, les particularité de la région ou du lieu de votre quête. Idéal pour anniversaires ou enterrements de vie de jeune fille intelligents et ludiques.

CAMPO SANTO ★

6, rue de l'Amiral-Ribeill
✆ 04 68 51 19 80
Ouvert d'octobre à fin juillet. Fermé le lundi, les jours fériés et de début août à début octobre (concerts). Gratuit.

© VINCENT FORMICA

Le Campo Santo est un cloître-cimetière qui se trouve à quelques pas derrière la cathédrale. Sa construction débuta dès le début du XIVe siècle. On peut y admirer les successions de portiques gothiques en marbre blanc qui ornent le pourtour ainsi que la chapelle. C'est le plus vaste et ancien cimetière du Moyen Age subsistant en France. Ayant perdu cette vocation depuis fort longtemps, il est à présent un lieu de visite très apprécié, et un superbe écrin pour les concerts d'été en plein air où les artistes internationaux aiment se produire.

CASA XANXO

8, rue de la Main-de-Fer
✆ 04 68 62 37 98
Ouvert du lundi au samedi de 10h30 à 18h30. Entrée libre, animaux non admis.

Maison d'art et d'histoire de Perpignan, la Casa Xanxo est l'une des rares maisons gothiques encore existantes à Perpignan, sa façade de brique s'étire sur 20 mètres. Construite en 1507 par le riche drapier catalan Bernat Xanxo, elle se fait le reflet de sa belle réussite commerciale, elle se composait jadis d'entrepôts et d'une cave voûtée. On retrouve dans la demeure de nombreuses représentations de lui et son épouse Elisabeth. Cette demeure n'a subi que peu de modifications au cours des siècles, la façade récemment rénovée conserve une frise sculptée du XVIe siècle représentant les 7 péchés capitaux et l'enfer (pour la petite histoire, que l'on appelait poétiquement, au Moyen Âge, la « Cavalcade des Vices ») : conçue en deux parties, elle représente une mise en garde contre les péchés dont tout bon chrétien devait s'affranchir. A gauche sont ainsi symbolisés l'orgueil (le lion), la paresse, l'avarice (le changeur attablé avec la chouette à ses côtés)... À droite se trouve l'enfer. Les deux scènes sont reliées par une corde sur laquelle les diables de l'enfer tentent d'attirer les personnages ayant succombé aux 7 péchés capitaux. A l'intérieur en rez-de-chaussée, de belles voûtes gothiques et un élégant patio. A l'étage, les salons sont plutôt en mauvais état, mais on se laisse happer par l'ensemble et les multiples détails, les plafonds sont d'une grande beauté. On peut y voir l'imposant plan en relief de la ville de Perpignan, copie de celui réalisé sous Louis XIV, l'original se trouve au musée des Invalides à Paris.

CENTRE D'ART CONTEMPORAIN WALTER BENJAMIN

Place du pont d'En-Vestit
✆ 04 68 66 33 18
Ouvert uniquement lors des expositions. Gratuit.

Le Centre d'Art Contemporain Walter Benjamin (CAC WB), est situé proche de la gare de Perpignan. Au rez-de-chaussée, une salle de projection, les deux étages sont des lieux d'exposition. Son objectif est de faire découvrir les nouvelles formes d'expression artistique relevant des arts plastiques, visuels et multimédia. Entre trois et cinq expositions, monographiques et collectives, sont organisées chaque années, souvent accompagnées de conférences et de visites commentées.

CENTRO ESPAGNOL

26, rue Jeanne-d'Arc ✆ 04 68 51 34 37
www.centroespagnol.eu
Renseignements au secrétariat du lundi au vendredi de 8h à 12h et de 14h à 18h au 04 68 51 34 37.

Ce lieu de mémoire historique, créé en 1888 est une très belle aventure humaine que je vous engage à découvrir au travers de l'histoire des grandes guerres, et plus particulièrement au sauvetage des 1204 enfants lors de la guerre d'Espagne. Aujourd'hui, ce « centró » propose de multiples manifestations et de nombreuses activités. Vous pourrez prendre part à de multiples ateliers divers et variés comme des cours d'espagnol, de catalan, de français, de danse flamenco, de claquettes, de théâtre, d'improvisation, de guitare, de yoga, de peinture et d'informatique....

LE CASTILLET ET LE MUSÉE CASA PAÏRAL ★★

Place de Verdun
✆ 04 68 35 42 05
www.perpignantourisme.com
Gratuit jusqu'à 26 ans. Adulte : 2 €. Les 142 marches ne permettent pas l'accès aux personnes à mobilité réduite.

C'est l'emblème de Perpignan avec ses allures de petit château. Bâtie à la fin du XIVe siècle, cette porte fortifiée fut renforcée sous Louis XI. Charles Quint va ajouter sa pierre à l'édifice. De tour de guet, le petit château va devenir prison. Sous ses mâchicoulis, il accueille aujourd'hui le musée d'histoire de Catalogne aux huit salles sur l'artisanat, l'agriculture, la vie religieuse, et quotidienne. Grimpez jusqu'à la terrasse du donjon pour le panorama.

CATHÉDRALE SAINT-JEAN-BAPTISTE ★

Place Gambetta
✆ 04 68 51 33 72
Ouvert du lundi au samedi de 8h à 18h, jusqu'à 19h de juin à septembre, et le dimanche de 14h à 18h. Entrée libre.

C'est en 1324 que la première pierre fut officiellement posée, mais entre guerres, famines et épidémies, il fallut aux bâtisseurs 186 ans pour terminer leur chef-d'œuvre. Elle fut consacrée en 1509, et érigée en cathédrale en 1601. Elle mesure 80 m de long sur 18 m de large et 26 m de hauteur, elle comporte une seule nef, un transept à peine saillant et une large abside. Elle est caractéristique du gothique méridional, style architectural présent particulièrement en Catalogne aux XIVe et XVe siècle. Pour les historiens, deux églises l'auraient précédée sur ce site, une chapelle dédiée à la Vierge del Correch (du ruisseau, en catalan), et la cathédrale Saint-Jean-le-Vieux, consacrée en 1025. A l'intérieur, on peut admirer un magnifique buffet d'orgue (classé monument historique) d'une hauteur de 19,75 m et d'une largeur de 8,80 m, de style gothique flamboyant datant de la fin du XVe siècle, il est resté jusqu'à nos jours dans son état d'origine. Il est considéré comme l'un des plus anciens et des plus grands de l'histoire de la facture d'orgues. Quant à la porte extérieure, elle est ornée de sculptures romanes du XIIe siècle. Restaurée sur plusieurs années, la cathédrale Saint-Jean-Baptiste a enfin retrouvée toute sa superbe, ses ors et sa nouvelle horloge. Immanquable en quittant la cathédrale, est la place Gambetta et ses superbes bâtisses du XVIe siècle. Voilà un bon prétexte à une déambulation dans les rues piétonnes de Perpignan à la découverte de trésors cachés.

CHAPELLE NOTRE-DAME DES ANGES ★

32, rue Maréchal-Foch
www.cg66.fr
Basse saison : ouvert tous les jours de 9h30 à 17h30. Haute saison : tous les jours de 10h30 à 18h30.

Ce monument du XIIIe siècle a été construit à l'initiative des rois de Majorque. Cette chapelle rattachée au couvent des franciscains demeure, au même titre que le palais des rois de Majorque, indissociable de Perpignan. Initialement chambre capitulaire du couvent, au début du XIXe siècle, ce bâtiment a été aménagé en chapelle de l'hôpital militaire. Cet édifice, propriété du Conseil Départemental, abrite aujourd'hui la maison du Patrimoine Catalan.

L'ARCHIPEL

Avenue du Général-Leclerc ✆ 04 68 62 62 01
www.theatredelarchipel.org
Réservations : en ligne par CB ; par téléphone du mardi au samedi de 12h à 18h30 au guichet de l'Archipel.

Co-signé par Jean Nouvel et Brigitte Métra, le TDA a été inauguré en octobre 2011. Chaque élément de cet ensemble architectural a été conçu pour rendre hommage à la culture et à l'histoire de notre département. Doté d'une acoustique formidable, les différentes scènes permettent d'y jouer des ballets, des pièces de théâtre, des concerts symphoniques, de jazz, ou bien encore de recevoir des artistes de variété de renommée internationale.

- **Le Grenat :** construction en forme de galet arrondi de couleur rouge est un hommage au grenat, pierre emblématique du Roussillon. Il abrite la principale salle de spectacles (1 100 places).
- **Le Carré :** en acier Corten® fait écho aux mines de fer du Canigó dont l'extraction du minerai a rythmé durant des siècles la vie des habitants du Conflent et du Vallespir. Il abrite une salle de 400 places.
- **La Tour :** sa couleur rappelle nos toitures mais aussi celle du Castillet, dont elle a exactement la même hauteur et aussi les tours à signaux qui trônent sur les monts des Pyrénées-Orientales. C'est la cage de scène.
- **Le bâtiment doré :** tel le métal précieux que les orpailleurs recherchaient dans les cours du Tech et de la Têt, mais aussi tel le soleil de notre Catalogne. C'est le siège administratif.
- **Le Studio :** il est reconnaissable par sa forme du tunnel recouvert d'aluminium. Axé sur la dynamique de la créativité, son aspect évoque le chemin de la création.
- **L'Atelier Décor :** entièrement recouvert d'affiches, il se fait la mémoire des spectacles passés. En 2012 le TDA a obtenu le label de « Scène nationale ».

MUSÉE DES MONNAIES ET DES MÉDAILLES JOSEPH PUIG ★

42, avenue de Grande-Bretagne
✆ 04 68 62 37 64
Gratuit. Visites guidées sur RDV. Ouvert du mardi au samedi après-midi en été ; mardi et samedi après-midi l'hiver.

Cette collection de pièces de monnaie et de médailles est la plus importante d'Europe. Le fonds principal est constitué de pièces parfois uniques du XIIe siècle à nos jours, avec près de 2 000 pièces catalanes. Quelques pièces antiques, égyptiennes et féodales viennent compléter la collection. Ce musée comporte également une bibliothèque spécialisée ouverte sur réservation. Fort belle demeure, œuvre de l'architecte danois Petersen. Son parc est devenu un charmant jardin public.

MUSÉE DES BEAUX-ARTS - HYACINTHE RIGAUD ★

21, rue Mailly
✆ 04 68 66 19 83

Ouvert toute l'année. Basse saison du mardi au dimanche. Haute saison tous les jours et les jours fériés.

Le *Petit Futé* ne se lasse jamais du musée Rigaud et à chaque nouvelle exposition, c'est un régal... Le peintre catalan Hyacinthe Rigaud, qui n'était autre que le peintre de la cour du roi Louis XIV, a ici une vitrine « royale » pour mettre ses œuvres en valeur. La Ville de Perpignan a donc réuni l'hôtel de Mailly et l'hôtel de Lazerme pour offrir aux visiteurs un espace de 4 300 m², sur 3 niveaux, dédié à l'art du XIIIe au XXIe siècle. Des artistes majeurs y sont exposés : Guerra, Maillol, Terrus, Lurcat, Daura, Ingres, Picasso... et Dufy, qui résida à Perpignan les dix dernières années de sa vie. Le niveau 2, sur 380 m², est réservé aux expositions temporaires qui chaque année proposent des œuvres majeures (Picasso et Perpignan, Rodin et Maillol...). En plus des collections classiques, cet événement rassemble des milliers de visiteurs. Soulignons que le musée Rigaud est un des lieux culturels les plus fréquentés et importants en Occitanie. Mais ceci n'aurait pas été possible sans le cabinet d'architecture Barbotin-Larrieu qui a conçu cet écrin alliant la modernité et l'ancien avec ce magnifique jardin suspendu aux essences méditerranéennes, pensé comme une pause zen dans la visite du « Nouveau Musée Rigaud ». N'oublions pas de souligner les programmes et visites spéciales pour les groupes ou les enfants. Le musée Rigaud a mis l'accent sur le caractère pédagogique de ses collections et les jeunes sont de plus en plus nombreux à visiter ce lieu. Bravo !

PARC LE SERRAT D'EN VAQUER

Avenue Charles-Deperet

Ouvert tous les jours de 10h à 19h en été et de 8h à 17h d'octobre à mai.

Bien connu et apprécié des promeneurs pour son côté sauvage, ce lieu de détente ou de sport offre une vue exceptionnelle sur la plaine du Roussillon, des Albères aux Corbières, du Canigó à la mer, et dispose d'un éventail botanique très riche de la flore méditerranéenne. C'est un très grand parc de 12 ha construit autour d'un fort militaire, ancien stockage de munitions, aujourd'hui dédié aux activités associatives, ainsi qu'à diverses manifestations.

CONSEIL DÉPARTEMENTAL DES PYRÉNÉES-ORIENTALES

24, quai Sadi-Carnot
✆ 04 68 85 80 17
www.ledepartement66.fr

Ouvert du lundi au vendredi de 9h à 12h30 et de 14h à 17h30.

Revendiquant la « catalanité », le CD66 a développé son réseau qui fédère de nombreux sites culturels, historiques, scientifiques ou naturels d'identité catalane. Il a mis en place le Pass Inter-Sites qui permet de visiter les sites patrimoniaux à tarif réduit. Vous pouvez télécharger via votre smartphone ou tablette les guides, itinéraires et brochures listant les activités jeune public ou vous les procurer directement dans les sites et les offices du tourisme des Pyrénées-Orientales.

MUSÉUM D'HISTOIRE NATURELLE

12, rue Fontaine-Neuve
✆ 04 68 66 33 18

Entrée gratuite. Fermé le lundi horaires variables en fonction des saisons.

Amis lecteurs, vous devez savoir qu'à l'origine, le Muséum d'Histoire Naturelle, créé en 1770 par la faculté de médecine de l'université, avait pour nom : « Cabinet des Curiosités ». C'est dans un vaste hôtel particulier du XVIIe, au large escalier monumental surplombé par un plafond aux superbes moulures, que le Muséum s'est installé en 1900 – c'est le plus ancien musée de la ville. Vous y découvrirez 350 m² d'exposition permanente. On y découvre de très belles collections sur la faune et la flore du Midi de la France, des espèces disparues ou raréfiées de la région, des poissons d'Océanie ainsi que quelques pièces d'artisanat d'outre-mer et d'Afrique. Dans les vitrines, on peut voir les grands prédateurs de notre planète comme les tigres du Bengale, un crocodile, mais aussi les isards du Canigó. Une salle est consacrée à la minéralogie locale avec des pierres et minéraux remarquables. Ne manquez pas la petite salle égyptienne où trône le sarcophage d'un prêtre de la XXIe dynastie, vous pourrez donc approcher la momie de Youf En Khonsou. Cette pièce exceptionnelle a été offerte par le vice-roi d'Égypte en 1847, lors de son séjour aux thermes de Vernet-les-Bains. Sachez que la ville de Perpignan, propriétaire du Muséum d'Histoire Naturelle met à la disposition du public une bibliothèque d'étude, extrêmement bien documentée, un espace polyvalent destiné aux manifestations temporaires (conférences, expositions...) et à l'accueil des groupes scolaires et assimilés.

Destination
PAYS CATALAN
Pourquoi partir ailleurs ?
LA MAGIE EST ICI !
Cet été, j'en prends plein la vue avec Jean-Michel,
créateur d'aventures de la Méditerranée aux Pyrénées.
leDépartement66.fr
PYRENEES ORIENTALES
le Département
L'Accent Catalan de la République Française

PALAIS DES ROIS DE MAJORQUE ★★

2, rue des Archers
✆ 04 68 34 96 26
www.perpignantourisme.com
Nov-Mars, 10-17h. Avril-Juin, 10-18h. Juillet-Août, 9h30-18h30. Sept-Octobre, 10-18h. Visites guidées, 11/15h. 2/3/4 €.

© HIFROMBELGIUM - STOCK.ADOBE.COM

Résidence des souverains de Majorque au XIIIe siècle, ce palais imposant domine la ville. Bardé de six tours, il s'ouvre sur une gigantesque cour centrale. L'architecture austère est relevée par quelques éléments gothiques et méditerranéens. Après l'annexion du Roussillon, Vauban consolide la citadelle. La partie basse est toujours occupée par l'armée. La partie la plus ancienne accueille des manifestations culturelles toute l'année, les jardins suspendus des concerts en été.

PARC SANT-VICENS

Avenue Jean-Giono
Gratuit. Ouvert de novembre à mars de 8h à 17h30. D'avril à octobre de 8h à 20h30.

Le plus beau parc de Perpignan, tout près du centre, un véritable îlot de verdure. Le site est constitué par d'anciennes terres cultivées et irriguées par le ruisseau de la Cave. Aménagé autour de deux bassins, ce parc vous accueille pour observer la flore du bord des eaux et des rives de la Méditerranée, jouer avec les hautes herbes et courir sur la grande digue. Jogging ou simple balade en famille, pique-nique, séance de yoga, agrès de fitness, tyrolienne, sieste ou lecture, jeux pour enfants... Chacun trouve son petit bonheur dans ce poumon vert de 6,5 ha.

ROUTE DES VINS ET DES TERROIRS DU ROUSSILLON

19, avenue de Grande-Bretagne
✆ 04 68 34 90 07
www.tourismedeterroir.fr
Fédération Tourisme de Terroir. La bible des épicuriens sur leur site internet !

Tourisme de Terroir en Pyrénées-Orientales est une Fédération très dynamique regroupant un réseau de professionnels qui vous accueillent dans la convivialité et la simplicité. Ces agriculteurs, viticulteurs, apiculteurs ou éleveurs vous ouvriront les portes de leurs exploitations. Ils sont la vitrine vivante du département ! Epicuriens, nostalgiques des goûts de votre enfance, venez à la rencontre de ces femmes et ces hommes amoureux de la nature, attachants et chaleureux !

SANT VICENS

Rue Sant Vicens
✆ 04 68 50 02 18
www.santvicens.fr
Ouvert mardi - vendredi de 10h à 12h et de 14h à 19h, samedi de 14h à 19h. Visites guidées gratuites les jeudis à 17h.

C'est la céramique qui a fait la réputation du mas Sant Vicens. Firmin Bauby, décorateur et mécène, y installa un atelier en 1942 pour accueillir des artistes autour de la céramique, Picasso et Dali y séjourneront, tout comme Jean Picard Ledoux et René Perrot. Néanmoins, Sant Vicens est à tout jamais lié au nom de Jean Lurçat ; dès 1950, il résidera au mas chaque printemps et automne durant quinze ans. C'est en ce lieu qu'il dessinera et réalisera l'ensemble de ses céramiques : carreaux, plats, pichets, soupières, vases... mais également des œuvres monumentales comme la fresque qui enlumine la maison de la radio à Strasbourg. La visite vaut vraiment la peine, tant pour le lieu serti dans un parc remarquable que pour l'activité artistique qui n'a jamais cessé. Aujourd'hui c'est Claire Bauby sa petite fille, qui vous reçoit dans ce mas qu'elle a su valoriser avec son atelier d'artistes qui travaillent devant vous. On y visite la cave centenaire où des artistes du Roussillon exposent leurs céramiques, des pièces uniques qui côtoient les tapisseries de Lurçat. Un espace d'exposition est consacré aux artistes historiques, regroupés sous le vocable de la « Colla de Sant Vicens ». A Noël, allez-y en famille pour voir la crèche et les santons colorés réalisés par les ateliers de Sant Vicens, avec tous les ans un nouveau thème et des saynètes d'une incroyable réalité. Cette visite est devenue rituelle pour bon nombre d'habitants du département, c'est un enchantement pour petits et grands. A découvrir sans faute.

ECOPARC CATALAN

11, Boulevard Saint Assiscle ✆ 04 68 08 60 30
www.perpignanmediterraneemetropole.fr
Explore game, randonnées trottinettes électriques, Raid multisport. Visite du parc éolien.

L'Ecoparc Catalan est un projet de territoire alliant développement durable, économie, territoire et énergies renouvelables. Perpignan Méditerranée organise cinq activités dont quatre de découverte en plein air.

▶ Tout d'abord, les visites guidées des quatre communes Baixas, Calce, Pezilla-la-Rivière et Villeneuve-la-Rivière. Huit visites guidées gratuites du parc éolien et du patrimoine historique et culturel des quatre communes.

▶ Ensuite les randonnées en trottinettes électriques Accompagnées d'un guide professionnel, huit randonnées en trottinettes électriques au cœur du parc éolien et à la découverte des sentiers pleine nature et du patrimoine historique et culturel des quatre communes. A vrai dire un franc succès qui devrait être renouvelé dès les beaux jours pensez à réserver dès le printemps.

▶ Puis l'Explore Game de l'Ecoparc Catalan : 4 énigmes à résoudre sur quatre communes. L'application mobile Explore Game Ecoparc Catalan est téléchargeable gratuitement sur tout téléphone ou tablette. 1h30 de jeu d'aventure et d'exploration scénarisée en plein centre historique des villages.

▶ Le Raid multisport de l'Ecoparc Catalan, première édition, est reporté le dimanche 17 octobre pour les raisons sanitaires mises en place par la Préfecture des Pyrénées-Orientales ! Au programme : VTT, course d'orientation, tir biathlon et tir à l'arc au cœur du parc éolien, des sentiers de l'arrière-pays, entre le Canigó et la Méditerranée, à travers les vignes, les pinèdes et la garrigue.

▶ Enfin, le film de découverte du territoire de l'Ecoparc Catalan. Le 1er film de l'Ecoparc Catalan : invitation au voyage et (re) découverte des richesses patrimoniales et naturelles d'une partie de l'arrière-pays des Pyrénées-Orientales. Qu'est-ce que l'Ecoparc Catalan ?

▶ Pour terminer, le cœur du projet de territoire Ecoparc Catalan correspond à la zone d'implantation du parc éolien terrestre le plus puissant de France avec 96 MW de puissance pour couvrir les besoins domestiques d'électricité d'une ville de 120 000 habitants, soit la population de Perpignan ! Ce projet issu de l'ambition de Perpignan Méditerranée Métropole et des communes de Baixas, Calce, Pézilla-la-Rivière et Villeneuve-la-Rivière avec EDF Renouvelables est un véritable laboratoire d'expérimentation pour ce territoire, et un projet de développement économique et de croissance verte, articulé autour de quatre axes : les énergies renouvelables, le tourisme, l'agriculture et la viticulture, l'innovation.
Toutes les infos et les dates sont sur
www.perpignanmediterraneemetropole.fr

SITE ARCHEOLOGIQUE DE RUSCINO

Chemin de Château Roussillon
✆ 04 68 66 30 30
Visite guidée (sur réservation).

Durant l'antiquité, Ruscino était une place de renom qui nous donnera plus tard le nom de Roussillon. Les fouilles archéologiques ont permis la mise au jour de nombreuses poteries, objets du quotidien, des bijoux ainsi que des fondations de huttes et des tombes prouvant sa prospérité jusqu'au Moyen-Âge. Mais tout ceci paraît bien réducteur pour le *Petit Futé* qui est allé «fouiller» un peu plus en profondeur sur le sujet et glaner auprès des chercheurs du CNRS quelques informations complémentaires. En effet, il nous a été confirmé que 6 siècles avant J.-C., à la période de l'âge de fer, la vigne était présente (à l'état sauvage, *vitis vinifera)* et on y élaborait sans doute les premiers «nectars». Des poteries d'époque étrusque retrouvées sur le site tendent à prouver que du vin était produit à Ruscino bien avant la conquête romaine. Une lettre commerciale en plomb, trouvée sur place, ferait état d'un pressoir à vin sur ce site. Nous en saurons plus lorsque les résultats de la prospection géophysique seront publiés pour relancer des futures fouilles autour du site de Ruscino. A noter que, si l'actualité sanitaire le permet, des ateliers archéologiques pour les enfants sont organisés pendant les périodes de vacances scolaires de la zone C. Pour ces renseignements, ainsi que pour les visites guidées ou avec audioguide qui sont organisées uniquement sur réservation, téléphonez au 04 68 67 47 17 ou sollicitez l'office de tourisme de Perpignan Méditerranée.

LAC DE VILLENEUVE-DE-LA-RAHO

Lac de Villeneuve-de-la-Raho
VILLENEUVE-DE-LA-RAHO
Ouvert toute l'année. Zone de baignade surveillée. restos et snacks. Aires de pique nique, pédalos... Pêche.

Plus de 1,2 million de visiteurs chaque année, 16 ha sont consacrés aux loisirs, on y pêche, on s'y baigne, on y fait de l'aviron ou du canoë, mais également on en fait le tour (près de 8 km) en marchant, en courant ou à vélo avec parcours santé et une magnifique vue sur les montagnes en prime. C'est un lieu pour toute la famille en été comme en hiver. Les aires de pique-nique et les parcours de promenade sont très bien entretenus. Le second lac de 14 ha est une réserve ornithologique.

SE LOGER

L'offre d'hébergement dans la préfecture catalane est diversifiée, nous pouvons dire qu'il y en a pour tous les goûts et tous les budgets. Attention néanmoins, Perpignan est une ville de congrès, et de nombreuses manifestations culturelles et sportives sont organisées tout au long de l'année limitant ainsi les nuitées dans les hôtels de la ville les plus renommés. Il vous faudra alors laisser l'hypercentre et vous loger, ma foi fort bien, toujours dans Perpignan, mais à l'écart du cœur de ville. Là, mis à part les hôtels de chaînes, fort agréables et très bien entretenus comme le Kyriad Perpignan sud ou encore la renommée Villa Duflot et son célèbre restaurant, de luxueux gîtes comme les Ateliers de Sant Vicens posés telle une œuvre d'art au centre d'un magnifique jardin, ou les coquettes chambres d'hôtes du mas Latour Lavail, ancienne cave rénovée avec piscine et hammam, sauront satisfaire les plus exigeants d'entre vous.

PERPIGNAN

APPART' CITY PERPIGNAN CENTRE GARE*** €

12, boulevard Saint Assiscle
✆ 04 57 38 16 53
www.appartcity.com

Ouvert à l'année studios et appartement de 4 à 6 personnes, tarifs en fonction des saisons.

Face à la gare TGV, 123 appartements pour 1 à 6 pers : studios, 2 pièces ou 3 pièces de 20 m² à 58 m². Très bien insonorisés, dotés d'une literie de qualité, d'un bureau, une kitchenette aménagée avec plaques de cuisson, four micro-ondes, machine à café, vaisselle et ustensiles de cuisine, TV écran plat, chauffage et un nécessaire de nettoyage. Salles de bains avec douche italienne ou baignoire. Accès direct au parking du sous-sol qui est sécurisé par des nombreuses caméras.

DALI HÔTEL PERPIGNAN**** €

18, boulevard Jean-Bourrat
✆ 04 68 61 42 10
www.dalihotel.fr

Ouvert toute l'année. 115 chambres, dont 2 suites et 4 PMR. Restaurant. 7 salles de réunion, espace fitness, terrasse.

L'hôtel le Dali avec ses 115 chambres, 7 salles de réunion spacieuses et fonctionnelles, réparties sur 800 m², son restaurant, sa salle de fitness, sa terrasse et son roof-top a tout pour plaire. Les chambres climatisées, d'une superficie de 20 m², sont équipées de douche à l'italienne, sèche-cheveux, plateau de courtoisie. Un bar d'été sur le balcon-terrasse offre une vue sur la ville, ses remparts et le Canigó depuis le roof-top. Idéal pour les séminaires et à deux pas du Palais des Congrès de Perpignan le *Petit Futé* adore.

MAS DE L'HORTE €

Traverse de Pezilla - **LE SOLER** ✆ 06 10 29 33 71
http://masdelhorte.fr

Fermé du 11 octobre au 9 mars. Pour 4 ps (2 chambres). De 700 € à 900 € la semaine selon saison. Jeux pour enfants.

Vacances en famille au Mas de l'Horte dans les 4 gîtes au milieu d'un parc de 3 ha d'oliviers, de cerisiers, d'agrumes et de bambous. Chaque gîte dispose de 2 chambres de plain-pied ou en mezzanine, toilettes, douche, cuisine équipée, TV et salon de jardin. Un lac ou la pêche est possible, avec relâché de poisson obligatoire et pour les mordus de pêche en mer, Claude vous emmène sur son bateau pour une belle sortie. Mais la cerise sur le gâteau reste l'immense piscine de 10m x 20m et une fois par semaine, la découverte de la cuisine catalane autour de la bodega..

L'ATELIER DE SANT VICENS €€

7, rue Paul Bourget
✆ 06 11 05 22 01
www.santvicens.fr

2 gîtes de 80 m² pour 4 personnes maxi. de 460 à 690 € selon saison avec terrasse non fumeur.

Adeptes du calme, de l'art et de la culture, cet endroit est fait pour vous ! Nous avons déniché les deux plus beaux gîtes de Perpignan (pardon pour les autres). Imaginez, vous résidez le temps d'une semaine dans ce qui fut l'atelier du célèbre céramiste Firmin Bauby. Pour la petite histoire, Pablo Picasso et Salvador Dali ont séjourné ici même. De magnifiques volumes, très lumineux, décorés par Claire, la petite-fille de Firmin, artiste céramiste elle aussi, ajouteront une touche cosy. «Ô temps suspends ton vol...» un mélange de grâce et d'art de vivre !

LE CLOS DU CHENE €€

16, Impasse Hyacinthe Rigaud - **LE SOLER**
✆ 06 15 30 85 11
https://leclosduchene66.com
3 gîtes de 2 à 6 personnes. De 890 à 1 060 € la semaine selon gîte et saison. Vaste parc.

Niché au cœur d'un parc de 5 000 m², Le Clos du Chêne est un mas catalan du XVIIIe siècle abritant trois gîtes récemment modernisés avec élégance et authenticité. À l'ombre d'un chêne centenaire, vous aurez accès à une piscine ainsi qu'un grand espace de verdure (le parc est vraiment magnifique). Le top pour des vacances en famille ! Christine et Gérard, vos hôtes, sauront sublimer vos vacances par le soin apporté aux vacanciers durant leur séjour. Emplacement idéal car vous êtes à moins d'une heure des montagnes, à 20 minutes de la mer et de l'Espagne.

HÔTEL DE LA LOGE** €€

1, rue Fabriques-d'en-Nabot
✆ 04 68 34 41 02
www.hoteldelaloge.fr
22 chambres. Petit déj. continental. Parking Wilson (payant). 2 chambres doubles de 30 m² avec salon et lits en 160

En cœur de ville, les amoureux de vieilles pierres seront gâtés. L'hôtel de la Loge est un bel et vaste édifice du XVIe construit autour d'un patio regorgeant de fleurs. Les spacieuses chambres arborent fièrement un mobilier catalan rehaussé de modernité. Elles sont toutes personnalisées des toiles peintes par un artiste local ou de superbes miroirs. Même les salles de bains sont coquettes. Certaines chambres ont une vue sur la Loge de Mer ou l'hôtel de ville. Un « bon plan » rapport qualité-prix pour cet hôtel où l'ancien et le moderne se marient avec goût.

HÔTEL KYRIAD PERPIGNAN SUD*** €€

Rue du Docteur-Koch ✆ 04 68 88 18 88
www.kyriad-perpignan-sud.fr/fr
3 étoiles. Ouvert toute l'année, 50 chambres. Parking fermé. restauration (le soir). séminaires, réceptions et mariages.

A 5mn de l'autoroute et non loin du centre-ville, dans un quartier résidentiel et calme, l'hôtel Kyriad Perpignan Sud, 3 étoiles, vous propose confort et sérénité dans un cadre moderne. Doté de 50 chambres et suites familiales, chacune d'elles pouvant accueillir de deux à quatre personnes, cet établissement, de design contemporain et épuré, vous offre tout le confort rêvé. Le personnel, agréable et souriant, est à vos côtés 24h/24 pour que votre séjour soit le plus plaisant possible.

HÔTEL LE PARIS-BARCELONE €€

1, avenue du Général-de-Gaulle
✆ 04 68 34 42 60
www.hotelpb.fr
Ouvert toute l'année. 23 chambres. De 60 € à 70 €. Petit déjeuner : 6 €.

Le Paris-Barcelone, situé face à la gare de Perpignan, « *El Centre del Món* » (le centre du monde) d'après Dali, est le point névralgique pour les voyageurs désireux de visiter le centre-ville. Le changement de propriétaire a été bénéfique pour ceux qui ont connu l'établissement il y a quelques années en arrière. Désormais, toutes les chambres sont refaites et très agréables, insonorisées et dotées de tout le confort moderne. Possibilité de prendre le petit déjeuner sur la terrasse, espace coworking bien pratique pour vos rendez-vous et, à noter le bar sans alcool.

HÔTEL MONDIAL*** €€

40, boulevard Georges-Clemenceau
✆ 04 68 34 23 45
www.hotel-mondial-perpignan.com
Chambre simple 60-69 €, double 69-79 €. Petit déjeuner buffet : 9,50 € (6,50 €/enfant de + de 5 ans).

La localisation de cet hôtel reste son atout majeur. Situé à proximité immédiate de l'hypercentre perpignanais, le Théâtre de l'Archipel, le Castillet ou le Palais des Congrès sont à moins de 500 m. L'Hôtel Mondial propose des chambres agréables avec grand écran plat et literie confortable. Elles sont bien insonorisées, toutes climatisées et modulables en «chambre - bureau» pour la journée ou seulement quelques heures. La décoration, pensée par Mathilde, est une réussite et l'hôtel dispose désormais d'un solarium au cinquième étage. Accueil chaleureux.

MER ET GOLF APPART'HÔTEL** €€

2, espace Méditerranée ✆ 04 68 57 48 00
www.meretgolf.com
100 chambres (studios). Les prix sont très variables en fonction des dates et des sites de réservation.

100 studios climatisés, dont 3 aménagés pour les personnes à mobilité réduite. Prévus pour accueillir une ou deux personnes, ils sont fonctionnels, personnalisés avec déco et ameublement moderne (tv écran plat). Le coin kitchenette équipé et l'espace bureau agréable avec accès Internet H.D., Wifi et téléphone-réveil. La salle de bains dispose d'une douche. Matériel de repassage ainsi que sèche-cheveux sont prêtés à la réception. Le petit déjeuner peut se prendre au rez-de-chaussée.

NYX HOTEL*** €€

62 bis, avenue du Général-de-Gaulle
✆ 04 68 34 87 48
www.nyxhotel.fr
17 chambres (de la chambre standard à la chambre baignoire Spa avec terrasse de 20 m²). Petit déjeuner buffet.

Un superbe boutique-hôtel refait à neuf avec goût. Cet endroit est très accueillant. Passant de la lune au soleil et du jour à la nuit, les chambres, pensées et agencées avec délicatesse sont confortables et très cosy. Toutes sont avec douche ou baignoire, et pour certaines avec terrasse ou terrasse et baignoire Spa. Du nécessaire de toilette au plateau de courtoisie avec bouilloire, café et thé dans chaque chambre, tout a été prévu. Un très copieux petit déjeuner sous forme de buffet vous attend dès 7h du matin dans la salle à manger.

KYRIAD PRESTIGE PERPIGNAN GARE**** €€€

35, boulevard Saint-Assiscle
✆ 04 11 64 71 00
100 chambres ; simples ; doubles, triples ou suites. 6 PMR. Tarifs en fonction de période de l'année.

Belles prestations pour ce 4 étoiles à l'insonorisation parfaite, pourtant vous êtes au « Centre Del Mon » (à la Gare de Perpignan). La prouesse de l'architecte ne tient pas uniquement à l'acoustique, mais également à la décoration qu'il a voulue, lunaire à dominance de blanc et noir. Chambres contemporaines avec minibar, coffre et salles de bains équipées de douches à l'italienne. Bar lounge, terrasse extérieure, parking donnant accès directement au hall de l'hôtel par l'ascenseur.

LA SUITE ROMANTIQUE €€

rue de l'Argenterie
www.lasuiteromantique.fr
1 chambre. De 150 € à 170 €. Pack «romanticoquin» (menotes, masque sexy, cravache) 50€.

Vous l'aurez compris, cette suite unique, en plein centre de Perpignan, est faite pour les amoureux. La Suite Romantique est le lieu idéal pour une demande en mariage, des retrouvailles ou des moments de complicité pour les couples. Le must du raffinement avec sa baignoire chromothérapie et son bain bouillonnant, sa double douche à pluie tropicale et son lit queen size face à un grand miroir. Sur demande plusieurs options, dont le pack coquin avec menottes, cravache, plumet à chatouilles, pétales de rose, champagne, macarons ou gourmandises, tout est prévu !

MAS LATOUR-LAVAIL €€€

55, chemin del Vivès
✆ 06 73 93 74 30
www.maslatourlavail.com
Gîtes de France. Ouvert toute l'année. 5 chambres. Parking fermé. Piscine, hammam, salle de sport, bain bouillonnant.

Coup de coeur pour ce mas catalan du XVIe siècle situé au cœur des vignes. Il faut vous dire que vous êtes dans une des propriétés du domaine Cazes et que le sens de l'accueil vigneron n'est pas démenti. 3 chambres et 2 suites parentales décorées avec goût sur le thème du vin. Quant aux petits plus, un hammam, un spa et une salle de sport ont été aménagés dans les anciennes cuves. A l'extérieur, une piscine de nage vous donnera envie de profiter du soleil du Roussillon. Salon cosy, bibliothèque, salle de dégustation, possibilité de soins...

HÔTEL MERCURE CENTRE-VILLE**** €€€

5-5 bis, cours Palmarole ✆ 04 68 35 67 66
www.mercure.com
Ouvert toute l'année. 60 chambres (dont 5 suites). Parking fermé. Restaurant partenaire «le Vienne».

Cet hôtel est idéalement situé sur le cours Palmarole, en plein centre-ville. Les chambres climatisées et entièrement rénovées ont été relookées dans un design contemporain, avec toujours le souci du confort. Elles sont équipées avec TV écran plat, coin bureau, wifi gratuit et salles de bains équipées de baignoire. Les petits déjeuners sont servis au buffet du premier étage. Pour la détente, une salle de remise en forme et un sauna sont accessibles au sein de l'hôtel.

LA VILLA DUFLOT PERPIGNAN HÔTEL & SPA**** €€€

Rond-point Albert-Donnezan ✆ 04 68 56 67 67
www.villa-duflot.com
52 chambres de 99 € à 350 €. Séminaires. Réceptions et mariages. Spa. Restaurant gastronomique. Menus de 49 € à 75 €.

Étape luxueuse où raffinement, élégance et bon goût sont omniprésents. La belle demeure méditerranéenne se niche dans un grand parc arboré de palmiers et de pins. Spacieuses, les chambres bénéficient d'une déco personnalisée. Elles ont terrasse ou balcon, s'ouvrant sur le jardin ou la piscine. Espace détente de 150 m² avec 3 cabines de soins, pour des moments inoubliables. Pour les mariages et réunions d'affaires, La Villa dispose de plusieurs salles situées en rez-de-chaussée.

SE RÉGALER

Quel dommage de résumer en 900 signes la rubrique se régaler à Perpignan sans léser un établissement au profit d'un autre. Alors nous ne citerons personne, mais nous allons vous donner des tendances. Il faut vous dire que le département des Pyrénées-Orientales est un véritable jardin d'Eden offrant une palette de saveur et de couleurs dans nos assiettes. La Méditerranée y est dignement représentée avec ses anchois, poissons, thons, huîtres, moules et autres crustacés. Nos éleveurs de « *tirabuxo, xaï, vedell* », volailles et canards gras sont aussi mis à l'honneur grâce au talent et à la créativité de nos chefs. Ajoutons au son des pianos de nos amis cuisiniers, le chant des herbes de nos garrigues frémissant dans un filet d'huile d'olive, le suintement des compotées de fruits de nos vergers que le miel de nos montagnes viendra relever et l'extase suprême d'une sauce déglacée au vin de Banyuls. Venez, on vous attend.

Crème catalane.

LA 7ÈME VAGUE €€

327, rue Docteur-Parcé
✆ 04 68 81 81 00
www.boniface-coquillages.com

Disciple d'Escoffier. Maître Restaurateur. Ouvert toute l'année. Du lundi au samedi midi et soir. Service traiteur.

Sandrine et Olivier ont créé un restaurant gastronomique avec pour thème les produits de la mer qui marie l'expérience d'un marin-pêcheur ostréiculteur et le savoir-faire d'un grand chef. Profitant des produits « extra frais » des viviers attenants, un seul crédo : « une cuisine au service de la mer » avec comme mot d'ordre : choisissez votre poisson, on vous le cuisine ! Les amoureux des fruits de mer auront quant à eux le choix entre les multiples plateaux proposés. Sans oublier les délicieux sushis. C'est plus que la 7ème Vague, c'est un tsunami de saveurs !

L'ARDOISE €

30, avenue Maréchal-Koenig
✆ 04 68 67 52 89

Ouvert du lundi au vendredi le midi et le soir sur réservation. Carte : 25 € environ. Plat du jour : 12 €.

Un lieu très cosy où l'art du bien recevoir prend tout son sens, l'ardoise change quotidiennement au gré du marché et des saisons. Amoureux de leur métier, Laurence et Roger partagent avec générosité leur passion de la bonne cuisine et du bien recevoir. Bien sûr il y a quelques spécialités pérennes pour lesquelles on revient, comme cette paella généreuse qui embaume sur la table, mais à chaque jour ses bonnes surprises gustatives. Le sourire de Laurence ensoleille la salle, les prix sont plus qu'abordables pour une cuisine irréprochable. Corner de produits locaux.

LES ANTIQUAIRES €€

Rue Michel-Torrent ✆ 04 68 34 06 58
www.lesantiquairesperpignan.fr.gd

Toques Blanches. Ouvert midi et soir du mardi au samedi et le dimanche midi. Menus de 25 € à 35 €. Carte : 40 €

Guillaume Aubailly, Toque blanche du Roussillon, ne s'embarrasse pas des modes. Ne vous attendez pas à un décor tendance, contemporain ou lounge, ni à une vaisselle design ; ce n'est pas l'esprit de la maison. Votre aubergiste Guillaume mitonne à la perfection des plats très traditionnels pour une clientèle de fidèles. Sa cuisine lui ressemble, simple, sans une once de prétention mais diablement gourmande et généreuse. Il précise d'ailleurs qu'il utilise des produits catalans, mais sans forcément faire de la cuisine catalane. Valeur classique mais valeur sûre.

LES ATELIERS €€

Chemin de la Fauceille
✆ 04 68 55 04 67
www.restaurant-les-ateliers.com

Ouvert toute l'année. Réservation recommandée. Accueil des groupes. Terrasse. Grand parking.

Au cœur de l'espace commercial de la Fauceille, dans un décor industriel aux 3 ambiances : bistronomie, bar à tapas et lounge, vous découvrirez des plats généreux, exécutés avec brio, à base de produits locaux bio ou labellisés. « Chaque plat doit raconter une histoire » nous confie Yassine. La carte hebdomadaire est simple : 3 entrées, 3 plats, 3 desserts. Tout comme la carte des vins : des flacons de haute volée issus de petits vignerons. Le service est impeccable. Yassine est un homme de cœur, d'une profonde gentillesse et d'une grande simplicité.

AOTINTIK €€

11, allées Aimé Giral
✆ 04 68 61 01 56

Mardi, mercredi et dimanche de 9h à 20h. Du jeudi au samedi de 9h à 2h. Menu midi. Carte environ 30 €. Terrasse.

A deux pas du stade, Aotintik dévoile tout d'abord sa grande terrasse ombragée de 2 superbes mûriers platanes. Puis le charme se poursuit avec la découverte d'une vaste salle où le bois domine et sa cheminée est ouverte devant laquelle Rodolphe s'affaire. Les recettes et les plats sont simples - oubliez la cuisine fusion - et choisissez plutôt le goût pour de vraies grillades de viande ou poissons en provenance de nos alpages ou de la Méditerranée. « On l'oublie trop souvent mais l'élément essentiel, c'est le produit », nous commente Rodolphe. Et le *Futé* adore !

L'AUTHENTIQUE €

Rue Sébastien Vauban
✆ 04 68 94 91 16

Ouvert le midi du lundi au vendredi et le soir du jeudi au samedi. Carte : 30 € environ (pour 3 plats). Terrasse.

Et il porte bien son nom car Mathieu, votre hôte et le taulier de ce resto, est un garçon simple et vrai. Dans le métier depuis 15 ans, il vous concocte une bonne cuisine italienne qui a su dépasser les frontières de la botte : belle pièce du boucher le midi, risotto aux gambas, la fameuse pizza authentique et un burger qui décoiffe ! Produits locaux ou bio quand c'est possible et tout fait maison, même le ketchup, le pesto et le pain des burgers ! Coup de cœur pour la grande salle aux poutres apparentes et surtout... la flamme du four à bois qui attire le regard.

BABINES €€

13, rue des Fabriques Couvertes
✆ 06 50 83 48 90
www.restaurant-babines.com
Ouvert le soir du lundi au samedi. carte environ 30€. Plats et tapas. Bar. Terrasse.

Installé au pied du Castillet, dans une ruelle piétonne très animée le soir, Babines est un gastro-bar ou restaurant bistronomique où vous ne trouverez que du bon, du beau et du frais. Les tauliers mettent un point d'honneur à la qualité des produits proposés et à leur provenance. Et tout est délicieux ! Egalement, les vins naturels se taillent la part du lion sur la carte et on découvre de belles pépites. Enfin, le service est irréprochable, attentionné et le personnel distille de bons conseils sur la carte. Le Petit Futé a passé une excellente soirée !

BAMBINO II €€

5, Place des Poilus
✆ 04 68 67 96 10
Ouvert du mardi au samedi midi et soir. Plats italiens et pizzas. Caviste. Vins à prix modérés. Terrasse.

Le célèbre Lorens'o a trouvé repreneur et aujourd'hui chez Bambino II vous dégusterez de délicieuses spécialités italiennes comme on en voit rarement. Antipasti, pâtes, pizzas et risotto... Toute l'Italie dans le creux de la main (ou de l'assiette). Tout le bon goût et la fraîcheur. Les deux terrasses ombragées sont charmantes, mais la salle nous a séduits avec ses œuvres d'artistes exposées. Enfin, les vins sont à prix caviste plus un modeste droit de bouchon. Quant à l'accueil, il est très chaleureux et aussi doux que le fumet du risotto. Coup de coeur !

LE 17 €€

1, rue Bartissol
✆ 04 68 38 56 82
Octobre à avril, lundi au samedi le midi et jeudi au samedi le soir ; de mai à septembre du mardi au samedi midi et soir

© GÉRARD MARION

Voisin de la cathédrale Saint-Jean, Frédéric Marchand élabore des plats gastronomiques aux parfums d'Asie. Sa cuisine locavore instinctive et passionnée recèle des trésors de savoir-faire. Tel un peintre, ses plats il les imagine, les visualise et les réalise. Les saveurs sont soigneusement préservées avec des harmonies d'arômes subtils. Le poisson, sa spécialité, choisi à la criée du matin, accompagne les produits de saison. Pas de carte, juste un menu déjeuner qui change tous les jours et un choix à l'ardoise le soir. Le choix des vins locaux est très judicieux.

LE BAR À LAIT €

16, avenue Général-Guillaut
✆ 06 89 69 82 51
www.bar-a-lait.fr
Du lundi au vendredi de 8h à 14h et samedi de 8h à 13h. Animations, stages et formations.

La « crème » des fromages, le *Petit Futé* a craqué pour la boutique-restaurant de Pascale. Tout ce qu'il y a de plus convivial et d'insolitement bon. On y vient pour acheter ou manger fromages, tartes de légumes, salades fromagères, tartines du laboureur, etc. Le fromage se décline presque à l'infini. Les menus du jour sont composés avec des viandes de producteurs, des fruits et légumes de saison alentour. Découvrez aussi le plateau de fromages géant à partager, les accords fromages et vin sur place ou à emporter. Quel bonheur pour les amateurs de vrai bon goût !

BARRIO TCHINO €

4, rue Jeanne d'Arc
✆ 09 85 03 12 96
https://barriotchino.business.site
Du mardi au samedi le midi et le soir. Menu spécial midi et soir à 18,90 et 22,90 € (copieux !). Terrasse.

Changement d'adresse mais même esprit. Rien n'a changé à part la déco et un lieu plus vaste. Tout est comme à Barcelone, l'accueil, le sourire et la bonne humeur. Au Barrio Tchino, on vous sert une cuisine de qualité, généreuse, goûteuse et dictée selon les saisons. Cuisine de voyage et d'inspiration de toute la Méditerranée au sens Braudelien du terme. Les recettes de plats et tapas revisitées nous ont enchantés. Le Barrio Tchino est un des rares restaurants qui sert une cuisine copieuse et abordable et propose des menus le soir. On est fans !

BRASSERIE BALTHAZAR €

Avenue d'Espagne
✆ 04 68 36 51 69
www.brasseriebalthazar.fr

Disciple d'Escoffier. Ouvert tous les jours de 10h à 22h. Plusieurs formules midi et soir. Terrasse.

À la brasserie Balthazar, le décor nous plonge dans les années 1900. Côté assiette, c'est une cuisine aux viandes de l'Aubrac et veau des Pyrénées sélectionnées par le nouveau propriétaire, ancien boucher. La formule plat du jour et dessert est bien servie, le poisson du jour est «du jour» et les pizzas délicieuses. La fois prochaine, nous nous laisserons tenter par les planches de tapas à partager ou le tartare de l'Aubrac haché au moment avec une pâtisserie maison pour finir. Et puis ne manquez pas les *Happy hours* de 17h à 20h avec les bières à prix canon.

BRASSERIE LE FOULON €

6, rue pascal-Marie Agasse
✆ 04 34 10 13 57
www.lefoulon66.fr

Ouvert du lundi au vendredi midi et soir et le samedi matin. Terrasse.

Leslie et son frère Bruno ont la jeunesse pour eux. Elle rachète le Foulon qui a marqué son enfance et mettent tous deux leur énergie dans l'entreprise. Tous les midis on se bouscule pour déguster le plat du jour pour la valeur d'un ticket restaurant, un menu complet avec des produits frais de saison ou «piocher» dans la carte de tapas. Cuisine fine, authentique tendance bistronomique dans une nouvelle déco et une belle terrasse. Accepte les groupes sur réservation. Bravo pour votre talent aux fourneaux et merci à vous deux et l'équipe pour votre gentillesse.

CAFE DE LA SOURCE €

1, rue Maréchal Foch
✆ 04 68 34 27 69

Ouvert tous les jours de 7h à 2h. Service à toute heure. Plat du jour 10,50 €. Plats à la carte. Terrasse.

Là où un petit ruisseau prenait sa source au siècle dernier, on vous accueille comme à la maison et on vous sert à toute heure sur une très belle terrasse aérée et ouverte sur le centre-ville. Eric, le taulier, a une vraie culture de la nourriture et de la viande. « J'ai envie de faire plaisir et que le client se régale ». Son resto à taille humaine sert une cuisine bistronomique aussi simple et délicieuse que lui. On revient toujours à la Source, car les viandes sont tendres comme du beurre. Quantités généreuses, tarifs irréprochables... Une valeur sûre !

LE CAFÉ VIENNE €€

3, place Arago
✆ 04 68 34 80 00

Ouvert tous les jours midi et soir. Ouvert non stop jusqu'à tard le soir. Carte 35 €. Plat du jour 15€. Terrasse.

Le Café Vienne se taille la part du lion sur la place Arago, avec sa terrasse en été à l'ombre des palmiers et son intérieur au petit côté rétro fait de boiseries, petits recoins et banquettes confortables. Une adresse intemporelle qui guette du coin de l'œil l'air du temps. Les habitués savent qu'à toute heure on peut s'attabler. Dans l'assiette, des incontournables, à commencer par le fameux filet de bœuf, le tartare bien assaisonné, et surtout d'impressionnants plateaux de fruits de mer préparés sous vos yeux par l'écailler ou des planxas de poisson frais.

LA CARMAGNOLE €

12, rue de la révolution française
✆ 04 68 35 44 46

Ouvert le midi du lundi au samedi. Fermé le dimanche. Menus de 13 à 16 € (formules du midi).

Dans cette rue piétonne animée et un brin artistique de la Révolution Française, la Carmagnole vous propose une cuisine catalane et du monde inspirée des voyages de Claire et Jo. Eté comme hiver, on adore déjeuner sur la vaste terrasse, savourer un curry vert de la mer, un poulet aux gambas et Martini ou un sundae caramel au beurre salé. Pour la majorité, les produits sont issus de circuits courts, les autres sont rigoureusement sélectionnés. On aime l'ambiance familiale toute simple de ce lieu, peu de prétention mais beaucoup d'amour dans la cuisine et le cœur.

CASA ROSA E VIRGILIO €

14, Avenue du Palais des Expositions
✆ 04 68 57 33 56

Ouvert du mardi au dimanche midi et soir. Réservation recommandée. Plats entre 10 et 15 €. Accueil des groupes. Terrasse

Une belle histoire de famille autour d'une cuisine fine et goûteuse. Toute la chaleur et la générosité du Portugal imprègnent les lieux : un bar et sa salle de restaurant et deux grandes terrasses ensoleillées dont une avec vue plongeante sur la Têt. La morue est déclinée en 7 façons et c'est du bonheur ! Les légumes et les œufs viennent de leur propre jardin. Les tarifs sont plus qu'abordables et les quantités à faire pâlir un ogre. On vous le dit encore, autant que le voyage culinaire, la gentillesse et le sens de l'accueil de cette famille nous ont émus.

CASA XURIT €

23, boulevard Nungesser et Coli
✆ 04 68 61 57 03
www.casaxurit-tapas.fr

Ouvert du lundi au samedi. Tapas et cuisine du soleil. Terrasse. Paella pour groupe sur demande. A emporter.

A peine à 10 min à pied du centre historique, venez goûter une vraie cuisine espagnole composée de tapas et petits plats qu'on déguste sur le pouce. En salle ou sur la jolie terrasse de bois en équerre, Johnatan va vous régaler avec ses planches « mar i munt » (mer et montagne), ses tapas classiques (comme là-bas) ou ses plats chaleureux. Les plats sont délicieux, les quantités généreuses et seul le jambon est salé, pas l'addition ! Cet amoureux de la culture espagnole passe de table en table pour discuter avec le client et parler de ses recettes.

LE COMPTOIR DE PAPA OURS €€

23, rue Sébastien Vauban
✆ 04 68 38 77 23

Ouvert midi et soir du mardi au samedi. Menus et parillade. Terrasse. Brunch. Epicerie fine et cave à vin.

Dans la grande salle qui fait penser à un cocon rustico-moderne avec une pointe artistique, vous allez vous régaler avec la parillade de viandes, de poisson ou mini-burgers (pain maison) à griller soi-même sur les braises de votre barbecue de table. Un concept unique à Perpignan et qu'on a adoré ! Egalement sur la carte, des ardoises de produits locaux et un alléchant menu du midi. Enfin, ce qui nous a fait craquer chez Papa Ours, c'est tout simplement l'accueil et l'attention au client qui est plus que bichonné. Papa Ours est à vos petits soins !

CATALOGNE CAFE €€

56, Bvd Georges Clémenceau
✆ 04 68 62 54 45

Ouvert tous les jours sauf le dimanche. Plusieurs formules. Plat du jour 14€, duo et trio à 19 et 23€. Terrasse.

Notre dernière découverte avant la mise sous presse. Amateurs de bonne chère et locavores, vous qui cherchez la traçabilité et le km zéro, le Catalogne Café vous gâte : que des produits locaux de haute volée et dont l'origine est mentionnée dans le menu, des plats aussi beaux que bons et savoureux, des recettes si originales et décalées et enfin, une équipe adorable pour vous servir. Entrés par hasard, nous sommes sortis heureux. Les tauliers le soulignent eux-mêmes : «avec de vrais et bons produits, on ne peut faire que des merveilles». Bravo !

COWORKING COFFEE €€

40, boulevard Georges Clemenceau
✆ 06 08 76 01 30

Ouvert du lundi au samedi de 9h à 19h. Plusieurs formules petit déj ou repas sur le pouce. Terrasse.

« Le café branché » de Perpignan. Lorsque le Petit Futé dit branché, c'est que l'endroit est connecté en très haut débit pour vos rendez-vous de travail. Un luxe ici, lorsque l'on sait qu'il est difficile de se poser dans un endroit calme, confortable pour faire le point avec un client ou avec son entreprise autour d'un petit déjeuner bio, d'une pause salade le midi (avec des produits locaux de saison) ou pour un tea-time avec tartes et gourmandises maison servies par une équipe jeune et souriante. Bravo Mathilde pour cet endroit convivial mais néanmoins studieux.

LE CLOS DES LYS €€€

660, Chemin de la Fauceille
✆ 04 68 56 79 00
www.closdeslys.com

Toques Blanches. Ouvert le mercredi et du jeudi au samedi midi et soir. Menus de 26 € à 79 €. Jardin. Terrasse.

Toujours à la recherche de nouvelles saveurs et d'alliance de textures, Frank Séguret nous concocte une cuisine où l'authenticité est conjuguée à tous les temps. Les classiques sont revisités avec subtilité, l'équilibre des saveurs et à chaque plat bien présent. Ainsi, le foie gras de canard se poudre de chocolat amer, l'escalivada se revêt d'une chapelure d'olive noire... Quant au menu du jour, il est renouvelé en fonction des produits du marché et de l'inspiration du chef. Le Clos des Lys est un lieu où la notion « du bien recevoir » prend tout son sens.

LA CRÊPERIE DU THÉÂTRE €

1, rue Gustave Flaubert
✆ 04 68 34 29 06
www.creperie-du-theatre.fr

100% BIO. Gluten-free friendly. En saison, ouvert tous les jours sauf dimanche. Vente à emporter. Salon de thé, épicerie

Nouvelle adresse - et que c'est beau ! Si vous cherchez les meilleures galettes de la ville, n'allez pas plus loin car elles sont à La Crêperie du Théâtre. Des galettes exquises ! La majorité des ingrédients provient de l'agriculture BIO tout comme le sarrasin et le froment qui sont issus d'un moulin local. Eric, passionné et convaincu, sait adapter ses recettes au fil des besoins et au cas par cas suivant les contre-indications médicales ou les sensibilités des personnes : cœliaques, végétariens et vegans sont les bienvenus. Délicieux et sain pour le corps !

LA DÉCOUVERTE €€

9, rue de l'École ✆ 04 68 56 77 37
www.restaurant-ladecouverte.com

Ouvert du lundi au samedi le midi ; du jeudi au samedi le soir. Menus de 25 à 30 €. Carte : 40 € environ. Terrasse.

Perfectionniste, adepte du fait maison, Fabien ne devrait pas tarder à se faire remarquer par le petit guide rouge. Les produits de base sont français et le plus possible locaux et de saison, comme ses légumes qu'il adore cuisiner. Des plats en fonction du marché, des assiettes colorées alliant différentes textures avec ces pointes d'épices utilisées avec parcimonie. Si les plats ressemblent à une palette d'artiste, pour vous en convaincre, aller faire un tour sur la galerie photo de sa page Facebook, cela vous donnera une idée. La Découverte est à... découvrir.

LE DOUBLE 6 €

16, rue Mirabeau
✆ 06 31 92 13 12

Moules frites 10€ ; Tapas à partager de 12€ à 18€ ; carpaccio de bœuf 12€ ; gambas flambées 18,50€ ; seiches à la planxa

Si vous allez place de la République, vous ne pouvez pas rater la grande terrasse du Double 6. Ouvert dès 8 heures pour le café du matin, l'heure de l'apéro arrive rapidement pour laisser place au service du midi. A table, en extérieur où à l'intérieur, uniquement pour les quelques jours d'hiver, vous partagerez ici de bons moments entre amis autour de tapas à partager, de gambas ou de seiches accompagnés de quelques nectars locaux pour finir avec un crème catalane, une trilogie de glaces artisanales ou d'une sélection de fromages de France. On aime !

LE DIVIL €€

9, rue Fabriques-d'en-Nabot
✆ 04 68 34 57 73
www.restaurant-le-divil-66.com

Toques Blanches. Spécialité de viandes maturées et BIO. Ouvert du lundi au samedi le midi et le soir. Terrasse.

Elu meilleur restaurant de viande de France, le Devil est l'antre d'un affineur de viande. Sur l'ardoise : magrets, aiguillettes, brochettes d'agneau, de rognons... mais aussi les terrines de foie gras faites maison et des viandes qui se vendent au poids. Tout le nec plus ultra de la viande est représenté : entrecôtes Wagyu, côtes de bœuf Black Angus, bœuf de Kobe, côtes de cochon noir de Bigorre ou Tirabuixo, etc. On se laisse subjuguer par la saveur incomparable des viandes maturées par Stéphane. Une adresse immanquable et inoubliable sur Perpignan.

LA DROGUERIE €€

37, Rue des Augustins
✆ 06 26 53 49 89

Ouvert du mardi au samedi midi et soir. Carte : 35 € environ (pour 3 plats). Pas de menu : Terrasse.

Look et déco plutôt anodins, façon brocante ou petit resto de quartier qui cache un vrai savoir-faire dans la réalisation de plats italiens. Pas de pizzas, mais des tomates mozzarella, burrata, raviolis, tiramisu... De bons petits plats volés dans le carnet de recette de grand-mère. C'est frais, fin et on en redemande. Sans parler des sauces qui accompagnent les plats. Chez Alexandre et Pierre Yves, on se sent comme à la maison ou dans une trattoria d'un petit village italien. L'âme d'antan est toujours présente pour le plus grand bonheur des clients.

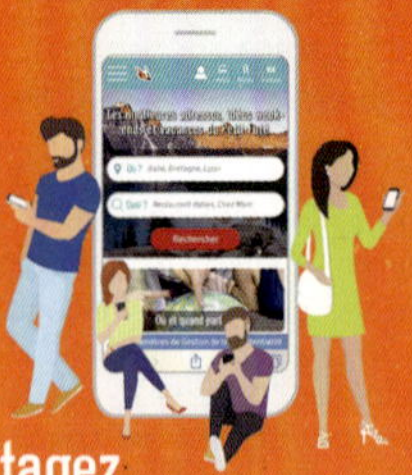

EL COCO RICO €€

479, rue du Docteur Parcé
✆ 07 61 85 15 46
www.elcocorico.com

Ouvert toute l'année. Du lundi au samedi le midi ; du jeudi au samedi midi et soir. Menu midi et soir. Terrasse.

Il est français et elle est mexicaine, de leur amour est né El Coco Rico, une brasserie « branchée » et festive alliant la cuisine de tradition française mais aussi les tacos traditionnels, ceviche, esquite, pozole et autres spécialités mexicaines. Tous les plats sont élaborés avec des produits locaux et de saison avec un menu différent chaque midi. Nous avons aimé les « After Work » et les soirées DJ tous les vendredis soir, mais aussi les soirées aux rythmes latinos du samedi soir autour du bar à mezcal, tequilas, micheladas et autres saveurs à découvrir.

L'EMILE €

9, rue Paratilla
✆ 06 65 67 92 99
www.restaurant-lemile.fr

Ouvert du mardi au dimanche. Réservation recommandée. Vin au verre. Entrées, plats et desserts entre 5 et 12 €. Terrasse

C'est à la bonne franquette, on vous le dit de suite et on ne regrette rien quand les plats arrivent : ceviche de lieu, encornets farcis, pâtes revisitées, poulpe... Entre tapas et plats traditionnels, on se régale, on rit et on refait le monde ! C'est délicieux et en plus les tarifs sont très maîtrisés. L'ambiance est celle de la rue Paratilla : populaire et touchante. Pas de salle, tout est en terrasse dans la rue piétonne sur des mange-debout ou des tables et on aime venir prendre un verre ou savourer quelques tapas après le boulot ou en début de week-end.

FROMTON €

8, Place André Grétry
✆ 06 46 83 41 61

Fermé le mardi. Ouvert du lundi au samedi midi et soir. Formules repas et apéro.

Fromton, c'est le temple du fromage ! Servi chaud ou froid, accompagné de salade ou de charcuterie, il est dans tous les plats. Plusieurs formules pour l'apéro entre amis, de vrais et généreux « crocs », des bowls raclette, tartiflette ou camembert. Tous les produits sont soigneusement sélectionnés par la maison. L'idée est originale, un brin décalée et 100 % française – on est plein d'ingéniosité au pays du « fromage qui pue ». Notre préféré, on vous le dit, c'est le « from'apéro » à déguster à plusieurs en terrasse sur la charmante place Gretry.

LA FAMILLE €€

3, rue François Marie Voltaire
✆ 04 48 89 13 29

Fermé dimanche soir et lundi toute la journée. Brunch le dimanche.

Enfin, on a trouvé un resto qui allie art et gastronomie. Une grande salle un peu dans son jus pour garder l'aspect brutal lié à la modernité, tableaux et photos accrochés au mur et petite terrasse en rue piétonne. Rodor et son équipe ont une obsession pour la qualité du produit : on vous présente la carte et on vous cite la variété des légumes et la provenance des viandes ou poissons. Tout est délice ! Côté cave, on ne vous propose que des produits rares et précieux et surtout des vins vivants qu'on ne trouve pas ailleurs. La rencontre entre Bocuse et Rabelais !

LA GALINETTE €€€

23, rue Jean-Payra
✆ 04 68 35 00 90
www.restaurant-galinette.com

Toques Blanches. 1 étoile au guide Michelin. Ouvert du mardi au samedi midi et soir. Réservation impérative.

Christophe Comes, chef étoilé et Toque Blanche du Roussillon, est passionné par les produits de la terre. Sa devise : « Cueilli à l'aube, préparé le matin, dégusté le midi ». C'est un véritable festival de saveurs sorties de son verger et de son potager : tomates, courgettes, radis japonais... et beaucoup d'herbes aussi. La part belle est faite à son petit coin de terre qu'il cultive avec amour, à la pêche du jour, aux meilleures choses du moment. Il nous fait partager sa cuisine passionnelle au travers de recettes créatives et pleines d'une émouvante sincérité.

LE FIGUIER CAL TAP €€

7, rue du Figuier
✆ 04 68 63 14 82

Ouvert du lundi au samedi midi et soir. Le midi en semaine : solo 13 €, duo 16 € et trio 19 €. Terrasse.

Nichée dans le cœur historique de la ville, la terrasse du Figuier s'étend sur la placette. A l'intérieur, un esprit très « Barcelone ». Un bouchon catalan avec de bons petits plats du terroir et de planxas présentés à l'ardoise : charcuterie locale, tapas le soir, gambas, morue à l'aïoli, poissons d'arrivage au four ou grillés, joue de porc rôtie l'été et en civet l'hiver. Belles références dans les vins locaux. Ambiance « bonne humeur » et bonne cuisine résolument catalane sont au rendez-vous de cette adresse incontournable. Une valeur sûre.

LA GARRIANE €€€

15, rue Valette
✆ 04 68 67 07 44

Restaurant tendance végétarien. Ouvert jeudi (midi), vendredi et samedi (midi et soir). Carte environ 35€ pour 3 plats.

Un boudoir de la gastronomie, qui ne paye pas de mine, caché dans une rue perpendiculaire à l'avenue de la gare. Un hymne aux plaisirs de la table ! Le chef, d'origine australienne, nous fait découvrir une cuisine riche de multiples influences aux saveurs insoupçonnées et inoubliables. Les associations de saveurs sont inventives, ludiques et savoureuses. C'est incontestablement le restaurant qu'il faut essayer à Perpignan. Mais attention, le restaurant tient dans un mouchoir de poche, il est préférable de réserver à l'avance. On ne rêve que d'y revenir.

LE GRAIN DE FOLIE €€

71, avenue du Général-Leclerc
✆ 04 68 51 00 50
Menus de 20 € à 36 €. Plat du jour : 12 € (formule du midi à 16 € avec plat et dessert). Accueil des groupes

Ici, l'originalité et l'excellence rythment le repas avec des mets raffinés, préparés avec une grande maîtrise des cuissons et de l'équilibre des saveurs. Le menu-carte est court car il suit les saisons et les produits du marché pour nous offrir des saveurs pleines de fraîcheur. Les douceurs sont du même acabit, divines et surprenantes. La carte des vins présente une belle sélection de crus locaux choisis pour s'accorder aux mets proposés. Le Grain de Folie a conquis le Petit Futé et on s'étonne encore qu'une étoile ou un macaron ne l'ait pas récompensé.

GRAND CAFÉ DE LA POSTE €

Place Verdun
✆ 04 68 83 87 25
Ouvert toute l'année. Ouvert de 7h à tard le soir, service continu au restaurant de 12h à 22h30.

Si vous demandez à un Catalan où se trouve Le Grand Café de la Poste, il vous répondra : « Derrière le Castillet. » Il faut dire qu'il en a vu passer des événements depuis 1952 ! Mais depuis 3 ans, changement de direction. Désormais un petit air d'Italie et de Méditerranée, mais toujours aussi chaleureux avec son coin cosy et sa terrasse fleurie. la carte a changé mais on s'y sent toujours bien, autour d'un apéritif dans les profonds fauteuils club, ou encore à l'ombre des parasols par les chaudes journées d'été... Adresse incontournable de Perpignan.

L'HORLOGE €€

2, rue Font Froide
✆ 09 86 73 83 61
Ouvert lundi à samedi 10h à 21h, midi et soir du mardi au samedi. Carte environ 35€.

Avec une terrasse ouverte sur la place de la cathédrale Saint-Jean, l'Horloge est le bistrot idéal quand vient l'heure de l'apéro. Belle carte de tapas, vins plutôt sympas et surtout cette vue imprenable : on resterait des heures les soirs de printemps ou d'été à regarder les gens qui passent. Quand le ventre commence à gargouiller, cette brasserie vous sert de jolis plats d'inspiration méditerranéenne. Les prix sont ajustés et le personnel aux petits soins. En hiver, un chalet en bois est installé sur la place avec tapas et huîtres, le tout accompagné d'un DJ.

L'INTERMÈDE €€

3, rue Pierre-Rameil
✆ 09 52 07 40 65
www.lintermederestaurant.fr
Ouvert du lundi au mercredi le midi. Midi et soir du jeudi au samedi. Terrasse.

Voilà déjà quelques années que le Petit Futé suit ce Compagnon du Tour de France et ne le regrette pas. Dans la continuité de ses maîtres, Serge ne travaille que des produits frais et de saison avec savoir-faire hérité de ses années d'apprentissage auprès des meilleurs, mais avec cette touche personnelle qui sublime ses plats. A partir de la richesse et la variété des produits catalans, Serge se régale de faire des mariages de goûts et de saveurs qui vont titiller vos papilles. Nous espérons seulement que cet Intermède dure le plus longtemps possible !

LE JEAN €€

1, rue de la Tonnellerie
✆ 04 68 88 27 52
Ouvert lundi midi, du mardi au samedi midi et soir. Menus. Carte environ 35€. Immense terrasse. Guinguette en été.

A deux pas du Centre du Monde, dans une ancienne tonnellerie relookée façon brocante, avec un sens artistique certain, Le Jean vous propose une cuisine sympathique et gourmande. C'est fin, fort goûteux et les portions sont belles. Vous pouvez dîner sous la serre ou dans la salle devant le mur de broches. L'été, c'est La Guinguette du Jean qui prend le relais en extérieur. C'est plus convivial et décontracté. On se croirait sur une place de village. On a aimé ce concept aux deux ambiances, intérieur et extérieur, réunies par une même philosophie rabelaisienne.

KIMCHI KIMCHI €€

5, rue des Fabriques Nadal
✆ 04 68 34 62 97
Cuisine d'influence chinoise, coréenne et japonaise. Ouvert du mardi au samedi le soir. MIDI : jeudi et vendredi.

Dans cette petite venelle piétonne très animée le soir et le week-end, Coco vous propose une cuisine asiatique revisitée avec brio. C'est frais, original et décalé et on aime cette audace dans les recettes et la déco. Parmi les mille recettes à base de produits frais et locaux (qui changent toutes les semaines) et qu'on croirait sorties du chapeau d'un magicien, la spécialité, ce sont les gyozas : des ravioles japonaises déclinées selon l'humeur du chef. Goûter la cuisine du Kimchi Kimchi, c'est vouloir se surprendre et voyager très loin vers l'Orient.

LADY JAJA €€

25, Rue de la Cloche d'Or
✆ 06 66 94 80 84
Ouvert du mercredi soir au samedi soir et le dimanche midi. Vins nature, planches à déguster et tapas.

Les Indigènes, incontournable bar à vin de Perpignan malheureusement en sommeil depuis quelques temps, renait de ses cendres. Le nouveau Phoenix se nomme Lady Jaja et le concept n'a pas changé : des vins nature de toute la Catalogne, des tapas et *platitos* finement préparés et à base de produits locaux, pour accompagner ces flacons et une bonne musique «trendy» en soirée. On retrouve cette ambiance inimitable et inégalée à Perpignan. Lady Jaja n'est pas seulement un bar à vin, c'est un lieu où on échange, où on devise sur l'avenir… bio, sans sulfite et sain !

LEONIE €€

8, Place jean Payra
✆ 04 68 34 51 16
www.leonie-bistro-et-grillades.fr
Ouvert tous les jours midi et soir. Réservation recommandée. Menus midi et soir ! Terrasse.

Chez Léonie la règle est simple : cuisine de grand-mère élaborée à partir de produits frais, en circuit court et de l'Aubrac. Les paysans d'ici et de l'Aveyron sont mis à l'honneur. Élisa et Émilien sont à vos soins et sauront égayer vos papilles avec leurs planches de charcuteries et fromages, l'agneau Xai et notre coup de cœur : le pavé de rumsteck de l'Aubrac accompagné de son aligot maison. Plats végétariens, burgers et poissons agrémentent cette jolie carte aux accents «mar i munt». Les quantités sont vraiment généreuses, bravo. On en raffole !

INDOCHINE €

13, rue Rouget-de-l'Isle
✆ 04 68 61 19 59 - 06 20 92 51 75
www.indochine-perpignan.com
Ouvert à l'année du Mardi au dimanche de 12h à 14h et de 19h à 22h.

Une excellente adresse à retenir pour les vrais amateurs de cuisine indochinoise et notamment cambodgienne ou vietnamienne. Des plats traditionnels, comme les « banh cuon » [crêpes vietnamiennes farcies et cuites à la vapeur], les incontournables nems, rouleaux de printemps, le « bo bun » [salade de vermicelles, bœuf et nems] et autres soupes « pho » très parfumées… Les « mi xao » [nouilles sautées avec viande ou crevettes] y sont délicieux. Nous avons aimé l'accueil très chaleureux et le cadre dépoussiéré de toute la décoration. Menu aussi à emporter.

LOU GRILLADOU €

7, place de Belgique
✆ 04 68 34 86 81
www.lougrilladou.fr
Mardi-vendredi 12-14h/19-22h. Samedi 19-22h. Menu du soir 35 €. Menu du jour 17€, plat 13,50, formule duo 15,50 €.

Des saveurs audacieuses et du fait maison. Lou Grilladou réalise une cuisine française, semi-gastro, méditerranéenne et originale avec des spécialités telles que le foie gras de canard mi-cuit, les brochettes de saint-jacques au serrano, le magret de canard au miel et aux épices ou le tartare de thon. La cheffe propose également une carte de salades variées avec les plus beaux produits de la région, mais aussi une carte de fromages. Menus différents midi et soir servis par une équipe accueillante et aimable afin de vous faire passer un agréable moment.

© EDITH FOURNAIRE

© EDITH FOURNAIRE

PERPIGNAN

MAISON ESPIAGO €€

6, Place Gabriel Peri
✆ 06 79 53 62 33

Ouvert du lundi au samedi le midi. Cave ouverte de 9h à 15h. Vins à prix domaine sans droit de bouchon ! Terrasse.

Le Carré Arago renaît de ses cendres grâce à la ténacité de Marie Odile et Claude. Ce vaste lieu, autrefois appelé les Halles Arago, très lumineux et à la décoration fine et variée selon les espaces séparés qui le composent, devient le restaurant en vue de Perpignan. Belle terrasse ouverte sur la ville et de beaux trésors dans l'assiette. Les plats sont finement dressés et fort délicieux. On en raffole ! On vient aussi pour découvrir de grands vins et composer sa cave selon des conseils avisés. La Maison Espiago est notre coup de cœur de l'année à Perpignan.

MARTINE FAIT SA CUISINE €€

16, rue de l'horloge
✆ 06 51 44 15 88
www.martine-fait-sa-cuisine.eatbu.com

Ouvert le mardi et le mercredi le midi ; du jeudi au samedi le midi et le soir. Réservation recommandée. Terrasse.

En plein centre historique, face au Campo Santo, Martine vous propose une cuisine de terroir, pas forcément catalan, mais surtout une cuisine de mamie. En terrasse sur une placette ou dans la petite salle décorée dans le jus des années 30, Martine et Yanou vont vous régaler avec des plats de notre vieille France : plats mijotés, soupes, ouillades et assiettes de tapas. Sans oublier le célèbre œuf mayonnaise ! « Ici, on mange dans la salle à manger », comme elle aime le répéter. Attention, le lieu est petit, 15 couverts max, alors autant réserver à l'avance.

BRASSERIE LA FAUCEILLE [BLF] €

4, rue de Mont-Louis
✆ 04 68 64 39 46

Ouvert à l'année du mardi au samedi midi et du jeudi au samedi le soir.

Nous avons testé le menu Terroir un midi, puis la carte un autre soir. Bilan, c'est une excellente table au rapport qualité-prix très correct. Une cuisine « brasserie » avec des plats généreux et une carte de desserts à ne pas manquer. Nous vous conseillons de tester les soirées Bachata ou les concerts salsa certains vendredis soir.. Très belle adresse midi ou soir et parking gratuit devant la brasserie. Un endroit idéal pour vos événements, dîners festifs entre amis ou dîners de travail.

MINAMI €

1, rue Maximilien de Sully
✆ 06 65 61 75 37

Ouvert tous les midis du mardi au samedi, le soir du jeudi au samedi. Terrasse, vente à emporter. Bar et caviste à Saké

Les fins gastronomes se souviennent du Namiwa, place de la République... le meilleur japonais de Perpignan, tenu par des japonais. Bonne nouvelle, l'équipe est de retour avec une nouvelle formule plus conviviale et minimaliste. Vous trouverez peu de sushis mais de vrais plats japonais à découvrir. On adore la déco dépaysante façon auberge de petit village. Les tarifs sont très maîtrisés, les quantités généreuses et Dieu que c'est bon ! La carte change souvent, tout est sur Facebook. Coup de coeur pour le bar à Saké unique à Perpignan et les accords mets et Saké !

MISTINGUETT' €€

15, rue des Fabriques Couvertes
✆ 07 86 02 65 52
www.mistinguett-perpignan.fr

Ouvert du lundi au samedi non-stop de 10h à 2h du matin. A partir de 23h bar lounge. Événements et soirées à thème.

Morgane et son équipe vous accueillent en été sur la plus belle terrasse de Perpignan où vous dégusterez des pastas de haute volée aux saint-jacques et au foie gras, une belle ardoise de charcuteries italiennes, un tartare de bœuf à tomber par terre et une burrata comme jamais. Service impeccable et attentionné avec un brin de classe qui est à l'image du lieu. Vers 23h, on pousse les tables et Mistinguett' se transforme en bar lounge : DJ de choix et cocktails à base de fruits. On rit, on danse et on t'adore Morgane... « La nuit est belle, elle est sauvage ».

MY LITTLE WARUNG €

12, Avenue général Leclerc
✆ 04 68 22 80 90
www.mylittlewarung.com

Cuisine indonésienne. Plats et menus entre 8 et 12 €. Végétarien et vegan.

Respirez profondément et embarquez pour un voyage… au cœur de l'Asie du Sud-Est.

Comme dans les cabanes de plage indonésiennes, on prépare devant vous des plats locaux, frais et sur le pouce. Vous sont proposées des recettes préparées au wok ou mijotées, fraîches et saines et adaptées à tous les régimes. On adore le concept, l'accueil chaleureux et surtout la variété des formules offertes. Les plats sont très goûteux et surtout les quantités sont très généreuses. Voilà l'adresse idéale pour déjeuner sur le pouce et se régaler sans se ruiner. Bravo !

NIKKEI €€

151, chemin de la Passio Vella ✆ 04 49 08 70 29
www.rubengomez.fr
Formule complète le midi 27 € ; plat + dessert ou entrée + plat 22 € ; menu découverte 7 plats 50 €. Service à emporter.

Epoustouflant chef vénézuélien Ruben Gomez qui revisite la cuisine japonaise façon sud-américaine. Une expérience à vivre, union de savants dosages d'épices d'Orient et des Caraïbes, à vous faire saliver rien qu'à l'odeur des mets. De la couleur dans vos assiettes, du goût, de la texture allant du croustillant d'un riz de Camargue ou d'une galette de maïs à l'onctuosité d'un poisson fraîchement pêché ou d'une viande marinée et ses parfums délicats. Un esprit tapas « japonisant » à ne pas manquer à déguster dans le cadre magique d'une concession automobile de luxe.

Ô GRAIN DE SEL €

14, rue de la Fusterie
✆ 06 45 82 86 88
Ouvert le midi du lundi au samedi. Le soir du jeudi au samedi. Soirées à thème.

Ô Grain de Sel se distingue de ses confrères par son ambiance élégante et cosy. *A touch of class* et un côté *so british* dans la décoration. La salle de restaurant est apaisante et convient très bien à un petit dîner en amoureux. Ô Grain de Sel, c'est la rencontre entre Alexis et le concept de cuisine écoresponsable. « Ma cuisine est volontairement généreuse tout en étant épurée et authentique », nous confie-t-il. La carte change très souvent selon l'inspiration du chef, du marché et des saisons. Mention spéciale au menu du soir, innovant et inventif. Bravo !

LA PASSERELLE €€€

1, cours Palmarole
✆ 04 68 51 30 65
www.restaurant-lapasserelle.com
Réservation recommandée. Menus de 45 à 75 €. Formule du midi : 22 €.. Salon privé pour repas d'affaires.

Au bord de la rivière entre le Castillet et le Palais des congrès, la Passerelle est un restaurant gastronomique à la déco ambiance bateau. Marie Eglantine, est une jeune cheffe pétrie de talent qui a repris la succession de son père avec brio. Elle travaille des produits d'exception pour des assiettes élégantes aux saveurs subtiles. Déjà remarquée par un petit guide rouge bien connu, elle est également encensée par ses pairs ainsi que par la presse culinaire. Elle réussit la prouesse de cumuler la passion de son métier avec sa vie de jeune maman. Bravo !

LE PETIT GROS €€

5, Rue Grande des Fabriqués
✆ 04 68 67 96 30
www.lepetitgrosbistrot.com
Ouvert le midi du mardi au jeudi, midi et soir vendredi et samedi. Carte environ 35 € pour 3 plats. Jolie terrasse.

Le Petit Gros, c'est le bistrot de la famille, des amis, des voisins du quartier... Le ton est donné. Ici, vous dégusterez une cuisine française ou méditerranéenne revisitée avec brio par Théo. Nous avons eu un coup de cœur pour « l'arroz Caldoso », dégusté en terrasse un soir d'été dans la ruelle piétonne – Magique ! Toute l'équipe du resto est sympa, les prix sont ajustés pour convenir à tous les budgets et les vins locaux sont exquis. Sous ses airs de simplicité et de partage, le Petit Gros cache une vraie cuisine raffinée et délicieuse.

LE PETIT PASTIS €€

19, Avenue Général Leclerc
✆ 04 68 35 15 85
Ouvert du lundi au samedi midi et soir. Plat du jour : 12€. Menu duo 16€ et trio 19€. Carte environ 35€.

On dit l'endroit branché, à la mode, nous dirions plutôt convivial et aéré. Les tables et autres mange debout sont pris d'assaut le midi et gare à ceux qui n'ont pas réservé. Simon Mas, le chef, vous propose une carte simple, souvent à partager, et très variée. Le Petit Pastis revendique une cuisine traditionnelle et franchouillarde, on aime la déco intérieure. A préciser que l'endroit fait également bar et que la nuit tombée, le Petit Pastis se transforme en un agréable pub aux accents catalans. On apprécie particulièrement la terrasse.

LE PETIT TIBET €

1, Avenue du Lycée
Ouvert tous les jours midi/soir sauf le dimanche. Spécialités tibétaines et japonaises. Prix doux. A emporter. Terrasse.

Il y a 10 ans, Nwagang quittait son Tibet natal pour poser ses valises à Perpignan. Le Petit Futé connait ce garçon depuis longtemps et a toujours été épaté autant par sa gentillesse que ses talents culinaires. Après avoir fait ses armes dans plusieurs restos du coin, il a enfin ouvert sa propre boutique... à notre plus grande joie car tout est délicieux ! On adore ce petit resto où le meilleur plat est le sourire accueillant de Ngawang. Plats tibétains, japonais, indiens et des inimitables sushis. Il y en a pour tous les goûts et les humeurs. Bravo !

PITAYA €

6, rue du Castillet
✆ 04 68 67 97 02
Ouvert du lundi au samedi midi et soir sans interruption. Plats entre 8 et 12€. Livraison et à emporter.

Tous les restaurants asiatiques ne se ressemblent pas. Pitaya vous propose une authentique « street food cuisine » comme en Thaïlande. Poulet, crevettes, bœuf ou plats végétariens colorés, savoureux et fort copieux vous attendent. Dans la cuisine ouverte sur la salle, tout se joue sous vos yeux (et vos narines !) avec des produits frais comme dans les rues de Bangkok. Comme si vous y étiez ! On aime le cadre soigné et contemporain, la grande terrasse sur la rue piétonne avec vue sur le Castillet, et surtout l'accueil chaleureux de Valérie et Renaud. On adore !

LA RENCONTRE €€

16, rue des Cardeurs
✆ 04 68 34 42 73
www.restaurant-larencontre.fr
Ouvert du mardi au samedi midi et soir. Réservation recommandée. Menus de 20 à 32 €. Terrasse.

Nous avons été conquis par les plats proposés qui changent tous les jours au gré du marché. La présentation des assiettes se veut colorée, soignée et les produits sont sublimés par des accords subtils d'agrumes ou d'épices. Enfin, car l'accord mets et vins est fondamental, Marc et Benjamin raffolent des petits ou micro vignerons et ont plus d'un tour dans leur sac quand il s'agit de vous faire découvrir des domaines méconnus. Au cœur de la rue des Cardeurs, la bien nommée rue des gourmets, la rencontre est une très belle adresse tenue par des passionnés.

LE QUART D'HEURE €€

3, rue des Cardeurs
✆ 06 60 82 86 23
100 % sans gluten. Ouvert le soir du mardi au samedi et le lundi en été. Vins locaux. Soirées DJ (voir Facebook).

Dans cette rue un peu fraîche en été et jamais bondée, nous avons découvert l'éventail de plats et tapas que propose Vincent : tapas originales et revisitées, vins du coin et ambiance chaleureuse. Le petit plus qui fait la différence, c'est que tous les plats sont sans gluten y compris les fritures et les croquettes. Chapeau ! On aime à l'intérieur la présence de la brique et du bois, on se sent un peu comme dans un cocon. On aime ce resto où les tapas sont érigées en gastronomie. Et puis tous les vendredis, on pousse les tables et le DJ s'installe...

SAGI €€

3, rue des Fabriques d'en Nadal ✆ 04 68 09 65 82
www.sagi.cat
Ouvert du mardi midi au samedi soir. Réservation. Plats à partager version bodega ou taverne. Vins nature. Vermuteria

Dans cette taverne, les arrivages quotidiens déterminent les suggestions de plats, aussi la carte est difficilement prévisible. Gros mangeurs, passez votre chemin, ici on déguste et on savoure les yeux émerveillés. Yannick, en toute modestie, nous confie « Je cherche la fraîcheur dans une cuisine méditerranéenne décalée et ouverte sur le monde ». Le Sagi, c'est aussi un lieu où l'on vous conseille sur les vins naturels et où l'on découvre de jolis flacons. Enfin, le cadre est superbe et on aime la terrasse dans la rue piétonne souvent animée le soir. A découvrir !

LE REDJINI €

1, rue Pierre Curie
✆ 09 67 06 23 12
Ouvert dès 8h pour le café croissant. Service du midi non stop de 11h30 à 17h. Coupes glacées, crêpes, salon de thé.

Un endroit Futé bon, pas cher et accueillant, le Redjini ! Les deux jeunes femmes descendues du Vallespir pour la «capitale» du Roussillon vont vous régaler d'une cuisine traditionnelle et généreuse. 7 salades à la carte, des burgers «faits maison» comme l'ensemble des plats proposés, des desserts et autres gourmandises offertes avec le café. Ici, le poisson c'est le mercredi et le vendredi c'est couscous, histoire de brouiller les pistes... Les tajines à découvrir et des viandes grillées sont à tomber. Le sourire est offert, la bonne humeur en plus. Allez y !

AUX SAVEURS BRETONNES €

6, rue Fabriques-d'en-Nabot
✆ 04 68 08 74 82
www.auxsaveursbretonnes.com
Ouvert le midi du lundi au samedi. Le soir du jeudi au samedi. Formule du midi et carte le soir.

Des vrais Bretons du Finistère. Les galettes que vous proposent ce jeune couple attachant sont 100 % sarrasin (zéro gluten !) et elles sont délicieuses. C'est copieux, assez fin et cela se marie très bien avec l'incontournable cidre breton ou le Poiré de Normandie (cidre de poire !). Mais ce qui nous a fait craquer, c'est le Breizh Burger : un *pancake* de sarrasin qui embrasse un bon steak haché façon boucher, confit d'oignon maison au cidre et tomme de montagne... Succulent ! Aux Saveurs bretonnes, c'est aussi une épicerie fine à découvrir.

LA SOUS-PRÉFÈTE €€

12, rue Lazare-Escarguel
✆ 04 68 86 53 76
www.lasousprefete.fr
Ouvert du mardi au samedi ! Réservation recommandée. Carte 35 € environ. Plat du jour 15 €. Terrasse. Animations.

En cœur de ville, la Sous-Préfète attire les fins gourmets. Jean-Paul, prépare devant vous ses célèbres *linguine* : dans une tomme de parmesan scindée en deux par la tranche et légèrement évidée, il lie les pâtes chaudes au fromage, et remue jusqu'à vous faire perdre la tête servies avec du jambon de Parme. On a juste adoré le voir exécuter ces gestes et comme il le dit si bien, « j'ai envie de raconter les choses en cuisinant ». C'est délicieux ! Son épouse, fille de MOF Maitre fromager met à l'honneur une sélection des fromages sélectionnés et affinés, un régal.

LA TABLE DU MAS €€

840, avenue d'Espagne ✆ 04 68 85 73 52
www.hotel-mas-des-arcades.fr/
Ouvert tous les jours. réservation recommandée. Plat du jour 16€. Duo à 24€ et trio à 32€. Terrasse, piscine.

La Table du Mas est un lieu incontournable pour les gastronomes. Le chef vous concocte des mets raffinés savamment rehaussés d'une pointe d'imagination et de modernité. Du début à la fin du repas, la couleur et le goût sont dans vos assiettes, le tout avec un service impeccable. C'est l'endroit idéal pour un repas en couple, en famille ou entre amis. Nombreuses possibilités pour organiser les baptêmes, mariages, communions, anniversaires ou réunions familiales de 10 à 150 personnes. Quels que soient vos envies ou vos besoins, la qualité sera au rendez-vous.

SPAGHETERRI 'ALDO €

1, rue des Variétés
✆ 04 68 61 11 47
Ouvert du mardi au samedi midi et soir. Réservation recommandée. carte environ 25€ pour 3 plats.

A quelques pas du Castillet, vous pourrez trouver un vrai rital. Aldo, c'est le pape des pâtes, les meilleures que l'on puisse trouver à Perpignan. Attention ! pas de pizzas ici, on vient pour les pâtes, qu'on se le dise ! Tortellini, fusilli, spaghetti, tagliatelles, gnocchis, lasagnes, cannelloni, penne... et les risottos. Et puis ça *tchache* comme en Italie, on est dans l'atmosphère. Aldo est affable : il n'hésite jamais à adresser de gentils mots à ses clients. C'est comme ça chez lui. On y va pour l'assiette, pour le cadre et pour l'ambiance.

TOGYOSA €€

39, Rue des Augustins
✆ 06 62 47 32 55
Ouvert du mardi au samedi. carte environ 25€ pour 3 plats. A emporter.

Togyosa est un restaurant tenu par deux jeunes chinois dont la spécialité est les Togyosa : sorte de raviole épaisse à la viande, aux légumes ou au poisson. Parmi la carte qui fait la part belle aux spécialités chinoises et japonaises, nous avons bien sûr choisi les togyosas et on peut vous dire qu'elles sont délicieuses, bien charnues et voluptueuses. L'accueil est très sympathique, la salle de restaurant est vaste et ce qui fait la force de ce restaurant, c'est le «take away», c'est à dire à emporter. Le plats sont copieux et les prix doux.

LE SUD €€

12, rue Louis-Bausil ✆ 04 68 34 55 71
www.restaurantlesud.fr
Ouvert le soir du mardi au samedi sauf le jeudi. Carte environ 45€ pour 3 plats. Patio esprit hacienda. Animations

Caché derrière une grande porte bleue, s'offrira à vous, sans doute le plus beau patio de Perpignan, façon *hacienda* – maintes fois présenté comme tel dans des magazines spécialisés. Marie et son chef vous reçoivent pour déguster une cuisine élaborée avec des produits frais et délicatement relevée d'épices méditerranéennes et d'ailleurs. On se délecte de mets généreux aux saveurs créatives et raffinées. Le soir, les lumières sont tamisées, et le vacillement des flammes des bougies créent une ambiance chaleureuse. Le Sud, une adresse attachante à découvrir !

LE YUCCA €€

25, allée des Chênes
✆ 06 69 50 37 15
www.le-yucca.com
Toques Blanches. Ouvert tous les midis sauf lundi, vendredi et samedi soir. Menus midi et soir. Terrasse et jardin.

Embarquez pour un voyage gastronomique à base de produits locaux, souvent bio et qui mettent à l'honneur les labels de qualité. L'équilibre entre le beau et le bon est juste parfait, ce n'est plus de la cuisine mais de la poésie ! Le restaurant se situe à l'intérieur du parc Ducup, dans l'ancien pigeonnier, un petit havre de paix et de verdure à 5 min de Perpignan. Vous aurez le choix entre la terrasse au nord, la salle centrale (le pigeonnier) ou celle au sud dont les baies vitrées se referment en hiver tout en laissant passer une douce lumière. Coup de coeur !

TI PAILLE EN QUEUE / TI MAL €

place Jean Ferrat
CANOHÈS
✆ 07 67 39 97 74
Téléphoner pour les horaires et les réservations pour les plats à emporter.

Une tuerie ! Si vous avez déjà voyagé sur cette île de l'océan Indien, vous reconnaîtrez cette merveilleuse cuisine aux mélanges d'épices savamment dosés. Les noms évocateurs de rougail saucisse, carry crevette, thon, porc ou requin, shop suey poulet, poulet bœuf ou légumes, samoussas maison, bouchon de porc combava, bonbon piment... et puis les fameux burgers de îles, un régal. On gardait, pour la fin, les préparations de rhum arrangé, ti-punch et autres remèdes créoles, mais chut !

LA BRASSERIE DU VILLAGE €

18, Avenue Jean Jaurès - **LE SOLER**
✆ 04 68 50 18 03
Belles terrasses extérieures et salle intérieure. Menu complet à 19 € le midi. 15 € pour les formules duo. Fait maison.

Une excellente adresse que cette Brasserie du Village tenue par Jean-Charles et Émilie. Endroit agréable avec ses belles terrasses ombragées et modulables pour déguster des produits locaux. Spécialité de grillades avec nos belles viandes d'ici et ses pièces de boucherie maturées pour les connaisseurs. Tout est fait maison et les produits sont de saison, même les vins sont du département et il serait dommage de s'en priver. Les sourires sont de mise même pendant le coup de feu du midi. Le bonheur est quelquefois si simple quand il allie convivialité et saveurs…

BRASSERIE 3055 €

3055, Avenue de Prades
✆ 04 68 61 11 37
Ouvert tous les midis du lundi au vendredi. Menu duo 19 € et trio 22 €. Terrasse

Au 3055 de l'Avenue de Prades, à l'écart du centre-ville entre la zone saint Charles et le parc Ducup, on découvre une petite brasserie qui saura ravir les papilles. Au menu, des produits frais, des plats gourmands mais aussi des pizzas, sandwiches, croque-monsieur et kebabs de haute volée. On adore la déco moderne, son superbe mur végétalisé et l'atmosphère du lieu. Une cuisine parfois classique mais composée de valeurs sûres et délicieuses. Les portions sont très correctes et la présentation soignée. Le menu est mis à jour quotidiennement sur la page Facebook.

BRASSERIE CHEZ SHICK €

29, rue de Strasbourg
✆ 04 68 61 90 51
Ouvert midi et soir du mardi au vendredi. Lundi et samedi midi. Grand parking

Superbe brasserie avec terrasse à Saint-Charles. Thierry Schick choisit ses produits avec soin et élabore, à l'aide de sa brigade, 3 entrées, 3 plats et 3 desserts au choix pour son menu du jour. Bien entendu, la carte saura satisfaire les plus exigeants avec un choix plus large, la formule grillade ou encore les pizzas à déguster sur place ou à emporter. Ne vous y méprenez pas, bien qu'étant situé au cœur d'un des plus grands marchés internationaux d'Europe, le terme cantine n'est pas de mise. La déco est soignée et le parking est gratuit autour du restaurant.

LES GOURMANDS DISENT €

530, Rue de Madrid
✆ 06 55 72 95 20
Ouvert à l'année du lundi au vendredi de 10h à 15h. Food truck Zone marché Saint-Charles.

Adepte du « street food » et du fait maison, voilà une adresse qui ne va pas vous laisser indifférent. Situé en bout de zone du marché Saint-Charles, les routiers ont vite fait marcher le réseau. Français, Espagnols, Polonais, Portugais, l'Europe entière est réunie tous les midis pour des burgers maison estampillés au fer rouge « Les gourmands disent ». Cela ne change rien au goût me direz-vous, mais ça a son petit effet. Stéphanie cuisine des produits locaux, salades, tomates, carottes râpées, oignons sont « Made in Catalunya », même ses sauces sont faites maison

MAISON LAFONT €

chemin de la Fauceille
✆ 04 68 55 39 19
Ouvert tous les jours de l'année 7 jours/7 de 10h O 22h.

Une institution ! Depuis 30 ans, au milieu des concessionnaires automobiles du chemin de la Fauceille, à Perpignan sud, le camion de la Maison Lafont est une véritable cuisine sur roues. Ouvert tous les jours de l'année, il est le palliatif gourmand aux chaînes de restauration rapide. Ici on cuisine avec du pain artisanal pour les « américains », burgers, hot-dogs et paninis. Une rôtissoire géante pour de succulents poulets, mais aussi des plats de saison : calamars en persillade, boles de picolat... Espace climatisé et pergola pour les repas de plein air.

RESTAURANT D'APPLICATION ACADÉMIE LAX €

175, Avenue de Prades
✆ 09 52 27 34 71
www.academielax.com

Fermé du 6 au 29 août. Ouvert du lundi au vendredi le midi de 12h à 14h. Réservation impérative.

Petit Futé vous a trouvé un des meilleurs plans de Perpignan. Dans un décor bistrot brasserie, les élèves de la section restauration font leur formation avec de vrais clients : vous ! N'ayez crainte, le sort réservé aux cobayes que vous êtes le temps d'un repas est sans risque et plutôt agréable. Une cuisine de qualité vous sera servie par les élèves avec des produits de saison faits maison par les apprentis cuisiniers et pâtissiers coachés par leurs professeurs. Parking gratuit.

BRASSERIE DE L'EUROPE €

Place de l'Europe
POLLESTRES
✆ 04 68 36 37 70

Tous les jours de 6h30 à 22h ; le vendredi et le samedi de 7h à 2h. Réservation recommandée. Formule du midi : 13,90 €.

Changement de propriétaire mais toujours l'esprit village à 2 minutes de Perpignan, parking gratuit, ambiance bistrot, cuisine sans chichis, un véritable lien social. Dès les beaux jours, brochettes midi et soir. Apéros interminables autour d'une planche de charcuterie les week-ends et soirs de matchs où les anciens se mêlent aux jeunes alimentant les brèves de comptoir, tout un spectacle... véritablement l'âme de Pollestres. Le café du matin dès 6h30, le PMU et le Rapido®, ce sont des endroits comme cela qui font que les villages ne se meurent pas.

MAS ALEGRIA €€

13, Route de Baixas - **SAINT-ESTÈVE**
✆ 04 68 28 19 14
www.restaurant-masalegria.fr

3 formules le midi de 15 à 21 €. A la carte environ 40 € pour 3 plats. Ouvert tous les jours le midi. Privatisable.

Au nouveau centre commercial le Canigou, nous avons trouvé un restaurant qui revendique un esprit et une cuisine de famille. Une belle famille, disons-le, composée de Florence et Mickael (et leurs deux petits «nens») qui vous proposent une cuisine inventive à base de produits locaux ou labellisés. Non seulement la cuisine est raffinée mais l'accueil est des plus chaleureux. Florence ou Mickael passent de table en table recueillir vos impressions ou échanger sur la bonne chère. Les circuits courts sont à l'honneur et on aime cette philosophie.

LABSIX €€

2, rue de Cerdagne - **SALEILLES**
✆ 04 68 54 79 02
www.restaurant-labsix.fr

Du mardi au samedi midi et soir. Réservation impérative. Menu dégsutation en 5 services : 45€. Jardin. Terrasse.

Ici, vous trouverez l'une des plus belles cartes du département. Laissez-moi vous conter un plat du menu digne d'un poème de Verlaine ; filet de bar grillé, émulsion de corail d'oursin cannelloni d'épinards et beurre d'oignon gratiné au parmesan. Tous les intitulés invitent le gourmet à l'extase. Evidement, les menus changent au fil des saisons et du marché, car ici tout est frais, local et fait maison. Cécile vous accueillera avec sourire dans un cadre chic et raffiné et Stéphane se fera un plaisir de satisfaire votre curiosité culinaire. Un merveilleux endroit.

LA POISSONNERIE €

44, avenue Salvador Dali
VILLENEUVE-DE-LA-RAHO
✆ 06 26 96 46 15

Sur place ou à emporter, plateaux de fruits de mer et spécialités de poissons. Paella, fideua...

Voici un concept qui fonctionne plutôt bien, la poissonnerie restaurant. Le principe : «Choisissez votre poisson sur notre étal et nous le cuisinons pour vous» c'est la devise de la famille Olmo. Ici, tout le monde travaille, en cuisine, au service, à la vente de poisson frais ou à la préparation des commandes. Chaque jour, de savoureux plateaux de fruits de mer sont commandés sur place ou à emporter. La spécialité ici c'et le *Mar i munt* (mer et montagne), savant mélange culinaire de produits de la mer et de viande. Nos préférences la *fideua* et à la paella.

FAIRE UNE PAUSE

Le Sud est, parait-il, l'endroit où il se dit que nous ferions le plus de pauses. Il est vrai que les citadins des contrées lointaines, au delà de Salses le Château, pensent que nous travaillons peu et nous nous reposons souvent. Quelle image nous donne-t-on ? Peuple catalan besogneux, harassé plus de 320 jours par an par la chaleur d'un soleil cuisant, oui, nous avons le droit de faire une pause, plus ou moins longue, sur les terrasses ombragées de notre capitale. Un *Agua limon*, une bière *Cap d'Ona* bien fraiche, un café glacé ou un jus d'hibiscus, quoi de plus naturel ? La ville regorge de lieux sympathiques où au détour d'une rue piétonne, vous pouvez tomber sur un bar à vin qui vous proposera un verre de sublimes assemblages de raisins accompagné de tapas. Venez et posez-vous avec nous, nous pourrons même poser pour vous le temps d'une photo, mais ne vous méprenez pas, ici, une pause syndicale ou pas c'est sacré !

PERPIGNAN

L'APOTHICAIRE

2, rue de l'incendie
✆ 04 68 62 94 63
www.apothicairecave.simplesite.com
Cave à boire et à manger. Epicerie fine. Caviste. Sommelier à domicile. Evénements réguliers (voir Facebook). Terrasse

L'Apothicaire est le lieu idéal pour passer une bonne soirée entre amis, déguster des vins délicieux, se régaler de planches apéro composées de charcuteries fines ou de fromages rares et apprendre un tas de choses sur l'univers de la bonne chère. Fred, le taulier, n'est pas timide et aime parler de ses produits, vous raconter des anecdotes. Il se définit lui-même comme « couturier des papilles ». En terrasse et au calme dans la rue piétonne ou dans l'une des deux salles à la déco raffinée qui allient avec brio l'ancien et le moderne, on adore tout simplement !

L'APPARTEMENT

Place Gabriel Péri
✆ 06 79 53 62 33
Ouvert du mardi au samedi de 17h à 2h. Soirées à thème, brunch le dimanche. Modeste droit de bouchon sur les vins.

Au cœur des anciennes halles Arago, surplombant la Maison Espiago, se niche un nouveau lieu qui promet des soirées endiablées : un bar à vin et bière à l'ambiance raffinée et chaleureuse. Mousse accoudé au comptoir ou canon engoncé dans un fauteuil club, chacun trouvera son bonheur dans ce vaste lieu à la décoration subtile qui se veut l'écho du soir du restaurant en rez-de-chaussée. Bar à vin gastronomique où l'on déguste en soirée de délicieuses tapas (réalisées sous vos yeux dans la cuisine ouverte sur la salle) et savoure les meilleurs vins locaux. On adore !

L'ARBRE À VINS

74, avenue Louis-Torcatis
✆ 06 27 88 05 95
Bar à vin, restaurant et bar à tapas. Ouvert du jeudi au samedi de 18h à 2h. Caviste. Evénements chaque semaine.

Sur la rive gauche de la Têt, Marc Panis vous accueille dans son « Bar à vin d'ici et d'ailleurs, avec des produits propres et bio ». Chez cet écolo engagé et fils de vigneron, on est de suite emballé par la déco : comptoir des années 1960 de style Mondrian, fauteuils Club et surtout ce papier peint vintage à faire pâlir le chef-décorateur d'*Orange mécanique* ! On déguste des pépites dans les trois couleurs mais aussi des tapas de haute volée. Tout est délicieux. On aime la vaste terrasse face à la rivière. Un lieu que le *Futé* chouchoute depuis belle lurette.

BAR CELONE

5, Place André Grety
✆ 07 17 17 56 69
En été ouvert tous les jours midi et soir. Menu midi semaine 16,50 € en duo et 18 € en trio. Carte 3 plats environ 35 €.

En terrasse sur la petite place André Grety, on déguste au Bar Celone saison trois, des plats inspirés d'une cuisine inspirée et inventive. Julie et Nicolas vont vous régaler d'abord avec leur sourire et leur sens inné de la convivialité puis avec des spécialités comme le rösti de gambas au caviar noir des Pyrénées pour lequel on a craqué. Les plats sont généreux et goûteux. Ici, tout sent le vrai et l'envie de partager, même la déco un brin décalée et si attachante. On adore l'ambiance bar à tapas façon bodega qui anime les lieux en soirée. Coup de cœur !

LE BAR DE LA MARÉE

7, rue Paratilla
✆ 04 68 73 93 85
Ouvert tous les jours sauf le lundi. Assiettes de tapas et plats.

Dans « la rue des senteurs », quels que soient le temps, la saison ou le moment de la journée, quel plaisir de s'asseoir à une table, ou de s'accouder au comptoir ! Tôt le matin, s'arrêter pour y siroter son petit noir ou sa noisette est une bien agréable façon de commencer sa journée. Et en fin de journée, on adore trouver une excuse pour passer un peu de temps là-bas et déguster quelques tapas. Les soirées du Bar de la Marée sont courues par les amateurs et les 25-45 ans, animation musicale avec DJ les jeudis et vendredis. «Partage, bonne humeur et ambiance» !

LA COUR DU BARON

6, rue du Théâtre
✆ 04 68 51 38 25
Ouvert tous les jours. Plats et planches entre 10 et 20 €. Terrasse. Animations. Concerts.

On ne vient pas seulement à la Cour du Baron pour boire des canons de producteurs locaux ou déguster des tapas de qualité. On y vient surtout pour l'atmosphère. Difficile à décrire car elle est unique et inclassable. En salle ou en terrasse, on se régale midi et soir avec de vraies tapas artisanales et du coin accompagnées des meilleurs jus du département. Ici on tape vite un brin de causette, on refait le monde ou on parle du temps qui passe. Et comme dans un vrai pub qui se respecte, des concerts sont organisés régulièrement et surtout le dimanche après-midi.

CAFÉ D'ELFÉA

14, rue de la Cloche d'Or
✆ 04 68 92 61 73
Salon de thé, tarterie, saladerie. Ouvert du mardi au samedi de 9h30 à 19h. Terrasse. Service à toute heure.

Changer des sandwichs ou des salades quelconques à midi, c'est déjeuner au café d'Elféa pour découvrir les délicieuses tartes d'une passionnée de bonne chère. Tout est fait maison et en majorité à partir de produits bio. Certains plats vous invitent à un voyage autour du monde. On aime cet éclectisme culinaire. Accueil chaleureux et atmosphère très calme, le café d'Elféa remplit son rôle aussi pour savourer un thé ou un dessert avec le café. Ambiance un peu british et toujours courtoise, on aime ce lieu reposant où le temps semble s'écouler plus lentement.

CROC D'AQUI

Z.A. LA DEVEZE
POLLESTRES
✆ 06 44 07 49 99
Ouvert du mardi au samedi de 9h à 12h30 et de 15h à 18h30.

Une véritable madeleine de Proust. Ici l'odeur du biscuit fraichement sorti du four donne envie de tout acheter. Les croquants aux parfums divers, citron, figue, myrtille… ou simplement aux amandes, mais aussi les rousquilles, les tuiles, le touron, les *panellets* et les guimauves maison aux divers parfums. Mais comme la démarche de la boutique est de mettre en avant les produits catalans, vous trouverez les confitures de Cerdagne, les mies de Céret, terrines de canard,, huile d'olive, les moutardes à l'ancienne, de la bière artisanale et plein d'autres produits.

CORNER SHOP COFFEE

ZAC Creu Blanca (nouvelle zone commerciale)
POLLESTRES ✆ 04 30 44 08 74
https://corner-shop-coffee.eatbu.com
Salon de thé, coworking, coffee shop. Restauration. Végan et gluten free. Ouvert du lundi au samedi de 8h30 à 17h30.

Un lieu de rencontre, de culture et d'échange autour des saveurs du café et du thé. Céline et Christophe vous accueillent dans un lieu aéré et lumineux avec en prime une superbe vue sur le Canigó ! On y vient pour travailler, se détendre autour d'un bon café ou thé (bio ou équitable) ou déguster une délicieuse cuisine sur le pouce à base de produits frais et souvent bio. L'ambiance est à la fois chaleureuse et intime, on adore la déco moderne. Ce couple a fait le pari de créer un lieu «pour que les gens se sentent comme à la maison» et il a réussi. Bravo !

LA DIVINE COMEDIE

1, rue de la Poissonnerie
Ouvert du jeudi au samedi de 19h à 2h. Animations. Concerts. Détails des animations et soirées DJ sur la page Facebook.

Bienvenue dans l'un des quartiers les plus anciens de Perpignan. Bienvenue à la Divine Comédie, un ancien couvent où aujourd'hui on vous sert des culs ! La spécialité de la maison. Ces « shots » qui sont des mélanges de fruits et d'alcools et se boivent cul-sec vous envoient directement en enfer. Les Perpignanais entre 25 et 40 ans adorent ce concept et investissent le bar de Miguel tous les week-ends. Pierre apparente, cayroux et lumière tamisée : on adore. Question ambiance, « ça dépend des soirs, quelque chose entre rock, funk et soul » nous détaille le patron.

LES DUDU

14, Avenue du Général Leclerc
✆ 06 89 63 62 46
Ouvert du mardi au samedi de 18h à 2h. Restauration rapide et tapas.

Les Dudu installées sur la nouvelle « rue de la soif » de Perpignan, est un concept de resto où l'on déguste sur le pouce : tapas, sandwiches, wraps, platitos... il y en a pour tous les goûts et tous les appétits. Une sorte de bistrot-bar à tapas où règne une ambiance décontractée et festive. On craque pour la vaste terrasse, les cocktails et les soirées à thème. L'accueil est des plus sympathiques et on aime aussi la grande salle joliment décorée. Un lieu sans prétention où le credo est la bonne humeur et la fête dans une belle ambiance.

ESPI ²

43, quai Vauban
✆ 06 74 31 39 52
Ouvert du lundi au samedi de 9h à 21h ; le dimanche de 11h30 à 16h. Ouvert le dimanche (brunch dominical dans le jardin)

Oubliez l'ESPI d'avant, et bienvenue dans ESPI puissance 2 dans un esprit cosy. Nouveau look, nouvelle équipe managée par Julien Hermida, Vous y dégusterez de véritables glaces artisanales, des Aqua Lemon comme au bon vieux temps et de succulentes pâtisseries faites maison, mises en valeur par les 16 mètres de vitrines réfrigérées. Une carte de cafés et de thés du monde pour les vrais amateurs ainsi que les délicieux chocolats et macarons dont le chef garde jalousement les recettes. Brunch dominical de 11h30 à 16h dans le jardin ombragé, un régal.

EL MILAGRO

12, rue des Cardeurs
✆ 06 63 29 93 14
Ouvert tous les jours le soir sauf le dimanche. Plats, boissons et ambiance latino. Terrasse.

El Milagro, le miracle en espagnol, est un bar à tapas et bières très latino. Difficile de faire plus dans l'ambiance Amérique centrale et du Sud. On y déguste des tapas et des bières mexicaines, on y écoute une vraie musique latino et on fait la fête comme là bas. Entre deux mojitos, admirez la déco car elle est unique. Une boutique de plus dans la rue des Cardeurs, cette jolie rue piétonne, un peu secrète mais qui draine du monde autour de ses restos et bars. Ici, l'ambiance sent la vraie vie. Un lieu à découvrir pour les fins de soirée animées et endiablées.

AU FUT PERPIGNAN

23, avenue du Général-Leclerc
✆ 06 81 62 80 64
www.aufutetamesure.fr
Ouvert tous les jours de 17h à 2h.

Au Fut se distingue des autres bars par son concept «c'est vous le barman» : prenez un verre, déposez votre carte devant l'une des pompes installées sur chacune des tables et servez-vous, au gré de vos envies et de nouvelles rencontres. Régulièrement, de nouvelles bières artisanales sont mises à l'honneur, accompagnées de planches de charcuterie ou de fromage. C'est aussi le lieu idéal pour les retransmissions sur écran géant de matchs de foot ou de rugby. Soirées, événements, concerts sont régulièrement organisés. Tout est sur la page Facebook.

L'ESCALIBAR

25, rue Grande Real
✆ 06 76 97 63 06
Ouvert du mardi au samedi de 18h à 2h du matin. Fermé lundi. Bouteilles à partir de 16 € et tapas à 5 €. Concerts.

A l'Escalibar, petit troquet aux allures de la taverne de Star Wars, un peu caché dans le Perpignan médiéval, Leïla vous reçoit derrière son comptoir en marbre pour déguster les vins de producteurs d'ici et quelques vins natures. Les planches de tapas sont simples, mais efficaces. Tout cela à des tarifs très doux. On aime l'Escalibar pour son ambiance « les Copains d'abord » et sa scène musicale rock, jazz, blues et chansons françaises. On aime aussi ce bar à vins pour son atmosphère populaire, simple, mais ô combien vraie. On y passerait la nuit !

LA GUARIDA

6, rue des Abreuvoirs
✆ 07 64 75 71 47
Ouvert tous les jours midi ert soir sauf le lundi.

La Guarida est la bonne adresse pour des boissons savoureuses dans une ambiance très animée. S'installer au bar avec un délicieux verre et se fondre dans l'agitation nocturne. Plus qu'un bar à huîtres et cocktails, la cuisine cubaine vous offre un grand choix de recettes savoureuses et fraîchement préparées. Et il n'y pas que la cuisine ou les verres, on adore l'ambiance et les diverses animations proposées. En été, la Guarida fait sa guinguette et se déplace sur l'Avenue Torcatis sur les berges de la Têt. Ambiance familiale et un peu survoltée, on aime.

LE JET SET

4, rue du Général de Labédoyère
✆ 06 64 62 62 77

Ouvert mardi et mercredi de 18h à 1h du matin, du jeudi au dimanche et jours fériés de 18h à 2h.

Sous la houlette du charismatique Jérôme Samazan, chacun peut savourer le bonheur simple de se retrouver autour d'une bonne bouteille de vin dans l'atmosphère très cocooning d'une maison douillette. Il propose des crus choisis d'ici et d'ailleurs. Pour parfaire ce voyage gustatif, des plateaux de charcuterie ibérique et catalane ainsi que des fromages affinés sont proposés à l'ardoise. La bonne humeur est au rendez-vous avec une programmation musicale évolutive au fil de la nuit et des animations qui rythment cette chaleureuse maisonnée.

MAISON GEORGET

92, Avenue de Prades
✆ 04 68 87 32 79

Ouvert du mardi au samedi de 6h à 13h et de 16h à 20h. Ouvert le dimanche matin.

Une vraie boulangerie comme on les aime. Dans la plus pure tradition du bon pain, la famille Georget saura vous régaler de ses pâtisseries, viennoiseries et croustillants pains. Nous avons eu un coup de cœur pour le pavé au sel de Guérande, un vrai délice. Ce lieu est aussi la halte idéale pour un encas sur le pouce à midi : les parts de quiche et les pizzas sont juste énormes et tellement bonnes. À noter qu'un petit parking est aménagé devant la boulangerie. Enfin, nous allions oublier l'essentiel : un accueil des plus tendre et chaleureux.

MEUNIER CATALAN

4, Place Jean Payra
✆ 04 68 34 50 00

Ouvert du mardi au samedi de 7h30 à 13h et de 16h à 19h30. Ouvert le dimanche (de 7h30 à 13h).

La réputation de cette maison n'est plus à faire. Vous y trouverez des dizaines de « cocas » sucrées ou salées – fougasses catalanes – plus appétissantes les unes que les autres. Vous serez chaleureusement accueilli par Annie et Guy qui vous feront découvrir la richesse du savoir-faire local. La liste des spécialités est aussi riche que les croustillantes anecdotes pour chacune d'entre elles. Le Meunier Catalan propose également un grand choix de pains rustiques au levain et de pains bio. Adresse à connaître pour s'offrir une belle tranche de gourmandise.

NATIVE

24, rue des Cardeurs
✆ 07 68 69 50 01

Ouvert du mardi au samedi de 18h à minuit. 30 € à la carte. Terrasse.

Un resto à boire : c'est ainsi que l'on pourrait définir cette petite pépite de la rue des Cardeurs, ruelle piétonne du vieux Perpignan, connue des autochtones fins gourmets. Le lieu est intime, très cosy et minimaliste, un peu à l'image des propriétaires, et surtout de ce que l'on trouve dans l'assiette et dans le verre : du frais et du local de haute volée ! L'accent est mis sur la provenance et la qualité des produits. Tout est fin et délicieux, charmant et original. L'endroit idéal pour déguster en terrasse et au calme un bon verre accompagné de folles tapas.

O'FLAHERTY'S

27, avenue du Général-Leclerc
✆ 04 30 46 72 78
www.oflahertys-perpignan.com
Ouvert du mardi au dimanche de 18h à 1h. Happy hours. Terrasse. Animations. Concerts live ou DJ en fin de semaine.

Lieu de détente où l'on peut jouer aux fléchettes, boire, manger, discuter et faire des rencontres tout en écoutant du bon son, du jeudi au samedi c'est avec DJ ou groupes en live, le tout dans une ambiance qui mixte les âges en toute convivialité, et tout le monde se tient bien. Restons dans le tempo, le vendredi soir c'est *fish and chips* à la portion et *chicken and chips* les autres jours. En toute saison, on reste à l'extérieur où les tonneaux faisant office de mange-debout sont nombreux, les plus frileux choisiront l'intérieur.

O'SHANNON

3, rue de l'Incendie
✆ 04 68 35 12 48
Ouvert toute l'année. Du lundi au samedi de 19h à 2h. Animations. Concerts.

O'Shannon est le premier et le plus ancien pub de la ville. Ambiance très british et conviviale comme sur l'île au trèfle ! La déco et les petites alcôves rappellent une fois de plus l'esprit des pubs. Concerts, soirées spéciales lors des événements sportifs (foot et rugby), cocktails et spécialités culinaires de pub (hamburgers, sandwiches, frites) sont là pour vous faire passer un grand moment. L'hydratation étant indispensable à tous, on appréciera le soin apporté au choix de bières et de whiskys. Une vraie institution à Perpignan !

OLIVIER BAJARD

355, rue Docteur-Parcé
✆ 04 68 38 78 85
www.olivier-bajard.fr
Ouvert du lundi au samedi de 8h30 à 19h30 ; le dimanche de 8h à 12h30. Workshops. Autre adresse : place de la République

Pâtissier-chocolatier-glacier et champion du monde des Métiers du Dessert, Olivier Bajard est la référence en matière de douceurs. Dans son école de pâtisserie, des formations sont proposées aux professionnels, le samedi, ateliers et de démonstrations pour grand public (et enfants) animés par de grands chefs. Apprendre est essentiel, mais déguster l'est plus encore quand on passe côté Boutique : mignardises, macarons, petits fours assortis, glaces et entremets se déclinent dans des couleurs exquises et des saveurs inventées pour chaque saison.

LE P'TIT MAILLY

5, rue Mailly
✆ 04 68 28 47 89
Ouvert du mardi au samedi toute la journée. Plusieurs formules de 7,50 à 12 €. Terrasse.

Un charmant salon de thé situé dans un joli patio à coté du nouveau musée Rigaud. Des thés à la carte, verts, rouges, blancs, noirs, fumés ou glacés avec des mélanges subtils dont je vous tairai les compositions. Si vous préférez un café, pas de souci, là aussi ce serait trop long de tout vous citer. Vous êtes plutôt chocolat, et vous l'aimez comment ? Viennois, Liégeois, chaud aux épices ou bien frappé ? En deux mots, vous avez là au P'tit Mailly un endroit agréable pour une petite pause de bonheur au milieu des livres mis à disposition des clients.

LA RUELLE

2, rue de l'Ange
✆ 06 41 54 07 63
Ouvert toute l'année. Fermé le dimanche et le lundi. Animations et événements (infos sur la page Facebook).

La Ruelle est née d'une passion commune : celle de faire plaisir au client avec des produits simples et maison. On y déguste de vraies tapas maison accompagnées de flacons des producteurs locaux et à un prix très raisonnables. Question emplacement, ce bar à boire et à manger est idéalement situé dans la petite rue piétonne de l'Ange. C'est fin, très goûtu et plein de saveurs ! Le petit plus, c'est cette terrasse installée dans la rue avec ses tonneaux en guise de table haute. Il y a du passage, on croise des amis, on s'invite à boire un verre… la vie est belle.

STEVEN CABEDO

63, avenue du Commandant-Soubielle
✆ 09 82 56 00 18
Ouvert du mardi au dimanche et les jours fériés de 6h à 13h. Ouvert le dimanche. Réalise vos cocktails et cérémonies.

Steven, les clients t'aiment, tu es devenu l'âme du quartier, un lieu de vie où l'on se rencontre le matin pour acheter du VRAI pain ou son journal. Une mention spéciale pour cet artisan boulanger et pâtissier qui est un des rares à vous proposer de la pâtisserie fraîche et de qualité toute l'année, dimanches inclus. Steven revisite les grands classiques, babas au rhum, Paris-Brest, éclairs et autres religieuses avec sa touche personnelle, mais crée aussi de véritables chefs-d'œuvre chaque semaine. Coup de cœur du *Petit Futé* !

TET

✆ 04 68 34 55 15

Ouvert du mardi au samedi de 16h à 2h. Expo d'art, concerts, et plein d'autres événements... Terrasse. Restauration.

A peine ouvert et déjà Têt faisait le buzz et circulait de bouche à oreille parmi les aficionados de la bonne chère et des soirées branchées et musicales de la ville. La célérité de ce succès est dû à deux choses : une équipe dynamique et un concept qui réunit à la fois le café du coin, le p'tit resto sympa et la scène musicale éclectique. Sur une des plus belles terrasses de la ville (car elle est vaste, aérée et située sur les berges de la Têt), on savoure une cuisine hybride, à la fois terroir et fusion. Le *Petit Futé* en est revenu enchanté !

LE TINC SET €

3, rue du Marché-aux-Bestiaux

✆ 04 11 68 39 47

Ouvert tous les jours à partir de 19h. Tapas variées et vins nature.

Ce petit troquet, qui ne paye pas de mine de l'extérieur, sert de délicieuses tapas. Le rapport qualité-prix est imbattable. La carte ne change pas beaucoup mais les classiques demeurent des délices. Pour les jus, l'accent est mis sur les vins nature, on découvre de belles pépites. Ella, la patronne, s'occupe de tout, dans un décor éclairé et vivant où certains soirs s'embrasent aux notes d'une playlist musicale finement choisie. Un endroit rare à Perpignan, un bar alternatif et populaire où l'on aime revenir car « le vin est un lubrifiant social » (dixit Ella).

LE TIO PEPE

15, rue de la Barre

Ouvert du mardi au dimanche de 18h30 à 2h. Terrasse. Animations.

A ne pas manquer lors de votre venue à Perpignan. Endroit préféré des étudiants, des rugbymans, jeunes et moins jeunes, le Tio Pepe est une institution des nuits perpignanaises ! « Tapas y fiesta » le ton est donné. Haut lieu des fêtes étudiantes et des troisièmes mi-temps, les deux bars, la salle de billard et le patio affichent souvent complets, même en terrasse. Ça fait l'unanimité, c'est jeune, mais pas que, c'est surtout festif, idéal pour ceux qui veulent se sortir de leurs bouquins, de la mêlée ou simplement boire un verre !

LE VILLAGE

48, rue des Augustins

Ouvert du jeudi au dimanche. Planches apéro. DJ en soirée.

Installé dans la rue des Augustins, rue qui n'aspire qu'à plus de commerces et de vie, Alco et son équipe font bouger tout le quartier car le Village est un lieu convivial où se mêlent les générations avec un seul credo : faire la fête ! Un lieu et des gens simples qui vous offrent des prestations simples et de qualité. Eté comme hiver, la terrasse du bar installée sur la Place des Poilus est bondée jusqu'à des heures indues. On aime l'accueil chaleureux comme dans un bar de petit village de campagne et puis les belles planches pour l'apéro, riches et copieuses.

VINOCHOPE

26, rue Mathieu-de-Dombasle

✆ 04 68 89 91 43

www.vinochope.fr

Ouvert tous les jours. Terrasse. Restauration. Concerts. Espace boutique. Location de tireuses à bière.

En un seul lieu sur 400 m² sont réunis cave à vins et bières, bar et salle de spectacle modulable pouvant accueillir 250 spectateurs. On aime d'abord la belle boutique ultra bien agencée où sont vendues près de 300 références de bières du monde entier avec un nombre incroyable de bières artisanales. Ensuite, on découvre la chaleureuse et conviviale partie bar à la déco faite de tonneaux en guise de table et d'un coin cosy avec de confortables fauteuils. Deux à trois fois par mois, le Vinochope se transforme en véritable salle de concert/spectacle.

LE ZINC - WINE & COCKTAIL BAR

8, rue Grande-des-Fabriques

✆ 04 68 35 08 80

Ouvert du mardi au samedi de 18h à 2h. Spécialité de cocktails.

Particulièrement cosy, Le Zinc est l'un des plus agréables bars « lounge » de la ville. Pour prendre une bière ou siroter un cocktail en grignotant quelques tapas en début ou fin de soirée, c'est parfait. Le lieu est feutré et donne à chacun le loisir de discuter sur un fond sonore calme. Wine et cocktail-bar, une définition exacte pour un service de qualité. Entre amis ou seul, Le Zinc est idéal pour sortir une jolie tenue. Un belle carte de cocktails et assiettes de tapas.

(SE) FAIRE PLAISIR

Quoi de plus naturel que se faire plaisir. Nous pensons bien sur d'abord au plaisir de la table et de ses gourmandises. Nous avons à Perpignan quelques belles adresses d'artisans pâtissiers, chocolatiers, glaciers ou confiseurs qui pourront satisfaire vos palais. Mais le plaisir ne se résume pas à notre estomac, dieu merci. Le plaisir à Perpignan c'est aussi la culture et les traditions. Des danseurs se donnant la main pour un moment de grâce au son du *flaviol* et du hautbois le temps d'une sardane, plaisir des participants et des spectateurs. Plaisir de déguster un vin doux naturel Maury, Banyuls ou vieux Byrrh avec un *pá amb olí*. Pour les femmes, plaisir de porter les grenats catalans joyaux de notre culture, plaisir des yeux et du cœur. Plaisir de parler le catalan et pour ceux qui ne le comprennent pas d'entendre chanter notre accent qui roule les rrr. Plaisir de partager tout simplement le bonheur de vivre entre mer et montagne.

LE JARDIN DES 5 ARCHANGES

74, Avenue Général de Gaulle
✆ 06 26 97 29 20

Ouvert du mardi au samedi. Minéraux, bijoux, ésotérisme et bien-être.

Lithothérapie, pierres et minéraux, bijoux en pierres semi-précieuses, livres ésotériques et de bien-être, cartes de voyance, objets faits main… On adore cette boutique autant pour la richesse des étals que pour le sourire et les conseils avisés de Djamel. Les bijoux et les pierres sont superbes, on craque vite tant l'élégance et les belles énergies habitent le lieu… comme dans un jardin ! Le petit plus : Mme Cherifa propose des consultations en voyance et divination.

MADELY BY GIGI

7, rue de la Révolution Française
✆ 06 78 28 53 54

Ouvert du mardi au samedi de 10h à 19h. Bijoux, accessoires et gourmandises, 100% responsables.

France, Guillaume et Déborah vous accueillent dans cette petite boutique solaire et chaleureuse où l'on vous propose des bijoux qui résistent à la vie, des accessoires textiles « upcyclés » et une partie Salon de Thé. En détail, cela donne : un bar à bijoux personnalisables, pour vos envies de bijoux uniques, des boissons et gourmandises locales et responsables, des bijoux de qualité plaqués Or 3 microns, et vendus à prix justes et doux à partir de 15 euros. En arrière boutique, vous pourrez aussi rendre visite à la Société Clap' Production.

LITHOSUD

11, rue Maréchal Foch
✆ 06 36 67 42 89
www.lithosud.fr

Bijoux, minéraux, pierres naturelles. Ouvert du mardi au samedi. Soins énergétiques.

Lithosud est le spécialiste des pierres semi-précieuses à Perpignan. Juste en voyant la devanture, on a envie d'entrer. La boutique est tout simplement sublime : plus de 100 minéraux différents, des bols tibétains, des attrape-rêves… N'oublions pas la belle collection de bijoux en pierres naturelles, bagues, colliers, pendentifs, boucles d'oreilles et bracelets. L'expertise des propriétaires est aussi au rendez-vous et des soins énergétiques et chamaniques vous sont proposés. Le site internet est très bien fourni et on apprend un tas de choses.

VISCA

16, rue Lazare-Escarguel ✆ 04 68 57 23 29
www.viscaweb.net

Ouvert du lundi au samedi de 10h à 19h. Livraison possible (articles en vente sur le site de la boutique).

Déjà 12 ans que Muriel et Nathalie, nos gentilles amies un peu *Bojas*, proposent avec malice du *made in Catalunya*. Vous y trouverez le vrai *Caganer*, vous savez celui qui fait caca dans un coin de la crèche des Catalans, le *Caga Tio*, quelques *Bruixes*, ainsi que nos gourmandises locales. Tout est 100 % catalan comme les drapeaux avec ou sans l'*estella*. Une adresse incontournable, car c'est la seule à vous proposer autant de souvenirs pour tous les budgets. Vous ne pouvez pas louper la boutique, un *Burro*, c'est-à-dire un âne catalan, vous la signale au coin de la rue.

LA BOC

3, rue Desbordes-Valmore
✆ 07 88 27 70 64
Ouvert le lundi et du jeudi au samedi de 17h15 à 19h. Et les samedis de 16h à 19h. Location de tireuse à bière et fût.

Reconversion réussie pour ce professeur de physique-chimie, qui a décidé de prendre un nouveau virage dans sa vie Les bières de Laurent sont élaborées avec des malts et des houblons français certifiés BIO. Brassées sur place, en plein Perpignan, les bières sont non filtrées, non pasteurisées et refermentées en bouteilles. Quant à son degré d'alcool, la Boc titre 5° pour la blanche et 5,5° pour les autres. L'idéal est de venir la goûter directement à la Brasserie, un lieu un peu magique où entre les cliquetis des verres fusent les bons mots et les rires.

AUX BONNES OLIVES

2 bis, rue Paratilla
✆ 04 68 34 62 08
www.auxbonnesolives.com
Ouvert du mardi au samedi de 10h à 18h.

Une des adresses qui ont fait entrer « la rue des Senteurs » dans la légende perpignanaise. Comment une si petite échoppe peut-elle détenir autant de trésors ? Plus de 3 000 produits se pressent sur une vingtaine de mètres carré et un étal au dehors ! Des épices par milliers, des poissons séchés, de la véritable *soubressade* de Majorque, des fruits secs… et bien sûr des olives. Des épices rares du bout du monde, des concentrés de saveur aussi dans de petits flacons. Les professionnels trouvent ici tous les arômes et les colorants naturels pour sublimer leurs plats.

LA BOUCHERIE URBAINE

2, rue Fabriques d'en Nabot ✆ 04 68 67 91 97
www.boucherie-urbaine.fr
Ouvert du mardi au samedi. Dégustation vin et tapas et rencontres avec des vignerons. Livraison possible.

Stéphane Balluet, le Maestro du Divil, l'homme qui murmure à l'oreille des vaches, poursuit à deux pas de son célèbre restaurant, son épopée carnée avec la Boucherie Urbaine. Proposer une nouvelle idée de la viande, comme il le commente lui-même «au delà d'une simple boutique, je souhaite partager ma vision de la viande affinée, retrouver la proximité avec le client et développer un lieu de vie». La boucle est bouclée : on retrouve à la B.U., la Boucherie Urbaine, le même savoir-faire, la même passion dans le choix des pièces qu'au restaurant le Divil.

LES CAVES DU ROUSSILLON

1085, avenue Julien-Panchot
✆ 04 68 54 40 04
www.lescavesduroussillon.com
Ouvert du lundi au vendredi et le samedi matin. vente en ligne. Rencontres avec des vignerons, soirées à thème.

La liste des vignerons associés aux Caves du Roussillon n'est pas très longue, mais elle est surtout très prestigieuse. Au sein de cette sélection rigoureuse à prix domaine on retrouve les ténors de la région, mais aussi des domaines méconnus. Sans oublier quelques vins du Languedoc et une belle collection de spiritueux et vins effervescents. Et aux caves du Roussillon, toute l'équipe vous propose toujours de déguster avant de faire votre choix. Ils n'hésitent pas à déboucher une bouteille pour partager avec vous et transmettre leur passion !

LES CAVES MAILLOL

9, cours Palmarole ✆ 04 34 10 36 21
www.cavesmaillol.fr
Ouvert du mardi au samedi. Animations fréquentes autour du vin et de la gastronomie. Livraison possible.

Depuis déjà quelques années, le professionnalisme de Guillaume fait référence dans le milieu du vin. Passé par toutes les étapes, de la production à la vente depuis 15 ans, il sait de quoi il parle. D'ailleurs, il organise des soirées dégustation afin de vous vous faire apprécier les différents crus de nos régions en faisant la part belle aux vins du Roussillon. Cet amoureux du «jus divin» vous emmènera à la découverte des nombreux terroirs qui font la richesse de notre patrimoine culturel. Les caves Maillol ne cessent de grandir en se diversifiant et on adore.

CÉMOI

2980, avenue Julien-Panchot
✆ 04 68 95 09 95
www.cemoi.fr
Ouvert du mardi au samedi de 10h à 12h30 et de 14h30 à 18h30.

Qui ne connaît pas le chocolat Cémoi ? Ce groupe qui s'est construit en deux siècles autour de nombreuses sociétés familiales est devenu le premier chocolatier français, célèbre sur tout le territoire pour son petit ourson guimauve. Un espace vidéo vous explique la traçabilité du chocolat depuis les lieux de production, se souciant de la qualité de vie du planteur en permettant aux petits producteurs de vivre dignement de leur travail, de la préservation de l'environnement jusqu'à la transformation pour un produit 100 % français.

CHOCOLATERIE DE NEUVILLE

5, rue Mirabeau
✆ 04 68 51 37 01
Ouvert du lundi au samedi de 9h30 à 12h30 et de 15h30 à 19h.

De Neuville, à Perpignan, est une boutique spécialisée dans le chocolat fabriqué dans la plus pure tradition française. Depuis 2015, la souriante Myriam gère la boutique et présente plus de 250 références de chocolats sous toutes ses formes. Les produits sont 100 % français pur beurre de cacao (70 % de fèves de cacao) et surtout sans huile de palme et sans dioxyde de carbone. « On travaille tous nos produits avec la pulpe de fruit et la fève de cacao », insiste-t-elle. La fierté de la boutique : la marque Les Pavés de Perpignan, une recette unique qu'on adore.

AU CRÉMIER GOURMAND

16, rue de la Cloche d'Or
✆ 04 68 35 30 42
Ouvert du mardi au samedi de 9h à 19h en haute saison. Horaires variables hors saison touristique.

Dans la rue piétonne de la Cloche d'Or, derrière une étroite devanture s'abrite un « palais » du fromage, vous y découvrirez pas moins de 120 variétés différentes. Tous proviennent directement de petits fermiers répartis sur le territoire français, vous y trouverez également des fromages ibériques et britanniques (cheddars, shiltons...), qui méritent bien leur place même au pays du fromage. Vous pouvez les déguster sur place, dans des compositions, très copieuses, d'assiettes combinées fromages (5 au choix) + charcuterie aveyronnaise ou ibérique.

LE COMPTOIR DES CRUS

341, rue du Docteur Parcé
✆ 04 68 35 54 44
www.lecomptoirdescrus.fr
Ouvert du mardi au samedi. Cours de dégustation, soirées accords mets et vins et vins et fromages.

Jean-Pierre Rudelle est un épicurien du vin, vous êtes sûr de trouver ici une sélection particulièrement soignée des meilleurs Domaines du Roussillon et de France. Mais aussi des cours de dégustation dans un cadre très tendance. Le Comptoir suit l'actualité bachique avec un calendrier ponctué de rendez-vous saisonniers. Raisin sur le gâteau, du jeudi au samedi soir, le Comptoir des Crus se transforme en dégustations des vins de producteurs invités et des conseils prodigués par des œnophiles professionnels. Une adresse précieuse pour les amateurs de terroirs.

DOMAINE RIÈRE-CADÈNE

chemin de Saint-Genís-de-Tanyeres
✆ 04 68 63 87 29
www.domainerierecadene.com
100 % Bio. Accueil sur RDV. 1 gîte pour 6 pers sur le domaine (avec piscine), 2 gîtes au Mas Llara à 2 pas de la mer.

Jean-François et Laurence présentent des vins fortement aromatiques, fins, élégants, conçus dans la pure tradition et issus des cépages représentatifs de la région. C'est un des rares domaines viticoles qui se trouve à deux pas de Perpignan. Tout proche de la ville, et pourtant dépaysant. La diversité des vins de ce domaine s'explique par la variété des terroirs : les vignes sont plantées sur 3 types de sol : calcaire sur Calce, schiste noir à Espira de l'Agly et galets roulés autour du domaine. Enfin, l'autre point fort de ce domaine, c'est l'accueil en gîtes.

COTE TERROIR

14, avenue Marcelin Albert
✆ 04 68 54 55 71
www.cote-terroir.com
Ouvert du mardi au samedi. Rencontres avec des vignerons. Suivre le calendrier Facebook.

Côté terroir nous a séduits pour son large panel de vins du Roussillon... pour tous les goûts et les prix. Egalement, quelques jolis champagnes et cavas pour les amateurs de bulles. Huile d'olive et produits du terroir (pour l'apéro) n'ont pas été oubliés. A l'image des vins du terroir catalan, les choix de la boutique vous surprendront par leur originalité. le petit plus qui fait craquer : la cave organise régulièrement des événements comme des dégustations en présence du vigneron, le tout accompagné de délicieuses charcuteries. Courez-y !

L'ECHOPPE

4, rue de l'Incendie
✆ 06 89 70 68 26
Ouvert du lundi au mercredi le midi et du jeudi au samedi de 11h à 23h. Bière artisanales, glaces bio, fromage...

On pourrait définir l'Echoppe comme une « apéricerie », c'est-à-dire un lieu à mi-chemin entre une épicerie et un comptoir pour prendre l'apéritif, grignoter un bout et faire le plein de souvenirs gustatifs. Question provenance, Félix et Olivier ont choisi la géographie locale. A l'échoppe vous ne trouverez que des produits locaux, chaque producteur, sauf exception, est un artisan bio du département. Un concept de l'ultra local et du « manger sain » qui nous a séduits car il met à l'honneur les riches productions catalanes, parfois méconnues car excentrées.

ESPARCEL

11, rue de la Barre
✆ 04 68 34 48 06
Chocolats fins et pâtisseries. Salon de thé. Ouvert du mardi au samedi de 9h à 12h30 et de 14h30 à 19h30.

Tous les fous de chocolat de Perpignan connaissent cette adresse, la plus ancienne fabrique artisanale de chocolat de la ville. Vous y trouverez une séduisante collection de chocolats fins, 100 % pur beurre de cacao, des ganaches délicatement parfumées, des pralinés tout en finesse et des pâtes de chocolat corsé. On trouve aussi des macarons, des pâtes d'amande, des spécialités catalanes telles que les tourons, pains de Tolèdes, bonbons à la cerise de Céret, à l'abricot du Roussillon ou à la liqueur de Banyuls. La liste est trop longue... mais on en raffole !

CHEZ IRIS

6, rue de la révolution Française
✆ 04 68 67 77 02
Ouvert du mardi au samedi de 10h à 19h. Produits du terroir et vins fins bio. Apéro le vendredi soir sur réservation.

On aime Chez Iris car on trouve les meilleurs flacons en bio ou vin nature de la région, des fromages délicieux et de vraies charcuteries artisanales. À la fois cave à vin, épicerie fine et lieu d'échange, cette nouvelle boutique nous a fait craquer. La déco est superbe et met en valeur toutes les pépites à déguster. Tous les produits sont sélectionnés comme des diamants à la sortie de la mine ! Iris, souriante et joyeuse, incollable sur le vin nature, vous accueille pour un apéro entre amis, une dégustation ou tout simplement pour vous conseiller. Bravo !

FROMAGERIE REYNAL

6, rue des Cordonniers
✆ 04 68 66 99 56
Ouvert du mardi au jeudi, le samedi et le dimanche de 7h30 à 13h ; le vendredi de 16h à 19h.

Membre de la Confrérie des Chevaliers de Taste Fromage, Andrée en connaît une sacrée tranche dans le domaine ! Elle sélectionne amoureusement des fromages fermiers au lait cru de France et de Navarre qu'elle vous fait découvrir à grand renfort de petites lamelles à déguster du bout des doigts, mais pas du bout des lèvres. La fromagerie Reynal est une histoire de famille depuis 1948. Aujourd'hui, à la quatrième génération, c'est le fils qui prend le relais. Et lui aussi en connaît un rayon, il suffit de voir le bel éventail de chèvres locaux et artisanaux.

A LA CAVE

19, rue Louis Blanc
✆ 06 83 36 28 11
Vins fins et alcools. Dégustation de tapas à l'étage. Rencontres avec vignerons.

A deux pas du Castillet, Nasser, en fin connaisseur de flacons et de produits gourmands, vous accueille dans sa boutique et propose une belle gamme de vins fins et de champagnes. Que de belles étiquettes et un sourire inimitable pour vous conseiller. A l'étage, on déguste des tapas fines accompagnées des vins de la cave... et du balcon, on voit le Castillet. Dans sa nouvelle boutique, Nasser a pensé à tout pour vous faire passer un vrai moment bacchique. Les vignerons s'y retrouvent aussi, on déguste, on échange et on aime la vie ! Le Petit Futé adore.

HELENE COLLS

Place de la République
✆ 04 68 34 97 16
www.helene-colls.fr
Ouvert du lundi au dimanche matin. Préparation sur commande de plateaux dînatoires. Fromages et volailles. 2 adresses.

Un nom, deux boutiques. A l'angle de la place de la République, vous trouverez la charcuterie, les volailles, l'épicerie fine et les plats cuisinés. 100 mètres plus loin dans la rue Paratilla la fromagerie. Depuis 35 ans, Hélène ne vous régale pas seulement de ses produits fins, elle égaye notre journée de son sourire inimitable. Une femme vivante et dynamique, à l'écoute du client et entourée d'une équipe très compétente. Le *Petit Futé* a rencontré Circé la Magicienne et en est tombé amoureux ! Fins gourmets, gastronomes et épicuriens, voilà votre adresse !

LA MAISON DU JAMBON

9, rue Paratilla
✆ 04 68 34 12 18
Ouvert du mardi au samedi et le dimanche matin. Fromages espagnols, vins.

Dans une petite boutique, qui a tout de même une belle terrasse rue Paratilla (la rue des amis à Perpignan), Daniel vous invite à une parenthèse espagnole avec ses jambons Serrano de Segovia, son chorizo de bellota ou son jambon de bellota affiné 36 mois. 13 ans qu'il est là pour vous servir du jambon à la découpe, des pièces entières ou tout simplement un bel assortiment que vous dégusterez en terrasse devant sa boutique ou à La Marée à côté. On peut même commander des huîtres chez le poissonnier en face et les manger sur sa terrasse. On adore la rue Paratilla.

MAISON PARÉ

4, rue de Vernet-les-Bains
✆ 04 68 82 00 00
www.charcuterie-pare.com
Ouvert du lundi au samedi de 8h à 19h ; le dimanche de 8h à 13h. vente en ligne. Restaurant à l'heure du déjeuner.

Le meilleur de la charcuterie catalane est ici, c'est la réputation de cette maison fondée en 1929.... et maintes fois primée. Saucisson, Pa de fedge, terrines, fuet... A base d'ingrédients locaux et de haute valeur bien entendu. La Maison Paré présente également un beau rayon boucherie avec des viandes et volailles de l'Hexagone sélectionnées sur le volet. Un choix sélectif et alléchant que vous pouvez consommer sur place à la Fauceille dans leur restaurant attenant à la boutique, qui connaît un grand succès auprès des amateurs de bons produits.

MARCHÉ DE LA PLACE CASSANYES

Place Cassanyes
Ouvert tous les jours de 7h30 à 13h.

Un véritable marché avec une partie alimentaire à petits prix, mais surtout, ce qui fait son charme, c'est tout le côté fringues et camelots. Une véritable ambiance méditerranéenne règne sur ce marché qui est le plus grand de Perpignan. Pour le folklore, c'est le dimanche. Des affaires à ne pas rater, des dégriffés, des occasions... Le lieu idéal pour une petite visite dominicale et enfin s'attabler à une terrasse de café juste à côte tout simplement pour regarder l'animation.

MARCHÉ PLACE DE LA RÉPUBLIQUE

Place de la République
Ouvert du mardi au dimanche de 7h30 à 13h. Marché alimentaire. Produits BIO et fermiers le samedi.

En plein cœur du centre historique de la ville, se tient 6 jours par semaine un marché alimentaire qui est toutefois, par tradition, plus conséquent les mercredis, samedis et dimanches avec une tendance BIO le samedi. Les meilleurs producteurs du coin sont là et vous serez émerveillés devant la qualité et la fraîcheur de certains produits. Ce marché vaut le détour aussi pour admirer les belles demeures qui entourent la place et prendre un petit café en terrasse.

LA PART DES ANGES

2 bis, rue des Coquelicots
✆ 04 68 35 10 15
www.cavepartdesanges.com
Ouvert du mardi au samedi et le dimanche matin. Dégustations le jeudi de 18h à 21h tous les 15 jours.

Deux jolies boutiques font l'éloge du vin : des grands crus et des petits domaines d'ici et d'ailleurs, ainsi qu'une belle gamme de vins doux naturels. Les vignerons du coin viennent parler de leurs vins le jeudi soir avec évidemment des dégustations accompagnées de tapas. Selon l'actualité, les dégustations se font sur une thématique particulière, vins primeurs, rhums, champagnes, whiskys... La Part des Anges est du reste caviste expert en whiskys avec une centaine de références et affiche clairement sa passion pour les vins doux et les rancios.

LE POTAGER DE LOUIS

3, rue du Théâtre
✆ 06 23 88 59 36
Ouvert du mardi au samedi et le dimanche matin.

Le Potager de Louis est une vraie caverne d'Ali Baba pour les végétariens. Plus qu'un primeur, c'est une boutique du bonheur. La majorité des fruits et des légumes sont de provenance locale chez des paysans qui travaillent bien ou en BIO. Pour les perles rares, elles viennent du monde entier et sont rigoureusement sélectionnées. Ce qu'on aime dans cette boutique, c'est l'esprit marché de village (en plein centre de Perpignan). Les étals sont colorés, les saisons sont respectées et les prix sont raisonnables. Accueil très chaleureux.

SILOS AND CO

19, rue de l'Ange
✆ 04 68 67 90 30
Ouvert le lundi après midi. Du mardi au samedi matin et soir.

Silos and Co est une épicerie de produits en vrac pour la plupart issus du coin et de l'agriculture BIO. «Marre des emballages» nous disent Alice et Matthieu. Bien entendu, les produits locaux comme les fruits, les légumes et le fromage sont mis en avant, mais on trouve aussi de tout dans cette caverne d'Ali Baba : légumineuse, riz, fruits secs et produits d'entretien et d'hygiène et cosmétiques. Lorsqu'on fait le calcul, c'est moins cher d'acheter en vrac, et en plus c'est du BIO. Un magasin indépendant, un lieu d'échange et un mode de consommation responsable.

UNIVERSITIUM

Chemin de la Passio Vella
✆ 04 68 66 24 22
https://iut.univ-perp.fr
100% Bio. Domaine agricole de l'IUT de Perpignan. Accueil sur RDV tous les jours de 8h à 17h sauf vacances scolaires.

Les étudiants de l'IUT de Perpignan ont à leur disposition un domaine agricole de 3,5 ha labellisé BIO depuis 2008 attenant aux bâtiments d'enseignements. Plusieurs types de cultures locales y sont présentes ainsi que des élevages. Toutes ces activités ont un objectif pédagogique et servent de supports aux enseignements. Sur RDV, un accueil est réservé au public et vous avez la possibilité d'acheter tous ces produits. Grande qualité et prix très accessibles : légumes, amandes, huile d'olive, jus de raisin, vin, miel, lapins et escargots. A table !

LE COEUR DES HOMMES

2, rue Saint Jean Baptiste
✆ 04 48 89 12 89
Ouvert du mardi au samedi de 10h à 12h30 et de 14h à 19h. Chèques non acceptés.

Coup de Cœur qui fait battre celui du centre-ville. Oui les hommes ont le droit d'être élégants, alors nous vous avons trouvé « LA » boutique pour les hommes qui aiment s'habiller avec classe. Le Cœur des Hommes vous offre, messieurs, l'opportunité de ne plus avoir à choisir entre élégance et fonctionnalité. Nadia toujours à la recherche de jeunes talents et de créateurs déniche pour vous de nombreuses pièces, vêtements, chaussures et accessoires au fil des collections. Paul Smith, Barbour et Hartford sont très présents sur les rayonnages et Petit Futé est fan.

CREATION CATALANE

2, rue de la Porte d'Assaut
✆ 04 68 54 08 68
Ouvert du mardi au vendredi de 10h à 18h ; le samedi de 10h à 19h. Retrait commandes internet en magasin.

Plus besoin de «monter» en Haut Vallespir pour vous chausser de Vigatanes et d'espadrilles made in Catalogne. L'atelier de Saint-Laurent-de-Cerdan où sont confectionnées les *«véritaples»* chaussures catalanes avait besoin d'une vitrine et d'une boutique sur la capitale. C'est une paire de choses faites... et ça marche très bien puisque les clients qui ont passé commande sur Internet retirent leurs achats et souvent les complètent en craquant pour une petite paire supplémentaire. Face au parking Arago et à côté du tribunal, vous ne pouvez pas louper la boutique.

HERBORISTERIE MODERNE

6, Place de la République
✆ 04 68 51 23 02
www.herboristerie-moderne.fr
Ouvert le lundi après midi. Du mardi au samedi matin et soir. Commande en ligne sur le site internet

Depuis 1900, l'Herboristerie Moderne vous propose plus d'un siècle de tradition et de savoir-faire à travers des recettes, des conseils et des produits de qualité où les plantes en vrac sont à l'honneur : tisanes, gélules bio, huiles essentielles bio, eaux florales bio... La force de cette enseigne, outre la connaissance encyclopédique d'Yves Moreau, c'est le conseil juste et précis, l'attention au client pour lui offrir la recette adaptée. La réputation de cette enseigne n'est plus à faire. Et bravo à Pauline qui succède à son papa et reprend le flambeau !

MOTEL

8, rue Jeanne d'Arc
✆ 04 68 67 94 19
www.motel-boutique.com
Boutique chic de vêtements et accessoires pour femmes élégantes.

Parce que se faire plaisir est un pied de nez à la morosité, *Le Petit Futé* vous a déniché « la boutique » pour vous mesdames afin de vous rendre encore plus belles et élégantes. Au pied du Castillet, dans le centre ancien, Julie Fabre vous accueille dans son salon-boutique avec gentillesse et sourire. Des pièces de grandes marques, souvent uniques, vous sont présentées avec goût. Si vous souhaitez être tranquille pour vos essayages, la boutique ouvre le lundi sur rendez-vous rien que pour vous ! Vous pouvez également faire vos achats sur la boutique en ligne.

PAYOTE ESPADRILLES

1325, avenue de la Salanque
✆ 04 68 64 32 24
www.payote.fr
Ouvert du lundi au samedi de 10h à 18h. Livraison possible (offerte dans toute la France).

Payote qui signifie « chiffon » en catalan, propose des modèles d'espadrilles pour toute la famille. Intemporelles et confortables, ces chaussures sont fabriquées dans le plus pur savoir-faire artisanal français. « Mettez la France à vos pieds » est d'ailleurs le slogan de la marque. Onze étapes sont nécessaires à leur fabrication pour finir par un habillage avec des matières souples, naturelles aux thématiques colorées et variées. Les espadrilles Payote peuvent être personnalisées à travers un service de broderie histoire d'être définitivement looké Payote !

TARDIVEL

12, rue de l'Ange
✆ 04 68 51 41 48
Ouvert du mardi au samedi de 10h à 12h et de 15h à 18h.

Une adresse que le Petit Futé recommande. Max Tardivel, ex-diamantaire, a pignon sur rue depuis plus de 30 ans à Perpignan. Il expose régulièrement des pièces exceptionnelles dans ses vitrines. Ne vous étonnez pas d'y trouver parfois des bijoux à des prix très attractifs, ce ne sont pas seulement des bijoux d'occasion, il y a aussi des créations maison avec des montures très joaillerie, Max Tardivel se fournissant aux sources pour les diamants, ceci explique cela ! La bijouterie fait des expertises, transforme vos vieux bijoux ou les rachète si vous êtes vendeur.

BÉDÉ EN BULLE

10, rue de la Cloche-d'Or
✆ 04 68 35 35 25
Ouvert le lundi de 14h à 19h ; du mardi au samedi de 9h30 à 12h et de 14h à 19h.

Tous les grands noms de la BD contemporaine y sont présents et, à côté des livres neufs, un rayon, plus modeste destiné aux BD d'occasion. Si vous cherchez un auteur ou un album particulier, n'hésitez pas à le demander à Jean-François et à Olivier, ils sont là depuis 15 ans et la BD c'est leur dada. Régulièrement vous pouvez y rencontrer les auteurs et dessinateurs lors des signatures. Petit plus qui fait plaisir, Bédé en Bulle édite des ex-libris en tirage limité, signés par leur auteur, ils vous sont offerts lors de la parution de l'album.

LIBRAIRIE-PAPETERIE CAJELICE

10-12, rue du Docteur-Pous
✆ 04 68 51 74 58
www.cajelice.fr
Ouvert du lundi au samedi de 10h à 19h. Préparation de listes scolaires (livres et fournitures).

A l'entrée, bien en vue les meilleures ventes de romans et les auteurs locaux. A l'étage, tout ce qui concerne les sciences humaines, le droit, l'économie, gestion, les beaux-arts, l'architecture, la photo, les dictionnaires et le scolaire. Un personnel toujours à votre disposition, avec un rayon papeterie plutôt craquant et des articles bien choisis. Dédicaces, ateliers lecture, ateliers écriture, ateliers de création, rencontres speed-booking... Cajelice déborde d'idées.

JANSON CONFETTI

69, avenue du Général-Leclerc
✆ 04 68 34 53 50
www.fete-en-fete.com
Ouvert du lundi au samedi de 9h à 12h30 et de 14h à 19h.

Une adresse pour préparer vos fêtes : baptêmes, mariages, communions... On y trouve un grand choix de décorations, de farces et attrapes et déguisements en tous genres. En plus, le conseil avisé est là et les prix sont vraiment maîtrisés. Ce n'est pas plus cher qu'en grande surface contrairement aux idées reçues. Janson vous livre des feux d'artifices clés en main et propose également une sélection de drapeaux et de pavoisements régionaux et internationaux. La vente se fait également en ligne via leur site internet qui est très bien fourni.

L'AS DU ROI

49, rue du Maréchal-Foch
✆ 06 02 32 48 19
www.asduroi.net
Ouvert du mardi au samedi de 10h à 12h30 et de 14h à 19h. Jeux en bois, jeux de cartes, jeux de société...

Les jeux de rôles sur table ont le vent en poupe, l'As du Roi, boutique spécialisée en jeux divers, en a fait sa carte maîtresse parmi les casse-tête, les jeux de société, les puzzles, les fléchettes ou les jeux en bois que vous ne trouverez nulle part ailleurs sur Perpignan. Pour tous les goûts et tous les âges et n'oublions pas de préciser que la boutique édite ses propres jeux dont Le jeu des dés mangeurs. Le site internet mis à jour régulièrement est très riche en découvertes. Enfin, n'hésitez pas à contacter Jérôme pour qu'il vous guide vers les bars à jeux.

SO SEXY

1, rue Lo Pou Del Gel - RD 900 route du Perthus
POLLESTRES
✆ 09 80 36 43 81
www.sexe-shop-pollestres.fr/
Ouvert du lundi au samedi de 10h à 19h.

Implanté à 6 km de Perpignan, ce grand magasin pour adulte présente des dessous coquins et du prêt-à-porter sexy, le tout très bien mis en valeur de manière à trouver facilement la tenue qui en fera craquer plus d'un. Les messieurs ne sont pas en reste puisqu'un rayon dessous fantaisie ou sexy leur est consacré. Un rayon présente des sex-stoys et d'autres, de quoi créer chez vous une ambiance érotique avec des huiles de massages et des baumes comestibles. Douceur, sensualité et osons un petit grain de folie... la vie est courte.

BOUGER & BULLER

On dit que bouger est bon pour la santé alors à Perpignan nous sommes en pleine forme. Stades, piscines, terrains de boules (si, si on bouge aussi à la pétanque), sentiers de randonnée tout autour de la ville, parcours santé dans les parcs et jardins, pistes cyclables, ateliers de Taïchi et cours de yoga en plein air... l'occasion de bouger est pléthorique. Bref, en deux mots, nous avons la forme. Mais parce qu'après tous ces efforts, nous avons besoin de nous détendre, de nous relaxer, nous avons l'habitude de fréquenter des centres de soin ou des cabinets de relaxation. Du simple massage ayurvédique au Lomi Lomi en passant par la réflexologie plantaire ou crânienne, nous avons tous nos préférences pour confier notre corps à des mains expertes qui nous soulageront de nos maux. A l'exemple de nos champions rugbyman et rugbywoman, à treize et à quinze, nous aimons bouger mais aussi profiter du plaisir de se faire chouchouter.

LES DRAGONS CATALANS

10, avenue du Languedoc
✆ 04 68 35 45 30
www.catalansdragons.com

Billetterie en ligne France Billet et Ticket Net à la boutique du stade et aux guichets le jour du match. Restauration.

Le club de rugby à XIII fut créé en 2005, fusion du XIII Catalan fondé en 1934 et Saint-Estève fondé en 1965. Présidé par Bernard Guasch, le club, qui vient de fêter ses 10 ans d'existence, dispute le championnat de France de la discipline, celui de la Super League de rugby, ils sont les seuls représentants français dans cette compétition. L'autre compétition majeure à laquelle participe les Dragons Catalans est la Challenge Cup. Ils ont leur stade Gilbert Brutus à Perpignan qui peut accueillir 7 000 personnes assises et 2 000 debout.

LA GRAPPE ESCALADE

18, avenue Victor-Dalbiez
✆ 09 80 57 12 40
www.la-grappe-escalade.fr

Snack, planches de tapas, bières locales et le vin de la Grappe ! Ouvert du lundi au samedi.

«Un même nom, deux univers» : la grimpe et le jaja ! Une salle de bloc de 400 m² où l'on évolue sans corde ni baudrier. Une vraie cave où nos grimpeurs et grimpeuses élaborent rouge, blanc et rosé. Enfin un espace détente pour se désaltérer ou déjeuner après une bonne session de sueur. Toute l'équipe est là pour vous accueillir, vous encadrer et vous aider dans votre progression : cours, stages... Tous les renseignements sont sur le site Internet. Le *Petit Futé* a adoré cette idée originale de mêler vigne et rocher et souhaite longue vie à la Grappe Escalade.

LA SALLE 66

60, rue Maréchal Foch ✆ 04 68 35 02 20
www.lasalle66.com

Ouvert tous les jours de 6h à 23h. Première séance gratuite. Tarifs dégressifs avec abonnements.

« No pain, no gain ! ». Forte de 25 ans d'expérience dans le domaine du fitness, musculation, cardio-training, cours collectifs dont le célèbre Body Pump, et coaching personnalisés, l'équipe vous accueille dans une vaste salle lumineuse à l'ambiance plutôt détendue et familiale. De la sueur mais aussi de la bonne humeur et une atmosphère très chaleureuse et surtout pas prise de tête. La salle, c'est aussi une saladerie qui propose des... salades maison tous les midis, des événements liés au sport et une page Facebook très documentée et régulièrement mise à jour.

STADE AIMÉ-GIRAL

11, allée Aimé-Giral
✆ 08 92 68 66 15
www.usap.fr

La Cathédrale ! Certains pourraient penser que ce surnom donné au stade Aimé-Giral est un peu pompeux ! Et pourtant, à chaque match à domicile, l'USAP devient la grande prêtresse d'une véritable messe sportive. Les supporters garnissent les tribunes d'oriflammes sang et or ; ici, nous disons «Maî morirem ! « (On ne meurt jamais !) parce que l'USAP est plus qu'un club, une religion. Aimé-Giral est le genre de stade où il ne fait pas bon être un visiteur lorsque résonne l'*Estaca*, ce chant que reprennent 11 000 cœurs chantant à l'unisson ! Un moment incroyable.

STADE GILBERT-BRUTUS

avenue de l'Aérodrome
✆ 04 68 61 32 00

Ce stade porte le nom d'un joueur, dirigeant et arbitre de rugby à XV, natif du département et décédé en 1944 pour fait de guerre. Dédié depuis toujours au rugby à XIII, ce lieu est l'antre de nos « Dragons catalans ». Les sièges se sont habillés des couleurs catalanes « sang et or ». Il peut accueillir 11 200 personnes – plus de 8 000 assises – et s'est doté d'une bodega, d'une boutique de 400 m² et d'une brasserie. Les partenaires du club sont reçus dans un salon VIP de 500 m², une loge panoramique pouvant accueillir 400 personnes coiffe l'édifice.

AILLEURS MAIS ICI BY STEPH

3, rue de la Couloumine
CANOHÈS
✆ 06 20 11 75 70

Ouvert du lundi au samedi uniquement sur rendez-vous. Massages et divers rituels de 70 à 150 € avec ou sans hammam.

Entrez sans un autre monde et laissez-vous aller. Fermez les yeux, on s'occupe de vous, seul, en couple pour un massage duo ou même à 3 entre copines. Le hammam est là pour vous préparer aux massages dont la liste est impressionnante, dans une ambiance zen, et vous ressortez détendu, relaxé, neuf. Parce que la «communion» entre la personne qui donne le massage et celle qui le reçoit fera un moment d'exception où le lâcher prise sera total, vous aurez vécu un long moment de sérénité.

USAP TENNIS

11, allée Aimé-Giral
✆ 04 68 61 01 56

Vestiaire gardé. Restauration. 8 courts : 1 en béton, 7 en terre battue dont 2 couverts. École de tennis dès 4 ans.

Un club certes, mais également une école de tennis qui accueille les enfants de 4 à 18 ans, dirigés dans des groupes de niveau : mini-tennis [4 à 6 ans, 1h par semaine], l'école de tennis [1h30 par semaine], centre d'entraînement [2 à 3 fois 1h30 par semaine]. La saison 2014-2015 est marquée par l'arrivée d'un nouvel enseignant Nicolas Bally en remplacement de Joël Mostef. Une nouvelle philosophie de l'apprentissage a été également mise en place pour les -12 ans, afin d'améliorer la formation technico-tactique et de promouvoir la compétition dès le plus jeune âge.

BOUTIQUE L'IMPÉRATRICE

90, avenue du Général-de-Gaulle
✆ 04 68 35 51 38
www.limperatrice.fr

Ouvert du lundi au samedi de 12h à 18h. Minéraux, spiritualité, ésotérisme et bien-être.

Plus qu'une boutique, un lieu de bien être où dès la porte passée, les senteurs d'encens, les sons des bols tibétains, les pierres bénéfiques pour votre santé et votre équilibre vous emportent dans un autre monde, celui du lâcher prise. Des réunions d'information sur l'ésotérisme, des conférences et ateliers sur l'olfactothérapie, les vies antérieures, le tarot, la radiesthésie ou le yoga sont programmées tout au long de l'année dans les petits salons de la boutique [sur rendez-vous]. Un endroit de paix et de sérénité à découvrir.

WAVE SURF CAFÉ

Chemin de la Roseraie ✆ 04 68 35 25 81
www.wave-surf-cafe.fr

Ouvert le lundi de 14h à 21h ; du mardi au samedi de 10h à 21h ; le dimanche de 10h à 20h. Surf et trampoline.

Débutant ou confirmé, vous pourrez surfer même en plein hiver avec une température indoor à faire tomber le tee-shirt. Après un petit briefing de 5 minutes, vous voilà parti pour 50 minutes de rires et de glisse sous les yeux de vos moniteurs qui vous aideront à rester debout, dans les premiers instants, avant de vous « lâcher » sur la vague en toute sécurité, mais seulement à partir de 8 ans. Côté trampoline, si vous avez plus de 6 ans et pesez moins de 100 kg, vous perdrez vos calories pendant 1 heure à rebondir dans votre espace. Idéal pour les anniversaires.

CALICÉO

3, rue du Capcir - **SALEILLES** ✆ 0 826 303 666
www.caliceo.com

Ouvert tous les jours et les jours fériés de 10h à 20h30. Bains, sauna, hammam, spa, aquagym, aquabike, aquatraining.

Aux portes de Perpignan, Calicéo est un temple de l'eau de 4 000 m² entièrement dédié à la forme et au bien-être. Dans un décor d'exception, en marbre de Carrare, bois et pierre naturelle des Pyrénées, vous avez le choix selon vos envies : bain bouillonnant, geysers, saunas, hammams, cours d'aquagym et massages aux huiles essentielles, tout est prévu pour chouchouter votre corps en douceur. L'accueil et le professionnalisme de l'équipe sont les pierres angulaires de ce centre de remise en forme. Un beau moment de détente dans une atmosphère zen face au Canigó !

CAROLINE L M BIO ENERGIE

2, rue Notre Dame de la Roure
✆ 06 28 92 55 25
www.massage-bio-energie.fr
Uniquement sur rendez-vous. Pas de carte bleue. CB non acceptée.

Heureux celles et ceux qui sont passés dans les mains de Caroline Le Men ! D'origine bretonne, elle s'est fait une place dans la nébuleuse des «cabinets de massage». Ici, c'est du sérieux, dès la prise de rendez-vous téléphonique, Caroline vous posera quelques questions pour définir avec vous le type de massage le mieux approprié à votre état. Connue et reconnue pour son savoir-faire énergétique, elle a été remarquée et citée en référence par un prestigieux magazine féminin, prouvant aux plus sceptiques que l'énergie de ce petit bout de femme est exceptionnel.

CENTRE PLEINE CONSCIENCE

20, rue des Frères Voisin ✆ 06 41 38 64 51
www.centredepleineconscience.fr
Yoga, méditation, taïchi... Communauté bouddhiste (sangha). Conférences, rencontres... Tous les détails sur le web.

Ce centre est un lieu adapté à tout partage de connaissances et de compétences dans divers domaines, dans une motivation commune qu'est le Développement de la Pleine Conscience. Le lieu, situé à proximité de l'aéroport, est composé d'une magnifique salle de 140 m² aménagée et d'un appartement de 55 m². Plusieurs prestations vous sont proposées : yoga, méditation, taïchi, arts martiaux, formations en massages bien-être et conférences variées... Le *Petit Futé* a eu un vrai coup de cœur pour le professionnalisme et l'écoute de Denis et son équipe.

CREAHARMONIE

8, rue Pierre de Bayard
✆ 06 83 38 09 09
www.creaharmonie.fr
Yoga, Pilates, méditation et soins. Cours du lundi au vendredi (voir horaires sur site). Stages et rencontres week-end.

Crea Harmonie est créateur de vos En-Vies ! On adore ce studio de yoga de 55 m² qui est un lieu de détente, de ressourcement et de partage. Anna-Marie et son équipe pratiquent le Hatha-Yoga traditionnel, le Yin Yoga ou le Yoga danse ou encore le Body-Pilates. Le week-end, des ateliers de Yoga tantrica ou yoga du son, voyages sonores, ateliers de danse des fleurs, et même des cercles chamaniques. C'est aussi un centre de bien-être et de soins à découvrir. Que de belles énergies et une belle palette éclectique ! Le *Futé* a eu un énorme coup de cœur !

À FLEUR D'EAU

4, rue Docteur-Alfred-Rives
✆ 04 68 85 06 17
Ouvert du lundi au samedi de 9h à 21h. Hammam, balnéo, ostéopathie, drainage lymphatique et réflexologie plantaire.

Les 70 m² de cet espace sont conçus pour le bien-être absolu : les teintes chaudes rappellent celles du Maroc, les odeurs sont belles et la vapeur d'eau vous enveloppe. Vous y trouverez le massage dont vous avez besoin : californien, sportif et tonique, drainage lymphatique et réflexologie plantaire. Et pour se sentir mieux dans sa peau, gommage et soins d'esthétique effectués par une équipe de professionnels. À Fleur d'Eau, on pratique également la gestion du stress pour le bien-être de l'esprit. un lieu où on lâche prise et où on se ressource !

A FLEUR DE PEAU

22, Avenue Julien Panchot
✆ 07 86 73 60 95
Fermé mercredi et dimanche. Soins cosmétiques et spécialiste en soins liftants japonais. Partenaire Sothis.

A fleur de peau pour être effleuré... par des mains douces et expertes qui utilisent des produits respectueux de la nature. Depuis plus de 30 ans, Christine s'efforce d'apporter le meilleur à sa clientèle. Un soin attire notre attention, le soin visage « liftant japonais », technique de massage qui permet de lutter contre les effets de l'âge et les rides d'expression. Associé au soin anti-âge BP3 de chez Sothys (partenaire de l'institut), ce soin vous procure un bien-être d'émotion et de raffinement extrême. Toute la gamme des soins nous a comblés et séduits !

MAISON DE LA BEAUTÉ ANGELS

6, place Léon Gambetta
✆ 04 68 51 19 51
www.lamaisondelabeaute.com
Ouvert du mardi au vendredi de 9h à 19h ; le samedi de 9h30 à 18h30.

Dans cet institut, le temps s'arrête et l'esprit s'apaise hors des tendances du moment. Angélique vous propose des massages spécifiques et personnalisés, des soins anti-âge innovants avec des techniques et des produits performants. Unique à Perpignan, le massage FU JING TAO prend en compte le mental, l'émotionnel et le physique. Le Petit Futé a beaucoup aimé la propreté des lieux, la qualité des équipements et surtout a craqué pour la gentillesse et la qualité d'écoute d'Angélique.

VIBRA SONS

36, rue de l'Alzine
PIA
✆ 06 19 86 36 82
Méditation, voyage sonore, soin énergétique sonore. Sur RDV. Événements en extérieur et intérieur. Voir page Facebook

Vibra-sons propose des séances de sonothérapie, bain sonore méditatif en collectif ou soin sonore en individuel. Florian vous accompagne vers un état de relaxation profonde lors d'une méditation guidée. Ensuite, vous laissez votre esprit voyager, bercé par les sons et vibrations des bols tibétains, gongs et nombreux autres instruments. La sonothérapie facilite la libération émotionnelle, améliore le sommeil, le stress et harmonise vos chakras. Nous avons testé deux voyages sonores et en sommes revenus pantois ! C'est tout simplement époustouflant.

VITALEO

6, rue Alfred Sauvy - **POLLESTRES**
✆ 04 30 44 51 05
https://vitaleo.fr
Ostéopathes, sophrologues, diététiciennes, praticiens en médecine chinoise et ayurvédique, yoga et pilates. Formations

200 m² dédiés à votre plus grand bien-être. L'équipe pluridisciplinaire fait de ce centre de soins et de formations un vrai couteau suisse. Vous y trouverez l'approche qui vous convient, qu'elle soit thérapeutique, sportive, diététique ou plus axée sur al détente. Mieux encore, faire votre choix en fonction de vos besoins du moment et en concertation avec les praticiens sur place. D'un cours de pilates à une relaxation profonde, il n'y a qu'une salle d'attente ! Vitaleo propose aussi des formations certifiantes dans ses locaux, chez vous ou dans votre entreprise.

AP SARA

9, rue Galcerán de Villaseca
✆ 06 66 40 09 83
Horaires selon les cours et les catégories (adultes ou enfants).

Ap Sara est un atelier chorégraphique où sont dispensés les cours de danse classique et contemporaine dès 4 ans et par palier d'âge jusqu'aux séniors. Le but est de libérer le potentiel artistique de chacun ainsi que sa créativité. Se connaître soi-même passe aussi par l'expression corporelle et Sarah vous aidera à vous affirmer par la danse. Maman et pédagogue, Sarah, danseuse professionnelle, dispense également des cours de Natation Synchronisée en club au Cercle des Nageurs de Saint Cyprien et ses élèves, petites et grandes sirènes, sont fans de leur prof.

CASA MUSICALE

1, rue Jean-Vielledent
✆ 04 68 62 17 22
www.casamusicale.net
Ouvert du lundi au samedi. Horaires et programmation sur le web.

La Casa Musicale est à la fois un lieu de pratique amateur en musique, en danse et en arts plastiques et arts de la rue. La Casa organise chaque année en juin, le célèbre festival Ida y Vuelta, toutes tendances et cultures confondues, un événement gratuit tout public. Ainsi à la Casa, se rejoignent pour des moments magiques, les enfants des quartiers défavorisés, les amateurs de musique de tous horizons et quelques grands noms de la danse et de la chanson. La Casa est un lieu incontournable de la culture catalane et perpignanaise. A découvrir.

ÉCOLE OLIVIER BAJARD

355, rue Docteur-Parcé
✆ 04 68 38 78 85
www.olivier-bajard.com
Voir le calendrier des cours sur le site Internet.

L'école internationale de pâtisserie d'Olivier Bajard ne s'adresse pas qu'aux professionnels. Elle propose aussi des ateliers aux amateurs gastronomes dans le cadre d'ateliers programmés tout au long de l'année. Les adultes et les enfants trouveront leur bonheur à réaliser et à déguster les recettes qui font rêver les adeptes de la pâtisserie et de la chocolaterie. Un moment gourmand et convivial. Vous repartez avec de nouvelles compétences ; mais également votre tablier brodé estampillé de l'école, le crayon et le livre de recettes.

MEDIATHÈQUE CENTRALE

15, rue Emile-Zola
✆ 04 68 66 30 22
www.mairie-perpignan.fr/mediatheque
Ouvert mardi de 10h00 à 19h00. mercredi, vendredi et samedi de 10h00 à 18h00. jeudi de 13h00 à 19h00

La Médiathèque Centrale de Perpignan qui a investi les locaux de l'ancien conservatoire est plus qu'une bibliothèque, c'est un véritable lieu de vie et de culture grâce au dynamisme de ses employés et de la ville. Un bel espace lumineux et convivial, sur 3 niveaux qui comptent 58 000 ouvrages en libre-accès, 250 titres de revues, 21 000 ouvrages en magasin et c'est sans vous parler de toute la partie numérique, des expositions, des rencontres et des activités pour les enfants. Vous trouverez tout le programme détaillé et mis à jour sur le site internet.

SORTIR

C'est bien connu, le Catalan n'est pas casanier et le perpignanais ne déroge pas à la règle. Sortir est dans nos gènes. Encore, dans les vieux quartiers de Saint Jacques, de Saint Mathieu ou place du Puig, il n'est pas rare de voir les anciens assis sur leur chaise devant leurs pas de porte discuter des jours passés où la télévision n'avait pas encore envahi les foyers. La jeunesse quant à elle préfère les lieux branchés comme sur l'avenue Leclerc où bars et pubs s'alignent les uns à côté des autres, les bars à vin de la vieille ville qui servent les tapas locaux aux anchois de Collioure avec des *patatas bravas,* les chiffonnades de *Pata negra* ou de *tirabuxo.* Passé ce rituel de début de soirée, les jeunes se retrouvent dans les boites de nuits ou les clubs. Mais cet ordre est souvent bouleversé par horaires des matchs de rugby des Dragons catalans pour le XIII ou de l'USAP pour le XV c'est alors que le mot sortir prend tout son sens.

CINÉMA LE CASTILLET

1, boulevard Wilson
✆ 08 92 68 01 29
Cinéma d'art et d'essai. Toute la programmation sur le site internet.

En plein centre-ville à deux pas du Castillet, ce superbe bâtiment restauré a toujours été un cinéma depuis 1911, date de sa création. Ce complexe compte 1 700 fauteuils répartis sur 7 salles toutes équipées d'un sol Dolby. Pour un cinéma d'art et d'essai, le «Castillet» comme on l'appelle ici a une programmation très éclectique et propose aussi des films fraîchement sortis en salle, et souvent en V.O. Ce cinéma qui nous fait d'emblée penser à «la Dernière Séance» d'Eddy Mitchell en étonnera plus d'un par sa modernité et ses soirées à thème.

CINEMATHÈQUE : INSTITUT JEAN VIGO

1, rue Jean-Vielledent
✆ 04 68 34 09 39
www.inst-jeanvigo.eu
Ouvert du lundi au vendredi ; Horaires films : tous les mardis à 19 h.

Depuis sa création en 1962, le ciné-club a fait du chemin puisqu'il a, de nos jours, le statut de centre culturel. En son sein, dans la salle Marcel-Oms, 20 films par trimestre environ sont diffusés, des séances souvent suivies de débats riches et constructifs sur la relation entre le film et son époque. L'institut Jean-Vigo est actuellement le seul centre permanent français d'animation et de recherches cinématographiques avec une structure associative.

EL MEDIATOR

Avenue du Général-Leclerc ✆ 04 68 51 64 40
www.elmediator.org
Ouvert du mardi au vendredi de 12h à 18h30 ; le samedi de 16h à 19h. Les samedis de concert + 1h avant chaque concert.

El Mediator est LA salle de concerts du Théâtre de l'Archipel. Avec une capacité d'accueil de 900 personnes, ce lieu incontournable à Perpignan est une référence pour tous les amateurs de musique. Tout au long de l'année, cette salle propose une programmation éclectique. Les grands artistes de la scène musicale actuelle y côtoient des groupes émergents ou « découverte », toujours dans un esprit de convivialité et d'échange avec le public. Des concerts gratuits, les « jeudis free », des « Jam Sessions » et des expositions d'artistes rythment la saison des concerts.

L'ARCHIPEL

Avenue du Général-Leclerc
✆ 04 68 62 62 01
www.theatredelarchipel.org
Réservation en ligne par téléphone du mardi au samedi de 12h à 18h30 au 04 68 62 62 00

Tous les arts de l'univers du spectacle sont représentés : théâtre, danse, cirque, musique classique, musique contemporaine, musiques du monde, art numérique, etc. Il peut accueillir un total de 1 500 spectateurs. La salle Le Grenat est une grande salle modulable de 600 à 1 100 places ; Le Carré, salle également modulable, peut accueillir 400 personnes. Le Théâtre de l'Archipel s'est vu accordé par le ministère de la Culture et de la Communication le label de « Scène Nationale ».Programmation de l'année et achat de billets en ligne sur www.theatredelarchipel.org

PALAIS DES CONGRES - PARC DES EXPOSITIONS

Place Armand-Lanoux (pour le palais des congrés)
✆ 04 68 68 26 26
www.congres-perpignan.com
Place Armand-Lanoux (pour le palais des congrès) Avenue du Palais-des-Expositions (pour le parc des expositions)

C'est au cœur de Perpignan, au milieu d'un parc, que se dresse le palais des Congrès. En plus de l'accueil des congrès, il constitue un véritable pôle culturel, avec tout au long de l'année, spectacles, concerts, expositions artistiques, manifestations sportives ou autres, festivals et conférences. Le calendrier des manifestations est très éclectique, depuis les expos au palais des Congrès, de Visa pour l'Image, en septembre, jusqu'au Salon International des Arts Plastiques en juillet.

EASY WIN TRAINING GAMES

25, rue de la Lanterne
Vendredi et samedi soir à partir de 20h30. Samedi soir sur réservation. Un dimanche après-midi sur deux. Adhésion 20 €.

Easywintraining Games est une Association de jeux de société et d'activités ludiques. Elle propose des animations ludiques, des jeux d'ambiance, de plateau et de stratégie, des jeux de rôle et des jeux traditionnels. Les adhérents se retrouvent dans un vaste espace de 100 m² ou une petite salle plus intime. Tout au long de l'année, des soirées à thème sont organisées, des tournois ludiques et conviviaux. Le tout est encadré par des animateurs bénévoles qui partageront avec vous leurs connaissances. Tous les renseignements sont sur le site internet.

JOK I BAR

8, rue Camille Desmoulins
✆ 04 68 62 86 75
Ouvert du mardi au vendredi de 17h à 1h. Week-ends et jours fériés de 14h à 1h. Restauration. Animations. Billard.

Jok i Bar est le premier bar à jeu de Perpignan pour s'amuser, boire un verre entre amis et grignoter... sans perdre de vue l'esprit ludique et convivial du jeu. Le concept est simple, vous choisissez un jeu parmi les 300 proposés et vous vous installez à une table. Toute l'équipe est là pour vous conseiller et vous faire passer un moment de bonne humeur. Si vous aimez réfléchir, partager, la bière et les tapas... Jok i Bar est votre tanière ! Parce que cette équipe bouge, elle propose régulièrement des événements. Tout le programme est mis à jour sur Facebook.

CABESTANY

Cabestany est une ville de plus de 10 000 habitants dans l'agglomération perpignanaise, au sud-est de Perpignan. La ville comporte de nombreux commerces dans les rues piétonnes du centre, mais également dans la zone de chalandise du Mas Guérido. Cabestany est célèbre pour ses vins mais aussi pour un sculpteur anonyme du XIIe siècle au style singulier et facilement identifiable qui laisse des œuvres uniques en Catalogne du nord et dans tout l'arc latin : le Maître de Cabestany. Une belle collection que l'on peut découvrir dans le très beau Centre de sculpture romane qui nous plonge au cœur de l'œuvre d'un artiste atypique et résolument moderne pour l'époque.

CENTRE DE SCULPTURE ROMANE - MAITRE DE CABESTANY ★★★★

Parc Guilhem ✆ 04 68 08 15 31
www.maitre-de-cabestany.com
Ouvert toute l'année. Tous les jours en haute saison. Visite guidée. Spectacles et conférences.

Au XIIe siècle, un sculpteur anonyme au style singulier laisse des œuvres uniques dans les Pyrénées-Orientales et dans tout l'arc latin (de la Navarre à la Toscane). On l'appellera le Maître de Cabestany suite à la découverte en 1930 d'un tympan roman lors de la réfection de l'église de Cabestany. Artiste isolé ou atelier de sculpture, nous ne le saurons probablement jamais. On sait peu de choses sur lui sinon qu'il se distingua par un style d'une grande originalité, les œuvres d'alors étaient anonymes. Il se caractérise par son atypisme et sa « modernité » ; la grandeur des mains, les immenses yeux exorbités de ses personnages ainsi que les effets d'ombre et de lumière et le relief sont, entre autres, « sa patte ».

Le Centre de Sculpture Romane propose un voyage fascinant dans l'univers de cet artiste itinérant qui a essaimé ses œuvres sur les chemins de Compostelle et sur la route de Rome. De Navarre en Toscane, on retrouve à travers des sculptures, les traces de son passage. Les œuvres présentées sont des moulages mis en scène dans un espace ultra contemporain grâce à de savants jeux de lumière. Les malvoyants peuvent « visualiser » les sculptures, car ici on peut toucher, caresser les œuvres exposées. Déficients visuels ou non, toucher les sculptures et en suivre courbes et détails du bout des doigts ou avec la paume de la main procure des sensations extraordinaires... Des expositions temporaires toujours liées à l'art se déroulent tout au long de l'année à l'étage.

IGLESIA DE NOTRE-DAME-DES-ANGES ★

16, rue de l'Église
✆ 04 68 67 31 04
www.cabestany.com
Ouvert toute l'année. Du mardi au samedi de 9h à 17h. Gratuit.

Construite aux XIe et XIIe siècles, l'église Notre-Dame-des-Anges est dédiée à la Vierge. C'est un édifice à nef unique avec une abside semi-circulaire. A la fin du Moyen Âge, deux chapelles latérales d'architecture gothique ont été rajoutées. Comme de nombreux édifices, elle subit maintes modifications au cours des siècles. C'est au cours de l'un de ses énièmes remaniements, que sa pièce maîtresse va être extraite : le tympan marial de marbre blanc, sculpté à la fin du XIIe siècle par un artiste anonyme, dit « le Maître de Cabestany » (au Moyen Âge, peu d'artistes signaient leurs œuvres, mais le travail de chacun est reconnaissable grâce à des spécificités, telles une signature, dans l'exécution des sculptures). Cet artiste catalan est réputé pour ses œuvres sans concessions, dégageant une impression de sauvagerie, comme on peut le voir dans ses trois scènes de l'Assomption de la Vierge. Le Maître de Cabestany nous a laissé des réalisations dans tout le Sud de la France, dans l'Aude à Rieux-Minervois, en l'abbaye médiévale bénédictine de Lagrasse et à l'abbaye cathédrale de Saint Papoul, mais également en Espagne au Monastère Sant Pere de Rodes en Alt Emporda et au château musée de Peralada et dans la région de Toscane en Italie. Dans le département, outre le tympan de l'église de Notre-Dame-des-Anges on lui doit également le linteau de Saint Génis des Fontaines, le portail roman de l'église Sainte-Marie du Boulou ou le Monastir del Camp à Passa où il laissa son empreinte.

HÔTEL LES II MAS*** €€

1, rue Madeleine-Brès ✆ 04 68 50 08 08
www.les2mas.com
33 chambres. Petit déjeuner buffet Séminaires. Réceptions et mariages. Restauration. Bain bouillonnant. Excursions.

Face à la clinique Médipôle, l'hôtel est idéalement situé pour rejoindre facilement la route de la Côte ou le centre-ville de Perpignan et l'autoroute. Il a l'allure d'un mas Catalan, et se démarque par sa décoration raffinée. Les chambres, toutes climatisées et modernes, sont aménagées avec goût et se déclinent en 4 versions. Vous apprécierez en extérieur le bain à remous, accessible jusqu'à fin octobre. Côté table, le restaurant « Le Patio » vous propose une cuisine très soignée à dominances méditerranéenne et catalane avec une jolie carte été/hiver.

MAS ORFILA €€

Cd 22

✆ 06 82 36 65 32

www.masorfila.fr

5 chambres. De 72 € à 95 €. Petit déjeuner inclus. Wifi.

Entre vignes, oliviers et verdure, cette magnifique propriété comprend des atouts de charme non négligeables : un bain bouillonnant et une grande piscine chauffée. Ce ne sont toutefois pas les seuls arguments de ce mas. Les hôtes, Carmen et Rolf, qui sont également producteurs d'huile d'olive BIO, vous proposeront en effet le choix entre cinq chambres tout confort. Les chambres « marocaine », « Bambou », « Catalane, « Palmier » ou « Terrasse » sont certes différentes puisque stylistiquement opposées mais semblables par leur modernité et leur charme.

LE PATIO €

1, rue Madeleine-Brès

✆ 04 68 50 08 08

www.les2mas.com

Formule midi. Menus de 28 à 47 €. Carte : 50 € environ. Séminaires et repas d'entreprise. Jardin. Terrasse. Animations

Le restaurant de l'hôtel les 2 Mas mériterait d'être mieux connu. Il est ouvert à tous et certains en ont fait leur « cantine ». Le terme prête à sourire, mais lorsque vous saurez qu'ici on travaille les produit frais de saison... vous êtes assuré de bien manger. Cuisine maison, d'instinct, créative, vous serez servi dans la jolie salle climatisée récemment relookée ou à la belle saison dans le ravissant patio andalou. Et puis l'été, des soirées musicales dînatoires sont programmées dans ce magnifique cadre. Et le tout à un excellent rapport qualité-prix.

PIZZA BONICI €

61, Avenue de la Madeleine

✆ 04 68 29 62 75

https://magasins.pizzabonici.com

Ouvert du mardi au dimanche de 17h30 à 22h. Livraison gratuite à partir de 15€. Pizzas, beagles, salades.

Des pizzas en trois tailles, des idées originales, des produits du coin, une petite épicerie fine et un grand sourire à l'entrée. Voilà le concept de la Pizza Bonici de Casbestany. Le Petit Futé a craqué pour les quantités généreuses, la qualité des produits (provenance affichée) et le plus important, le croustillant de la pâte. Pas de triche, tout est fait devant vous. Les recettes sont vraiment originales, notamment la série «collections». A découvrir aussi les bagels (aux pains bio !) et les belles salades pleines de fraicheur. Tout le monde est ravi !

PÂTISSERIE CORALIE COMS

20, avenue André-Ampère

✆ 06 94 14 05 18

www.coraliecoms.fr

Du mardi au vendredi de 10h à 14h et de 15h30 à 19h30, samedi de 10h à 19h30, le dimanche et jours fériés de 10h à 14h

Un emplacement stratégique au Mas Guérido, une équipe jeune et souriante et des produits choisis pour de merveilleuses gourmandises et autres douceurs dont on parle avec des yeux qui pétillent. C'est tout simplement la passion et le désir de partager cet art, car même pour le snacking du midi, que l'on peut composer soi-même, Coralie propose des produits locaux, bio, et des fromages affinés à un excellent prix. Le *Petit Futé* est tombé amoureux de ses chocolats faits maison, de ses éclairs revisités et de toutes ces bonnes choses aux recettes secrètes.

BOUCHERIE CHARCUTERIE DU CENTRE

28, rue Gambetta

✆ 04 68 66 04 16

Ouvert du lundi au samedi de 9h à 12h et de 15h à 18h.

Une institution à Cabestany ! Trois raisons : un accueil chaleureux, des produits de qualité et des prix abordables. Les charcuteries maison sont délicieuses, les viandes sont rigoureusement sélectionnées et on aime être conseillé quand vient notre tour. Personne n'est pressé, tout le monde est souriant dans le magasin. Les spécialités s'accordent avec les saisons et ont parfois des notes audacieuses. Coup de cœur pour le « fuet » maison et la saucisse d'agneau au piment d'Espelette.

LES DÉLICES DU TECH

Avenue de Saint-Gauderique

✆ 04 68 50 69 63

Ouvert le lundi de 14h à 19h ; du mardi au samedi de 9h30 à 12h30 et de 14h à 19h. Ouvert le dimanche (en matinée).

Confiserie, biscuiterie et chocolaterie familiale a été créée en 1962 par André Labaume. En développement constant, une nouvelle unité de fabrication ouvrira bientôt. La troisième génération a le souci du respect des recettes artisanales d'antan et des spécialités locales comme le touron, les Rousquilles, les croquants aux amandes mais également du chocolat et la couronne aux abricots rouges du Roussillon entre autres. N'oublions pas la terrasse salon de thé pour les gourmand(e) s afin de déguster les pâtisseries maison avec un café ou un *agua limon*.

LA FEUILLE DU BOUCHER

1, rue Ambroise-Croizat
✆ 04 68 63 10 89
www.lafeuilleduboucher.fr
Ouvert du mardi au dimanche matin de 8h à 13h et de 16h à 19h30.

Bastien Frank est avant tout un artisan passionné, un fou de bœuf ! Vous pourrez admirer la cave d'affinage et un bel achalandage de ses produits. Sa spécialité, ce sont les viandes maturées qui sont un concentré de saveurs. C'est tout un art, alors demandez-lui, il se fera un plaisir de vous expliquer tous les secrets du bon goût. La Feuille du Boucher propose aussi un bel éventail de charcuteries, de plats préparés et les services d'un traiteur. La réputation de ce jeune ne cesse de grandir, aussi le *Petit Futé* tient à saluer son travail d'artisan-artiste.

LE MAS

9, avenue André Ampère
✆ 04 68 34 54 49
Ouvert du lundi au samedi de 8h à 19h30. Restauration le midi. Fromagerie, charcuterie, cave à vin et même crêperie !

La crèmerie le Mas ne fait pas dans la dentelle : quand on déguste du fromage, on boit un coup aussi et ensuite on mange. A emporter ou déguster sur place, les épicuriens ont trouvé leur royaume : du fromage, de la charcuterie, du vin et de délicieuses crêpes salées ou sucrées. Plus de 130 références en fromage ! Pourquoi s'arrêter à un seul concept quand on peut proposer un éventail de délicieux produits du coin ? Tous les midis, vous aurez le choix entre crêpes, ardoises de charcuterie ou de fromage et de jolis jus locaux à déguster.

V&B

1, rue James Watt ✆ 04 68 86 36 68
www.vandb.fr
Ouvert du lundi au samedi (horaires variables) Restauration (tapas) le midi du mardi au vendredi.

V&B (prononcez « vi and bi ») est un savant mélange entre d'un côté le pub irlandais et de l'autre une cave à vin sous le principe « d'une bière deux coups », une formule qui plaît ! La devise de la maison est : « ici, la bière démocratise le vin et le vin anoblit la bière ». Vous pouvez choisir parmi 350 bières différentes, allemandes, belges, canadiennes, québécoises, françaises... et catalanes, 350 vins de producteurs indépendants et 200 whiskies parmi les plus surprenants comme les whiskies japonais. Vous pouvez louer des tireuses à bière pour vos soirées.

ELNE ★★

Elne se situe au sud-est de Perpignan et à seulement 4 km de la mer. Dans l'Antiquité, Elne, qui se nommait Illibéris, était l'un des seuls passages terrestres possibles entre le monde ibérique et la Gaule méditerranéenne. Capitale ecclésiastique du Roussillon de 568 à 1801, elle conserve de sa puissance passée une cathédrale romane jouxtée de son magnifique cloître de marbre. En se promenant dans les ruelles de la vieille ville, on se laisse séduire par des pans de l'ancien rempart, de belles demeures et par les ateliers des artisans installés dans la ville haute. Chaque été, Elne s'anime de festivals réputés et d'expositions à la Maternité Suisse.

© NICOLAS RUNG - AUTHOR'S IMAGE

Elne, cité illibérienne.

LE MUSÉE TERRUS ★

3, rue Porte-Balagué
✆ 04 68 37 34 23
www.elne-tourisme.com
Haute saison : tous les jours et les jours fériés. En basse saison, ouvert pendant les vacances scolaires toutes zones.

Dédié au peintre Etienne Terrus, le musée offre 3 niveaux d'exposition. C'est au rez-de-chaussée que nous pouvons admirer des œuvres de cet artiste, enfant du pays. Les étages supérieurs accueillent des œuvres de ses amis Aristide Maillol, Gustave Violet, Louis Bausil, Guillaume de Monfreid... Des expositions temporaires sont également régulièrement organisées durant l'été. Le musée propose des ateliers de peinture pour les enfants tout au long de l'année sur réservation. Prendre son temps, s'imprégner des œuvres et rêver... Ce musée mérite d'être connu.

© IMAGE2ROMAN - STOCK.ADOBE.COM

LE CLOÎTRE ET LA CATHÉDRALE D'ELNE ★★

2, rue du Couvent
✆ 04 68 22 70 90
www.elne-tourisme.com
Ouvert toute l'année. Tous les jours en haute saison et du mardi au dimanche en basse saison. Visite guidée.

La cathédrale Sainte-Eulalie-et-Sainte-Julie. Bâtie au XIe siècle, c'est une basilique sans transept, à trois nefs. Sa façade crènelée est dominée par un clocher carré et par une tour de brique. On y pénètre par un élégant portail de marbre, à l'intérieur, une nef voûtée en plein-cintre avec arcs doubleaux. La différence d'épaisseur entre le sommet et la base des piliers ainsi que la présence d'une archivolte supplémentaire, accentuent l'impression de longueur de l'édifice. Les chapelles du bas-côté sud abritent un gisant, une piéta en albâtre et un retable en bois peint consacré à saint Michel.

Le cloître. Considéré comme l'un des plus beaux d'Europe, c'est un riche témoin de la sculpture médiévale roussillonnaise. Construit entre les XIIe et XIVe siècles, tout de marbre blanc veiné de bleu, il vous fait traverser deux époques, deux styles : le roman et le gothique, avec comme fil unificateur ses arcatures en plein-cintre romanes et l'extraordinaire luxuriance des motifs (animaux fantastiques, végétaux) de ses chapiteaux et piliers. Attenant à la cathédrale, il était destiné aux chanoines. Dans la galerie est, les trois sarcophages en marbre sont d'époque wisigothe (VIe et VIIe siècles). Un musée d'archéologie au sein même du cloître (chapelle Saint-Laurent) présente des vestiges provenant des divers sites d'Elne, datant du néolithique jusqu'au Moyen Age. Situé dans les salles capitulaires se trouve également un musée d'Histoire qui témoigne de l'histoire locale.

FANTASSIA

Lieu-dit La Traversa, route du lycée agricole
THÉZA
✆ 04 68 22 45 79
www.fantassia.fr
Parc à thème ouvert d'avril à début novembre. Horaires disponibles sur le site Internet. Boutique.

Le parc de loisirs Fantassia, à 6 km de Perpignan, est une balade enchantée dédiée à la féerie et adaptée à toute la famille. Dans un environnement botanique exceptionnel et typiquement méditerranéen, dans une contrée que l'on imagine inexplorée par l'homme, là où la nature est encore préservée, fées, lutins, dragons, pixies et licornes ont édifié leur petit paradis. On murmure que ces petits êtres se réveilleraient la nuit… Mais les visites se font de jour ! Entrez dans la légende, donnez vie à vos rêves, prononcez le mot magique «Quiwandas», le parc Fantassia vous ouvre ses portes à la découverte de 9 activités. Il y a le Magic Circus, une collection unique d'automates du cirque, Gulliver chez les Lillifeeries, un monde en miniature, la Forêt Enchantée avec des scènes contées et un jeu de piste géant, le Labyrinthe des Illusions, un labyrinthe magique, l'Antre du Dragon, gardien du trésor, le parcours botanique de plantes méditerranéennes, L'Île des Pirates et bien d'autres découvertes... Le parc propose des jeux d'observation, des énigmes et des jeux de piste qui vous entraîneront dans de drôles d'aventures. C'est à la fois ludique et didactique, mais c'est à vous de jouer ! Comptez deux bonnes heures pour une visite complète et ceci sans jamais vous ennuyer. Sur place, vous trouverez une boutique, des boissons et des glaces à déguster sous la pagode, une sandwicherie (ouverte uniquement en juillet et août) et une aire de pique-nique. Vraiment tout ce qu'il faut pour une journée de détente et de féerie en famille.

MATERNITÉ SUISSE D'ELNE - CHÂTEAU D'EN BARDOU ★★

Château d'en Bardou Route de Montescot
✆ 04 68 95 89 03
www.maternitesuissedelne.com
Fermé en janvier. Ouvert tous les jours en haute saison. Visite guidée (ateliers et découvertes sur réservation).

S'il est un lieu de mémoire dans le département, symbole de l'espoir au milieu d'un océan d'horreur, d'injustice et de misère, c'est celui-ci. Dans ce château du début du XXe siècle (la Maternité Suisse d'Elne, est classé au titre des monuments historiques depuis 2013), une courageuse jeune femme suisse, Elisabeth Eidenbenz (1913-2011), permettra entre 1939 et 1944, à des femmes espagnoles, juives et tziganes de donner le jour, dignement, à près de 600 enfants. Pour être exact, de début décembre 1939 jusqu'à Pâques 1944, soit pendant 4 ans et demi, 595 enfants verront le jour dans cette maternité. Et malgré la surveillance de la Gestapo, des dizaines d'enfants y seront également cachés et sauvés en falsifiant leurs identités. En marge des camps d'Argelès, de Saint-Cyprien, du Barcarès ou de Rivesaltes et de leurs conditions précaires de survie, un millier de femmes et autant d'enfants seront accueillis. Une halte salvatrice de réconfort et de respect, en une période chaotique de l'histoire où le mot « humanisme » n'avait plus grand sens. Tombée dans un quasi oubli durant plus de 50 ans, la Maternité suisse d'Elne, est devenue aujourd'hui un fascinant musée. Au travers de photos, d'écrits, d'objets, de vidéos, on se replonge dans un pan obscur de notre passé. Un témoignage fort, nous rappelant que certains, à force d'obstination, de bonté et de courage, se refusèrent à considérer cette détresse humaine comme une fatalité. La lumière triomphe toujours de l'obscurité !

TROPIQUE DU PAPILLON ★

Avenue Narcisse-Planas
✆ 04 68 37 83 77
www.tropique-du-papillon.com
Haute saison ouvert tous les jours et jours fériés de 10h à 19h. Adulte : 10 €. Enfant de 3 à 12 ans : 8 €.

A la sortie d'Elne, sur la route d'Argelès-sur-Mer, le Tropique du Papillon est une grande volière tropicale où évoluent en totale liberté plusieurs centaines de papillons aux couleurs chatoyantes en provenance d'Asie et d'Amérique du Sud. La serre de 800 m² reconstitue le parfait biotope original, avec sa végétation luxuriante et touffue ; la température affiche 30 °C avec un taux d'humidité de 90 %. C'est tout simplement magique, grands et petits vont adorer. Une sympathique sortie, onirique et dépaysante, à faire en famille. A ne manquer sous aucun prétexte !

OFFICE DE TOURISME

2, bis rue du Couvent ✆ 04 48 98 00 08
www.ot-elne.com
Ouvert tous les jours en haute saison 9h30/17h30 et du lundi au samedi en basse saison 9h30/12h30 et 13h30/17h30..

Situé sur une placette de la ville haute, à coté d'un atelier de souffleur de verre, toutes les informations dont vous aurez besoin vous seront communiquées par une équipe compétente, chaleureuse et souriante. Le cloître et la cathédrale avec ses concerts d'été, le musée Etienne Terrus et la maternité Suisse, n'auront plus aucun secret pour vous ! Plus globalement vous pourrez réclamer l'agenda de l'été ou le consulter sur le site de l'O.T. et profiter des expositions temporaires à la Maternité Suisse ou les concerts de musique classique dans la cathédrale.

CAMPING LE FLORIDA***** €€

Route de Latour-Bas-Elne
© 04 68 37 80 88
www.campingleflorida.com

Terrain de 7 ha. 150 emplacements. Restauration. Bain bouillonnant. Piscine. Navette gratuite vers les plages.

A 3 km des plages de Saint-Cyprien, ce camping familial, avec ses 2 000 m² d'espace aquatique, son toboggan de 26 m et son bain à remous, vous accueillera pour vos séjours de détente. Les emplacements sont spacieux et vous offrent une vraie sensation de « chez soi » ! Quant aux mobil-homes, eux aussi bénéficient d'un bel espace privatif et leur confort est indéniable, surtout pour les versions luxe.. Côté animation, vous serez comblés, il y en a pour tous les âges et tous les goûts. Enfin, le plus, c'est la navette gratuite qui vous conduit aux plages.

CHAMBRES D'HÔTES CAN OLIBA €€

24, rue de la Paix
© 04 68 62 20 62
www.can-oliba.fr

4 chambres, Petit déjeuner inclus. Bain bouillonnant, piscine. parking. baby sitting.

Can Oliba (c'est le nom d'un célèbre abbé) est une grande maison de village qui respire la détente et l'art de bien vivre. La décoration de la demeure est élégante et de bon goût, les chambres sont lumineuses et sobrement décorées, avec une atmosphère très apaisante qui s'en dégage. C'est avec délectation qu'on paresse sous le soleil au bord de la piscine ou qu'on se prélasse dans le patio de lecture du premier. Une jolie maison qu'il est difficile de quitter !

CHÂTEAU D'ORTAFFA €€

8, rue du Château - **ORTAFFA**
© 04 68 37 95 01
www.chateau-ortaffa.com

Chambre double de 110 € à 120 € ; suite de 120 € à 140 €. Petit déjeuner inclus. Lit supplémentaire : 30 €.

Pour connaître la vraie vie de château, c'est ici ! Cette belle maison de famille raffinée, ancien palais épiscopal des évêques d'Elne au XIIe siècle, vous promet des instants privilégiés, à l'écart de la foule estivale. Michelle et Alain, les adorables propriétaires, ont aménagé quatre belles chambres pour vous recevoir. Elles sont toutes merveilleusement bien décorées, avec une literie grande taille de haute qualité et de nombreux petits plus dans les suites. Michelle vous propose un petit déjeuner avec des confitures maison, pourquoi pas en terrasse.

LE CLOS DES ASPRES €€

Clots d'En-Dailles - **ORTAFFA**
© 06 09 66 17 31
www.leclosdesaspres.fr

Chambre double de 90 € à 190 €. Gite de 200 m² pour 10/12 personnes de 250 à 350 €/nuit, de 1 500 à 3 200€/semaine.

C'est un mas catalan viticole rénové au charme authentique qui vous accueille le temps d'une escapade ou de vacances à l'écart du bruit. Le décor est classieux, romantique et exquis à l'image de Pierre et Emmanuel, les propriétaires. Idéal pour se ressourcer, se détendre sous la tonnelle, bronzer autour de la piscine, admirer la vue sur les Albères ou découvrir les étoiles le soir venu. Les chambres sont confortables et bien agencées, le gîte est vraiment très bien équipé. L'ambiance familiale qui règne ici au petit déjeuner est vraiment exceptionnelle.

HÔTEL LE CARASOL*** €€

10, boulevard Illiberis
© 04 68 22 10 42
www.hotelcarasol.com

Tables et auberges de France. Ouvert à l'année. 15 chambres de 85 à 138 €. Restauration (carte et menus de 30 à 40 €).

L'hôtel Cara Sol se niche dans les murs de la vieille ville à l'entrée de l'ancienne citadelle. Ce sympathique établissement familial, sur les hauteurs de la ville, offre des chambres confortables, toutes avec écran plat, qui bénéficient d'une très belle vue panoramique. La déco est sobre et contemporaine. Le restaurant de l'hôtel propose une cuisine catalane gourmande élaborée avec des produits frais. Un des « plus » pour cet établissement est la qualité de l'accueil. La sérénité du lieu, l'accueil chaleureux du propriétaire ne font que parfaire l'ensemble.

CHEZ LAURENCE JONQUÈRES D'ORIOLA €€

9, rue des Cavaliers - **CORNEILLA-DEL-VERCOL**
© 04 68 22 12 67
www.bed-and-breakfast-corneilla.com

Deux gites, deux maisons d'hôte, 2 chambres d'hôtes et deux suites.

Laurence vous accueille dans une élégante demeure du XVIIIe siècle. Ses quatre chambres d'hôtes spacieuses sont décorées avec beaucoup de goût, meubles anciens et objets de famille donnent un climat raffiné, on s'y sent comme chez des amis. Dans le jardin sont servis des petits déjeuners bucoliques, avec de délicieuses confitures maison. Deux gîtes et une grande maison, indépendants et bien équipés, sont également disponibles à la location à la semaine.

MAS DE LA COULOUMINE €€

Route de Bages
✆ 04 68 22 36 07
www.mas-couloumine.com
5 chambres et 4 gîtes. Petit déjeuner inclus. Sauna.

A mi-chemin entre la Grande Bleue et Perpignan, nous avons trouvé un véritable havre de paix tenu par Louis et Chantal – tout simplement adorables. Ici, où s'épanouissent de nombreux arbres fruitiers, se trouve un mas constitué de deux bâtisses différentes : l'une comprenant 4 gîtes, l'autre 5 chambres d'hôtes lumineuses et spacieuses, dont une suite familiale. Autour du mas, nous trouvons une piscine chauffée sécurisée, un sauna, un parking ombragé, un boulodrome. Sans oublier la terrasse, le salon de jardin, le barbecue et la cuisine d'été. Le top !

AU REMP'ARTS €€

3, place Colonel-Roger
✆ 04 68 22 31 95
www.remparts.fr
Location à la semaine en haute saison et à la nuitée en basse saison. 3 studios. Restauration.

Situé dans le centre historique d'Elne, Au Remp'Art abrite derrière les murs d'une belle maison XVIIIe siècle des studios et appartements lumineux et agréablement décorés. Certains sont climatisés et comprennent lave-linge, lave-vaisselle et canapé. Tous sont pourvus d'une salle de bains privative et offrent une belle vue sur le Canigó. Côté restaurant, au n° 5 de la place Colonel-Roger, dans un décor très catalan ou sur la terrasse fleurie et ombragée, l'ardoise fait la part belle aux poissons de Port-Vendres, la carte est variée avec des produits de saison.

LES JARDINS DE CORNEILLA €€€

8, chemin de la Set - **CORNEILLA-DEL-VERCOL**
✆ 06 63 07 93 04 - www.lesjardinsdecorneilla.fr
Chambre double de 120 € à 145 € ; suite de 140 € à 160 €. Petit déjeuner buffet inclus. Parking fermé inclus.

Les Jardins de Corneilla font partie des très rares adresses de l'Hexagone à offrir des chambres d'hôtes classées « 5 épis ». Dans une villa indépendante, 4 spacieuses chambres d'hôtes climatisées et parfaitement équipées. Elles sont décorées avec infiniment de goût et de cachet, avec un magnifique parquet au sol sur le thème des agrumes, chacune a son salon ainsi qu'une terrasse privée aménagée qui s'ouvre sur le parc. Une piscine et un bain bouillonnant sont accessibles dans le beau jardin, où vous sera servi un excellent petit déjeuner maison aux beaux jours.

LA POISSONNERIE €

44, avenue Salvador Dali
VILLENEUVE-DE-LA-RAHO
✆ 06 26 96 46 15
Sur place ou à emporter, plateaux de fruits de mer et spécialités de poissons. Paella, fideua...

Voici un concept qui fonctionne plutôt bien, la poissonnerie restaurant. Le principe : «Choisissez votre poisson sur notre étal et nous le cuisinons pour vous» c'est la devise de la famille Olmo. Ici, tout le monde travaille, en cuisine, au service, à la vente de poisson frais ou à la préparation des commandes. Chaque jour, de savoureux plateaux de fruits de mer sont commandés sur place ou à emporter. La spécialité ici c'est le *Mar i munt* (mer et montagne), savant mélange culinaire de produits de la mer et de viande. Nos préférences la *fideua* et à la paella.

BOULANGERIE PENSUET

56, avenue Salvador Dali
VILLENEUVE-DE-LA-RAHO ✆ 04 68 81 20 01
Ouvert tous les jours de 6h30 à 19h30. Ouvert le dimanche (jusqu'à 13h). Chèques non acceptés. Chèque Restaurant.

Artisan Boulanger de France, Jean-Patrick Pensuet cumule les récompenses : 1er prix de la meilleure baguette et du meilleur croissant au beurre des P.-O. la même année. Lorsque Marie-Jo et ses souriantes vendeuses ouvrent les portes dès 6h30, vous sentez les effluves des bons pains fabriqués avec des farines de qualité, assemblage de blés sélectionnés auprès d'agriculteurs respectueux de l'environnement. Les pâtisseries maison sont très prisées par la clientèle qui s'attable en terrasse ou dans l'espace snack pour déguster les créations de J.-P. et de son équipe.

LE CASOT

9, place du Colonel Roger
✆ 06 33 44 01 44
http://casotelne.blogspot.fr
Ouvert de juin à fin sept du mardi au dimanche. D'octobre à mai du jeudi au dimanche. Terrasse. Animations. Concerts.

Niché dans le cœur historique de la ville haute d'Elne, Le Casot est un bar à vins et à manger aussi. Et comme les tauliers le disent eux-mêmes : « Participer activement à la vie culturelle et mettre en lumière les produits du terroir et les aventures humaines qui se cachent derrière ». Voilà un beau concept qui donne faim et soif. Tapas et vin vivant dans la grande salle ou en terrasse au cœur du village. De septembre à juin, le Casot se fait musical et accueille les artistes locaux sur la petite scène au premier étage. Toute une ambiance...

LE FOUR D'ANTAN

8, rue de l'Artisanat
VILLENEUVE-DE-LA-RAHO
✆ 04 68 55 82 66

Ouvert de 6h30 à 19h30. Livraison possible (pour les cérémonies). Chèques non acceptés.

Lorsque des professionnels vous incitent à aller tester le Four d'Antan c'est qu'il y a une bonne raison. Cathy et Jean, son mari, Maître Artisan, fabriquent des pains de qualité qui vous mettent l'eau à la bouche. Mais ce n'est pas tout ! Bravant mon taux de glycémie, nous avons goûté à la « *Yema* » dont ses pairs m'avaient fait l'éloge. Ce gâteau catalan à base de crème fouettée sur une génoise, quelques secrets en plus et brûlés au fer pour griller le caramel est une tuerie. Nous avons également succombé à la tarte aux fraises et celle aux abricots, mais chut...

ELFE D'AQUÍ

6, allée des Lavandes
VILLENEUVE-DE-LA-RAHO
✆ 06 84 43 93 35

Epicerie spécialisée : miels, sirops, confitures, gelées... Accueil sur RDV

Elfe d'aquí c'est Sylvie et ses confitures et confits traditionnels ou inédits, de saisons, élaborés avec les fruits, les plantes et les fleurs locales. On aime ses gelées de fleurs de sureau ou de pissenlits, la touche de thym, romarin ou serpolet sauvages qui parfument ses confitures. Si elle pratique la cueillette sauvage, elle se fournit aussi auprès des producteurs locaux, en vins doux par exemple, pour ses confits de muscat ou de banyuls. Et ses confitures de banane ou de mangue sont agrémentées d'un ingrédient local tout de même... De la poésie en pot.

CHATEAU CAP DE FOUSTE

1, D39
VILLENEUVE-DE-LA-RAHO
✆ 04 68 55 91 04
www.chateau-cap-de-fouste.com

Ouvert du lundi au samedi de 9h à 12h et de 14h30 à 18h30.

Traduisez «Tête de bois», ce haut lieu de l'histoire viticole du Roussillon à la fois ancré dans la tradition et tourné vers l'avenir s'étend sur 90 ha cultivés sur des sols argileux caillouteux. Dans la fraîcheur de la cave en « *cayrous* », vous pourrez déguster une vaste gamme de vins blancs, rouges, rosés et vins doux naturels. Possible visite de la cave en saison estivale et initiations à la dégustation. Profitant des beaux volumes du lieu, Cap de Fouste accueille des concerts de jazz et lyriques. Et tout au long de l'année les événements et soirées à thème.

ET FLEUR ET MOI

8, rue de l'Artisanat - **VILLENEUVE-DE-LA-RAHO**
✆ 04 68 55 21 53
www.et-fleur-et-moi.fr

Ouvert du lundi au samedi de 8h30 à 16h ; le dimanche de 8h30 à 13h. Atelier d'art floral pour tous, se renseigner.

Le Petit Futé a décidé de mettre à l'honneur Jérôme Naulet, Champion de France des Fleuristes en 2015, parce que sa démarche nous interpelle et nous séduit. Fleuriste écoresponsable, 100% locavore (ses achats ne dépassent pas 170 km autour du magasin), utilisant des fleurs de saison, toujours fraiches mises en valeur dans des emballages biodégradables ou recyclables. Avec sa complice Christine, il vous accompagnera dans tous les évènements de votre vie, des plus gais aux plus tristes avec professionnalisme. Livraison locale dans la journée et sur toute la France.

DOMAINE SOL PAYRÉ

Château de Saint-Martin
✆ 04 68 22 17 97
www.sol-payre.com

Accueil, visite et dégustation du lundi au samedi de 10h à 19h d'avril à septembre. Vente en ligne sur le site.

La particularité du domaine provient des différents terroirs : au sud, dans les Aspres, 50 ha sur des sols argilo-calcaire, des vins gourmands avec du caractère, et au nord, dans la vallée de l'Agly (Maury), une dizaine d'hectares répartis sur des schistes, granits et gneiss, ici c'est la minéralité qui parle, la finesse des tanins et la complexité des arômes. Et au final, on obtient des vins chaleureux, très aromatiques et équilibrés. On aime cet équilibre dans leurs vins mais aussi l'amour du terroir, la transmission du savoir, génération après génération.

JONQUÈRES D'ORIOLA VIGNOBLES

3, rue du Château
CORNEILLA-DEL-VERCOL
✆ 04 68 22 73 22
www.jonqueresdoriola.fr

Ouvert du mardi au vendredi. œnotourisme et animations vigneronnes. Livraison possible.

Le Château de Corneilla a été bâti au XIIe siècle par les Templiers au cœur du Roussillon. Aujourd'hui exploité par Philippe et William Jonquères d'Oriola (26 et 27e génération de vignerons) produisent des vins dans les 3 couleurs et des VDN, 17 références au total. Les propriétés viticoles et le verger d'oliviers représentent une surface de 100 ha de cultures et s'étendent sur 5 appellations en Roussillon. La famille élabore également une huile d'olive « Vierge Extra » en bio.

L'ANCIENNE ÉCOLE €€

20, avenue Joliot-Curie
PALAU-DEL-VIDRE ✆ 04 68 22 34 09
www.ancienne-ecole.fr

Fermé entre fin décembre et début février. fermé le lundi et le mardi hors saison. Terrasse. Réceptions et banquets.

Dans une ancienne école à la déco soignée, Baptiste Gaillard nous propose une cuisine rythmée par les saisons et les produits du marché. Il déploie savoir-faire et touches personnelles pour nous délivrer une cuisine authentique rehaussée de notes créatives. Ses recettes sont concoctées avec des produits locaux de qualité et extra frais. Le tout est travaillé au moment. Les assiettes sont des œuvres d'art graphiques généreuses et riches d'une subtile harmonie de saveurs. La carte des vins sélective fait la part belle aux petits viticulteurs méconnus.

LOUIS JAUBERT

VILLENEUVE-DE-LA-RAHO

✆ 04 68 55 82 76

www.sauvy.com

Ouvert du lundi au samedi de 9h30 à 12h30 et de 15h à 19h. Livraison possible. Oenotourisme.

Ce vaste domaine de 130 ha porte le nom de la famille du célèbre économiste Alfred Sauvy auquel il a appartenu. Les 60 ha de vigne poussent sur des terrasses du quaternaire : des sols argilo-graveleux typiques du Roussillon. Au mas Sauvy, on vous accueille presque comme dans un château. Les bâtisses, le parc et son bassin sont à l'image de vos hôtes : pleins de charme et de délicatesse. Au caveau de dégustation, Suzanne, Maité, Louis et Ludovic se feront un plaisir de vous conter toute l'histoire du château en vous faisant découvrir toute la gamme.

MAS ARAGON

Le Pont

✆ 04 68 63 58 10

100 % BIO. Visite et cueillette sur rendez-vous selon saison. Vente de kiwis.

Vous aimez les kiwis, les kumquats ou les noix de pécan ? Tous ces fruits sont riches en vitamines, antioxydants... et on en oublie. Catherine et Christian vous accueillent dans leur verger et vous invitent à venir cueillir les fruits selon la saison et jusqu'à épuisement. Voilà une façon agréable de découvrir le fruit avant de croquer dedans. Enfin, n'hésitez pas à demander à Catherine et Christian qu'ils vous expliquent leur démarche environnementale et vous détaillent leur mode de production en bio. C'est un couple passionnant !

MIELLERIE COOPERATIVE D'ORTAFFA

ORTAFFA

✆ 06 74 30 86 51

Ouvert du mardi au samedi de 10h à 12h et de 14h à 17h30. Chèques non acceptés.

Une belle idée que ce regroupement de 14 producteurs de miel du département. A tour de rôle, les coopérateurs viennent tenir boutique dans ce bâtiment flambant neuf où les miels de notre département sont à la vente. Châtaignier, rhododendron, thym, miel de garrigue, la liste est longue.. Mais bien plus qu'un simple point de vente, une visite guidée vous sensibilisera aux techniques apicoles de l'extraction du miel jusqu'à la mise en pot et au rôle des abeilles pour notre vie sur terre.

VINCOEUR CATALAN

9, route d'Alenya

✆ 04 68 37 00 87

www.vincoeurcatalan.com

Ouvert tous les jours sauf le dimanche après-midi. Livraison possible (vente en ligne sur le site Internet).

L'espace de vente de 250 m² (et son grand parking) vous séduira par le choix de vignerons rigoureusement sélectionnés. Steve et Jess passent leur temps à goûter des flacons, aussi on peut leur faire confiance ! La philosophie de cette enseigne est d'offrir des vins à prix producteurs. L'autre force de Vincoeur Catalan, c'est leur site en ligne sur lequel vous pouvez passer commande et qui regorge de trésors. Nous avons particulièrement apprécié la richesse du contenu non seulement sur les vins mais également sur chaque producteur. Chapeau !

GOLF GREEN 66

Route départementale 8

VILLENEUVE-DE-LA-RAHO

✆ 04 68 82 79 29

www.golfclubdemontescot.com

Ouvert toute l'année. Restauration. Boutique.

C'est un parcours de 9 trous par 36 de 3 000 m de longueur, sur terrain naturel légèrement vallonné. Un golf bien équipé, ouvert à tous, initiés et débutants. Homologué Fédération Française de Golf, il accueille les compétitions qui permettront de vous classer. L'ambiance est conviviale, on peut louer le matériel sur place et prendre des cours, l'équipe compétente et sympathique, spécialiste de la petite balle sera à vos petits soins. Le site couvre une vingtaine d'hectares et la vue est superbe. Boutique et bar viennent compléter l'offre de ce bel endroit.

LAC DE VILLENEUVE-DE-LA-RAHO

Lac de Villeneuve-de-la-Raho

VILLENEUVE-DE-LA-RAHO

Ouvert toute l'année. Zone de baignade surveillée. restos et snacks. Aires de pique nique, pédalos... Pêche.

Plus de 1,2 million de visiteurs chaque année, 16 ha sont consacrés aux loisirs, on y pêche, on s'y baigne, on y fait de l'aviron ou du canoë, mais également on en fait le tour (près de 8 km) en marchant, en courant ou à vélo avec parcours santé et une magnifique vue sur les montagnes en prime. C'est un lieu pour toute la famille en été comme en hiver. Les aires de pique-nique et les parcours de promenade sont très bien entretenus. Le second lac de 14 ha est une réserve ornithologique.

MER

Le littoral catalan, long de 70 km, est la destination préférée des vacanciers dans les Pyrénées-Orientales. Du nord au sud, il est composé de lagunes, de plages de sable puis d'une côte découpée au couteau à l'approche de la frontière avec l'Espagne. La côte radieuse est une bande littorale de sable fin et blond qui s'étire d'un seul trait du Barcarès à Argelès-sur-Mer. Stations balnéaires et ports de plaisance de grande affluence composent cette zone «créée» dans les années 1960 avec le plan Racine (aménagement du littoral). Au sud d'Argelès, au Racou plus exactement, meurent les Pyrénées et commence la Côte Vermeille, royaume du schiste, des criques magiques et des petits ports de pêche. Le plus célèbre est bien sûr Collioure, huitième merveille du monde. La Côte Vermeille et ses contreforts sont aussi structurés par le célèbre vignoble en terrasse de Collioure et Banyuls-sur-Mer, sous l'œil vigilant de la Tour Madeloc.

Mer
Étang de Leucate Ou de Salses
D11
Port-Barcarès
LE BARCARÈS
Saint-Hippolyte
D83
D83
Saint-Laurent-de-la-Salanque
Claira
TORREILLES
Pia
D31
Bompas
Villelongue-de-la-Salanque
Sainte-Marie-Plage
SAINTE-MARIE
D617
CANET-EN-ROUSSILLON
Canet-Plage
CABESTANY
Saint-Nazaire
Villeneuve-de-la-Raho
Théza
Alénya
Saint-Cyprien-Plage
Corneilla-del-Vercol
Mer Méditerranée
SAINT-CYPRIEN
Montescot
ELNE
Latour-Bas-Elne
D40
D914
Réserve Naturelle Mas Larrieu
Ortaffa
Palau-del-Vidre
D618
Argelès-Plage
Saint-Génis-des-Fontaines
Saint-André
ARGELÈS-SUR-MER
Sorède
D2
COLLIOURE
Laroque-des-Albères
D914
PORT-VENDRES
Anse de Paulilles
Réserve Nat. Forêt de la Massane
BANYULS-SUR-MER
Réserve Naturel Marine de Cerbèr Banyuls
D914
5 KM
ESPAGNE

PAGES

123 CÔTE RADIEUSE

123 ARGELÈS-SUR-MER ★
136 CANET-EN-ROUSSILLON ★
144 LE BARCARÈS ★
149 SAINT-CYPRIEN ★
152 TORREILLES ★
154 SAINTE-MARIE

155 CÔTE VERMEILLE

155 BANYULS-SUR-MER ★
165 COLLIOURE ★★★
174 PORT-VENDRES ★

Plage du Racou à Argeles-sur-Mer.

ARGELÈS-SUR-MER ★

Dernière plage de sable blanc avant les criques de la Côte Vermeille, cette station balnéaire familiale bénéficie d'une situation exceptionnelle, au pied des Albères, derniers maillons de la chaîne des Pyrénées. Argelès-sur-Mer est en fait le vieux village, avec ses commerces et une activité dynamique tout au long de l'année. Argelès-Plage, la station balnéaire, 2 km plus à l'est, voit affluer durant les deux mois d'été des milliers de touristes des quatre coins d'Europe. Plus au sud, le port de plaisance de Port-Argelès, et, enfin, avant la Côte Vermeille, la dernière plage de sable blanc du Racou et ses charmantes maisonnettes résistant à l'érosion.

LA CASA DE L'ALBERA

4, place des Castellans ✆ 04 68 81 42 74
www.argeles-sur-mer.com
Ouvert toute l'année du mardi au samedi. Balades gourmandes et musicales en été. Infos et tarifs à l'OT d'Argelès.

La Casa de l'Albera est un centre d'interprétation qui a pour vocation de présenter la montagne de l'Albera. Véritable trait d'union entre les Pyrénées et la Méditerranée, ce massif regorge de trésors cachés que vous découvrirez dans ce centre qui lui est dédié. A travers expositions temporaires et permanentes, vidéos, photos, cartes, maquettes et objets vous permettront de comprendre comment vivaient et vivent toujours les habitants de ce massif. La Casa de l'Albera organise également des visites guidées de la vieille ville et des premiers quartiers de la plage.

LE COL DE L'ULLAT ★★

LAROQUE-DES-ALBÈRES
✆ 04 68 95 49 97
www.tourisme-pyrenees-mediterranee.com
Ouvert toute l'année. Gratuit. Label Tourisme & Handicap.

Serpentant au milieu d'une jolie forêt de pins noirs et de hêtres, ce sentier conduit à un point d'observation depuis lequel la vue panoramique sur la côte rocheuse des Albères catalanes est splendide. La promenade labellisée pour les handicaps mental, moteur et malentendant est agrémentée de panneaux et de pupitres de lecture, mais également bordée d'équipements de sécurité et de mobiliers adaptés. Un peu plus de 4h30 de marche pour cette boucle de 14 kilomètres avec un dénivelé positif de 800 m. Et n'oubliez pas de rapporter vos déchets avec vous, merci.

L'ABBAYE DE SAINT-GÉNIS DES FONTAINES

SAINT-GÉNIS-DES-FONTAINES ✆ 04 68 89 84 33
www.ville-saintgenisdesfontaines.fr
Ouvert toute l'année. Horaires variables selon les saisons.

Majestueux édifice de pierre ocre se détachant sur la chaîne des Albères, avec son clocher en forme de tour crénelée et la petite tour située devant, l'abbaye bénédictine de Saint-Génis-des-Fontaines a été construite en 780 par Sentimir.

▸ **L'église abbatiale.** Dédiée à saint Michel, elle suit un plan de croix latine aux bras très prononcés. Lors de son remaniement, voire de sa reconstruction, au XIIe siècle, a été intégré à la façade autour de la porte, un linteau particulièrement remarquable. Initialement autel, ce linteau mondialement connu est une œuvre majeure de la sculpture romane du XIe siècle. Finement ciselée dans du marbre blanc de Céret, c'est la première sculpture romane datée dans la pierre (entre 1019 et 1020).

▸ **Le cloître.** Celui-ci a été construit à l'extrême fin de l'âge roman catalan (fin du XIIIe siècle). Elégant, aéré, c'est presque un carré parfait de 14 m de côté. Il se caractérise par la polychromie de ses marbres : le blanc de Céret, le rose de Villefranche et le noir de Baixas ainsi que par les motifs de ses chapiteaux : faune et flore locales, et éléments fantastiques. Celui que nous visitons aujourd'hui a été en partie reconstitué avec ses éléments d'origines qui avaient été dispersés. Il faut dire qu'il a vécu de sacrées aventures, pour le moins rocambolesques. Seuls les quatre piliers authentiques vendus avec la copie du cloître à la ville de Philadelphie n'ont jamais été restitués à l'abbaye, ils ont été refaits à l'identique.

EGLISE SAINT MICHEL ET SON CLOITRE

SAINT-GÉNIS-DES-FONTAINES
✆ 04 68 89 84 33
Plein tarif : 2€, Tarif Pass Patrimoine 66. Tarif réduit. Visites pour groupes à partir de 15 pers. sur réservation.

L'abbaye de Saint-Génis-des-Fontaines est un ancien monastère bénédictin fondé en 778-780. Comme bon nombre d'édifices religieux, il subit maintes dégradations après la Révolution. Le cloitre constitue un exemple rare d'architecture de transition entre le roman et le gothique. Ce cloître vaut aussi le détour pour la polychromie de ses marbres. Quant à l'église, robuste, elle vaut le détour pour son linteau, la plus ancienne pierre datée de sculpture romane (1020).

PARC MUNICIPAL DE VALMY ★

2612, chemin de Valmy ✆ 04 68 95 34 28

Gratuit. Aires de pique-nique et de jeux. Les chiens tenus en laisse sont autorisés. Horaires selon saison

Au sud d'Argelès, se dresse sur une colline l'élégant château de Valmy (XIXe siècle) entouré d'un parc et de vignes. Le château et les vignes sont privés, mais le parc, lui, est public. Ce site de 5 ha de verdure présente une grande variété de plantes et d'arbres de la région ; au printemps, une multitude de fleurs colorées exhalent leurs parfums. Entre chemins, fontaines et cascade, on profite d'une belle forêt plantée de chênes-lièges et de cèdres pour pique-niquer à l'ombre avec vue imprenable sur Argelès, la plage et les Albères.

PRIEURÉ SANTA MARIA DEL VILAR ★★

VILLELONGUE-DELS-MONTS

✆ 04 68 89 64 61

www.prieureduvilar.free.fr

Ouvert tous les jours mais horaires variables selon la saison. Adultes 4€, enfant 2€

Cet édifice construit entre le IXe et le XIIe siècle, est considéré comme un des plus purs joyaux de l'art roman catalan. Les fresques qui couvrent l'abside sont surprenantes et le nymphaeum romain découvert en 1998 vient étayer les preuves d'une spiritualité continue de ces lieux. Depuis 2005, une communauté monacale orthodoxe roumaine habite le prieuré. Tous les mercredis soir en été des concerts de chants religieux sont donnés dans l'église à l'acoustique exceptionnelle. Unique !

OFFICE DE TOURISME D'ARGELÈS-SUR-MER

Place de l'Europe

✆ 04 68 81 15 85

www.argeles-sur-mer.com

Basse saison du lundi au vendredi et le samedi matin. Tous les jours en haute saison.

Quelle que soit votre langue, une documentation très variée est à votre disposition sur les hébergements, restaurants et animations de la station balnéaire. Vous y trouverez également toutes les précisions concernant la plage labellisée « Handiplage » et des informations sur les randos, à pied ou à VTT, les animations ou le patrimoine. Enfin, Argelès, entre mer et montagne, accueille en juillet un des plus grands festival de musique en France pendant 4 jours : les Déferlantes !

HOTEL BLEU AZUR** €

5, rue André-Malraux

✆ 04 68 54 57 65

www.hotel-bleu-azur.fr

22 chambres à partir de 55 €. Chambres familiales. Petit déjeuner buffet. Piscine extérieure, jardin.

A quelques minutes à pied du tumulte «d'Argelès by night», l'hôtel Bleu Azur a été pensé pour les familles. Calme, avec un joli jardin, un terrain de pétanque et une superbe piscine chauffée. Les chambres sont spacieuses avec une excellente literie. Des chambres quadruples et sextuples sont proposées et on met à votre disposition matelas à langer, chaise haute et chauffe-biberon, tout est prévu pour un agréable séjour. Un bon plan pas cher où le personnel et la direction sont aux petits soins. A noter que cet hôtel est labellisé «Relais Motards».

Petit port d'Argelès-sur-Mer.

LES PÊCHERS €

Chemin du Stade
SAINT-GÉNIS-DES-FONTAINES
✆ 04 68 89 64 18

Bienvenue à la Ferme. 12 emplacements. 16 € l'emplacement pour 2 pers. Électricité 3 €/jour. Gîte de France.

Au pied des Albères et au cœur d'une ferme, les Pêchers est un vrai camping familial où vous ne souffrirez pas d'agoraphobie : 12 emplacements de 300 m² chacun répartis sur 2 ha. Voilà des vacances dans un lieu où le rythme de vie est plus que calme. Pas de piscine, pas de fête ou de nuisances ! « Je mise sur la simplicité et l'authentique », renchérit André, le propriétaire de lieux. Et comme on ne peut venir dans la région sans goûter ses fruits, vous serez vraiment comblés avec la production de pêches, abricots et nectarines du domaine.

BENEDICTE'S BED AND BREAKFAST €€

95, Avenue du Vallespir (route entre Laroque et Villelongue) - **LAROQUE-DES-ALBÈRES**
✆ 06 74 34 57 87 - www.benedictesbb.com

Ouvert de mai à sept. 3 chambres. De 90 à 110 €. petit déjeuner inclus. Excursions, vente d'huile d'olive et de vin.

Ce petit havre de paix n'est pas facile à trouver, il est au bout du chemin qui passe devant le célèbre domaine viticole le Temps Retrouvé. Bordé par des vignes et entouré d'un bois de chênes lièges, le B&B de Benedicte a tout pour vous séduire : un environnement naturel, une belle vue sur les sommets des Albères, une piscine entourée d'oliviers une vaste terrasse pour prendre les petits déjeuners et son grand salon qui rappelle les châteaux de la Renaissance. On adore !

CAMPING LE SOLEIL***** €€

Route du Littoral ✆ 04 68 81 14 48
www.camping-le-soleil.fr

Ouvert à l'année. 830 emplacements. Tarifs sur le site du camping. Mobil-home PMR. Aire camping-cars. Wifi. Animations.

Accès direct à la plage, Le Soleil est également bordé d'une rivière pour le bonheur des pêcheurs. De nombreuses activités vous sont proposées : volley-ball, badminton, football, tennis, équitation, musculation et pétanque réunissant grands et petits. Stages de plongée avec baptême dans la piscine californienne, avec 15 000 m² de plan d'eau, de quoi s'amuser ! Un service animation prend en charge les enfants le matin. Un bar sur la plage vous accueille toute la journée et le soir pour les animations. Discothèque à partir de minuit dès 16 ans. Le paradis !

CAMPING CLUB LE FRONT DE MER**** €

35, avenue du Grau
✆ 04 68 81 08 70
www.camping-front-mer.com

Fermé du 1er octobre au 31 mars. Réservation recommandée. 590 emplacements. Hammam, bain bouillonnant, sauna. Animations

Ce camping haut de gamme, à 200 m de la plage, reste à taille humaine grâce à ses charmants propriétaires. Les amoureux de l'eau apprécieront les cascades et le cadre tropical du parc aquatique. Pour les adultes, un espace détente avec spa et salle de musculation est prévu. Les enfants ne sont pas en reste, car outre le club gratuit pour les 6-12 ans, ils pourront profiter du terrain multi-sport ou du golf miniature. Le moindre détail est pensé pour que votre séjour reste inoubliable !

© JACQUES AIDAN MYRTILLE COMMUNICATION

© JACQUES AIDAN MYRTILLE COMMUNICATION

MER

CÔTE SAISONS €€

10, avenue de la Côte-Vermeille
LAROQUE-DES-ALBÈRES
✆ 04 34 12 36 51 - www.cotesaisons.com
Chambre double de 90 à 135 €. Petit déjeuner inclus. Restauration (restaurant sur place : menu terroir à 39 €).

Dans une belle bâtisse de la fin du XIXe siècle, Ingrid et Nicolas, deux professionnels de l'hôtellerie et de la restauration, ont aménagé cinq adorables chambres. Elles sont spacieuses, avec des couleurs douces et claires allant du blanc au bistre. Un mobilier et une décoration tournés vers une ambiance romantique et feutrée sans tomber dans les clichés, ni les fautes de goût. Pour vous détendre, il y a de nombreux soins et pour vous restaurer, direction le restaurant du même nom pour profiter d'un menu découverte du terroir avantageux.

DOMAINE DE CASTELL DE BLES €€

SAINT-GÉNIS-DES-FONTAINES ✆ 09 53 33 30 36
www.castelldebles.fr
Gite de France 4 épis. 5 chambres. 3 gîtes. Piscine, parc, bain bouillonnant, jeux pour enfants. Lieu magnifique !

Entre mer et montagne, au pied des Albères et à proximité immédiate de l'Espagne, le Domaine Castell de Blés dispose d'un jardin aux arbres centenaires, d'une piscine extérieure chauffée avec son jacuzzi et d'un petit ruisseau qui court en bordure de la propriété. La superbe bâtisse offre confort et douceur tout en conservant le charme de l'ancien. Elle propose 5 chambres et une suite, toutes climatisées. Une cuisine est mise à disposition. Trois gîtes complètent l'offre de séjour.

MON FARÉ €€

Route de Valmy ✆ 06 14 88 65 58
www.monfare-argeles.fr
Studio/appartement de 69 € à 115 € la nuit, de 650 € à 950 € la semaine. Petit déjeuner : 10 € (6 €/enfant).

Vanessa et Laurent vous accueillent dans leurs gîtes et chambres d'hôtes. Les 3 studios et 2 appartements offrent un équipement moderne et design ; deux d'entre eux disposent d'une terrasse privative avec salon de jardin et plancha et le plus grand des appartements est équipé d'un bain bouillonnant pour 4 personnes. Bien que tous les studios possèdent une cuisine équipée, vous pourrez commander votre petit déjeuner sucré ou salé préparé avec des produits locaux. La table d'hôtes, quant à elle, utilise des produits en provenance d'agriculteurs voisins et amis.

GRAND HÔTEL DU LIDO*** €€

50, boulevard de la Mer
✆ 04 68 81 10 32
www.hotel-le-lido.com
Ouvert d'avril à oct. 66 chambres. Petit déj. Buffet, restauration (table de Maître Restaurateur avec carte et menus).

Les pieds dans l'eau ! Le Grand Hôtel du Lido bénéficie d'un emplacement de choix, au bord des flots bleus méditerranéens. Heureux ceux qui auront la chance d'y séjourner, car cet hôtel dispose d'un accès direct à la plage, ainsi que d'un grand jardin planté de pins, une jolie piscine chauffée. Les chambres à la propreté irréprochable, sont nombreuses à offrir une loggia avec vue. Côté table vous serez gâté. Le chef Romain Thiebaud « Toque Blanche du Roussillon », vous régalera de recettes originales élaborées avec des produits du terroir.

L'HOSTALET €€

3, place de la République ✆ 04 68 95 76 54
www.hostalet.fr
Ouvert toute l'année. 5 chambres. Chambres d'hôte de charme. meilleurs prix en direct sur le site internet.

Dans une rue paisible en coeur de village, voici une ancienne maison de maître habilement reconvertie en maison d'hôtes. Sur la place de la République, l'une des plus belles places de la ville, on vient ressentir l'âme catalane en s'installant confortablement dans l'une des 5 chambres d'hôtes personnalisées (vieux plancher, tomettes catalanes, cheminée...). Vous apprécierez également la disponibilité de votre hôte Matthieu qui vous aide, avec le sourire, à transporter vos bagages depuis le parking sur son superbe triporteur. Une adresse à partager sans modération.

HÔTEL CENTRE PLAGE** €€

4, allée des Palmiers
✆ 04 68 81 12 24
www.centreplage.com
Ecolabel européen. 38 chambres (dont 2 familiales pour 4 pers). Petit déjeuner buffet, Restauration.

Un hôtel labellisé Qualité Sud de France, Qualité Tourisme, Ecolabel européen, Clef Verte, Famille Plus, c'est rassurant non ? Idéalement situé à 50 m de la plage, l'hôtel Centre Plage et ses chambres réparties sur 4 étages ne manquent pas d'atouts. Ce que l'on aime également, c'est la démarche écologique et environnementale des charmants propriétaires, Véronique et Dominique qui se traduit un peu partout dans l'hôtel. Il y a un minimum d'emballage individuel et vous pourrez déguster au petit déjeuner des produits régionaux, bio ou équitables.

MAS BADIE €€

23, Cami del Mas Badie
VILLELONGUE-DELS-MONTS
✆ 04 68 39 22 06
https://mas-badie.jimdosite.com
Ouvert toute l'année. Chambres de 70 à 90€ petit déjeuner compris.

Un petit coin de paradis entre mer et montagne. Tout en haut du village, parmi les dernières habitations, Jean et Annick vous accueillent en séjour bien-être. vous découvrirez un jardin exotique, une piscine et un solarium à l'étage, Spa et massages. Les chambres climatisées bénéficient d'un accès privatif à l'espace bien-être et à la véranda où se prennent les petits-déjeuners faits maison par Annick. Le petit plus, c'est que les propriétaires vous invitent à cueillir les fruits de leur verger : cerises, prunes et abricots. Génial !

MAS SENYARICH €€

Mas Senyarich ✆ 06 64 73 99 33
www.mas-senyarich.fr
Chambre double de 95 € à 145 €. 5 gîtes de 2 à 6 pers. (de 450 € à 1 500 € selon saison). Piscine et jardin

Le Mas Senyarich est un bâtiment catalan du XVIIe siècle. Il est situé au pied du massif des Albères entre mer et montagne, au calme, dans la nature mais proche du village et de la plage du Racou. Les gîtes et chambres d'hôtes du domaine donnent accès à un magnifique parc de 2 hectares avec une piscine chauffée et des activités en extérieur comme le tennis de table, le boulodrome pour la pétanque, le filet de badminton ou les espaces de pique-nique et relaxation. Les intérieurs et exterieurs, tous de belle facture et finement aménagés, vous séduiront. On adore !

LE NID** €€

10, rue des Grives
✆ 04 68 81 27 37
www.hotel-lenid.com
12 chambres. Parking public à proximité. Terrasse ombragée.

Un hôtel à l'esprit « pension de famille » plein de charme ! Situé au pied du village d'Argelès et à 2,5 km de la plage, il offre des chambres très propres et joliment aménagées. Quant aux petits déjeuners, ils sont particulièrement généreux et sauront ravir tous les gourmands. Les propriétaires toujours souriants et attentionnés font planer sur le Nid une ambiance conviviale très appréciable, et ils sont d'excellent conseil pour des idées de balades ou de restos. Une adresse à l'excellent rapport qualité/prix que l'on aime beaucoup.

CAMPING LA COSTE ROUGE*** €€

Route de Collioure
✆ 04 68 81 08 94
www.lacosterouge.com
Fermé du 1er octobre au 31 mars. Réservation recommandée. 185 emplacements, bain bouillonnant, sauna. Animations.

© COSTE ROUGE

Au pied du massif des Albères, à 900 m de la mer, ce camping vous offre des emplacements spacieux au milieu des chênes-lièges et des pins, et toutes les commodités d'un 3 étoiles. 29 mobil-homes et 7 studios sont à la location. Vous y serez au calme ; pour la détente et la convivialité, un coin piscine bien structuré avec 2 bassins et une pataugeoire. Et pour que les vacances soient synonymes de repos, le mini-club (de 6 à 12 ans) est gratuit. Sans oublier le petit resto sympathique.

RESSOURCEMENT MER FORET €€

57, chemin du Vilar - **LAROQUE-DES-ALBÈRES**
✆ 06 12 19 91 41
www.ressourcement-mer-foret.fr
3 chambres/studio. Piscine chauffée à cascade. Soins, lithothérapie, tantra, naturopathie, accueil de stages.

Se ressourcer, aller vers soi et contempler la nature. Cela est possible chez Christophe qui vous accueille dans ses 3 chambres d'hôtes exquises dans un mas entouré d'un parc arboré et piscine à cascade avec vue plongeante sur la mer. Un lieu unique aux portes d'une forêt préservée pour de simples vacances zen ou enrichissantes : fort d'une longue expérience dans la spiritualité, votre hôte organise aussi des séjours de jeûne, méditation, tantra et propose des consultations en naturopathie et accompagnement personnel. Le Petit Futé a eu un énorme coup de cœur !

MER

SIRÈNE HOLIDAYS CAMPINGS CLUBS*****

€€€

Route de Taxo à la mer ✆ 04 68 81 04 61
www.camping-lasirene.fr

Fermé d'octobre au 15 avril. 741 emplacements sur 22 ha. 3 espaces : La Sirène, L'Hippocampe, Le Bois de Valmarie.

Amateurs de vacances actives et vivifiantes, La Sirène vous attend avec ses 23 ha de terrain dans un environnement privilégié : nouveau complexe aquatique tropical, le plus grand d'Europe avec ses 10 000 m² de bains bouillonnants, piscines dont deux bassins couverts et, à l'extérieur, 3 toboggans géants. Et ce n'est pas tout, lits bouillonnants, jets d'hydromassage, banc d'hydrothérapie...

GRAND HÔTEL DU GOLFE***

€€€

Route de Collioure-la-Corniche
✆ 04 68 81 14 73
www.grandhoteldugolfe.com

36 chambres dont 6 « prestige ». Restauration : le Bistro à la mer. Spa, hammam et espace beauté et soins du corps.

Des prestations haut de gamme pour ce 3 étoiles aussi élégant que confortable, relooké par un artiste catalan. Situé sur la corniche à 150 m de la mer, face aux criques de Porteils entre le centre historique de Collioure et la plage mythique du Racou, l'Hôtel du Golfe offre la Méditerranée à perte de vue. Vous serez séduit par cet hôtel contemporain, épuré et design où style et bien-être s'harmonisent subtilement. Côté table, le Bistrot à la Mer présente une belle carte bistronomique ainsi que de superbes formules. Un hôtel incontournable.

AUBERGE DU ROUA****

€€€

46, chemin du Roua
✆ 04 68 95 85 85
www.aubergeduroua.com

Ouvert de fin février à mi-novembre. 20 chambres dont 3 suites. Restaurant semi-gastronomique.

Authentique et imposant mas catalan du XVIIe siècle entièrement restauré, l'Auberge du Roua est un havre de paix niché au milieu des vignes. Les chambres sont spacieuses, plus raffinées les unes que les autres et parfaitement équipées. Aux beaux jours, on apprécie la belle piscine entourée de palmiers, autour de laquelle on peut se prélasser et aussi dîner dès que la température le permet. La table gastronomique est à la hauteur des prestations de la maison, le chef propose une cuisine élégante ponctuée çà et là de jolies notes du Sud.

LA TABLE D'ALEX

€

7, avenue de la Libération
✆ 09 83 97 12 59

Fermé le mardi en haute saison. Horaires variables en basse saison. Menu en 3 services à 20,90 €. Terrasse.

La Table d'Alex c'est du fait maison de saison avec cette petite touche d'inventivité qui fait la signature d'Alexandra. Les épices et autres condiments sont dosés avec infinie précaution afin de ne pas altérer le gout des aliments, et puis l'explication de la Cheffe qui sort de sa cuisine pour discuter avec ses tables. Femme sensible qui parle avec émotion de son amour pour la cuisine, Alex en est touchante tellement elle vit ses recettes en vous les expliquant. Bravo madame et merci, nous avons passé un très beau moment de convivialité dans votre établissement.

CHÂTEAU VALMY

€€€

Chemin de Valmy ✆ 04 68 81 25 70
www.chateau-valmy.com

Chambre double la nuit, de 220 € à 390 € la nuit. Petit déjeuner inclus (continental). Lit supplémentaire : 20 €.

C'est un surprenant château de contes de fées dessiné par l'architecte danois Viggo Dorph Petersen dont la construction a débuté en 1888. Aujourd'hui, Valmy propose un art de vivre raffiné en chambres d'hôtes. Il propose cinq chambres spacieuses aux noms évocateurs – l'Intemporelle, la Croisée des Mondes, Subtils Privilèges, Confidences, Why Not – dont les thématiques respectives se déclinent en harmonie chromatique et mobilier choisi. Luxe, calme et volupté sont les maîtres mots dans cette maison à l'accueil chaleureux pour une parenthèse unique.

L'ALTO

€€

Traverse de Saint André
✆ 04 68 22 04 48

Ouvert tous les jours. Réservation recommandée. Accueil de groupes. Terrasse. Animations.

Claude, à la baguette, dirige l'Alto comme un maestro. Mais à bien regarder, son épouse Cathy doit composer les partitions qui seront jouées aux pianos par les cuisiniers. Leurs fils, Anthony et Jordan apportent leur contribution à l'orchestre pour que l'harmonie soit totale. Entre amis ou en couple, en terrasse extérieure, côté jardin ou dans un patio à l'abri des regards, il n'y aura pas de fausse note. Quant aux musiciens qui se produisent en fin de semaine, ils apportent un air de douce folie dans cet endroit à la déco « cosy chic » et son superbe bar central.

ARBOR & SENS €€

Route de Taxo la Mer
✆ 04 68 21 35 63

Menu du midi en 3 plats 18,90 € ; entrée + plat ou plat + dessert 14,90 €. Menu enfant 13 €.

« Du jardin à l'assiette » telle est la devise de l'établissement dirigé par Marion et Nicolas. Adeptes du locavore, c'est ici qu'il faut aller, les menus sont élaborés en fonction de la production du potager du restaurant et des producteurs locaux selon les saisons. Viandes et poissons sont «made in pays catalan», élaborés avec passion, colorés de fleurs comestibles du jardin et agrémentés d'herbes savamment dosées. Ajoutez le charme du parc et de son saule majestueux, la cuisine d'été pour les planxas, les jeux pour enfants et vous êtes au paradis du bon goût.

LE BISTROT À LA MER €€

Route de Collioure
✆ 04 68 81 14 73
www.hoteldugolfe-argeles.com

Menus midi et soir. Ouvert tous les jours midi et soir en saison. Carte environ 50 euros. Terrasse.

C'est dans l'Hôtel du Golfe que le Bistrot de la Mer prend ses quartiers dans ce bel écrin face à la Grande Bleue et une lumineuse salle à la déco épurée ou sur la somptueuse terrasse avec vue sur la mer. Une cuisine bistronomique mettant en œuvre des produits locaux dénichés chez des petits producteurs. Viande de nos montagnes, poisson issu de la pêche locale et légumes du coin sont travaillés avec élégance et simplicité. La belle carte des vins saura également vous séduire. Service impeccable et avec le sourire. *So, what else* ?

LA CASA DEL JOKER €€

11, allée Jules-Arolès
✆ 04 68 81 59 34
www.lacasadeljoker.com

Ouvert tous les jours d'avril à début novembre. Menus midi et soir. Carte environ 35€. Terrasse et animations

Un lieu où cadre, ambiance et cuisine fleurent bon l'Espagne et la Catalogne, on se croirait de l'autre côté de la frontière ! Généreuses planxas et une multitude de tapas mettent les saveurs ibériques à l'honneur tout comme la paella bien garnie, la traditionnelle zarzuela ou la si goûteuse parillada. Ambiance bodega les soirs de match de rugby. Enfin, La Casa est labellisée Famille plus, aussi vos chérubins seront accueillis à bras ouverts et un menu spécial, un vrai menu enfant leur est proposé. Voilà un lieu convivial où chacun trouve son bonheur.

CÔTÉ SAISONS €€

10, avenue de la Côte-Vermeille
LAROQUE-DES-ALBÈRES ✆ 04 34 12 36 51
www.cotesaisons.com

Ouvert du vendredi au mardi le midi et le soir. Accueil des groupes. Jardin. Terrasse. Animations. 45 € pour 3 plats.

Dans une belle demeure du XIXe, Côté Saisons vous invite à déguster une cuisine bistronomique de tradition française principalement élaborée avec des produits locaux. Tout le plaisir d'une cuisine sans fausse note qui s'éveille dans le travail de beaux produits. Les saveurs brutes sont mises en exergue par des préparations raffinées et simples. La carte suit les saisons et nous réserve de belles surprises à déguster en salle ou sur la merveilleuse terrasse. Et pourquoi ne pas prolonger le plaisir avec une nuit dans l'une des chambres d'hôtes de l'établissement ?

LES ENFANTS TERRIBLES €€

33, rue Louis-et-Michel-Soler
LAROQUE-DES-ALBÈRES
✆ 04 68 89 40 51

Ouvert le soir du lundi au mercredi + le samedi. Midi & soir : jeudi, vendredi + dimanche. Plats végétariens et végans.

Sur la belle terrasse (et sous la voûte de ses deux palmiers) ou dans la salle aux murs de pierres apparentes de cette ancienne maison de maître où tous les styles se mélangent, vous vous régalerez d'une cuisine française aux accents méditerranéens, mais jamais sans tomber dans la facilité. Les Enfants Terribles, à mi-chemin entre le resto de terroir et le bistro chic, est un lieu très convivial où règne la passion de la bonne chère et un certain penchant pour les ambiances familiales et chaleureuses. Une vision de la vie chère aux nouveaux propriétaires.

LE MENJE ECAILLE €€

29, avenue de la Torre d'en Sorra
✆ 04 68 81 41 23

Fermé d´octobre à mars. Ouvert tous les jours midi et soir. Carte environ 45€ pour 3 plats. Terrasse.

Poissons frais au poids, en carpaccio, tian de lotte, loup, daurade, encornets, homards et langoustes de l'aquarium, et gambas de Rosas à la plancha composent de savoureuses assiettes, auxquelles se mêlent légumes ou purées de légumes sympathiques et typées avec des épices originales... L'ambiance y est très sympa avec une déco *vintage*, et une terrasse donnant sur l'unique rue bordant la plage et les maisons de pêcheurs. Côté boisson, l'accent est mis sur les petits vignerons et si possible en nature ou en bio. Une adresse à recommander pour se faire plaisir.

SEVEN STREET KFÉ €€

7, avenue des Palmiers
✆ 04 30 19 74 29
www.sevenstreetkfe.fr

Fermé entre décembre et février. Menus midi/soir de 19 à 32 euros. Terrasse, animations. Cuisine catalane et espagnole.

Ce resto est devenu un incontournable d'Argelès plage. Des plats simples pour tous les goûts et toutes les bourses, des planches apéro et des tapas pour faire le tour de la cuisine ibérique et catalane. Sans oublier de succulents burgers et les célèbres moules frites. Très jolie carte des vins à l'image des délicieux plats servis. N'oublions pas les cocktails et les délicieuses glaces pour poursuivre dans une ambiance toute festive jusqu'au bout de la nuit. Enfin, le Seven Street Café, c'est aussi une super équipe qui adore bichonner ses clients.

TY' BREIZH €€

Rond-point de l'Arrivée
✆ 06 79 47 11 80

Ouvert de 7h à 21h non-stop. Fermé le dimanche soir et le lundi (hors saison).

Chez Ty' Breizh, pas de séparation entre la poissonnerie et le restaurant (pas de carte ni de menu) : les clients choisissent directement sur l'étal les poissons, les crustacés et coquillages en fonction des arrivages et des pêches. Ils composent leur menu à déguster sur la grande terrasse couverte ! Vous trouverez aussi des plats cuisinés (paella, fideua, zarzuela) réalisés uniquement avec les produits de l'étal. L'équipe de Ty' Breizh travaille les produits directement devant les clients, il n'y a pas de nappe blanche, uniquement du poisson frais de pêche !

LA TABLE DU COIN €€

58-59, Esplanade du Nouveau Monde
✆ 04 68 55 46 54

Ouvert le midi mardi, mercredi et dimanche. Midi et soir du jeudi au samedi. menus et carte.

Au cœur du port d'Argelès, enfin un lieu où accueil et service riment avec bonne humeur. Ajoutez une bonne louche de produits frais et finement préparés. Une table toute en simplicité mais riche en qualité. La mer est mise à l'honneur et on savoure de belles assiettes qui sentent l'iode... et un peu le jambon ibérique et le canard aussi. La carte est courte et cohérente et on s'en félicite ! Les avis sont unanimes, nos confrères ont eux aussi craqué pour ce restaurant qui fait un beau pied de nez à la consommation de masse et médiocre en région touristique.

LA BARTAVELLE €€€

24, rue de la République
✆ 06 19 25 70 13
www.restaurant-labartavelle.fr

Disciple d'Escoffier. Toques Blanches du Roussillon. fermé le dimanche soir et le lundi. réservation impérative.

Situé au cœur du village, la Bartavelle tiendrait dans un mouchoir de poche. Mais attention : émotions culinaires garanties ! Le chef Thibaut nous comble de plaisir en proposant une cuisine créative, rythmée par les saisons et les produits du terroir. Il interprète et revisite les recettes traditionnelles et nous surprend par sa grande justesse des saveurs, des textures. Vous l'aurez compris, à la Bartavelle et son joli nom d'oiseau, on a tôt fait d'avoir envie d'y faire son nid. C'est une table très prisée, alors n'oubliez surtout pas de réserver.

LA TRENCADIS €€

1 rue montesquieu
✆ 04 68 95 91 40

Poissons frais de Méditerranée, légumes et fruits locaux, viandes des Pyrénées, vins du Roussillon. Tout est maison.

Nous l'avions repérée depuis un moment, la Trencardis est véritablement une excellente adresse. La cheffe, Frédérique, nous régale d'une cuisine catalane aux accents méditerranéens. Comme elle le souligne sur sa carte du moment : «les légumes viennent de la terre, les poissons de la mer et les viandes des Pyrénées». Tout est dit ! Rien que des produits locaux cuisinés maison, les fruits de saison et les vins du Roussillon. La cuisine est généreuse, le cadre fort sympathique, Fred est souriante et n'hésite pas à sortir de sa cuisine pour discuter avec ses clients.

LE COUP DE FOURCHETTE DU CAYROU €€€

18, rue du 14-Juillet
✆ 04 68 81 34 08
www.le-cayrou.net

Ouvert du lundi au samedi midi et soir. Réservation recommandée. Menus midi et soir.

Une cuisine de caractère, qui va à l'essentiel, nous entraîne dans une ronde des saveurs où finesse et inventivité se conjuguent à la générosité. Ici pas de carte, juste un menu du midi et un menu du soir qui changent selon les saisons. Créativité, délicatesse, goût, cuisson maîtrisée et présentation soignée sont omniprésents dans les copieuses assiettes. Loin des « attrapes touristes » si nombreux sur notre côte, le Coup de Fourchette du Cayrou est une table à prix doux et sûre.

MER

LE VALMYA - LA TABLE DE VALMY €€€

Chemin de Valmy
✆ 04 68 95 95 25
www.chateau-valmy.com/fr

Ouvert de début avril à fin novembre. Ouvert tous les jours entre juin et sept. 3 menus au choix, pas de carte.

Quel bonheur de s'attabler en terrasse à l'ombre des parasols du château de Valmy. On se laisse envoûter par la beauté féerique du château dominant les vignes alignées en pente douce jusqu'à la Méditerranée qui étire son voile bleu sur l'infini. Pas de carte, mais une proposition de 3 menus qui sont renouvelés toutes les semaines. Et c'est l'occasion idéale pour déguster au caveau les vins de Valmy. Une adresse romantique pour une douce escapade à deux.

LE COMPTOIR ROCATIN

10, rue Louis et michel Soler
LAROQUE-DES-ALBÈRES ✆ 04 68 53 83 28

Ouvert du lundi au samedi de 8h à 0h. Service en continu. Soirées dégustation tapas et vins hors saison.

Bar à vin, tapas et restaurant. Voilà le nouveau couteau suisse de Laroque des Albères. Belle terrasse extérieure surélevée, harmonie du métal et du bois dans les deux salles : des mange-debout en bas et une belle salle de resto à l'étage avec son ciel étoilé (les luminaires). Petites ou grandes portions, c'est toujours du *mar i munt* : des tapas de la mer ou de la montagne dans la plus pure tradition catalane. Les produits sont soignés, goûteux et les vins pour les accompagner sont toujours issus de petits domaines triés sur le volet. Une adresse qui monte.

LA FINE MOUSSE

Rond point de l'arrivée, Résidence la Sardane
✆ 06 84 45 43 30

Haute saison : du mardi au dimanche de 11h à 1h. Tapas de 3€ à 25€, planches de 15 à 39€. Wifi gratuit.

Amateurs de petits bars à tapas authentiques et d'un cadre un peu intime, voilà une nouvelle adresse créée il y a peu par un gars qui veut se démarquer des «restaurants d'abattage». Une enseigne unique à Argelès pour découvrir des tapas originales et revisitées, de belles planches de charcuterie et de fromage. Tout, ici, est fait maison, à partir de produits locaux dont la proximité géographique est même mentionnée en guise de légende pour accompagner chaque plat. Le gourmet sait qu'il vient à la Fine Mousse pour déguster et non manger !

FOURNIL DES ALBERES

Centre commercial des Albères
LAROQUE-DES-ALBÈRES ✆ 04 68 39 25 80
www.maisoncastro.fr

Ouvert de 6h30 à 20h du lundi au samedi. Le dimanche à 6h30 à 13h30. Spécialités sur commande.

A proximité du centre commercial de Laroque des Albères, dans de vastes locaux flambant neufs, Montserrat et Emmanuel vous accueillent pour vous faire savourer une belle palette : pain, pâtisserie, chocolaterie, snack et restaurant. Le résultat est à la hauteur des espérances en boulangerie comme en pâtisserie. Le Futé a craqué pour la baguette BIO à l'épeautre, le mille feuille ou les marrons glacés. L'écriteau sur la devanture de la boutique ne ment pas : Manu est un vrai « Maître Artisan » et comme il le dit lui-même : «La qualité est distributrice de bonheur».

BOUCHERIE CASENOVE

12, rue de l'Eglise
SAINT-GÉNIS-DES-FONTAINES
✆ 04 68 89 70 66

Ouvert du mardi au samedi de 7h30 à 16h30 et de 16h à 19h. Dimanche matin.

A Saint-Génis-des-Fontaines, à deux pas du cloître, se cache une petite merveille pour les papilles. Allez goûter le pâté de Murcie ou le boudin noir de Christophe Casenove, vous serez conquis. 3 générations de bouchers-charcutiers qui entendent bien résister encore longtemps à la consommation industrielle et «valoriser l'authentique». Question viandes, c'est aussi du sans-faute : les bêtes sont sélectionnées sur pied et de préférence viennent de la région. Le *Petit Futé* a adoré l'esprit de simplicité et d'amour du terroir qui imprègne cette petite boutique.

BRASSERIE CAP D'ONA

29, avenue des Flamants-Roses
✆ 04 68 95 79 09 - www.cap-dona.com

Ouvert du lundi au samedi. En haute saison, planches apéritives gourmandes midi et soir. Happy hour de 17h à 19h.

La brasserie Cap d'Ona produit en Pays Catalan depuis 1998 une large gamme de bières traditionnelles blondes et ambrées purs malts ou blanches, mais également des bières aux saveurs du terroir catalan, atypiques au caractère méridional affirmé. Désormais titrée meilleure brasserie de France et la plus médaillée, elle a été élue meilleure bière belge du monde en 2021. Et puis dernièrement « Cap Si Gran » élu meilleur spiritueux du monde. La visite de la brasserie permet de comprendre les différentes phases de la production, du moulin à malt à la mise en bouteille.

MER

LES COMPTOIRS DE LA BIO

14, chemin de Palau
✆ 04 68 56 77 94
www.lescomptoirsdelabio.fr

100% Bio. Ouvert du lundi au samedi de 9h à 12h30 et de 15h à 19h.

Le groupe Biomonde s'est installé dans la région (il a dû goûter les cerises et la butifarra !) grâce à l'implantation du magasin Bio Comices. Pour commencer, le lieu est très agréable et chaleureux. Ensuite, c'est l'accueil qui nous a plu. Et enfin cette équipe mise sur les produits de saison et des producteurs locaux (ce qui n'est pas le cas de tout le monde). Les Comptoirs de la Bio insiste sur le fait que c'est une coopérative et que chaque magasin du groupe est indépendant. Ouf, c'est pas du Starbucks. Le *Petit Futé* a bien apprécié le concept.

DOMAINE CAUSADIAS

Avenue des Baléares
LAROQUE-DES-ALBÈRES
✆ 06 27 31 49 25

100% Bio. Vente au domaine et à la boutique de Palau del Vidre, Place del Gail. Soirées vigneronnes.

Sur 13 ha de sols d'arène granitique au pied des Albères toute la famille met la main à la cuve : José, Karine, Marion, Nicolas et Paul. D'ailleurs, quand vous arrivez au domaine pour déguster, c'est un des 5 qui vous reçoit. Peu de cuvées (ce n'est que le début) et nous avons été emballés par Léona et Margaux. Les Causadias sont plein d'idées, ils veulent développer de nouvelles cuvées pour les années à venir, se tournent vers l'œnotourisme et organisent des soirées tapas pour faire découvrir leurs vins. Une aventure qui démarre et une famille attachante.

DOMAINE DE LA MER BLANCHE

Chemin du Pas-de-l'Arbre-Blanc
✆ 06 15 10 59 40
http://lamerblanche.fr

Visite des oliveraies tous les jours de 16h à 19h en juillet et août, Hors saison sur RDV. 2 gîtes ouverts à l'année.

Le domaine de la Mer Blanche présente sur 3 ha et en BIO les principales cultures méditerranéennes avec 800 oliviers, un ha de grenadiers et un ha de figuiers. L'huile d'olive de la Mer Blanche est issue de l'olivière, emblématique du Pays catalan. C'est un assemblage d'olives noires et d'olives vertes qui donne naissance à cette huile très appréciée pour son équilibre, sa richesse aromatique (arôme de tomates notamment) et sa belle rondeur en bouche.

DOMAINE FRÉDÉRIC SCHRAM

27, avenue de la Libération
✆ 04 34 12 37 53

Ouvert du lundi au samedi de 9h à 12h et de 16h à 19h. Livraison possible.

Dans la famille Schram, on est commerçant de père en fils. Et Frédéric a décidé de se lancer dans l'aventure du vignoble en 2003. Le domaine de 20 ha installé sur des terrains argile-calcaire dans les Aspres produit de délicieux flacons à partir de carignan, mourvèdre, grenache, syrah et muscat. On y retrouve toutes les couleurs en vins secs et doux que vous pourrez admirer puis déguster dans le superbe caveau flambant neuf installé dans le village. Mention spéciale pour le Muscat qui a reçu la médaille d'or au concours agricole de Paris.

DOMAINE OLÉICOLE DU MAS BOUTET

Route D114 - Corniche-de-Collioure
✆ 06 14 90 52 51

Ouvert du mardi au samedi. Visite guidée et gratuite de la propriété jeudis et vendredis en saison.

Gildas s'occupe des 12 ha d'arbres du domaine qui a la particularité d'être à cheval sur la frontière. Olivière, picholine et picual se partagent la vedette avec des variétés très spécifiques comme l'argudell et la rudunell. A chaque saison sont réalisées 4 huiles monovariétales en fruité vert et fruité noir. Isabelle cuisine également une savoureuse confiture d'olives, de la pâte d'olives, des olives de table et des petites préparations. Face à la mer, le panorama est enchanteur...

DOMAINE SAINT-THOMAS

Chemin de la salanque, Lieu dit las Honors
✆ 06 12 64 57 87
www.domaine-st-thomas.com

Accueil, visite et dégustation. Wine Tour en 4x4, visites privées. Produits du terroir, fruits et légumes. 3 gîtes.

Le Domaine Saint Thomas s'étend sur 25 ha de vignes, 3 ha de cerisiers, 3 ha d'abricotiers, 3 ha d'oliviers. En saison, venez au domaine récolter vos cerises et acheter leurs fruits au caveau. Laurence et Pierre Jean se consacrent à l'œnotourisme : 3 gîtes ruraux 4 épis, location d'une salle vigneronne de 90 places, visite guidée du domaine tout l'été, Wine Tour en 4X4 dans les vignes de Collioure avec pique-nique et dégustation… Mais la force du Domaine Saint Thomas, c'est 3 terroirs viticoles pour offrir une gamme complète pour tous les goûts et les budgets.

L'EPICURIENNE

42, Avenue du Tech ✆ 06 71 24 46 23
www.lepicurienneperpignan.fr
Plateaux sucrés ou salés ou sucré/salé de 35 €/ 2 personnes à 85 €/6 personnes à composer lors de la commande.

Vous voulez surprendre vos convives ? Marion compose votre plateau pour un repas en amoureux, entre copains ou pour un événement sous forme de buffet livré chez vous ou en «click & collect». Des véritables œuvres d'art vous sont proposées à la dégustation avec des produits de saison pour les fruits et légumes, les charcuteries et les fromages qui sont produits localement par nos agriculteurs régionaux. Votre plateau est composé en fonction de vos goûts, tout en tenant compte de vos allergies. Le côté artistique est bluffant, alliant le beau et le bon à prix doux.

MAISON ALBERA

1, rue des faisans
✆ 04 68 64 14 33
www.maison-albera.com
Ouvert du lundi au vendredi midi et soir et le samedi matin. Vente en ligne.

La famille Rieu produit sur des terroirs d'altitude en Fenouillèdes (plateau granitique de Tarerach) des vins frais et élégants, avec une large palette de cépages parmi lesquels les rares Vermentino, Carignan gris et Lladoner Pelut, sans oublier les cépages «roussillonnais». Tout comme nos confrères, nous avons été séduits par la fraîcheur et la finesse de ces vins. Alexandre et Fabrice vous invitent au caveau d'Argelès pour vous faire découvrir leurs pépites et surtout partager avec vous leur passion. Le *Petit Futé* a eu un gros coup de cœur pour ces deux frères.

LA MAISON DE L'AMANDE

Avenue des Mas-Catalans
LAROQUE-DES-ALBÈRES
✆ 04 68 89 11 53
Ouvert du 1er mai au 15 octobre de 15h30 à 19h. Fermé le dimanche. Hors saison ouvert sur RDV.

Christine cultive ses beaux arbres sur 7 ha sur les hauteurs de Laroque. Cette agri-sylvicultrice, comme elle se définit, a pour objectif de valoriser l'écosystème, aussi ses vergers ne sont ni irrigués, ni traités. Il suffit de voir le sol au pied des arbres, l'herbe pousse ! Tout est fait dans les règles de l'art et le résultat est une saveur inimitable ! « L'amande est un fruit riche en fer, magnésium, calcium, phosphore et vitamines, et surtout qui ne contient pas de sucre et combat le cholestérol », nous confie-t-elle. Un vrai alicament à redécouvrir.

DOMAINE DE L'ARBRE BLANC

ZAE de la Tuilerie - **SAINT-GÉNIS-DES-FONTAINES**
✆ 04 68 95 91 06 - www.arbre-blanc.fr
Du lundi au vendredi (10h-13h et 16h-19h), samedi (10h-12h). Visite et dégustation. Boutique en ligne et marchés.

© CORINE BOUTROUE

Corine vous propose ses huiles numérotées, tels des parfums. La n° 1, extrêmement fruitée pour les vrais connaisseurs, aromatique et puissante ; la n° 2 à l'arôme herbacé, très fraîche, et d'une grande finesse et la n° 3, plus douce, idéale pour les fromages et la pâtisserie, composée d'olives noires uniquement. Corinne vous propose également sa nouvelle « Gamme Passion », ses citrons confits au gros sel, son caviar de tomates séchées à l'huile d'olive, ses tapenades noire ou verte et sa délicieuse confiture d'olives, ainsi que des savons à l'huile du domaine.

MAS CRISTINE

Chemin de Saint-André
✆ 04 68 54 27 60
www.mascristine.com
100% bio. Accueil, visite et dégustation de mai à octobre. Œnotourisme, soirées vigneronnes...

Sur des sols constitués d'un mélange de schistes, de quartz et d'argiles rouges, le domaine dispose de magnifiques vignes de syrah, grenache, roussanne, marsanne et muscat. Le travail de la vigne est propre et respectueux de l'environnement. Les flacons du Mas Cristine sont tous élégants, puissants et généreux pour les rouges, frais et minéraux pour les blancs. Enfin, le Mas Cristine organise régulièrement des événements autour du vin, des journées ou soirées à ne manquer sous aucun prétexte pour déguster un des grands flacons du Roussillon.

MOULIN DU LLEVANT

44 bis, avenue des Baléares
LAROQUE-DES-ALBÈRES ✆ 04 68 95 46 35
www.moulindullevant.com
Haute saison : du lundi au samedi et le dimanche matin. Produits locaux : huile d'olive, savon, tapenade, confitures,

L'exploitation en agriculture biologique est composée principalement d'oliviers centenaires et d'une jeune plantation de variétés olivière et redouneil, variétés typiques du terroir des Albères. Cette entreprise familiale ne produit que des huiles d'olive vierge extra, en monovariétale fruitée ou mûre. A goûter impérativement, leur chutney olive et figue et la préparation Oliv'gingembre à base d'olive et d'herbes de garrigue et de gingembre. Un mélange où les saveurs s'équilibrent de manière inattendue. A découvrir sur la propriété les arbres fruitiers.

SAORVY

5, avenue de la Tuilerie
SAINT-GÉNIS-DES-FONTAINES ✆ 06 15 09 89 10
www.jus-saorvy.com
Ouvert au public sur rendez-vous. Attention pour les groupes, maximum 10 personnes.

Dans la continuité de leur « Maître formateur », Guillaume et sa compagne pérennisent la belle aventure de SAOR. Une seule chose a changé : le nom « SAORVY ». Faisant la promotion de ses produits (une belle palette de 14 jus différents) sur les foires et marchés, le jeune couple ne ménage pas sa peine... Toujours à la recherche de producteurs comme eux, passionnés du vrai goût, celui de notre enfance. Alors, appliquant les méthodes apprises, il presse ses nectars sans colorants ni additifs pour notre plus grand plaisir. Un vrai délice ! Coup de cœur du Petit Futé.

LE TEMPS RETROUVÉ

Route de Villelongue-Dels-Monts
LAROQUE-DES-ALBÈRES
✆ 06 62 80 62 60
100% bio. Accueil, visite et dégustation sur RDV.

Mickaël Georget fait partie de cette bande de vignerons paysans férus de biodynamie, hommes de la terre qui respectent, aiment et anoblissent le terroir. 10 ha et un cheval, voilà le résultat. A l'éthique de la «zéro pollution» s'est ajouté le choix de «zéro sulfite» puisque Le Temps Retrouvé a fait un pas de côté vers les vins naturels. Aussi bien les spécialistes que les meilleurs restaurateurs du département vous le diront : Attention talent ! Ce gars-là est à suivre de près. Le Temps Retrouvé, c'est une belle histoire de famille, un amour de soif...

VIGNOBLE VACQUIN

13, route de Brouilla
SAINT-GÉNIS-DES-FONTAINES
✆ 06 15 45 65 37
www.vignoblevacquin.fr
Accueil, visite et dégustation sur rdv

La cave de vinification et l'accueil au public se situent à St-Génis des Fontaines, mais les vignes sont plantées sur un des meilleurs terroirs du département : les terres du Cru Banyuls et Collioure. Terrains très pentus, irrigation naturelle et ensoleillement de plus de 300 jours par an. Après un passage très formateur en cave coopérative, Grégory produit depuis 2016 des vins de caractère, sauvages et assez corsés. Les étiquettes sont à l'image de ce vigneron passionné : atypiques et félines. Un nouveau domaine à découvrir et un vigneron si attachant.

LES CHEVAUCHEES CATALANES

Mas Yala
✆ 06 08 02 11 79
https://chevauchees-catalanes.fr/
Centre de tourisme équestre. Balades et randos à cheval ou poney. D'une heure à la journée. Gite.

Laure et Yannick vous accueillent au Mas Yala dans un bel écrin de verdure, tout proche de la mer. Au programme : des cours d'équitation pour tous les âges et surtout de superbes randonnées à cheval dans les Albères. Les stages, les cours et les balades ont lieu toute l'année et sont adaptés à tous les âges et les niveaux. Le *Futé* a aimé la balade sur les hauteurs d'Argelès en empruntant de petits sentiers et en profitant de merveilleux points de vue sur la mer.

DROP IN WATER JUMP

Impasse Copernic
✆ 04 68 95 41 66
www.dropinwaterjump.fr
Ouvert tous les jours entre juin et septembre. Horaires variables hors saison. A partir de 5 ans.

Après Paradise Aventure, Canyoning Park et la tour de l'extrême, petits et grands vont se régaler avec ces jeux de glisse en eau douce du Drop'in. 18 pistes pour rigoler avec vos enfants ou vos amis, Drop'in Donuts, Crazy Jump, Crazy Slide ou encore Drop'in tracks. Pour les plus âgés je vous dois une explication : il s'agit de jeux de glisse sur bouée, surf, planche ou ski avec des tremplins pour tous les niveaux. Les ados en raffolent. Bien sûr, tout est sécurisé et surveillé, aussi, les petits peuvent s'amuser dès 5 ans. Succès garanti.

PARADISE AVENTURE PARC - CANYONING PARC

7, impasse Copernic ✆ 04 68 95 41 66
www.argeles-aventures.com
Ouvert tous les jours. Horaires variables selon les saisons.

Un espace de loisirs pour des sensations plurielles ! Argelès Aventure est un parc acrobatique forestier où vous pouvez évoluer en toute sécurité dans les jeux aériens. Envie d'un parcours plus rafraîchissant ? Foncez au canyoning parc et découvrez son concept unique au monde : sensations d'un canyon naturel, la sécurité maximale en plus ou au super Drop In, toboggans aquatiques. Pour les plus téméraires, il y a la « Tour de l'extrême » pour des sauts dans le vide de 8, 11 ou 28 m !

LESCUR'SION A CHEVAL

2, Chemin du Camp de l'Oste
SAINT-GÉNIS-DES-FONTAINES ✆ 06 15 57 92 36
Cours d'équitation, équithérapie et balades dans les Albères et les Pyrénées : de quelques heures à plusieurs jours.

Floriane est une jeune fille pétillante qui propose des cours d'équitation tous niveaux (également remise à niveau et en confiance) sur un magnifique terrain aménagé en pleine nature. *Le Petit Futé* a eu un coup de coeur pour les randonnées à cheval (d'une heure à une semaine) entre mer et montagne : des Albères vers les sommets du Vallespir. Le concept est vraiment génial : découverte de vallées somptueuses, baignade dans les ruisseaux et hébergement en haute montagne, l'encadrement est vraiment très pro et les émotions sont au rendez-vous. On adore tout simplement !

RIVERSIDE PADDLE

✆ 07 62 06 86 98
www.riversidepaddle.com
En haute saison : descentes au départ des différents campings d'Argelès. Plusieurs formules : zen ou sportives.

Du stand-up paddle sur une rivière, c'est simple mais il fallait y penser ! RiverSide Paddle vous propose d'explorer l'embouchure du Tech (le bocal du Tech) ainsi que la réserve naturelle du Mas Larrieu au rythme de votre pagaie. La glisse pure et silencieuse du stand-up paddle ou du kayak est idéale pour observer les oiseaux marins et les nombreux poissons... une balade « Découverte » très zen. Ecolo et fun, voilà une façon bien originale pour découvrir autrement les richesses naturelles de la côte Radieuse. Attention, chaussures obligatoires, pas de tongs !

WATERSPORT AVENTURE

Plage sud (poste n°5)
✆ 06 81 29 58 14
www.watersportaventure.com
Ouvert tous les jours de 9h à 20h. Planche à voile, kayak de mer, paddle... Tous les tarifs et formules sur le site.

Au pied de la côte rocheuse, là où commencent (ou se terminent) les Pyrénées, l'équipe de Water Sport Aventure vous met l'eau à la bouche sans boire la tasse avec ses trois activités phare : kayak de mer, paddle et planche à voile. Ces deux dernières activités sont sympas mais le Futé a carrément adoré les balades en kayak de mer pour découvrir les criques cachées de la Côte Vermeille et évoluer au ras de l'eau pour mieux observer sans déranger. Toutes les balades sont encadrées et ne nécessitent pas de condition physique exceptionnelle.

CASINO D'ARGELÈS PLAGE

Allée des Pins
✆ 04 68 81 14 29
Du dimanche au jeudi de 11h à 2h ; le vendredi et le samedi de 11h à 3h. CNI obligatoire. Interdit aux mineurs.

Le Casino Joa d'Argelès, c'est une salle de machines à sous spacieuse avec vue sur le massif des Albères, une terrasse, un restaurant face à la mer, où le chef concocte une cuisine style bistrot à partir de produits frais et locaux. Bien plus qu'un casino, c'est un lieu enchanteur ! Côté jeux, les bandits manchots, bien sûr, mais aussi une table de black-jack et une de roulette anglaise, électroniques toutes les deux. Le casino s'occupe également de vos dîners d'affaires, d'anniversaires, mariages... dans ce cadre d'exception ou dans sa salle de séminaire.

CANET-EN-ROUSSILLON ★

Considéré à juste titre comme la plage des Perpignanais, Canet n'est séparé de Perpignan que de 12 km. Le vieux Canet ne manque pas d'attraits : rues étroites, joli clocher et ancien château. Canet-Plage, plus saisonnier, offre aux visiteurs une promenade de près de 3 km le long de la plage de sable fin avec ses clubs de plage et ses jeux nautiques. Allez jusqu'à l'étang de Canet-Saint-Nazaire, classé dans le Réseau écologique des sites européens Natura 2000, il est une halte appréciée des flamants roses mais aussi de 200 autres espèces d'oiseaux migrateurs. Des cabanes de pêcheurs y ont été réhabilitées, dans des matériaux traditionnels.

AQUARIUM ONIRIA - CANET-EN-ROUSSILLON ★★

2, boulevard de la Jetée
✆ 04 68 86 72 92
www.oniria.fr
Haute saison ouvert tous les jours de 10h à 21h. Adulte : 14,50 €. Enfant de 3 à 10 ans : 11 €.

Découvrez une aventure immersive qui vous permettra de comprendre les différentes métamorphoses de l'eau ! La visite de l'Aquarium Oniria à Canet-en-Roussillon a pour fil conducteur l'eau et ses différents états physiques. Cette eau, au départ symbolisée par une simple goutte, sera suivie sur différents biotopes de la planète, une aventure partant d'environ 3 000 mètres d'altitude, du sommet du Canigou jusqu'au fond des abysses océaniques. Le parcours d'Oniria s'articule autour de dix univers : montagne, plage, jungle font partie des espaces à découvrir. Aventurez-vous à travers la forêt tropicale, puis osez l'aventure du tour du monde sous-marin. Observez, sentez et touchez ce que même votre imaginaire n'aurait pu penser. Approchez de la vitre panoramique accessible depuis le parcours, pour entrer dans l'univers des requins gris et des requins pointes noires. Vous pourrez également observer de nombreux poissons tels que le mérou géant ou le poisson chauve-souris. L'espace Voyagez dans le temps vous permettra de rencontrer les amphibiens, les poissons et les mollusques préhistoriques. Le périple de la goutte d'eau vous transportera depuis la plage de Canet jusqu'au détroit de Gibraltar. Puis, entrez dans la salle de projection pour approfondir vos connaissances sur le vaste monde aquatique, grâce aux magnifiques reportages et documentaires signés Cyril Tricot. Un aquarium à visiter en famille et avec tous vos proches. Petits et grands seront émerveillés !

LE CHÂTEAU DE L'ESPARROU

Route de Saint-Cyprien ✆ 04 68 73 30 93
www.chateau-esparrou.com
Ouvert toute l'année. Du lundi au samedi en basse saison + le dimanche en été. Gratuit jusqu'à 18 ans. Visite guidée

Le Château de l'Esparrou ouvre les portes de son domaine pour le plaisir des grands et des petits. Au cœur d'un domaine viticole bicentenaire, se dévoile l'élégant château d'inspiration Renaissance, bâti en 1892 par l'architecte danois Petersen. Depuis toujours inscrit dans une certaine mouvance, le château a accueilli de nombreux artistes (Maillol, Dufy, Breton, Cocteau...). Aujourd'hui cette vocation artistique se perpétue au travers d'expositions et de conférences tout au long de l'année. Aires de jeux, quizz, et visites à dos de poney séduiront les enfants.

PLAGE DE CANET-EN-ROUSSILLON ★

✆ 04 68 86 70 00

Plage de 9 km de sable fin, affichant « Pavillon Bleu », appréciée autant par les petits que les grands, elle accueille en été des clubs de plage avec un cahier des charges respectant la loi littoral. Vous avez donc là des restaurants de qualité très appréciés des Catalans et des touristes. De nombreux postes de surveillance sont implantés de Canet Nord à Canet Sud pour votre sécurité. Vous y trouverez également de nombreux points d'eau douce tout au long des 9 km de plage.

OFFICE DE TOURISME

49, avenue de la Méditerranée ✆ 04 68 86 72 00

www.ot-canet.fr

Fermé le dimanche uniquement en basse saison. Présentation du Château vicomtal et de son puits à glace (payant).

Grâce à Imagine Canet, un office de tourisme flambant neuf et plus facile d'accès, vous pourrez découvrir tous les secrets et de toutes les merveilles que cette jolie commune recèle côté village ou côté plage. Avec la carte « Canet Club », véritable sésame à acheter à l'O.T pour des vacances réussies, vous aurez droit à une multitude d'avantages.

Découvrez à Canet le nouvel espace « Quai des Loisirs » qui regroupe des prestataires d'activités nautiques originales et ludiques. En saison, 2 points infos supplémentaires sont à votre disposition en bord de mer.

CHÂTEAU DE REY €€

Route de Saint-Nazaire

✆ 04 68 73 86 27

www.chateauderey.com

Vignobles et Découvertes. 2 gîtes (9 et 7 pers). Apéros du Château les mercredis soir en été sur réservation.

Au cœur d'un vaste domaine de 40 ha planté de vignes séculaires qui dominent la mer toute proche, Cathy et Philippe vous accueillent dans 2 gîtes attenant à leur habitation, un authentique mas catalan. Du charme et de la fantaisie, des tons chauds ou acidulés vous donneront l'envie d'y demeurer longtemps. Le château de Rey, à l'architecture très particulière, construit par Petersen en 1875, se plaît à développer un art de vivre bien à lui. La visite du chai vaut vraiment le détour (foudres centenaires aménagés en espace de jeu et de réception).

DOMAINE DU MAS BAZAN €€

Route de Saleilles - **ALÉNYA**

✆ 04 68 22 98 26

www.masbazan.fr

Chambre double de 71 à 80 € ; chambre triple de 81 à 90 € ; suite de 113 à 139 €. Petit déjeuner inclus.

A deux pas des plages, au milieu des vignes et vergers du Roussillon, vous découvrirez tout l'art du bien-recevoir en Pays Catalan. Cet imposant mas du XIXe siècle, domaine viticole, vous accueille sous les glycines, jasmins et rosiers grimpants. Ici, tout contribue à la convivialité jusqu'à la grande piscine où vous partagerez les jeux de l'été ! L'accueil des maîtres des lieux est chaleureux. Plusieurs chambres bien équipées et joliment décorées sont proposées, ainsi qu'un gîte indépendant avec tout le confort nécessaire pour un séjour plus long en famille.

Cabane pêcheurs de l'étang de Canet.

HOTEL BEST WESTERN CANET PLAGE**** €€

120, avenue de la Côte-Vermeille
✆ 04 68 80 28 59
www.hotel-canet-plage.fr

48 chambres. Simples, doubles, triples et suites.

Hôtel 4 étoiles en front de mer, de 24 chambres avec terrasse de 28 m² avec vue sur la Méditerranée et 24 autres chambres aussi avec terrasse et vue sur le Canigó. Equipées de douche à l'italienne, de literie confortable, TV connectée depuis écran plat ainsi qu'un « kit » thé, café de courtoisie. Petit déjeuner buffet diversifié. Deux salles de séminaire modulables de 30 et 15 pers pour les entreprises. Corner produits du Roussillon et le sourire de Stanislas et de ses collaborateurs.

HOTEL LE REGINA*** €€

132, boulevard Hippolyte Tixador
✆ 04 98 80 22 85
https://www.leregina-canet.fr/

Fermé en janvier. 30 chambres. tarifs à partir de 69 €. Restaurant. Hôtel écoresponsable.

Nouveaux propriétaires de cet hôtel 3 étoiles très bien côté, Sandrine et François feront de votre séjour un moment de rêve. La maîtresse des lieux pourra vous conseiller pour vos visites et les nombreuses activités sur Canet et aux alentours. En soirée, la promesse d'une nuit réparatrice dans des chambres de grand confort et pourquoi pas un apéritif sur votre balcon privatif avant de déguster un savoureux repas au restaurant de l'hôtel, l'Instant. François, Toque Blanche et membre du Collège Culinaire de France vous régalera avec des produits frais et locaux.

HÔTEL SAINT GEORGES - FACE A LA MER** €€

45, promenade de la Côte-Vermeille
✆ 04 68 80 33 77
www.hotel-stgeorges.com

22 chambres, petit déjeuner buffet. parking fermé.

Situé sur le front de mer de Canet, face à la plage principale, voilà un établissement familial par excellence. Les chambres lumineuses et climatisées sont distribuées côté mer, autour de la piscine ou côté patio. Piscine, confortable patio arboré d'essences méditerranéennes et de cactées pour un thé ou des rafraîchissements, bar s'ouvrant sur une terrasse avec vue sur la mer... Une seule raison d'y séjourner : « Vous sautez du lit, vous traversez la rue et vous êtes sur la plage » !

LES FLAMANTS ROSES**** €€€

Voie des Flamants-Roses
✆ 04 68 51 60 60
www.hotel-flamants-roses.com

Ouvert toute l'année. 63 chambres. Combinaison hôtel + cure, club enfant, séminaires, réceptions, mariages. Restaurant.

Le temps d'un week-end ou plus, abandonnez-vous aux plaisirs suprêmes de la thalasso dans le luxueux écrin 4 étoiles des Flamants Roses. Directement relié à l'hôtel, vous accueille un somptueux espace de 1 200 m² entièrement dédié au bien-être absolu, à la beauté, à la forme. Côté restaurant, le chef propose des plats gourmands revisités. Salon de coiffure, club enfant, piscine, plage de sable fin et une boutique où tout est beau, rendront votre séjour inoubliable. Du luxe en toute simplicité..... le Petit Futé ne sait pas y résister.

PAIN & CO €

101, Promenade de la Cote Vermeille
✆ 09 82 49 71 53

Fait maison local et de saison. Formules repas : Plat, dessert et boisson. Menu sandwich, menu salade ou menu gourmand.

Nouveau challenge pour Adrien, la restauration sucrée/salée sur place ou à emporter en service continu. Quiches, tartes et gâteaux, fruits et légumes frais, œufs de poules élevées en plein air, produits laitiers AOP/ IGP, on reconnait bien là l'enfant prodige qui dans sa cuisine de Perpignan ne jurait que par les circuits courts. Un vrai sandwich, chaud ou froid, un croque-monsieur ou madame, une salade de pâtes ou de céréales, des quiches et des tartes salées, brownies, financiers salades de fruits frais, le top de la restauration rapide Catalane made in France.

LES FRAYETTES €

1, avenue du Roussillon
✆ 04 68 53 80 54

Ouvert tous les jours en saison. Fermé d'octobre à avril. Réservation recommandée. Plats entre 10 et 15 €. Terrasse.

Les Frayettes, c'est un petit resto tout simple et comme on les aime, et surtout face à la mer. Pas de luxe, pas de cuisine fusion ou de chichi, juste des bons produits bien cuisinés et des plats copieux très abordables : on mange des plats ou des tapas catalans mais aussi des moules de bouchot, du thon, une morue douce et fondante à l'aïoli et les célèbres burgers, splendides et à la cuisson parfaite. C'est convivial, on se sent en famille à la bonne franquette. Pensez à réserver car la réputation de cet établissement ne cesse de grandir à Canet.

Ô CABANON €

52, prom de la côte vermeille
✆ 07 81 93 36 25
Tous les jours de 12h à 21h. En période estivale, ouvert jusqu'à minuit. Réservation recommandée. Carte : 35 € environ.

En vérité nous sommes entrés pour la déco des années 1960 qui nous a attirés, mais, notre curiosité passée, nous avons apprécié la cuisine conviviale avec les planches de tapas, les brochettes et les bowls (végans ou pas), ainsi que l'ardoise du jour (une superbe daurade à la plancha accompagnée de son riz et ses petits légumes de saison façon ratatouille). Bien que masqué, le personnel avait le sourire jusque dans les yeux et semblait heureux de travailler à Ô Cabanon, ce qui est suffisamment rare de nos jours pour ne pas le mentionner. Nous reviendrons.

AU PETIT CAMION ARGENTIN €

✆ 06 16 23 90 66
Food-truck sur le marché de Canet : mardi, jeudi, samedi et dimanche. Empanada 3 €. Pizzas, sauce chimichiri, desserts.

Romi va vous faire voyager avec ses fameuses empanadas aux multiples saveurs : viande, poulet, jambon/fromage, légumes, etc. Vous serez accro dès la première bouchée. La pâte fine, légère et digeste est la recette de la «abuela» et de toutes les autres préparations qui ont été transmises à Romi par sa mère. On sent le fait maison, les produits frais et l'amour dans tout ce qui est proposé. D'autres spécialités sont aussi à découvrir ainsi que des desserts comme les alfajores à base de chocolat et dulce de leche, une tuerie. Ce petit food-truck mérite le détour !

PIZZA AVENUE 66 €

Rue du vieux lavoir - **SAINT-NAZAIRE**
✆ 04 68 80 35 86
www.pizzavenue.shop
Ouvert en basse saison du mercredi au dimanche le soir et à partir du mardi en haute saison. Boutique.

Comment être passé à côté de cette excellente adresse ouverte depuis 7 ans ? La faim (et la flemme de cuisiner ce soir-là) par une chaude journée de début d'été nous a fait passer devant Pizz'Avenue. Changer ses habitudes pour s'étonner encore, telle est la devise du *Petit Futé*. Eh bien, chers lecteurs, touristes et autochtones, nous vous avons déniché là «une perle». Sophie Brunher a du talent et de la créativité, les produits locaux et de saison sont privilégiés dans ses pizzas cuites au feu de bois. Une belle carte de vins et de bières locales complète l'offre.

IMAGINE ROUSSILLON €€€

Mas Sisqueille ✆ 06 30 58 67 64
www.imagineroussillon.com
Gîtes de 4/8 personnes, piscines extérieures chauffées, pataugeoire, open bar boissons soft, 3 repas offerts en semaine.

© IMAGINE ROUSSILLON

Au cœur des vignes, Élodie et Guillaume vous accueillent pour « LA » destination famille par excellence. Ici, l'enfant est roi : Kids Club dès 4 ans gratuit avec animatrice, minigolf, mini terrain de football, deux piscines chauffées, une pataugeoire, et pour les parents *farniente* au calme autour des bassins, open bar soft toute la journée, salle de sport moderne, possibilité de massage… Les 6 gîtes indépendants accueillent de 4 à 8 pers avec panier de bienvenue. Mardi, jeudi et dimanche, repas convivial entre familles offert, vous n'aurez plus envie de repartir.

A' MEN' DONNÉ €€

83, avenue de la Côte-Vermeille
✆ 04 68 63 35 11
Ouvert le week-end en basse saison. Carte environ 35 € pour 3 plats. Menu le midi seulement. Terrasse.

Si vous recherchez un resto authentique, sympathique et pas un attrape-touristes… Bonne pioche ! C'est sur la belle terrasse, face à la mer, à l'ombre de platanes ou dans l'agréable salle qu'on déguste dans la bonne humeur une cuisine qui sent bon le Sud. Cuisine classique, que des valeurs sûres et très bien maîtrisées. L'ambiance est toujours à la bonne humeur et le personnel est très attentif. Sous la tonnelle ombragée et face à la mer, on ne peut que passer un bon moment. Resto autant connu pour sa cuisine que l'accueil réservé au touriste.

CAN MARCEL €€

101, Promenade de la Côte vermeille
✆ 04 68 80 64 50

Accueil des groupes. Chaises bébé. Terrasse.

Parmi la quantité de restaurants de poissons et fruits de mer, Can Marcel sort de la nasse et se distingue par une qualité du produit irréprochable et un accueil des plus délicats. Tous nos confrères le confirment aussi : ce resto traditionnel est une valeur sûre de Canet Plage. Les quantités sont très raisonnables et les plats richement présentés. L'ardoise n'est pas très salée pour un bord de mer. Si vous ne cherchez pas l'originalité à tout prix, vous ne serez pas déçu. Et puis, cette vue panoramique sur la mer depuis la terrasse, c'est simplement envoûtant !

LE CARRÉ €€

32, boulevard Cassanyes
✆ 04 68 73 02 02

Fermé d'octobre à mars. Ouvert tous les soirs de mai à sept. Jardin, animations. Réservation recommandée.

Restaurant incontournable dans la très animée « rue de la soif ». On vient ici pour l'ambiance, l'accueil, et la cuisine qui sent bon l'été. On s'installe aux beaux jours sous trois énormes mûriers platanes de la très agréable terrasse intérieure ou sur les mange-debout donnant sur la rue piétionne, très prisée par la jeunesse catalane. Les produits sont frais et souvent sauvages, vous les verrez griller sur les 3 mètres linéaires de planxa. C'est très bon et plutôt copieux. Rien à dire sur le service, et en plus les patrons sont très gentils et à l'écoute.

GINGER - D'AQUÍ Y D'ALLÁ €€

18, promenade de la côte vermeille
✆ 04 68 28 93 46

Ouvert tous les jours en haute saison. Menu et carte. Terrasse.

Ouvert à l'année sur la promenade la plus fréquentée de Canet et face à la mer, Jason va vous régaler avec la pêche du jour, mais aussi avec ses hamburgers maison avec de vraies frites faites avec de vraies patates épluchées dont les enfants raffolent. Nous avons également apprécié les planches de tapas à partager entre copains et copines et les super cocktails sur la terrasse qui ponctuent les chaudes soirées d'été de la cité canétoise. Le parking est à 50 mètres et la terrasse est protégée du vent, ce qui est un atout supplémentaire pour la clientèle du Ginger.

LE MIRAMAR €€

12, promenade Côte-Vermeille ✆ 04 68 80 21 70
www.lemiramar66.com

Ouvert toute l'année. Midi et soir du lundi au samedi. Midi le dimanche. Réservation recommandée. Terrasse. Animations.

Une valeur sûre face à la plage, ça devient rare. Ce restaurant au nom évocateur, a tout pour vous charmer. Si vous êtes plutôt « mar », vous pourrez déguster des coquillages et crustacés d'une fraîcheur irréprochable ou plutôt « munt », des viandes de race vous attendent : veau Vedell des Pyrénées, pluma iberica, cochon Tirabuxo... Et dans des portions généreuses ! La justesse des assemblages est telle que vous serez surpris par les saveurs qu'il en ressort. L'accord mets et vins est réussi également avec une belle sélection de vignerons locaux et indépendants.

O'BISTRO €€

1, promenade Charles Trenet ✆ 04 68 62 91 55
www.obistrobychris.eatbu.com

Ouvert toute l'année. Service à table non-stop face à la mer. Formule découverte autour du Jack Daniel's. Terrasse.

A Canet sud, vous trouverez l'endroit facilement grâce aux motos américaines garées sur la place, devant la terrasse. Plus de 90 % des produits frais sont issus de circuits courts, travaillés sur place, comme les travers de bœuf mijotés 19h à basse température, ou encore d'autres plats « signature » avec foie gras fait maison ou la formule découverte autour du Jack. Ajoutez à cela plus de 80 références de vins et 12 Jack Daniel's à la dégustation parmi les 40 variétés présentées en vitrine. Enfin, à O'bistrot, le service est non-stop. Coup de cœur de l'année !

Ô CASOT €€

3, Galerie Cassanyes
✆ 04 68 80 64 00

Ouvert tous les jours en haute saison. Le vendredi et le samedi hors saison. Plats, tapas et salades. Terrasse.

À deux pas de la place Méditerranée, Ô Casot plaît beaucoup pour sa table. Dans une ambiance des plus conviviale, cette brasserie, qui, précisons-le, ne fait pas de congelé, vous propose ses tapas maison et des viandes à partager comme l'entrecôte grillée de 1,2 kg ou encore la pêche du jour préparée par Stéphane, l'enfant de Canet reconnu pour sa cuisine. Mention spéciale pour les salades et les tartares de poissons que nous avons appréciés. Nous n'avons pas pris de dessert, mais les familles attablées alentour semblaient les apprécier tout comme les cocktails...

LE PETIT CHEZ SOI €€

Voie de la Crouste
✆ 04 34 12 31 56
Basse saison : ouvert du jeudi au dimanche le soir. En haute saison tous les jours le soir. Jardin. Animations.

Le Petit Chez Soi, c'est comme à la maison ! On ne se lasse jamais de cette adresse incontournable de Canet. Une fois attablé dans le superbe jardin méditerranéen où trônent aussi quelques yuccas et bananiers, on sent vite que lui et sa femme Caroline partagent un amour du produit pour mieux le sublimer : calamars de la pêche locale, boeuf Fleuron des Pyrénées ou thon Albacore de Méditerranée. Mais ne croyez pas qu'on vous dévoilera tous les secrets qui font la réputation de cet établissement chaleureux. Il faut venir le découvrir et savourer un précieux moment.

RESTAURANT LA PAILLOTE €€

12, promenade Côte Radieuse ✆ 09 86 60 73 21
Ouvert tous les jours le soir ; du mardi au dimanche le midi.

Sur le front de mer de cette station balnéaire catalane, Caroline et René vous accueillent dans cette paillote, restaurant atypique où règnent la convivialité et la bonne humeur. On boit des cocktails en dégustant des planches de charcuteries et de fromages de qualité, des burgers maison, de grandes salades pleines de fraîcheur. La cuisine a des accents résolument ibériques et les vins sont de la région et mettent en avant les petits producteurs. Demandez un mojito c'est la spécialité de la maison ! Mais la carte des cocktails compte bien d'autres propositions.

LA SIESTA €€

14, avenue de la Côte Vermeille
✆ 04 68 67 53 75
www.restaurant-lasista.fr
Ouvert toute l'année mais horaires variables selon la saison. carte environ 40 €. Terrasse.

Sur la promenade du front de mer de Canet-en-Roussillon Jérôme vous régale de ses spécialités ibériques, en provenance directe des éleveurs et pêcheurs de la côte catalane, qui sont d'une fraîcheur incontestable. *Fideua, arroz caldoso* à l'encre de seiche, gambas de Palamos, planche de Bellota ou pluma (porc ibérique)... Et bien entendu des plats uniquement pour les végétariens. Une jolie gamme de cocktails, avec ou sans alcool, vous permettra de prolonger le repas ou de profiter en soirée de la douceur de la belle station catalane.

VIGATANE €€

2, rue des Remparts
✆ 04 68 73 16 30
www.vigatane.fr
Ouvert tous les jours en haute saison. Environ 45 € à la carte. Formule le midi uniquement.

Une table incontournable de Canet loin du brouhaha de la plage. Une vraie auberge catalane comme on les aime. Dans les assiettes généreuses de la Vigatane : tartines géantes, charcuterie locale, viandes au feu de bois, prises de pêche locale à la planxa... Le tout cuit dans de grandes cheminées et toujours accompagnés de *pan con tomate* qu'on tartine généreusement d'aïoli, mais aussi riz au poisson moelleux et parfumé. En dessert, des crèmes catalanes, le *mel i mato* et le *Pa d'ou*, un flan catalan ici légèrement anisé. Des restos comme celui-là, on en redemande !

LES FLAMANTS ROSES €€€

Voie des Flamants-Roses ✆ 04 68 51 60 60
www.hotel-flamants-roses.com
Toques Blanches. Maître Restaurateur. Ouvert toute l'année. Menus de 24 à 65 €. Carte : 55 € environ. Terrasse.

Cette grande bâtisse moderne posée aux pieds des premières vagues est une adresse idéale pour se reposer et profiter des bienfaits des soins de thalassothérapie. Au sein de l'hôtel, deux restaurants : L'Effet Mer ouvert à la belle saison, pour apprécier en terrasse une cuisine axée sur les salades et les cuissons à la plancha, et l'Horizon pour une cuisine élaborée à partir des produits du marché alliant gastronomie et diététique. Les plats élégants et bien maîtrisés par le chef Sylvain Marsault font la part belle à la Grande Bleue qui n'est qu'à deux enjambées.

BAMBU BAR

12, avenue de Toulouse
✆ 04 68 98 13 45
Ouvert toute l'année. Plats, tapas et platitos. Bières belges artisanales. Cocktails. Terrasse. Concerts.

Le Petit Futé vous a déniché une vraie pépite qui sent bon « le vent de Belgique » et la chaleur catalane. Débarqués du plat pays, Hélène et Guillaume ont choisi la carte de la différence et du renouveau : Alliance des deux mers dans les assiettes et les verres et surtout un accueil vrai et un sourire sincère, un peu comme dans le Nord. Ce couple a un cœur gros et généreux comme les cocktails qu'ils vous servent. Ces deux *gavatx* (comprendre étrangers pour les Catalans) sont les garants d'une soirée réussie entre amis. Voilà des diffuseurs de *good vibes* !

MER

L'HERITAGE

6, rue de la Close
✆ 06 33 82 83 72
Biscuiterie. Ouvert du lundi au samedi matin et soir. Traiteur pour gâteaux de mariage et réceptions.

Une entreprise toute jeune contrairement aux recettes qu'elle propose. Chez Karine et Laurent, les biscuits de fabrication artisanale et maison varient selon les saisons. Vous serez accueillis dans une boutique chaleureuse où les clients peuvent faire une pause et déguster nos biscuits avec un café, un thé ou un jus de fruits bio. On y trouve des tourons, des croquets, des palets... et des produits d'épicerie fine comme l'huile d'olive, le vinaigre ou les confitures, mais notre coup de cœur va aux rousquilles, la douceur catalane par excellence.

LA CAVE GUSTUMO

11, avenue de la Méditerranée
✆ 04 68 80 79 55
www.cave-gustumo.com
Ouvert du mardi au samedi et le dimanche matin. Vente en ligne.

G*ustumo*, de l'Espéranto, signifie « le sens du goût », on sait donc pourquoi on rentre dans cette jolie cave à vins conviviale. Jean-Philippe vous conseillera si vous devez constituer une cave et de la même façon pour vos accords mets vins. Vous pouvez lui faire confiance, c'est un amoureux des vins et il connaît parfaitement ses produits. Un coin épicerie fine (vinaigres de Banyuls, de Maury, tapenade, foies gras) vous dépanne pour les petits cadeaux et les attentions raffinées de dernière minute. Un lieu plein de vie et de folie animé par un passionné.

CHÂTEAU DE REY

Route de Saint-Nazaire ✆ 04 68 73 86 27
www.chateaudereу.com
Ouvert du lundi au samedi. 2 gîtes. Œnotourisme : balades vigneronnes, animations, repas et soirées tapas...

Au cœur d'un domaine viticole de 40 ha plantés de vignes séculaires, et qui étend ses terres sur des terrasse de galets qui dominent la mer toute proche, Cathy et Philippe vous accueillent dans 2 gîtes attenants à leur habitation, un authentique mas catalan. Les Vendangeurs peut accueillir 9 pers. au sein d'une maison indépendante, joliment meublée. Les Porteurs, idéal pour 6 pers., se niche dans la luxuriance des bougainvilliers. Du charme et de la fantaisie, des tons chauds ou acidulés et de jolies matières vous donneront l'envie d'y rester plus longtemps.

CHATEAU DES HOSPICES

13, Avenue Joseph Sauvy ✆ 04 68 80 34 14
www.chateau-des-hospices.fr
Accueil et dégustation à la boutique du lundi au samedi de 9h à 19h. (vente en ligne sur le site internet).

Marc est issu d'une longue tradition vigneronne. Continuellement, les entrées maritimes viennent rafraîchir la vigne et lui offrir une précieuse humidité. Le mariage entre le climat méditerranéen et les sols très caillouteux confèrent à ses vins une typicité forte. Nous avons adoré la cuvée Grande Terre Rouge issue de deux parcelles voisines de vieilles vignes (syrah et grenache noir). N'oublions pas de mentionner la nouvelle cuvée « version originale » sans sulfites – que du fruit en bouche ! Un vin souple et gourmand plein de fraîcheur. Une valeur sûre !

DOMAINE DE L'ARCA

Chemin de la Fosseille
SAINT-NAZAIRE
✆ 06 14 55 83 45
www.domainedelarca.com
Accueil, visite et dégustation sur rendez-vous. Oenotourisme.

Le domaine de l'Arca est implanté sur un terroir de galets roulés exposés aux vents tout près de la mer. Trois générations de vignerons bousculent les traditions tout en mettant en valeur les cépages traditionnels. Du pied de vigne au verre à pied, le travail est effectué dans les règles de l'art et dans le respect de la terre et du biotope. Les cuvées Blanc de Grès et Nazarius ont reçu les éloges de la presse spécialisée et nous avons aussi craqué. À noter que le domaine propose différentes formules en oenotourisme pour découvrir la région et les vins.

LA FERME DU BIO SILLON

Mas les Ripouilles - **ALÉNYA** ✆ 04 68 22 27 38
www.lafermedubiosillon.fr
100% Bio. Label Nature & Progrès. Qualité Sud de France. Ouvert du mardi au vendredi de 9h30 à 13h et de 16h à 19h.

Au Mas Ripouille, au cœur de vergers et de cultures maraîchères, Nicolas et son équipe vous accueillent au magasin où également vous trouverez des produits locaux (vin, miel, huile...), un peu d'alimentation bio, et surtout leurs beaux étals couverts des fruits et légumes du jardin - cueillis au plus frais le matin ! A la Ferme du Bio Sillon, en réponse à la folie des hommes et de l'agriculture intensive, on vous propose de se « nourrir autrement », une recherche d'alimentation gustative et saine. Autre adresse : marché République à Perpignan le samedi matin.

MER

MAS BAUX

Chemin du Mas-Durand ✆ 04 68 80 25 04
www.mas-baux.com

100 % bio. Ouvert tous les jours en été sauf le dimanche. Sur rdv en hiver. Animations en oenotourisme pendant l'été.

Le Mas Baux est un domaine de 20 ha dont 12 ha de vignes plantées parmi la garrigue. La bâtisse du XVIIe se distingue de loin tel un navire voguant sur un océan de vignes. « La sélection commence sur le pied et elle se poursuit jusqu'à la mise en bouteille », insiste Marie Pierre. Agriculture BIO, vendanges manuelles et en caissettes, travail d'orfèvre en acceptant la lenteur pour obtenir des vins profonds et expressifs très remarqués par la presse spécialisée. Vous dégusterez tous ces beaux flacons au chai où équipement contemporain et murs centenaires se mêlent.

LE PAYSAN CATALAN

Route de Saint-Cyprien
ALÉNYA
✆ 04 68 22 78 81
www.paysancatalan.fr

Ouvert toute l'année du lundi au vendredi de 9h à 18h30. Le samedi et dimanche de 9h à 12h30.

Chez ce producteur de fruits et légumes qui travaille en agriculture raisonnée, vous aurez de quoi faire le plein de vitamines ! Selon la saison, salades, haricots, oignons rouges, fraises, dont les fameuses gariguettes, melons de pays, melons jaunes, pastèques, pêches, abricots, et tout l'été les tomates les plus variées, de la cocktail à la cerise, des cœurs de bœuf, des noires de Crimée… Et puis vous pouvez assister à la fabrication des glaces artisanales et sorbets made in Paysan Catalan avec une vue sur le «Labo», un régal pour les yeux et les papilles.

TOT VA VI

7, place Henri-Sayroux
ALÉNYA
✆ 04 68 22 27 32
www.totvavi.com

Cave à vins. Ouvert du lundi au samedi de 9h à 13h et de 16h à 19h. Le dimanche de 9h à 15h.

Cette bodega (cave) vous propose du bon vin élaboré avec passion par nos vignerons catalans, du fromage et d'autres produits gourmands, mais aussi de la convivialité et beaucoup d'amitié en toute simplicité. Si vous en doutez, il suffit de venir tous les dimanches matin pour les apéro huîtres et tapas. Et tous les jours, on peut y venir pour déguster un verre de vin, un bière locale et manger quelques tapas. A savoir que Florence et José organisent de temps en temps des apéros concert en soirée. Une belle adresse «bonne humeur» à retenir.

ICE SENSATIONS

2 bis, rue du Capcir
✆ 06 17 02 00 66

Glaces faites maison avec des fruits frais, gaufres, pommes d'amour…

© SABRINA CORBELLA

Les nouveaux propriétaires, Sabrina et Paul, formés par Isabelle Victor, l'ancienne patronne, qui a donné au couple toutes les subtilités de la glace artisanale faite maison avec des fruits frais, continuent la fabrication des 40 parfums naturels proposés à la vente. Les saveurs sont un envol pour les papilles. Servies en coupelles ou en cornet bien croustillant, le rapport qualité/prix est plus que correct. L'indétrônable glacier de Canet a peut-être changé de main, mais reste une excellente adresse sûre, devenue incontournable pour le Petit Futé et ses lecteurs.

VIRGULE SERVIETTE

Boulevard Cassanyes
✆ 06 82 94 37 75

Fouta, serviette et linge de maison de haute qualité. Autre adresse : 16 rue Arago, Collioure. Présent sur les marchés.

Fouta veut dire drap de bain en arabe. Et c'est beaucoup mieux que l'éponge pour s'essuyer, sans parler du sable qui colle à la serviette. Ce produit très tendance est décliné dans de superbes motifs et réalisé de façon artisanale en Tunisie… On dit bravo à toute une famille dans le métier depuis 35 ans ! Les collections évoluent chaque année en fonction des tendances et de la demande. La boutique nous fait penser à un arc-en-ciel, tout est si beau et coloré, et puis quel accueil - avec le cœur ! Le *Petit Futé* jette l'éponge. Vive les foutas !

MER

CATAMARAN NAVIVOILE

Embarcadère situé à l'entrée du port. Accéder par le parking Bastia (derrière l'aquarium situé sur le boulevard de la jetée. ✆ 06 23 20 69 76

www.navivoile.com

Fermé du 25 octobre au 1er avril. Plusieurs formules. Voir le site internet.

Navivoile, c'est un catamaran à la coque de couleur jaune, de 24,70 x 10 m à bord duquel trois marins diplômés vous accueillent tout l'été. Pour une journée inoubliable au cours de laquelle vous aurez l'opportunité de longer la côte Rocheuse, nous vous conseillons d'opter pour la « baignade et grillade ». Les romantiques pourront en effet choisir de profiter de la douceur méditerranéenne en choisissant l'option « coucher de soleil ». De plus, une nouvelle croisière a été créée « A la rencontre du Grand dauphin » au départ/retour Port-Vendres en été.

PASSION VERTICALE

17, carrer del Boter

✆ 06 76 71 35 67

www.canyoning-pyreneesorientales.fr

Canyoning, Escalade, via ferrata. Possibilité de programme sur mesure et sur plusieurs jours.

Amateurs de sensations fortes et de vertige, vous avez trouvé votre guide. Michel Mondié (30 ans passés dans l'élite du secours en montagne) vous invite à une découverte sportive et ludique du beau Pays Catalan : escalade, via ferrata, canyoning, randonnées. Il y en a pour tous les niveaux et tous les publics. Attention : petite structure donc encadrement chouchouté et sécurité absolue ! Et on peut vous le dire, il privilégie vraiment les relations humaines et sait s'adapter au niveau de chacun. Le Petit Futé a vraiment adoré et passé des moments inoubliables !

SEA BIKE AND SUN

Camping Mar Estang, Voie des Flamants Roses

✆ 06 12 48 57 75

Ouvert de mai à septembre tous les jours. VTT, VTC et VAE, remorque enfant et chien, vélo cargo… tarifs pour famille.

Les loueurs de vélo sont légion sur la côte, mais nous avons choisi Sea Bike and Sun pour 3 raisons : Fabien est installé dans l'enceinte du camping Mar Estang à deux pas (aux sens littéral) de la piste cyclable qui longe la côte et se faufile le long des étangs. L'offre est vaste et le service est très pro : du VTT au vélo électrique en passant par la remorque ou le vélo cargo, Fabien a tout pour vous séduire. Enfin, intarissable sur la région et les idées d'excursions, il saura vous conseiller, vous guider et partager ses petits secrets de balades.

SUN BIKE 66

122, Promenade de la côte vermeille (Canet plage sud) ✆ 06 21 84 88 92

www.sunbike66.fr

Location de vélo VTT, VILLE, VTC, COURSE, VAE. Ouvert tous les jours en juillet et août. Du lundi au samedi hors saison

Le parc à vélos de Thierry est plutôt vaste : 160 bécanes pour les grands et les petits, les cools ou les sportifs. Longer les voies vertes, dévaler des pentes ou foncer dans les pinèdes, tout est possible avec une gamme si vaste et éclectique : VTT, VTC, course et bien sûr les fameux VTT électriques de la marque Sunn. On peut les louer toute l'année (en hiver sur RDV). Les tarifs sont plutôt abordables et Thierry vous donnera plein de conseils sur les itinéraires. Nous vous recommandons les balades le long de l'étang ou vers les plages sauvages au nord de Canet.

CASINO JOA DE CANET-PLAGE

10, promenade de la Côte-Vermeille

✆ 04 68 80 14 12

www.joa-casino.com

Ouvert toute l'année. Pièce d'identité obligatoire. Restaurant avec différentes formules. Horaires sur le web.

Avec 140 machines à sous, le casino de Canet présente la plus belle offre dans le domaine dans les Pyrénées-Orientales. Un salon de jeux de table ouvre tous les soirs avec : roulette anglaise (aussi en version électronique), black-jack, Texas Hold'em poker et vous pourrez défier les croupiers à la bataille. Pour les soirées, le restaurant du casino vous propose une cuisine tendance bistro moderne avec des propositions traditionnelles entre mer et terroir, mais également des burgers.

LE BARCARÈS ★

A environ 25 km au nord-est de Perpignan, voici la station balnéaire la plus septentrionale du département. Longtemps petit hameau de pêcheurs, c'est à partir des années 1960 et 1970 que Le Barcarès commence à se transformer en la station balnéaire que nous connaissons aujourd'hui. Du sud au nord, le long de la mer, on trouve le village du Barcarès, puis son port de pêche et de plaisance, suivis des quartiers limitrophes de l'Aude, à savoir le Lido et la Grande Plage, royaumes du farniente. Côté étang, trois zones lagunaires : la Presqu'île, la Coudalère et le Cap de Front, zones de marinas très prisées des touristes du nord de l'Europe.

LE FLORIDE
& L'Embouchure
Camping Village & Spa
LE BARCARÈS (66) / 04 68 86 11 75
WWW.FLORIDE.FR

Le Barcarès
LE FLORIDE
& L'Embouchure
★★★★★
« A peine de retour et mes pensées me ramènent à cet endroit magique !
L'élément qui nous console est de savoir que l'on y reviendra pour passer, de nouveau, des moments d'exceptions : entre amis, au soleil, dans une super ambiance, sans stress, et si bien accueillis »
Henry, venu au mois d'Août
CRÉATEURS DE SOUVENIRS DEPUIS 1960
CAMPING VILLAGE & SPA
LE BARCARÈS (66) / 04 68 86 11 75
WWW.FLORIDE.FR

L'ÉTANG DE SALSES

Plus vaste lagune d'Occitanie. Site Natura 2000

Situé au nord du département, l'étang mérite une attention particulière pour son écosystème aquatique. La tramontane assure la purge des limons qui s'entassent au fil du temps. Autrefois entièrement préservé de la main de l'homme, la pêche s'y est beaucoup développée et cette activité se reflète par la présence des baraques de pêcheurs faites en cannisses. Important couloir de migration, on y dénombre 280 espèces répertoriées dont 89 protégées. C'est l'endroit idéal pour y admirer les flamants roses et d'autres espèces dans leur milieu naturel.

ELECTRO BEACH FESTIVAL [EMF]

Avenue du Paquebot-des-Sables
✆ 04 68 86 11 64 - www.electrobeach.com

3 jours en juillet. Le festival est réservé aux plus de 16 ans. Billetterie en ligne et sur place. Restauration.

Un festival XXL où les DJs internationaux sont au rendez-vous du 3e plus grand festival de musique de France qui doit sa renommée à la qualité de son *line up* d'exception, accueillant chaque année les plus grands artistes de la planète dans le domaine de la musique électro. Durant 3 jours, l'élite mondiale des DJs se relaie sur les 4 scènes de l'EMF offrant un moment de partage et de fête inégalé aux couleurs sang et or, dans les jardins du Lydia, l'unique paquebot ensablé au monde.

MAISON DES ARTS

77-89, boulevard du Grau Saint-Ange
✆ 04 68 80 55 02

Ouvert du lundi au vendredi de 9h30 à 12h30 et de 13h30 à 17h. Horaires variables selon saisons et expositions.

Fort de ses 20 000 visiteurs par an, cet espace est devenu en peu de temps le fer de lance du développement culturel et artistique du Barcarès. Une véritable scénographie, en vitrine et dans la galerie, met en valeur tableaux et sculptures d'artistes régionaux et internationaux principalement contemporains. Le nouvel espace lounge, avec ses canapés et méridiennes de velours rouge, invite également les visiteurs, une fois par mois, à des rencontres littéraires, philosophiques et citoyennes dans le cadre du Café de la culture et des arts. A ne pas manquer !

LA BELLE AUDE

Port de Plaisance
✆ 06 08 58 94 41
www.ctm-croisieres.com

Ferme entre novembre et mars. Toutes les infos sur le site internet.

La *Belle Aude* est une vedette à passagers monocoque bois (tek et iroko), d'une longueur de 20 m. Ancien navire de transport, il a été rénové en 2012. Son capitaine et l'équipage vous feront découvrir le littoral en mer ou sur l'étang de Leucate. La *Belle Aude* a plus d'un tour dans son sac : croisière jusqu'à Collioure, pêche en mer, appâts, matériel et casse-croûte compris, promenade sur l'étang avec une dégustation d'huîtres, crevettes, bulots... Enfin, vous pouvez désormais assister aux feux d'artifice des côtes roussillonnaises en direct de la mer !

MER

Le Barcarès, port de la Côte Radieuse

Le port du Barcarès.

CAMPING LE FLORIDE ET L'EMBOUCHURE***** €€

Route Saint-Laurent
✆ 04 68 86 07 50 - www.floride.fr
Fermé entre novembre et mars. Restauration. Hammam, bain bouillonnant, sauna. Animations. Excursions.

Un complexe unique avec club pour enfants, activités pour ados, mais aussi centre de beauté avec massages, hammam, soins du corps.. Accès direct à la plage mais aussi diverses piscines extérieures ou intérieures, toboggans XXL, bains bouillonnants, piscine couverte, solarium, rivière à courant ou encore, aquabike... Pour l'hébergement : hébergements luxes avec Spa privatif, cottages grand format, hébergements insolites et les «Farés» du Tiki Village ou les roulottes Far-West. Un must !

HÔTEL DE LA MER** €

43, avenue Annibal
✆ 04 68 86 08 07
www.hotel-port-barcares.fr
Fermé en janvier (après les fêtes) et en février. 17 chambres. Restauration.

Ce charmant hôtel a gagné tout récemment et haut la main ses 2 étoiles. Les 17 chambres sont agréables et claires, équipées d'écrans plats, la literie est neuve et l'accueil y est chaleureux et souriant, grâce à une équipe jeune et dynamique. La cuisine, bien que traditionnelle et familiale, y est très bonne. Là, vous pourrez profiter du salon, du bar ou simplement de la terrasse ombragée par les mûriers-platanes. La plage est à 100 mètres, le port de plaisance à 300 mètres, parfait pour les vacances, mais aussi idéal pour les VRP tout au long de l'année.

CAMPING LA PRESQU'ÎLE**** €€

Avenue de la Presqu'île ✆ 04 68 86 12 80
www.lapresquile.com
Ouvert d'avril à septembre. 3 gammes de mobilhomes, parc aquatique avec vue sur l'étang. Animations, restauration.

Camping avec vastes espaces plats et ombragés ! Tout est fait pour profiter au mieux de vos vacances sous le soleil méditerranéen. Situé sur une langue de terre entre mer et étang, vous aurez à porter de main toutes les activités nautiques et balnéaires qu'offre Port Barcarès. De plus, dans l'enceinte du camping, vous aurez à votre disposition un grand espace aquatique. Du matin jusqu'en fin de journée, activités sportives et de loisir adaptées en fonction des âges et des envies.

OFFICE DE TOURISME DE BARCARÈS

Place de la République
✆ 04 68 86 16 56
www.portbarcares.com
Ouvert tous les jours en saison.

Une ville animée été comme hiver. Le festival Electrobeach a acquis une notoriété internationale grâce à la participation des plus grandes stars mondiales : David Guetta, Armin van Buuren, Tiësto, Kungs, Martin Solveig... et bien d'autres à venir ! L'hiver, le Village de Noël du Barcarès enchante de nombreux visiteurs lors des fêtes de fin d'année. Une ambiance de village de montagne avec chalets en bois, sapins, animations et spécialités régionales, chaque visite une expérience unique !

© MAIRIE DU BARCARES

© MAIRIE DU BARCARES

L'ÎLE DES PÊCHEURS €€

Route des Sanils ✆ 04 68 73 66 00
www.ile-des-pecheurs.com

Ouvert d'avril à novembre. Club enfants. Restauration. Bain bouillonnant. Accès direct base nautique.

Ce domaine hôtelier vous ouvre les portes de son site exceptionnel en Pays Catalan entre Méditerranée et Pyrénées. Cet emplacement privilégié vous garantira de belles découvertes et un cadre dépaysant. Durant votre séjour, vous serez logés au choix dans un mas coiffé de son toit de roseaux ou dans une marina aux chaudes couleurs méditerranéennes. Reposez-vous sur les rives du lac marin de Salses ou au bord de la piscine avec ses transats. Entre base nautique, volley, water-polo, beach-volley, aérobic, step... quel que soit l'âge, les activités ne manquent pas.

LE VIN SUR VIN €

6, résidence du Grand-Large
✆ 07 70 73 60 24

Ouvert toute l'année. Réservation recommandée. Menus. Carte environ 30 € pour 3 plats. Terrasse.

Le *Petit Futé* a trouvé une perle ! Chantal tient l'un des restaurants les moins chers du département et sa spécialité est le fait maison. Elle vous propose des produits qu'elle mitonne dans sa cuisine. L'hiver, vous avez droit à la choucroute, car Chantal est alsacienne, mais aussi au bœuf bourguignon comme suggestion. Dès les beaux jours, les produits de saison changent et les légumes de Salanque agrémentent viandes et poissons tandis que beaux fruits de la plaine du Roussillon et du Vallespir colorent les assiettes et agrémentent vos desserts.

LE MELBA €

Quai Alain Gerbault
✆ 04 68 86 04 06

Ouvert tous les jours du 1er avril au 30 septembre. En haute saison ouvert de 8h à 2h du matin. Terrasse. Animations.

Changement de propriétaire au Melba. Toujours de belles salades, gaufres, crêpes salées ou sucrées, omelettes, hamburgers, des tapas et des glaces. Elles sont délicieuses et originales, leur présentation est soignée : papillons de plumes virevoltent au-dessus des coupes, fleurs et autres belles déco qu'on peut prendre en partant comme autant de beaux souvenirs de vacances. Autre coup de cœur, les cocktails sans alcool, on les admire et on les déguste sur la terrasse ombragée, au calme, face aux voiliers, un joli voyage immobile, le regard rivé sur les flots.

LA CUISINE DES FILLES €€

Rue des Lamparos
✆ 06 41 19 72 32

Ouvert de mars à fin octobre. Carte environ 35 € pour 3 plats. Terrasse.

A deux pas du port, les filles vous attendent pour un beau voyage gustatif. On se régale tout aussi bien d'une farandole de crustacés, de calmars à la planxa, que de spaghettis aux coques ou de joues de porc confites. les filles mettent un point d'honneur à tout préparer elles-mêmes et le moins que l'on puisse dire c'est que le pari est gagné. On découvre une cuisine inventive et généreuse avec des recettes goûteuses aux accents ensoleillés. Sans oublier un accueil fort chaleureux et la gentillesse comme fil conducteur de l'entrée au dessert.

LA LANGOUSTE QUI CHANTE €

59, Boulevard du Grau saint Ange
✆ 04 68 86 11 38
www.lalangoustequichante.com

Ouvert toute l'année. Tous les jours en été. Fermé le mardi hors saison. Carte environ 25 € pour 3 plats.

En front de mer, la Langouste qui Chante est un resto spécialisé dans les poissons et les crustacés. L'arrivage des métiers de la pêche est journalier ce qui est un gage de qualité et de fraîcheur. Les carnivores n'ont pas été oubliés, il y a aussi de belles grillades de viandes. Vous découvrirez une cuisine méditerranéenne variée et colorée, d'imprégnation française et espagnole. Enfin, soirées à thème et animation musicale les vendredis et samedis hors saison et deux fois par semaine en juillet et août. Un resto plutôt animé et qui vit à l'année !

LE LAMPARO €€

Résidence la Sardane ✆ 04 68 86 10 44
www.le-lamparo.com

Fermé entre décembre et mars. Réservation recommandée. Menus de 25 à 32 € et plats à la carte. Terrasse, animations.

Adresse à retenir en front de mer et réputée pour ses poissons à la planxa ou en sauce et ses crustacés, vous ne serez jamais déçus, au hasard de la carte : lotte au poivre vert, filets de sole, moules gratinées, calamars, rougets, loup... Les « carnassiers » peuvent choisir sur la carte des suggestions de viandes comme le copieux magret de canard avec en entrée une assiette de jambon Serrano et son *pa con tomate*. Les plats sont plutôt copieux. Mais qu'importe ce que vous choisissez, vous passerez un agréable moment avec un service impeccable et vue sur la mer.

OH ! KAKOU €€

12, Boulevard de la Côte Vermeille
✆ 04 68 73 74 49
Ouvert du mardi midi au dimanche midi. Menus. Carte : 40 € environ (pour 3 plats). Terrasse.
Véro et Eric sont une valeur sûre au Barcarès. Oh Kakou ne cesse de nous séduire grâce à son esprit familial et convivial qui a fait la réputation des lieux. Accueil chaleureux et quantités généreuses dans les plats. Qualité des produits, du frais, du local et du fait maison, pêche locale pour certains plats. Pas d'attrape-touristes ici, on aime le client et on le lui fait savoir. Tout est réuni pour passer un bon moment en terrasse face à la plage. Le rapport qualité/prix est excellent, notamment la formule du midi, ce qui devient trop rare en bord de mer...

RESTAURANT L'ORIENTAL €€

25, avenue Annibal
✆ 04 68 64 31 78
Ouvert tous les jours en haute saison midi et soir. Réservation recommandée. Couscous à partir de 10€ et tajine 16€.
Accueil chaleureux, cadre enchanteur et musique orientale mettent dans l'ambiance. Côté cuisine, Momo nous fait traverser la mer avec ses délicieuses spécialités. Tajines déclinés au poulet ou à l'agneau, aux figues fraîches, aux citrons confits, aux pêches, aux abricots, aux coings, aux amandes, au miel... savoureuses escales pour les papilles. Les amateurs de couscous n'auront que l'embarras du choix, comme pour les délicieuses brochettes toujours marinées (huile d'olive et épices, cumin, coriandre, safran). Une excellente adresse au bon rapport qualité-prix.

DOMAINE SINGLA

52, rue Arago - **SAINT-LAURENT-DE-LA-SALANQUE**
✆ 09 67 30 77 90
www.domainesingla.com
Accueil, dégustation et visite sur RDV. Livraison possible (vente en ligne sur le site internet).
Sur les premiers Contreforts des Corbières, logées au milieu de la rocaille, de la garrigue, et des pinèdes, les parcelles - 50 ha au total - du domaine suivent la physionomie naturelle du site : collines, pentes abruptes et plaines. Soucieux de la santé de la terre qui donne vie à ses vignes, Laurent a choisi de conduire son domaine en biodynamie comme une évidence. Ses vins pleins de soleil et aux accents de garrigue sont riches et savoureux, un peu à l'image de ce jeune homme qu'on ne se lasse pas d'écouter plaider pour une viticulture saine et responsable.

KITE SCHOOL LEUCATE

Ancienne base hydravion
SAINT-LAURENT-DE-LA-SALANQUE
✆ 07 56 82 18 18
www.kiteschool-leucate.com
Ouvert toute l'année. Cours de site surf pour tous niveaux. Paddle. Snack et boissons.
Le kite surf - c'est à dire glisser sur l'eau tracté par un cerf-volant - n'est pas forcément un sport violent et qui requiert une grande expérience. Avec Benoit, vous allez découvrir que ce sport en vogue rime avec confort et plaisir. Cours en petits groupes (3 élèves) en eau peu profonde sur le magnifique étang de Salses, en liaison radio avec le moniteur. Que du sérieux et du suivi ! Rien d'étonnant car Benoit a passé 15 ans dans le secours en montagne. On vous recommande vivement cette école car autant l'état d'esprit que les cours sont au top !

SAINT-CYPRIEN ★

Tout le charme de Saint-Cyprien résulte de son éclectisme : sérénité de son vieux village et effervescence du front de mer. Flâner le long des quais de pêche ou rêver du grand large face aux voiliers amarrés dans le port, troisième port de plaisance européen et deuxième du bassin méditerranéen. Écouter un concert à la terrasse d'un des nombreux petits restaurants face au port ou se ressourcer dans la fraîcheur du jardin des Plantes, oasis de calme à 5 minutes, longer les 6 km de plage de sable ou sillonner la station en empruntant les sentiers aménagés. Saint-Cyprien est apprécié pour son dynamisme, son côté sportif et familial en toute saison.

COLLECTION FRANÇOIS DESNOYER ★

Rue Emile-Zola
✆ 04 68 21 06 96
www.collectionsdesaintcyprien.com
Ouvert du mardi au dimanche l'après-midi. Visites guidées gratuites pour groupes.
La collection François Desnoyer est un lieu ouvert sur les arts et la création. Son fond de réserve s'est constitué à partir du legs de François Desnoyer de plus de 700 pièces en 1972. Ce voyage dans le monde de l'art se poursuit avec des peintures des XIXe (E. Boudin, Ecole de Barbizon) et XXe siècles (plusieurs Utrillo, Marquet et Modigliani). Outre la richesse des expositions (notamment temporaires et de belle facture), la scénographie est superbe. A découvrir sans faute !

LE JARDIN DES PLANTES

Rue Verdi

✆ 04 68 37 32 00

Horaires variables selon les saisons. Fermé le matin.

Un paradis de verdure, d'essences et de senteurs. Avec son allée en bois, sa petite cascade et son plan d'eau, c'est dans ce temple vivant de la végétation qu'on se laisse bercer par les couleurs et les odeurs des fleurs, des buissons et des arbres. De nouveaux végétaux sont plantés chaque année et enrichissent les collections de roses, coco du Chili, troènes centenaires, cèdres pleureurs, aulnes, noyers noirs, camphriers et immenses bambous. Des essences remarquables parmi d'autres pour s'évader loin de la plage et de la frénésie estivale.

OFFICE DE TOURISME

Quai Arthur-Rimbaud

✆ 04 68 21 01 33

www.tourisme-saint-cyprien.com

Ouvert tous les jours du 15 juin au 15 septembre. Du lundi au samedi hors saison.

Cartes, plans et guides touristiques vous seront remis gracieusement. Dans son coin salon vous pourrez consulter la documentation et profiter de l'accès libre au wifi. Les plaisanciers y sont choyés, car Saint-Cyprien est le plus grand port d'attache du golfe du Lion. L'offre de la station est immense, avec, la nouveauté des «Pass Kids», «Pass Sports», «Pass Bien-Être» et «Pass Culture» qui vous permettront de découvrir Saint Cyprien autrement. Golf 18 trous, thalasso, stages sportifs pour enfants, casino, plages « Pavillon Bleu »... Il y a vraiment tout !

PARC DE LA PRADE

Entrée libre toute l'année.

L'aménagement paysager de la Prade, vaste parc en conformité avec la Loi Littoral, permet de prévenir, grâce à ses bassins d'orage, les risques d'inondations. C'est aujourd'hui un parc paysager avec ses 3 lacs artificiels, un parcours sportif et une aire de jeux. Un sentier de 2,5 km se partage entre piétons, cyclistes et rollers. Une grande variété d'oiseaux introduits s'est acclimatée. D'autres espèces sauvages en provenance de plans d'eau naturels environnants s'y sont progressivement et naturellement installées créant une zone ornithologique intéressante.

CAMPING CALA GOGO***** €€

Avenue Armand-Lanoux

✆ 04 68 21 07 12

www.campmed.com

Ouvert de mai à septembre. Qualité Sud de France, Qualité Tourisme, Label Tourisme et Handicap.

Proche de l'Espagne et d'Argelès sur mer, en bordure de la plage de Saint-Cyprien, le Cala Gogo vous permet de passer des vacances les pieds dans l'eau. Dans un espace verdoyant de 12 hectares, vous êtes les bienvenus de mai à septembre sur les 648 emplacements. Camping-cars, caravanes, tentes ou location de mobil-homes pour 2 à 6 personnes à la semaine, avec la possibilité de terrasse extérieure dans un espace grand confort, piscine de 600 m², pataugeoire chauffée équipée de toboggan, spectacles et animations pour tous, restauration sur place, location de vélo...

PLAGE DU BOCAL DE TECH

Facilement accessible depuis le parking. Plage naturiste.

Cette longue bande littorale abrite deux zones distinctes : une plage familiale sur la commune de Saint-Cyprien et une plage exclusivement naturiste située sur la commune d'Elne, séparées par un poste de secours. C'est une des plus belles plages du département, elle a quelque chose de sauvage et d'authentique du fait que le fleuve Tech rend ici son dernier soupir. Du parking à la plage, il n'y a qu'une centaine de mètres à parcourir, sur une route asphaltée, sans obstacle à signaler qui permet aux personnes à mobilité réduite de s'y rendre.

HÔTEL LE BELVÉDÈRE** €€

Rue Pierre-Benoît

✆ 04 68 21 05 93

www.hotellebelvedere.com

Fermé entre janvier et mars et octobre et novembre. 30 chambres, restauration.

Le panorama est exceptionnel avec vue plongeante à 360° sur la plaine du Roussillon, on comprend mieux pourquoi cet hôtel s'appelle le Belvédère. Si la cohue de la plage et le bruit vous saturent, cet établissement qui offre un bon rapport qualité/prix est fait pour vous. Sur 3 étages desservis par un ascenseur, trente chambres bien équipées dominent la piscine et le jardin. Côté table, on dîne dehors sur la terrasse. A l'extérieur, on profite aussi de la piscine et les enfants ont une aire de jeux avec toboggan et balançoire.

MER

RESIDENCE BLEU MER €€

1, Boulevard Desnoyer
✆ 04 68 82 38 69
Fermé en janvier et février. Studios et appartements. 20 chambres. Locations de 3 nuits à la semaine.

Belle découverte que cette résidence au port de Saint Cyprien. Des prestations de qualité pour les chambres Confort, les Suites ou les Duplex avec vue mer, sur le port ou sur le patio. Tous les appartements disposent d'une cuisine équipée moderne et d'écrans plats. Un roof-top accessible pour une vue exceptionnelle plébiscitée par les photographes adeptes des levers de soleil sur la Méditerranée. Un patio aux allures de jardin exotique pour accéder à vos appartements et un salon très sympa avec vue sur le port. Mention spéciale pour la déco très soignée. Bravo.

L'ÎLE DE LA LAGUNE••••• €€€

Boulevard de l'Almandin
✆ 04 68 21 01 02
www.hotel-ile-lagune.com
Relais & Châteaux. Ouvert toute l'année. 30 chambres. Restauration (l'Almandin et l'Aquarama). Espace Thalasso-Spa.

C'est une île privée verdoyante et fleurie, entourée de lagune, qui se fait l'écrin de cet hôtel intimiste et haut de gamme. La piscine et le petit port privé où l'on peut s'amarrer, constituent un cadre enchanteur. Les chambres, vastes et personnalisées, sont un refuge au confort très cocooning et high-tech. Le plaisir se prolonge à la table de l'Almandin avec les recettes subtiles du chef Frédéric Bacquié. L'espace thalasso, au dernier étage et son élégante piscine chauffée sur le toit sont un must. Tout simplement vivre autrement entre le ciel et l'eau.

LE KIOSQUE DE LA PRADE €

Chemin de la Tour Bas Elne
✆ 06 11 95 45 19
Ouvert toute l'année. Du mardi au dimanche midi et soir. Réservation recommandée. Jardin. Terrasse. Vente à emporter.

Une belle découverte au milieu du parc de la Prade, à proximité des aires de jeux pour enfants tenu par «3 drôles de dames» qui visiblement ont plaisir à travailler ensemble. Caroline, Héléna et Carla sont aux petits soins pour leurs clients. Pour tout vous dire, on y mange bien sur cette belle terrasse qui sert de piste de danse certains soirs. Servis avec le sourire, nous avons apprécié les planches à partager et les salades gourmandes pour une addition tout à fait correcte. Ce qui fait du Kiosque un lieu hors du temps comme revendiqué avec justesse.

BRASSERIE L'EAGLE €€

Rue Jouy-d'Arnaud
✆ 04 68 37 63 63
www.fr.hotel-mas-huston.com
Ouvert tous les jours et les jours fériés de 8h à 19h. Menu et carte. Terrasse. Boutique.

Appréciée des golfeurs qui ont l'habitude d'y faire une pause gourmande, la brasserie l'Eagle accueille aussi une clientèle extérieure qui veut déguster une cuisine de qualité dans un environnement exceptionnel et avec l'assurance de ne pas se voir servir « une cuisine pour touristes ». Ici sont servis des plats légers, des salades composées mais également des poissons snackés et viandes grillées, ainsi que des menus et plats du jour qui relèvent d'une jolie cuisine de brasserie inspirée des produits de saison. Le Petit Futé a été conquis.

LES GANIVELLES €€

Avenue Armand Lanoux
✆ 04 68 21 24 24
Toques Blanches. Fermé de novembre à mars inclus. Ouvert tous les jours midi et soir. Jardin. Terrasse.

Le restaurant Les Ganivelles est le miroir gastronomique de l'hôtel les Bulles de Mer. Même gentillesse, attention et soins apportés aux gourmets. Peu de choix, une carte courte et saisonnière qui fait honneur aux petits métiers de bouche. Bravo chef pour le choix des produits et l'exécution des plats ! Et enfin n'oublions pas de vous parler du cadre enchanteur : à la fois protégée du vent et aérée, la grande salle aux vastes baies vitrées donne directement sur une plage sauvage. Levez un peu la tête, vous verrez la grande Bleue !

L'ALMANDIN €€€

Boulevard de l'Almandin
✆ 04 68 21 01 02
www.hotel-ile-lagune.com
Ouvert toute l'année. 1 étoile au guide Michelin. Réservation recommandée.Jardin, terrasse.

A l'Almandin, le chef étoilé Frédéric Bacquié sublime son art avec les produits locaux, de la terre, de la mer et de nos éleveurs. Les recettes épurées et subtiles dont il a le secret sont axées autour des produits de saison. Cela nous donne des assiettes riches en couleurs avec la précision du détail et un grand équilibre visuel semblable à un tableau de maître. En bouche, une explosion de saveurs met les papilles en émoi. Quant aux vins, le sommelier saura proposer le meilleur accord avec vos plats et vous surprendre aussi. Tout est émotion à l'Almandin.

MER

JARDIN CATALAN

2, rue Henri Becquerel
✆ 04 68 21 36 64

Ouvert du mercredi au samedi de 9h30 a 12h et de 16h a 18h30. Et le dimanche matin

Olivier et Lionel insistent vraiment sur les vins du Roussillon. C'est vrai que notre beau pays possède de délicieux nectars surtout une variété exceptionnelle. Ne demandez pas un vin du Roussillon, cherchez à être conseillé sur un terroir du Roussillon. L'expérience et l'amour du métier feront le reste. Egalement des produits du terroir (épicerie fine) et des fruits et légumes de saison. Enfin, le Jardin Catalan organise bien sûr dans sa boutique des rencontres avec des vignerons, des dégustations, des apéros... une vraie palette de bacchanales.

TROPICAL GOLF

Boulevard Desnoyer
✆ 04 68 37 02 46
www.tropical-golf.com

Fermé en hiver. De 14h à minuit hors saison et tous les jours en été. Restauration. Adapté aux enfants.

Inutile d'avoir un swing parfait pour pouvoir pratiquer sur ces parcours. Au gré du ruissellement des petites cascades alimentées par le plan d'eau, 2 parcours de 18 trous, soit 36 pistes en gazon synthétique spécial green qui cheminent dans un environnement tropical de près de 5 000 m². Les *pitchounets* de 4 ans ont droit à des clubs à leur taille, ce qui facilite le mouvement. L'endroit est arboré et très dépaysant, un snack-bar avec terrasse vous accueille pour les petites soifs. Amateur ou pro, on est sûrs de passer un agréable moment.

TORREILLES ★

Torreilles est un joli petit village bien restauré, et sa plage sauvage attire depuis des décennies bien des convoitises. Un des rares endroits de la côte sablonneuse n'ayant pas souffert des affres de l'urbanisation. Torreilles est une commune authentique de la Salanque, avec ses 4 km de plage de sable fin, protégés des excès par le Conservatoire du Littoral. Prisée par les amoureux de la nature et notamment les naturistes, qui ont trouvé là l'endroit rêvé. A l'écart du vieux village, bordé par les berges de l'Agly, la petite chapelle Notre-Dame-de-Juhègues est citée dès le XIe siècle. Le *Futé* a depuis toujours un coup de cœur pour cette «enclave».

DINOSARIUM

Chemin de l'Aranal ✆ 06 69 33 69 07
www.dinosarium.fr/

Ouvert tous les jours en été. Nocturne mardi et jeudi. Hors saison, voir horaires sur le site. escape game. restauration

Voilà un lieu de découverte pluridisciplinaire dans une serre tropicale de 400 m². Une multitude d'espèces végétales : bananiers, cannes à sucres, hibiscus, frangipanier... Avec Dinosarium, voyagez dans l'ère jurassique à la rencontre de dinosaures. Sur plus de 600 m² des reproductions articulés (animatronics) à l'échelle, au cœur d'un jardin botanique. On s'y croirait, les enfants vont tout simplement adorer ! Quant à l'escape game, il vous plonge dans un décor et un scénario inspirés du film *Jurassic Park*. Garderez-vous votre sang froid ? Survivrez-vous ?

LA CHAPELLE DE JUHÈGUES

✆ 04 68 28 10 53

Ouvert de mai à septembre les week-ends de 15h à 19h. Gratuit, visites libres ou guidées.

Situé à l'orée du village en direction de Saint-Laurent-de-la-Salanque et entouré d'un magnifique parc aux essences multiples, ce site millénaire est un joyau de l'art catalan. Composé d'une chapelle dédiée à la vierge, d'un ermitage, d'une enceinte et de bâtiments annexes, il s'étend sur plusieurs hectares. La chapelle romane dont les origines chrétiennes datent du XIe siècle, aurait été au IXe siècle le lieu d'accueil d'une colonie juive d'où le nom Juhègues, du catalan *juheu* : juif en français. Entièrement rénovée, elle s'offre aujourd'hui sous son meilleur jour puisqu'elle a été débarrassée au fil des ans des artifices de maçonnerie séculaire qui masquaient la beauté de son architecture, laissant ainsi apparents vieilles pierres, colonnes et chapiteaux comme autant de témoins de son passé. Elle abrite aujourd'hui de nombreuses statues de saints, de grands mystiques et même Notre-Dame de Lourdes ainsi qu'une reproduction de sainte Bernadette en extase face à l'apparition de la grotte. Pour tous ceux désireux d'en savoir plus sur l'histoire de cette chapelle et de ces particularismes tant religieux que profanes, des visites guidées sont organisées en haute saison. Le site accueille durant l'année certaines célébrations religieuses et de nombreuses manifestations, dont un festival de musique classique, un festival de Jazz et des concerts. Les alentours de la chapelle sont le lieu idéal pour un pique-nique en famille ou une promenade en amoureux. Et la plage n'est qu'à quelques minutes de voiture...

O'PARC À TYROLIENNES

Lieu-dit Les Rôtes ✆ 06 73 89 38 64

www.acrovertige.com

Ouvert des vacances de printemps à la Toussaint. Tous les renseignements sur le site (niveau, tarifs...).

C'est comme un accrobranche, mais avec (presque) que des tyroliennes ! Parcours Acrobatique en Hauteur, Parc de Loisirs proposant des tyroliennes-jeux de toutes sortes, en plus des ateliers classiques utilisés dans les parcours Accrobranches tels que filet à grimper, pont de singe, échelle de corde, poutre, etc. Tyroliennes plus originales et folles les unes que les autres, mais aussi parcours pour tous les âges de 4 à 94 ans. Ce parc se distingue aussi par son engagement dans le développement durable. Enfin, l'équipe est super sympa... et un brin écolo !

OFFICE DE TOURISME

Place des souvenirs d'enfance

✆ 04 68 28 41 10

www.torreilles.com

En saison et durant les vacances de Printemps, visites commentées du village et de la plage. Infos sur le site internet.

Une mine de renseignements ! Mise à disposition d'informations touristiques locales, brochures Torreilles éditées en français, anglais, allemand, catalan ainsi que des documents sur le département et la région. Informations et conseils sur les nombreux loisirs et évènements de tout le département, consultation des disponibilités des hébergements locaux, billetterie spectacles, excursions, espace Wifi gratuit, boutique souvenirs. A découvrir à Torreilles hors des sentiers battus : la découverte des anciens blockhaus et les pistes cyclables sur le littoral.

MARISOL***** €€€

Boulevard de la Plage ✆ 04 68 28 04 07

www.camping-marisol.com

3 piscines, discothèque, salle de remise en forme, hammam, sauna... Ouvert d'avril à octobre. Terrain de 8ha.

Alliant vacances sportives et relaxantes, le camping Marisol saura vous faire profiter de son emplacement exceptionnel entre plage et nature avec accès direct à la mer. Le luxe d'un 5-étoiles à prix raisonnable. L'espace aquatique dispose de 1 000 m², 3 bassins dont 2 chauffés, 3 toboggans. Vous pourrez assister à de nombreux festivals organisés au sein du camping (fitness, arts martiaux, danses du monde, cirque et spectacles de rue, magie) et découvrir la côte catalane, avec ses promenades où les rochers surplombent la mer et livrent un paysage magnifique.

L'ARTICHAUT €€

Place Louis Blasi

✆ 04 68 09 72 99

Ouvert le midi mardi et mercredi. Midi et soir du jeudi au samedi. Menu le midi. Plats de saison, burgers et croques.

Situé au fond de la place du village, un peu au calme, l'Artichaut a tout pour vous séduire : une belle carte qui met à l'honneur les produits locaux finement préparés autour d'une cuisine inventive et un brin décalée. Peu de choix mais que du bon et du frais. Ambiance bistro ou resto de village, le « QG » des copains ou de la famille, une atmosphère familiale sans être familière, ce lieu draine une clientèle fidèle été comme hiver, en terrasse ou en salle. On aime la subtile alliance entre l'ancien et le moderne que les patrons revendiquent. Un lieu à découvrir.

MER

Chapelle de Juhèges.

LE BUENA BOCA €€

29, avenue Joffre
✆ 04 68 64 63 54
www.buena-boca.com
Ouvert en basse saison le soir du mercredi au dimanche et en haute saison tous soirs. Patio et terrasse.

Cave à vins et bar à tapas, le Buena Boca respire l'Espagne et la Catalogne ! Les jambons de cochon noir, les chorizos, Cecina de León (jambon de veau) arrivent tout droit de chez nos voisins. Servies avec du *pan con tomate*, des vins espagnols ou locaux (à prix serrés) et le sourire, les tapas sont généreuses : *planxas* de la mer, tortillas, poulpes à la gallega et à chaque saison de nouvelles inspirations savoureuses. On aime l'esprit taverne de la déco avec de vieux tonneaux en guise de tables, on aime l'ambiance chaleureuse et festive. On aime tout court !

LE JARDIN D'ARIANE

Route de Toreilles
✆ 06 12 78 38 98
www.jardin-ariane.com
Ouvert uniquement de début juillet à fin août tous les jours et les jours fériés de 14h à 19h.

Tous les étés, Le Jardin d'Ariane vous fait vivre des aventures grandeur Nature dans son labyrinthe éphémère de maïs hauts de 3 mètres ! Dès le mois de juin (en attendant que le maïs grandisse), le labyrinthe aventure ouvre ses portes : 1 ha d'arbustes jalonné d'épreuves et d'obstacles à franchir. Le parcours et les animations changent tous les ans. Pas encore perdus ? Osez le labyrinthe celtique fait de pierres ou celui de cordes. Le samedi soir, lampe de poche en main, venez arpenter le labyrinthe la nuit, frissons garantis !

NATURAVÉLO

Office de tourisme
✆ 04 68 28 41 10
www.tourisme-pyreneesorientales.com
Ouvert toute l'année. Dépliant à télécharger et QR- codes à scanner sur les panneaux de balisage des 3 circuits à vélo.

L'Office de Tourisme et l'association Torreilles Vivre le sport ont créé des parcours destinés à la découverte du village et de ses alentours. Littoral sauvage, ruelles typiques du Vieux-Torreilles et hauts lieux de son patrimoine culturel : Naturavélo vous propose trois circuits de 9 km, 14 km ou 20 km, considérés comme faciles et idéals pour des balades en famille. On peut rejoindre le Barcarès, Sainte-Marie, Rivesaltes et même Perpignan. Vous découvrirez des paysages bruts avec en point de mire la chaîne des Pyrénées catalanes et le mythique Canigó.

CHEZ GUBBI €

Rue de la Paix ✆ 04 68 07 25 91
https://chez-gubbi.business.site
Pizzas immenses et cuisine locale. Brasserie et bar. Pizzas de 10 à 15 €. Ouvert tous les jours matin et soir en saison.

Les meilleures pizzas de la côte ! Quelle belle surprise ce resto implanté au cœur du village en zone piétonne, sa grande terrasse ombragée de muriers platanes, sa douce atmosphère de village. Et puis quand les plats déboulent sur votre table, c'est l'extase. Pour les pizzas, les ingrédients sont rigoureusement choisis chez les producteurs du coin, la pâte est craquante à souhait et que dire des quantités fort généreuses... Les pizzas sont aussi larges qu'un sombrero mexicain ! Le Petit Futé a été charmé autant par le lieu, la qualité des produits que l'accueil.

SAINTE-MARIE

Au cœur d'un terroir agricole, bordée de plages encore sauvages, sur un site médiéval fortifié, dont subsiste l'église romane, Sainte-Marie est une station balnéaire très nature. Comparé à sa voisine Canet, on y est plus au calme, dans une ambiance très familiale, une agréable ambiance de village perdure bien que la population augmente fortement en été. Au milieu des roseaux se trouve un petit port qui peut accueillir de nombreux plaisanciers (450 anneaux et 8 pontons flottants). Un parcours de santé dont la longueur attire les bons joggers, et une promenade en front de mer sont des atouts pour cette commune dont le charme nous a conquis.

EL PICA PICA €€

Résidence les Plages
✆ 04 68 73 22 02
Fermé en décembre et janvier. Ouvert tous les jours le midi et le soir. Menus, Carte environ 35€.

Greg et Marie vous accueillent dans leur bar-glacier-restaurant face à la grande bleue (elle est à 10 mètres !) dès les premières heures, pour le petit déj' en terrasse sur le front de mer. La formule « midi » vous permettra de vous poser en famille, en laissant serviettes et parasol sur la plage. Les menus sont très variés mais rappellent toujours « les recettes de ma grand-mère » insiste Greg. Et en plus, c'est copieux. L'endroit a sa clientèle de fidèles, on y croise notamment des joueurs de rugby et certains chroniqueurs sportifs du coin.

BANYULS-SUR-MER ★

Banyuls « la Lumineuse », sur la Côte Vermeille, là où les Pyrénées ont rendez-vous avec la Méditerranée. Station balnéaire appréciée pour ses belles plages, ses criques intimistes à l'abri du vent, elle a su préserver son riche patrimoine. Port de pêche pittoresque aux ruelles typiques qui s'élèvent en escalier, Banyuls est surtout connu pour le célèbre vin doux naturel que l'on déguste en contemplant la mer. Banyuls-sur-Mer a aussi vu naître Aristide Maillol (1861-1944), l'un des plus grands sculpteurs français du siècle dernier, un petit – mais magnifique – musée lui est consacré ainsi qu'un itinéraire intitulé « Dans les pas d'Aristide ».

JARDIN MÉDITERRANÉEN DU MAS DE LA SERRE

1, Avenue Pierre Fabre
✆ 04 68 88 73 39
Visite guidée (2h). Voir le site internet pour horaires et réservations. Plus de 500 espèces végétales à découvrir.

Situé dans un cadre exceptionnel, le Jardin Méditerranéen du Mas de la Serre constitue la facette terrestre du Biodiversarium. Ce parc de 3 ha vous promet un agréable moment de détente et de découverte. Les visiteurs découvrent trois espaces en extérieur et intérieur : les terrasses surplombants la vallée de la Baillaury et leurs thématiques ornementales, le sentier de découvertes et sa gestion naturelle des milieux et les espaces d'expositions temporaires et permanentes.

BIODIVERSARIUM

1, avenue Pierre-Fabre
✆ 04 68 88 73 39
www.biodiversarium.fr
Haute saison ouvert tous les jours de 10h à 19h. Adulte : 12 €. Enfants de 3 à 12 ans : 6,50 €.

Le Biodiversarium présente la biodiversité marine et terrestre des Pyrénées-Orientales, notamment celle de la Côte Vermeille. Par Biodiversarium s'entend l'association de l'Aquarium de Banyuls-sur-Mer et du Jardin méditerranéen du Mas de la Serre. L'aquarium, créé en 1885 par le biologiste Henri de Lacaze Duthiers fut le premier aquarium méditerranéen ouvert au public. Il a la particularité de présenter des espèces uniquement locales. Daurades et mérous évoluent dans des décors naturels identiques à ceux que l'on peut trouver sur la côte rocheuse. Mais l'aquarium est aussi - et surtout - une vitrine du laboratoire Arago. Ce site est devenu l'un des plus grands centres européens de biologie marine. Près de 180 chercheurs et de techniciens y travaillent en permanence, vous aurez d'ailleurs l'occasion de les apercevoir grâce à des laboratoires visibles du public. Vous aurez également peut-être l'opportunité de voir évoluer un des navires du laboratoire Arago dans une des nombreuses criques de la réserve marine. Des ateliers et animations spécifiques sont organisés pour les scolaires de la maternelle au lycée. En prolongement de la visite de l'aquarium, le Jardin Méditerranéen du Mas de la Serre, situé sur les hauteurs de Banyuls, concilie balade-détente et découverte-observation de la flore variée du littoral sur un espace de 3 hectares. Les espaces d'expositions avec ateliers ludiques et animations pédagogiques. Les sentiers de découverte, les terrasses surplombant la vallée de la Baillaury et leurs thématiques ornementales.

Banyuls-sur-Mer.

MUSÉE MAILLOL - LA MÉTAIRIE ★

Vallée de la Roume

✆ 04 68 88 57 11

Ouvert du mardi au dimanche. Horaires variables selon la saison. Adultes 5 €, gratuit jusqu'à 11 ans.

La Métairie est un musée qui rend hommage à Aristide Maillol (1861-1944), enfant du pays, et célèbre sculpteur. Géré par la fondation Dina Vierny, ce musée abrite 36 statues – bronze et terres cuites – ainsi que des lithographies et divers objets, illustrant la vie de l'artiste. Vous y visionnerez également un émouvant petit film lui étant consacré, tourné à Banyuls quelques mois avant son décès... Dans le joli jardin, la statue La Méditerranée veille, sereine, sur sa tombe.

NOTRE-DAME-DE-LA-SALETTE

Route du Balcon-de-Madeloc

Suivre les indications dans le village pour l'itinéraire. Emprunter la route des crêtes (D86) ou le sentier balisé.

La chapelle fut fondée en 1863 par Bonaventure Reig, suite à un vœu fait à Notre-Dame de La Salette en Isère. D'une architecture simple, elle évoque inéluctablement par sa blancheur d'autres rivages méditerranéens, une certaine similitude avec les maisons chaulées d'Andalousie ou celles des îles grecques. Au milieu des pins et des chênes, à 200 m d'altitude, elle domine Banyuls et ses coteaux de vignes. L'endroit, empreint de douceur et de sérénité, offre une vue splendide. Malheureusement, la chapelle ne se visite pas mais le coup d'œil vaut le détour.

TERRES DES TEMPLIERS ★

Route du Mas-Reig

✆ 04 68 98 36 92

www.terresdestempliers.fr

Fermé en janvier. Visite gratuite. Groupes sur réservation. Visites en langue étrangère payantes.

La visite guidée de cette grande cave, qui est un hommage au travail des hommes, vaut vraiment le détour pour la découverte de sa superbe et grandiose salle des foudres que l'on traverse en contemplant de part et d'autre les immenses cuves bicentenaires. A voir absolument ! La visite se poursuit par la dégustation des vins secs et doux. Sur rendez-vous, le caviste Terres des Templiers peut vous proposer des circuits accompagnés à travers le vignoble et la dégustation de grands millésimes. Quant à l'accueil, il est irréprochable et toute l'équipe est fort aimable.

SENTIER SOUS-MARIN

5, rue Roger-David

✆ 04 68 88 09 11

Plage de Peyrefite. Haute saison : ouvert tous les jours de 12h à 18h. Point Accueil.

Voici une idée originale pour découvrir la faune et la flore sous-marine de la réserve naturelle marine de Cerbère Banyuls. Installé au départ de la plage de Peyrefite, la visite s'effectue en nageant en surface, ou en apnée muni d'un masque, d'un tuba et de palmes. Le long d'un parcours balisé, et dans quelques mètres d'eau, vous explorez ainsi les petits fonds rocheux. C'est une balade à la fois ludique, tout en ayant la vocation d'être pédagogique, sur un parcours aménagé et sécurisé, d'une longueur de 250 mètres, limité par une ligne d'eau. Il est ponctué de cinq stations d'observation représentatives de cinq écosystèmes différents, galets, herbier de Posidonie, blocs, failles et tombants. Chaque station est balisée par une bouée numérotée, et équipée de panneaux d'informations immergés. Le périmètre du sentier est surveillé par des maîtres-nageurs, pendant les heures d'ouverture du poste de secours. La visite peut aussi être entièrement commentée tout au long du parcours. Cette exclusivité est due au tuba FM Fréquence Pro qui permet une audition d'une qualité saisissante. Vous pourrez ainsi entendre des commentaires présentant les fonds sous-marins. Le retour vers la plage se fait en musique. Sachez que cette visite est plus qu'une simple baignade, c'est une randonnée aquatique assez longue, de plus de 500 mètres aller-retour, exigeant de savoir nager, car vous n'aurez pied qu'à la première station, d'être en bonne condition physique et de savoir doser son effort en palmant. Dépaysant, pédagogique et ludique.

OFFICE DE TOURISME

Avenue de la République

✆ 04 68 88 31 58

www.banyuls-sur-mer.com

Ouvert tous les jours en haute saison. Moyenne et basse saison du lundi au samedi.

Toujours prête à partager sa passion pour notre terroir, l'équipe de l'office de tourisme de Banyuls « la Lumineuse » vous propose chaque année de belles activités à inclure dans votre programme : de mai à octobre, venez découvrir le vignoble au travers de balades vigneronnes animées par les vignerons. En juillet et août, équipé tout simplement d'un tuba, d'un masque et de palmes, explorez les petits fonds rocheux et laissez-vous émerveiller par la beauté de la vie sous-marine du parcours balisé du sentier sous-marin dans la Réserve marine Cerbère-Banyuls.

FÊTE DES VENDANGES

✆ 04 68 88 31 58

Deuxième week-end d'octobre. Animations, restauration.

Née en 1995, cette fête populaire connaît un grand succès qui ne se dément pas au cours des années. Elle se déroule la première semaine d'octobre et attire tous les ans plus de 7000 personnes. Se mêlent animations patrimoniales et festives au travers de moments emblématiques comme le pétrissage du raisin par les enfants, ou l'arrivée de la vendange par la mer sur de petites barques, le marché du terroir, les dégustations à thème, les sonorités et musiques de toutes sortes ainsi que les conférences et les rencontres « mets et vins », elle attire une foule de curieux et de connaisseurs ravis de retrouver l'authenticité durant ces jours de fêtes qui se clôturent par le repas traditionnel de fin de vendanges sur la plage le dimanche midi où vous serez conviés en échange d'une somme modique. Durant cette semaine, vous pourrez déguster les vins du cru Banyuls moyennant l'achat d'un verre qui vous servira le temps de la fête. Vignerons, artisans locaux et restaurateurs se mettent en quatre pour vous faire vivre un grand moment. Contrairement à d'autres manifestations locales, la Fête des Vendanges de Banyuls n'est pas une beuverie, on y vient entre amis, en famille avec les enfants et tout le monde se régale sans se bousculer. C'est une de nos fêtes préférées en Pays Catalan, elle a quelque chose de magique et d'intemporel. Petite astuce du Futé, laissez votre voiture et venez en train depuis Perpignan.

Le programme complet des festivités est consultable et téléchargeable sur www.banyuls-sur-mer.com

DANS LES PAS D'ARISTIDE

4, avenue de la République

✆ 04 68 88 31 58

Ouvert toute l'année.

Cette ville vous invite à cheminer. Vous serez bien inspiré de faire une escale à l'office de tourisme de Banyuls pour vous renseigner et vous fournir en documentation sur les sentiers de randonnées pédestres. Vous avez même à Banyuls une maison de la randonnée. Dans l'eau aussi vous pourrez vous déplacer de découverte en découverte à travers la plongée, la randonnée palmée, le kayak de mer... Mais le plus original sera de partir sur les traces d'Aristide Maillol (1861-1944) en suivant le circuit dédié dans le vieux quartier qui a vu naître le sculpteur.

LE PETIT TRAIN TOURISTIQUE DE BANYULS-SUR-MER

✆ 06 84 95 11 09

www.petit-train-touristique.com

Ouvert tous les jours en haute saison. Visite guidée (1h30) avec dégustation. Horaires sur le site Internet.

Après avoir traversé le village, il vous emmène à la découverte des vignobles de Banyuls sur une jolie route étroite et pentue, sauvage à souhait. Cette visite est commentée en plusieurs langues. Les sites sont magnifiques et depuis la chapelle Notre-Dame de la Salette, vous aurez une vraie vue panoramique en technicolor. Sur le chemin du retour, une pause est prévue à la cave souterraine Terre des Templiers avec dégustation de vins secs et doux. Départ devant l'office de tourisme.

MER

Vendangeurs.

CAMPING MUNICIPAL CAP PEYREFITE €

Peyrefite-Plage - **CERBÈRE**
✆ 04 68 88 41 17

Ouvert de mi-avril à mi-octobre. Emplacements tente et camping-car ou caravane, bungalow. Vue à couper le souffle.

Le paradis des camping-cars et des vrais campeurs avec une vue à couper le souffle ! Un camping très abordable tout en simplicité dans un environnement naturel unique entre mer et montagne. Pas de piscine, pas de resto, pas d'animations : l'endroit est fait pour les méditatifs, les amoureux de la nature sauvage et du calme avec un accès direct aux criques. 150 emplacements répartis entre terrain plat face à la mer et pinède. Tout est sauvage, reposant, familial et chaleureux à souhait.

RÉSIDENCE LA GRANDE BLEUE €

2, avenue Gare
✆ 06 87 82 10 16
www.lagrandebleue.fr

Appartements du F1 au F3 et studio. 2 résidences. Tarifs variables selon saison.

La résidence La Grande Bleue est idéale pour esquiver le surpeuplement des campings ou les locations de mobil-homes en saison estivale. Si la Grande Bleue jouit d'une belle vue sur les Albères, l'autre résidence la Grande Voile est située à deux pas de la plage, face au port de plaisance - un panorama plein est pour admirer le lever de soleil sur la mer ! Dans l'une ou l'autre résidence, on s'y sent bien comme à la maison. L'accueil et le service des propriétaires sont irréprochables.

CÔTÉ THALASSO €€

Avenue de la Côte-Vermeille ✆ 0825 125 145
www.thalacap-catalogne.fr

Fermé de fin novembre à mi-décembre. 70 chambres. Restauration. Hammam, bain bouillonnant, sauna. Séminaires.

Dominant la magnifique baie de Banyuls, cet établissement, intégré à l'institut de thalasso, propose 70 chambres climatisées sur quatre étages avec ascenseur. Confortables et chaleureuses, elles sont toutes équipées de salles de bains spacieuses, et surtout, elles ont toutes été rénovées. Le plus de cet hôtel, c'est l'accès gratuit à tous les équipements du centre de thalassothérapie : bassin d'eau de mer, piscine, hamac, jacuzzi, sauna... Blotti entre mer et montagne, Côté Thalasso est un lieu féerique pour des vacances *farniente* et une cure de remise en forme !

HÔTEL-BISTROT LA DORADE** €€

Avenue Général-de-Gaulle (front de mer)
CERBÈRE ✆ 04 68 88 41 93
www.hotel-ladorade.com

Ouvert de Pâques à fin septembre. 18 chambres. Tarif des chambres en fonction de la saison et de la vue. Restauration.

Face à la mer, La Dorade est un établissement convivial, tel qu'aurait pu le décrire Marcel Pagnol dans l'un de ses romans. Ici, le temps est suspendu, installé en terrasse, on se laisse bercer par le clapotis des flots, et à toute heure on peut boire et grignoter, et le soir une vraie table vous accueille. À l'intérieur le mobilier de style catalan est composé de meubles de famille ce qui contribue au charme de l'établissement. Une belle halte dans la douceur.

HÔTEL LE CATALAN*** €€

1, rue du balcon de la Méditerranée
✆ 04 68 88 02 80
www.hlecatalan.com

Ouvert toute l'année, 35 chambres. Hammam, bain bouillonnant, sauna. Restauration : le Miradou avec vue sur mer.

Vue exceptionnelle depuis les hauteurs de Banyuls, au calme près d'une petite crique, nous avons été charmés par cet hôtel qui ne manque vraiment pas de charme et qui jouit d'un panorama privilégié sur la baie de Banyuls et les Albères. Nous avons aimé les espaces extérieurs avec vue plongeante sur la baie – l'endroit idéal pour admirer le lever du soleil ! Les chambres sont spacieuses et agréables. Enfin, on doit vous dire que l'on mange très bien au Miradou, le restaurant de l'hôtel, les plats méditerranéens sont revisités à chaque saison avec goût et talent.

HÔTEL LES ELMES*** €€

Plage des Elmes
✆ 04 68 88 03 12
www.hotel-des-elmes.com

Ouvert toute l'année. 34 chambres. bain bouillonnant, sauna, terrasse panoramique. Restaurant gastro la Littorine.

Pour un séjour les pieds dans l'eau, l'hôtel des Elmes vous reçoit dans son établissement avec accès direct à sa plage privée. Tout le confort d'un trois étoiles dans les chambres qui offrent une vue sur la Méditerranée ou le joli petit jardin. Les clients peuvent profiter également de la piscine chauffée, du bain bouillonnant, du sauna et de la salle de fitness. Le personnel est irréprochable et toujours souriant. Quant à la table, plébiscitée par de nombreux gastronomes, elle est tout simplement excellente et vaut à elle seule le déplacement.

LA ORNELLA BATEAU A QUAI €€€

Port de Plaisance ✆ 06 11 98 51 75
www.location-banyuls.com

Location à quai 90 à 200€ la nuit pour 2, dès 2 nuitées ou location avec contrat pour une ou plusieurs sorties en mer.

La Ornella, construit en 1969, labellisé «Bateau d'Intérêt Patrimonial» et label «Eco-Nautisme» est un splendide navire. Il dispose de 3 pièces habitables avec 2 chambres grand confort et équipements haut de gamme. Il peut accueillir 4 personnes en hébergement en toute saison pour une surface habitable de 37m² et jusqu'à 10 personnes pour la location en mer. Possibilité de location comme hébergement de vacances ou avec contrat plus élargi permettant de réaliser une ou plusieurs sorties en mer avec recrutement obligatoire d'un capitaine et d'une hôtesse déclarés.

LOCATION 5 ÉTOILES DE THIERRY BOURGAIT***** €€

14, avenue Pierre Fabre
✆ 06 11 98 51 75
www.location-banyuls.com

Appartement de standing avec vue sur mer pour 2 à 4 personnes. Possibilité d'hébergement sur bateau au port de Banyuls.

Nous vous avons trouvé une «perle» ! Un appartement 5 étoiles prisé par quelques artistes du cinéma ou autres VIP. Une vue exceptionnelle sur la Méditerranée pour des petits déjeuners en terrasse ou une bronzette intimiste. Mais aussi la location d'une magnifique vedette classée «Bateau d'intérêt patrimonial» (également labellisé Eco Nautique et Hébergement insolite) pour des nuits en mer, bercés par les vagues. Offrez vous ce luxe à prix raisonnable..

LA GANOTTE €

Espace Méditerranée
✆ 04 68 88 01 25

Ouvert toute l'année sauf novembre et janvier. Fermé le lundi. Spécialités de poissons et de burgers gourmets. Terrasse.

La Ganotte, ce snack installé à côté du port de plaisance de Banyuls, où le service se fait au bar, est une belle surprise et un vrai coup de cœur, car il vous propose non seulement de délicieux burgers gourmets, mais aussi de succulents plats de la mer, copieux à un prix abordable. La spécialité de Moïse, ce sont les grillades de poisson : thon, calamar, moules, sardines, morue... selon l'arrivage. Derrière ses allures de restauration rapide, la Ganotte est une pépite à découvrir à Banyuls pour celui qui recherche l'authentique, la qualité et la générosité.

LE MIRADOU €€

Route de Cerbère
✆ 04 68 88 02 80
www.hlecatalan.com

Fermé entre novembre et mars. Ouvert tous les jours midi et soir. Menus de 28 à 39,50 €.

Depuis 1968, le Miradou domine la baie de Banyuls, avec aux commandes Pascale qui a succédé à son père et qui n'en finit pas d'innover. Deux solutions pour apprécier ce lieu : passer à l'heure du déjeuner, dénicher une table près de la piscine avec vue sur mer et prendre une formule tapas. Ou venir le soir pour découvrir une cuisine plus élaborée où les parfums du terroir croisent ceux de la Méditerranée. La finesse de la cuisine du Miradou fait l'unanimité de la clientèle, tout comme la terrasse et sa vue exceptionnelle sur la baie de Banyuls.

© HÔTEL LE CATALAN

© HÔTEL LE CATALAN

MER

LA PAUSE €

14, rue Saint Pierre
✆ 04 68 88 30 30

Ouvert en journée le lundi et du mercredi au dimanche. terrasse.

Une petite pause sympa à Banyuls-sur-Mer au cœur de la rue Saint-Pierre, cette artère piétonne parallèle au front de mer et mouchetée de boutiques et de restaurants. Une pause pour déguster des tartes salées, des pâtisseries, un peu de fraîcheur avec des salades, à l'intérieur en intimité ou en terrasse pour partager la vie des Banyulencs. Tout est fait maison avec des produits frais en provenance de circuits courts ou des commerçants du village. On découvre une cuisine authentique, sans prétention mais imprégnée d'amour. Et on se régale !

LA LITTORINE €€

Plage des Elmes
✆ 04 68 88 03 12
www.leselmes.com

Ouvert toute l'année. Menu midi et soir. Carte environ 50 €. Grand choix de vins locaux.

Jean et Brice Sanac et leur inimitable chef Michel Vedrines vous invitent à un instant culinaire unique. Installé sur l'incroyable terrasse climatisée ou découvrable en été, chauffée en hiver et à l'abri du vent, vous découvrirez des assiettes aussi belles et savoureuses que le cadre est enchanteur. Poissons sauvages et viandes locales sont au menu. Petits producteurs triés sur le volet et délicieuse qualité. Même perfection recherchée pour les vins. Enfin, n'oublions pas de saluer le personnel, car le service et l'attention sont exemplaires. Bravo !

EL XADIC DEL MAR €€

11, avenue du Puig-del-Mas
✆ 04 68 88 89 20

Ouvert de 10h à 15h et de 17h à 2h. Réservation obligatoire.

Manu a un caractère bien trempé et rugueux comme un cep de vigne, mais en vous accueillant dans sa petite cave à manger et bar à vins nature, il vous fera découvrir un nouveau monde de saveurs et de délicatesse. A El Xadic Del Mar, on salive déjà au moment de la commande ! Tout est si original, savoureux, un brin décalé et très inventif : à titre d'exemple on peut citer la mozzarella aux figues ou les couteaux à la vapeur au jambon Bellota ! Chaque visite au Xadic del Mar est une surprise... avec un vrai petit air de resto gastronomique.

LES NEUF CAVES €€

56, avenue Général-de-Gaulle
✆ 04 68 36 22 37
www.9caves.com

Ouvert tous les jours de 10h à 23h en été. Hors saison fermé le dimanche soir et le lundi. 3 gîtes (de 4 à 8 pers)

De fil en aiguille, les Neuf Caves est devenu un restaurant et un bar à vin au concept original et décalé. Une ancienne cave réhabilitée en lieu de vie. Une vaste salle dans son jus et au centre la cuisine. Les vins nature et BIO sont mis à l'honneur, mais aussi les copains producteurs et pêcheurs. Environ 60 % des produits proposés sont issus de l'agriculture BIO. Les vins sont vendus à prix domaine sans droit de bouchon. Bravo ! Les 9 caves viennent d'ouvrir 3 superbes gîtes aménagés avec des matériaux écolos et naturels. A déguster ou visiter absolument !

LE FANAL €€

18, avenue Pierre Fabre
✆ 04 68 98 65 88
www.pascal-borrell.com

*Ouvert toute l'année tous les jours midi et soir. 1 * au Michelin. 4 menus. Réservation recommandée.*

L'illustre chef étoilé Pascal Borrell nous reçoit dans son bel établissement à la déco contemporaine recherchée. Il déploie là toute la richesse de sa palette gastronomique. L'art culinaire est un tout, et ici rien n'est négligé, les tables sont irréprochables et les assiettes joliment dressées. De bout en bout du repas, le chef nous régale de créations de saison, légères et colorées, aux saveurs marquées et subtiles. C'est une cuisine « Signature » qui a une vraie empreinte. Un grand chef au service de la « vraie » gastronomie avec un accueil sans faille !

L'O À LA BOUCHE €€

Avenue du Fontaulé
✆ 04 30 82 41 30
www.restaurant-loalabouche.fr

Menus midi et soir. Plusieurs formules (duo et trio). Carte environ 30 € pour 3 plats. Terrasse.

De l'accueil, du service et des plats servis, tant par leur saveurs que par la présentation soignée, nous avons été charmés par la qualité de ce restaurant. C'est que Marc, le chef, travaille des produits frais et de saison et on le sent, les clients apprécient et y reviennent. Les plats *mar i munt* (terre et mer), spécialités du chef, sont un régal ! Des habitués, contigus à notre table, nous ont soufflé à l'oreille que Marc, l'enfant du pays, connait tous les pêcheurs de la côte catalane. Le rapport qualité/prix est très honorable. Un établissement du tonnerre !

© MATIAS SISMONDA LA TABLE DE JORDI

© GÉRARD MARION

© GÉRARD MARION

LA TABLE DE JORDI €€

5, place Paul-Reig ✆ 04 68 09 75 08
www.latabledejordi.com

Ouvert toute l'année. Spécialité de fruits de mer. Superbe terrasse ! Animations. Vente de vin du domaine Sant Jordi.

Zoé, l'ainée de Josy et Luc est désormais aux commandes avec son titre mérité de Maitre Restaurateur. La cuisine a été repensée entièrement avec du matériel flambant neuf, réaménagement de la salle avec extension pour un côté cocooning, terrasse avec vue sur la mer, équipe jeune et dynamique. Ajoutez à cela une cuisine onctueuse où la spécialité reste le poisson de Méditerranée, tout en proposant grillades, charcuterie, tapas, viandes maturées et aussi du pays catalan. Les plats sont divinement cuisinés, les desserts maison et les vins du domaine Sant Jordi.

© MATIAS SISMONDA LA TABLE DE JORDI

© MATIAS SISMONDA LA TABLE DE JORDI

LE QUINTESSENCE €€

2, rue Edouard-Branly
✆ 04 68 82 91 35
www.menu-touch.fr

Ouvert midi et soir du mardi au samedi. Le dimanche et le lundi seulement le midi. carte : 30 €. Terrasse.

Les choses bougent à Banyuls. Pas sur le front de mer mais dans une charmante rue piétonne à l'écart. Aurélien, chef de métier, est un vrai magicien aux fourneaux. C'est très bon et très fin mais ce qui nous a séduits, c'est le mélange des cuisines et des saveurs : une déclaration d'amour à la France et l'Espagne. La carte change régulièrement et le nom de chaque plat ressemble à un alexandrin. Cuisine décalée et osée à base de produits locaux et de belle facture. Le Quintessence revendique une cuisine inventive, et nous ajouterons passionnelle !

BANYULS L'ÉTOILE

26, avenue du Puig-del-Mas
✆ 04 68 88 00 10
www.banyuls-etoile.com

Accueil, visite et dégustation toute l'année 7/7. œnotourisme, cours de dégustation, soirées vigneronnes, concerts...

La visite de la plus ancienne cave de Banyuls se déroule dans un décor de vieille usine entrepôt, avec de beaux pressoirs, d'anciens foudres datant de 1921 qui constituent de véritables archives aromatiques. Vous verrez également un alignement de bonbonnes en verre permettant au vin de profiter du soleil entre 8 et 12 mois. Des sélections de millésimes de tous les âges sur des Banyuls Grand Cru et des Collioures sont à la vente au caveau. Une étoile qui brille très haut dans le ciel au vu des nombreuses récompenses reçues chaque année.

CLOS CASTELL

Chemin du Mas-Guillaume ✆ 06 07 36 80 45
www.closcastell.fr

100 % bio. Accueil, visite et dégustation sur RDV, balades dans les vignes, dégustations avec accord mets et vins...

Sur les hauteurs de la baie de Banyuls, Jean Christophe écrit l'histoire du Clos Castell jour après jour. « Un bon vin commence à la vigne », commente cet orfèvre qui élabore des vins de niche que seuls les plus chanceux pourront déguster car il ne fait que 8 000 bouteilles ! L'effet en bouche de ses flacons est aussi saisissant que la vue sur les sommets environnants ! L'absence de traitement mécanique et chimique préserve les arôme de ses nectars. Nous avons découvert un personnage au grand cœur comme on les aime au *Petit Futé*, un puriste attachant, une pépite.

LA COUME DEL MAS

3, rue Alphonse Daudet
✆ 06 86 81 71 32
www.coumedelmas.com

Accueil, vente et dégustation sur rdv. Œnotourisme.

Plus qu'un domaine de 14 ha déjà reconnu et plébiscité par la presse spécialisée, la Coume del Mas est une philosophie au sein de laquelle le mot terroir prend tout son sens. « De la fusion entre l'homme et son milieu, naît un vin précieux ». On ne saurait vous conseiller une cuvée plutôt qu'une autre, tout est délicieux et à déguster sans modération. Des vins fins et élégants qu'il faut découvrir absolument d'autant plus que depuis le chai attenant au Domaine les Tines (et le célèbre Mémé Jeanette) la vue sur les coteaux et la mer est saisissante !

DOMAINE BERTA MAILLOL

Route des Mas
✆ 04 68 88 00 54
www.bertamaillol.com

Ouvert tous les jours en haute saison. Et du mercredi au samedi en basse saison.

Les Maillol sont implantés sur leur terroir et vinifient des banyuls depuis 1611. Lorsque l'on emprunte la route des Mas, au milieu de ses pentes puissantes dans lesquelles les vignes s'enracinent, et qui interdisent toute mécanisation du travail, on comprend mieux ces sculpteurs de montagnes que sont les vignerons d'ici ! La cave et le caveau de dégustation sont encore dans leur jus ce qui fait tout le charme. Les deux frères organisent des ateliers de dégustation et vous proposent des visites du vignoble. Des vignerons passionnés à découvrir absolument.

DOMAINE DE LA RECTORIE

65, avenue Puig-del-Mas
✆ 04 68 88 13 45
www.la-rectorie.com

Ouvert du lundi au samedi de 10h à 12h et de 16h à 19h

Les vins de la Rectorie sont en avance sur leur temps, mais sont aussi entièrement fidèles et respectueux des traditions et du savoir-faire catalan. A la dégustation des cuvées du domaine, vous serez surpris par leur profondeur et leur grande finesse. Véritables vins « de repas », ils sont parfaits pour mettre en valeur la belle gastronomie catalane, raffinée et ensoleillée. La Rectorie, c'est bien plus qu'un vignoble ou un domaine, c'est une institution et tous les connaisseurs vous le diront, c'est là que l'on produit un des meilleurs vins du département.

DOMAINE DU TRAGINER

7, rue Saint-Pierre
✆ 04 68 88 15 11
www.traginer.fr

100% Bio. Ouvert du 1er mars au 31 décembre, du lundi au samedi de 10h à 12h30 et de 14h à 19h.

Sans attendre les modes ou les tendances, Jean François cultive ses vignes dans le respect de la terre avec une conviction aussi enracinée dans la famille qu'un cep dans le sol. Le labourage se fait avec deux mulets, conduit par leur traginer (muletier en catalan), le désherbage avec 7 moutons et bientôt des vaches... L'équation entre un terroir exceptionnel et un vigneron hors du commun produit des vins délicats et recherchés. Les rendements sont très faibles, la concentration forte et... c'est l'âme de la Côte Vermeille que l'on découvre au fond du verre !

DOMAINE MADELOC

1 bis, avenue Général-de-Gaulle
✆ 04 68 88 38 29

Accueil, visite et dégustation du mardi au samedi. Oenotourisme.

16 ha de vignes sur des pentes abruptes et schisteuses face à la mer qu'Élise bichonne en suivant les conseils avisés de son père. Perfectionniste, elle a cherché la fraîcheur et l'élégance dans ses cuvées en rouge et en blanc. Une réception chaleureuse vous attend à la cave et non au caveau. Ainsi, le visiteur peut contempler le travail quotidien d'Élise et son équipe. Il faut absolument rencontrer cette jeune femme et goûter ses nectars que la presse spécialisée encense chaque année et que les grands restaurants s'arrachent. De vrais poèmes en bouche.

DOMAINE PIC JOAN

RD 414 Cap d'Oune
✆ 04 68 98 74 41
www.domaine-pic-joan.fr

Accueil, visite et dégustation sur RDV hors saison. Second point de vente à Banyuls au 8 avenue de la République.

Vignoble de montagne, en terrasses au bord de la mer Méditerranée, Pic Joan compte un peu plus de 7 ha de vignes qui dans l'ensemble ont plus de 60 ans. Dans les trois couleurs et en vin doux, les vins de ce domaine sont un vrai délice que vous pourrez déguster au caveau ou au point de vente-restaurant. Tous les soirs entre juin et octobre, les vins du domaine s'attachent la serviette autour du cou à la table vigneronne. Des vins minéraux et aromatiques en parfait accord avec des mets soigneusement sélectionnés. Un domaine et une famille à découvrir.

DOMAINE SANT JORDI

5, carrer Sant-Jordi
✆ 06 15 06 23 43
www.domainesantjordi.com

Hors saison sur RDV, sinon accueil, visite et dégustation tous les jours de 10h à 12h30 et 16h à 19h30. Vente en ligne.

Chez Josy et Luc, c'est le soleil, la passion du métier et l'amour du terroir que l'on découvre au fond d'un verre. Le caveau de dégustation est tout en haut du village et offre une vue imprenable sur la baie ! Le Domaine Sant Jordi possède un gîte et de superbes chambres d'hôtes et peut recevoir séminaires ou événements professionnels. Enfin, une fois la visite du caveau terminée, nous vous conseillons de revenir en bord de mer pour déguster la cuisine de la Table de Jordi. Le *Futé* a craqué pour ce couple de joyeux lurons au grand cœur et plein d'idées !

DOMAINE VIAL MAGNERES

14, rue Edouard-Herriot
✆ 04 68 88 31 04
www.vialmagneres.fr

Accueil, visite et dégustation sur RDV. Le Clos St André : 3 chambres d'hôtes.

Bernard Sapéras est un amoureux de son vignoble, il en connaît toute l'histoire et vous en parle comme un vrai conteur. Quant à ses vins, ce sont de vrais poèmes profonds, amples et riches aux notes iodées, épicées ou florales dans lesquels ressortent la garrigue et ses senteurs de fenouil et de pinède. Enfin, comme cette Côte Vermeille est tout simplement enchanteresse, il faut rester plusieurs jours pour la découvrir et séjourner au Clos Saint André qui dispose de 3 superbes chambres d'hôtes où se conjuguent architecture traditionnelle et design.

LES OLIVERAIES DE LA BAILLAURY

2, rue Rouget-de-l'Isle
✆ 06 07 34 27 80

Moulin ouvert d'avril à septembre du lundi au vendredi. Visites gratuites le jeudi. Info sur le site internet.

Les oliveraies les plus méridionales de France sont dans les Pyrénées-Orientales ! Olivier vous invite à découvrir son exploitation d'oliviers plantés en terrasse. 7 variétés réparties sur 12 ha et cultivées sans aucun pesticide pour faire revivre une tradition éteinte depuis le terrible gel de 1956. Au bar à huile, vous goûterez une sélection d'huiles comme l'Authentique, l'Argoudeil ou bien la Courbeil. La visite guidée des oliveraies et du moulin est suivie d'une dégustation.

TERRES DES TEMPLIERS

Route du Mas-Reig
✆ 04 68 98 36 92
www.terresdestempliers.fr

Horaires selon les saisons sur le site Internet. Visite gratuite. Circuits et animations autour de l'oenotourisme.

Le vignoble de Banyuls et Collioure existe depuis 26 siècles, la grande Cave Terres des Templiers est un hommage au travail des hommes. Le clou de la visite guidée est la découverte de la superbe et grandiose salle des foudres, ces cuves d'une capacité allant de 800 hl à 1 000 hl, l'allée des cuves bicentenaires et à l'extérieur les demi-muids contenant les banyuls secs, exposés au vent et au soleil pendant 12 mois. Vous bénéficierez également d'une dégustation privilégiée des Grands Vins des Terres des Templiers. À découvrir absolument.

KAYAK DE MER ALÉOUTES

11, quai Georges-Petit
✆ 04 68 88 34 25
www.kayakmer.net

D'avril à novembre. Nombreuses formules, initiation, demi-journée, rando journée...

Pour découvrir la Côte Vermeille sur une embarcation stable, rapide et écologique. Aléoutes est un club de loisirs multi-activités où le kayak de mer tient une place centrale qui vous emmène en des lieux accessibles uniquement en kayak avec pause masque-tuba dans des criques sauvages. On aime la formule Coucher de soleil avec pause apéritif, la rando-bivouac, rando côtière à travers la réserve marine pour rejoindre la Costa Brava ou passant le cap Béar pour pénétrer dans la baie de Collioure. Les plus aventuriers apprécieront les raids sur plusieurs jours.

PLONGÉE BLEUE

Port de Plaisance ✆ 07 85 75 67 45
www.plongeebleue.com

Initiation, plongée explo. Randonnée palmée. Séances adaptées aux malentendants et malvoyants.

Plongée Bleue est un centre de plongée orienté vers la protection de l'environnement marin par des actions et des démarches quotidiennes concrètes visant à minimiser son impact sur le milieu pour être en accord avec ses valeurs et son éthique. Toute l'équipe se met en quatre pour que vous vous sentiez comme un poisson dans l'eau. Le petit plus qui nous a touchés chez eux, c'est l'accueil d'un public «extra ordinaire» : jeunes autistes, jeunes en activité de réinsertion, public sourd et malentendant, handicap moteur et cognitif... Une belle philosophie !

PLONGÉE CAP CERBÈRE

Route d'Espagne
CERBÈRE
✆ 04 68 88 41 00
www.plongee-cap-cerbere.com

Plongées encadrées, baptêmes, découvertes d'épaves... Tout est sur le site Internet.

Cap Cerbère est idéalement situé au cœur de la réserve marine, du parc marin et à quelques encablures de la réserve du cap Creus en Catalogne sud. Plongées d'exploration, de formation, randonnées palmées, mais aussi stages photo (sous marine), stages bio (vie sous marine), plongée sous glace (en hiver). Plein d'activités pour un centre dynamique et à l'accueil légendaire. En plus, vous adorerez Cerbère, ce petit village du bout de la France, moins fréquenté que ses frères et sœurs de la Côte Vermeille, et à l'atmosphère si authentique.

RÉDERIS PLONGÉE

Entre la plage et le port de Banyuls.
✆ 04 68 88 31 66
www.rederis.com

Ouvert toute l'année. Initiation, plongée exploration avec guide, randonnée palmée, location de matériel.

Gérard et Pascale Puig et leur équipe vous font découvrir et aimer la Grande Bleue, que vous soyez débutant ou confirmé. Les sites d'exception sont toujours choisis selon la météo du jour. Vous pourrez ainsi parcourir la Réserve naturelle marine de Banyuls Cerbère en toute sécurité et les plongeurs confirmés (niveau 2 minimum) plongeront sur des épaves à deux pas des eaux espagnoles. L'hiver, rendez-vous dans les Pyrénées catalanes où le centre propose des stages de plongée sous la glace à la station des Angles (janvier et février).

LE SENTIER SOUS-MARIN

Plage de Peyrefite
CERBÈRE
✆ 04 68 88 09 11

Fermé hors saison. Ouvert tous les jours de 12h à 18h. Location matériel pour adultes et enfants.

Le sentier sous-marin se visite en nageant en surface, muni d'un masque, d'un tuba et de palmes. Une série de panneaux immergés vous sert de guide et vous entraine dans le *monde du silence*. Vous explorez les petits fonds rocheux de la réserve marine en 5 étapes sur une distance de 250 mètres en toute sécurité, des maîtres-nageurs surveillent les lieux pendant les heures d'ouverture. Visite commentée directement à vos oreilles à l'aide du tuba FM. Une belle et savoureuse initiation à la découverte du fascinant écosystème de la Côte Vermeille.

COLLIOURE ★★★

Joyau de la côte catalane, Collioure a su garder intact le charme de la vieille cité historique, célèbre depuis les rois de Majorque et immortalisée par les plus grands peintres du XXe siècle. Des petites rues pittoresques au charme indicible, entrecoupées d'escaliers et de maisons aux balcons fleuris, une église au clocher emblématique, un puissant château bordé par de petites plages, des barques catalanes reconnaissables à leurs couleurs vives et leurs mâtures typiques, un ciel bleu qui ne vous quitte jamais... Tout concourt à faire de Collioure le site le plus fréquenté du département. Et puis et surtout, Collioure ouvre une page de l'Histoire de l'Art du début du XXe siècle : Matisse et Derain, éblouis par son ciel lumineux et serein et son petit port de pêche, couchèrent le lieu sur leurs toiles et firent la gloire de ce village qu'il faut parcourir à pied en serpentant le long de ses venelles colorées et fleuries. Collioure subjugue été comme hiver, ce village ne s'endort jamais. Et quelle que soit la saison, on aime découvrir ses petites boutiques d'artisanat et ses galeries d'art, déguster ses célèbres anchois, s'asseoir à la table d'un des nombreux restaurants et faire une pause sur une des trois plages. L'office de tourisme est riche d'informations sur le village et ses alentours. Des circuits à thème et des visites guidées sont proposés, des randos pédestres vous invitent à vous élever vers les vignes en terrasse pour mieux contempler cet écrin unique au monde. On adore Collioure et on ne s'en lasse jamais.

CHÂTEAU ROYAL ★

Place du 8-Mai

✆ 04 68 82 06 43

Voir le site Internet pour les horaires selon saison. Adulte 4 €. Gratuit jusqu'à 12 ans. Visite guidée.

Aménagé par les comtes du Roussillon et les rois d'Aragon aux XIIe et XIVe siècles, le château accueillera la cour des rois de Majorque durant le bref épisode de leur règne. Par la suite, il est occupé par les Espagnols jusqu'en 1642, puis retombe aux mains des Français. Vauban renforce alors la citadelle. Les amateurs d'architecture apprécieront les salles voûtées d'ogives, la chapelle, mais aussi les impressionnants remparts d'où l'on bénéficie d'une superbe vue sur la mer et la cité. Expositions et spectacles animent le château tout au long de l'année.

ÉGLISE NOTRE-DAME-DES-ANGES

Implantée au bord de la mer, c'est le symbole de Collioure. Cette église qui semble vouloir prendre le large ne manque pas d'originalité. Le clocher de l'église Notre-Dame-des-Anges marque le paysage de la ville et l'imaginaire. C'est que ce joyau de l'architecture religieuse a une histoire particulière. À l'origine, le clocher de cette église était... un phare. Son dôme n'a été posé qu'en 1810. Voir le remarquable retable du maître-autel signé de Joseph Sunyer.

MAISON DU FAUVISME ★

10, rue de la Prud'homie

✆ 04 68 82 15 47

www.collioure.com

Ouvert du lundi au samedi. Visites guidées de 1h30. 8,5 €, tarif réduit 6,5 €, enfant moins de 10 ans gratuit.

En mai 1905, Matisse et Derain découvrent Collioure. De cette rencontre naît le fauvisme. Un circuit a été créé dans les rues de la ville, ponctué par une vingtaine de reproductions de tableaux sur les lieux mêmes où ils ont été peints. Grâce à ce musée vivant, on assiste à la naissance d'un des mouvements les plus importants de la peinture du XXe siècle, le Fauvisme. La Maison du fauvisme propose plusieurs balades commentées d'avril à octobre : Le chemin du fauvisme, l'exploration des forts, Collioure insolite, l'expérience ludique...

OFFICE DE TOURISME

Place du 18-Juin

✆ 04 68 82 15 47

www.collioure.com

Ouvert tous les jours en été. Du lundi au samedi hors saison. Circuit découverte : Les chemins du fauvisme.

Toutes les informations utiles sont à votre disposition : les parcours de visite en ville, l'art et la culture, la gastronomie, le programme des animations, les loisirs et les sports, l'hébergement et les éléments pratiques. Toute l'équipe se met en quatre pour vous offrir les plus belles vacances avec la nouvelle marque «Absolument Collioure» qui est l'engagement de toute la ville pour renseigner le touriste. L'OT de Collioure a pour vocation de coordonner tous les prestataires qui offrent des activités de tourisme ou de loisirs dans la ville. On les adore !

FORT SAINT-ELME ★★★

Sant Elme
✆ 06 64 61 82 42
www.fortsaintelme.com

Fermeture entre novembre et janvier. Ouvert tous les jours de 10h30 à 17h. Visite guidée 1 €. Animations.

Située sur un pic à 160 mètres d'altitude, entre Collioure et Port-Vendres, « la sentinelle de la Cote Vermeille », fut érigée au XVIe siècle sous Charles Quint (le Roussillon appartenait à l'époque au royaume d'Espagne) sur les bases d'une tour de guet pour lutter contre les razzias des Maures. Ce chef d'œuvre de l'architecture militaire remanié par Vauban est aujourd'hui un lieu de culture consacré au Moyen Age et à la Renaissance qui permet de découvrir des centaines d'armes du XVIe et dans le jardin, des dizaines de plantes exotiques. Du Fort Saint-Elme, et tout particulièrement des terrasses au sommet de la tour de laquelle, vous aurez une vue imprenable à 360 degrés sur toute la côte de Collioure jusqu'à Sète, mais aussi jusqu'au Canigó et aux chaînes des Albères et des Corbières. Pour apprendre le fort en s'amusant, des animations et jeux sont proposés aux groupes d'enfants. L'accès aux souterrains est même possible (sur rdv pour les deux activités, détails des prestations sur le site). On peut se rendre au fort Saint-Elme en voiture depuis Port Vendres mais la découverte à pied vaut le détour (environ 30 min de marche et de grimpette) au départ de Collioure en empruntant le chemin qui part du musée d'Art moderne. Autre alternative très agréable, c'est d'y accéder avec le petit train touristique et ensuite de redescendre tranquillement par le chemin du moulin. On peut redescendre en suivant le sentier de crête vers le nord puis en virant à droite à travers les vignes en terrasses (sentier balisé jaune).

© PHB.CZ (RICHARD SEMIK) - SHUTTERSTOCK.COM

BALADA ' DEUCHE

Place du 8 Mai 1945
✆ 06 42 97 93 21
www.baladadeuche.com

balades à 2cv sur la côte et dans les terres. Plusieurs formules.

Visiter la Côte Vermeille et le Massif des Albères autrement, c'est possible. A bord de la mythique 2 cv, vous profiterez d'une balade inoubliable avec les commentaires avisés de Cyril. La topographie du département se prête à ces excursions, les routes sinueuses de la Côte, les chemins pierreux amenant à des panoramas à vous couper le souffle ou les sentiers rocailleux serpentant au milieu des vignes du cru Collioure ou Banyuls. Les touristes étrangers en sont friands, et apprécient les balades gourmandes à bord de cette voiture, fierté du «made in France».

COLLIOURE 2CV TOUR

✆ 06 59 77 51 10
www.collioure2cvtour.com

Escapade insolite en 2 CV. 4 circuits à thème et circuits sur mesure. Réservation obligatoire.

Collioure 2CV Tour, bien plus qu'une visite, c'est une balade hors des sentiers battus sur les hauteurs de la côte Vermeille, en authentique 2CV d'époque (et décapotable !), refaite entièrement à neuf. C'est aussi une parenthèse gourmande si vous choisissez un tour combiné à une dégustation des produits du terroir catalan ou des vins du Roussillon. Petites routes qui serpentent entre les vignes et panoramas sublimes au programme. Si vous êtes en quête d'expériences exclusives, faites comme nous, montez à bord et embarquez pour une folle balade inoubliable !

PETIT TRAIN TOURISTIQUE COLLIOURE - PORT-VENDRES

Parking de la Poste
✆ 06 84 95 11 09
www.petit-train-touristique.com

Ouvert de fin mars à la Toussaint. Départ de Collioure toutes les heures entre 10h et 18h.

Au départ de Collioure (parking de la poste) ou de Port-Vendres (parking du port), le petit train vous emmène à travers les vignobles en terrasse par des chemins pittoresques, avec un arrêt au Fort Saint-Elme pour admirer le superbe panorama sur les baies de Collioure et Port-Vendres. Le trajet est captivant car il emprunte des chemins escarpés difficilement praticables avec une voiture classique. Un vrai dépaysement avec la Grande Bleue en toile de fond. Comptez 45 min pour la balade.

ERMITAGE NOTRE DAME DE CONSOLATION €

Route de la Madeloc

✆ 04 68 82 17 66

Ouvert toute l'année. 3 chambres. Planches de dégustation. Animaux acceptés.

Se promener, pique-niquer, boire un verre, manger et même dormir... Tout cela dans un même lieu à 5 minutes des plages ? Bienvenue dans un monument historique qui abrite une chapelle du XIIe siècle, des bâtisses attenantes et des fontaines en pierre. Le lieu est idéal pour venir déguster des huîtres ou proposer une échappée insolite à son amoureuse le temps d'un week-end. C'est très vert et ombragé, l'eau court et les enfants peuvent jouer en toute liberté.

HOTEL AMBEILLE** €€

Route Argeles

✆ 04 68 82 08 74

www.hotelambeille.com

Fermé de novembre à fin mars. 21 chambres avec balcon (dont 10 avec vue sur la mer). Place de parking.

Le Petit Futé vous a déniché le meilleur rapport qualité-prix de Collioure ! Ici, pas de piscine ni de bain à remous, mais une vue à couper le souffle. Depuis la terrasse où vous pouvez prendre votre petit déjeuner, vous avez un panorama de carte postale... Vue sur la mer, mais aussi sur le château Royal, le Fort Saint-Elme, la Tour de Madeloc et bien entendu sur le clocher de Collioure. Pour les amoureux de la grasse matinée, la propriétaire peut vous servir le petit déjeuner en chambre. Les chambres sont climatisées et la literie d'excellente qualité.

HÔTEL L'ARAPÈDE*** €€

Route de Port-Vendres

✆ 04 68 98 09 59

www.arapede.com

Fermé de mi-novembre à mi-février. 22 chambres. Séminaires. Réceptions et mariages. Bain bouillonnant.

Parmi les pins parasols et les palmiers, vous goûterez ici à une douceur de vivre inégalable à seulement 15 min à pied du centre-ville. La vue plongeante sur la crique en contrebas laisse rêveur. les chambres sont toutes accessibles par ascenseur, et très joliment décorées. Elles sont climatisées et certaines ont un balcon ou une terrasse avec vue sur la mer ou sur la crique. Une salle de réception spacieuse et lumineuse tournée vers la piscine accueille les banquets, mariages et séminaires. Une mention spéciale pour la gentillesse du personnel de l'Arapède.

HÔTEL LA BONA CASA €€

20, avenue de la République

✆ 04 68 82 06 62

www.hotel-collioure.net

Fermé de novembre au 15 février. 12 chambres (dont une suite familiale)

A 250 m de la plage et du château royal, cette Bona casa (traduisez bonne maison) porte bien son nom. C'est ravissant, et d'ailleurs l'établissement est labellisé « hôtel de charme et de caractère ». Les chambres sont toutes personnalisées, décorées et meublées avec goût, murs en pierres apparentes et peinture blanche, elles dégagent un charme fou. Tout est très propre, très bien tenu. L'exposition côté cour est très calme, demandez-la en priorité, certaines chambres donnent sur le patio, bien agréable lorsque l'on rentre de la plage.

HÔTEL PRINCES DE CATALOGNE*** €€

Rue des Palmiers

✆ 04 68 98 30 00

www.hotel-princescatalogne.com

Fermé entre janvier et février. 30 chambres dont 1 suite familiale. Petit déjeuner buffet à volonté. Parking fermé

A seulement 100 m de l'emblématique château de Collioure et de la célèbre plage du Boramar, l'hôtel Princes de Catalogne est un petit nid ultra contemporain au cœur du village. Dans les chambres à la déco soignée, parquet, écran plat, mini bar et coffre-fort, certaines disposent d'un lit à l'italienne (en 180) pour plus de confort. Le personnel, très professionnel et fort sympathique, se fera un plaisir de vous donner de nombreux conseils de balades hors sentiers battus.

HÔTEL TRITON** €€

21, rue Jean-Bart

✆ 04 68 98 39 39

www.hotel-triton-collioure.com

Ouvert toute l'année. 22 chambres : simples, doubles et familiales.

Dans la partie la plus tranquille de la ville, le Triton est idéalement situé pour profiter de la beauté de Collioure. 22 chambres climatisées dont certaines avec balcon. Elles sont réparties entre l'établissement principal et à 50 m de celui-ci, une annexe réalisée dans une maison de pêcheurs face à la mer. Ce bâtiment offre de belles chambres spacieuses avec vue sur mer, mais le wifi n'y passe pas. On peut prendre son petit déjeuner, même en hiver, sur la terrasse au bord de l'eau, en contemplant l'un des plus beaux panoramas de la côte méditerranéenne.

MAS DES CITRONNIERS*** €€

22, avenue de la République
✆ 04 68 82 04 82
www.hotel-mas-des-citronniers.com
Fermé de début novembre à début avril. 30 chambres. Parking ouvert inclus. Séminaires.

Situé au cœur de Collioure, à 250 mètres de la plage, du château Royal et du fameux clocher, Le Mas des Citronniers est à l'origine une grande maison de famille. On se laisse porter par la sérénité toute méridionale de cette belle demeure à l'architecture des années 30. Les chambres sont toutes climatisées, disposent d'un frigo top, certaines donnent sur des terrasses ou sur un bout de jardin privatif ; vous apprécierez le calme de celles qui sont situées au fond du jardin, elles bénéficient de la fraîcheur émanant de ce joli coin de verdure.

VILLA MIRANDA €€

15, route du Pla de las Fourques
✆ 04 68 98 03 79 - www.villamiranda.fr
4 chambres (dont 1 suite). Chambre double de 105 € à 115 €. Petit déjeuner inclus. Parking inclus.

Dans une belle maison des années 1930, Céline et Jean-Michel vous accueillent dans leurs 5 chambres d'hôtes (4 doubles de 25 m^2 et 1 suite familiale de 36 m^2). Spacieuses et joliment décorées avec les couleurs vives des tissus catalans, elles s'ouvrent sur la Grande Bleue. C'est central tout en étant très calme, le jardin bien arboré donne un côté intime. Aux beaux jours, c'est sur la grande terrasse avec vue panoramique que vous sera servi un sympathique petit déjeuner. Pour vos balades, Céline et Jean-Michel, enfants du pays, seront d'excellent conseil.

CASA PAÏRAL**** €€€

Impasse des Palmiers
✆ 04 68 82 05 81
www.fr.hotel-casa-pairal.com
Fermé de novembre à février. 27 chambres. Parking fermé.

Dans une petite impasse calme, la Casa Païral est l'hôtel de charme par excellence. Une vieille demeure catalane à la façade ocre, dans laquelle on pénètre par un hall dallé de tomettes anciennes. Vous aimerez le jardin méditerranéen avec fontaine et cyprès, vous vous enivrerez de son odorant magnolia centenaire ; la piscine est nichée dans la verdure. Certaines chambres évoquent les années 1930, d'autres vous plongent dans l'univers fauve. Varier pour mieux séduire : tous les ans, la déco de deux chambres de l'hôtel est revisitée en accord avec l'histoire.

RELAIS DES 3 MAS**** €€€

Route de Port-Vendres ✆ 04 68 82 05 07
www.relaisdestroismas.com
Restaurant La Balette. 23 chambres (double, deluxe et suite). Menus de 54 à 129 €. Parking fermé.

C'est au milieu des pins, à flanc de colline, que ce 4-étoiles vous accueille dans un cadre tout simplement idyllique. Vous y découvrirez des chambres agréables offrant une vue absolument sublime sur la magnifique baie de Collioure. Piscine chauffée surplombant une petite plage de galets, bain bouillonnant et terrasses propices au farniente complètent l'ensemble. Côté restaurant, le chef Laurent Lemal nous concocte des plats à la hauteur de son étoile. Du talent et de l'inspiration à toutes les étapes d'un repas que l'on savoure sur une terrasse magique !

LES ROCHES BRUNES €€€

15, Route de Port Vendres ✆ 04 11 30 07 55
www.hotel-lesrochesbrunes.com
Ouvert toute l'année. 18 chambres (dont 3 suites). Chambre double de 150 à 300 € ; suite de 240 à 380 €.

Un hôtel restaurant avec beaucoup de cachet sur les hauteurs de Collioure construit à même le rocher et surplombant la baie de Collioure. 15 magnifiques chambres toutes avec terrasse ou balcon et 3 belles suites avec vue sur la Méditerranée vous invitent à la contemplation. Un jardin arboré vous donne accès à la mer et, comme tout hôtel de renom, vous pourrez déguster à son restaurant : «la Mamma», le menu «Signature» du Chef ou ses plats à forte influence italienne. Endroit idéal pour vos réunions professionnelles ou vos évènements privés sous réservation.

L'AMBROISIE €€

3, place Jean-Jaurès
✆ 04 68 09 79 07
Ouvert du mercredi au lundi soir hors saison. Tous les jours en été.

Les bonnes adresses, c'est comme les pamphlets en temps de monarchie, ça circule sous le manteau. C'est en fouinant et en écoutant les gens du cru que le *Futé* a déniché ce petit bijou à Collioure. Niché au faubourg, face à la plage et au fort, un peu à l'écart du flot de touristes, l'Ambroisie ravira vos papilles grâce à ses produits ultra frais, BIO souvent, et cuisinés avec une touche artistique. Question qualité, c'est du sans-faute, on sent que les propriétaires sont plus amoureux de la bonne chère que de la rentabilité. La vie est belle à Collioure.

Collioure.

L'ARBRE DU VOYAGEUR €€

19, place Jean-Jaurès
✆ 04 68 95 10 43
www.larbreduvoyageur.fr
Ouvert tous les jours en haute saison. Fermé du lundi au mercredi en basse saison. Terrasse. carte 30€

L'Arbre du Voyageur est un restaurant d'ici et d'ailleurs. A table, on fait le tour du monde des saveurs mais attention, ici on ne sert que des plats à base de produits locaux et de préférence en circuits courts. Bravo pour l'initiative. Le congélateur est réservé uniquement aux glaces ! Vous dégusterez une cuisine exotique plutôt abordable pour les gourmands et les gourmets. Pensez à réserver car le lieu n'accueille qu'une trentaine de couverts, en salle, au comptoir ou en terrasse. After plage apéro le soir et brunch le dimanche. A vous de choisir.

L'ATELIER 66 €€

9, avenue Carignan
✆ 04 68 98 42 42
www.casino-collioure.com
Ouvert du mercredi au dimanche midi et soir. Menu unique à 19,90€ (ardoise). Formule 16,50 € (duo). Animations.

Le restaurant du Casino de Collioure sert une cuisine bistronomique, simple et gourmande. Plus de carte, les suggestions se font à l'ardoise au retour du marché, vous êtes sûr d'y trouver des légumes de saison et des fruits de notre département. Les petits métiers proposent au chef la pêche du jour et les viandes et volailles issues en grande partie de la production locale. Enfin, la salle privée à l'étage pour des événements ou des séminaires d'entreprises est un point fort de ce restaurant qui se plie en quatre pour satisfaire les envies de sa clientèle.

CAN PLA €€

7, Bis Rue Voltaire
✆ 04 68 82 10 00
www.restaurant-can-pla-collioure.com
Ouvert midi et soir du Lundi au Dimanche. Menus de 19 € à 26 €. Carte : 40 € environ (pour 3 plats)

Le Faubourg reprend du poil de la bête. Quittez le flot des touristes et venez découvrir ce quartier et sa belle esplanade face à la plage et au château de Collioure. Une poignée de restaurateurs a choisi de reconquérir les visiteurs en proposant une cuisine authentique et de terroir. Chez Can Pla, le sud est mis à l'honneur, la catalogne mais aussi toute l'Espagne. On aime la diversité des tapas et des plats qui vont réveiller vos papilles : poulpe à la galicienne, palourdes fraîches, dos de morue à la sobresada, côte d'agneau au thym, mel i mato... un régal !

CASA LEON €€

2, rue Rière
✆ 04 68 82 10 74
Ouvert toute l'année du mardi au dimanche. Carte : 35 € environ (pour 3 plats). Formules du midi. Terrasse.

Une adresse très sympathique dans le vieux Collioure, au détour d'une ruelle et pourtant à deux pas de la plage. La terrasse est un peu petite (il faut dire que les ruelles sont étroites) mais on a vraiment aimé l'accueil et la gentillesse du patron. Les plats à la carte sont assez généreux et vraiment bons. Une mention particulière pour le triple P : plancha, poisson et plaisir ! Vous serez conquis par l'authenticité du lieu. Un bon petit resto sans prétention, sûrement pas un attrape-touriste, et plein de bonnes surprises pour venir déjeuner en famille.

LA CUISINE-COMPTOIR €€

2, rue Colbert
✆ 04 68 81 14 40
www.lacuisinecollioure.com
Ouvert les week-ends en hiver. Ouvert tous les jours midi et soir en saison. Terrasse. Manifeste Slow Food.

« Nous, on aime faire travailler les copains paysans et pêcheurs. » Sur ces mots, Victoria donne un aperçu de son style atypique : produits locaux et BIO et philosophie *slow food* ! Vous aurez le choix entre une superbe terrasse ombragée sur une placette ou la version comptoir à l'intérieur. Pour chaque plat, on vous donne le nom de l'éleveur, du pêcheur ou du maraîcher. Le militantisme se poursuit avec une carte qui met à l'honneur les vins naturels et locaux. A la fois laboratoire des saveurs et manifeste pour la décroissance, un lieu à découvrir.

EL CAPILLO €€

2, rue Pasteur
✆ 04 68 82 48 23
Ouvert tous les jours midi et soir sauf lundi et mardi. Carte environ 40€ pour 3 plats. Terrasse.

On vient à « El Capillo » essentiellement pour déguster une cuisine nature et fraîche réalisée avec des ingrédients de qualité. La carte change presque tous les jours en fonction de l'arrivage et de l'humeur du chef. Les associations et les accords sont originaux et irrésistibles. Une cuisine innovante ! Rien qu'à la vue des assiettes, les appétits s'éveillent. Le secret del Capillo ? une ardoise, des Produits frais et locaux, des Poissons du coin, des Vins d'ici, une pincée de bonne humeur, un zeste de créativité, une dose de surprise, et beaucoup de Passion.

L'ESCALE BLEUE €€

1, Avenue du général de Gaulle
✆ 04 68 85 37 82
www.lescale-bleue.fr

Ouvert midi et soir du mercredi au lundi. Carte restreinte car pêche locale. Réservation obligatoire.

L'escale Bleue affiche la couleur d'entrée : c'est un restaurant de poisson frais. Pas de bla-bla ou d'entourloupe, ici tout est local et du coin ! L'extérieur n'est pas des plus aguichants mais poussez la porte et vous aurez l'impression de vous retrouver dans un aquarium… ou au fond de la mer. On ne plaisante pas avec la qualité, ce resto est un des rares de Collioure où le patron fait lui-même la tournée des pêcheurs locaux pour vous ramener le meilleur poisson… et extra frais. Accueil irréprochable et familial. A découvrir sans faute !

LE JARDIN DE COLLIOURE €€

4, route de Port-Vendres
✆ 04 68 95 12 52
www.lejardindecollioure.com

Ouvert toute l'année. Ouvert tous les jours. Différentes formules. Carte environ 35€

Installé dans l'ancien cloître du couvent des dominicains, une bâtisse classée du XIIIe siècle, le Jardin de Collioure vous accueille pour une balade gastronomique. Tous les atouts architecturaux de l'édifice ont été exploités : du jardin arboré protégé du vent à l'intimiste patio abrité par un érable centenaire, en passant par la salle intérieure aux beaux murs de pierre, les volumes ont été aménagés avec goût. L'endroit rêvé pour déguster une cuisine élégante et ensoleillée, qui offre une savoureuse palette de saveurs aux notes catalanes et à l'accent iodé.

LE NEPTUNE ET BRASSERIE LA VOILE €€

Route de Port-Vendres ✆ 04 68 82 02 27
www.leneptune-collioure.com

Restaurant et brasserie avec terrasse vue sur Collioure. Produits locaux et faits maison, une valeur sûre.

Déjeuner ou dîner avec comme horizon la majesté du clocher de Collioure et les clapotis de la belle bleue. Le Neptune qui a aussi le bon goût d'abriter deux types de restauration. D'un côté, le restaurant gastronomique Le Neptune avec de belles recettes gourmandes, élégantes et raffinées. De l'autre, la brasserie La Voile du Neptune qui joue à merveille la carte de la *so chic* avec des propositions succulentes. Situation idyllique et plats savoureux pour cet incontournable de Collioure.

PAMPA €€

18, rue de la Fraternité
✆ 06 58 20 84 83
https://pampa-collioure.business.site

Fermé le mardi. Réservation recommandée. Carte environ 45 €. Terrasse.

Elsa et Pablo ont déménagé à Collioure, mais le voyage des saveurs n'a pas changé. Bienvenue au pays des saveurs du monde, de l'Amérique du Sud à l'Asie avec un petit détour par l'Europe. Voyage des sens pour découvrir des produits raffinés et délicats à partir de viandes locales ou de poissons de Méditerranée. Elsa et Pablo, vos hôtes, le clament haut et fort : « notre credo c'est avant tout la *cocina del corazon* ». Une aventure culinaire digne d'un resto gastronomique à vivre dans la salle à la déco voyageuse ou en terrasse. Coup de cœur assuré !

Collioure.

CHEZ SIMONE €€

Boulevard du Boramar
✆ 04 34 29 93 47

Fermé en hiver. Ouvert tous les jours midi et soir en saison. Deux terrasses, une au soleil et l'autre à l'ombre.

Ne cherchez pas les moules frites ou les assiettes de charcuterie chez Simone. Une bonne adresse à Collioure pour les fins gourmets : classiques tapas revisités avec originalité et assiettes gourmandes qui font le tour du monde des saveurs avec une prédilection pour la cuisine fusion. La carte change régulièrement selon les saisons et l'humeur du chef, mais les tonalités restent les mêmes. Pensez à réserver car ce qui fait le charme du lieu avec sa vue imprenable sur l'église de Collioure, à deux pas de la plage, c'est son cadre intimiste et apaisant.

LA BALETTE €€€

Route de Port Vendres
✆ 04 68 82 05 07
www.relaisdestroismas.com

Toques Blanches. Ouvert du mercredi au dimanche midi et soir. Réservation impérative. Menus de 54 € à 129 €. Terrasse.

Le Chef étoilé Laurent Lemal vous emmène à la découverte des produits locaux revisités à sa façon. Avec vue sur mer, face au clocher de Collioure, en 7, 8, 10 ou 12 services, il va vous faire voyager en jouant avec «Léphé - mer- terre» qui met en valeur le travail des hommes, agriculteurs, maraichers, paysans ou pécheurs locaux et d'Occitanie. Que dire si ce n'est que vous inviter à découvrir par vous même ce travail d'orfèvre qu'est l'art culinaire. En écrivant l'article, je ferme les yeux et me souviens de chaque plat comme un souvenir indélébile en ma mémoire.

RELAIS DES 3 MAS €€€

Route de Port-Vendres
✆ 04 68 82 05 07
www.relaisdestroismas.com

Toques Blanches. Ouvert tous les jours en haute saison. 1 étoile au Guide Michelin. Hôtel «le Relais des 3 Mas».

Le chef étoilé Laurent Lemal éclaire cette jolie maison de son brio gastronomique. Et elle mérite son étoile qui brille. D'une part pour la beauté du site : la mer à perte de vue et l'élégance de la salle. Et d'autre part, pour la qualité des mets proposés par le talentueux chef. Nul ne reste indifférent à la cuisine inventive, d'une insolente sobriété, de ce chef hors du commun. Les intitulés des plats sont un peu à rallonge, mais on sait à quoi s'attendre, sublime de bout en bout... Et on ne vous parle même pas du dessert ! Le site est merveilleux.

CHEZ SYL VINS

24, Place du 18 Juin ✆ 06 72 01 94 36
https://chez-syl-vins.business.site

Ouvert toute l'année. Tartines et planches de 3 à 18€. Droit de bouchon de 8€ pour consommation sur place. Terrasse.

A la fois galerie d'art, bar à vin et cave à vin, Chez Syl Vins étonne et enchante. Plus de 500 références de vins dont 100 en vins naturels et vivants. « J'aime le vin sans maquillage », nous confie Sylvain, « je suis caviste mais mon passé de maître sommelier me rattrape, je suis toujours à la recherche de ce qui est rare ». Nous avons découvert de délicieuses petites cuvées, accompagnées de fromages et charcuteries locales. Écouter ce garçon si aimable, tendre et modeste commenter une dégustation, guider vos papilles et vos sens est un pur bonheur. On adore !

ANCHOIS DESCLAUX

3, route Nationale
✆ 04 68 82 05 25
www.anchoisdesclaux.com

Ouvert tous les jours de 9h à 19h. Livraison possible. Visite et dégustation gratuites.

Depuis 1903, la maison Desclaux transmet de père en fils son savoir-faire artisanal. Les anchois sont salés manuellement puis nettoyés et placés en couronne dans des barils de saumure pour obtenir un arôme et un goût incomparables. Dans la boutique, on trouve des anchois en conserves et surtout des anchois semi-frais aux assaisonnements variés. Les ateliers de production ne se visitent pas, mais dans l'ancien atelier attenant, une ouvrière refait devant vous les mêmes gestes ! La Maison Desclaux vient d'ouvrir une superbe épicerie fine dans le centre de Collioure.

ANCHOIS ROQUE

17, route d'Argelès
✆ 04 68 82 04 99
www.anchois-roque.com

Ouvert tous les jours. visite et dégustation gratuite. Livraison possible.

Saleurs à Collioure depuis 1870, l'entreprise familiale travaille toujours dans le respect de la tradition artisanale. Ces spécialités sont fameuses et se déclinent salés, au vinaigre, nature, ou en anchoïade et tapenades. Dans les ateliers du premier étage, vous pourrez discuter avec les anchoyeuses qui s'efforcent de perpétuer des gestes ancestraux. La visite des ateliers et les dégustations sont gratuites et valent vraiment le détour. Qu'on se le dise, dans cet établissement, de l'anchois au sel à l'olive farcie aux anchois, tout est délicieux !

MER

CONSERVERIE LA BELLE ILOISE

4, place Général-Leclercq
✆ 04 68 83 86 31
www.labelleiloise.fr/fr
Haute saison : ouvert tous les jours et les jours fériés. Ouvert toute l'année. Ouvert le dimanche. Livraison possible.

A déguster sans modération : sardines, maquereaux, thons, soupes de poisson… L'originalité n'a pas été oubliée car on retrouve aussi au menu des préparations pour sandwiches, des petites marmites à réchauffer et des coffrets vraiment surprenants. Et c'est délicieux ! Les boîtes sont de toutes les couleurs (on se croirait dans une bijouterie), l'accueil est toujours avec le sourire et en prime on peut goûter les produits. Un petit air de Bretagne en Méditerranée !

LES CROQUANTS À L'ANCIENNE

8, rue Berthelot
✆ 04 68 98 08 90
Haute saison ouvert tous les jours de 10h à 13h et de 15h à 20h. En basse saison du mercredi au lundi. Fermé en hiver

Dès potron-minet, la rue Berthelot embaume, on est guidé jusqu'à la boutique du n° 8 par les douces senteurs d'amandes torréfiées, de chocolat chaud et de citron... La famille Pons, originaire des Fenouillèdes, fabrique devant vous les inimitables croquants de Saint Paul de Fenouillet et les fameux Rochers de Collioure. On vous propose également des macarons, des bunyettes et des rousquilles qui ravissent tous les gourmands. A déguster à toute heure ou à ramener dans vos bagages.

DOMAINE MANYA PUIG

7, Avenue de la République
✆ 04 68 98 02 59
http://manya-puig.e-monsite.com
Ouvert tous les jours de 10h à 12h30 et de 14h30 à 19h. Marché de Collioure mercredi et dimanche.

Le domaine Manya Puig est l'une des plus anciennes identités viticoles de Collioure – cent cinquante ans d'existence sur les schistes noirs du paléozoïque. Aujourd'hui, cette famille cultive près de 40 ha de vignes en terrasses aménagées et situées en grande partie dans le cru banyuls collioure. Simone vous accueille au caveau en plein centre de Collioure à deux pas du château et des petites ruelles piétonnes. Laissez-vous guider lors de la dégustation, vous découvrirez tous les secrets des vins du domaine, dans les 3 couleurs et en VDN.

DOMAINE PIETRI-GERAUD

22, rue Pasteur
✆ 04 68 82 07 42
www.domaine-pietri-geraud.com
Ouvert du mardi au dimanche de 10h à 12h30 et de 15h à 18h30.

Bien ancré dans la tradition colliourenque, le domaine Piétri-Géraud possède le savoir-faire de 5 générations de vignerons, et aujourd'hui ce sont 2 femmes, Maguy et Lætitia, qui tiennent les rênes du domaine. 20 ha dont 16 sur des terrasses schisteuses, un terroir rude empreint d'une forte identité. Les vins sont vinifiés et dorment au cœur du village. En vin sec ou doux, les cuvées du domaine sont à découvrir. Mention spéciale aux vieux millésimes de Banyuls. La presse spécialisée ne s'est pas trompée et récompense régulièrement les nectars du domaine.

LE DOMINICAIN

Place Orfila
✆ 04 68 82 05 63
www.dominicain.com
Ouvert du lundi au samedi. Accueil, visite et dégustation. Visite guidée et commentée + dégustation : 3 €.

Fondé en 1290, cet ancien couvent, qui a failli tomber dans l'oubli après la révolution française, est depuis 1926 la propriété des vignerons de Collioure. Le cellier regroupe 160 vignerons producteurs des grands vins d'AOP Banyuls et Collioure. La visite du cellier est non seulement pédagogique mais elle est également un ravissement pour les yeux lorsqu'on découvre la salle des foudres située dans la nef de l'ancienne église du XIIIe siècle. Un couvent dédié aux vins, cela est unique ! La visite se clôture par une belle dégustation.

CIP COLLIOURE - CENTRE INTERNATIONAL DE PLONGÉE

24, ravin du Coma-Xeric
✆ 04 48 89 19 99
www.cip-collioure.com
Ouvert de mi-juin à fin septembre. Baptême plongée, randonnée palmée, formule « découverte »...

Ce centre international de plongée, existant depuis 1954 et agréé par le ministère de la Jeunesse et des Sports et par la FFESSM (Fédération française d'études et de sports sous-marins), met à votre disposition un matériel et un personnel de premier plan pour découvrir les fonds marins de la Côte Vermeille. Les baptêmes se font sur rendez-vous dans la baie de Collioure sur les fonds rocheux et des randos palmées sont organisées tous les jours (l'équipement est fourni).

LE STELSIA CASINO COLLIOURE

9, Avenue Carignan ✆ 04 68 98 42 42
www.lestelsia-.casinos.com
Ouvert toute l'année du lundi au samedi. Restaurant « l.Atelier 66 » ouvert midi et soir du mercredi au dimanche.

Facile d'accès, avec grand parking, le Stelsia Casino Collioure est idéal pour une sortie réussie. Vous serez comblés par la diversité de ses offres. Des espaces privatisables pour vos événementiels, un restaurant, l'Atelier 66, qui vous propose une cuisine bistronomique aux produits frais et locaux cuisinés maison. Tous les jours dès 10h les softs et boissons chaudes sont offerts aux joueurs. Et tout au long de l'année le Casino Stelsia Collioure vibre d'une multitude d'animations.

PORT-VENDRES ★

A 2 km au sud de Collioure, Port-Vendres, Portus Veneris pour les romains est le plus important port de pêche des Pyrénées-Orientales. Autrefois délaissée des touristes au profit de son élégante voisine, cette petite ville d'environ 5 000 habitants offre pourtant une ambiance toute méditerranéenne, avec ses restaurants de poissons et ses petits bateaux de pêche qui se balancent dans cette anse naturelle. La ville constitue aussi un important bassin de commerce, spécialisé dans les fruits et légumes. Les paquebots de croisière et autres luxueux yachts privés y accostent également toute l'année car c'est le seul port en eaux profondes du Département.

LE SITE CLASSÉ DE L'ANSE DE PAULILLES ★

24, quai Sadi-Carnot
✆ 04 68 95 23 40
Ouvert toute l'année. Horaires du site 9h-19h. Horaires de la Maison de Site selon saisons.

Symbole de la beauté sauvage de la Côte Vermeille, le site classé de l'Anse de Paulilles est désormais un havre de paix. Cette grande anse baignée de verdure abrite 3 belles plages séparées par des promontoires rocheux. Le site qui nous est donné à voir de nos jours est le résultat d'une volonté sans faille du Conservatoire du Littoral en partenariat avec le Département, qui en assure désormais la gestion. Des visites guidées vous permettront de découvrir le passé industriel de Paulilles et d'apprécier la réhabilitation paysagère de ce site exceptionnel. Un espace muséographique présente l'histoire de cette ancienne dynamiterie. Une nouvelle visite guidée d'une heure intitulée « Cap au Sud » vous permettra de vous immerger dans le quotidien des ouvriers de la dynamiterie dans les années 1970. N'oubliez pas de passer par L'atelier des Barques, des charpentiers de marine vous présentent le travail de restauration des barques catalanes. Depuis la vigie, vous aurez un panorama à 360° sur l'anse de Paulilles. C'est le site préféré des Catalans quand les beaux jours pointent leur nez. Un conseil en haute saison, venez tôt le matin ou tard le soir. Un magnifique sentier de randonnée permet de longer les criques et grimper jusqu'au phare du cap Béar. En chemin, belle découverte de la flore locale et de petites anses cachées. Du sommet, le point de vue est à couper le souffle sur la côte Vermeille au sud et le golfe du Lion au nord. Tout simplement magique !

MARC DOURY

1, quai Forgas
✆ 04 68 82 41 44
www.marcdoury-artiste.com
Ouvert en haute saison tous les jours de 10h à 22h. Du vendredi au dimanche en basse saison. Gratuit.

Paysages, portraits, fresques murales pour du *street art* ou trompe-l'œil, nus, il aime à dire : « Ce que mes yeux ne perçoivent pas, mon trait le dévoile ». Marc est très abordable et il vous explique sa peinture. Libre à vous d'aimer ou pas le style figuratif/impressionniste, mais vous ne pouvez pas rester indifférent à sa peinture. Pour ma part, j'avoue avoir eu un faible pour la série *Sant Jordi*, certains préféreront la série sur le *Belem* ou sur l'*Hermione*, la caravelle *Santa Maria* ou encore la *Nao Victoria*, superbes bateaux venus à Port-Vendres.

OFFICE DE TOURISME

1, quai François-Joly
✆ 04 68 82 07 54
www.port-vendres.com
Ouvert du lundi au vendredi et le samedi matin en basse saison. Tous les jours en été.

Des « circuits découverte » de la ville et des alentours sont proposés en saison, sur le thème de la riche et fabuleuse histoire de « Portus Veneris » ou Cité de Venus. Une autre balade thématique vous fera découvrir les métiers liés à l'activité portuaire (commerce, plaisance, pêche). Le petit plus est la possibilité de voir le Christ marin de la petite chapelle de Cosprons sur demande à l'office. On vous conseille le sentier des Douaniers, qui fait partie du magnifique sentier du littoral. Infos et plaquettes à télécharger sur le site internet.

DOMAINE DE VALCROS €€

Lieu-dit Paulilles
✆ 04 68 82 04 27
www.domainedevalcros.com
Gîtes de France (3 épis). Ouvert toute l'année. 3 chambres. Studio et appartement 3 chambres.

Situé dans la magnifique baie de Paulilles, cet authentique mas viticole catalan offre un environnement comme seule la côte Vermeille peut l'offrir. Un accès privé mène à la plage, nichée au milieu des vignes. Les chambres au confort et à la déco simples sont toutefois dotées de la climatisation et ont des salles de bains privatives. Elles portent le nom de trois communes catalanes. Deux d'entre elles donnent sur un jardin fleuri où il est fort agréable de prendre son petit déjeuner, et la troisième, plus spacieuse, regarde vers la Méditerranée. Idyllique !

LES JARDINS DU CÈDRE*** €€

29, route de Banyuls
✆ 04 68 82 01 05
www.lesjardinsducedre.com
Fermé en janvier. 19 chambres (dont 1 junior suite). Demi-pension. Parking. Restauration (menus de 20 à 38€).

Sur les hauteurs de la ville, c'est sans doute l'hôtel le plus élégant de Port-Vendres. La décoration particulièrement soignée et les équipements participent à la qualité des lieux. Le vieux cèdre du Liban domine sans peine, dans le parc planté d'essences méditerranéennes, la piscine s'y intègre parfaitement en surplomb de la baie. La table est à la hauteur du cadre et propose une brillante cuisine terre/mer inspirée et évolutive qui s'inscrit dans le « vrai ». Pêche locale bien sûr ! N'hésitez pas à vous laisser surprendre. Le soir, la vue est magique.

REFUGE MADELOC €€

Chemin de Taillefer
✆ 06 18 81 92 75
www.refugemadeloc.com
Gites de France (2 épis). Fermé de décembre à mars. Gîte pour 10 pers. (4 chambres). Location à la semaine en saison.

Situé en pleine garrigue, le gîte n'a ni piscine ni court de tennis, mais offre la vraie nature préservée. Sur les hauteurs de Collioure et de Port-Vendres, au pied de la Tour Madeloc, David et son épouse ont restauré l'ancienne Caserne Taillefer en gîte écologique et autosuffisant en énergies. La piste d'accès en corniche, taillée dans la montagne arrive jusqu'au site et domine la Méditerranée du haut de ses 460 m : un panorama à couper le souffle ! Sur place : randonnées (GR10 ou boucles), observation faune et flore (matériel d'observation).

LES CABANONS DE MÉMÉ JEANNETTE €€€

1, bis rue de Madeloc
✆ 07 50 66 40 03
www.memejeannette.com
Ouvert toute l'année. 4 chambres. Domaine viticole «Les Tines» à découvrir sur RDV.

Les chambres d'hôtes de Mémé Jeannette, noyées au milieu des vignes, surplombent la baie de Paulilles. Ces 4 « cabanons » de 37 m² fraichement sortis de terre, sont finement aménagés et décorés, et orientés à l'est... face à la Grande Bleue. Chaque cabanon possède sa terrasse privative avec douche extérieure, sans vis à vis avec vue dégagée, les vignes familiales du domaine Les Tines à vos pieds et ce ciel bleu catalan éternel au-dessus de vos têtes. Une petite idée du paradis !

LE CHANT DU POULPE €€

13, Quai Pierre Forgas
✆ 09 72 82 41 79
Ouvert tous les jours en saison. Hors saison fermé le mardi. Cuisine locale à base de poissons frais.

Voilà un nouveau resto qui nous a fait craquer. Une autre idée de la cuisine locale avec des recettes originales et toutes à base de produits ultra frais et issus des petits métiers de la pêche. Belle terrasse face au port et salle intimiste fraîchement repensée. Le poulpe est à l'honneur bien entendu mais aussi des classiques de la cuisine catalane et espagnole avec toujours un petit brin d'originalité et de folie dans l'exécution des recettes. On apprécie la gentillesse et l'attention des propriétaires. Un resto dont on parle de plus en plus à Port-Vendres.

CHEZ PUJOL €€

Quai Forgas
✆ 04 68 82 01 39
www.chezpujol.com
Ouvert tous les jours midi et soir. Fermé le soir en hiver du dimanche au jeudi inclus. Menus et carte. Terrasse.

Ce qu'on aime chez Pujol, c'est la terrasse abritée du vent ouverte sur le port et aussi c'est qu'on vous sert du frais de chez frais ! On peut même passer d'abord par la poissonnerie, choisir son poisson sauvage, s'asseoir et attendre tran-quille-ment en regardant la vue, que l'élu soit cuit au choix : à la planxa, à la braise, au four, flambé au pastis ou en croûte de sel. A la carte, des menus et des plats ensoleillés emplis de saveurs méditerranéennes. La carte des vins est bien remplie et met à l'honneur les vignerons du coin.

LA CÔTE VERMEILLE €€

Quai du Fanal
✆ 04 68 82 05 71
www.restaurantlacotevermeille.com
Toques Blanches du Roussillon. Ouvert du mardi au samedi. Terrasse. Menus classiques et gastronomiques.

Ce restaurant se trouve à l'emplacement de l'ancienne criée. Belle renaissance pour un lieu symbolique de la ville. A peine sortis de l'eau, les poissons sauvages sont cuisinés à la Côté Vermeille. Difficile de résister à la queue de lotte « baudroie » rôtie, riz à l'encre, jus de homard au safran des Aspres ou aux saint-Jacques gratinées. Côté douceurs, le saint-honoré revisité aux fruits rouges est une magnifique ponctuation sucrée posée en toute légèreté. Sur la Terrasse Grill panoramique à l'étage, les poissons et les viandes sont servis grillés à la plancha.

LE QUAI €€

2, quai Pierre-Forgas
✆ 04 30 82 40 49
En hiver, restaurant ouvert tous les midis en semaine. Carte environ 30 €. Bar ouvert de 7h à 2h.

Un petit bar-restaurant un peu à l'écart des badauds, près du port de plaisance. Pas de salle, mais une superbe et spacieuse terrasse (à deux pas des bateaux) qui se transforme en verrière l'hiver pour vous abriter de la tramontane ou de la pluie. Caprices de la mer oblige, le menu du jour, très abordable, change souvent. Envie d'une virée entre amis pour faire la fête ? Le Quai n'est pas seulement un restaurant, c'est aussi un bar à l'ambiance branchée mais chaleureuse et conviviale où vous pourrez déguster des cocktails ou des tapas face à la grande bleue.

LES JARDINS DU CÈDRE €€

29, route de Banyuls ✆ 04 68 82 01 05
www.lesjardinsducedre.com
Fermé de novembre à mars. Ouvert du mardi au dimanche le soir. Ouvert le midi le week-end. Carte 45€ environ. Terrasse.

Palmiers et piscine pour ce très bel hôtel à quelques km de Collioure et à deux pas de la Grande Bleue. A hôtel raffiné, table raffinée. Le nouveau chef Loïc Mercier nous sert une cuisine terre/mer soignée réalisée en grande partie avec des produits locaux dont il sait extraire toute la quintessence. La formule du midi est réellement intéressante. Aux menus et à la carte les poissons sauvages sont à l'honneur. Soyez certains que vous serez enchantés tout comme nous l'avons été. Le plus : Une grande terrasse sous les cèdres centenaires avec vue imprenable sur mer !

LES CLOS DE PAULILLES €€€

Anse de Paulilles (entre Port Vendres et Banyuls)
✆ 04 68 81 49 79
www.lesclosdepaulilles.com/
Ouvert tous les jours en été. Le week-end hors saison. Carte environ 60 € pour 3 plats. Terrasse et vue sur la baie !

Visiter, déguster, manger ou acheter. Tout est possible pour les amoureux du bon goût aux Clos de Paulilles. La maison Cazes (leader des vins BIO dans la région) vous propose un espace dégustation, une boutique, des visites guidées du domaine et surtout un excellent restaurant conçu comme un lieu de rencontre entre la mer, la montagne et le vignoble. On vous sert une cuisine raffinée et des spécialités locales autour de produits de saison accompagnée de délicieux nectars du domaine. Enfin, de la terrasse, vous aurez un sublime panorama sur l'anse de Paulilles !

LE PORT DE VÉNUS €€

12, rue Jules-Pams
✆ 04 68 39 73 89
www.leportdevenus.com
Ouvert toute l'année. Menu végétarien. Terrasse.

Les maîtresses des lieux l'affirment ouvertement « on élabore et on sert une cuisine de plaisir ». Le lieu est petit, peu de couverts aussi vous ne trouverez que des produits ultra frais et des poissons issus de la pêche locale. La cuisine est raffinée, originale et très inventive. Entre cuisine du monde, espagnole et fusion, vous trouverez votre bonheur à un prix très correct. Le Port de Vénus est un petit îlot sur la côte, un pied de nez aux bailleurs de fond du tourisme de masse. On adore tout simplement autant la cuisine que l'atmosphère.

LE POISSON ROUGE €€€

Route de la Jetée
✆ 04 68 98 03 12
Basse saison ouvert du jeudi au lundi midi le soir. Haute saison tous les jours. Terrasse au bord de l'eau !

Niché au cœur d'une petite crique, ce restaurant jouit d'une situation très privilégiée et enviée. Des poissons en bois, en fer, en verre, en raphia, en terre cuite décorent joliment cette guinguette chic et choc. On s'y régale d'une cuisine des Sud toujours renouvelée. François puise son inspiration au gré de ses voyages dont il ramène des épices et son chef en cuisine fait le reste. Le poisson est la constante sur la carte : grillé, en cassolette... Que d'imagination et de saveurs mêlées. Si vous arrivez par la mer, un ponton privé vous permettra d'amarrer !

L'église de Port-Vendres.

CASA GALA

7, Quai de la république

✆ 06 21 94 53 07

Ouvert tous les jours midi et soir en saison. Tapas et spécialités ibériques. Plats spéciaux sur commande. Terrasse

Tous les gens de Collioure connaissent la Casa Gala et les formidables soirées qu'on y passe été comme hiver, « improbables, imprévues et incontournables », nous confient les habitués. Mais cette année, déménagement à Port Vendres dans un lieu plus vaste et face au port. Pour l'ambiance et la philosophie, rien n'a changé, Nico sert toujours une cuisine ibérique faite d'amour et de produits fins. Côté cave, votre hôte saura déboucher la pépite parfaite parmi un joli choix de vignerons catalans. On en raffole toujours autant ! Coup de cœur du *Petit Futé*.

LA CÔTE CATALANE

Anse Gerbal

✆ 04 68 98 46 00

www.cotecatalane.com

Ouvert tous les jours en été. Du mardi au samedi et le dimanche matin hors saison. Terrasse.

En direct de la mer, les poissonneries de la Côte catalane sont incontournables. Poissons de pêche locale ou des océans, fruits de mer et plats cuisinés et plateaux à emporter. Dans le vivier, homards et langoustes font le spectacle (les enfants adorent...) avant d'être cuisinés. Quelques tables conviviales vous permettront de goûter sur place, huîtres, moules et anchois en guise d'apéritif, avec un petit verre de blanc du pays. Côte catalane se diversifie et devient à la fois une poissonnerie, un traiteur et un bar à huîtres. Il y en a pour tous les goûts !

DOMAINE CARDONER « LES TINES »

✆ 06 27 61 25 59

www.lestines.fr

Visite et dégustation sur RDV. Restaurant «Mémé Jeannette» sur réservation. Accueil de groupes. 4 chambres d'hôtes.

A Cosprons, joli hameau retiré dans les terres à mi-chemin entre Port Vendres et Banyuls, la famille Cardoner (grand-père, père et fils) cultive 11 ha de vignes avec la passion et la simplicité des grands hommes. Au Domaine Les Tines, vous découvrirez une belle histoire de famille dans la tradition des romans de Giono. Les Cardoner disposent également de 4 chambres d'hôtes aux gigantesques terrasses (et jacuzzi !) avec vue plongeante sur la Méditerranée. Que du partage et du bonheur !

DOMAINE DE LA TOURASSE

5, avenue Castellane

✆ 06 80 03 05 59

www.latourasse.com

Accueil visite et dégustation sur rendez-vous.

Sur ce terroir de schistes béni des dieux, Sophie et Alain font grandir et bichonnent leurs vignes et les immortelles «le plus naturellement possible». Culture en bio-dynamie et vinification et élevage nature sans souffre ajouté sont leur crédo. Ce choix de maintenir un sol vivant (sans aucun intrant chimique) s'exprime dans leurs cuvées qui sont juste délicieuses. Si vous voulez vous initier à l'oenotourisme, Sophie et Alain proposent un itinéraire de découverte à travers les vignes, les plantes médicinales et leur suberaie (chênes lièges).

LA GUINELLE

Cosprons

✆ 04 68 98 01 76

www.levinaigre.com

Ouvert du lundi au vendredi de 9h à 12h et de 15h à 19h. Livraison possible, boutique en ligne.

Nathalie Lefort a créé cette vinaigrerie artisanale désormais réputée dans le monde entier grâce aux meilleurs chefs. Originaire de Banyuls, elle a appris sur le tas, encouragée par les chefs cuisiniers qui utilisent ses produits. Elle travaille uniquement avec du banyuls Rimage, jeune et très fruité. Tout se fait en plein air, vous verrez les dames-jeannes où l'on affine le vinaigre, après 3 à 5 mois d'élaboration en fût de chêne. Nathalie élabore, outre les vinaigres blancs, rouges ou vieux vinaigres de banyuls, des « raretés » à découvrir absolument.

SCUBA PASSION

9, chemin des Tamarins

✆ 06 07 56 03 73

Ouvert d'avril à octobre. Baptêmes, plongées découverte, découverte des épaves... Et plein de surprises !

Alain, un fou de montagne et de mer, n'a d'égal sur la côte pour partager ses découvertes et ses émerveillements avec les plongeurs confirmés ou les débutants. En juillet et août, le club vous propose la randonnée palmée et guidée dans l'anse de Paulilles au cœur du parc marin. Ce que l'on a vraiment adoré chez Scuba Passion, c'est une ambiance unique, chaleureuse et conviviale (sans plaisanter sur la sécurité) et la personnalité du capitaine. Alain, entre deux plongées, a tellement d'histoires à raconter sur la région et les épaves... On en rêve encore !

ARRIÈRE-PAYS

L'arrière-pays des Pyrénées-Orientales englobe toutes les zones rurales ou vallonnées et le versant sud du Canigó. Au nord, les Fenouillèdes sont une terre brute et sauvage aux paysages et climats variés. Dans cette région à l'habitat très dispersé, la vigne est reine. Le Bas Conflent, le Ribéral et la Salanque font partie de la plaine alluvionnaire du Roussillon où coulent l'Agly et la Têt. C'est le royaume des vergers et des cultures maraîchères. Ce sont des terres fertiles par opposition avec les Aspres, terres arides, composées de vallées recouvertes de forêts épaisses et de collines escarpées. Les Albères, à cheval entre Catalognes française et espagnole, sont le dernier soupir des Pyrénées avant de plonger dans la grande bleue. Elles culminent au pic de Néoulous. Enfin, le Vallespir, structuré autour du fleuve Tech, est une région de montagne couverte de grandes forêts au-dessus desquelles se dessine le versant sud du Canigó.

D9
D20
D7
Caudiès-de-Fenouillèdes
D117
SAINT-PAUL-DE-FENOUILLET
D9
D7
AUDE
Le Vivier
ANSIGNAN
Prats-de-Sournia
Sournia
Rabouillet
Trévillach
D2
D14
D13
Mosset
VINÇA
N116
Eus
Réserve Naturelle Nohèdes
Catllar
N116
Marquixanes
NOHÈDES
PRADES
D25
Llonat
Ria
Réserve Naturelle Jujols
Sirach
VILLEFRANCHE-DE-CONFLENT
Taurinya
P.N.R. des Pyrénées Catalanes
N116
D4
D6
Olette
D27
D13
Sahorre
Réserve Naturelle Nyer
Réserve Naturelle Py
Réserve Naturelle Mantet
Rés. Nat. Prats-de-Mollo-la-Preste
D74
D115 A
PRATS-DE-MOLLO-LA-PRESTE
5 KM

Arrière-Pays
Vingrau
SALSES-LE-CHÂTEAU
D611
D12
TAUTAVEL
MAURY
D117
D59
Cases-de-Pène
Espira-de-l'Agly
D117
D83
Latour-de-France
Estagel
CALCE
RIVESALTES
D9
Baixas
Peyrestortes
Pia
D17
Montner
D900
Cassagnes
D612
D1
Bompas
BÉLESTA
Saint-Estève
Corneilla-la-Rivière
Villeneuve-la-Rivière
Baho
PERPIGNAN
Néfiach
N116
A9
ILLE-SUR-TÊT
Saint-Féliu-d'Avall
Le Soler
Cabestany
Toulouges
D914
Corbère-les-Cabanes
D612 A
Villeneuve-de-la-Raho
THUIR
Ponteilla
Llupia
Nyls
D48
Trouillas
D612
Terrats
Montescot
Villemolaque
Saint-Jean-Lasseille
D2
Fourques
Passa
Ortaffa
Brouilla
Tresserre
Banyuls-Dels-Aspres
D618
Saint-Génis-des-Fontaines
Llauro
D618
D13
D615
D13
LE BOULOU
Saint-Jean-Pla-de-Corts
Villelongue-Dels-Monts
Montesquieu-des-Albères
D63
Paratge Natural d'Interès Nacional del Massís de l'Albera
Maureillas-Las-Illas
D15
CÉRET
D900
Alzina Rodona
AMÉLIE-LES-BAINS-PALALDA
LE PERTHUS
D71
ARLES-SUR-TECH
ESPAGNE
E-15

ARRIÈRE-PAYS

PAGES

183 ALBÈRES

183 LE BOULOU ★

190 LE PERTHUS

191 ASPRES

191 THUIR ★

205 FENOUILLÈDES

205 SAINT-PAUL-DE-FENOUILLET ★

209 ANSIGNAN

209 BÉLESTA

211 MAURY

213 CARAMANY

215 RIBÉRAL

215 ILLE-SUR-TÊT ★

221 VINÇA

222 BAS-CONFLENT

222 PRADES ★

229 NOHÈDES

229 VILLEFRANCHE-DE-CONFLENT ★★

240 TAUTAVEL ★★

247 SALANQUE

247 RIVESALTES ★

253 CALCE

254 SALSES-LE-CHÂTEAU ★★

256 VALLESPIR

256 AMÉLIE-LES-BAINS-PALALDA ★★

261 ARLES-SUR-TECH ★

270 PRATS-DE-MOLLO-LA-PRESTE ★

273 CÉRET ★★

LE BOULOU ★

À 25 km au sud de Perpignan et à 10 km de la frontière espagnole, Le Boulou est une petite cité thermale située au pied des Pyrénées. Les eaux du Boulou, qui jaillissent au pied des Albères, sont froides et gazeuses et possèdent des vertus thérapeutiques incontestables. L'accès autoroutier est idéal, tout comme sa position de carrefour permettant aux 5 000 habitants d'accéder facilement à Perpignan, Montpellier, Toulouse, Barcelone et aux plages d'Espagne. Son centre-ville est très agréable et riche de jolis petits commerces. N'oublions pas que dès l'Antiquité, la ville a été un point de passage important – pour Hannibal et ses éléphants, entre autres.

L'ESPACE DES ARTS

Rue des Écoles

✆ 04 68 83 36 32

www.espacedesarts.over-blog.fr

Ouvert du mardi au samedi de 9h à 12h et de 14h à 18h. Entrée libre.

La galerie municipale EDA, Espace des Arts, au Boulou, propose à l'année des expositions de qualité à travers la photo, la peinture, la sculpture, etc. Vitrine de l'art actuel, elle permet aux artistes de la région et de l'extérieur de présenter un large éventail de leur production plastique et aux visiteurs de découvrir une exposition sur les arts visuels en moyenne tous les deux mois. Ouvert du mardi au samedi de 9h à 12h et de 14h à 18h (fermé les jours fériés). Pour voir les expositions passées et à venir, suivez le lien : www.espacedesarts.pro

LA CHAPELLE SAINT-MARTIN-DE-FENOLLAR ✝ ★

Chemin Saint-Martin-Fenollar

MAUREILLAS-LAS-ILLAS

✆ 04 68 87 73 82

Fermé en décembre et janvier. Entrée payante. Aire de pique-nique. Parking. Point d'eau. Toilettes.

Sur la route du Perthus, à 5 min du village, se trouve cette jolie chapelle préromane du IXe siècle, qui mérite vraiment un détour. Construite par des moines bénédictins venus d'Arles-sur-Tech, son style architectural est typiquement carolingien d'inspiration mozarabe. Elle doit sa notoriété aux remarquables fresques murales anonymes que l'on peut admirer dans l'abside, et dont certains ont dit que « des artistes aux mains d'or ont ici reproduit les plus belles images de la Bible. »

MAISON DE L'HISTOIRE CASA DEL VOLÓ

Avenue Léon-Jean-Grégory

✆ 04 68 83 75 01

Ouvert toute l'année. Du mercredi au vendredi de 10h à 12h et de 14h à 17h ; le samedi de 9h à 13h. Gratuit. Animations.

A la Casa del Voló, on vous fera découvrir Le Boulou autour d'une exposition permanente retraçant toutes les périodes de son histoire, du Paléolithique à nos jours. Une part très importante est consacrée à la bataille du Boulou et à la frise du Maître de Cabestany sculptée pour l'église Sainte-Marie. Vous découvrirez aussi la partie industrielle de la ville avec le liège et son eau qui en ont fait sa renommée ainsi que l'histoire de l'ancien pont suspendu.

ÉGLISE SAINTE-MARIE ✝ ★

Ouvert tous les jours de 9h à 11h45.

De la première église romane édifiée au Xe siècle, il ne subsiste que le portail monumental réalisé en marbre blanc de Céret, classé monument historique. Ce portail est surtout remarquable par la très belle frise qui le surplombe et sculptée par le maître de Cabestany dans la seconde moitié du XIIe siècle. Elle représente six scènes de l'enfance du Christ : l'annonciation, la naissance du Christ, le bain de l'enfant, l'adoration des rois mages, la fuite en Egypte et le repos en Egypte. A découvrir aussi le très beau retable à l'intérieur de l'église.

LE MUSÉE DU LIÈGE ★

2, avenue Maréchal-Joffre

MAUREILLAS-LAS-ILLAS

✆ 04 68 83 15 41

Fermé du 1er décembre au 31 janvier.

Il y a à peine 50 ans, le travail du liège était la principale activité du village, employant plus de la moitié de la population. Créé par d'anciens bouchonniers et par les habitants du village, ce petit musée abrite le plus grand bouchon du monde haut de 2,40 mètres et d'un diamètre de 1,30 mètre. Ce musée part du chêne liège pour arriver au bouchon et aux multiples utilisations du liège. Il permet de retrouver les outils et les machines que les anciens ont utilisé pour écorcer le chêne liège en forêt, travailler ce liège et assurer la production des bouchons.

ARRIÈRE-PAYS

OFFICE DE TOURISME

6, rue Arago ✆ 04 68 87 50 95
www.tourisme-leboulou.fr

Ouvert du lundi au samedi toute l'année. Le dimanche matin en haute saison. Visites guidées 5 €.

Une vraie mine d'informations. Le souriant personnel, très professionnel vous donnera toutes les clés pour appréhender au mieux votre séjour dans la ville thermale et organiser vos escapades dans les environs. Des fascicules concernant les promenades, à pied, avec un VTT ou à cheval, autour du Boulou sont à votre disposition. Les passionnés d'art et de culture pourront randonner sur les traces de la bataille du Boulou ville chargée d'histoire et de « petites histoires » à découvrir. Le Boulou est la dernière sortie d'autoroute avant la Catalogne sud, pensez-y.

MAISON DE L'EAU ET DE LA MÉDITERRANÉE M.E.M.

4, rue Arago
✆ 04 68 87 50 10
www.mem-leboulou.fr

Ouvert toute l'année. Forfaits familles et tarif réduit pour les curistes.

Sans eau il ne peut y avoir de vie. La MEM est un lieu culturel de divulgation scientifique sur la thématique de l'eau. Sa muséographie innovante met l'accent sur la transmission des savoirs au sein d'espaces expérimentaux, immersifs et interactifs qui font appel à tous les sens. Tout au long du parcours sur 3 niveaux, l'eau est expliquée sous toutes ses formes : la saga de l'eau, Sublime Méditerranée, Terre Catalane, l'Odyssée de l'eau d'ici et Source de Bien-être.

AUBERGE DU CHÊNE €

D900 - **MAUREILLAS-LAS-ILLAS**
✆ 04 68 53 98 17

Ouvert toute l'année. 4 chambres. Restauration (excellente cuisine familiale avec produits locaux). Tv satellite.

A ne pas manquer cette charmante auberge familiale aux portes de l'Espagne, à 5 km du Perthus et 25 minutes des plages. Les chambres ont tout le confort moderne, écran plat, douche et toilettes séparées, bonne literie et insonorisation exceptionnelle. Dans la salle commune où vous pouvez prendre votre petit déjeuner «maison», un bar de courtoisie est à votre disposition toute la journée pour vos boissons chaudes. Pour le dîner, les plats sont mijotés avec talent par Aurélie qui maitrise à merveille les arts de la table avec la complicité de son mari Grégory.

CAMPING CARAVANING MAS LLINAS*** €€

Chemin Mas Llinas ✆ 04 68 83 25 46
www.camping-mas-llinas.com

Ouvert d'avril à novembre. Emplacements, mobil-homes et chalets. Jeux pour enfants, dépôt de pain et alimentation.

Dans une belle propriété arborée, avec en toile de fond le Canigou, le camping du Mas Llinas est un havre de paix au cœur d'une nature préservée. Les vastes emplacements pour tente, camping-cars ou caravane sont tous reliés au réseau électrique. Les hébergements à la location sont propres et bien entretenus. Petit coup de cœur pour les nouveaux mobil-homes « grand luxe » avec leur astucieuse double terrasse panoramique. Au camping du Mas Llinas, les vacances ont un autre goût.

HÔTEL LE CENTRE* €

10, rue François-Arago
✆ 04 68 83 15 73
www.hotellecentre.com

5 chambres (dont 2 familiales). Appartement 6 pers. Restauration

Un vrai bon plan comme on en voit rarement ! Situé dans une rue commerçante du Boulou, cet hôtel familial est idéal pour une halte sur la route des vacances ou tout simplement un séjour à prix modéré. Les chambres réparties dans les étages desservis par un escalier sont d'une propreté irréprochable. Une terrasse solarium au dernier étage vous fera profiter du soleil et de la surprenante vue à 360 degrés sur toute la vallée. L'accueil très chaleureux de Manon, la jeune propriétaire, ainsi que l'excellent rapport qualité-prix font l'unanimité auprès du Futé.

CAMPING L'OLIVETTE** €€

Route du Perthus
✆ 04 68 83 48 08
www.camping-olivette.fr

Fermé de mi-novembre à mi-février. Tarifs détaillés sur le site du camping.

Deux étoiles pour ce camping, désormais géré par la Chaîne thermale du Soleil, idéalement situé face aux thermes qui offre 158 places, certaines plus ombragées ; si on le souhaite, on peut se poser sous un olivier ou un bosquet de chênes verts, il suffit de réserver. L'épicerie ouverte tous les jours vous dépannera à moins que vous ne préfériez vous attabler au petit resto sur place. Là, vous goûterez des plats catalans et des spécialités à la plancha. En juillet et août, des animations musicales sont programmées en soirée, dans l'esprit guinguette ou karaoké.

DOMAINE DES HÉLIANTHÈMES €€

Les Burguères - **MAUREILLAS-LAS-ILLAS**
✆ 06 77 34 39 74 - www.domainecasanove.fr
Ecogîte 50 m². Ouvert toute l'année. Wifi gratuit. Piscine hors-sol. Salon de jardin, lave-linge, lave-vaisselle.

Dans un cadre chaleureux, entre mer et montagne, Olivier, vigneron de profession, vous accueille dans son petit bijou de facture écologique pour des vacances reposantes et ressourçantes : l'Esprit du Lieu, un gîte de 45 m² en construction bioclimatique. Olivier est ingénieur en construction écologique, aussi il a su allier à merveille la terre, la paille et le bois. Olivier, en vrai agriculteur engagé, vous fera découvrir sa production écologique : vin, safran, miel, coulis de tomates, huile d'olive, jus de grenade… Le bonheur est dans le pré !

HÔTEL LE NÉOULOUS** €€

Zone de l'Autoport
✆ 04 68 87 52 20
www.leneoulous.com
Ouveret toute l'année. 47 chambres. Restaurant. Séminaires, réceptions.

A deux pas d'une sortie d'autoroute, il est situé à un endroit stratégique au carrefour de la route des plages, de la frontière espagnole, de Céret et des thermes du Boulou. Bien que classé en 2 étoiles, il en vaut 3 tant les efforts sont faits pour le surclasser. Les chambres sont refaites, la literie est neuve, la décoration est sobre mais cosy, un superbe bain à remous est à la disposition de la clientèle à côté de la piscine et de la cuisine d'été spéciale grillades. Vous pourrez y séjourner pour les cures aux thermes du Boulou, organiser vos séminaires.

L'ANCIENNE GARE €€

Le Millery - **BROUILLA** ✆ 04 68 89 88 21
www.anciennegare.net
Ouvert toute l'année. 5 chambres. Ou location de la maison dans son intégralité à la semaine ou au week-end. Jardin.

C'est au cœur du triangle d'or du Roussillon, entre Perpignan, Céret et Collioure, que Joaquina vous accueille dans une ancienne gare restaurée. Cette grande maison de charme, en gestion libre, vous réserve 5 chambres joliment décorées. La maison s'ouvre sur un vaste jardin avec hamacs, chaises longues et terrasses aménagées qui vous attendent pour de longues heures de farniente. Si vous souhaitez faire un joli circuit aux alentours, Joaquina, catalane de souche et ancienne guide conférencière, saura vous indiquer les bons coins qui sortent des sentiers battus.

LE MAS CABANIDS €€

Le Cortal d'en Baptiste
MAUREILLAS-LAS-ILLAS
✆ 06 84 72 06 66
www.mascabanids.com
Hébergements insolites : cabane perchée, yourte, visio-bulle, tipi et pyramide de verre.

Vous aimez la nature, le calme et les hébergements insolites ? Le Mas Cabanids est fait pour vous ! Yourte avec vue sur le Canigó, pyramide de verre en lisière de forêt, cabane perchée au-dessus de la rivière, bulle dans les arbres pour être un peu plus près des étoiles ou encore tipi pour être le roi des indiens, tout est calme et sérénité. En famille, entre amis, pour des stages de méditation ou simplement en couple, on adore cet endroit en pleine nature où l'on vous accueille avec le sourire. Sans oublier le calme et la gentillesse de la propriétaire.

LE MAS CAZEILLES €€

23, Avenue Paul Biagne
SAINT-JEAN-LASSEILLE
✆ 07 62 17 92 83
Gite 5 pers dans parc arboré clos. Jacuzzi, plancha. Entre 420 et 920€ selon saison. Service drive pour les courses.

Au cœur des vieilles pierres du village et tout en s'ouvrant sur les vignes, le Mas Cazeilles est un lieu magique pour des vacances à la campagne sans être isolé (15 min de la mer ou de l'Espagne). Véro et Thierry vous accueillent avec le cœur et l'envie de rendre plus belles vos vacances. Le gite flambant neuf est équipé dernier cri, décoré avec goût et finesse, et sis au cœur d'un superbe parc arboré et clos où vous aimerez flâner les après-midis d'été. Voilà un lieu parfait pour couple ou famille en quête d'authentique et de charme. Coup de cœur du Futé !

LE RELAIS DES CHARTREUSES*** €€€

106, avenue d'en Carbouner
✆ 04 68 83 15 88
www.relais-des-chartreuses.fr
Fermé du 1er janvier au 1er mars. Piscine et jardin. Restauration.

Ce relais du XVIIe siècle est une demeure de charme, un havre de repos. Entièrement rénové et relooké, il n'est que raffinement et goût. Le nouveau propriétaire a voulu des chambres personnalisées avec une literie haut de gamme. Piscine et jardin d'agrément complètent l'offre. Et si vous souhaitez prolonger cette douce quiétude qui vous envahit, nous vous conseillons vivement de dîner sur place. Vous découvrirez une cuisine fine et délicate, préparée avec des produits frais du marché.

ARRIÈRE-PAYS

LA CASA PIZZA €

15, rue des Tilleuls
SAINT-JEAN-LASSEILLE
✆ 04 11 64 96 39

Ouvert le soir à partir de 18h du mardi au dimanche. Commandes par tél. dès 17h. Pizza à emporter et livraison

Enfin une vraie et bonne pizzeria avec un vrai four à bois et de bons produits locaux et frais ! Chez Sophie et Pierre, vous serez toujours accueillis avec le sourire, même en plein *rush*. La pâte est croustillante, à peine un peu roussie comme il le faut, et les ingrédients sont vraiment en abondance. Il y a plus de 50 associations différentes. Le rapport qualité-quantité-prix est vraiment très honnête. Difficile de tromper le petit renard, car il est futé et s'il vous recommande cette pizzeria, c'est que vous ne serez pas déçus du voyage.

RESTAURANT LE NÉOULOUS €

Route de Céret
✆ 04 68 87 52 20
www.hotel-leneoulous.com

Ouvert toute l'année et tous les jours. Carte env. 30 €. Accueil des groupes. Jardin. Terrasse. Animations. Hôtel.

Ce restaurant gourmand s'ouvre sur le grand jardin de 1 500 m² et deux espaces bars intérieur et extérieur donnent à ces lieux une réelle convivialité. Etape parfaite pour un déjeuner de groupes ou un événement familial. Le chef nous a convaincus : «Le plaisir de partager nos richesses culinaires afin de réveiller les papilles de nos clients» ! Les menus ne sont jamais prévus à l'avance, il décide de ses repas lorsqu'il choisit sa matière première sur les marchés. Tout y est, visuel, parfum, goût, savoir-faire unique et créativité sans fin.

66 SUR VINS €€

10, place de la République
MAUREILLAS-LAS-ILLAS
✆ 04 68 81 66 69

Ouvert toute l'année, réservation recommandée.

Situé en plein cœur du village sur la place où l'été on danse la Sardane, ce restaurant de style bistrot moderne s'accorde parfaitement avec le style culinaire local. L'accueil chaleureux est sans contexte un plus, ainsi que les conseils dans nos choix pour marier savamment plats et vins. Les produits sont frais et cuisinés maison et c'est plutôt raffiné. Une formule simple et minimaliste mais qui garantit la fraîcheur des produits ! Deux mots nous viennent à la bouche : goûteux et harmonieux. A noter une belle sélection des vins de la région.

LE COMPTOIR JOA €€

Route du Perthus
✆ 04 68 83 01 20
www.joa.fr

Menu à partir de 17€. Ne pas oublier sa CNI. Pour accéder au restaurant il faut traverser le casino.

Au sein même du casino du Boulou, dans un cadre inspiré par le célèbre architecte Gaudi, le Cédrat est une table « bistrot » appréciée dans les Pyrénées-Orientales. Le chef Wesley Durand, membre des Toques Blanches du Roussillon et des disciples d'Escoffier propose une cuisine créative avec les meilleurs produits d'ici ! Les suggestions suivent les saisons. Viandes, poissons et crustacés suivent la tendance. On aime le caractère authentique, le cadre très tendance et l'originalité des plats. On se régale toujours à cette table considérée comme très délicate.

HOSTAL DELS TRABUCAYRES €€

Place du village de Las Illas
MAUREILLAS-LAS-ILLAS
✆ 04 68 83 07 56
www.hostal-dels-trabucayres.fr

Fermé en janvier. Réservation recommandée. Hôtel et gîte d'étape.

Tout ce qu'il y a de plus rustique pour cette auberge familiale typiquement catalane dont le nom fait référence aux célèbres bandits de grands chemins qui terrorisaient le Vallespir au XIXe siècle. Adresse bien connue dans le département, l'Hostal ne fait pas dans la fantaisie, les plats sont traditionnels, bons et copieux. Et c'est ce qui fait tout le charme de cette auberge chaleureuse et hors du temps qui fleure bon le terroir. L'établissement fait aussi hôtel de passage et propose 5 chambres et un gîte d'étape pour les randonneurs.

BIOCOOP LE BOULOU

16, carrer d'en Cavailles
✆ 04 68 55 37 62
www.biocoopleboulou.com

100 % bio. Ouvert de 9h30 à 13h et de 14h30 à 19h30 en semaine. De 9h30 à 19h30 le samedi.

Dans la zone artisanale du Boulou, pas moins de 450 m² de surface dédiés à l'agriculture bio. L'équipe a mis l'accent sur les paysans locaux et les produits de saison (peu de tomates ou de poivrons en hiver !). Outre les fruits et légumes, écoproduits (riz, pâtes...) et cosmétiques, vous trouverez une boucherie et une crémerie très bien achalandées, et de belles références en vins locaux. Comme dans tous les magasins Biocoop, l'accueil est très chaleureux, le personnel est sympa, toujours un brin alternatif et très qualifié lorsqu'il s'agit de vous conseiller.

CHÂTEAU PLANÈRES

Lieu dit Château-Planères
SAINT-JEAN-LASSEILLE ✆ 04 68 21 74 50
www.chateauplaneres.com
Accueil, visite et dégustation du lundi au vendredi. Livraison possible (commande en ligne sur le site).

Au cœur des Aspres basses, « la petite Toscane du Roussillon », le Château Planères apparaît tel un balcon donnant sur les Albères, la mer et le Canigó. Le vignoble s'étend sur 100 ha, autour d'un mas catalan sur le plateau de Planères. Les propriétaires revendiquent leur caractère paysan catalan et vous accueillent dans le superbe caveau de dégustation du domaine pour vous enivrer de leurs flacons régulièrement récompensés par la presse spécialisée. Gamme de prix éclectique : il y en a pour tous les goûts et les budgets. Un beau retour aux sources !

COULEUR JARDIN

39, place de la Victoire
✆ 04 68 83 30 39
www.couleur-jardin.com
Ouvert du mardi au samedi de 9h à 12h30 et de 15h à 19h.

Sur la rambla, Annie Parayre nous ouvre les portes de son magasin imaginé et réinventé dans les méandres des pièces de la vieille maison familiale. Elle nous promet un moment enchanteur à la découverte d'objets insolites, futiles ou utiles. Elle consacre son activité à l'art de la table, la décoration d'intérieur, de jardins et à l'univers de l'enfance. La cuisine transformée en petit salon de thé où l'ambiance feutrée vous accueille pour la dégustation de thés et les excellents cookies. Ce magasin est un lieu de partage aux échanges chaleureux et généreux.

LE PESCADOU

7, avenue du Général-de-Gaulle
✆ 04 68 89 23 39
www.aupescadou.fr
Plateaux de fruits de mer à emporter ou à déguster sur place. Epicerie fine. Livraison à domicile.

La meilleure poissonnerie du monde ! C'est ainsi que le magazine *L'Express* la désigna dans un article qu'il lui consacra. Connue dans tout le département et en Catalogne sud aussi, cette entreprise familiale n'a pas son égale en ce qui concerne la qualité et la fraîcheur des produits de la mer. On ne vous parle pas même pas des étals qui sont aussi beaux que des compositions florales. On se croirait dans un aquarium ! Cette grande variété de produits beaux et frais s'accompagne d'un souci constant de respect des ressources marines et de l'environnement.

LES VIGNERONS DU VALLESPIR

25, avenue Jean-Moulin
✆ 04 68 83 16 94
www.cooperative-vinification.fr
Ouvert du mardi au vendredi, lundi après-midi et samedi matin. Accueil, visite et dégustation. Livraison possible.

Les Vignerons du Vallespir est un regroupement de 70 viticulteurs qui ont adhéré aux valeurs de la coopération depuis 1949. Le vignoble s'étend de Céret aux portes du Vallespir jusqu'au Boulou et inclut quelques villages des Aspres au pied des Albères. Cette variété de terroir se retrouve dans les vins qui vont des plus fruités aux plus charpentés. L'été, des dégustations spéciales sont organisées ainsi qu'un marché de village dans les rues du Boulou les jeudis et dimanches matin.

LES AVENTURIERS DE SAINT-JEAN

Lac Saint-Jean ✆ 06 71 60 37 44
www.lesaventuriers66.com
Basse saison : ouvert le week-end et les jours fériés de 14h à 19h. Haute saison : tous les jours de 9h30 à 20h.

À 2 minutes du Boulou, en bordure et sur le lac de Saint-Jean-Pla-de-Cort, il faut mesurer au moins 1,20 m pour jouer les tarzans, les petits (de 3 à 7ans) ont leur parcours « Ptit Pousse », une ligne de vie continue et un accès à la tyrolienne splash qui traverse le plan d'eau. Comptez 3 heures pour le parcours complet et profitez-en pour pique-niquer, pêcher, vous baigner, faire du bateau à pédales ou une promenade à cheval. Possibilité de restauration à la guinguette du Lac.

L'ESSENTIEL AU NATUREL

2, Carrer d'Andorre
VILLEMOLAQUE
✆ 06 22 70 91 09
Accompagnatrice en montagne. Randonnée, sylvothérapie, cueillette de plantes sauvages. Naturopathe et formatrice.

Stéphanie a été happée par le monde végétal quand elle était jeune. « Ce chemin de vie m'oblige pour ma plus grande joie à sensibiliser le monde à voir la nature sous un autre angle, celui du ressenti », nous confie-t-elle. Intuitive, sensible et aventurière, elle propose diverses expériences sensitives et pédagogiques : bains de forêt afin de retrouver énergie et vitalité, sorties à la découverte des plantes sauvages et de leurs vertus médicinales et culinaires. Nous avons été enchantés par le sérieux et la qualité de ses enseignements. Bravo… *Into the wild!*

EUROVÉLO 8 & PIRINEXUS

1, rue du Château
✆ 04 68 87 50 95
www.eurovelo.org

Route cyclable méditerranéenne et boucle cyclotouriste transfrontalière.

L'Eurovélo 8, ou route cyclable méditerranéenne, qui relie Cadix à Athènes, soit 5 388 km, et Pirinexus, la boucle cyclotouriste transfrontalière entre Catalogne Sud et Catalogne Nord, soit 353 km, se rejoignent au Boulou. On vous conseille vivement de vous procurer le topo guide afin de profiter au maximum des richesses du Pays catalan. Vous y trouverez, à l'Office de tourisme du Boulou, le guide vélo de la Voie Verte ainsi que toutes les bonnes adresses où goûter les produits locaux et bien entendu à vous loger le long de votre itinéraire.

NATUR'SANTE

La Cabane - **SAINT-JEAN-LASSEILLE**
✆ 07 88 46 34 73
www.natursante.fr

Pôle beauté, forme, bien être, thérapies et santé. Plus de 30 praticiens. Toutes les infos sur le site internet.

Natur'Santé est plus qu'un centre, c'est une coopérative du bien-être qui rassemble plus de trente professionnels dans les soins alternatifs et paramédicaux, la forme et la beauté, et enfin les enfants et la parentalité. Marjorie et son équipe – la *dream team* ! – vous accueillent dans une ancienne cave viticole rénovée avec finesse et talent. Le lieu est lumineux, agréable et on s'y sent vraiment bien. Le concept est très original et *Le Petit Futé* salue la qualité et le professionnalisme des intervenants et des prestations. Et puis, on adore vraiment l'ambiance !

LES THERMES DU BOULOU

RD 900
✆ 04 68 87 52 00
www.chainethermale.fr/le-boulou.html

Gluten-free friendly. Ouvert de début février à début décembre. Navette gratuite entre la ville et les Thermes.

Connues depuis le Moyen Age, les eaux du Boulou, qui jaillissent au pied des Albères, ont la particularité d'être froides et gazeuses, ce sont les seules sources bicarbonatées sodiques des Pyrénées. Exploitées depuis le XVIIIe siècle, elles ont des vertus thérapeutiques incontestables, notamment dans le traitement des affections digestives, des maladies cardio-artérielles et du métabolisme. Profitez également des bienfaits des eaux du Boulou dans l'espace Spa ou l'institut de beauté pour un moment de bien-être rien qu'à vous.

SENTIER HISTORIQUE DE LA BATAILLE DU BOULOU

1, rue du Château
✆ 04 68 87 50 95
www.tourisme-leboulou.fr

Deux circuits pédestres jalonnés de panneaux didactiques. Très beaux points de vue.

© OFFICE DE TOURISME LE BOULOU

Parler de la « bataille du Boulou » serait un tout petit peu erroné puisque le site connut en fait deux batailles, l'une en 1793 et l'autre en 1794. Toutes deux se sont produites lors de la guerre du Roussillon, pendant les guerres de la Révolution française de la Première Coalition. Voilà pour les quelques mots introductifs ; pour le reste, référez-vous aux 18 panneaux explicatifs qui jalonnent le parcours, ils permettront à tout un chacun de bien comprendre l'histoire des lieux.

CASINO JOA DU BOULOU

Route du Perthus
✆ 04 68 83 01 20
www.joa-casino.com

Ouvert toute l'année. Tenue correcte exigée. DNI obligatoire. Restaurant.

Les gamblers les plus exigeants peuvent s'adonner aux plaisirs de jeux de table tels que le blackjack, le poker cash game, des tournois de poker et bien sûr la roulette anglaise mais aussi la roulette anglaise électronique et le blackjack électronique, on arrête plus le progrès... Plus de 100 machines à sous vous feront rêver au jackpot sans que vous ne preniez trop de risque, on peut miser 1 centime ! Dîner-spectacle ou dîner dansant le samedi soir, sans oublier que vous pouvez déguster la cuisine du chef Wesley Durand, un délice pour un prix raisonnable.

LE PERTHUS

Petite commune frontalière à 9 km au sud du Boulou, Le Perthus n'a que très peu d'habitants et pourtant le petit bourg est souvent plein à craquer de touristes. Prévoyez en haute saison des risques importants de bouchons, et une fois sur place un mal fou pour se garer. C'est le premier marché libre d'Espagne avec 60 000 m² de surfaces commerciales ouvertes tous les jours jusqu'à 20h. Tous les commerces sont représentés, mais c'est surtout pour l'alcool et le tabac que les taxes sont réduites. Mais Le Perthus, c'est aussi et surtout depuis plus de 2 000 ans un lieu de passage historique. Le site de Panissars et le Fort de Bellegarde en sont les témoins.

SITE DE PANISSARS ★

Visites libres. Visites guidées sur réservation au Point Info ✆ 04 68 54 27 53.

Le Trophée de Pompée est un monument édifié en 71 av. J.-C. par le général Pompée. Ce bâtiment marquait la fin de la *via Domitia* et le début de la *via Augusta*, il commémorait aussi la victoire de Pompée sur le général Sertorius au retour de ses campagnes en Hispanie. Malgré les pillages et les réutilisations diverses, quelques blocs de grès en grand appareil ont pu être sauvés et permettent d'envisager la démesure du monument, vraisemblablement un monument turriforme d'une quarantaine de mètres de haut traversé par la voie à la manière d'un tunnel.

LE FORT DE BELLEGARDE ★★

✆ 04 68 54 27 53

www.mairie-le-perthus.com

Ouvert tous les jours en saison. Sur RDV hors saison. Renseignements au point info tourisme du Perthus.

Sis sur la colline de Bellegarde à 423 m d'altitude, idéalement située sur la frontière entre les cols de Panissars et du Perthus, le fort de Bellegarde fut d'abord une tour à signaux édifiée par Jaume II de Majorque (pour surveiller les terres de son ennemi le roi d'Aragon) puis un château médiéval qui ne connut que peu d'épisodes guerriers. C'est à partir de 1659 et du rattachement du Roussillon, de la Cerdagne et du Conflent au Royaume de France par le Traité des Pyrénées, que va naître la réelle importance stratégique de ce fort placé exactement sur la nouvelle frontière, époque à partir de laquelle une série de guerres ininterrompues entre l'Espagne et la France va enflammer notre région pendant plus de cent ans. En 1679, Vauban fera raser le château et récupéra les pierres du prieuré pour la construction du fort d'où l'on pouvait surveiller le plus ancien passage connu des Pyrénées-Orientales.

Le panorama est exceptionnel et s'ouvre à la fois sur la France et l'Espagne, de la baie de Rosas aux Pyrénées. Un pont-levis permet de pénétrer dans la bâtisse. Le circuit passe par les impressionnants remparts, la chapelle et le fameux puits de 63 m de profondeur. Un système de chaîne avec godets servait à puiser l'eau déversée ensuite dans une canalisation. La place d'armes du fort est si grande qu'elle pourrait accueillir un terrain de football !

A noter que des cinéastes s'y installèrent dans les années 1970 pour y tourner *La Scoumoune* avec Jean-Paul Belmondo et Claudia Cardinale, et Charles Bronson pour *L'Évadé*.

Le fort de Bellegarde.

ARRIÈRE-PAYS

THUIR ★

Thuir est la capitale des Aspres. Cette ancienne cité médiévale fortifiée, berceau du célèbre apéritif Byrrh, est connue par son impressionnant foudre de chêne. Ruelles étroites et placettes ombragées de grands platanes vous mèneront jusqu'à la Cellera, quartier fondateur de Thuir, bâti autour de l'actuelle église Notre-Dame de la Victoire. La balade vous permettra d'admirer de nombreux remparts, des portes médiévales et des tours de guet. Les chapelles Saint-Sébastien et de la Piéta entourées d'oliviers font le bonheur des photographes ainsi que le sauvage piémont du Canigó, riche de sites, monuments d'art roman et de production viticole de qualité.

LES AMIS DES PONEYS

Route de Baho
PÉZILLA-LA-RIVIÈRE
Ouvert le mercredi et le week-end. Tous les jours en vacances scolaires. Visite guidée, animations.

A la ferme des Colombiers, chacun a sa maison : la vache a l'étable, le poney l'écurie, les moutons la bergerie, les poules le poulailler et biens d'autres animaux y sont hébergés : pigeons frisés, paons albinos, lamas, oies, dindons, lapins, canards… Ne dit-on pas que les animaux de la ferme constituent un thème omniprésent de la vie des enfants ? Pour faire comme dans les livres, découvrez celle-ci ; elle traite les animaux avec amour, c'est une ferme pédagogique pour les enfants des villes et en plus elle propose des balades en poney ou en âne.

JARDIN EXOTIQUE

Route de Nyls - **PONTEILLA**
✆ 04 68 53 22 44
www.jardinexotiquedeponteilla.fr
Ouvert de début avril à mi-sept. Horaires variant selon les mois (voir détail sur site internet).

Ce jardin est unique dans le département : à Ponteilla, sur plus de 3 ha, 1 400 variétés de plantes sont représentées, des végétaux et des fleurs des 5 continents. Des cactées mexicaines aux plantes carnivores, en passant par les plantes à parfum, où vous pourrez exercer votre flair. Petits et grands s'y instruisent en s'amusant, découvrant des formes, des couleurs et des odeurs jusque-là inédites. Un jeu de piste leur permet de visiter le jardin de façon très attractive. Le parcours de l'explorateur vous plonge au cœur d'un labyrinthe végétal en vrai détective.

LE CHÂTEAU DE CASTELNOU ★

CASTELNOU ✆ 04 68 53 22 91
www.aspres-thuir.com
Le château fait l'objet de gros travaux de restauration. Ouverture partielle de 10h à 19h. Tarif 5 €.

© TANJA MIDGARDSON - SHUTTERSTOCK.COM

L'édifice occupe le sommet d'une colline rocheuse aux parois escarpées. Construit au Xe siècle et restauré au XIXe siècle, il demeure l'exemple le plus archaïque de forteresse médiévale en Roussillon, puisqu'il ne fut que très peu remanié jusqu'à sa restauration. Il offre une belle vue panoramique sur le village et les collines moutonnées des Aspres. La forteresse fait l'objet actuellement d'importants travaux de rénovation, mais l'intérieur du château et les jardins sont accessibles avec des animations régulières : ateliers nature, spectacles et jeux de piste…

LE MONASTIR DEL CAMP ★

PASSA
✆ 04 68 38 80 71
Ouvert du vendredi au mercredi de 15h à 18h. visites guidées le matin. Adulte 4 €

Superbe exemple d'architecture romane, le Prieuré se compose d'une église à nef unique du XIe siècle ornée d'un magnifique portail en marbre blanc de Céret, de chapiteaux attribués à l'énigmatique Maître de Cabestany, d'un cloître aux arcades trilobées du XIVe siècle et de plusieurs anciens bâtiments monastiques. Occupé par des chanoines augustins, le domaine fut vendu en 1786 à la famille Jaubert de Passa, dont les descendants occupent encore les lieux aujourd'hui. Le monastère a aujourd'hui une vocation culturelle axée sur expos, conférences et concerts.

ARRIÈRE-PAYS

MUSÉE DES ARTS ET TRADITIONS POPULAIRES

Boulevard Léon-Jean-Grégory
✆ 04 68 53 18 41
Fermé d'octobre à mai. Gratuit.

Ce charmant petit musée se trouve face à la place de la République. Installé dans un ancien relais de poste du XVIe siècle et une ancienne tour de garde restaurée, il présente une reconstitution fidèle et riche de la vie à Thuir et dans les Aspres, au début du siècle dernier. On y découvre l'habitat traditionnel, des meubles typiques, vêtements et objets divers, parmi lesquels des poteries, vestiges d'un artisanat autrefois bien implanté dans la petite capitale des Aspres.

OFFICE DE TOURISME INTERCOMMUNAL ASPRES THUIR

Boulevard Violet ✆ 04 68 53 45 86
www.aspres-thuir.com
Ouvert tous les jours en haute saison.

Entre patrimoine naturel, édifices et lieux historiques, les Aspres vous réservent de belles découvertes. Laissez-vous guider par le charmant personnel de l'Office de tourisme qui vous proposera, selon vos goûts, des dégustations chez les vignerons, des randonnées ou encore quelques lieux magiques et pittoresques à découvrir. Connectez vous sur son site Internet et téléchargez ou flasher des QR codes de brochures. Toute l'équipe vous attend pour vous enrichir vos vacances.

DOMAINE MAS D'EN LLINAS €

Mas d'En-Llinas - **CASTELNOU** ✆ 06 65 27 45 98
www.masdenllinas.com
Piscine immense. Gite la bergerie (24p), chambre, appartements et studio.

Ce somptueux mas en pierre de taille, parfaitement équipé, occupe une ancienne bergerie catalane située en pleine nature. Implanté sur un site isolé et sur près de 12 ha, ce lieu de grand caractère est à retrouver au bout d'une piste.

Les aménagements intérieurs allient le rustique au moderne au cachet inimitable. Quant à la piscine et au parc, ils sont à couper le souffle. Le panorama magnifique permet d'admirer les cimes du massif Canigou, le Vallespir, les Albères et toute la plaine du Roussillon. Pour des vacances de rêve, voilà un lieu hors du commun.

LA BASTIDE DE JULES €€

9, rue du Fort - **PONTEILLA** ✆ 06 78 42 96 29
www.labastidedejules.com
Clévacances (4 clés). Chambre double de 70 € à 100 € ; suite de 80 € à 120 €. Restauration (table d'hôte 20€).

La Bastide de Jules est une belle demeure de maître du XIXe siècle. La restauration de la maison a su préserver le raffinement d'une grande maison du siècle dernier tout en créant un style très contemporain et de très belle facture. La décoration des chambres (chacune a sa personnalité) et des pièces communes est tout simplement somptueuse. Tout est pensé pour votre confort jusque dans le moindre détail dans cette ambiance feutrée et un brin luxueuse. Dans le jardin, on profite de la piscine en été et on ne manquera pas de goûter à la cuisine de Marie, excellente.

DOMAINE DU MAS D'EN FELIX €€

Petite route de Castelnou - **CAMÉLAS**
✆ 06 16 39 46 49
Chambre double de 90 € à 100 €. Buffet petit déjeuner inclus, minimum 2 nuits (3 en saison). Sauna.

Le Domaine du Mas d'En Félix vous fait découvrir deux passions : l'accueil d'hôtes et la vigne. Trois chambres d'hôtes sont installées dans l'immense bâtisse tout en schiste apparent, rénovée avec goût. Elles sont tout confort : salle d'eau indépendante, TV et climatisation, petites terrasses pour le repos, espaces intimes, jardin, piscine extérieure chauffée et espace de remise en forme (salle de sport, bain à remous, sauna...). Le soir on profite de dégustations des vins du domaine.

DOMAINE SANT MARTI €€

Camp del Marchand - **CAMÉLAS**
✆ 06 23 14 67 43
www.domainesantmarti.com
Location en semaine en été. 230m2, 4 chambres. Hors saison 2 nuits min. De 230 à 280€/nuit. Journées truffe en hiver.

Le Domaine Sant Marti est un lieu de détente à mi-chemin entre montagne et plage. Ancienne maison du maréchal ferrant du village, il a été restauré en gardant le charme des pierres et du bois mêlé, dans un style moderne épuré. Les espaces de vie et de nuit sont spacieux et bien décorés, avec de beaux matériaux naturels. Toute la maison d'Hélène, la propriétaire, est ouverte sur le jardin et la piscine, d'où une luminosité splendide. Le Domaine Sant Marti vous propose aussi des séjours à la carte, notamment autour de la culture et de la dégustation de la truffe.

LA FIGUERA €€

3, carrer de la Font-d'Avall - **CASTELNOU**
✆ 04 68 53 18 42
www.la-figuera.com
5 chambres d'hôtes (petit déjeuner inclus). vaste cour et terrasse dans le village. Table d'hôtes.

La Figuera est une maison un peu biscornue comme nombre de maisons de village, ça monte, ça descend, mais c'est ce qui en fait tout le charme. Cinq chambres sont proposées, bien décorées et avec des sanitaires et salles de bains indépendants. L'une d'elles est troglodyte et c'est une vraie tanière où les claustrophobes n'iront pas... Les autres bénéficient d'une jolie vue sur le village et les montagnes. Vous apprécierez l'agréable salon de détente avec télévision, tout comme les originaux petits déjeuners 100 % maison avec crêpes, gâteaux et confitures.

LA FONT €€

Carrer d'Avall - **CASTELNOU** ✆ 06 87 12 73 72
www.la-font-castelnou.fr
Ouvert toute l'année. 7 pers. 140 €/nuit en juillet et août (min une semaine) ; 95 €/nuit hors saison (min 4 nuits).

La Font est un superbe gite de charme blotti dans le village médiéval de Castelnou au cœur des Aspres. Amateurs de vieilles pierres finement restaurées, vous avez trouvé votre paradis. Ce qui nous frappe de suite, c'est l'harmonie dans la restauration de l'ensemble. Vous apprécierez la grande cheminée au rez-de-chaussée, le mobilier ancien et de qualité, les poutres apparentes dans les chambres, jusque dans les petits détails. Nous allions oublier de vous parler de la terrasse avec vue panoramique, idéale pour le petit-déjeuner à la fraîche ou les dîners d'été.

HÔTEL CORTIE** €€

3, rue Jean-Jacques-Rousseau
✆ 04 68 34 58 66
www.hotel-cortie.com
12 chambres de 65 à 90 €. Restauration.

C'est au cœur pittoresque de la vieille ville, dans une impasse tranquille, que se niche le Cortie. Sa belle façade année 1900, avec ses camaïeux d'ocre et de bleu, est toute pimpante et d'un charme fou. Pour parfaire l'ensemble, la table du Cortie sert une très bonne cuisine, et vous pourrez vous délecter de spécialités locales préparées à merveille. Le Cortie est un de ces lieux où il fait bon poser ses valises, ce plaisir est renforcé par l'accueil chaleureux de François et son épouse, les charmants propriétaires, qui sont aux petits soins pour leurs hôtes.

CHÂTEAU NADAL HAINAUT €€€

RD 37 - **LE SOLER**
✆ 04 68 92 57 46
www.chateaunadalhainaut.com
Gîtes de France (4 épis). 300 m². 7 chambres doubles dont 2 quadruples. De 1 500 € à 2 500 € la semaine selon saison.

© ASHERIES

Dans un ancien prieuré cistercien du XIIe siècle, ce grand gîte (4 épis) en plein cœur du vignoble, est composé de 7 chambres. Il a tous les charmes de l'ancien alliés au confort moderne. Chaque chambre est unique, décorée avec goût et équipée de sa salle de bains particulière et sanitaires privatifs. Au rez-de-chaussée, le grand séjour/salle-à-manger donne sur une terrasse privative et un jardin arboré et fleuri. Les propriétaires proposent, sur place, la location d'une salle pour organiser mariages, baptêmes, anniversaires et dégustation des vins du domaine.

HÔTEL DU VILLAGE CATALAN*** €€

Aire Autoroutière A9 du Village Catalan
BANYULS-DELS-ASPRES ✆ 04 68 21 66 66
www.hotel-village-catalan.fr
77 chambres. Petit déjeuner buffet, Restauration. piscine extérieure et jardin.

L'hôtel du Village Catalan a fait peau neuve dans l'ensemble de sa structure. Les chambres sont relookées aux couleurs des Toiles du Soleil, la célèbre marque de tissus catalans, le jardin est sérieusement entretenu et la piscine donne franchement envie d'y aller. Ajoutez à cela une réception vaste avec un personnel souriant et vous avez tous les ingrédients pour une nuit réparatrice sur le chemin de vos vacances sans sortir de l'autoroute. L'étape idéale pour les plus pressés.

MAS D'EN RATÉRO €€

Traverse du Soler
✆ 04 68 53 00 05
www.masratero.com

1 gîte 2 pers. 3 gîtes 4 pers. Gîte 6 pers. De 310 à 900€ selon gite et saison. Abris couvert pour les véhicules.

Blotti dans la campagne à quelques km de Thuir, ce grand mas catalan de caractère est entouré de 8 ha de nature. Meubles et décoration de bon goût, assortiment des couleurs... reflètent le soin tout particulier que les propriétaires accordent à leurs logements. Chaque gîte possède un jardin indépendant et privatif avec salon de jardin, bains de soleil et barbecue. Pour vous rafraîchir, la grande piscine sécurisée de 6 X 12 m, sera la bienvenue. Calme et reposant, le Mas d'en Ratéro est un lieu de villégiature idéal pour se ressourcer et lâcher prise.

MAS DU DOMAINE DE MONTCALM €€

Route de Saint-Feliu
✆ 06 76 08 02 56
www.lemasdudomainedemontcalm.com

Gite de France 3 épis. Ouvert toute l'année. Domaine privatisable pour réceptions, séminaires, mariages...

Vous aimez le beau et le calme, alors venez au Mas du Domaine de Montcalm. Choisissez votre chambre d'hôtes, suite romantique, suite marine ou orientale, chacune décorée avec le souci du détail. Tout est dans le raffinement, la subtilité. Pour les gîtes, même luxe, avec en prime le jardin privatif avec accès direct à la piscine. Une salle est réservée aux jeux, billard français et snooker, un espace bien-être avec son sauna vous attend. Une vraie pépite !

MAS DE LA VILLE €€

Traverse du Soler
✆ 04 68 53 10 11

Gîtes de France 3 épis. Ouvert toute l'année. Hors juillet et août, possibilité de louer au week-end.

Si vous êtes à la recherche du calme absolu, c'est ce mas perdu dans les Aspres qu'il vous faut : les dépendances rénovées offrent de superbes prestations haut de gamme. Confort et charme sont omniprésents. La belle piscine sécurisée et bordée de transats sera la bienvenue aux beaux jours car l'été est chaud en pays catalan. Vous aurez aussi tout le loisir de gambader sur les 25 ha de la propriété, et aussi dans les vignes car vos hôtes sont vignerons et vous feront goûter leurs nectars. Accueil chaleureux et vue splendide sur le Canigó.

MAS L'ARCADIE €€

44, route de Fourques
TORDÈRES
✆ 04 68 52 37 42
www.maslarcadie.com

Ouvert toute l'année. De 415 € à 715 € la semaine selon saison.

Sur une vaste propriété qui comprend une grande piscine et un jardin méditerranéen, Monique et Jan vous accueillent dans 2 gîtes installés au rez-de-chaussée de leur habitation. Les logements sont très fonctionnels, bien entretenus et finement décorés. Ils se composent d'une chambre pour 2 personnes, un salon avec coin cuisine et une salle de bains. Le petit plus : une grande terrasse orientée sud-est avec cuisine d'été, bain de soleil pour la bronzette, terrain de pétanque et de tennis. Tous les avantages d'un club de vacances sans être gêné par l'agitation.

MAS DES OLIVETTES €€

MONTAURIOL
✆ 04 68 38 83 67
www.mas-des-olivettes.com

Chambre double à partir de 79 € ; studio/appartement à partir de 99 €. Petit déjeuner inclus. Wifi gratuit.

Les premières pierres du Mas des Olivettes furent posées au XIVe siècle ! Sur un domaine de près de 2 ha entouré de vignes et de quelques oliviers, cette demeure qui fait chambre d'hôtes, gîte et auberge vous plonge dans un cadre rural et champêtre. Les chambres d'hôtes sont très catalanes, la décoration est rustique mais c'est cela que l'on aime au Mas des Olivettes. La salle à manger vaut le détour à elle seule. Le puits intérieur et la grande cheminée sculptée ne laissent pas indifférent. Piscine, jeux, salons communs, table d'hôtes : tout est ici parfait !

MAS PEU DEL CAUSSE €€

6, Carrer del Canigo (Sainte-Colombe-de-la-Commanderie)
✆ 06 62 72 96 19 - www.peudelcausse.fr

Gite de France 4 épis. 5 chambres à partir de 95€ petit déjeuner inclus. Offres et promotions sur le site internet.

Ancienne commanderie de Templiers sur les premiers contreforts des Aspres, avec façades de pierre et ruelles pavées, Pascal vous accueille dans un mas catalan joliment restauré. De l'extérieur, les hauts murs de l'enceinte cachent un jardin secret, un lieu intime et verdoyant. Cette maison d'hôte de charme est située à moins de 30 minutes des sites touristiques majeurs de la région. Un espace bien-être est installé dans d'anciennes cuves à vin avec table de massage et sauna infrarouge, ainsi qu'un espace bain bouillonnant sur la terrasse extérieure avec solarium.

LE MOULIN DE BREUIL €€

Chemin du Moulin - **MONTESQUIEU-DES-ALBÈRES**
✆ 06 44 16 90 12
www.moulindebreuil.fr

Pour 4/6 pers (60 m², 2 ch). De 450 à 800€ la semaine selon saison. Week-end (2 nuits). Nuitée 60/110€.

Dans l'espace autrefois occupé par l'ancien moulin, Joseph de Massia, vigneron éleveur, a créé un superbe gîte tout confort au pied des Albères, à 15 min de l'Espagne ou de la plage. La restauration du lieu fut faite dans les règles de l'art. Joseph est un homme de goût et ça se ressent dans la décoration qui est très soignée. Les soirs d'été, quand la lumière baisse et les derniers rayons du soleil rasent les vignes, vous adorerez la terrasse exposée plein ouest. Le lieu respire la quiétude et la fraîcheur, c'est l'endroit idéal pour des vacances reposantes.

MURMURE DES VIGNES €€

Les Hostalets - **MONTAURIOL**
✆ 06 87 48 43 14
www.murmuredesvignes.fr

Pour 5 pers (70 m², 2 ch). de 350 à 500€ la semaine selon saison. Location week-end en basse saison.

Dans le petit hameau des Hostalets entouré de collines de chênes lièges, Sophie vous accueille au rez-de-chaussée de sa maison (avec entrée indépendante). En toute saison, on se régale de prendre les repas dehors dans la cour (et au calme car le hameau est vraiment paisible), regarder les geckos grimper le long du mur ou se balader dans les bois. Des Hostalets, deux options s'offrent à vous, partir vers l'ouest découvrir les Aspres secrètes et ses petits villages encore préservés ou filer vers l'est où la Grande Bleue vous ouvre les bras à 30 min de route.

CASA9 HÔTEL**** €€€

Route de Corbère
✆ 07 78 80 54 35
www.casa9hotel.fr

Qualité Tourisme. Fermé de mi-novembre à fin février. Bain bouillonnant, sauna.

Niché dans un écrin de verdure, cet atypique mas catalan des XIe et XVe siècles, vous séduira par sa douceur de vivre. La piscine, le grand salon, la végétation luxuriante et la personnalité des chambres en font un lieu d'exception et de grand confort. Uniques, confortables et spacieuses, chacune des 9 chambres donne sur le jardin et ses patios méditerranéens. Ici, tout est conçu pour se ressourcer dans le luxe d'un confort moderne et personnalisé au cœur d'une maison aux parfums du Sud. Une parenthèse privilégiée au cœur du Pays Catalan.

MAS DE LA PRADE €€€

BAGES
✆ 04 68 56 66 53
www.gite-masdelaprade.com

4 chambres de 90 à 140 €. Petit déjeuner inclus. Gite de 600 € à 1250 € la semaine.

Le mas de la Prade, à 2 km du centre de Bages, est une ancienne bergerie du XVIIe, arborée et pleine de charme, entre vignes et prairies. Ce lieu est idéal pour le repos. Un havre de paix dans une ambiance paisible et harmonieuse, idéal pour se relaxer quelques jours ou le temps d'un week-end. Quant aux chambres, la décoration se veut romantique tout comme pour le gîte prévu pour 4 pers. avec son jardin privatif et son accès direct à la piscine. Dépaysement garanti et calme assuré loin du tumulte, mais, luxe suprême, proche de tout !

MOULIN DE CANTERRANE €€€

CASTELNOU
✆ 04 68 38 85 75
www.moulindecanterrane.com

Gîtes de France 4 épis. Ouvert toute l'année. 10% de remise pour deux semaines consécutives.

Insoupçonnable depuis la route, le Moulin de Canterrane est un lieu unique et magique où le temps s'est arrêté. Un véritable hameau avec son moulin, son pont de pierre enjambant la rivière et ses bâtisses. Vous rencontrerez dans cet espace préservé et surtout très bien caché deux superbes gîtes, des immenses terrasses, un parc arboré avec hamacs et une piscine de 14 m de longueur. Les prix sont élevés mais au regard des prestations, de l'environnement sauvage et de l'accueil des propriétaires, ce lieu porte bien son nom de gîte de charme et d'exception.

ART ET SAVEURS €

2, Carrer del Mig
CASTELNOU
✆ 04 68 53 18 29

Fermé en décembre et janvier. Ouvert tous les jours. Terrasse.

Voilà une petite adresse toute simple, sans prétention mais ô combien chaleureuse. Le restaurant dispose de deux salles dont une très cosy et à l'étage une belle terrasse ombragée (couverte par une belle treille de Muscat d'Alexandrie) avec vue sur les toits du village. Les présentations se font sur ardoise, la cuisine est simple mais tout en charme. A noter que les vins bio sont mis à l'honneur. Carlos, votre hôte, accueille régulièrement des expos de peinture dans la grande salle, ce qui donne un charme fou au lieu. A découvrir pour la pause déjeuner.

LE COIN CATALAN €

1, carrer d'Avall
CASTELNOU
✆ 04 68 53 26 88

Fermé d´octobre à avril. Ouvert tous les jours en haute saison et le week-end en basse saison

Une cuisine simple, bonne, copieuse, sans détours, voilà ce que propose Le Coin Catalan ! On y déguste des valeurs sûres telles que les assiettes catalanes aux couleurs éclatantes de fraîcheur particulièrement généreuses et bien présentées. En accompagnement, laissez-vous tenter par la sangria, elle y est particulièrement délicieuse. Un peu galerie d'art, un peu boutique de souvenirs, le lieu est atypique et fort convivial. Dans cette maison où l'on s'installe dans la salle à manger, sur la terrasse ou dans le patio qui donnent sur les remparts.

HÔTEL-RESTAURANT L'ESPASSOLE €

Lieu-dit les espassoles ✆ 04 68 36 45 84
www.hotel-restaurant-espassole.com

Ouvert à l'année. Fermé le dimanche soir hors saison. Tarifs chambres et restaurant sur le site de l'hôtel.

Idéal pour une pause déjeuner, une soirée étape, une nuitée ou un séjour plus long, vous serez choyé. Des produits frais au service d'une cuisine de terroir, un buffet d'entrées appétissant, des plats traditionnels avec une carte qui évolue au fil des saisons. Le rapport qualité-prix est très honorable. Les chambres sont simples, modernes, propres et bien insonorisées. On aime dans cet hôtel la simplicité et le professionnalisme mis au service de la qualité et du bien-être du client.

NAYADORA SUSHI €

3, rue des Droits-de-l'Homme
✆ 04 68 63 37 40
www.nayadora-sushis.fr

Du mardi au vendredi midi et soir. Ouvert le week-end seulement le soir. Terrasse. Vente à emporter.

Le Nayadora vous accueille dans une rue à l'écart du centre et un peu au calme. Petit bouchon, petite terrasse, mais une belle décoration sobre et classe. Question accueil, service et propreté : rien à redire. Ici tout est fait maison (on peut vous le dire, on a visité les cuisines !), le poisson est extra frais, la cuisson du riz, parfaite et la carte est très variée. On a adoré les sashimis, les brochettes en sauce et le mi-cuit en dessert (sans gluten). Nouveauté pour cette année : les gyosa et les fondues japonaises et de plus en plus de plats chauds.

ARBEQUINA €€

21, place de la République
✆ 04 68 34 46 64
www.arbequina-restaurant.com

Ouvert toute l'année. Du mercredi au dimanche le midi et le soir. Formule déjeuner à 17 et 19 €. Menu 34 €.

Le jeune chef Guillaume Franco nous propose ici une cuisine raffinée de créateur aux saveurs harmonieuses et équilibrées. Ses recettes inédites explorent la richesse de l'art culinaire méditerranéen – ou même asiatique – sublimé par des produits frais et locaux. Il le dit lui-même « j'aime que ma cuisine soit fluide et limpide comme l'huile d'olive ». La présentation dans les assiettes est peaufinée et travaillée dans les moindres détails. On admire avant de se régaler, c'est un festival de couleurs et de saveurs. Très bon rapport qualité/prix au déjeuner.

BELLA COSA €€

Place du Général-de-Gaulle
✆ 04 30 82 53 50

Ouvert toute l'année. Réservation recommandée. Pizza à emporter.

Le *Futé* a craqué pour cette petite trattoria tenue par Mathieu et son père Rocco, tous deux calabrais. La carte est petite, simple et sans prétention mais de très belle facture : une vraie cuisine italienne, savoureuse agrémentée de quelques notes de cuisine fusion. Peu importe la sauce que vous choisirez pour vos pâtes, les associations sont réussies et c'est un sans-faute. Dans l'assiette, les petits producteurs et produits bio sont à l'honneur. On peut également déguster des bières locales comme la Boc ou l'Alzina. *La vita è bella* !

BISTROT VERQUIN €€

Boulevard Leon Jean Gregory
✆ 04 68 35 14 16
www.bistrotverquin.shop-and-go.fr

Ouvert du mardi au dimanche midi et soir. Carte environ 25€ pour 3 plats. Terrasse. Boutique en ligne. Terrasse.

La cuisine catalane, la vraie ! Au Bistrot Verquin, on ne plaisante pas avec le terroir et la qualité et on vous sert une authentique cuisine à base de produits de l'économie circulaire et issus des petits métiers. Les spécialités sont les «arros» et les croquettes. Mais n'oublions pas les étonnantes tapas gastronomiques : carpaccio de poulpe, charcuteries premium et fromages ibériques. Tout simplement délicieux à en tomber ! Tout cela se déguste bien entendu été comme hiver dans la belle verrière qui donne sur la rue - lumineuse et joliment décorée. On adore !

CAN MARTY €€

13, boulevard Léon-Jean-Grégory
✆ 04 68 53 61 40
www.can-marty.fr

Ouvert toute l'année sauf 3 semaines en janvier. Midi et et soir du mardi au samedi. Carte et menus. Terrasse.

Ambiance bodega catalane dans l'air et dans l'assiette pour cet établissement en cœur de ville... moules gratinées à l'aïoli, calamars à la planxa, escargots à la catalane, parillade de poissons frais sont des valeurs sûres, tout comme le riz noir à l'encre de seiche. Les amateurs de viande pourront déguster de succulentes viandes grillées. Le chef cuisine aussi selon la saison des plats sympathiques qui s'adaptent aux saisons. L'été, la jolie terrasse permet de profiter du soleil des Aspres. Une valeur sûre très prisée des Thurinois.

L'ARAMON GOURMAND €€

127, avenue du Canigou - **PÉZILLA-LA-RIVIÈRE**
✆ 04 68 92 43 59
www.aramongourmand.fr

Toques Blanches. Ouvert du mercredi au samedi midi et soir et dimanche midi. Menu unique à 34 €. Terrasse

L'Aramon Gourmand fait office de référence gastronomique depuis plus de dix ans. Philippe et son épouse Nathalie, nous reçoivent pour partager le temps d'un repas leur amour pour une cuisine franche, gourmande et ensoleillée. Les meilleurs produits de notre riche terroir sont sublimés. Ici, anchois Roque de Collioure, foie gras, veau Vedell, porc de Cerdagne, produits de la pêche, légumes grillés, fruits du Roussillon, *mató*, banyuls, maury, byrrh, rancio... sont brillamment mis en valeur, dans un tourbillon de saveurs, de l'entrée au dessert. Une valeur sûre.

LA COSTELLE €€

Chemin du Mas-Cap-Blan
TORDÈRES
✆ 04 68 38 81 51

Ouvert tous les jours midi et soir du 1er juin au 30 sept. Le reste de l'année du vendredi soir au dimanche midi.

Quelque part entre Torderes et Llauro, vous découvrirez un mas du XVIIIe siècle où la pierre apparente et les voûtes sont conservées, dans un bel écrin de nature parmi les chênes lièges. Tout un art que vous retrouverez dans votre assiette sous la forme de côtelettes d'agneau, d'un civet de canard aux raisins ou d'un sauté de pintades. L'été, un bar d'ambiance ouvre ses portes du jeudi au samedi soir. L'hiver, c'est la grande cave voûtée qui se transforme en caveau musical pour vos banquets festifs, anniversaires, et soirées à thème. A découvrir.

LA TAVERNA DEL GALET €€

2, rue Dugommier
✆ 04 68 53 14 83

Ouvert midi et soir sauf dimanche soir, lundi midi et soir et mardi soir. Vin au verre. Plats entre 15 et 25€.

Un peu à l'écart du centre de Thuir, on découvre un resto de village au cadre rustique et à l'ambiance chaleureuse. Peu de touristes, et beaucoup d'habitués été comme hiver. On vient ici pour déguster des grillades de viandes et de poissons. Les assiettes sont plutôt bien garnies et très goûteuses. Cuisine généreuse et convivialité vont de pair ici, on vient autant pour les pièces au feu de bois que pour l'atmosphère. Les murs de pierre, les voûtes basses et le mobilier ancien nous font penser à une auberge du *Seigneur des Anneaux* ou un film de cape et d'épée.

L'HOSTAL €€

13, Carrer-Na-Patore - **CASTELNOU**
✆ 04 68 53 45 42
www.lhostal.com

Fermeture annuelle de début janvier à fin mars. De mi-juin à fin septembre ouvert tous les jours non-stop.

Cela fait 50 ans que l'Hostal existe, autrefois une auberge de village, un lieu d'hospitalité. De nos jours, Stéphane, Nathalie et Paul se plient en 4 pour nous offrir les meilleures spécialités du terroir. Aux beaux jours, vous profiterez de la terrasse avec son magnifique panorama en dégustant des grillades cuites au feu de bois, les seiches persillées à la plancha ou encore une très typique cargolade. Et si, au retour de randonnée, une petite faim vous venait, laissez-vous tenter par une crêpe maison, une glace sous la tonnelle avec son petit verre de rosé.

BOULANGERIE SUNYER

61, avenue Jean-Jaurès
BAGES
✆ 04 68 21 71 75

Les meilleures rousquilles ! Fermé le mardi et le dimanche après-midi.

Récompensé par le label Sud de France pour ses rousquilles, au subtil goût de citron, André est un « maître du pain ». Il est dès 2 heures du matin au fournil pour la fabrication de ses pains et de ses viennoiseries. Des pains, il en façonne de toutes sortes, des spéciaux, des « tradition » au blé germé et au levain bio, des croissants et des chocolatines avec du vrai beurre. Ces hommes sont les gardiens des traditions de nos régions. André est un hommage à tous ces passeurs du savoir-faire à la française dont le Petit Futé veut se faire le porte-parole.

LE CHAUDRON

1, rue du Cinéma - **BAGES**
✆ 06 21 64 80 76
www.lechaudron-roussillon.fr

Du mercredi au samedi. Concerts tous les samedis soir. Vente de tous les breuvages sur place et sur la page web.

Dès l'après-midi, confortablement installés dans des canapés et fauteuils, on y vient boire thé, café ou vin chaud. Ensuite, on se régale de plats typiques et jusqu'à très tard on déguste les bières artisanales des Catalognes Nord et Sud, et on découvre les vins « archéologiques » élaborés par J-M selon des recettes écrites au XIVe siècle par Arnaud de Villeneuve, médecin et alchimiste. Tous les samedis, les soirées sont animées par des concerts, et autres rendez-vous incontournables avec les bœufs de la scène libre du 1er jeudi du mois.

COMME CHEZ MÉMÉ

4, Carrer Del Mitg - **CASTELNOU**
✆ 06 73 49 25 56
www.commechezmeme.org

Ouvert tous les jours d'avril à octobre. Ardoises fromages et charcuteries, tapas, desserts… Terrasse.

Comme Chez Mémé est devenu la taverne incontournable de Castelnou. On ne sait plus si c'est un restaurant, un bar à vin ou à tapas, mais une chose est sûre, le lieu et l'ambiance ont des accents de « retournons-y vite ». Une adresse que nous avons aimée pour déguster en salle ou sur la grande terrasse des bières artisanales ou des vins locaux entre amis. Dans cette petite maison familiale typique, Emeline propose différents mets catalans : pan con tomate au jambon serrano, ses célèbres patatas bravas ou les incontournables fromages de Cerdagne.

LA FONT CAFÉ

Carrer d'Avall - **CASTELNOU**
✆ 06 42 11 40 81
www.la-font-castelnou.fr

Fermé en hiver hors vacances scolaires. Tapas. Ouvert tous les jours en haute saison. Terrasse et boutique.

Une adresse très sympa, comme le Petit Futé les aime. Un charmant restaurant, crêperie/salon de thé, presque « intimiste » tenu par 2 adorables femmes. Valérie et Marie sont des passionnées, elles ont relooké le Font Café avec leurs créations qui sont à vendre… Nous vous encourageons vivement à profiter de la vue magnifique depuis la terrasse qui domine la vallée. Un thé, un cappuccino, une crêpe ou de délicieuses tapas de jambon et fromage pour une pause détente, une de ces petites choses qui vous procure un grand bonheur.

AU FOURNIL DE CAIXAS

1, riu Majou - **FOURQUES**
✆ 04 48 89 07 72
www.fournildecaixas.e-monsite.com

100% Bio. Ouvert tous les matins sauf le mercredi de 7h à 13h.

Cet enfant du pays installé à Caixas avec sa famille a changé de route il y a 10 ans et s'est formé aux secrets du bon pain qui se décline à l'infini : céréales, pavot, sésame, randonneur (avec fruits secs), sans gluten (farine de châtaigne, sarrasin)… Et dans le plus grand respect des règles de l'art. La matière est dense, croustillante et ça sent le bon pain de nos grands-mères. Vous pourrez aussi déguster des viennoiseries (les pains au chocolat remplacent presque un repas !), des pâtisseries et des cookies qui sentent le beurre comme des galettes bretonnes.

PATISSERIE FLORENT

Avenue Francois Mittérand
✆ 04 68 53 19 01

Ouvert du mardi au samedi. Le dimanche matin uniquement.

Les Thuirinois ont bien de la chance : il y a deux pâtisseries dans leur joli bourg et elles sont toutes les deux excellentes ! Chez Florent, on est créateur de gâteaux, de pâtisseries et chocolatier (et aussi boulanger). Le Petit Futé a craqué pour ses délicieuses spécialités, ses créations à base de chocolat ou tout simplement parce que l'on peut venir prendre un café en terrasse accompagné d'un croissant. Chez Florent, on se spécialise aussi dans la confection de gâteaux de mariage, rien de tel pour émoustiller les papilles de vos convives.

LE PORCHE DU GOUT

9, place de l'École
CASTELNOU

Ouvert du 1er avril au 15 octobre de 9h à 18h sans interruption.

Une vraie épicerie bretonne en pays catalan, quelle idée ? ! Eh oui, Nicole la Bretonne vous accueille dans sa petite échoppe à l'entrée du village médiéval et saura vous ravir avec ses pâtisseries bretonnes et sa brioche au beurre. Vous trouverez aussi des glaces, des sorbets naturels, du gaspacho ou des milk-shakes faits devant vous. Pour les petites faims, Nicole vous fait un sandwich à la demande, ou bien n'hésitez pas à déguster les pâtisseries catalanes, les charcuteries, les fromages de nos montagnes et plein d'autres bonnes choses.

DU BON MIEL

Route du Soler
PONTEILLA
✆ 06 24 24 57 19
www.dubonmiel.fr
Accueil du lundi au samedi midi et soir.

Comme dans la chanson de Bashung, Thomas est un «happy culteur» heureux, et il le revendique. Il possède 240 ruches réparties aux quatre coins du département afin d'éprouver les influences de la mer ou de la montagne. Il obtient des miels très variés : lavande, garrigue, rhododendron, maquis, etc. L'extraction à froid à la centrifugeuse permet de garder toutes les vertus et les meilleurs arômes. N'oublions pas la production de vinaigre de miel, la propolis ou l'incontournable pain d'épices. Plein de belles choses à découvrir et déguster.

BOUCHERIE CHARCUTERIE GONZALES

3, place de la mairie
✆ 09 67 07 47 77
www.thibaultgonzales.simplesite.com
100% Bio. Ouvert du mercredi au samedi de 8h à 12h30 et de 16h à 19h30. Le dimanche matin.

Thibault Gonzales, le célèbre éleveur de porcs noirs gascons, vient d'ouvrir une boucherie-charcuterie à Ponteilla. On attendait depuis longtemps une alternative à son stand au marché de Thuir ou à la ferme à Montferrer ! Sur un étal de 5 m de long : viandes (porc, bœuf et agneau), charcuteries, plats préparés... 100 % bio. Sa réputation est telle que les plus grands restaurants mettent en avant ses produits. Il ne vous reste plus qu'à les goûter, ces saveurs sont vraiment inimitables.

CAVES BYRRH ★★

6, boulevard Violet
✆ 04 68 53 45 86
www.caves-byrrh.fr
Qualité Tourisme. Qualité Sud de France. Ouvert toute l'année. Visite nocturne tous les vendredis en juillet et août.

Initialement vendu en pharmacie, le Byrrh s'exporte vite au-delà des frontières sous le titre de « vin tonique et hygiénique ». Cet apéritif est élaboré grâce à des dosages savants de diverses plantes aromatiques, lui donnant des saveurs douces-amères, puis vieilli deux à trois ans dans des foudres de chêne, dont l'un est la plus grande cuve en chêne du monde : 1 200 000 litres ! Les caves se visitent et dès les beaux jours, des sons et lumière, des visites théâtralisées ainsi que des visites contées vous retracent l'incroyable histoire des frères Violet.

CHÂTEAU DU MAS DEU

TROUILLAS
✆ 04 68 53 11 66
100% BIO. Ouvert du lundi au vendredi l'après midi (ou sur RDV)

Si de nos jours c'est essentiellement un domaine viticole, c'est avant tout le siège de l'ancienne commanderie templière de la région. Les cépages carignan, grenache et maccabeu âgés de 60 ans sont ici cajolés à l'extrême et s'épanouissent sur un terroir argilo-calcaire à plus de 100 mètres d'altitude. Le choix du BIO est venu comme une évidence. Nouveauté au château : Dans un cadre boisé et historique de 3 ha, venez découvrir le nouveau domaine des perroquets, aigles, hiboux qui vous effleureront de leurs ailes lors des démonstrations en vol libre !

Vue sur les Aspres et le Canigó.

CHÂTEAU LAURIGA DOMAINES PAUL MAS

Traverse de Ponteilla
✆ 04 68 53 26 73
www.lauriga.com

Ouvert du lundi au vendredi de 9h à 13h et de 14h à 18h.

Situé au cœur des Aspres, le domaine s'étend sur 60 hectares de galets roulés et de terres caillouteuses donnant des vins de caractère. Déjà prisé au XIe siècle à la cour du roi d'Aragon sous le nom de « laurinya », il appartient désormais aux Domaines Paul MAS. Le travail raisonné de la vigne, une cave adaptée aux techniques modernes de vinification font des vins du Château Lauriga un gage de qualité. L'interaction tramontane, cépages et terroir produit des cuvées aux aromes subtils.

CHÂTEAU MONTANA

Route de Saint-Jean-Lasseille
BANYULS-DELS-ASPRES ✆ 04 68 37 54 84
www.chateaumontana.com

100% BIO. Ouvert du lundi au vendredi Accueil, visite et dégustation. Cours de dégustation, soirées vigneronnes.

« Laisser respirer les sols, protéger le biotope et maintenir des rendements faibles », commente Patrick alors que nous nous promenons dans ses vignes. Le domaine s'étend sur 30 ha autour d'imposants bâtiments finement rénovés - on se croirait dans un hameau. Sa renommée dépasse les frontières, les vins de Patrick sont souvent encensés par la presse spécialisée et cerise sur le gâteau le Château Montana est une des rares maisons en Roussillon dont tous les vins sont médaillés chaque année ! Le Château Montana est une halte incontournable sur la route des vins.

CHÂTEAU NADAL HAINAUT

RD 37 - **LE SOLER**
✆ 04 68 92 57 46
www.chateaunadalhainaut.com

Ouvert du lundi au samedi. Œenotourisme, soirées vigneronnes et concerts. Salle de réception pour événements.

Au Château Nadal Hainaut, la viticulture est une histoire de famille depuis 5 générations. 49 ha sur 125 sont convertis en Bio depuis 2013 ils sont cultivés sur des terrasses caillouteuses entourant la propriété familiale, un ancien prieuré cistercien du XIIe siècle. Le lieu est tout simplement sublime : le caveau de dégustation, la salle de réception, la chapelle ou le parc et son étang. On adore les vins, la famille ainsi que les lieux. Alors pourquoi ne pas passer vos vacances, dans le grand gite installé dans une aile du prieuré au cœur du vignoble. Magique !

CLOS CERIANNE

Rue des Alzines - **TROUILLAS**
✆ 06 76 84 91 65
www.clos-cerianne.fr

Accueil, visite et dégustation sur RDV œnotourisme : ateliers de dégustation, visite du vignoble, soirées musicales...

Laurianne, « catalane 100% pur jus des Aspres » fait du minimalisme pour concentrer la qualité : 2 ha sur des sols argilo-calcaires, vendanges manuelles en caissette, tri minutieux sur table, micro-vinifications et petites cuvées. Avec son œnologue, qui est une femme, « nous avons la même sensibilité », me confie-t-elle. Laurianne est fière de ses racines, elle sait qu'elle peut compter sur le soutien, le savoir et l'expérience de sa famille... Cette audace, cette fougue et cet amour de la vie qu'on retrouve dans ses vins nous ont conquis !

CLOS MASSOTTE

3, rue des Alzines
TROUILLAS
✆ 06 23 36 43 01
www.massotte.com/

100% Bio. Accueil, visite et dégustation sur RDV.

Le Clos Massotte est un petit domaine de 7 ha niché au cœur des Aspres fertiles. Pierre Olivier est un poète amoureux du vivant qui conduit son vignoble dans le plus grand respect de l'environnement. Il porte autant d'amour aux hommes qu'à ses vignes qu'il bichonne et câline. « La nature m'invite chaque jour à satisfaire ses désirs pour créer des fruits à son image », commente-t-il. Ses vins au fil des millésimes sont toujours surprenants et inclassables. Ils se démarquent des flacons traditionnels et explorent des voies nouvelles et intuitives.

CLOS SAINT-GEORGES

Clos Saint-Georges - **TROUILLAS**
✆ 04 68 21 61 46
www.clos-saint-georges.com

Accueil, visite et dégustation en semaine. Oenotourisme. Salle de réception pour événements. Gite 4 pers.

Les 120 ha du domaine sont conduits dans le respect de la terre et de la vie qu'elle génère et sont certifiés Haute Valeur Environnementale. Le Clos Saint-Georges est un des rares domaines du Roussillon où vous trouverez en rouge de vieux millésimes comme la Cuvée de Pierre, un Côtes du Roussillon Villages Les Aspres de 2011. Claude le confirme : « Il faut laisser le vin se reposer et évoluer ». Enfin, les Ortal sont des gens très simples et accueillants qui aiment échanger et partager. Ils organisent régulièrement des événements autour du vin et de la culture.

CÔTÉ CAVE

6, avenue François-Mitterrand
✆ 09 67 48 68 56
www.cote-cave.fr

Ouvert du mardi au samedi. Animations et rencontres avec les vignerons.

Initiés, amateurs ou curieux, vous trouverez votre bonheur à Côté Cave. Un lieu beau et chaleureux qui reste simple et convivial. La preuve, des ateliers sont régulièrement organisés pour vous initier aux secrets et à la magie du fruit fermenté : « bar-cocktail, sommellerie, à la recherche des pépites du languedoc… » (détails sur le site Internet mis à jour régulièrement). Et le cerise sur le gâteau, chaque samedi matin, jour de marché, les propriétaires font venir un vigneron qui propose la dégustation de ses vins. Epicuriens sans modération !

CRÈMERIE LA VOIE LACTÉE

5, place Gabriel-Péri
✆ 09 81 47 20 53

Ouvert du lundi au samedi de 9h à 12h30 et de 16h30 à 19h30.

Sous les arcades et tout près de la fontaine de cette jolie Gabriel Péri, se niche une belle pépite odorante : une cave à fromages comme on en fait plus. Dans la boutique de Raphaël, grand défenseur des vins nature et des vignerons durablement engagés, vous découvrirez des merveilles aux noms audacieux et farfelus : brebis corse frais aux herbes du maquis, fromage de brebis à la graisse de porc ibérique ou tomme de brebis au chocolat. Et comme Raphaël est un bon vivant, il vous propose de déguster ses fromages avec un petit verre en terrasse sous le porche.

AUX DÉLICES DES ASPRES

2, boulevard Léon-Jean-Grégory
✆ 04 68 53 38 21

Ouvert du mardi au samedi et le dimanche matin. Commandes spéciales et personnalisées pour tous évènements.

Sébastien Ponramon, Maître Chocolatier crée des pièces qui sont de véritables œuvres d'art. Et on éprouve sincèrement de la peine à croquer ses sujets. Mais la gourmandise est plus forte que les sentiments et les vrais amateurs de cacao ne se posent plus la question. Les puristes y trouveront leur bonheur puisque le pourcentage varie entre 67 % et 75 % de cacao, mais il propose également du 85 % pour les connaisseurs. Et ce n'est pas tout, car il a créé un chocolat au Byrrh, il faut dire que son magasin se trouve juste en face des caves, c'est une « tuerie » !

DOMAINE DE L'ARCHITECTE

FOURQUES
✆ 06 87 16 19 39
https://domainedelarchitecte.fr

100% Bio. Accueil et dégustation sur rendez-vous.

Le domaine est situé dans les collines des Aspres entre mer et montagne sur un sol argilo-calcaire très minéral avec des quartz et des grès. Conduite du vignoble très stricte : label HVE, pas de labours ni d'insecticides... Patrick est un homme qui préserve la biodiversité et respecte la terre. Exclusivement vendangés à la main, les raisins produisent l'emblématique cuvée Grand Large, qui fait la notoriété du domaine. Le *Petit Futé* a tout adoré, autant les vins que le personnage d'une extrême gentillesse et d'une folle passion pour son vin. Une belle rencontre !

DOMAINE DE LA MEUNERIE

32, avenue du Canigou
TROUILLAS
✆ 06 15 31 70 19
www.domaine-meunerie.fr

Visite et dégustation sur RDV.

Le meunier ne dort pas à Trouillas ! Stéphane s'évertue à produire un jus dans le plus grand respect de la tradition tout en y mêlant modernité. « Un travail à la bourguignonne » commente-t-il lui-même, c'est à dire au plus près de ses vignes, en les cajolant, les chouchoutant. Vendanges à la main et chai de vinification dernier cri en sont les expressions. Il y a deux raisons de venir à la Meunerie : tout d'abord le lieu est superbe, la restauration des bâtiments est exemplaire, et puis dans les milieux spécialisés, on parle de plus en plus de ces vins-là.

DOMAINE DE LA PERDRIX

Traverse de Thuir - **TROUILLAS**
✆ 04 68 53 12 74
www.domaine-perdrix.net

100% BIO. Accueil, visite et dégustation toute l'année. Soirées vigneronnes, concerts, grillades et ambiance unique !

L'identité de cette terre des Aspres plurielle se retrouve dans les vins de Virginie et André qui sont régulièrement mis en valeur par la presse spécialisée. Ce couple amoureux tout court, et aussi très amoureux de la vie et disciple de Rabelais (et un peu de Hendrix aussi…), nous a fait craquer. La renommée du domaine tient aussi aux inoubliables soirées qu'il organise toute l'année. Pour n'en citer qu'une, les Jeudis de la Perdrix (dégustation, grillades, musique et la fête jusqu'à des heures indues) sont devenus une institution dans la région.

DOMAINE DES ARBRES BLANCS

BAGES
✆ 06 32 34 22 30
www.domainedesarbresblancs.com
Ouvert toute l'année du lundi au samedi et le dimanche matin (en été). Paniers et commandes en ligne.

Ce qui a fait la réputation de cette exploitation familiale, c'est le choix de ne proposer à la vente que des fruits et légumes de saison. Oubliez la ratatouille en hiver si vous faites vos courses là-bas ! Il suffit de regarder leurs étals riches et colorés en été, ou virant sur le beige et le marron en hiver. Question environnement, l'équipe du Mas blanc a fait le choix de l'agriculture raisonnée avec la pratique de la lutte intégrée. Sélection de produits locaux (vins, fromages...)

DOMAINE DU MASCAREIL

Place de l'Ecole
CASTELNOU
✆ 06 73 48 62 61
www.mascareil.com
100% BIO. Accueil, visite et dégustation sur RDV.

« Depuis toujours le vivant m'intrigue et me passionne, et plus particulièrement ce que la terre nous donne en retour à l'attention que nous lui apportons ». La passion de David, c'est le champ infini de toutes les fragiles et indispensables interactions du vivant. Aussi il conduit son vignoble en suivant les préceptes de l'agriculture BIO et de la biodynamie. C'est en se promenant dans les vignes ou en dégustant au caveau que l'on découvre la vraie personnalité des vins du Domaine Mascareil. Des vins à découvrir absolument et à déguster sans modération.

DOMAINE PARCE RAMOS

8, chemin du Plas
BAGES
✆ 04 68 21 80 45
www.domaine-parce-ramos.fr
100% BIO. Accueil, visite et dégustation du mardi au vendredi et le samedi matin.

La conduite du vignoble se déroule sur 40 ha sur des sols argilo-graveleux et sable-graveleux en incluant une grande variété de cépages, dans le respect du biotope car le domaine est en BIO depuis 2013. Océane, Jules et Romain (Jules, c'est le futur œnologue encore bébé) perpétuent la tradition qui a fait la réputation du domaine tout en apportant « un brin de fraîcheur et d'innovation » (dixit Romain) s'exprimant à travers une nouvelle gamme de vins. Un jeune couple plein d'ambition mais aussi de simplicité auquel nous souhaitons une longue vie viticole.

DOMAINE POTRON-MINET

40, avenue du Vallespir
FOURQUES
✆ 06 14 19 83 69
www.potronminet.fr
100% Bio. Vin nature. Dégustation et visite sur rendez-vous.

Sur un paysage de terrasses successives de galets roulés typique des basses Aspres, Jean-Sébastien (grand défenseur et admirateur des vins naturels) mise sur un rendement faible et concentré, des vendanges à la main et fait confiance aux levures indigènes pour élaborer un vin nature 100 % écologique. Le résultat est une petite merveille de souplesse et de délicatesse en bouche. A tous ceux croient que les vins du Roussillon sont charpentés et tanniques, venez goûter les vins du domaine Potron-Minet, c'est comme de la soie qui glisse sous le palais !

DOMAINE TRELOAR

16, traverse de Thuir - **TROUILLAS**
✆ 04 68 95 02 29
www.domainetreloar.com
Ouvert du lundi au vendredi de 16h à 18h30, le samedi de 9h30 à 12h. Visite commentée du domaine et dégustation.

Au cœur des basses Aspres, Jonathan et Rachel cultivent 10 ha de vigne selon des principes écologiques et durables avec un belle touche « vin nature ». Ils revendiquent une culture artisanale et traditionnelle alliée aux dernières technologies, et ça paye ! Ils sont régulièrement primés et cités dans de grandes revues internationales. Mais ne croyez pas que les Treloar ont la grosse tête. Il suffit d'aller les rencontrer au domaine pour s'en convaincre. Ce sont des gens aussi naturels que leurs vins et ils ont plaisir à recevoir et faire partager leur passion.

FERME DE LA CANTERRANE

Solt de las Molles RD612 - **TROUILLAS**
✆ 04 68 53 47 90
www.lesoliviersdelacanterrane.com
Ouvert toute l'année du lundi au samedi. Visite, explications et dégustation. Accueil camping-car. Vente en ligne.

Les deux huiles du domaine (la vernale et l'olivière) sont proposées en monovariétale : la verdale, en fruité vert, et l'olivière, en fruité mûr. Thérèse et Christian viennent de récolter leur 20e médaille en 10 ans avec la variété olivière : la médaille d'or au concours mondial les Olivalies. Le secret, ils nous le confient un peu « pour avoir une bonne huile, il faut un assemblage de maturités de cueillettes sur environ 20 jours ». Egalement à la vente dans la grande boutique des savons, condiments, tapenades, et bien d'autres produits.

LES GOUTEURS DE FROMAGE

5, Place Gabriel Péri
✆ 09 81 47 20 53
Ouvert du mardi au samedi. Restauration le midi. Plateaux à emporter.

Voilà une cave à fromages comme on en fait plus. On y trouve des merveilles aux noms audacieux et farfelus : brebis corse frais aux herbes du maquis, fromage de brebis à la graisse de porc ibérique et enfin une tomme de brebis au chocolat. Comme ça va bien ensemble, vous avez un large choix de bières et vins locaux. Les meilleurs restaurants du département font confiance à cette adresse. Vous pouvez également déguster ses fromages avec un petit verre en terrasse sous le porche. On vous sert aussi de belles tartines et des salades. A découvrir !

A LA RUCHE

Place de l'Ecole
CASTELNOU
✆ 06 63 17 52 96
www.a-la-ruche.com
Ouvert tous les jours en saison. Hors saison de 13h à 17h. Fermé de fin décembre à début février.

A la Ruche, c'est la passion du bon goût de père en fils depuis 30 ans. L'ancienne école devenue boutique est une jolie caverne d'Ali Baba où Vincent vous fera découvrir une vaste gamme de miels et une quinzaine de produits dérivés du miel : vinaigre, hydromel, pâte à tartiner... Le pain d'épices fait et cuit sur place tous les jours est une vraie tuerie. Il peut se déguster, tout comme les nougatines ou les jus de fruits, en terrasse, à l'ombre du mûrier, sur la très jolie place de l'Ecole au cœur de cet étonnant village médiéval qui reste animé été comme hiver.

LAURIE HOLISTIQUE

BAGES
✆ 06 03 25 36 68
Méthode de soins holistique. Formatrice. Sur RDV. Méditations, reiki, naturopathie...

Laurie est une femme pétillante qui a plus d'une corde à son arc et ne vous propose pas seulement des soins, elle est aussi formatrice et enseignante. Elle vous aide à devenir autonome ! Dans son carquois, on trouve les soins énergétiques, cartomancie, naturopathie, méditations guidées, reiki et LaHoChi. La force de cette jeune femme, c'est qu'elle a créé sa propre méthode de soin. Nous l'avons bien sûr testée et on peut vous dire tout le sérieux et la rigueur de Laurie. Elle consulte aussi à distance en visio afin de vous offrir une détente absolue. Bravo !

MAS BECHA

Traverse de Ponteilla à Pollestres
NYLS - **PONTEILLA** ✆ 04 68 95 42 04
www.masbecha.com
100% Bio. Accueil au caveau du mardi au vendredi. Oenotourisme, balades gourmandes et soirées vigneronnes.

Charles Perez, artisan vigneron, conduit son vignoble de 25 ha suivant les principes de l'agriculture BIO en vinifiant ses vins avec la volonté de minimiser les intrants et les procédés mécaniques. La corpulence et la bonhomie de Charles sont à l'image de ses vins : ronds, sincères et généreux ! Pour faire simple, il y a deux gammes de vins au Mas Becha : les « portraits de famille », et les parcellaires avec une très petite production, généralement dédiés à la grande gastronomie. Et tous deux sont régulièrement encensés par la presse spécialisée. On adore !

MAS PUJOL

1, rue la Rourède - **FOURQUES** ✆ 04 68 38 84 44
www.maspujol.fr
100% Bio. Accueil le matin et l'après-midi en saison. Sur RDV hors saison. Oenotourisme et gastro-tourisme.

Au Mas Pujol, une jeune équipe prend la relève tout en conservant les valeurs des aînés. On bouscule un peu les habitudes avec une nouvelle gamme de vins qui met l'accent sur la finesse et l'élégance : la trilogie Pinta, Nina et Santa Maria, fait ressortir la pureté du grenache, des carignans centenaires et de la syrah. L'Originel est une cuvée sans sulfite qui donne l'impression de croquer dans un grain de raisin. Le Mas Pujol organise régulièrement des événements autour du vin et des cochons qui sont célébrés dans le superbe chai de dégustation du domaine.

MELONS BONS

11, avenue de la Méditerranée
BAGES
✆ 06 16 66 62 64
Ouvert du lundi au samedi.

L'expression « Melon bon » est venue des gens du village qui ne cessaient de répéter que les melons de la famille Raynal étaient bons. Un jour, Jean l'a écrit sur une pancarte devant la boutique. Le nom est resté. Tout comme le slogan : *We speak Catala*. 80 % des produits à la vente viennent du jardin des Raynal, fruits et légumes de saison cultivés en agriculture raisonnée. Les autres produits viennent de copains dont Jean connaît les méthodes de travail. Lorsque la qualité s'accompagne du sourire et de la bonne humeur, on n'a plus envie de changer de primeur !

LE POTAGER DE SERGE

La Ferme-Ecole
✆ 04 68 53 34 63
Accueil à la ferme sur RDV pour la vente directe. Marché de Toulouges le mardi matin et Thuir le samedi matin

Serge est une figure incontournable du marché de Thuir le samedi matin. Le Futé a testé ses produits des dizaines de fois, autant qu'il y a de semaines dans une année. Et c'est toujours aussi bon ! Ce gars-là est un vrai paysan qui revendique l'amour du travail bien fait dans les règles. Pas de cochonneries chimiques sur ses légumes, respect des saisons et toujours le sourire même lorsqu'il y a 10 m de queue devant son stand. Pour un accueil plus personnalisé, venez à la ferme le rencontrer, il se fera une joie de vous faire découvrir l'exploitation.

LE PRESSE PAPIER

6, avenue François-Mitterrand
✆ 04 68 53 05 94
Ouvert du mardi au samedi de 9h à 12h et de 15h à 19h.

Le Presse Papier fait partie de ces commerces qui font plaisir à voir à l'heure où beaucoup disparaissent, avalés par la grande distribution. Littérature, polar, science-fiction, romans à l'eau de rose, on trouve de tout et si le bouquin que vous vouliez à tout prix n'y est pas, il arrive en quelques jours. Les jeunes parents apprécieront le beau rayon jeunesse, les intellos une belle collection de classiques. Et le petit plus qui fait la différence, c'est qu'il y a un vrai libraire avec qui on peut échanger pendant des heures. Vive le partage et la culture !

LES VIGNERONS DE CONSTANCE ET DU TERRASSOUS

1, rue du Tastevin - **FOURQUES** ✆ 04 68 38 89 65
www.terrassous.com
Ouvert du lundi au samedi. Oenotourisme et soirées vigneronnes, balades dans les vignes, concerts... Vente en ligne.

Un lieu, deux merveilles : des vins de grande qualité conçus et élevés par des vignerons respectant une charte « éco-phyto » et une superbe cave à visiter. 80 viticulteurs et une dizaine de cuvées pour tous les palais et les budgets. Rénové il y a quelques années, le bâtiment a vu ses anciens quais de déchargement transformés en salle de dégustation. Le point d'orgue de la visite est incontestablement le chai de vieillissement des vins doux naturels situé à l'étage. Envoûtant !

LA FERME AUX ÂNES

Ancien chemin de Thuir - **TORDÈRES**
✆ 06 10 70 85 99
www.ferme-ane66.com
Ouvert tous les jours en haute saison. Consulter le site pour la basse saison. Balades encadrées, anniversaires.

Là-haut à Tordères, venez découvrir le plaisir de monter sur un âne dans cette ferme où vous pourrez également passer du temps avec les autres animaux. Vous découvrirez aussi les moutons, les chèvres, les lamas, les volières avec faisans, pigeons et canards. Vous pouvez louer un ou plusieurs ânes pour découvrir les Aspres au rythme de son pas, il sera équipé d'un bât pour porter vos sacs et votre pique-nique. Vous pourrez même organiser l'anniversaire de votre enfant, avec parcours balisé à dos d'âne et rencontre avec les autres hôtes du lieu.

LABYRINTHES AUX 1000 FLEURS

TROUILLAS
✆ 04 68 53 77 68
www.laby66.com
Ouvert tous les jours en en été et pendant les vancances scolaires. Hors saison mercredi et week-end. Restauration.

Aujourd'hui, on raconte que les enfants qui viennent ici ne veulent plus rentrer à la maison... et les parents non plus il paraît ! Venez découvrir le Labyrinthe aux Mille Fleurs, un espace de jeu et de découvertes en pleine nature pour toute la famille. Ne perdez pas le fil d'Ariane et gare au terrible Minotaure qui se cache parmi les labyrinthes de métal, de bois, de bambou ou les parcs et jardins cultivés et entretenus sans pesticide. Un régal pour toute la famille d'autant plus que les jardins botaniques d'une grande beauté (l'orangerie compte plus de 60 variétés d'agrumes) raviront les adultes pendant que les enfants se défoulent dans le Laby Spalsh (maillot de bain obligatoire). Les propriétaires ont toujours plein d'idées folles et originales pour aménager de nouvelles structures au fil des ans, mais ce sont aussi des convaincus de l'agriculture biologique et d'un développement sain et durable pour la planète. A noter les événements organisés tout au long de l'année comme la chasse aux œufs à Pâques, le labyrinthe hanté ou les nocturnes en été. Tous les renseignements sont sur le site. Enfin, un vrai snack sous paillote avec brumisateur vous propose « de la graine à l'assiette » des salades pour végétariens, des hamburgers avec de la viande BIO, sirops et jus BIO... Le Petit Futé a adoré le lieu non seulement pour sa richesse botanique, ses labyrinthes incroyables mais aussi pour l'engagement écologique des propriétaires. Bravo !

SAINT-PAUL-DE-FENOUILLET ★

Saint-Paul-de-Fenouillet est, avec presque 2 000 âmes, l'incontestable capitale du Fenouillèdes. Dans un couloir nommé synclinal de Saint Paul, délimité au nord par les Corbières et au sud par les ondulations des collines des Fenouillèdes, la petite cité est à deux pas de l'Aude et des mythiques châteaux cathares. Le bourg fut au début du siècle dernier une ville ouvrière et industrielle. A quelques km au nord, les gorges de Galamus, qui figurent parmi les plus belles et profondes de France, valent le détour. La capitale du Fenouillèdes mise sur le tourisme vert et le sport : nombreux sentiers pédestres et VTT, canyoning et via ferrata.

BOULZ'ÂNES

6, rue de la Rive
PRUGNANES
✆ 04 68 59 27 05

Ouvert toute l'année. Tous les jours à partir de 9h. Adulte 35 € (demi-journée pour 1 âne).

A Prugnanes, petit village sur les contreforts du Roc Paradet, vous découvrirez d'impressionnants massifs calcaires, bordant les rives de la Boulzane, et qui façonnent cette vallée ensoleillée. Atuana vous emmènera sillonner les sentiers empreints d'histoire et d'authenticité. Elle vous racontera des histoires d'ânes et vous convaincra que partir en compagnie d'un âne, c'est la liberté de randonner sans bagages à porter, la joie des enfants de ne plus traîner des pieds, établir un contact naturel entre vous, cet animal fantastique et les gens du pays.

FORÊT DE BOUCHEVILLE

VIRA

Ouvert toute l'année. Gratuit. Visite guidée (se renseigner à Vira). Topos en libre accès.

Les sentiers de la forêt royale valent le détour, grandes cabanes en schiste noir, chemins de l'histoire, panorama infini et la majestueuse futaie naturelle où dominent le pin sylvestre, les hêtres imposants et le véritable sapin des Pyrénées. Plusieurs sentiers de randonnée pédestre et de VTT vous feront découvrir des espèces bicentenaires. Continuez votre balade à Vira petit village à la porte de la forêt et visitez la bergerie et la maison de la nature. C'est une balade découverte pour toute la famille, enchanteresse et envoûtante, un coup de cœur écolo.

OFFICE DE TOURISME INTERCOMMUNAL AGLY FENOUILLÈDES

21, avenue Georges-Pezières ✆ 04 68 59 07 57
www.aglyfenouilledes.com

Ouvert du lundi au samedi et le dimanche matin en juillet et août. Toutes les infos sur leur incroyable site Internet !

Voilà le lieu idéal pour partir à la découverte du patrimoine historique et naturel de Saint-Paul et de ses alentours. Les gorges de Galamus au nord et au sud la Clue de la Fou ou l'ancienne abbaye bénédictine n'auront plus de secrets pour vous. Pour les adeptes de la randonnée à pied ou à vélo, de nombreux circuits vous seront proposés pour tous les niveaux. Mention spéciale pour la qualité et la clarté du site internet qui vous aidera à préparer vos vacances.

TRAIN DU PAYS CATHARE ET DU FENOUILLÈDES

26, boulevard de l'Agly ✆ 04 68 20 04 00
www.tpcf.fr

Ouvert toute l'année. Réservation fortement conseillée. Toutes les infos (tarifs, horaires...) sur le site Internet.

Original pour découvrir la région ! Au départ de Rivesaltes, d'Axat ou d'Espira-de-l'Agly, Cases-de-Pène, Estagel... un trajet de 60 km pour admirer sous un angle différent toutes les richesses de notre beau terroir. A chaque halte, vous pourrez descendre du train, visiter et prendre le suivant pour continuer le voyage ou rebrousser chemin. Voyages à thèmes : le train de la Peur pour Halloween, le meurtre du Catalan Express (énigmes à résoudre)... et des voyages gastronomiques.

CAMPING DES RANDONNEURS** €

FENOUILLET ✆ 06 78 35 95 29
www.campingdesrandonneurs.com

Ouvert d'avril à octobre. 46 emplacements. Bulle, tipi, roulotte et yourte. Piscine. Restaurant. Jeux pour enfants.

Amoureux des grands espaces, entendez-vous l'appel de la nature ? Entre plages et cimes, c'est ici que vous vous sentirez bien, au calme parmi 2,5 hectares de forêt. Vous aurez le choix entre chalet, tipi, yourte douillettes (avec kitchenette), roulotte à l'ancienne, ou pour une dose supplémentaire d'insolite, tentez la « bulle » pour des nuits inoubliables dans les étoiles.... Le Camping des Randonneurs, c'est notre camping coup de cœur au Futé et on y revient tous les ans !

ARRIÈRE-PAYS

CÔTÉ JARDINS €€

1, rue des Jardins - **CAUDIÈS-DE-FENOUILLÈDES**
✆ 04 68 59 93 52
www.gite-cotejardins.com
2 chambres. Chambre double de 75 € à 85 € la nuit. Petit déjeuner inclus. Gîte 4 pers. à partir de 400 €/semaine.

Dans cette bâtisse du XVIIIe siècle et entourée de vignobles, Patrick et Monique ont aménagé deux chambres dans l'ancien relais de diligences entouré de son jardin clos et fleuri. Ambiance douce et romantique pour la chambre Emma, avec un sol parquet en chêne et mobilier d'époque. La chambre Marie est chaleureuse et authentique, avec son mur en pierres apparentes et sa décoration campagnarde. Monique concocte des petits déjeuners sucrés et salés, avec des produits maison et du terroir. Une bien belle adresse pour un séjour familial ou une nuit romantique.

DOMAINE DE COUSSÈRES €€

Coussères - **PRUGNANES** ✆ 04 68 59 23 55
www.cousseres.com
Ouvert d'avril à octobre, Petit déjeuner inclus. Table d'hôtes : 30 € (inclus apéritif, vin et café). Restauration.

Faites une halte au domaine de Coussères, cette bâtisse imposante et pleine de charme qui domine le paysage méditerranéen. Au sommet de l'escalier monumental, Ann et Joo vous accueillent dans le grand luxe : chic et raffiné ! Tout est réfléchi pour que vous y soyez bien, les chaises longues pour bronzer sont disposées avec soin, le coin apéritif si convivial près de la piscine où Joo propose dès 19h les vins sucrés du pays et sa vue enchanteresse sur les vignobles et les falaises, propice aux voyages imaginaires. La vie de château à un prix très raisonnable.

GITE&TERROIRS OCCITANIE €€

2, rue du Château d'Eau - **FELLUNS**
✆ 07 74 82 74 09
www.gites-terroirs-occitanie.fr
3 gîtes de 4 à 6 pers. de 400 à 900 € la semaine. Hors vacances, location à la nuit. Table d'hôtes. Immense jardin.

Dorota et Kees, fraîchement débarqués de Hollande, proposent trois gîtes flambant neufs (mobilier et literie haut de gamme) et décorés avec grand soin sur les hauteurs d'un petit village où la route s'arrête. Vous l'avez compris, vous serez au calme et profiterez depuis l'immense jardin d'une vue panoramique plein sud sur les monts des Fenouillèdes. Vos hôtes ont vraiment l'art de bien recevoir et vous mijotent de bons plats régionaux sur demande (demi-pension ou table d'hôtes) accompagnés de vins locaux. Le lieu idéal pour profiter du moment présent. Génial !

RELAIS DE LAVAL €€

33, avenue du Roussillon
CAUDIÈS-DE-FENOUILLÈDES
✆ 04 68 38 66 51
www.relaisdelaval.fr
Ouvert toute l'année. 5 chambres (+ 5 appartements). Séminaires. Réceptions et mariages.

A l'entrée de Caudiès et pourtant entouré de nature, Le Relais de Laval est composé de trois corps de bâtiment, des chambres d'hôtes, des gîtes avec, pour certains, un jardin privatif, une salle d'accueil et une salle de restaurant. Vous découvrirez au milieu une superbe cour et un patio pour prendre le petit déjeuner dès les beaux jours. Les hôtes russo-ukrainiens, Lucie et Slava, mettent tout leur cœur dans cette belle réalisation et ça se voit, ils sont charmants. Fantastique pour une étape, un week-end en amoureux, ou quelques jours de vacances.

CHÂTEAU DE PEYRALADE €€€

Route de Caudiès
✆ 04 68 28 88 06
www.chateaudepeyralade.fr
Ouvert toute l'année. Chambres de 80 à 150 € (petit déjeuner inclus). Séminaires, réceptions. Restauration.

Véronique et Xavier, vous proposent un séjour où votre temps se partagera entre détente, gastronomie, œnologie, dégustation, culture et activités de plein-air. Dès votre arrivée, vous serez immédiatement sous le charme de cette demeure bourgeoise et les trois chambres de l'étage, élégantes et spacieuses. Le soir venu, la table d'hôtes est dressée dans la grande salle à manger du château, ou aux beaux jours dans le jardin. Pour le vin, c'est Xavier, œnologue, qui vous fera partager sa passion. Le site est superbe et la vue sur les Corbières est ravissante.

BISCUITERIE LE PASTADOU

4, Avenue Jean-Moulin
✆ 04 68 59 25 21
Ouvert tous les jours.

Le vrai croquant de Saint-Paul ! La biscuiterie Le Pastadou existe depuis 6 ans, autrefois au village et maintenant à l'entrée de Saint Paul. La nouvelle boutique donne sur l'atelier où l'on peut voir la famille Pons réaliser des recettes ancestrales revisitées : Croquants, Biscotins, Rousquilles et Coque Saint Paulaise. Tout est fabriqué manuellement sans additifs ni conservateurs, fidèle à la tradition née en 1870. Vous trouverez aussi d'excellents vins biologiques du Domaine Chaluleau-Pons et d'autres vignerons ainsi que des produits du terroir.

BOUCHERIE CHEZ VANESSA ET BERTRAND

2, avenue Jean-Moulin
✆ 04 68 66 64 17
Ouvert tous les jours sauf le dimanche après-midi et le lundi. Livraison possible

Chez la famille Pelissier, on est éleveur à Saint-Paul depuis 20 ans. Dans leur boutique flambant neuve installée à l'entrée de Saint-Paul (en venant de Perpignan), vous trouverez boeuf, agneau, cochonailles et plein de trésors. La qualité est au rendez-vous tout comme les prix qui sont très raisonnables. Le *Petit Futé* a rempli son panier de ces produits fermiers comme on en voit trop peu souvent. Une adresse à retenir et une belle initiative, directement de l'éleveur au consommateur !

DOMAINE ARGUTI

14, avenue du 16-Août-1944
✆ 06 73 85 17 93
domainearguti.fr
Accueil, visite et dégustation sur RDV.

L'Italie comme pays d'origine, Bordeaux comme ville d'adoption mais Saint-Paul-de-Fenouillet comme terre de cœur, tel est l'itinéraire d'Ugo Arguti, passionné de viticulture ayant un temps dirigé le réputé Château de Saint-Emilion. L'année 2004 est marquée par la découverte et le changement. Bien que pauvres parce qu'implantées dans un sol schisteux, les vignes des Fenouillèdes ont une identité telle que le couple a décidé de les acquérir et d'élaborer son propre vin. Depuis, ces vignes produisent un vin d'une qualité surprenante. on adore !

CÔTES D'AGLY

RD 117
✆ 04 68 59 02 39
www.agly.fr
Accueil et dégustation en semaine et le samedi de 9h à 12h et de 15h à 18h. Vente en ligne sur le site Internet.

La cave coopérative des Côtes d'Agly est à l'image de l'étonnante mosaïque des terroirs de la vallée de l'Agly. Fruit de la fusion de 5 caves de la vallée de l'Agly (Estagel, Montner, Saint-Paul-de-Fenouillet, Caudiès-de-Fenouillèdes et Lesquerde), la cave des Vignerons des Côtes d'Agly est aujourd'hui l'une des premières coopératives productrices d'AOC Côtes du Roussillon avec plus de 250 vignerons. On l'appelle aussi la cave aux 7 appellations pour la diversité des crus quelle propose à la vente. Le choix est vaste et délicieux et l'accueil très aimable.

DOMAINE DE LA PETITE BAIGNEUSE

Les Planels
✆ 06 35 97 81 99
100% Bio. Visite et dégustation sur rendez-vous.

Défenseur des vins naturels sans pousser le bouchon dans les extrêmes au chai, Philippe cultive sa vigne (12 ha) dans le respect des valeurs de la biodynamie, c'est à dire en refusant l'adjonction d'intrants chimiques. Les vignes installées un peu en altitude sur le terroir de Maury donnent un vin fin et frais assez éloigné de l'image que l'on se fait des vins secs du Cru Maury. Lorsque la petite baigneuse se dénude, elle nous révèle un vin minéral à la personnalité subtile.

ARRIÈRE-PAYS

Les Gorges de Galamus.

DOMAINE DE MAJAS

21, rue de la Bartasse
CAUDIÈS-DE-FENOUILLÈDES
✆ 04 68 59 94 41

Ouvert en été du lundi au vendredi matin et après-midi. Hors saison visite et dégustation sur RDV.

Cultivés sur un rude terroir sur des contreforts montagneux (schiste et calcaire), mais avec beaucoup de douceur et d'amour, les vins d'Agnès et Alain surprennent et envoûtent. Le Domaine de Majas est renommé pour sa cuvée Three Tree qui a fait le tour de l'Hexagone. Le climat d'altitude a une influence sur es vins d'Agnès et Alain. Ils sont différents de leurs frères méditerranéens au caractère rugueux et bien trempé, ces flacons-là sont pleins de douceur et de légèreté, ils font penser à des demoiselles qui courent dans les vignes. A découvrir absolument !

DOMAINE GRAIN D'ORIENT

Avenue de l'Ermitage - **CAUDIÈS-DE-FENOUILLÈDES** ✆ 04 68 59 80 23
www.domaine-graindorient.fr

Ouvert tous les après-midi de juin à septembre. Hors saison accueil sur RDV pour visite et dégustation.

« Des vins bio-altitude ! », c'est ainsi que l'on pourrait définir les cuvées de Patrice et Aliette Bourg. Cultivés sur une terre vivante, plus tempérée qu'en plaine et qui souffre moins de la sécheresse, les jus de ce couple d'amoureux de la nature sont tout simplement atypiques : frais, équilibrés dans l'acidité et surtout incroyablement délicieux. Expression folle des arômes et gourmandise sont les mots qui nous viennent instinctivement en dégustant les nectars du Domaine Grain d'Orient. Une réussite incontestable et une renommée qui ne cesse de grandir !

DOMAINE LAGUERRE

12, rue de la Mairie
SAINT-MARTIN
✆ 04 68 59 26 92
www.domainelaguerre.com

Accueil, visite et dégustation sur RDV. Superbe gîte 2 pers. pour un week-end en amoureux.

Au cœur des hautes terres du Fenouillèdes, Eric conduit depuis une vingtaine d'années en bio un domaine de 50 ha sur des sols d'arènes granitiques. Soleil et fraîcheur caractérisent ce terroir d'altitude, magnifique et sauvage. Du travail de la vigne à la mise en bouteille, Eric observe le plus grand respect du biotope et s'évertue à ne jamais rompre l'équilibre entre la nature et le vigneron. Les cuvées d'Eric ont très rapidement attiré l'attention de la presse spécialisée qui a fait l'éloge de cet orfèvre. Et le *Futé* adore. Coup de cœur garanti !

DOMAINE LE SOULA

SAINT-MARTIN
✆ 04 68 35 69 31
www.le-soula.com

100% Bio. Agriculture en biodynamie. Accueil et dégustation au domaine sur RDV.

Toute la richesse, la différence et la complexité d'un terroir d'altitude se retrouvent au fond d'un verre du Domaine du Soula. Des rouges et des blancs dont les noms de cuvée sont devenus célèbres : Trigone, Soula ou Macération du Soula. Disons-le clairement, on parle de vins exceptionnels. La presse et les critiques, tout le monde parle de ce domaine et de cette équipe qui n'a pas la grosse tête. Wendy et sa team vous réserveront le meilleur accueil. Le secret du Soula tient en deux mots : un terroir et des hommes. Et bravo pour l'engagement en BIO !

LE MAS DE LA LUNE

20, route de Lesquerde
✆ 09 83 45 32 17
www.lemasdelalune.com

Agriculture en bio-dynamie. Dégustation et visite sur RDV.

« Elle avait la tête dans les étoiles, il avait les pieds sur terre : au clair de la lune, ils ont rêvé un vin respectueux de la nature et du consommateur… ». Sur une terre si noble, un travail en biodynamie s'impose, un travail de prévention et non de lutte. Au chai, les vinifications sont faites à froid pour préserver le goût du raisin : « Notre vin doit avoir le goût de ce grain de raisin ! ». La terre est vivante et la lune guide le vigneron. Les vins de Vanessa et Mathieu, c'est l'*Appel de la Forêt* avec un feu de bois et une grillade. Coup de coeur !

MAS MUDIGLIZA

20 rue de Lesquerde
✆ 06 79 82 03 46
www.masmudigliza.fr

Accueil, visite et dégustation sur rdv hors saison. Ouvert tous les jours en été.

Sur le vignoble de 15 ha qui s'étend de Tautavel à St-Paul de Fenouillet, on retrouve notamment une grande variété de sols : schistes, marnes schisteuses et argilocalcaires. Dans les 3 couleurs, Dimitri et Muriel créent des vins au caractère concentré et gourmand. En exploitant des vieilles vignes situées en altitude, leur objectif est simple : vouloir faire progresser la qualité gustative chaque année et donc par essence se positionner comme une des valeurs sûres dans la région. Le pari est gagné car leurs vins sont régulièrement salués par la presse spécialisée.

AU RUCHER DE FLORA

FENOUILLET

✆ 06 14 43 48 59

Visite gratuite du rucher sur rendez-vous. La visite du rucher et de la mielleuse : 4 € à partir de 12 ans.

A Fenouillet, un des plus beaux villages du département, à 550 mètres d'altitude, Le Rucher de Flora est une exploitation familiale comprenant un cheptel de 250 ruches. Stéphanie et Frédéric pratiquent l'apiculture transhumante, c'est à dire qu'ils déplacent leurs ruches au gré des floraisons pour obtenir des miels diversifiés. Le temps d'une visite, vous allez découvrir une grande variété de miels, mais aussi un pain d'épice dont la fabrication s'inspire d'une recette ancestrale dite de la « Couque de Dijon ». Venez les rencontrer, ils sont passionnants !

OXYGEN AVENTURE

rue de la paychere

✆ 04 30 63 83 12

www.oxygene-aventure.com

Canyoning, rafting, hydro speed, via ferrata... Pour couples, groupes, scolaires et forfaits sur mesure.

Chaque saison a son activité à Oxygen Aventure. L'offre est vaste et l'équipe de moniteurs diplômés propose une multitude d'activités sur terre, sous terre et sur l'eau. Cette entreprise existe depuis un petit moment et les moniteurs sont rodés et sauront vous orienter selon votre niveau. Quelle que soit l'activité choisie, le matériel est fourni bien entendu car on ne part pas en tong dans un canyon ! Oxygen Aventure encadre aussi hors département (canyon et spéléologues en Ariège) et s'adaptent aux besoins des groupes (scolaires, clubs sportifs, entreprises...).

MAS LES ALBAS €€

Route de Felluns

✆ 06 19 16 57 74

www.maslesalbas.fr

Ouvert toute l'année. Gîtes 2 et 4 pers. Week-end 2 nuits hors vacances. Prêt de tentes pour camper au bord de l'eau.

Au calme et au bout du monde, au cœur d'une nature verdoyante et proche de la rivière la Matassa, le gîte des Albas vous ouvre les bras pour des vacances rurales, reposantes et ensoleillées. Les gîtes, qui ont leur entrée indépendante, font face au nord à la chapelle et au sud à la rivière en contrebas et son parc de 2 ha. Plutôt vastes et bien agencés, ces lieux d'habitation finement rénovés ont gardé leur caractère rustique et campagnard. Un lieu fantastique pour des vacances zen à l'écoute des rythmes de la nature. Coup de cœur du *Futé* !

LA NAPAJO €€

1, impasse des Pinèdes

✆ 06 25 48 68 26

www.la-napajo.wixsite.com

4 chambres. Chambre double de 70 € à 95 €. Restauration (tables d'hôtes). Bain bouillonnant.

Cette belle villa est de style plutôt moderne. Quand la porte s'ouvre, nous sommes bluffés par la luminosité qui s'en dégage, la vue et le panorama extraordinaire sur la vallée de l'Agly. La Napajo, tout comme ses propriétaires, a une âme, tout est à leur image, convivial, généreux, délicieux, apaisant, relaxant. Des terrasses solarium, une piscine avec un petit bain à bulles, un jardin ombragé vous attendent pour vous reposer et vous décontracter dans ce havre de paix. Profitez de cette escale pour découvrir le village, son pont romain et ses dolmens.

ANSIGNAN

Le petit village d'Ansignan est célèbre pour son pont-aqueduc romain. Ce superbe ouvrage datant du IIIe siècle de notre ère est remarquable de par son état de conservation et sa curieuse architecture. Construit sur la base d'un pont-siphon qui servait à alimenter en eau la villa romaine d'Ansinius, il fut surmonté au IXe siècle d'un aqueduc (partie visible aujourd'hui). Cette voie à deux niveaux, autrefois carrossable, permettait aux charrettes attelées de traverser la rivière pour accéder au village. Juste au-dessous des arches, une voie de communication aménagée dans la structure du pont, permet d'enjamber l'Agly. Belle rando autour de l'aqueduc.

BÉLESTA

A 10 km au nord d'Ille-sur-Têt, le petit village perché de Bélesta de la Frontera héberge dans son château un passionnant musée de la Préhistoire et le site du fameux Dolmen du Moli del Vent. De la Frontera, car il fut le village frontière entre la France et le Roussillon jusqu'au traité des Pyrénées. Fortifié tôt, le village constitue un ensemble médiéval intéressant, avec son église du XIIe siècle, ses maisons à linteaux et à escaliers, symboles de l'architecture rurale de la région. Le château, édifié en 1262, ruiné par la suite, habilement restauré dans les années 1980, demeure l'élément architectural le plus intéressant du village.

CHÂTEAU-MUSÉE DE LA PRÉHISTOIRE ★★

5, rue du Château
✆ 04 68 84 55 55
www.belesta.fr

Ouvert toute l'année. En haute saison tous les jours de 14h à 19h. Voir site Internet pour les horaires en basse saison.

Tout commence en 1983 avec la découverte d'une salle sépulcrale au fond la caune de Bélesta. Les fouilles mettront au jour un véritable trésor archéologique unique en Europe : une tombe collective néolithique de plus de 30 squelettes et 28 poteries en excellent état de conservation. Mais ce n'est pas tout : les recherches concentrées sur l'ensemble de la grotte livreront les vestiges de plusieurs occupations humaines accumulées sur une épaisseur de 8 m. Le château musée ouvert en 1992, apporte un éclairage captivant sur cette période de la préhistoire récente, dite du néolithique, soit environ 4 000 ans avant notre ère. « C'est une période cruciale dans l'histoire, une véritable révolution, car l'homme passe de prédateur à producteur », commente le conservateur du musée. Le château-musée de Bélesta est intégré à un véritable château royal du XIIIe siècle réhabilité avec soin et originalité. Véritable machine à remonter le temps, le lieu abrite, outre une scénographie dernier cri qui ravira les grands comme les petits, des reconstitutions grandeur nature comme celles d'un carré de fouilles, de la vie quotidienne de nos ancêtres du néolithique et cerise sur le gâteau, la salle sépulcrale de la grotte. Impressionnant et bluffant ! Ce musée n'est pas seulement pédagogique et ludique. Il est aussi une référence scientifique. En effet la diffusion de la culture néolithique est assurée grâce à l'étroite collaboration du musée avec le dépôt archéologique départemental.

RIBERACH - HÔTEL, RESTAURANT ET CAVE**** €€€

2a, route de Caladroy ✆ 04 68 50 30 10
www.riberach.com

18 chambres. Restauration. Hammam, bain bouillonnant, sauna. Espace spa, soins corps et visage.

Le Riberach est un éco-lodge, un concept unique créé dans une ancienne cave coopérative au cœur des Fenouillèdes. Une architecture bluffante, tel un loft blotti dans un navire ancré au pied du château médiéval de Bélesta. Le Riberach épouse harmonieusement ce cadre bucolique et historique pour offrir des chambres et suites situées dans et au-dessus des anciennes cuves de vinification. Indéniablement, on vient au Riberach pour se plonger dans une authenticité intemporelle et luxueuse.

RIBERACH - HÔTEL, RESTAURANT ET CAVE €€€

2a, route de Caladroy
✆ 04 68 50 30 10
www.riberach.com

Toques blanches. 1 étoile au guide Michelin. Hôtel eco-lodge et cave. Terrasse.

Entre marché du jour, produits locaux et créativité, Julien Montassie nous propose une cuisine passionnée, sensorielle et instinctive. Simple et raffinée, elle marie à merveille l'attendu et l'improbable. Cette ode culinaire a pour écrin un superbe ancien chai. Une journée qui se prolonge au caveau avec la dégustation des excellents vins du domaine puis pourquoi pas dans une des luxueuses chambres du superbe « eco lodge ». Un seul lieu pour trois merveilles. Exceptionnel !

CHÂTEAU DE CALADROY

Château de Caladroy
✆ 04 68 57 10 25
www.chateau-de-caladroy.com

Accueil, visite et dégustation. Ouvert tous les jours en haute saison. Et du lundi au vendredi en basse saison.

Entre Millas et Bélesta, juché à 354 m d'altitude, le château de Caladroy entouré de vignes, oliviers et garrigue, offre un bel horizon. Dès le XIIe siècle, il défendait la frontière franco-espagnole, et de destructions en reconstructions, son passé est chargé de faits de guerre et d'histoire. Propriété viticole depuis le XIXe siècle, de son passé tumultueux, il conserve une architecture spectaculaire qui marie harmonieusement les époques traversées. Le caveau de dégustation est aménagé sous les fondations du château, dans une chapelle construite au XIIe siècle.

CLOT DE L'OUM

Caladroi
✆ 06 60 57 69 62
www.clotdeloum.com

Accueil, visite et dégustation sur RDV.

Léia et Eric élaborent des vins qui nous surprennent et nous ravissent. Leurs jus sont à l'image de ce terroir d'altitude du Fenouillèdes composé de granit et de gneiss : minéral, un peu animal et franchement addictif ! Aujourd'hui convertis à la bio-dynamie et à l'élevage de vins naturels, ce couple collectionne les récompenses et les louanges dans les revues spécialisées. La célèbre cuvée La Compagnie des Papillons est un vrai coup de maître selon les experts. Un domaine à découvrir absolument au cœur d'un paysage magique et envoûtant.

RIBERACH - HÔTEL, RESTAURANT ET CAVE

2a, route de Caladroy ✆ 04 68 50 30 10
www.riberach.com

Cave ouverte toute l'année du mardi au vendredi. Prestation en oenotourisme. Accueil de séminaires et conventions.

La cave particulière du Domaine Riberach élabore des vins en bio de grande qualité, et depuis quelques années couronnés par le label Nature et Progrès. Le résultat, ce sont des vins typés et qui révèlent le caractère unique de leur terroir de montagne. A déguster absolument et sans modération ! Primés régulièrement, ces flacons font partie des valeurs sûres du Fenouillèdes. Entre mer et montagne, cette ex-cathédrale du vin, vous propose à l'année des activités œnotouristiques.

MAURY

Maury surprend et exalte le visiteur qui découvre le village posé sur des coteaux de marnes schisteuses et ceintes de deux superbes murailles calcaires. Douces collines couvertes de vignes ondulant à l'ombre du château de Quéribus et formant un long couloir vers l'ouest jusqu'au pied des Pyrénées. Ici les vignerons remercient la géologie et le choc des plaques tectoniques: le vignoble produit un célèbre Vin Doux Naturel et des cépages comme le Carignan ou le Grenache qui exhalent leurs arômes de fruit dans des vins secs à haute expression. Maury est aussi le point de départ de très belles balades sur les hauts lieux cathares : Quéribus et Peyrepertuse.

MAS AMIEL

RD 117 ✆ 04 68 29 01 02
www.masamiel.fr

Ouvert tous les jours de juillet à sept. Ateliers thématiques, visites guidées à thème. Visite guidée simple gratuite.

Le Mas Amiel, connu au-delà de nos frontières pour ses vins doux d'exception, est un domaine à l'histoire fascinante et aux anecdotes multiples. Aussi sont organisées des visites gratuites des lieux emblématiques de son domaine. A l'issue de cette visite vous sera proposée une dégustation gratuite des 25 cuvées. Le Mas Amiel propose également de charmantes initiatives et différents ateliers autour de son vignoble et sa production : ateliers chocolat grand cru et Maury, découverte du vignoble en 4x4, randonnées gourmandes... A découvrir sans modération.

LA MAISON DU TERROIR €€

2, Avenue Jean Jaurès
✆ 04 68 68 92 54
www.lamaisonduterroir.fr

Fermé de fin janvier à début février. Formules duo et trio. Carte environ 45 € pour 3 plats.

Le rugby est un sport où il faut se surpasser et Jérémie Castex aime les défis, alors remettre la Maison des Terroirs à flots est un challenge de plus pour ce quinziste. Dans un esprit convivial, vous y dégusterez de bons plats mijotés avec de vrais produits du terroir et des légumes de saison dans un esprit bistronomique. Autre formule, plus sur le partage entre amis, le bar à tapas avec ses tonneaux mange-debout pour accompagner (avec modération) un flacon des 360 références de la carte des vins du Roussillon. Un endroit idéal pour des séminaires inoubliables.

ARRIÈRE-PAYS

© LAURENT PIERSON

La vallée de l'Agly, dans les environs de Maury.

RESTO-CAVE LE PICHENOUILLE €€

33, avenue Jean-Jaurès
✆ 04 68 59 02 18

Ouvert tous les jours en saison. En basse saison uniquement à midi et le week-end. Menus de 20 à 30 €. Terrasse.

Le resto-cave le Pichenouille est une adresse qui ne manque pas d'atouts. Passé la porte, on découvre une grande table de bois, façon table d'hôtes, au centre d'une belle vinothèque de plus de 200 crus du coin. Pas de carte, juste une ardoise avec deux menus comportant deux ou trois choix par intitulé et des suggestions du jour. Ici, on mange du frais et du local. C'est une cuisine sincère et franche qui se concentre sur la tradition culinaire catalane.

DOMAINE MAS DE LAVAIL

Route d'Estagel
✆ 04 68 59 15 22
www.masdelavail.com

Ouvert du lundi au samedi de 10h à 12h et de 15h à 18h. Accueil, visite et dégustation.

Entre les deux chaînons calcaires des Corbières, là où les mots deviennent futiles pour décrire la beauté de ce couloir naturel, le Mas de Lavail déroule ses vignes sur des sols argilo-calcaires et de schistes noirs. Dans une région de prédilection pour le grenache et le carignan, les vendanges et les vinifications sont parcellaires afin de mieux exprimer le potentiel de chaque terroir. La réputation de cette famille de vignerons n'est plus à faire ! La visite du domaine vaut également le détour et on appréciera la dégustation au chai. Passionnant !

CLOS DES VINS D'AMOUR

3, route de Lesquerde
✆ 04 68 34 97 06
www.closdesvinsdamour.fr

BIO. Accueil, visite et dégustation tous les jours en saison estivale. Sur RDV hors saison.

«Quand on a que l'amour...» et le Clos des Vins d'Amour, la vie est belle ! La philosophie de la famille Dornier est simple et évidente : peu d'intervention à la vigne ou en cave, écouter la nature et le vivant. Nos coups de cœur vont à Idylle en blanc et 1+1=3 en rouge. Des cuvées vraiment surprenantes, fraîcheur et finesse pour la première, fruité et croquant pour la seconde. Des flacons que vous trouverez sur les meilleures tables de la région. Tous les vins BIO ne se ressemblent pas, ceux du Clos des Vins d'Amour sont exceptionnels ! Coup de cœur du Futé !

DOMAINE SEMPER

2, chemin de Rec
✆ 04 68 59 14 40

Accueil et dégustation tous les jours en été. Sur rdv hors saison.

Autant que ses vins qui figurent parmi les meilleurs flacons du Roussillon, c'est la personnalité et la philosophie de Mathieu qui nous a laissés pantois. Ce jeune vigneron à la bouille avenante et souriante est un poète de la vigne. L'écouter parler, c'est boire ses vins ! Très humblement, Il nous éclaire sur sa philosophie : « Le vigneron doit s'effacer devant le terroir. Je fais des vins qui ressemblent au lieu où ils naissent. L'âme de ce pays se doit d'être concentrée au fond d'un verre... ». Des jus exquis dans les 3 couleurs et en VDN. On en raffole !

DOMAINE DE VENUS

Route des Mas
✆ 06 03 03 56 20
www.domainedevenus.com

100 % bio. Accueil, visite et dégustation du lundi au vendredi de 10h à 19h. Livraison possible (achat en ligne).

Le Domaine de Vénus, c'est une histoire d'amitié muée en une volonté de créer des vins fins en bio sur 34 ha de terroirs variés en Fenouillèdes. L'essentiel des vignes se situe autour de Saint-Paul sur un terroir dit d'altitude. Les flacons du domaine séduisent par leur fraîcheur et leur équilibre et font voler en éclat les clichés sur les vins du Roussillon. Le groupe d'amis a fait le choix d'offrir au consommateur des vins «prêts à boire», c'est-à-dire après de longs affinages en bouteille... car le temps long fait des merveilles avec le vin. A découvrir !

DOMAINE THUNEVIN CALVET

Rond point est (à la sortie du village en direction de Perpignan) ✆ 04 68 51 05 57
www.thunevin-calvet.fr

Ouvert du lundi au samedi de 9h à 12h30 et de 14h à 18h. Visite complète sur RDV.

L'accueil se fait dans le nouveau chai majestueux et immanquable depuis la route. La salle de dégustation s'ouvre sur le vaste chai de vieillissement que l'on contemple derrière la baie vitrée (visite sur RDV). 60 ha de vigne sur des terres de schistes noirs et de granit (Maury et Lesquerdes), conduits dans le respect de l'environnement avec un minimum d'intrants chimiques. Des vins haut de gamme concentrés et riches, qui sont une belle expression de ce terroir dense et de feu. Coup de coeur pour l'Amourette, un grenache gris trop rare et délicieux.

LES VIGNERONS DE MAURY

128, avenue Jean-Jaurès ✆ 04 68 59 02 87
www.vigneronsdemaury.com

Visite et dégustation du lundi au samedi matin et soir, le dimanche matin. Vente en ligne. Oenotourisme et animations.

Réputé pour son Vin Doux Naturel, Maury propose une palette d'une vingtaine de vins, régulièrement encensés par la presse spécialisée, dont une très belle gamme de vins secs. Plus de 100 vignerons sont coopérateurs et ils ne passent pas seulement leur temps dans les vignes, ils sont investis dans la vie de la cave. Vous pourrez les rencontrer au cellier lors d'une dégustation et échanger avec eux autour d'une passion commune : la terre et les fruits qu'elle distille. Enfin, les Vignerons de Maury organisent chaque année des événements autour du vin.

L'AUBERGE DU GRAND ROCHER €€

18, rue Eloi Tresserres
✆ 06 37 05 07 74

Ouvert tous les jours en été. Hors saison appeler pour réserver.

L'auberge de Caramany fait peau neuve. Lucile et François ont craqué pour les étendues sauvages des Fenouillèdes et vous proposent une cuisine conviviale et gourmande. Au menu, on retrouve les classiques de la cuisine française ou catalane avec une liste des producteurs affichée. Local et ultra local pour mettre en avant les paysans de la région. Et puis, la vue sur les montagnes, les vignes et le lac depuis la terrasse panoramique est fantastique.

CARAMANY

Caramany ou le *Grand Rocher* est une petite commune (150 habitants) située exactement au centre des Fenouillèdes. Caramany est célèbre pour son lac éponyme et ses nombreuses activités (rando, pêche, canoë...), ses vins avec l'appellation Côtes du Roussillon Villages Caramany mais surtout pour sa position sur éperon rocheux qui surplombe l'étendue d'eau: le lac comme un miroir dans son écrin de collines où s'accrochent les vignes, avec au loin le célèbre Pic de Bugarach. On aime Caramany pour son charme pittoresque et authentique. La vie est ici rurale et centrée autour du vin. Petit village, mais bien vivant et dynamique en saison estivale.

CAFÉ CARTON

Grand rue
✆ 06 13 91 07 02

Ouvert lundi, vendredi et samedi de 8h à 14h et de 17h30 à 21h30. Le mardi matin de 8h à 14h. Fermé mercredi et jeudi.

Le Café Carton propose des boissons et des produits de qualité, locaux lorsque c'est possible, une ambiance musicale un samedi par mois, des menus qui font faire le tour du monde sans quitter le platane des yeux... car la terrasse est installée sur la place de la mairie à l'ombre de l'arbre centenaire. Au pays du Grand Rocher, nous avons craqué pour l'accueil chaleureux, l'humour et le sourire omniprésent. Il y a aussi des rencontres autour de la poésie, des expos, du théâtre, des ateliers et des jeux du monde. Les choses bougent en Fenouillèdes, bravo !

CAMPING DU LAC** €

9000, rue de la Bade
✆ 04 68 29 24 50
www.campigdulac-caramany.com

Ouvert de début Avril à fin Octobre. 18 emplacements. Exposition : ombragé / mi-ombragé.

A l'orée du village de Caramany, ce petit camping intimiste et confidentiel est immergé dans la nature au cœur d'un vignoble réputé. Loin de toute agitation, il est le point de départ idéal pour de multiples randonnées ou de parties de pêche. Outre ses emplacements pour tentes, caravanes ou camping-cars, avec des sanitaires accessibles aux personnes à mobilité réduite, ce camping 2 étoiles offre également à la location 2 mobil-homes pouvant accueillir 5 à 6 personnes. Amateurs de nature et d'intimité, vous touchez du doigt le paradis à un tarif très abordable.

VIGNERONS DE CARAMANY

70, Grand Rue
✆ 04 68 84 51 80
www.vigneronsdecaramany.com

Ouvert matin et soir du lundi au samedi et le dimanche matin. vente en ligne.

Le village de Caramany domine ses vignobles de vieux ceps de carignan et de grenache plantés sur les coteaux de gneiss et d'arènes granitiques. Ici la vie est centrée autour du vin et cela se ressent quand on visite la cave. Les vignerons vous accueillent avec professionnalisme et passion du terroir. Les vins de l'AOP Côtes du Roussillon Villages Caramany sont très singuliers : ils sont puissants, épicés et charnus. Parmi les AOP du Roussillon, on reconnaît un «Caramany» de suite, on aime cette différence au nez et en bouche, ce caractère bien trempé de Catalan !

Village de Caramany.

ILLE-SUR-TÊT ★

Ille-sur-Têt est une petite ville fleurie de 5 000 habitants à 25 km à l'ouest de Perpignan, sur la route du Conflent, accessible par voie rapide en moins de 20 minutes. Située au carrefour de quatre pays, les Fenouillèdes, le Conflent, les Aspres et la plaine du Roussillon, la plaine d'Ille-sur-Têt est réputée pour la qualité et la saveur de ses pêches, nectarines et autres abricots gorgés de soleil. La ville et ses alentours regorgent de sites d'un grand intérêt, souvent méconnus, mis à part les orgues d'Ille de renommée internationale. À noter le marché nocturne estival qui fait la part belle aux artisans et créateurs d'art locaux.

JARDINS DU PRIEURÉ DE SERRABONA

BOULE-D'AMONT

✆ 04 68 84 09 30

Accès libre aux jardins.

Au pied du Prieuré de Serrabona, sur une des terrasses qui soutiennent l'édifice, a été aménagé un jardin botanique bordé de buis, de carrés médiévaux, d'une collection de fruitiers et d'oliviers ainsi que d'une cinquantaine de variétés d'anciens cépages réunis dans le jardin ampélographique. Là aussi, les jardiniers chargés de l'entretien du domaine réfléchissent à la réhabilitation d'anciennes terrasses, de façon à étendre et enrichir cette très intéressante collection.

LE PRIEURÉ DE SERRABONE ✝ ★★

BOULE-D'AMONT

✆ 04 68 84 09 30

Ouvert tous les jours sauf les jours fériés de 10h à 18h. Gratuit jusqu'à 12 ans. Aire de pique-nique.

Au cœur d'une forêt de chênes verts, perchée sur un éperon rocheux qui domine le massif des Aspres, cette petite église a été construite à la fin du XIe siècle par des paysans de la région. La richesse de l'intérieur du prieuré est éblouissante. Les chapiteaux et les sculptures romanes en marbre rose de Villefranche-de-Conflent illustrent l'art religieux roussillonnais des Xe et XIIe siècles. Les détails foisonnent : animaux mythologiques stylisés, des griffons, des lions, des serpents, des aigles aux ailes déployées et toute une flore, roses et feuilles d'acanthe. Particulièrement remarquable, la tribune est considérée comme le plus bel exemple d'un travail de sculpture pour l'époque romane en Pays Catalan. Le marbre du Conflent, contribue à magnifier ce chef-d'œuvre non signé réalisé aux alentours de 1150. Elle divise la nef en deux parties, l'une réservée aux chanoines, l'autre accessible aux fidèles. La plate-forme avec sa balustrade incomplète accueillait le chœur de chant. Aménagé autour du prieuré sur une cinquantaine d'hectares, un jardin botanique vous invite à découvrir ses senteurs. Les environs de Serrabona sont aussi un lieu magique pour faire de belles balades au cœur des Aspres sauvages : forêts, prairies, petits ruisseaux... Ce cadre enchanteur séduira les amoureux de nature et surtout vous y trouverez une atmosphère calme et bucolique à l'opposé de l'agitation du littoral. Visiter Serrabona, c'est l'excursion parfaite pour une après-midi en famille. Serrabona ne laisse personne indifférent !

L'HOSPICI D'ILLA ★

10, rue de l'Hôpital

✆ 04 68 84 83 96

www.ille-sur-tet.com

Fermé de novembre à janvier. Haute saison : ouvert du lundi au vendredi et le week-end l'après-midi seulement.

L'Hospici d'Illa est l'un des rares établissements hospitaliers conservés dans le Sud de la France. Fondé au XIIIe siècle, il accueillait les pauvres, les voyageurs et les pèlerins se rendant à Saint-Jacques-de-Compostelle. L'Hospici se compose d'un corps de logis divisé en deux niveaux d'alcôves qui ouvrent sur une chapelle. La collection permanente présente des peintures murales du XIIe siècle, un retable et un devant d'autel roman, des peintures et des sculptures des XVIIe et XVIIIe siècles. Des expositions thématiques y sont organisées régulièrement.

OFFICE DE TOURISME ROUSSILLON CONFLENT

Place Henry-Demay ✆ 04 68 57 99 00

www.tourisme-roussillon-conflent.fr

Ouvert en haute saison du lundi au samedi et le dimanche matin. Du lundi au vendredi en basse saison.

Une véritable mine d'informations, révélées par de véritables amoureux de leur région et passionnés d'histoire. Vous attendent diverses brochures spécifiques aux incontournables à découvrir : la curiosité géologique des Orgues d'Ille sur Têt, le musée de la préhistoire de Bélesta, le Prieuré de Serrabone, l'Hospici d'Illa, musée d'Art roman et baroque, le panorama à couper le souffle de Força Réal, mais aussi les divers ermitages, chapelles et églises qui jalonnent ce territoire.

© NICOLAS RUNG - AUTHOR'S IMAGE

LE SITE DES ORGUES ★★★

Chemin de Régleilles

✆ 04 68 84 13 13

http://lesorgues.ille-sur-tet.com

Ouvert en haute saison de 9h à 20h. En basse saison, le site est ouvert tous les jours mais les horaires sont variables.

Mère Nature fait des merveilles ! Il lui a fallu près de 5 millions d'années pour sculpter la roche tendre de ce site remarquable. A tout juste 2 km au nord d'Ille-sur-Têt sur la route du plateau granitique du Fenouillèdes en direction de Montalba, au milieu de la garrigue, les roches modelées par le temps et l'érosion donnent d'étonnantes cheminées des fées, tours de roches tendres, dominées par des terrasses plus dures. Au plan physique et géomorphologique, la site des Orgues illustre les mécanismes de l'érosion intense qui s'opère depuis le quaternaire sur les départs paléo-alluviaux de la Têt. Outre la spécificité géologique, il se dégage du lieu une certaine magie, une impression de baigner dans le fantastique. Ce site unique dans les Pyrénées et en France, avec ses allures de petit canyon ciselé par le vent et l'eau, le Canigó en arrière-plan, et toute cette palette en nuances de jaune, de rouge et d'ocre dans une lumière crue, est devenu une véritable image d'Epinal du Roussillon. Le lieu est parfaitement bien entretenu, une série de sentiers et ses panneaux explicatifs vous mènent d'une curiosité à l'autre. Il faut compter une bonne heure au minimum pour la visite, prendre le temps de faire des photos et tout simplement de s'extasier devant cette œuvre d'art naturelle. Prévoir des baskets ou chaussures de marche car ne l'oubliez pas, nous sommes en pleine nature et les chemins sont pierreux. Enfin, n'hésitez à poursuivre vers le nord en voiture pour découvrir de somptueux points de vue sur la plaine et le Canigó.

EL PASSATGE €

16, cami de las Tarteres
TAURINYA
✆ 04 68 96 78 65
www.gite-etape-el-passatge.fr
Ouvert toute l'année. Demi-pension en chambre ou dortoir. restauration.

Sur la route des célèbres gorges de Taurinya, dans un cadre sauvage et au cœur d'une petite clairière, toute l'équipe d'El Passatge vous attend pour un petit séjour reposant et ressourçant. Ce gîte d'étape est flambant neuf, très propre et bien intégré dans le paysage. Il peut accueillir 19 personnes en chambres de 6, 4 et 3, en gestion libre ou demi-pension. Outre les randonneurs accueillis régulièrement (passage du GR10), le lieu héberge également les cavaliers et les cyclotouristes. Des balades à cheval peuvent être organisées sur réservation.

MAS SAINT JOSEPH €

82, route de Corbère
✆ 04 68 67 85 82
www.mas-saint-joseph.com
Ouvert toute l'année. 3 chambres et un studio équipé. Restauration.

La belle bâtisse construite en 1790 pour y héberger des moines a été entièrement rénovée au milieu des vergers de pêchers. Trois charmantes chambres pour 2 personnes où le bois à l'état brut donne le cachet de l'authentique avec un parquet qui invite à marcher pieds nus. Le copieux petit-déjeuner, pris dans la salle à manger ou sur la terrasse, est bien sûr bio et local avec des fruits frais et des confitures maison. Laissez-vous tenter par la cuisine de Kate et Adrian, et surtout n'ayez pas peur, ils cuisinent «français ou asiatique» fort bien. On adore !

LE CANIGOU €€

ESPIRA-DE-CONFLENT
✆ 04 68 05 85 40
www.camping-canigou.com
Fermé entre octobre et avril. Emplacements, chalets, mobil-homes. Ruisseau !

Le camping est installé sur le site d'un ancien verger de cerisiers dans une petite vallée traversée par le Llech. A la fois ensoleillé et ombragé selon les emplacements, ce lieu nous a séduit par son calme et son intégration dans le paysage. On se sent au calme et un peu au frais l'été à moins d'une demi-heure de Perpignan. Le petit plus, c'est la retenue d'eau mise en place au printemps dans la rivière, créant une piscine naturelle d'exception avec une profondeur de 1,50 m maximum. Et enfin, le camping dispose d'un véritable accrobranche sur son site.

GITE ET OLIVIERS €€

Route de Montalba (un peu avant le village à gauche en venant de Ille sur têt)
✆ 06 15 20 06 89
www.giteetoliviers.com
Gîtes de France (4 épis). Ouvert toute l'année. Pour 5 personnes (80 m², 2 chambres).

Perle rare ! Le seul gîte du pays catalan qui offre depuis sa piscine une vue sur la mer, le massif des Albères et le Canigó. Bienvenue dans un domaine oléicole situé dans un environnement naturel au cœur de la garrigue méditerranéenne à mi-chemin entre mer et montagne. Vous allez vivre vos plus belles des vacances : une plantation d'oliviers, une pinède et son ombrage, un gîte de caractère, une vaste terrasse et un four à pain. Pour l'accueil chaleureux de Maryse et Guy et la beauté fascinante du lieu qui jouit d'une vue inouïe. Le *Petit Futé* a adoré !

LE MAS SARAGOSSE €€

Route de Thuir
MILLAS
✆ 06 83 54 30 15
www.mas-de-saragosse.com
Ouvert toute l'année. Gite, roulottes et camping. vaste parc.

C'est au cœur d'une exploitation agricole que ce vieux mas, totalement rénové, abrite 3 gîtes confortables, avec cuisine équipée, coin salon, télévision, terrasse privative et barbecue. Vous pourrez également planter votre tente, installer votre caravane ou votre camping-car sur l'espace ombragé un peu en retrait. Si vous recherchez quelque chose de plus cosy et romantique, 2 véritables roulottes tziganes vous accueillent. Pour de belles vacances à la campagne à mi-chemin entre mer et montagne, voilà une super idée que l'on vous recommande.

AUBERGE DU VAL D'AMONT €

L'Amorer
BOULE-D'AMONT
✆ 04 68 73 59 06
Réservation recommandée, terrasse.

Accolée à l'église romane de cet adorable petit village niché au creux des montagnes catalanes, l'Auberge du Val d'Amont offre une halte sur la route du prieuré de Serrabone. Cette superbe bâtisse de vieilles pierres possède une terrasse avec une vue époustouflante. Ici, la cuisine est traditionnelle mais goûteuse avec des salades repas, fort bien garnies, des viandes accompagnées de véritables frites maison et de légumes du jardin. Pas de gastronomie, pas de petits plats dans les grands, mais une cuisine d'amour et de vérité.

L'ID'YLLE €

19, place de la République

✆ 04 68 92 19 18

Ouvert du vendredi au mercredi midi et soir. Réservation recommandée. Plusieurs formules le midi. Carte : 30 € environ.

Judicieusement implanté dans le centre historique, autour d'une placette au charme particulier, l'Id'Ylle y a trouvé sa place. C'est un restaurant plutôt conventionnel, chaleureux et convivial. Il vous propose des plats savoureux plutôt poissons, mais sur sa carte quelques plats originaux à tester tels l'omelette aux truffes des Fenouillèdes, le canard au vin des Corbières et en dessert en période pascale une *bunyete* compote de pommes et glace au miel, un délice. Cette cuisine de marché est servie en extérieur dès que le temps le permet sur la placette.

LE SQUARE €

55, avenue Pasteur

✆ 04 68 61 48 40

www.le-square-ille-sur-tet.eatbu.com

Ouvert du mardi au samedi. Réservation impérative. Carte environ 30 €. Terrasse. Animations.

Aux beaux jours, le restaurant se métamorphose en terrasse sympa et branchée donnant sur le square, et le charme opère immédiatement. Installez-vous à l'ombre de l'olivier et commencez par un apéritif de vin doux du pays et son assiette de tapas. Ensuite dégustez la cuisine méditerranéenne à la plancha si savamment présentée dans de jolies assiettes. Impossible de résister à cette parenthèse enchanteresse et poétique au son d'une guitare jouant un air de jazz manouche. Attention, pour cette halte salvatrice, côté rue ou côté cour, pensez à réserver.

LE RELAIS DE SCEAURY €€

1, rue du Centre

RASIGUÈRES

✆ 04 68 63 33 42

Ouvert midi et soir. Fermé le mercredi toute la journée, le lundi soir et le dimanche soir. Terrasse.

Petit village mais grand restaurant dont la renommée ne cesse de grandir. Qu'on se le dise, le Relais de Sceaury flirte avec la gastronomie ! On sent que Frédéric et Céline sont des amoureux du bon goût et du raffinement. Tout est maîtrisé de bout en bout, du producteur à l'assiette. Le service est impeccable, les assiettes très bien dressées et c'est divinement bon. La qualité des produits est irréprochable. Frédéric et Céline privilégient une cuisine fraîche et de saison avec des produits locaux et BIO si possible. Une belle philosophie que le Petit Futé salue.

LA TABLE DE MAY LI €€

129, avenue Pasteur

✆ 04 68 28 70 43

Ouvert toute l'année. Lundi, mardi et du jeudi au samedi midi et soir. Terrasse et jardin.

La Table de May Li est une invitation au pays des saveurs. Ici point de mets préparés à l'avance, recettes à base de légumes crus obligent. Que du frais ! Le *Petit Futé* a adoré le Bo Nuong, viande ou poisson mariné grillé au barbecue (uniquement servi en terrasse). Pour tout dire, même les célèbres nems, les raviolis à la vapeur ou les Pho sont tout simplement exquis. Si vous préparez bien votre sortie resto, commandez par avance la fondue de viande ou de poisson. De surcroît, l'accueil est très cordial et les prix sont raisonnables. La meilleure adresse d'Ille.

EL TALLER €€

2, place Verdaguer

TAURINYA

✆ 04 68 05 63 35

Ouvert toute l'année. Parking et agora sport pour les enfants. Menus de 22 à 43 €. Immense terrasse face aux montagnes.

A 5 min de Prades, et déjà en pleine montagne, voilà un café de Pays qui sort de l'ordinaire pour un déjeuner gourmet. Cuisine inspirée et inventive avec les produits du coin et de saison. L'alliance de l'acier, du verre et du bois donnent naissance à un cadre contemporain et soulignent les volumes géométriques. Une belle véranda s'ouvre sur le Conflent et offre de superbes points de vue sur les gorges de Taurinya et le col de Jau. Les produits du Conflent, du savon au jus de pommes en passant par les poteries sont en vente sur place.

ALZINA

3, avenue Joffre

BOULETERNÈRE

✆ 06 11 77 51 46

www.biere-alzina.com

Dans la région, avant que les petites brasseries fleurissent un peu partout, il y avait deux bières locales : la Cap d'Ona et l'Alzine. Cette dernière est fabriquée par une brasserie artisanale à Bouleternère, à la frontière entre les Aspres et le Conflent. Depuis 2009, l'Alzina tente de renouer avec ces traditions séculaires où plantes aromatiques, fruits, épices et houblon soigneusement sélectionnés permettent l'élaboration de breuvages sortant des sentiers battus. Les bières se déclinent en blonde, blanche, ambrée et brune. Des bières uniques, on adore !

COOPERATIVE OLEICOLE LA CATALANE

20, avenue Hermès
MILLAS
✆ 04 68 57 28 67
www.moulinahuilelacatalane.fr

Boutique ouverte du lundi au samedi ; Visites guidées en juillet et août du moulin (2 par jour).

Depuis près de 100 ans, alliant tradition et modernité, mais toujours dans le souci de sélectionner les meilleures olives, la catalane vous propose une dégustation de ses produits qui se déclinent en 3 gammes : les aromatisés, les médium et les intenses. Egalement à la vente tapenades, confitures d'olive et olives en bocaux. Son musée, son atelier de production ouvert au public et ses visites guidées sont vraiment instructifs pour toute la famille.

DOMAINE FORÇA RÉAL

Mas de la Garrigue
MILLAS
✆ 04 68 85 06 07
www.forcareal.com

100% BIO. Ouvert du lundi au vendredi de 8h à 12h et de 13h à 16h. Le week-end sur RDV.

Le Domaine Força Réal est une histoire de famille depuis 30 ans. Les vignes cultivées en BIO s'étirent sur une vaste palette de terroirs (schisteux, calcaires et argileux). On sent que la diversité est le maître mot chez cette famille de vignerons. Coup de cœur à la dégustation pour «les Hauts de Força Réal», en blanc et rouge, un vin ambitieux et délicat. Enfin, 10 ha sont consacrés à l'autre fruit roi en Méditerranée. Les variétés autochtones olivier et picholine cueillies à la main et à maturité donnent une huile de grande qualité et légèrement ardente.

EARL LE TEMPS BIO

2, chemin des Serres-Basses
SAINT-FÉLIU-D'AVALL ✆ 04 68 53 22 07
www.letempsbio.fr

100 % Bio. Label Sud de France. Vente de fruits au domaine. Accueil de mai à octobre sur rendez-vous.

Florence et Dominique vous accueillent sur leur exploitation pour vous faire découvrir le bonheur des fruits de saison, avec cette même priorité du respect de la nature. Et il y a le choix selon l'époque : cerises, abricots, nectarines, pêches, pommes, poires, nashis et kakis. Nos deux amis proposent aussi des produits transformés : jus, compotes, coulis et cerises au sirop. A table ! Si vous avez un peu de temps, ils vous inviteront à une promenade sur leurs terres parmi les vergers pour une vraie visite écologique et pédagogique !

LE COUVENT

100, route de Prades
✆ 04 68 84 15 65
www.boulangerie-poch.com

Ouvert du vendredi au lundi et les jours fériés de 6h30 à 13h et de 15h à 19h30.

Henri Poch, Meilleur Ouvrier de France, vous accueille dans sa boulangerie artisanale, ancien couvent franciscain. Artiste tout simplement, Henri vise à promouvoir le « tout fait maison » artisanal, valorise ainsi les farines locales d'exception et a un tour de main sans pareil. Les boulangers de France et de l'étranger viennent apprendre ici les secrets du bon pain. Considérez Henri comme un passeur de tradition qui partage sa passion sur les thèmes du pain de tradition française, des viennoiseries et des pâtisseries. Un seul mot en bouche : inimitable !

© GÉRARD MARION

© GÉRARD MARION

ARRIÈRE-PAYS

MAS JOURDA

Carrer de la Creu
JOCH
✆ 04 68 05 98 30
Accueil, visite et dégustation sur RDV.

Philippe est un des rares vignerons du Conflent. Faibles rendements, pressurage manuel, pigeages...Travail minimaliste, à l'ancienne et agriculture BIO, le tout saupoudré de beaucoup d'amour et de passion. Carignan, grenache et syrah vont ravir vos papilles. Les cuvées de ce « vin de garage » (car Philippe vinifie dans son garage) sont droites et bien équilibrées. Les jus sont charpentés, colorés et il y a cette petite douceur qui nous séduit. Entre 4 et 5 000 bouteilles par an, pas plus, alors dépêchez-vous. On vous le redit, un petit vin qui monte, qui monte...

MIELLERIE RAYON D'OR

Chemin de Regleilles
✆ 04 68 84 09 07
www.miel-rayondor.com
Ouvert du lundi au vendredi de 8h à 17h. Livraison possible (possibilité de commande en ligne).

A quelques pas du site des Orgues d'Ille, Rayon d'Or est véritablement le royaume du miel. Fruit de la récolte de 25 apiculteurs, le miel se décline ici en une vingtaine de variétés et quelques produits dérivés comme son pain d'épices réputé, les fameuses nonnettes (abricot, framboise et myrtille), des bonbons gourmands (gommes au miel de thym et réglisse ou bien miel et eucalyptus), mais aussi nougats et tourons catalans sans oublier l'hypocras au miel et enfin de plus en plus de produits BIO. La visite de la miellerie se fait sur réservation, toute l'année.

LE MOULIN DES AUXELLES

10, rue Arago
BOULETERNÈRE
✆ 06 15 86 06 40
100% Bio. Hors saison ouvert du lundi au jeudi de 15h à 19h. De juin à septembre du lundi au vendredi de 14h30 à 19h30.

Suite à la découverte d'un ancien moulin à huile sur leur propriété, Jacqueline et Jean, producteurs de cerises et de pêches, ont décidé de le restaurer et de l'ouvrir à la visite. Ils vous en révéleront l'histoire avec passion car ils adorent tous deux les pierres, les olives et l'histoire. 5 huiles sont produites : la lucques, l'olivière, la verdale et la cayon en monovariétales, et un assemblage de cornicabra et cipressino. Et pour compléter la gamme des plaisirs, Jacqueline et Jean vous feront goûter leurs grenades, amandes et cerises.

MOULIN SAINT-PIERRE

Km 2, route de Thuir - **MILLAS**
✆ 04 68 57 19 44
www.moulin-saint-pierre.com
Ouvert du lundi au samedi en basse saison et tous les jours en haute saison. Visite guidée du domaine. Vente en ligne.

Une très belle et instructive halte s'impose dans ce vaste domaine dédié à l'huile d'olive. Voilà des gens simples qui parlent avec amour et passion de leurs oliviers qui engendrent ces nectars que vous dégusterez après la visite du moulin. Ils ont su en quelques années conquérir le monde, puisque de l'Amérique à l'Asie, les huiles du Mas Saint-Pierre sont sur les meilleures tables. Labeur, savoir-faire et respect de l'environnement... et un peu de sorcellerie sont les clés de ce succès. Une boutique a été ouverte récemment à Collioure. Coup de cœur !

SAFRAN DE MARIE

Lieu dit la Coume
ESPIRA-DE-CONFLENT
✆ 06 70 10 41 77
www.safran-marie.fr
Accueil et visite sur rendez-vous. Livraison possible (vente en ligne sur le site Internet).

À Espira-de-Conflent, Marie cultive l'épice des dieux en agriculture bio. Pour la petite histoire, le safran provient des trois stigmates rouge orangé qui composent le pistil d'une jolie fleur mauve, appelée *Crocus sativus*. La cueillette se fait à la main tous les matins entre octobre et novembre. Sur le site Internet, mille conseils sur les vertus médicinales du safran et plein d'idées de recettes. Venez rencontrer Marie pour échanger, discuter de sa vie safranée et découvrir les produits qu'elle réalise à partir du safran (biscuits, sirops, vinaigres...).

LES VIGNERONS DE TRÉMOINE

5, Avenue de Caramany
RASIGUÈRES
✆ 04 68 29 11 82
www.tremoine.com
Ouvert du lundi au samedi. Visite de la cave sur RDV. Oenotourisme, randonnées vigneronnes.

Forte de ses cent ans d'histoire, la cave des Vignerons de Trémoine regroupe 80 vignerons issus de 4 villages : Rasiguères, Lansac, Planèzes et Cassagnes. Ils bichonnent la vigne sur un terroir riche et varié de 500 ha. Le territoire des Vignerons de Trémoine est une mosaïque géologique : schistes noirs, arènes granitiques, sols argilo-calcaires... Lors de la dégustation au caveau, vous serez comblés par l'accueil et le sens de l'hospitalité qui font partie de ces valeurs paysannes.

VINÇA

La ville, qui a obtenu le label d'écotourisme « station verte », abrite plusieurs monuments remarquables. Le premier est inscrit au titre des monuments historiques, il s'agit de l'église Saint-Pierre de Belloch. Les trois autres sont classés. Il s'agit de la Croix de cimetière du XVe siècle, la Croix Noell, datant de la première moitié du XVe siècle et de l'église paroissiale Saint-Julien-et-Sainte-Baselisse de Vinça. Non loin de là, l'on peut aussi s'intéresser à la retenue d'eau du barrage, qui forme le lac de Vinça. Il s'étend sur 5 kilomètres pour 150 à 1 200 mètres de large. Durant la période estivale, les activités nautiques sont possibles.

GÎTES D'ÉTAPE DE BAILLESTAVY €

✆ 04 68 05 86 32

Ouvert toute l'année. 1 gîte en chambre et un autre en dortoir. Pas de linge fourni.

Pas d'adresse précise mais on trouve facilement en haut du village. Les maisons mitoyennes rénovées sont assez vastes pour accueillir randonneurs ou groupes de classes vertes. Le gîte en chambres peut accueillir 13 pers (réparties en 3 ch). Quant au gîte en dortoir, il peut recevoir 12 pers. Le linge n'est pas fourni, il ne faut pas oublier son sac de couchage. Sachez que les randonnées sont nombreuses sur les environs de Baillestavy, vous pouvez emprunter le GR36 Ronde du Canigó.

LES PERLES CATALANES €€€

rue des Escoumes ✆ 06 71 97 63 16

www.lesperlescatalanes.fr

4 bulles haut de gamme (glam, lodge, ethnic et «petits»). Menu tapas chaudes ou froides. De 130 à 190 € petit déj inclus.

Vous cherchez une expérience insolite ou romantique entre mer et montagne ? Les Perles Catalanes vont exaucer vos voeux. 3 bulles avec salon et chambre, chalet sanitaire individuel, linge de lit et toilette fournis. Choisissez votre ambiance déco entre Ethnic, Glam ou Lodge. Et le petit déjeuner est compris ! Sans oublier le jacuzzi pour vous détendre avant de rejoindre Morphée. Ajoutez à votre séjour une note gourmande avec un plateau de tapas de producteurs locaux accompagné d'une bouteille de vin ou de champagne ! On ne vous en dit pas plus... on a adoré !

LES CONFITURES DE MARIE

17, rue du Cady

✆ 06 20 87 54 94

www.lesconfituresdemarie.fr

Accueil sur RDV. Livraison possible (possibilité de commande sur internet).

Marie fait les meilleures du monde tout simplement parce qu'elle a découvert les fruits gorgés de soleil et de saveur de notre plaine du Roussillon. C'est ici que Marie-Christine puise son inspiration : fruits de la région, des producteurs locaux biologiques ou raisonnés, plantes aromatique du jardin, vins doux du pays nourrissent les créations au fond de ses marmites en cuivre. La consécration vint en 2017 avec l'intronisation « Disciple d'Escoffier ». Les récompenses pleuvent depuis quatre ans sur ses confitures « gastronomiques ». Un savoir-faire inimitable !

LES VIGNERONS EN TERRES ROMANES

6, avenue de la Gare ✆ 04 68 05 85 86

www.vigneronsterresromanes.fr

Accueil et visite du lundi au samedi de 9 à 12h et de 14 à 18h. Oenotourisme, cours pour adultes et enfants.

Sur les terrasses du Canigó ou les collines granitiques du Fenouillèdes, le territoire de Terres Romanes est riche et varié. Ce vignoble de montagne retrouve ainsi son identité ancestrale, du temps où la vigne était bien présente en altitude sur les versants ensoleillés. Les acteurs de Terres Romanes vous proposent des cours de dégustation et d'initiation. Plus pour le plaisir que la technique, les ateliers gratuits pour adultes et enfants permettent de désacraliser l'univers du vin.

AQUAGLISS 66

Lac des Escoumes

✆ 06 20 17 09 55

www.aquagliss.fr

Ouvert de mi-juin à fin août. Tarifs complets en ligne. Restauration.

Loin de la foule du bord de mer, le lac des Escoumes de Vinça, avec en panorama notre beau Canigó, vous propose des activités nautiques pour les enfants dès 3 ans, grâce à un mini-parc spécialement conçu pour eux. A partir de 6 ans, des jeux gonflables sur l'eau feront la joie des plus grands avec l'Aquagliss. Mais les ados, adultes et seniors ne sont pas oubliés, paddles, kayaks et pédalos pour de franches parties de rigolade. Vous trouvez l'eau trop froide ? Alors profitez d'un circuit en quad dès 6 ans ou encore d'une partie de laser-game (sur réservation).

ARRIÈRE-PAYS

PRADES ★

Sise à l'endroit où la Têt sort du goulet du Haut Conflent et pénètre dans une vaste plaine couverte de vergers et de fruitiers, Prades est une petite ville vivante de 7 000 habitants, blottie au pied du majestueux Canigó. A mi-chemin entre montagne et plaine, Prades est le lieu idéal pour rayonner et découvrir tout le Conflent. Prades possède un charmant centre-ville piéton autour de l'église Saint-Pierre et offre diverses manifestations, comme son petit festival de cinéma et surtout le festival de musique classique Pablo Casals. N'oubliez pas de visiter les deux chefs-d'œuvre de l'art roman que sont Saint Michel de Cuxa et Saint Martin du Canigó.

PRIEURÉ DE MARCEVOL ★

ARBOUSSOLS
✆ 04 68 05 24 25
www.prieure-de-marcevol.fr

Ouvert de mai à octobre tous les jours. De novembre à avril, visite sur demande uniquement. Gratuit jusqu'à 12 ans.

A une douzaine de kilomètres à l'est de Prades, le charmant village d'Arboussols possède sur son territoire un ancien prieuré du XIIe siècle, fondé par l'ordre de Saint-Sépulcre. Le site, bâti sur un balcon rocheux qui offre des points de vue sur le Canigó parmi les plus beaux du département conserve intacte sa grande église à trois nefs, mais aussi et surtout la belle façade, ornée d'un somptueux portail de marbre rose de la carrière de Villefranche-de-Conflent ; les deux vantaux de la porte sont richement décorés de pentures typiques de l'art du fer catalan. Abandonné à la Révolution, il fut par la suite transformé en ferme, et les véritables débuts de sa restauration ne datent que de 1972. Depuis 2001, la Fondation du Prieuré de Marcevol gère le site et poursuit sa vocation d'accueil du public, hébergement pour groupes, séjours scolaires et manifestations culturelles. Un projet agro-écologique de reconquête paysagère du site a même vu le jour : 6 ha consacrés à des cultures adaptées en milieu sec. Musique classique et art contemporain semblent aussi avoir trouvé leur place à Marcevol : concerts de grande qualité et expositions ou installations qui n'ont d'égal que la beauté du site. Le village d'Arboussols en lui-même est aussi plein de charme. On y accède par une délicieuse route à flanc de montagne, à travers les vignes et les petits murets de pierre. Les alentours du village sont aussi l'occasion de faire de belles randonnées et de découvrir cette région sauvage souvent méconnue.

LA RESERVE NATURELLE DE NYER

6, carrer de la Font - **NYER**
✆ 04 68 97 05 56
www.cg66.fr/61-la-reserve-de-nyer.htm

Maison de la réserve ouverte en été du lundi au samedi matin et soir et le dimanche après-midi.

Créée en 1998, à l'initiative du Conseil départemental, la réserve est un espace naturel protégé qui couvre 61,21 % de la superficie totale de la commune. La réserve s'étage de 730 mètres jusqu'à 2 263 mètres. Elle possède deux atouts majeurs naturels : des paysages de toute beauté et les gorges étroites et spectaculaires près du village. Des animations y sont organisées tout au long de l'été à la maison de la réserve, tout comme des expositions, et des animations pour les enfants.

OFFICE DE TOURISME

10, place de la République
✆ 04 68 05 41 02
www.prades-tourisme.fr

Visite guidée de la ville de Prades. Visite guidée gratuite de l'Eglise de Prades.

Tous les mercredis à 10h30, l'Office vous propose une visite guidée gratuite de la ville, vous serez surpris de découvrir toutes les richesses que recèle Prades et en particulier son retable baroque, le plus grand de France. La sous-préfecture du département est non seulement célèbre pour son festival Pablo Casals, son Université Catalane d'Eté, mais également pour les 10 jours de Ciné-Rencontres ou encore des journées de Terres romanes. Enfin, à Prades, vous êtes au pied du Canigó, et nombre d'activités de montagne vous ouvrent les bras !

CARAVANIGOU

BAILLESTAVY
✆ 06 02 29 34 54
http://caravanigou.fr

Randonnées avec ânes bâtés autour du Canigó.

De la mer au Canigo, l'aventure existe encore loin des sentiers battus ! Caravanigou met à votre disposition depuis 10 ans des ânes bâtés et des poneys (avec ou sans accompagnement) pour réaliser votre plus belle rando itinérante en pays catalan. Fabien vous propose sur plusieurs jours le tour du Canigó ou la route du fer (en bivouac ou refuge), des balades à la journée (ou demi-journée) sur les pentes du Canigó et dans la vallée de la Lentilla. Le petit plus : les balades à la carte sur itinéraire à définir ensemble et la nuit sous le tipi !

L'ABBAYE SAINT MICHEL DE CUXA ★★

Route de Taurinya
CODALET
✆ 04 68 96 02 40
www.abbaye-cuxa.com
Ouvert toute l'année. Gratuit jusqu'à 12 ans. Visite guidée pour les groupes. Boutique.

Bien que cette magnifique abbaye ne propose pas de retraites ou de séjours, son cadre est hautement propice à l'instrospection. En 878, les bénédictins choisirent ce lieu au lendemain de la reconquête sur les Arabes. L'abbaye qui fut édifiée au cours de trois périodes entre le Xe et le XIIe siècle, comprend une vaste église pré-romane, un clocher roman percé de baies géminées, une crypte, un cloître et une tribune en marbre rose, splendides manifestations de la sculpture romane roussillonnaise. Grâce à la protection des comtes de Cerdagne-Conflent et au rayonnement des abbés Garin et Oliba (fondateur de Montserrat), l'abbaye se développa rapidement et connut un vaste essor jusqu'au milieu du Moyen Age. Puis, le rôle intellectuel et politique du monastère déclina et la Révolution française acheva son déclin. Cuxa renaîtra de ses cendres en 1919 et à juste titre connaîtra un vaste programme de restauration. L'abbaye est aujourd'hui occupée par une communauté de bénédictins qui y entretiennent la vie monastique initiée il y a onze siècles. Réputée pour son acoustique exceptionnelle, l'abbaye de Cuxa accueille chaque été, en juillet et août, des concerts de musique de chambre dans le cadre du célèbre *Festival Pablo Casals*. Le site est tout aussi enchanteur et il ne faut pas hésiter à venir en famille visiter les lieux et notamment se balader au bord de la rivière qui coule en contrebas de l'abbaye. Sous-bois et prés fleuris sont une belle invitation à un piquenique bucolique.

FESTIVAL PABLO CASALS

33, rue de l'Hospice
✆ 04 68 96 33 07
www.prades-festival-casals.com
Durant 3 semaines entre juillet et août.
La programmation, les horaires et tarifs sont disponibles sur le site internet.

Fondé en 1950 par le célèbre violoncelliste catalan Pablo Casals, le festival de Prades accueille chaque année de grands solistes qui interprètent le répertoire de musique de chambre classique et contemporain. Les concerts se déroulent à l'abbaye de Saint-Michel-de-Cuxa, à l'église Saint-Pierre-de-Prades, dans les grottes de Grandes Canalettes à Villefranche-de-Conflent... Depuis 2018, le festival s'exporte tous les ans au théâtre des Champs-Elysées à Paris. Une véritable reconnaissance pour la ville de Prades et surtout un festival international.

GÎTES DE BAILLESTAVY €

BAILLESTAVY
✆ 04 68 05 92 76
www.baillestavy.fr
Nuit en dortoir 12 € ou en chambre 17 €.
Location à la semaine.

Les maisons mitoyennes rénovées sont suffisamment vastes pour accueillir randonneurs ou groupes de classes vertes. Le gîte est réparti sur 3 chambres, quant au dortoir c'est une salle unique. Deux salles de bains et une cuisine équipée sont à disposition ainsi qu'un lave-linge. Le linge n'est pas fourni, il ne faut pas oublier son sac de couchage. Sachez que les randonnées sont nombreuses dans les environs de Baillestavy, soit en empruntant le GR36 Ronde du Canigó, ou en boucle à la journée pour découvrir les vestiges d'exploitations minières.

DOMAINE DE LA TANNERIE €€

6, rue Saint-Martin ✆ 04 68 97 16 76
www.domainedelatannerie.com
Chambre double de 90 € à 150 €. Petit déjeuner buffet inclus. Gîte pour 4/6 personnes de 700 € à 1 200 € la semaine.

C'est au sein d'une ancienne tannerie datant de 1780 que Marie-Claire et Olivier ont aménagé des chambres d'hôtes, un gîte et des appartements de très bon standing. En traversant les pièces du domaine, vous revivez son histoire. Chacune des chambres offre un confort très poussé et une décoration rendant hommage à un pays qui lui est propre. La grande piscine domine le jardin fleuri et vous pourrez vous détendre sur les chaises longues qui la bordent. Le *nec plus ultra*, un espace forme équipé d'un bain bouillonnant en plein air, d'un sauna et d'un hammam.

LES LOGES DU JARDIN D'AYMERIC €€

7, rue du Canigou - **CLARA**
✆ 04 68 96 08 72
www.logesaymeric.com
Chambre simple de 55 à 75 € ; chambre double de 65 à 85 €. Demi-pension : 125 € (à 145 € pour 2 personnes).

Dans cette maison de caractère en cayrous, la pierre authentique de Clara, trois chambres spacieuses et confortables sont proposées. Chacune est personnalisée. Une piscine est également à votre disposition. Côté restauration, Gilles Bascou, Toque Blanche du Roussillon, travaille les produits frais du terroir, sa cuisine est inventive et la carte change tous les 2 mois. C'est l'occasion de passer un séjour placé sous le signe de la gastronomie et de la détente.

MAISON 225 €€

225, avenue Général-de-Gaulle ✆ 04 68 05 52 79
www.225prades.com
Chambre double de 69 € à 79 € ; suite familiale de 79 € à 120 €. Petit déjeuner inclus. Lit supplémentaire : 12 €.

Tout près du centre-ville, la Maison 225 est une grande demeure de maître élégante datant de 1888. Les quatre chambres ravissantes sont spacieuses et possèdent une salle d'eau privative. Très lumineuses, décorées avec goût et donnant le tout confort, ces dernières s'ouvrent sur le Canigou ainsi que sur le jardin de l'arrière. La suite-terrasse a un salon et un grand balcon. En été, on profite de la piscine au bord de laquelle on peut prendre le petit déjeuner maison sur une belle terrasse. Tout est fait pour que vous vous reposiez et que vous vous sentiez bien.

MAS DU CANIGOU €€

9, traverse de Prades - **LOS-MASOS**
✆ 06 08 07 87 69
www.masducanigou66.com
4 gîtes (avec terrasse et jardin), 1 chalet et une yourte. Table d'hôtes BIO. Espace pour enfants, piscine naturelle !

Au pied des montagnes, à 45 min des plages et sur un site sauvage sans être trop excentré, le Mas du Canigou est une belle bâtisse du XVIIe et surtout un lieu à découvrir. Quel que soit l'hébergement choisi, on est toujours emballé par la déco et la rénovation. Les petits plus qui nous ont fait craquer, c'est évidemment la piscine naturelle entièrement écologique, mais aussi le soin apporté au jardin extérieur (comme dans un vrai parc !). Laurenne et Damien ont également aménagé une grande salle pour accueillir réceptions et séminaires. Coup de cœur du Futé !

ARRIÈRE-PAYS

JOYAUX CATALANS - MANUFACTURE DU GRENAT

62, avenue Guy-Malé ✆ 04 68 96 21 03
www.joyaux-catalans.fr

Visites guidées. Entrée 3€ pour les adultes, gratuit pour les enfants. Ouvert du mardi au samedi.

La famille Privat est spécialiste du grenat catalan depuis 1945. Un circuit vous mène du hall d'expo (400 m²) où sont exposés d'anciens outils, à la mine de grenat reconstituée. Un guide vous accompagne et vous raconte l'histoire de ce bijou. Une vidéo vous en dira davantage sur les processus de fabrication : le grenat est une pierre mythique qui symbolise culturellement la Catalogne et représente vérité et fidélité. Enfin, les ateliers où la famille Privat travaille devant vous.

VILLA DU PARC €€

49, route de Ria
✆ 04 68 05 36 79
www.villa-du-parc.com

Fermé entre novembre et février inclus. Petit déjeuner inclus sauf pour les studios et gîtes.

Manoir des années 1930 de style néo-basque soigneusement restauré avec un parc de 1 ha aux majestueux arbres centenaires et sa vue époustouflante sur le Canigó, c'est l'endroit idéal pour se ressourcer. Chambre d'hôtes, gîte ou studio, à vous de choisir. Sur la terrasse, devant la piscine pour les petits déjeuners de produits locaux et faits maison ou pour la détente, avec pour panorama un tableau qui invite au lâcher prise. A l'intérieur, de profonds fauteuils club et le style Art déco des salons vous invitent à la lecture sur un fond sonore de jazz. Le bonheur.

VILLA LAFABRÈGUE €€

15, avenue Louis-Prat
✆ 04 68 96 29 90
www.villafrench.com

Ouvert toute l'année. Chambre d'hôte avec petit déjeuner inclus. Gîte. Parking inclus.

C'est dans une somptueuse maison du XIXe siècle entourée d'un joli parc avec piscine, que Kate et Nick vous reçoivent. Face au spectaculaire Canigó, cette bâtisse d'inspiration florentine est un véritable havre de paix. Les 5 chambres sont spacieuses, lumineuses et décorées avec beaucoup de goût. Toutes ont une salle de bains privative et trois d'entre elles possèdent une large terrasse qui offre une vue à couper le souffle sur les montagnes environnantes. L'ameublement de style rétro est des plus élégant, aucune faute de goût n'est à déplorer !

L'ALÉGRIA €

32, allée Arago
✆ 04 30 45 64 45
www.brasserielalegria.com

Ouvert tous les jours en haute saison. carte environ 30 €. Plusieurs menus. Terrasse. réservation recommandée.

voilà une adresse sympathique. A l'Alegria, vous n'avez dans l'assiette que des produits du terroir. Les fruits, légumes, viandes et poissons et même le pain est de fabrication artisanale du 100 % catalan ! Le tout à des prix raisonnables. On vous sert ici de la vraie viande élevée à l'herbe de nos pâturages de montagne de Cerdagne et du Capcir. Et puis il y a le sourire de Florence et de William qui aiment leur clientèle et permettent aux artistes locaux d'exposer quelques toiles ou encore de donner un concert. Une adresse comme les aime le Petit Futé !

CAFÉ DE LA FARGA €€

Place Nova
BAILLESTAVY
✆ 04 68 05 96 69

Ouvert du 15 juin au 15 sept. Hors saison week end. Menus midi et soir. Tapas et plats du terroir. Réservation le soir.

Une petite halte pour découvrir le village et les alentours s'impose. A la Farga, on vous accueille en été sur la terrasse ombragée par un immense marronnier et son inséparable compagnon, le beau tilleul. L'hiver c'est à l'intérieur, devant la cheminée, dans une déco boisée chaleureuse. Les plats typiques et les tapas sont délicieux et réalisés à partir de produits locaux : Nathalie ne plaisante pas sur la qualité et se sert chez les maraîchers et les éleveurs locaux. Bravo ! On aime l'ambiance de ce café-resto qui est un peu l'âme du village. Douce France...

LE CHÂTEAU DE NYER €

NYER
✆ 04 68 96 50 35
www.chateaudenyer.com

Ouvert tous les jours de mai à sept. Hors saison horaires variables. Menu unique à 17 €. Terrasse.

Dans la quiétude de ce petit village de montagne à l'écart de la circulation, rien de tel que se restaurer sans se ruiner sur la superbe terrasse du château avec vue plongeante sur les eaux tumultueuses du Mantet et les célèbres gorges de Nyer, ou dans la salle de restaurant dont les fresques au plafond rappellent les ciels de Tiepolo que l'on rencontre dans les palais de Vénétie. Tout comme la petite route qui y mène, Le temps semble s'être arrêté à Nyer la bucolique. Les gens du village vous le diront, ici on apprécie vraiment « the Sound of Silence ».

LE CAFÉ DE LA PAIX €€

15, place de la République
✆ 04 68 05 25 64

Réservation recommandée. Menus de 12 € à 20 €. Carte : 25 € environ. terrasse.

Lieu bien connu des Pradéens et des habitués de la petite commune, Le Café de la Paix associe convivialité, simplicité et cuisine de qualité. C'est l'un des plus anciens cafés de Prades. C'est un endroit que le Petit Futé recommande : la cuisine est efficace et les plats sont plutôt copieux. *Mar* ou *munt* (mer ou montagne), chacun y trouvera son bonheur. La carte est peu variée et suit les humeurs des saisons ou des producteurs. On adore la grande terrasse face à l'église. On est au cœur de Prades, là où la vie grouille et on aime cet esprit de village.

Prades est une petite ville blottie au pied du Canigó

LE GALIE €€

3, avenue du Général-de-Gaulle
✆ 04 68 05 53 76
www.restaurantlegalie.com

Toques blanches, Maître Restaurateur. Ouvert du jeudi au mardi. Menus de 20 à 73 €. carte environ 45 € (pour 3 plats).

Critiques dithyrambiques et méritées pour un chef qui ne déçoit pas ses clients. Dans la salle joliment refaite ou sur la terrasse fleurie, vous pouvez choisir entre une gamme de menus très variée : terroir, tentation, saveurs, confiance. Les assaisonnements des plats sont parfaits et les mariages des produits heureux. La fraîcheur des entrées, l'originalité des plats et la légèreté des desserts convaincront même les papilles les plus intransigeantes. C'est une cuisine locale où technique et créativité sont mises en valeur par une esthétique novatrice et épurée.

LES LOGES DU JARDIN D'AYMERIC €€€

7, rue du Canigou - **CLARA** ✆ 04 68 96 08 72
www.logesaymeric.com

Maître Restaurateur. Fermé en janvier. Réservation recommandée. Menus de 20 € à 52 €. 3 ch. d'hôtes. Jardin et piscine.

Cet établissement mérite sa réputation de table incontournable de la région. Il y règne une sorte de zénitude qui ouvre l'appétit. Le Maître restaurateur exprime sa créativité en sublimant les saveurs. Le visuel de l'assiette, le goût et les parfums feront de cette étape gourmande un moment inoubliable. Profitez de cette escapade gastronomique pour séjourner dans l'une des trois chambres d'hôtes pleines de charme, avec petit déjeuner au bord demain piscine. Coup de cœur !

AUX TOURONS CATALANS - PATISSERIE HENOC

30, Rue Jean Jaurès ✆ 04 68 96 09 06
www.aux-tourons-catalans.com

Ouvert du lundi au mercredi, le vendredi et le samedi de 7h à 13h et de 15h à 19h30 ; le dimanche de 7h à 13h.

Le temple des spécialités catalanes ! Sylvain Hénoc, formé à l'Ecole Ferrandi, vous propose les créations fabriquées depuis le laboratoire adjacent à la boutique. On y trouve l'incontournable Touron catalan composé de miel, sucre et fruits secs, mais aussi les Rousquilles au citron et à la vanille ainsi que les Panaillets, petites boules de pâte d'amande aux pignons. Deux autres spécialités sont à découvrir : les bougnettes et le Pain de Tolède, ainsi que des viennoiseries classiques.

LA BÊLE CHÈVRE

ARBOUSSOLS
www.la-bele-chevre.com

Accueil, visite et dégustation su RDV. sur le marché de Eyne en été.

La vie est belle dans ces coins perdus du Haut-Fenouillèdes, la route tourne pour rejoindre la ferme mais la balade vaut vraiment le détour pour contempler de somptueux paysages. Vue imprenable sur le Canigó. Pour revenir à nos moutons (ou à nos chèvres), vous pourrez déguster à la Bêle Chèvre crottins, briques, tommes, bûches et fromages frais, mais aussi de la viande de chevreau (sur réservation selon les saisons). La page Facebook est régulièrement alimentée de vidéos pour suivre le quotidien des chèvres - et vous verrez, elles sont vraiment heureuses !

LES CHÈVRES DE CONAT

CONAT
✆ 06 85 11 22 82

Accueil, visite et dégustation sur RDV. Marchés de Prades le mardi et le samedi, Vernet le jeudi.

Nadine et Thomas sont installés au bout du monde, dans un de ces villages choyés pour leur qualité de vie et leur tranquillité. Une petite 1/2 heure depuis Prades sur une route en lacets pour enfin découvrir la bergerie et les 65 chèvres qui gambadent en toute liberté face au mont Coronat au cœur du parc naturel des Pyrénées catalanes. En Tome et fromages lactiques à différents stades d'affinage, du frais jusqu'au sec, vous serez conquis par la qualité des produits et l'accueil des chevriers. Et puis, c'est tellement beau dans le coin... on a envie d'y rester.

DOMAINE MODAT

lieu dit Les Plas - **CASSAGNES**
✆ 09 88 18 62 57
www.domaine-modat.com

Ouvert du lundi au samedi de 9 à 12h et de 13h30 à 18h. Visite et dégustation sur RDV en dehors de ces horaires.

À Cassagnes, petit village d'altitude perché sur un plateau entre 300 et 400 m, le terroir bien spécifique, composé de gneiss est propice à la production de vins fins, frais et élégants. En BIO depuis 2015, la famille Modat poursuit sa quête d'excellence par le travail de 15 ha selon les principes de la biodynamie. Une philosophie fondée sur l'écoute et l'observation des cycles naturels. Les cuvées surprennent et séduisent et Les vins de la famille Modat font voler en éclat les clichés qui collent à la peau des vins du Roussillon. On a adoré !

LA MANUFACTURE

146, avenue Général-de-Gaulle
✆ 04 68 96 71 80
Ouvert du lundi au vendredi. De 9h à 13h et de 14h15 à 18h.

Prades accueille l'un des 6 chantiers porté par l'Association d'Insertion du Canton d'Olette, qui a pour mission principale de favoriser l'insertion professionnelle de personnes en difficulté. Le but est bien de redonner confiance à des jeunes au travers de la création. Grâce à l'apprentissage de savoir-faire de base et de différentes techniques, ce sont effectivement des produits très originaux qui sont vendus à des prix abordables : sacs, miroirs, pochettes et bien d'autres articles sont créés grâce à des matériaux de récupération. Le résultat est surprenant.

MARCHÉ PLEIN AIR

Centre ville
marchés le mardi et le samedi de 8h à 13h.

Le mardi, c'est le jour du traditionnel du grand marché à Prades et le samedi celui du marché BIO, tous les deux se déroulent place de la République entourée de cafés et de terrasses. Cette commune au charme certain, située au pied de la montagne sacrée des Catalans, accueille chaque semaine de nombreux commerçants, producteurs et artisans ravis de pouvoir présenter et proposer leurs produits de terroir à une clientèle désormais bien fidélisée. Véritables lieux de vie, les marchés sont l'âme de nos villages que bien des touristes nous envient.

TORRES CHOCOLATIER

125, avenue Général-de-Gaulle
✆ 04 68 96 03 51
www.torres-chocolatier.fr
Ouvert du mardi au samedi de 9h à 18h30.
Macarons, chocolats de dégustation, tablettes...

Les chocolats de dégustation sont tout simplement exquis ! Pour les sublimer, Monsieur Torres choisit ses matières premières avec une minutie qui force l'admiration : amandes Valencia ou noisettes du Piémont pour la confection des pralinés ; sept formes de pralinés plus surprenants les uns que les autres ! Ne vous y méprenez pas, les mélanges de parfum pour les macarons sont tout aussi originaux ; poivron-framboise piment d'Espelette, Maury-raisin, le pêche-safran... Cet ancien pâtissier, reconverti en chocolatier, saura convaincre même les plus conformistes.

VIGNOBLE RÉVEILLE

7, rue des Corbières
CASSAGNES
✆ 06 84 14 07 46
https://vignoble-reveille.fr
Accueil, visite et dégustation sur RDV.

Difficile de trouver plus naturels que les vins de France (c'est le prénom de la vigneronne) : label Bio, pratique de la biodynamie et zéro sulfite ou collage ! Elle le dit elle-même avec assurance : « Je veux des vins libres, vivants et vibrants ! ». Une dizaine d'hectares sur les gneiss et les granites du Haut-Fenouillèdes qui produisent des vins atypiques : fruités comme des vins naturels, mais aussi fins et élégants. On aime cette vigneronne au dynamisme sans faille qui cultive la différence et la liberté. France sait ce qu'elle veut... et elle ira loin.

AVENTURE ACTIVE

✆ 06 19 36 16 47
www.aventure-active.com
Descente de canyon, rafting, hydro speed. Tous niveaux. Tarifs dégressifs.

Amateurs de sensations fortes, vous avez trouvé votre guide ! Dominique ne collectionne pas seulement les diplômes et les qualifications, il sait aussi vous faire partager sa bonne humeur et sa passion. Quand ce grand bonhomme trapu et souriant vous emmène dans un canyon ou en randonnée, il sait de quoi il parle. Et son terrain de jeu, ce sont les gorges du Llech ou les canyons du Vallespir. Aventure Active possède aussi une base nautique dans les gorges de l'Aude et vous invite à de belles descentes en rafting, *hydro-speed* ou kayak dans des décors de rêve...

EXTÉRIEUR NATURE - BASE EAUX VIVES

Route d'Eus - **MARQUIXANES** ✆ 04 68 05 72 12
www.exterieur-nature.com
Ouvert tous les jours de l'année selon les activités. Parcours aventure, canyoning, rafting, hydrospeed...

La plus importante base d'eaux vives du département vous propose le canyoning, avec ses glissades et ses sauts, le rafting, ou encore l'hydrospeed et le tubbing, descente en bouée individuelle sur la Têt. Glisse et émotions garanties. Mais les petits ne sont pas oubliés, car il existe plusieurs parcours accrobranches pour les «pitchounes» de 3 à 6 ans (et aussi pour les grands). Une aire de pique-nique vous accueille au bord de la rivière. Un lieu 100% nature et sport !

SOINS CORPS ET ÂMES

Impasse du Racou
LOS-MASOS
✆ 06 29 86 16 38
www.corpsetames.com
Sur rendez-vous uniquement. Voir les tarifs sur le site selon la durée et le type de massage.

Envie de lâcher prise, de se recentrer sur soi, de soigner les douleurs du corps et de l'âme ? Prenez rendez-vous avec Laetitia et tentez une expérience unique dans sa yourte de « femme médecine ». Le temps d'un massage savourez ce moment de lâcher prise. Voilà, vous êtes nu allongé sur le sol à la lueur et bougies et des odeurs d'encens, vous fermez les yeux bercé par une douce musique. Vous êtes hors du temps, presque en lévitation. Du pur bonheur. Laetitia est membre fondatrice de la très sérieuse Association Nationale de Massages Tantriques.

NOHÈDES

Nohèdes, petit village dynamique du Conflent, fait partie des lieux les mieux préservés du département. Au fond de la vallée du Conat et en bordure de la réserve naturelle, le massif des Madres veille sur la soixantaine d'habitants résidents à l'année. Mis à part l'église du XIIème siècle, le petit Musée des arts agraires et la magnifique fontaine en granit, l'attrait pour Nohèdes se situe hors de du village : rando VTT, spéléo, canyoning et randonnées en Joëlette pour personnes à mobilité réduite. Sportifs, une rando de 24 km en 7h30 pour les 3 lacs (*Estany del clot, Gorg Estelat et Gorg Nègre*) jusqu'au refuge de la Perdrix renseignez-vous.

CAMPING DE MONTAGNE EL MANAU €

route des Etangs
✆ 04 68 96 50 36
www.elmanau.com
Accueil paysan. Emplacements au bord du ruisseau, yourtes, chambres pour 2 pers., cuisine.

Des endroits comme celui-ci, une ferme du bout du monde au cœur de la réserve de Nohèdes, un emplacement pour les tentes au bord du ruisseau, deux yourtes cachées dans les fougères, la nature à perte de vue pour chanter et danser en liberté... On en rêve encore ! L'espace cuisine (une vraie pièce à vivre très bien équipée) et la salle de bains (décorée avec soin) sont très propres. El Manau est aussi le point de départ de nombreuses randonnées. Le *Petit Futé* a eu un vrai coup de cœur.

LA MAISON ENTRE DEUX RIVIERES €€

Route des Etangs
✆ 04 48 33 00 18
www.therivermountainhouse.com
Ouvert de mai à novembre. 3 gîtes séparables en location hors période estivale.

Un petit paradis à 1 000 m d'altitude au cœur du parc des Pyrénées catalanes. Les trois gîtes qui composent la « maison » sont sis à la confluence de deux rivières comme son nom l'indique. Autant vous dire qu'on est bercé par le son de l'eau et le chant des oiseaux. Le lieu est tout simplement magique, que ce soit la décoration intérieure, la qualité des prestations ou les alentours. Vous êtes en pleine nature aux portes des sentiers de randonnée et des étangs de Nohèdes. Unique !

VILLEFRANCHE-DE-CONFLENT ★★

Inscrite depuis 2008 au patrimoine mondial de l'Unesco, 6 km à l'ouest de Prades et à 45 min de Perpignan, se cache derrière des remparts pluri-centenaires une superbe cité médiévale qui compte parmi les plus Beaux Villages de France. À la croisée du Cady et de la Têt, Villefranche est un verrou stratégique qui servit longtemps de poste avancé du royaume d'Aragon. Outre l'enceinte avec son double chemin de ronde couvert, il faut voir la superbe église romane Saint-Jacques, édifiée au XIIe siècle et une vingtaine de façades d'hôtels particuliers. Le marbre rose de Villefranche, visible dans le mur de soutien des tours de la ville a été utilisé pendant des siècles pour toutes les églises et les monastères de la région. Le fort Libéria, magnifique exemple d'architecture militaire, dominant la ville ceinte, mérite une visite. reconnaissant l'importance stratégique de la ville, Vauban fit édifier le fort , restaura et déplaça les remparts. Construit en marbre rose, le fort expose aux visiteurs ses murs en brique molle (faites pour encaisser les boulets de canons) et ses corridors intérieurs - épais murs d'où on faisait feu sur les assaillants. Avec des hébergements de qualité, des restaurants tout aussi honorables, un patrimoine architectural exceptionnel, la cité est une halte quasi obligatoire pour toute personne visitant le département. On se plaît à déambuler dans les rues piétonnes où nombre d'artisans et boutiques de produits locaux ont élu domicile.

L'ABBAYE SAINT-MARTIN DU CANIGOU ✝ ★★

VERNET-LES-BAINS

✆ 04 68 05 50 03

www.stmartinducanigou.org

Fermé en janvier. En saison, service de Jeep au départ de Casteil (04 68 05 99 89). 45 min à pied.

L'abbaye apparaît au visiteur comme un nid d'aigle posé sur un éperon rocheux dominant un ravin au fond duquel gronde le Cady. Plus que ses sœurs Saint Michel de Cuxa ou le prieuré de Serrabone, Saint Martin fascine autant par son architecture que son site grandiose et 'vertigineux'. Ce haut lieu de l'art roman, plus particulièrement du premier art roman méridional, fut fondé au XIe siècle par Guifred II, comte de Cerdagne et Conflent et son frère Oliba, évêque de Cuxa et Ripoll. Culminant à 1098 mètres d'altitude, Il se présente sous la forme de deux églises superposées et jouxtées d'un cloître. L'abbaye, aujourd'hui classée Monument historique et « pépite » du Grand Site de France Canigó Grand SIte, est occupée par la communauté des Béatitudes. On accède au site en moins de 45 min à pied depuis Casteil par un très beau chemin qui grimpe vers le ciel. Les visites sont uniquement guidées (et si passionnantes !) et durent environ 1h. Le site internet est riche de renseignements pour préparer sa venue. Pour les personnes en quête de spiritualité, une retraite de 2 à 6 jours est possible. Elles participeront à la vie spirituelle et fraternelle de la communauté, le reste de la journée étant consacré à la méditation et au silence. Outre l'aspect architecturale et religieux, la visite de l'abbaye est prétexte à une très belle randonnée en sous bois qui mène au lieu saint. Il existe différentes boucles qui passent par le site et offrent des points de vue somptueux.

FORÊT DE BOUCHEVILLE 📷

VIRA

Ouvert toute l'année. Gratuit. Visite guidée (se renseigner à Vira). Topos en libre accès.

Les sentiers de la forêt royale valent le détour, grandes cabanes en schiste noir, chemins de l'histoire, panorama infini et la majestueuse futaie naturelle où dominent le pin sylvestre, les hêtres imposants et le véritable sapin des Pyrénées. Plusieurs sentiers de randonnée pédestre et de VTT vous feront découvrir des espèces bicentenaires. Continuez votre balade à Vira petit village à la porte de la forêt et visitez la bergerie et la maison de la nature. C'est une balade découverte pour toute la famille, enchanteresse et envoûtante, un coup de cœur écolo.

FORT LIBERIA 📷 ★★

✆ 04 68 96 34 01

www.fort-liberia.com

Ouvert tous les jours en haute et basse saison. Restauration. Navette 4x4 possible.

Situé sur les hauteurs de Villefranche-de Conflent, le Fort Libéria offre un remarquable regard sur l'histoire.

Edifié par Vauban au XVIIe siècle (1681) à la suite du Traité des Pyrénées qui entérinait la division de la Catalogne entre la France et l'Espagne, ce château constituait initialement un point stratégique, un verrou sur la vallée. Classé monument historique en 2009, le fort s'offre aujourd'hui au regard de nombreux touristes venus observer chapelle, bastions, pont-levis et déguster les petits plats proposés par le restaurant du château.

© YVANN K - STOCK.ADOBE.COM

Abbaye Saint-Martin du Canigou.

L'ÉGLISE SAINTE-MARIE

CORNEILLA-DE-CONFLENT

De novembre à mars appeler la mairie. En haute saison ouvert du lundi au samedi. Payant.

C'est un des édifices religieux les plus riches de la zone, édifié au XIe siècle suivant les règles cisterciennes. Le clocher de style lombard date du XIe siècle, et le portail du XIIe siècle est décoré d'une Vierge en Majesté, on peut voir des vestiges d'un cloître disparu. A l'intérieur, de superbes retables en bois doré ou en albâtre sculpté, des statuettes romanes, et une Vierge en bois polychrome qui offre aux visiteurs son sourire radieux depuis le XIVe siècle. Cette jolie église méconnue constitue un véritable musée d'histoire et d'architecture religieuse.

MUSÉE DE LA VIE QUOTIDIENNE

35, route de Rabouillet

SOURNIA

✆ 06 76 44 87 94

Ouvert du mardi au samedi en haute saison. Gratuit jusqu'à 10 ans. Visite guidée possible.

A Sournia, joli petit village perché dans les Fenouillèdes à quelques encablures de Perpignan, un musée de la vie quotidienne de 1860 à 1960 (de l'art populaire au début de la modernité), a vu le jour grâce à sa fondatrice Myriam Frantz. C'est très surprenant, étonnant, toutes sortes d'objets s'entremêlent et nous rappellent des souvenirs de jeunesse. Pour les plus jeunes, c'est une occasion d'échanger sur un passé pas si lointain. C'est magique, nostalgique et ça touche au cœur.

GROTTE DES GRANDES CANALETTES ★

Route de Vernet-les-Bains ✆ 04 68 05 20 20

www.grottescanalettes.com

Ouvert tous les jours mais horaires variables selon saison. Température intérieure 14°C. Frais l'été et chaud l'hiver !

© IDÉESGO THIERRY CORNACHON

La visite de la Grotte des Canalettes, parmi les plus belles de France, s'effectue à son rythme, les enfants seront guidés par ED la mascotte. On commence par la Draperie, ensemble de concrétions spectaculaires d'une blancheur étincelante. On parvient ensuite à la salle blanche. Poursuivons par le lac aux Atolls, puis la grandiose salle du temple d'Angkor, d'une féerie incomparable. L'ensemble est mis en valeur par des éclairages judicieux pour un fabuleux voyage au centre de la terre.

PARC ANIMALIER DE CASTEIL

Rue du Cady

CASTEIL

✆ 04 68 05 67 54

www.parcanimaliercasteil.com

Haute saison ouvert tous les jours de 9h30 à 20h. Adulte : 15 €. Enfant de 3 à 12 ans : 11 €.

Dans ce parc de 23 hectares vivent plus de 300 animaux, évoluant dans de grands enclos à flanc de montagne. Le circuit pédestre à fort dénivelé, permet de partir à leur rencontre. Cervidés, wallabies, lions, lynx, loups d'Europe, ours, chinchillas et furets, alpagas, ânes catalans, renards, canards, tortues, aras, émeus, chiens de prairies, écureuils, chèvres naines et mouflons de Corse. Devenez soigneur le temps d'une matinée. Assistez au nourrissage. Aires de jeux et de pique-nique.

LES REMPARTS DE VILLEFRANCHE ★

2, rue Saint-Jean

✆ 04 68 05 87 05

www.villefranchedeconflent.fr

Ouvert tous les jours en haute saison de 10h à 20h. Gratuit jusqu'à 10 ans.

Les fortifications de Villefranche sont quasiment intactes. La visite permet de parcourir entièrement le double chemin de ronde couvert, avec les quatre tours, les bastions et les embrasures à canons toutes différentes pour pouvoir s'adapter à l'étroitesse de l'environnement. L'enceinte fortifiée de Villefranche présente la double originalité d'une adéquation aux exigences d'un site spécifique et de la superposition d'éléments défensifs. Une jolie balade avec un superbe panorama.

OFFICE DE TOURISME

2, rue de la Chapelle - **VERNET-LES-BAINS**
✆ 04 68 05 55 35
www.vernet-les-bains.fr

Ouvert du lundi au samedi de 9h à 13h et de 14h à 18h. Dimanche et jours fériés de 9h à 13h. balades guidées. Musée.

Tous les bons plans, l'agenda de l'été, les activités et les hébergements à ne surtout pas manquer pourront vous être communiqués. En saison, des balades guidées sont organisées tous les jeudis à 16h – durée 1h30 – sur des thématiques telles que le vieux village, le quartier thermal et la Belle Epoque ou le village arborétum. Par ailleurs, la Maison du Patrimoine (au 1er étage) présente Vernet-les-Bains qui se dévoile pour nous à travers le regard d'un journaliste venu au début du XXe siècle. Un espace scénographie qui vaut le détour !

OFFICE DE TOURISME INTERCOMMUNAL CONFLENT-CANIGÓ

33, rue Saint-Jacques ✆ 04 68 96 22 96
www.tourisme-canigou.com

Ouvert tous les jours de juin à sept. Horaires variables hors saison. Visites guidées et commentées.

Tout ce que vous voulez savoir sur Villefranche-de-Conflent, son histoire, du Moyen Age à nos jours, les anecdotes et les légendes, l'équipe de l'office de tourisme se fera un plaisir de vous le conter lors des visites des remparts. On se laisse transporter par la beauté du village, Vauban en a fait un lieu stratégique et on se met à rêver à ce qu'il était à l'époque médiévale, ce passage obligé entre la Cerdagne et la plaine du Roussillon, de la montagne vers la mer.

LE TRAIN JAUNE ★★★

✆ 04 68 96 63 62
www.ter.sncf.com/occitanie

Horaires en fonction des saisons. Tarifs selon votre gare de destination.

Emblème de la région, le train jaune, surnommé le « canari » par les Catalans, sillonne les montagnes des Pyrénées-Orientales depuis plus d'un siècle à présent : 1 200 m de dénivelé et 63 km de trajet, entre Villefranche-de-Conflent et Latour-de-Carol, au cœur d'un environnement exceptionnel. Sur toute la longueur du parcours, vous croiserez une bonne vingtaine de gares (dont celle de Bolquère, la gare la plus haute de France, perchée à 1 593 m d'altitude !) en évoluant dans un environnement accidenté et superbe donnant la sensation de traverser un décor de film d'aventures, frôlant les parois rocheuses, le train jouant les funambules à flanc de précipices. Après avoir côtoyé le vide, vous vous engagerez dans les vallées de la Têt et d'Eyne, au pied du massif du Canigou. Au total, le train jaune s'engouffre dans dix-neuf tunnels et enjambe deux ouvrages architecturaux de renom : le viaduc Séjourné et le pont suspendu Gisclard, le dernier du genre toujours en activité en France. Si le train fonctionne tout au long de l'année, assurant un aller-retour quotidien entre les deux terminus de la ligne, lors de la saison estivale, la fréquence des trajets monte à cinq par jour, le train incluant dans son convoi des wagons ouverts permettant de profiter au mieux du paysage. L'autre avantage du train jaune est qu'il est exploité par la SNCF, ce qui permet aux passagers de ne pas se ruiner en montant et descendant selon leur gré dans les gares qui se présentent en chemin. Et les points d'intérêt ne manquent pas.

L'ANCIENNE POSTE €

31, rue Saint-Jacques (intra-muros)
✆ 04 68 05 76 78
www.anciennepostedelacite.com

Ouvert toute l'année. 4 chambres. Petit déjeuner inclus. Wifi gratuit. Sauna.

L'ancien bureau de poste de Villefranche-de-Conflent a été transformé en une superbe maison d'hôtes. Elle est idéalement située au cœur du village fortifié au pied du Fort Libéria. Vous profiterez du charme d'une demeure avec une âme, dans laquelle ont été aménagées quatre chambres spacieuses au luxe moderne avec douche à jets, baignoire à remous et sauna. La décoration des lieux est particulièrement réussie. Quant aux copieux petits déjeuners maison de la nouvelle propriétaire, c'est sincèrement un vrai régal. Les randonnées sont nombreuses dans les alentours.

AUBERGE DE PY €

24, carrer Major
PY
✆ 06 83 85 24 68
https://aubergedepy.fr

Restauration, 3 chambres d'hôte. Halte GR 10. Wifi gratuit. Animations. Épicerie.

On ne peut quitter la vallée sans faire un détour par Py, ce petit village de montagne qui vit un peu hors du temps. Marie et Alexis vous proposent 3 chambres d'hôtes et une belle épicerie. Les tarifs sont très raisonnables et différentes formules vous sont proposées. On vous prête même les raquettes et les luges en hiver ! Ambiance familiale et chaleureuse. Dans l'assiette, la priorité est donnée aux producteurs de la vallée. Les soirs d'été et d'hiver (car l'auberge vit toute l'année), des animations et des concerts sont organisés. Ambiance de montagne.

CAMPING LA SOURCE*** €

Rue de la Citadelle
SOURNIA
✆ 04 68 96 08 13
www.campinglasource.net
Ouvert toute l'année. Terrain de 1 ha. Mobil-home, bungalow et chalets. Restauration et animations.

Besoin de vacances dans un espace verdoyant et une ambiance familiale loin de l'agitation ? Pas si paumé que ça le camping de la Source car outre la variété d'hébergement, vous y trouverez une piscine chauffée, un bar, un snack-bar, un barbecue, qui sont à votre disposition. Hors du camping, vous découvrirez le court de tennis communal, un beau maillage de sentiers de randonnées pédestres, des balades en forêt avec vos enfants, un centre équestre et plein d'autres surprises qui vous attendent. Pour des vacances à la campagne en toute simplicité.

CAMPING LAS CLOSES €

Route de Fillols
CORNEILLA-DE-CONFLENT
✆ 04 68 96 52 29
www.las-closes.fr
Ouvert entre avril et octobre. 80 emplacements. Mobil home, «coco-sweet». Animations.

Las Closes est un camping au charme incontestable et incontesté avec les nouveaux hébergements « Coco Sweet » pour 4 pers pour des vacances plus rigolotes. Ce camping familial, qui comprend 80 emplacements et s'étend sur 2,5 ha de terrain offre de nombreux services. Le camping est très bien équipé : une belle piscine, jeux pour enfants, mini-golf... Pour se distraire, et c'est le point fort de las Closes, des animations de tous genres sont proposées tous les jours : soirées grillades, des paellas, des apéros, des lotos ou encore des karaokés.

CAMPING LE P'TIT BONHEUR** €

Allée des Gens heureux - **ESCARO**
✆ 04 68 97 08 53 - camping-pyrenees66.com/
Ouvert de mars à novembre. Terrain de 2 ha. 8 emplacements. 5 chalets. 7 mobil-homes. Yourte mongole tout équipée.

Ce camping combine en un seul espace deux populations de vacanciers : le long d'un torrent de montagne des emplacements séparés sont réservés aux naturistes. L'espace naturiste entièrement clôturé est de près de 2 ha. Les emplacements « textiles » sont sur des terrasses plus basses et n'ont pas d'accès visuel. Ainsi les familles mixtes « naturo-textiles » peuvent quand même passer des vacances ensemble sans frustration dans un cadre sauvage et somptueux.

CAMPING LES SAUTERELLES €

Col de Millères - **FILLOLS** ✆ 04 68 05 63 72
www.campingsauterelles.com
75 emplacements.

Aux portes du Canigo, au col de Millères à 840 m d'altitude, les Sauterelles est un camping familial et convivial à l'image du village de Fillols. C'est un vrai camping pour campeur ou camping-cariste, pas d'hébergement en dur. Les emplacements sous les pins sont bien espacés, le lieu est vraiment calme et les prestations sont nombreuses : snack-bar, dépôt de pain, piscine, pétanque, barbecue... Un lieu sans prétention mais qui ravira les amateurs de nature et de randonnée. C'est aussi un lieu prisé par les familles souhaitant des vacances au calme et abordables

LES CERISIERS** €

4, route de Sahorre - **VERNET-LES-BAINS**
✆ 04 68 05 60 38
www.camping-lescerisiers.com
Ouvert d'avril à octobre. 58 emplacements. Mobil-home et bengali en toile. Hammam, bain bouillonnant, sauna.

Voici un petit camping familial plein de charme. Au pied du Canigó, venez respirer le bon air ! Ici, pas de « super méga » infrastructures, mais assurément d'agréables emplacements pour planter sa tente, installer sa caravane ou son camping-car et des hébergements confortables bien entretenus. Entouré d'une nature généreuse, on savoure le calme en admirant la vue sur Vernet-les-Bains et les montagnes environnantes. L'espace bien-être avec hammam, spa et sauna saura vous faire oublier toutes vos tentions et éventuelles courbatures. Zen, tellement zen...

DEL BOSC*** €

72, avenue Clemenceau
VERNET-LES-BAINS
✆ 04 68 05 54 54
www.camping-del-bosc.com
Fermé entre octobre et mars. 90 emplacements sur 3 ha. Mobil-home. Animations

Vernet-les-Bains est un village où il fait bon vivre et se ressourcer. Le camping Del Bosc installé à l'entrée du village vous attend sous ses chênes et ses châtaigniers et promet une saison estivale faite de soirées à thèmes, de concours de pétanque, de soirées de karaoké ou de loto, de soirées piscine nocturnes, de tournois de foot, de repas. Les plus énergiques et sportifs pourront bénéficier de cours de zumba ou encore d'aquagym. Quant aux enfants, ils se plairont à jouer avec leurs copains dans une aire qui leur est dédiée.

Le village de Villefranche-de-conflent.

MAS D'EN BENISSAC €

FUILLA
✆ 04 34 56 71 65
www.masbenissac.com

Ouvert toute l'année ; 2 chambres (petit déjeuner inclus) et gîte 6 pers. Locations en week-end hors été pour le gîte.

Isolées en pleine nature, dans un mas du XVIIIe siècle, deux chambres douillettes et un gîte confortable vous attendent. Une grande pièce commune est mise à disposition pour préparer et prendre vos repas (cuisine équipée) et se détendre dans la partie salon. Le matin, les hôtes des chambres savoureront un délicieux petit déjeuner composé exclusivement de produits BIO cultivés par vos hôtes. Ensuite, libre à vous d'opter pour le repos total, de profiter de la rivière qui traverse la propriété ou de vous prélasser au bord de la piscine. Le paradis !

LE PAS DE LA BARRIÈRE €

1, rue du Château
PRATS-DE-SOURNIA
✆ 04 68 97 71 81

Ouvert toute l'année. week-end et semaine. Pour 6 pers. (80 m², 3 chambres). De 350 € à 450 € la semaine selon saison.

Prats-de-Sournia, village paisible mais plein de vie, perché à 640 mètres d'altitude et surplombant les Fenouillèdes et la plaine du Roussillon, est le lieu est idéal pour des vacances au vert à la confluence des paysages méditerranéens et montagnards. Chez Sylvie et Marc, vous vous sentirez comme chez vous dans cette maison de village rénovée et très équipée. En période estivale, ce village atypique s'encanaille de festivités et d'animations orientées vers la nature, la bonne humeur et la convivialité. Pour des vacances 100 % au vert et au calme.

BEAU VALLON €€

Route de Py - **SAHORRE**
✆ 04 68 05 99 87
www.beau-vallon.com

Ouvert toute l'année. 9 chambres. Studio / appartement. Jeux pour enfants. Wifi. Bain bouillonnant.

Un petit coin secret où se nichent de charmantes chambres avec jardin, des studios indépendants ou un gîte. Couples, familles ou groupes, tout le monde y trouvera sa place. Et pour de beaux moments de convivialité ou de détente, vous pourrez profiter d'un spacieux jardin, d'un grand bain à remous, de la piscine et des jeux pour enfants. Sans oublier la cuisine d'été, le barbecue et bien sûr la vue imprenable sur le Canigó. Et puis, les alentours et la vallée de la Rotja valent vraiment le détour pour des balades nature ou culturelles.

L'EAU VIVE*** €€

Avenue Saint-Saturnin - **VERNET-LES-BAINS**
✆ 06 18 92 63 48
www.leauvive-camping.com

Ouvert d'avril à octobre. Chalets et mobil-homes. Lodge, ecolodge et bivouac. Restaurant. Bain bouillonnant et sauna.

Idéal pour les amateurs de randonnées à pied, à cheval ou en VTT et tous les amoureux de la nature. Un camping calme en semi-montagne, à quelques pas de tous commerces. Un univers verdoyant et régénérateur avec son accès direct à la rivière où toute la famille y trouve son compte. Ce camping est doté d'une piscine extérieure chauffée si vous trouvez l'eau de la rivière trop froide. N'oublions pas de souligner la création d'un espace zen (jacuzzi, sauna et spa) et des tentes «améliorées» façon écolodge et bivouac comme dans les grands parcs d'Afrique.

LES HIRONDELLES €€

1, cami de la Ribere-Enclose - **FUILLA**
✆ 06 78 21 51 50
www.fuilla66.com

Ouvert de Pâques à fin octobre. Trois gîtes de 350 à 700 € la semaine selon saison. Nuitée hors saison.

Chez Penny et Mike, nous avons aimé les plafonds hauts, les grandes fenêtres et les balcons pour chaque gîte. C'est beau, épuré et très cosy. Penny le dit elle-même : « On a décoré et embelli le lieu comme si nous devions y vivre. » Les trois gîtes sont mitoyens de la maison d'habitation, aussi vos hôtes sont là pour vous renseigner, vous donner des idées de balades. Pas de grand jardin mais l'espace extérieur accueille une grande cour et deux terrasses ombragées. A noter que Mike et Penny vous prêtent des vélos pour aller découvrir les alentours.

HOTEL LA MIRABELLE** €€

6, boulevard Saint-Martin-du-Canigou - **CASTEIL**
✆ 07 87 23 18 57
www.lamirabelle-casteil.com

Ouvert toute l'année. 5 chambres de 95 à 118 €. Deux gîtes. Jardin et piscine. Restauration gastronomique.

Le célèbre restaurant La Mirabelle cache un beau petit hôtel de charme à l'ambiance familiale et chaleureuse. La décoration est soignée, la literie confortable et les fenêtres s'ouvrent sur la nature ou la Canigó. Pas de vis à vis ou de nuisances, vous êtes au calme dans un petit village de haute montagne. La piscine, le grand jardin et ses beaux mûriers platanes sont une invitation à la douceur de vivre et au repos. Le lieu idéal pour savourer un repas réalisé par un ancien chef étoilé. Enfin, les hôtes sont vraiment adorables et attachants. Coup de cœur !

LE MAS FLEURI €€

25, boulevard Clemenceau - **VERNET-LES-BAINS**
✆ 04 68 05 51 94
www.hotellemasfleuri.com
Fermé de mi-octobre à mi-avril. 30 chambres. Parking fermé inclus. Offres spéciales sur le site. Forfaits curistes.

En arrivant, on est de suite séduit par la beauté sauvage du parc aux arbres immenses dans lequel se nichent l'hôtel et la vaste piscine. Le chaleureux accueil qui nous est réservé ne fait que renforcer ce sentiment. Autre surprise, c'est la grandeur des chambres qui sont dotées d'une literie très confortable et équipées d'un téléviseur écran plat, d'un bureau et d'une salle de bains avec toilettes séparées. L'ensemble est très propre, un brin cosy et douillet et à un prix très raisonnable. Et on craque pour leurs belles terrasses qui s'ouvrent sur le parc.

LE MOULIN DE PERLE*** €€

Route du Vivier - **FOSSE** ✆ 04 68 59 27 93
www.pyreneesgites.com/fr
La Grange (6 p), la Bergerie (3 p), la Terrasse (2 p) et le Moulinet. Tarifs selon saison. Jeux ext. pour enfants.

Kate a transformé l'ancien moulin à eau de Fosse en gîtes au cœur d'un parc de près de 2 ha. Les 4 habitations sont isolées les unes des autres et ont un accès indépendant à la rivière. La rénovation moderne a su préserver le cachet rustique et champêtre. Au Moulin de Perle, le visiteur jouit d'un contact et d'une relation privilégiée avec l'eau : vestiges du moulin à eau médiéval, présence du ruisseau et de son doux murmure, petite retenue aménagée pour faire un grand plouf lors des chaudes journées d'été… Le lieu est calme et reposant. Coup de foudre assuré !

THE LOFT €€

Rue Principale
FOSSE
✆ 06 68 84 79 12
Ouvert toute l'année. Pour 2 personnes (100 m², 1 chambre). De 600 € à 800 € la semaine selon saison.

Ann et Emma ont aménagé à Fosse un gîte moderne et accueillant qui comprend une salle de bains privative, ainsi qu'une cuisine équipée, une télévision à écran plat et un lecteur DVD, un barbecue pour faire griller les soirs d'été, vous serez tout de suite charmé par le lieu. Les deux demoiselles simples, souriantes, séduisantes vont illuminer votre séjour. Vous pourrez vous prélasser dans le pré adjacent, vous relaxer dans ce havre de paix propice à la méditation. Le repos y est assuré et les environs sont riches d'histoire et de belles balades.

CRÊPERIE LA FORGE D'AUGUSTE €

54, rue Saint-Jean
✆ 04 68 05 08 65
www.laforgedauguste.com
Ouvert non stop en juillet et août. Menus de 12 à 16 euros. Burgers, salades. Terrasse

On vient ici pour des crêpes et galettes bonnes, belles et généreuses faites avec de la farine bio et garnies de produits frais et du coin. Le plus difficile est d'arrêter son choix tant les saveurs sont originales et insolites comme l'Anec avec confit de canard effiloché, sauce au cidre et boule de sorbet à la pomme. La carte propose également salades, omelettes, fromages et glaces. Les plus gourmands succomberont aux crêpes garnies avec les confitures artisanales de m. Miot.

AUBERGE DE SOURNIA €€

4, route de Prades - **SOURNIA** ✆ 04 68 97 72 82
www.auberge-sournia.com
Fermé en novembre et février ; menu du jour midi et soir. Terrasse. 4 chambres d'hôtes et 1 gîte pour 6 personnes.

Le dicton de Nat et Fred, c'est « Le terroir, le goût, l'authentique, le cœur, le partage, le plaisir…et le vin ». Dans une charmante salle rustique aux murs de pierres ou dans la seconde plus moderne et fantaisiste ou sur la terrasse ombragée de canisses, on vous propose une cuisine traditionnelle très relookée et bien dépoussiérée. On garde les classiques mais on met un coup de jeune ! Les plats sont beaux, savoureux et plutôt généreux. Cette auberge à la cuisine audacieuse et investie il y a peu par un couple dynamique mérite absolument une escapade !

BISTROT LE CORTAL €€

rue du Château
VERNET-LES-BAINS
✆ 04 68 05 55 79
www.bistrot-lecortal.fr
Ouvert midi et soir sauf mardi et mercredi. Carte pour 3 plats environ 40€.

Dans cette ancienne étable qui hébergeait les veaux, aujourd'hui convertie en restaurant montagnard, vous prendrez grand plaisir à déguster une cuisine bistronomique d'ici et d'ailleurs. Oubliez les classiques de la cuisine catalane, Abou est là pour vous surprendre et vous faire voyager… et cela fait du bien au cœur et aux papilles ! Les plats sont finement présentés, un artiste se cache derrière le cuisto et les saveurs vraiment délicieuses. L'autre surprise, c'est la belle terrasse qui domine le village et donne sur les montagnes. A découvrir !

L'ENTRACTE €€

Allée du Parc-du-Casino - **VERNET-LES-BAINS**
✆ 04 68 96 05 08
www.casino-vernet.com
Ouvert le soir du mercredi au samedi, midi et soir le dimanche. Menu unique à 35 €. Carte : 40 € environ.

Le plus ancien casino de France vous ouvre les portes de son restaurant... de beaux et spacieux volumes dont la hauteur sous plafond est juste sublime, une décoration surannée mais raffinée et élégante, de grandes tables bien espacées les unes des autres… C'est somptueux, non seulement pour les yeux, mais aussi pour le palais. Le nouveau chef Julien vous propose une cuisine inventive et toute en fraîcheur. La carte est minimaliste et bien évidemment la qualité des produits est au rendez-vous, car Julien et son équipe ne travaillent qu'avec les meilleurs artisans.

LE JARDIN DU JASMIN €€

1, boulevard de Cady - **VERNET-LES-BAINS**
✆ 04 68 96 51 30
www.le-jardin-du-jasmin.com
Fermé le mardi. Ouvert le soir du lundi au jeudi. Midi et soir du vendredi au dimanche. Carte : 30 € (pour 3 plats).

Lisa et Ian ont osé transporter les saveurs de l'Inde jusqu'aux pentes du Canigó. Ouvrir un restaurant indien au pays de l'escargot et de la rousquille ! Quelle idée folle et surtout merveilleuse ces deux Anglais ont eu après avoir quitté « la Brick Lane » de Londres. Sur la carte, on trouve des plats orientaux tout comme des classiques européens : menu indien, bistrot ou street food. Le petit plus qui nous a fait craquer, ce sont les cours de cuisine indienne proposés sur réservation. Un beau voyage et une belle expérience gustative.

LA MIRABELLE : RESTAURANT GASTRONOMIQUE €€

6, boulevard Saint-Martin-du-Canigó - **CASTEIL**
✆ 06 44 91 07 88 - www.lamirabelle-casteil.com
Ouvert du jeudi soir au dimanche midi. Réservation OBLIGATOIRE. Formules midi et soir. Terrasse. 8 chambres d'hôtes.

Attention bijou ! La Mirabelle est un bel exemple de cuisine méditerranéenne revisitée. Le Petit Futé a succombé devant le calamar croustillant aux herbes de Bélesta, le sar aux extraits de yuzu ou la crème brûlée revisitée. Dans le jardin, au calme sous la frondaison des mûriers platane à deux pas du ruisseau qui chante ou dans la salle finement décorée, vous êtes conviés à un voyage extraordinaire aux mille pays des senteurs, symphonie du goût et des saveurs… Un repas inoubliable !

LE PATIO €€

32, rue Saint-Jean
✆ 04 68 05 01 92
www.lepatio-66.com
Maître Restaurateur. Ouvert tous les jours. Réservation recommandée. Menus de Terrasse. Menu à partir de 17,90 €.

La belle cité fortifiée dissimule des trésors comme le restaurant Le Patio dont la bâtisse du XIIe siècle est classée Monument historique. Pierres apparentes, portes-fenêtres en ogive, magnifiques tables en bois… Les plats plutôt classiques mettent à l'honneur la Catalogne. Qui pourrait résister à une bonne cargolade, suivie d'une fricassée de poulet aux gambas et sauce morilles. Côté dessert, excellent tiramisu aux spéculoos, pomme au four au beurre salé ganache au chocolat. C'est très traditionnel, mais c'est bon et copieux. Une valeur sûre de la cité.

ARRIÈRE-PAYS

© DUDLAJZOV - STOCK.ADOBE.COM

Villefranche-de-Conflent.

LE SAINT JEAN €€

31, rue Saint Jean

✆ 04 30 45 61 93

Ouvert toute l'année. Carte 30 € environ pour 3 plats. Menus entre 15 et 30 €. Inspirations du Portugal. Terrasse.

Au cœur du dédale de rues piétonnes de la cité fortifiée se cache une bien belle adresse. Rien d'extraordinaire vu de l'extérieur. Poussez la porte du Saint-Jean pour découvrir la cuisine de François et Valentine, comme une ode au mariage entre la Catalogne et le Portugal. Au menu, les grands classiques des deux pays, savoureux et fort copieux. Cadre rustique, pierres apparentes, longue salle très bien ventilée car donnant sur un patio caché (idéal en été) et petite terrasse sur la rue. Les prix sont très ajustés et feront le bonheur des familles au budget serré.

LA SENYERA €€

81, rue Saint-Jean

✆ 04 68 96 17 65

www.lasenyera.fr/le-restaurant

Toques Blanches. Disciple d'Escoffier. Ouvert du vendredi au lundi le midi et le soir ; le mardi et le jeudi le midi.

Au cœur de la cité fortifiée, le chef émérite, Julien Blaya, vous fera découvrir une cuisine empreinte d'esprit local qu'il mâtine de touches personnelles. Les produits de saison et les petits producteurs des environs sont à l'honneur dans ses créations culinaires qui affichent sa jeunesse et sa personnalité, sans toutefois jamais trop dénaturer les recettes traditionnelles dont il s'inspire. L'alchimie opère et ravit les papilles. Une adresse qui fait de nombreux émules et dont la réputation dépasse nos frontières, il est donc plus prudent de réserver.

BAR LE CANIGOU

Place du Génie

✆ 04 68 96 12 19

www.bistrot-villefranche.com

Bistrot de Pays. Ouvert toute l'année et tous les jours. Restauration abordable à toute heure. Terrasse. Animations.

Bistrot de Pays qui a déjà fêté son demi-siècle d'existence ! Le charisme et l'implication du patron dans la vie de son village en ont fait une véritable star locale et aussi un ambassadeur du Conflent dans presse et TV nationales. L'établissement est un véritable musée dédié aux soldats du feu car Joël est aussi pompier. On y vient pour le café du matin, boire une mousse, un muscat de Rivesaltes et faire une pause casse-croûte avec de copieux *plats combinats*. La terrasse, qui est ouverte à l'année, est l'une des plus animées de Villefranche. Immanquable !

TERROIR & CANIGOU

9, avenue des thermes

VERNET-LES-BAINS

✆ 06 08 15 79 49

www.terroir-canigou.free.fr

Fermé mercredi hors saison. Ouvert tous les jours en été de 7h à 13h et de 16h à 19h.

Certains nostalgiques rêvent encore « d'un temps que les moins de vingt ans ne peuvent pas connaître ». Nous sommes heureux d'apprendre que la Biscuiterie Artisanale Terroir & Canigou s'évertue à fabriquer des produits locaux à l'ancienne. Dans cette boutique qui sent bon la Catalogne, vous pourrez retrouver : Bunyetes, tourrons, Carquinyoles, rousquilles, tourteaux, bras de Vénus, millefeuilles catalan, pain d'épices… Le tout fait maison et réalisé par Laurent Mach. Cet artisan biscuitier a été à bonne école, on vous le dit, on s'est régalés.

ABIES LAGRIMUS

Route de Vernet-les-Bains - **SAHORRE**

✆ 04 68 22 60 85

www.abieslagrimus.com

Agriculture biologique. Réseau magasins distributeurs dans monde entier. Commandes en ligne, livraison France entière.

Abiès Lagrimus, « larmes de sapin », sont des produits naturels des Pyrénées. Issus des cônes de sapin *Abies Alba*, récoltés à la main sur le massif du Canigó et transformés en sirop selon une recette ancestrale. 3 sirops de sapin pour la santé, et, une gamme gastronomique, bio, unique au monde adoptée par les chefs étoilés, toujours à l'affut de nouveautés : crème balsamique, 2 vinaigres, Poivre de sapin, Fleur de sel des Pyrénées... mais aussi : sève de bouleau, confiture de baies d'églantier sauvage, miellat de chêne... À déguster et découvrir à Sahorre.

LES BERGERS DE MANTET

MANTET

✆ 04 68 05 62 02

Accueil, visite et dégustation sur RDV. Marché de Prades le mardi matin, Vernet-les-Bains et la Rotja en été.

Passion pour la montagne et une vie sereine loin de l'agitation de la ville, passion pour le travail fait dans les règles de l'art sans oublier les méthodes modernes. Toute la famille vous accueille à la fromagerie pour vous faire goûter brousses et tommes, des gens aussi passionnants que leur fromage a du caractère. Prévoyez une bonne matinée, car une fois là-haut à Mantet, vous serez pris par l'appel de la forêt, envie de gambader et de vous ressourcer. Il fait un peu frais, c'est calme, sauvage et surtout très beau... Tout ce que l'on aime !

LA BOUTIQUE DU CHAMPIGNON

Bastion du Dauphin
✆ 04 68 05 94 76
www.boutiqueduchampignon.com

Du 1er avril au 15 novembre : ouvert tous les jours de 10h à 19h. Horaires variables en basse saison.

Un espace de 150 m², véritable royaume du champignon, et aussi de la nature. Le champignon sous toutes les formes et préparations culinaires qui existent mais également un espace littéraire avec des ouvrages traitant d'identification botanique, santé, féerie et châteaux forts... Tous les matins, avant l'ouverture de la boutique, Delphine part faire la cueillette des espèces mycologiques qu'elle présente dans son exposition de champignons. Un concept original que le *Futé* adore !

LE CHANT DE L'EAU - SPIRULINE

Chemin du Mas-Bellonte - **FUILLA**
✆ 06 18 42 21 39 - www.lechantdeleau.fr

100 % bio. Visite et vente à la ferme possibles sur rendez-vous. Sinon, vente en ligne sur le site Internet.

Cette micro-algue purifiante, stimulante et fortifiante existe depuis plus de trois milliards d'années. Un des premiers êtres vivants à réaliser la photosynthèse, la spiruline a contribué à l'enrichissement en oxygène et était déjà consommée par les Aztèques et les Mayas. Ses bienfaits sur notre organisme sont reconnus et loués. En paillettes ou comprimés, elle est un complément alimentaire réputé pour apporter de nombreux bienfaits sur la santé. Et chez Cédric, elle est 100 % bio !

CONFITURES ARTISANALES DU VAL DE SOURNIA

Hameau du Puigt - **SOURNIA**
✆ 04 68 97 73 09
www.confiture-valdesournia.com

Qualité Sud de France. Haute saison : du lundi au jeudi de 9h à 12h. L'atelier de fabrication se visite sur RDV.

Au hameau du Puigt, sur la route de Rabouillet, ce petit atelier de transformation produit des confitures de qualité supérieure certifiées Bio. Elles sont réalisées dans la pure tradition de la confiturerie artisanale au chaudron et à feu doux avec un minimum de 70 % de fruits. Les fruits utilisés proviennent en majorité d'une exploitation agricole proche qui cultive en bio. Confitures au sucre de canne, purées de fruits sans sucre ajouté, confits d'oignons, de figues...

LA FERME D'ARSA

Mas Arsa - **SOURNIA**
✆ 06 22 08 10 22
www.lafermedarsa.com

Vente de viandes et volailles BIO. Accueil à la ferme et vente sur RDV. Possibilité de commande sur le site internet.

Yannick insiste bien sur la charte BIO car il élève ses bêtes sans OGM, antibiotiques, et autres intrants chimiques ou saloperies. Les vaches de race charolaise paissent l'été en altitude et sont nourries au fourrage l'hiver. Quant aux volailles, il suffit de venir à la ferme pour comprendre qu'elles ont assez d'espace pour gambader. On vient voir Yannick pour deux raisons, d'abord pour visiter sa ferme et aussi parce que ses produits ont le vrai goût d'antan, inimitable. Vous pouvez acheter sur place ou bien être livrés dans tout le département.

FROMAGERIE D'AYTUA

ESCARO
✆ 06 86 03 14 07

Bienvenue à la Ferme. Accueil sur RDV. Présence sur les marchés de Vernet et Olette.

Chez Marlène et Jérôme, le fromage est fabriqué selon une méthode ancestrale où le lait est brassé à la main, sans mécanique, « que de la tradition ». Le visiteur est accueilli dans un bâtiment rénové où la pierre et le bois sont à l'honneur. La cave d'affinage ne se visite pas pour des raisons d'hygiène, mais on peut l'admirer derrière une grande vitre. Et les fromages sont à l'image des deux paysans amoureux de leur terroir et du travail bien fait. Le lieu est un peu excentré, mais ça vaut vraiment la peine de faire un petit crochet jusqu'à Aytua.

FROMAGERIE LA CALLOLA

12, rue Quintar
SAHORRE
✆ 04 68 05 57 04

100% Bio. Accueil sur rendez-vous. Présence sur les marchés de Prades et Vernet.

Yves et Sophie se sont engagés dans l'agriculture biologique dont ils défendent les valeurs et les principes. Ils ont fait le choix d'élever des vaches de race rustique et résistante bien adaptées à nos montagnes et notre climat. L'éventail de leur production est large : tomme, pâte molle, fromage frais, fromage blanc, mató, confiture de lait et bleu. Tout est délicieux et fait avec amour. Petit détail non négligeable : Sophie transforme le lait dans un immense chaudron en cuivre. Alliance de tradition, amour du travail et développement durable ; tout est dit !

LAITERIE FROMAGERIE DU MAS GUITER

SAHORRE

✆ 06 16 71 43 48

100% Bio. Réseau Bienvenue à la Ferme. Accueil et visite sur RDV. Marchés de Prades et Vernet les Bains.

Installée en agriculture BIO depuis quelques années, cette famille élève des vaches de race Montbéliarde. Chez eux et comme dans de nombreuses exploitations en milieu rural, traite des animaux, transformation et vente sont réalisés sur place. Tous les produits sont délicieux (tomme, moelleux, faisselle, fromage frais), vous vous en doutez. L'accueil du public se fait sur rendez vous mais sachez que vous êtes conviés à la traite des vaches tous les jours à 19h en été et 18h en hiver.

SAFRAN DELLA ROMA

Route de Fuilla

SAHORRE

✆ 06 11 56 86 77

www.safran-bio.fr

Ouvert tous les jours de 9h à 19h en haute saison. Visite 1h. Vente en ligne sur le site Internet.

Immanquable visite chez ces producteurs-récoltants de safran 100 % bio, équitable et durable. A 750 m d'alt. au cœur du Parc naturel régional des Pyrénées catalanes, Fabien et Martine cultivent le *crocus sativus*. Une visite guidée d'environ 1h vous fera découvrir la safranière, vous en ressortirez incollable sur la culture et l'utilisation du safran. A la vente, vous trouverez : des stigmates de safran, toute une gamme très originale de sirops de safran, du vinaigre de banyuls au safran de Sahorre et des bulbes de *crocus sativus*.

LES SAVEURS DE BLANDINE ET THIERRY

27, rue Balcon-du-Fennouilledes

PRATS-DE-SOURNIA

✆ 06 19 13 59 56

Ouvert toute l'année sur RDV. Livraison possible. Jus de fruits, fruits et légumes.

Blandine et Thierry ont eu l'idée géniale de développer dans les Fenouillèdes l'abricot, *al-Bercoc* en catalan. Il est décliné en nectars, jus, compotes et confitures. Forts de leur expérience, le couple s'est lancé dans la pomme et la poire. Je vous recommande cette escapade, Blandine et Thierry vous feront déguster leurs produits en toute simplicité, vous raconteront leur parcours et si le temps le permet, ils vous emmèneront visiter les plantations. Une belle découverte.

AMELIE DODINET

VERNET-LES-BAINS ✆ 06 18 54 35 07

https://amelie-bien-etre-lyon.com

Soins énergétiques, hypnothérapie, sonothérapie, soins chamaniques, cérémonies du cacao. Ateliers et stages.

Amélie est praticienne chamanique, énergéticienne et consultante en mémoires akashiques depuis plus de dix ans.

Originaire de Haute-Savoie, et après 20 ans de pratique sur Lyon, elle s'est installée sur les pentes du Canigó et consulte à distance ou dans son cabinet pour des soins individuels. Sa connaissance des peuples précolombiens, sa douceur et son empathie sauront vous toucher. Elle propose également des cérémonies du cacao et des cercles de chants sacrés, des ateliers et retraites autour du chamanisme, du féminin sacré, dans la région et toute la France.

THERMES DE VERNET-LES-BAINS

Allée du Parc - **VERNET-LES-BAINS**

✆ 04 68 05 52 84 - www.thermes-vernet.com

Ouvert de fin mars à fin novembre. Toutes les formules sur le site Internet. Deux espaces : cure thermale et bien-être.

C'est l'unique établissement thermal indépendant du Languedoc-Roussillon ! Situé au pied du Canigó, le centre est spécialisé en rhumatologie et ORL. Mais si vous voulez des moments de détente en formules journée, l'espace Bien-Etre prend soin de vous et vous chouchoute. Sont proposés : bain bouillonnant, hammam, aquagym, sauna, piscine, musculation, cardio-training, bain avec hydromassage, différentes techniques de modelage, Yoga, pressothérapie, réflexologie plantaire, chromasonic...

TAUTAVEL ★★

A 30 km au nord-ouest de Perpignan, ce village des Corbières s'abrite dans un joli vallon protégé par de hautes falaises de calcaire bleu au milieu desquelles coule le Verdouble. Il séduit par ses places ombragées de platanes, ses venelles montantes, les ruines du château féodal qui domine le village du haut de son promontoire et sa tour à signaux, la Torre del Far, dont on perçoit la silhouette à plusieurs km à la ronde. Longtemps petit bourg tranquille entièrement dédié à la viticulture (et qui produit d'excellents vins!), Tautavel est devenu célèbre pour la découverte, il y a plus de quarante ans déjà, du crâne du plus vieil européen (450 000 ans).

LA CAUNE DE L'ARAGO

Route de Vingrau
www.450000ans.com

Sur la route de Vingrau. Accès libre pendant les fouilles (avril à août) et sur RDV pour les groupes toute l'année.

Cela fait maintenant plus de 50 ans que l'on fouille la grotte de la Caune de l'Arago. C'est une cavité préhistorique située sur la commune de Tautavel, creusée dans un massif calcaire, elle domine la vallée à environ 80 mètres de hauteur au-dessus des gorges du Verdouble et du site exceptionnel «le Gouleyrous». C'est un site préhistorique d'un intérêt exceptionnel qui est aujourd'hui devenu un haut lieu de recherches archéologiques, c'est l'un des plus importants gisements préhistoriques du monde. Fouillée depuis 1964 par le Professeur Henry de Lumley et ses équipes, la Caune de l'Arago est classée monument historique depuis 1965. Dans cette cavité, se sont accumulés plus d'une dizaine de mètres de sédiments dont l'âge va de 700 000 à 100 000 ans avant notre ère. Le 22 juillet 1971 fut mis au jour le fossile qui fit la réputation internationale de la Caune de l'Arago : une face humaine, Arago 21, attribuée à un *homo erectus* européen (*homo heidelbergensis*). Depuis, 141 restes humains appartenant à une vingtaine d'individus (hommes, femmes, enfants) composent cette remarquable collection à laquelle s'ajoutent les nombreux restes d'animaux. En 2015, le musée de la Préhistoire de Tautavel a annoncé la découverte par deux jeunes fouilleurs bénévoles d'une dent datant de 560 000 ans sur le site. Cette dent fossile a 110 000 ans de plus que le crâne de l'Homme de Tautavel, l'individu auquel elle a appartenu est d'ores et déjà baptisé Arago 149. Il devient donc, à ce jour, l'Homme le plus vieux découvert en France.

CHAPELLE SAINT-VINCENT

ESTAGEL

15 mn à pied. La chapelle est fermée, seuls les pourtours sont accessibles. Concerts et animations l'été.

Pour une sympathique randonnée, montez jusqu'à la chapelle Saint-Vincent datant du XIIe siècle. Située au sommet d'une colline au milieu des pins et de la garrigue, cette dernière, au-delà de sa très belle architecture de style pré-romane avec de superbes arcatures aveugles, offre une magnifique vue panoramique sur le village, le massif des Corbières et l'Agly en contre-bas. Un lieu de promenade idéal, même accompagné d'enfants en bas âge. Restaurée et aménagée dans les années 80, son pourtour offre un espace pique-nique et un peu de quiétude.

ÉCOMUSÉE DE L'ABEILLE - LES RUCHES DE TAUTAVEL

5, avenue Jean-Badia
✆ 04 68 29 40 36

Ouvert tous les jours d'avril à octobre. Hors saison horaires variables. Gratuit. Boutique. Visites pour groupes sur rdv

Ce petit musée évoque l'étroite relation entre l'homme et les abeilles. A la fois ludique et pédagogique, la visite nous immerge dans cet univers si particulier. L'exposition la plus spectaculaire demeure celle des ruches vivantes, où l'on peut observer et écouter les abeilles, et donc mieux comprendre leur organisation. La visite se termine par une dégustation de différents miels, une douzaine aux saveurs variées. A la boutique, tous les produits dérivés et spécialités de la région.

MUSÉE DE TAUTAVEL - CENTRE EUROPÉEN DE PRÉHISTOIRE ★★★

Avenue Léon-Jean-Grégory ✆ 04 68 29 07 76
www.450000ans.com

Ouvert toute l'année, non stop en juillet-août de 10h à 19h et le reste de l'année de 10h à 12h30 et de 14h à 18h.

Le musée de la Préhistoire de Tautavel est un complexe construit autour de... l'Homme de Tautavel. Il présente toute l'histoire de l'humanité en Europe depuis les premiers Européens jusqu'aux portes de l'Histoire. Tautavel est le site où ont été découverts les plus vieux restes humains de France 560 000 ans. Les animations et les activités pour la famille sont incontestablement un plus à la visite du musée. Ce site archéologique est un des plus riches du monde et, la collection présentée au musée reflète cette richesse, mise en valeur par de nombreuses reconstitutions spectaculaires. Pendant les vacances scolaires de la zone académique, les après-midi, des ateliers et des activités ludiques et culturelles permettent de donner vie à la préhistoire, et de créer une expérience propice à l'immersion de tous à la rencontre de nos ancêtres préhistoriques. Le musée propose tout au long de l'année un programme culturel (animations, rencontres, expositions...) qui place l'expérience du visiteur au cœur de l'action. Programme détaillé sur le site web du musée. Des panneaux et de fiches en plusieurs langues (anglais, allemand, néerlandais, espagnol et catalan) permettent l'accessibilité au public venu du monde entier. La grotte se visite toute l'année uniquement sur réservation pour les groupes, et l'été des visites accompagnées au départ du musée pour les individuels. Accès par un sentier très escarpé impossible pour les personnes à mobilité réduite et enfants de moins de 7 ans.

MUSÉE DES PREMIERS HABITANTS DE L'EUROPE

Rue Anatole-France
✆ 04 68 29 49 50
www.tautavel.com
Ouvert tous les jours. Billet couplé avec le Musée de la Préhistoire. Boutique.

Voilà le seul site au monde qui réunit toute la préhistoire européenne sur plus de 500 m². Vous traversez 1 700 000 ans de préhistoire en suivant une scénographie très moderne. Ludique et interactif, il s'adresse à toute la famille grâce à un équipement qui offre des théâtres optiques en 3D, un scanner de sol archéologique à écran tactile, un livre virtuel... Vous en sortirez rêveur et admiratif de ces exceptionnelles prouesses d'adaptation dont a fait preuve l'humain.

LA DEMEURE SAINT-VINCENT €€

19, rue Gilbert-Brutus - **ESTAGEL** ✆ 04 68 92 26 48
www.demeuresaintvincent.com
Chambres de 75 à 165 € (suite) selon le nombre de personnes. Petit déjeuner inclus.

Michèle et Daniel vous accueillent dans leur grande et belle maison de maître du XVIIIe qui fut en son temps l'une des plus vieilles études notariales de France. L'entrée avec son bel escalier monumental est éclairée par un puits de lumière. De là, on accède aux chambres et suites familiales au premier étage, toutes bénéficient d'une décoration thématique de très bon goût. Les généreux petits déjeuners sont servis dans la grande cuisine familiale, dans le patio ou dans le superbe parc ombragé. Le calme et le repos sont au cœur de votre séjour dans un cadre idéal.

VILLA BAUSIL €

4, impasse Bausil
ESTAGEL
✆ 04 68 52 28 35
www.villabausil.com
Chambre double 60 €. Petit déjeuner inclus. 110 € les 2 nuits. Lit supplémentaire : 15 €.

Grande façade rose, mobilier chiné et plafonds voûtés aux moulures dorées : cette maison de maître saura vous séduire. L'histoire de la famille Bausil est liée à celle de Charles Trenet. Les chambres possèdent une salle de bains commune et peuvent donc constituer une véritable suite familiale. « Charles », quant à elle, a une salle d'eau indépendante. Sylvie et Marc ont décidé de miser sur l'écologie en adaptant leurs installations et en proposant au petit déjeuner des produits biologiques issus de leur production. Les motards sont très bien reçus.

L'ABRI SOUS ROCHE €€

29, rue Gambetta
✆ 04 68 29 49 31
www.labrisousroche.com
Gîtes de France (2 épis). Ouvert toute l'année. 4 chambres. Petit déjeuner inclus.

C'est une grande maison catalane couleur brique avec des volets bleu intense à deux pas du musée de la Préhistoire. Amateurs de calme et nature, cet endroit est fait pour vous. Les petits déjeuners, servis sur la terrasse aux beaux jours sont très copieux, avec des pains différents, des confitures et des yaourts maison fabriqués par votre hôtesse. La majorité des autres produits est issue de l'agriculture BIO. Sylvie, qui vous accueille avec sourire met à votre disposition un plateau de courtoisie dans chacune des chambres rénovées avec de la peinture sans COV..

L'ART DE VIVRE €€

2, rue Saint-Antoine - **LATOUR-DE-FRANCE**
✆ 04 68 59 29 81
www.lart-de-vivre.com
De 60 à 100 € la nuitée selon chambre et le nombre de personnes. Deux nuitées en haute saison. Petit déjeuner inclus.

Josie et Bernard Moeglin vous reçoivent dans une annexe de leur maison. Ils proposent 2 chambres spacieuses agréablement décorées, pourvues d'une climatisation réversible et de salles de bains individuelles avec toilettes. Au 1er étage se trouve la suite familiale qui se compose d'une chambre et d'un salon équipé d'un canapé convertible. La chambre double du 2e étage est équipée de 2 lits simples, elle s'ouvre sur une terrasse avec mobilier de détente. Le petit déjeuner brunch permet aux gourmands et aux amateurs de grasses matinées de bien démarrer la journée.

LA MAISON DU MAS €€

A proximité de la D69 entre Maury et Tautavel
✆ 04 68 38 08 64
www.masjaneil.com
Gîte «premium» pour 6 personnes (120 m², 3 chambres) dans un petit hameau. Dégustation des Vins du Mas Janeil.

Vous serez charmés en arrivant à la Maison du Mas : blottie au cœur d'un petit hameau dont l'environnement sauvage n'a d'égal que la finesse de la restauration et de l'aménagement des pièces de ce gîte. Que ce soit dans le vaste salon ouvert sur le sud, la grande cuisine au rez-de-chaussée ou les 3 chambres, partout on retrouve une subtile alliance du bois et du fer dans les volumes. D'apparence campagnarde, mais sans sacrifier à la modernité, cette maison nous a littéralement charmés. Un petit havre de paix qui donne envie de tout plaquer et de s'installer ici !

ORIGINES €€

13, Place Gambetta
✆ 06 33 47 95 27
www.origines-tautavel.fr
4 chambres. Hammam, bain bouillonnant, sauna. Table d'hôtes, massages ayurvédiques. Jardin. vélo et VTT électrique.

« Immersion enchanteresse ». Voilà très humblement comment qualifier cette pépite inouïe. Rarement le *Futé* a visité une maison d'hôtes où le bien-être et le confort du visiteur sont érigés en religion. Réparties sur 3 étages, les chambres sont toutes plus surprenantes et envoûtantes les unes que les autres. La passion pour l'art et le mobilier infuse toutes les pièces et comme si ce n'était pas assez, vos hôtes vous bichonnent avec des repas (français, indiens ou végans) à base de produits ultra-locaux et bio. Origines est notre coup de cœur de l'été !

EL SUQUET €€

7, rue de Montnègre - **MONTNER**
✆ 04 68 07 40 61
www.el-suquet.com
Ouvert du mercredi au samedi midi et soir. Menus de 25 à 48€. Carte environ 35€. Formules du midi. Terrasse.

Encore une « pépite de restaurant » découverte par *Le Petit Futé*. À la carte et sur commande, paëlla, fideuà, zarzuela, ail i pebre ; mais aussi tous les dimanches midi, langouste ! sans oublier le menu caviar. Bien sûr, tous les midis de la semaine, un plat du jour vous est proposé en plus de la carte avec, les vendredis, la fameuse soirée tapas et grillades les samedis. La table de Betty et Luc propose une cuisine de saison fort savoureuse et irrésistible.. Enfin, la vue sur les Corbières, depuis la salle en terrasse, est exceptionnelle. À ne pas manquer !

LA FABRIQUE €€

Avenue des Écoles - **LATOUR-DE-FRANCE**
✆ 04 68 59 41 61
www.lafabrique66720.com
Fermé le mercredi. Ouvert matin et midi du lundi au jeudi. Midi et soir vendredi et samedi. Vin au tarif caviste.

A la Fabrique, on vous propose une cuisine d'inspiration catalane élaborée avec des produits simples et de qualité. Les plats sont indéniablement faits maison et ont un petit plus qui fait la différence. le rapport qualité/prix est excellent. Le service est rapide, très attentionné et chaleureux. Et pour peu qu'il y ait un concert organisé dans la grande et belle cour, la soirée est purement délicieuse. En hiver, les choses se passent en intérieur, la déco y est jeune et colorée. Les crus du terroir sont mis en avant. Une adresse à retenir !

RESTAURANT LE PETIT GRIS €€

Route d'Estagel ✆ 04 68 29 42 42
www.lepetitgris.eresto.net
Fermé en janvier. Fermé le lundi. Terrasse et vue panoramique. Menus midi et soir.

La spécialité de la maison : la cargolade (escargots « petits gris » grillés sur un feu de sarments) qui est ici préparée dans les règles de l'art. Et pour accompagner ces succulents gastéropodes, du pain et de l'aïoli, les amateurs se régalent ! Les plats à base d'escargots sont aussi déclinés de mille façons : en cassolette avec poireaux et tomme catalane, à l'estouffade avec oignons, viande, ail, vin blanc et tomate… Et c'est délicieux ! Les viandes et les poissons ne sont pas oubliés et on adore déguster les vins BIO du patron Jean-Michel. A retenir !

© LAURENT PIERSON

Vue sur les environs de Tautavel.

AUBERGE DU CELLIER €€€

1, rue Sainte-Eugénie - **MONTNER**
✆ 04 68 29 09 78
www.aubergeducellier.com
Ouvert du jeudi midi au lundi soir (ou dimanche selon saison). 1 étoile au guide Michelin. menus midi et soir.

On vient de loin pour s'asseoir à la table de Pierre-Louis Marin, chef étoilé. Il nous offre une cuisine d'instinct, inspirée par les produits du moment et du terroir. Une cuisine créative, élégante, séduisante et juste qu'on prend plaisir à découvrir à chaque saison. Les saveurs de chaque ingrédient exhalent toutes leurs richesses dans des assiettes à la présentation soignée. Dans le verre, on retrouvera des pépites locales de la vallée de l'Agly et d'un peu plus loin. La formule du midi très attractive mérite vraiment le détour par Montner.

CHATEAU DONA BAISSAS

ancienne Route de Maury
ESTAGEL
✆ 04 68 29 00 02
https://donabaissas.com
Accueil au domaine et visite sur RDV.

Dans la vallée de l'Agly, sur un terroir vallonné de schistes bruns, Vincent produit des vins intenses et aromatiques. Dans la famille, on est vigneron de père en fils, aussi l'expérience des aînés à laquelle on ajoute un peu d'audace et d'esprit aventureux, permet à ce jeune homme de produire des vins remarqués. Au domaine, il faut goûter les trois couleurs et aussi les VDN et, le verre à la main dans la fraîcheur du caveau, écouter Vincent nous raconter l'histoire du domaine qui débute il y a plus de 200 ans... avec une femme vigneronne !

CLOS DU ROUGE GORGE

6, place Marcel Vie
LATOUR-DE-FRANCE
✆ 04 68 29 16 37
100% Bio. Accueil et dégustation sur RDV.

Le Clos du Rouge Gorge est un petit domaine de 5 ha conduit en BIO par Cyril Fhal sur des terrasses de schiste et de gneiss. Travail d'orfèvre et en biodynamie depuis la première heure. Tous les amateurs et experts de la sphère viticole connaissent ce domaine dont les vins ont contribué à la reconnaissance des couleurs du Roussillon au-delà de nos frontières. Merci Cyril de nous faire entrer dans la cour des grands ! Sa démarche exigeante du «pied de cep au verre à pied» est un modèle pour la nouvelle génération de vignerons. Des vins raffinés et distingués !

CÔTES D'AGLY

Route de Maury - **ESTAGEL**
✆ 04 68 34 27 61
www.agly.fr
Ouvert du mardi au samedi. Accueil, visite et dégustation. Livraison possible (vente en ligne sur le site Internet).

Fruit de la fusion de plusieurs caves de la vallée de l'Agly (Estagel, Montner, Saint Paul de Fenouillet, Caudiès de Fenouillèdes et Lesquerde), la cave des Vignerons des Côtes d'Agly est aujourd'hui l'une des premières coopératives productrices d'AOP Côtes du Roussillon avec plus de 250 vignerons, 1 150 ha de vignes et 10 appellations. L'accent est mis sur la qualité mais aussi sur l'environnement : certaines cuvées sont en bio. Dans la vallée de l'Agly, il existe une infinité de terroirs bien spécifiques qui donnent des vins tout aussi contrastés.

DOMAINE DE L'AUSSEIL

Boulevard Gambetta
LATOUR-DE-FRANCE
✆ 04 68 29 18 68
www.lausseil.com
Visite et dégustation sur rendez-vous.

Carignan centenaires, vieux grenaches, élégantes syrah sur les coteaux de gneiss et de schistes de Latour ont convaincu Jacques de Chancel de vivre là leur passion. En 2001, il décide de donner le nom d'Ausseil («oiseau» en occitan) à leur aventure. Leur vignoble de 12 ha fait l'objet de soins attentionnés, privilégiant pour la culture de la vigne et pour la vinification, des méthodes préservant l'équilibre naturel. Ainsi s'offrent à la dégustation des vins harmonieuxet subtils, en cotes-du-roussillon-villages et muscat-de-rivesaltes.

DOMAINE DE L'ÈDRE

81, rue du Marécahl Joffre
VINGRAU
✆ 06 08 66 17 51
www.edre.fr
Accueil au domaine et dégustation sur RDV.

Sur 10 ha de sols argilo-calcaires, Pascal et Jacques mènent leur barque avec brio. Ils ont le vent en poupe et leurs cuvées sont régulièrement récompensées par la presse spécialisée. Leurs vins sont puissants tout en restant équilibrés, et le fruit est bien présent en bouche. Le terroir d'altitude préserve la fraîcheur dans les vins, l'alcool passe au second plan. Une autre raison d'aller au domaine de l'Edre : le cadre est purement enchanteur - le cirque qui s'étend entre Tautavel et Vingrau est de toute beauté et invite à faire de belles balades.

DOMAINE DE LA DIFFÉRENCE

1, rue Jean Badia
✆ 04 68 66 89 38
www.ladifference-roussillon.com
100% BIO. Accueil, visite et dégustation tous les jours de 10h à 18h sauf le vendredi et le dimanche. Œnotourisme.

C'est l'histoire de 3 copains amoureux du vin qui rêvaient de faire un grand nectar en Roussillon. Le vignoble s'étend sur 12 ha au pied du cirque de Tautavel. Passion et savoir-faire font la différence dans le verre depuis une quinzaine d'années. Les cuvées Racine Carrée en blanc et rouge, élevées entre 8 et 12 mois en barrique sont tout simplement magiques. De l'émotion enfermée dans un flacon et aussi de l'émotion plébiscitée par la presse spécialisée ! Au caveau, l'adorable Ghislaine vous fera déguster les trésors du domaine et vous serez conquis !

DOMAINE DE RANCY

8, Place du 8 mai 1945
LATOUR-DE-FRANCE
✆ 04 68 29 03 47
www.domaine-rancy.com
100 % BIO. Ouvert du lundi au vendredi de 10h à 12h et de 15h à 19h. Accueil, visite et dégustation.

Le Domaine de Rancy est une histoire de famille depuis un siècle. Chaque génération a apporté à la conduite de la vigne et à la vinification sa marque personnelle et innovante. Respect de la terre dans le travail : zéro intrants chimiques et labour à cheval sur certaines parcelles. Les cuvées se déclinent dans les trois couleurs et en Vins Doux Naturels (ce qui a fait leur réputation). Au fil des années, les vins du Domaine de Rancy sont de plus en plus plébiscités par la presse spécialisée et notamment leurs vins doux sur lesquels pleuvent les récompenses.

DOMAINE DES SCHISTES

12 bis, boulevard Victor-Hugo - **ESTAGEL**
✆ 04 68 29 11 25
www.domaine-des-schistes.com
Ouvert du lundi au vendredi de 9h à 18h. Sur RDV le samedi. Œnotourisme sur RDV. 2 gîtes 3 épis au milieu des vignes.

Le Domaine des Schistes est une propriété familiale qui cultive 50 ha de vignes entre Estagel et Tautavel au cœur de la vallée de l'Agly. Cette diversité de sols, d'expositions et d'altitude permet d'élaborer des vins à forte personnalité. Dans les traces de ses parents Jacques et Nadine, Mickaël a impulsé le bio et l'agro-foresterie en particulier. Belle gamme dans les 3 couleurs avec les cuvées *Essencia* mais aussi des VDN élevés en méthode Solera et un excellent Rancio sec qui est selon Nadine et Jacques la racine et le futur de la viticulture.

DOMAINE GIOCANTI

33, boulevard Carnot
LATOUR-DE-FRANCE
✆ 06 40 75 89 09
www.domaine-giocanti.blogspot.com
100% Bio. Accueil, visite et dégustation sur RDV.

Le domaine Giocanti est une histoire familiale de 5 ha menée en BIO depuis 20 ans en privilégiant les rendements faibles. Du travail bien sûr, de l'amour aussi, mais également avoir des vignes réparties dans le triangle d'or formé par Estagel, Latour et Montner afin de faire ressortir au maximum l'expression de plusieurs terroirs et des changements géologiques (calcaire, schiste, gneiss). Un petit domaine, des gens simples et touchants et qui font un travail droit et dans les règles de l'art. Et on adore la personnalité de Manuel, le fils, qui reprend le flambeau.

DOMAINE MONT-NOIR

15, rue des Oliviers
MONTNER
✆ 04 68 29 15 34
www.domainemontnoir.com
Ouvert de 9h à 19h. Accueil et dégustation sur RDV. Prestations en oenotourisme.

On ne plaisante pas avec l'écologie chez la famille Garrigue. Mont-noir vient du nom du village « Montner », sis au pied de Força Real, une montagne couverte de schistes noirs. Au cœur de ce terroir qui regarde la mer vers l'est et les montagnes vers l'ouest, le vignoble de 20 ha produit des vins vraiment délicieux. Pour mieux vous faire connaître leurs vins et leur terroir, cette famille s'est lancée dans l'œnotourisme et vous propose des balades gourmandes à la découverte du vignoble. Une passion qu'ils aiment partager et transmettre.

DOMAINE VAL DE RAY

44-46, rue Gambetta
✆ 04 68 29 45 55
www.domainevalderay.fr

Accueil, visite et dégustation sur RDV. Prestations en œnotourisme.

Raymond et Caroline conduisent leur vignoble de 12 ha de la manière la plus naturelle possible, sans intrant chimique, juste un peu de soufre et des huiles essentielles. « Nous voulons laisser la biodiversité s'exprimer », insistent-ils. Ce couple amoureux de la vie au sens large et de l'amour tout court (lisez les étiquettes, l'art de la séduction est décliné en étapes pour chaque cuvée) propose des vins surprenants, si différents et tellement attachants : le *Petit Futé* a eu un coup de cœur pour ce domaine et ses flacons si ravissants.

GILLES TROULLIER

1, rue du Lavoir
ESTAGEL
✆ 06 10 57 55 55

100 % bio. Vigneron en Catalogne Nord. Accueil et dégustation sur RDV.

Attention bijou et personnage haut en couleur. Autant que ses vins, on aime la gouaille de Gilles, la façon si particulière qu'il a de parler de son travail, de l'amour de la terre et du monde paysan. Et puis quand il remplit votre verre, il se passe réellement quelque chose de magique. Pour reprendre un confrère, « ses cuvées marient à la perfection densité, gourmandise et fraîcheur». Il propose des vins confidentiels mais ultra précis, et surtout des vins qui ont de la présence, comme lui. La presse spécialisée le chouchoute et nous, au Petit Futé, on l'adore !

MAS DE LA DEVEZE

Route des Mas
✆ 04 68 61 04 58
www.masdeladeveze.fr

Dégustation et visite sur rendez-vous. Œnotourisme : soirées vigneronnes, balades dans les vignes (sur RDV).

Sur un terroir de schistes d'exception (Maury) et de calcaires (Tautavel), Nathalie et Simon produisent une gamme de vins qui reflètent ces deux terroirs différents. La dégustation se fait dans le superbe caveau situé à l'étage et qui offre derrière sa grande baie vitrée une belle vue sur le Canigó. Et quelle dégustation ! On en raffole tout comme la presse spécialisée ! Au mas de la Devèze, on adore cette image d'Epinal de la ferme catalane isolée au milieu des vignes. Le lieu possède un charme fou qui est complété par la gentillesse des vignerons. On adore !

MAS JANEIL

entre Maury et Tautavel, à proximité de la D69.
✆ 04 68 38 08 64
www.masjaneil.com

Ouvert du lundi au vendredi. Dégustations accompagnées de produits du terroir, balades à vélo électrique... Gîte.

La pierre construit les châteaux, structure les sols et génère les saveurs. D'abord l'environnement isolé et minéral vous saisit. Puis la richesse du lieu se découvre peu à peu. Un vignoble conduit dans le respect de l'environnement, peu de rendements et une sélection drastique des meilleures baies. Les vins du Mas Janeil sont l'expression sans artifice du magnifique terroir de la vallée de l'Agly. Enfin on vous propose aussi des circuits en oenotourisme pour mieux embrasser toute l'originalité de ce terroir. Et un gîte merveilleux. Une belle découverte !

LES VIGNERONS DE LATOUR DE FRANCE

2, avenue Général-de-Gaulle - **LATOUR-DE-FRANCE**
✆ 04 68 29 11 12
www.vignerons-latourdefrance.fr

Ouvert du lundi au samedi de 9h à 12h et de 14h à 18h30. Prestations en oenotourisme. Livraison possible

Sur des sols composés de schiste, de gneiss, d'arènes granitiques et argilo-calcaires, les vignerons de la «cave coop» (fondée en 1920) produisent de beaux nectars et on entend souvent dire que les meilleurs du département naissent dans le coin. Outre les vins secs souvent médaillés, vous y découvrirez des Rivesaltes et Muscats de Rivesaltes. 14 cuvées au total pour tous les goûts et tous les budgets. Venir à Latour, c'est faire une escapade en terre sauvage et authentique.

LES VIGNERONS DE TAUTAVEL VINGRAU

24, avenue Jean-Badia ✆ 04 68 29 12 03
www.vignerons-tautavel.com

Ouvert tous les jours en haute saison. Accueil, dégustation et visite. Oenotourisme : balades, soirées vigneronnes...

Le vignoble de ce regroupement s'étend sur 980 ha. Les vins sont élaborés sur des sols argilo-calcaires et des marnes schisteuses, à très faible rendement et en conduite raisonnée. Au pays du plus vieil homme d'Europe, Corinne et Michel vous accueillent au caveau pour vous faire découvrir une bel éventail de vins charpentés et puissants mais aussi fruités. Toute l'actualité de la cave, les balades dans les vignes et autres événements liés à l'œnotourisme sont à suivre en ligne.

RIVESALTES ★

Charmante petite ville entourée de vignobles et vergers, « La capitale mondiale du muscat » est principalement connue pour son vin doux que l'on déguste dans les nombreuses caves et boutiques du centre-ville. Jolie cité fortifiée au bord de l'Agly, Rivesaltes recèle en son cœur historique un intéressant patrimoine entretenu avec soin. Dans un passé plus récent, le camp de Rivesaltes fut un lieu de transit et de rétention pour les Républicains espagnols. Un Musée-Mémorial dédié à cette page trouble de l'histoire a été édifié dans l'enceinte du camp. Dès l'arrivée des beaux jours, de nombreuses festivités ponctuent le calendrier de la ville.

Rivesaltes.

ECOZONIA

La Coume del Roc - **CASES-DE-PÈNE**

www.ecozonia.fr

Haute saison ouvert tous les jours de 9h15 à 20h. Adulte : 11 € basse saison. Enfant de 3 à 10 ans : 9 € basse saison.

Cet écoparc animalier de 26 hectares vous plonge dans le monde fascinant des prédateurs. Le parcours est divisé en différentes éco-zones. Des écolodges ponctuent ce parcours permettant de dormir au plus près d'eux, des points vue permettent d'observer les rapaces. Chaque jour les soigneurs animateurs viennent à votre rencontre pour partager des anecdotes et leurs connaissances sur les espèces. Spontanément, à l'occasion d'un nourrissage, ou de séances d'entraînement médical, ils vous sensibilisent aux enjeux de conservation et à la préservation des espèces.

LA FERME DES MYRS

Les Myrs - **ESPIRA-DE-L'AGLY**

✆ 06 65 26 12 34

www.lafermedesmyrs.fr/

Ouvert tous les jours sauf dimanche en vacances scolaires. Mercredi et week-ends. Restauration. Boutique. Animations

Sans traverser l'Atlantique et gagner la Cordillère des Andes, venez découvrir l'élevage d'alpagas de Christophe. Les visites sont guidées (heures fixes) ou libres. Vous rencontrerez aussi des chèvres algériennes, des poneys et des ânes. Car ces derniers sont la passion de Christophe. Il peut vous en parler pendant des heures ! Une fois la visite finie, les petits pourront se dégourdir les jambes à l'aire de jeu, déguster une boisson fraîche à la guinguette et tout le monde peut pique-niquer dans un espace couvert et protégé du soleil et du vent.

LA FERME DES NINS

Route de Perpignan - **SAINT-ESTÈVE**

✆ 04 68 51 35 13

www.auxsaveurspaysannes.com

Ouvert du lundi après-midi au samedi et le dimanche matin. 5 € par enfant. Événements et stages pendant les vacances.

Les « nins » en catalan, ce sont les enfants. Et ils sont accueillis dans la ferme pédagogique (qui jouxte l'exploitation de Patrice) pendant que papa et maman font leurs courses à la boutique. Au menu, mais juste pour caresser ou nourrir, cochons, chèvres, poules d'ornement, lapins, cochons d'Inde, poneys et lamas ! L'objectif est de sensibiliser les enfants au bien-être animal et de leur montrer comment ils sont élevés. nombreuses activités pédagogiques sont proposées au fil des saisons ainsi que des balades à poneys réservées aux enfants de 3 à 8 ans.

L'ÉGLISE SAINT-ANDRÉ ✝

Ouvert du mardi au dimanche de 15h à 18h.

L'église romane du Xe siècle fut détruite afin de construire l'actuelle au XVIIe siècle, dans la tradition « gothique catalan ». Il faudra plus d'un demi-siècle pour reconstruire l'édifice tel que nous le connaissons aujourd'hui. C'est un monument à nef unique composée de cinq travées. Le vaisseau couvert en croisées d'ogives est bordé de chaque côté par cinq chapelles latérales. Elle se caractérise par la richesse de son mobilier presque entièrement classé et de ses peintures. La tour-clocher de brique rose haute de 32,5 mètres a été rajoutée à l'édifice en 1709.

MUSÉE DU MARÉCHAL JOFFRE

11, rue Maréchal Joffre ✆ 04 68 64 24 98
museejoffre.fr

Ouvert en juillet, août et septembre. Visites de scolaires et groupes toute l'année. Adulte 3 €, groupe 2 €.

Joseph Césaire Joffre naquit à Rivesaltes en 1852 dans cette maison transformée en musée. Sur trois étages et repartis sur 200 m^2, on trouve mobilier, objets, documents et photos de celui que l'on considère à juste titre comme le héros de la Bataille de la Marne en 1914. Pour amateurs d'histoire contemporaine et curieux ou passionnés de la Première Guerre mondiale. Comptez 1h de visite en moyenne, à plus évidemment suivant l'intérêt du visiteur. Classé monument historique, le musée a reçu en 2011 le label « Maison des illustres ».

OFFICE MUNICIPAL DE TOURISME

8, avenue Ledru-Rollin ✆ 04 68 64 04 04
www.mairie-rivesaltes.fr

Ouvert du lundi au samedi et le dimanche matin en haute saison. Fermé le samedi et le dimanche en basse saison.

Toute l'équipe vous attend pour vous proposer le meilleur de la région. Vous trouverez flyers, plaquettes et livrets pour visiter, vous restaurer ou trouver un hébergement sur Rivesaltes et ses environs. Idéalement placée entre mer et moyenne montagne, vous pourrez rayonner vers les étangs, les plages à l'est ou vers les Fenouillèdes et les Corbières à l'ouest. Enfin, Rivesaltes, berceau du célèbre muscat n'attend que vous pour une belle dégustation chez les nombreux vignerons.

LA BELLE AURIOLE €

OPOUL-PÉRILLOS
✆ 04 68 29 19 26
www.labelleauriole.fr

100% BIO. 3 gîtes, 1 yourte. L'éco-domaine organise des stages pratiques centrés la vie en autonomie et la spiritualité.

15 min de route un peu chaotique au cœur d'un paysage sauvage... et puis la route s'arrête devant une grande bâtisse en pierre nichée dans un vallon sublime. Bienvenue à la Belle Auriole, où loin de tout, tout est possible pour ceux qui cherchent à se reconnecter avec la nature et leur Etre. Inutile de faire les courses avant de venir, vous pourrez vous procurer presque tout ici : pain, légumes, confitures... L'isolement et l'autarcie deviennent un paradis quand on arrive là bas, Cathy et Bertrand sauront partager avec vous leurs valeurs. Envoûtant et unique !

AUX 2 SAVEURS €€

59, chemin des Vignes - **PIA**
✆ 04 68 63 27 37
www.aux2saveurs66.com

Chambre double à partir de 130 €. Demi-pension (en fonction de vos envies de menus). Petit déjeuner inclus.

Voici une chambre d'hôtes où règnent charme et sérénité. Un petit nid douillet joliment décoré pour se retrouver à deux dans la discrétion (entrée privative) et totalement équipé (télévision, climatisation, mini-bar, salle d'eau avec douche à l'italienne, toilettes séparées). Dans la pièce voisine, un bain à remous rien que pour vous à utiliser sans modération. Ambiance *cocooning* complétée par une piscine extérieure au milieu d'un jardin paysager. Vos hôtes, Evelyne et Pascal, proposent un délicieux petit déjeuner et une table d'hôtes dont vous composez le menu.

LA MAISON DE VÉROTTE €€

Mas Rovira - **CLAIRA** ✆ 06 16 44 09 32
www.lamaisondeverotte.com

Chambre double de 39 € à 59 €. Yourte de 55 € à 75 € la nuit. Gîte 4 à 6 pers : de 350 € à 880 € la semaine.

Entre les Corbières et les rivages de la Méditerranée, venez découvrir ce mas catalan. Ses chambres, son gîte de 80 m^2 avec grande terrasse et entrée indépendante et sa vue panoramique sur le Canigó, ses 3 yourtes mongoles collent parfaitement avec la convivialité des lieux. Le mas offre aussi la possibilité de location de salle, terrasse et véranda pour des réceptions de toutes sortes. Vous profiterez également de la piscine et du terrain de pétanque. La table d'hôtes est une véritable opportunité de découvrir les produits et recettes typiques de la région.

MAS AMAGAT €€

47, traverse de Baixas
CASES-DE-PÈNE
✆ 06 34 41 37 90

Gite 2/4 pers et gîte 2 pers. Chambre d'hôtes 2 pers avec petit déjeuner et jacuzzi. Producteur et vigneron BIO.

Dans un cadre privilégié et sauvage, Pierre vous propose des vacances inédites et insolites dans un gîte climatisé et tout équipé pouvant accueillir jusqu'à 4 personnes. Ce vigneron a eu l'idée de créer une construction à base de 14 containers qui comprend gîtes, chambres d'hôte, jacuzzi et même sa propre maison ! Enfin, les produits du domaine Amagat vous attendent : vin, olives, figues, grenades... plein de belles choses que Pierre cultive en BIO avec tellement d'amour. Les vins naturels de Pierre sont frais et légers – un vrai jus de fruits en bouche !

© DOMAINE ROMBEAU

© NICOLAS VAVASSEUR

DOMAINE DE ROMBEAU €€

2, avenue de la Salanque
✆ 04 68 64 35 35
www.domaine-de-rombeau.com
Ouvert toute l'année. Menus de 25 € à 54 €. Jardin. Terrasse. Accueil des groupes.

Au décès de son papa, Élise a repris les rênes de cette institution catalane et a donné un petit coup de jeune. Mais, vous serez toujours accueilli par les paons qui se feront un plaisir de vous déployer leurs plus beaux plumages. Côté assiette, le choix des produits de qualité et de saison est la devise de la maison, un vrai régal. Même si la carte se veut résolument catalane, tout est possible, il suffit de le prévoir à l'avance. Le personnel chouchoute les clients tout en étant discret et est toujours souriant. Depuis toujours, le Petit Futé est un grand fan !

© AUDREY VERSINI

LE CHÂTEAU DE JAU €€

CASES-DE-PÈNE
✆ 04 68 38 91 38
www.chateaudejau.com
Ouvert tous les midis du 15 juin au 30 sept ; et tous les soirs en juillet et août. Menus à 38 et 40 €. jardin, terrasse

Des tables dressées dans l'épure, pour préparer les sens… à l'essentiel. La dégustation des vins et le cadre magique, le grand bassin de pierre carré, les cyprès en perspective, et l'odeur si particulière d'un soir d'été nous ramènent en pensée vers la Toscane. Les vins de Jau se déclinent tout au long du repas, une cuisine simple (une plancha et une grande cheminée barbecue) qui privilégie les produits du terroir. On vient aussi pour la beauté de l'endroit et la qualité des expos, car le temps d'un été, le château de Jau se fait l'écrin des œuvres d'un artiste.

MAS ALEGRIA €€

13, Route de Baixas - **SAINT-ESTÈVE**
✆ 04 68 28 19 14
www.restaurant-masalegria.fr
3 formules le midi de 15 à 21 €. A la carte environ 40 € pour 3 plats. Ouvert tous les jours le midi. Privatisable.

Au nouveau centre commercial le Canigou, nous avons trouvé un restaurant qui revendique un esprit et une cuisine de famille. Une belle famille, disons-le, composée de Florence et Mickael (et leurs deux petits «nens») qui vous proposent une cuisine inventive à base de produits locaux ou labellisés. Non seulement la cuisine est raffinée mais l'accueil est des plus chaleureux. Florence ou Mickael passent de table en table recueillir vos impressions ou échanger sur la bonne chère. Les circuits courts sont à l'honneur et on aime cette philosophie.

COMPAGNIE NOCTAMBULE

8, rue de l'Europe
PEYRESTORTES
✆ 06 23 81 74 99
Ouvert du mardi au samedi de 17h à 1h. Ardoises de fromage, charcuteries, tapas, vins nature, bières locales.

Ce troquet est plus qu'un bar-restaurant, c'est un véritable couteau suisse où diverses initiatives et énergies occupent les lieux : 2 box de répétition, un salon de coiffure, un salon de tatouage, une boîte de production (enregistrement vidéo/son), et une scène de concert ! 4 représentations par semaine pour écouter une musique très éclectique en savourant de bons produits locaux et BIO, à des tarifs très raisonnables. Le Petit Futé salue cette belle initiative solidaire qui donne un second souffle à un lieu qui aurait pu partir en copeaux.

CAVE ARNAUD DE VILLENEUVE

Avenue Ledru-Rollin
✆ 04 68 64 06 63
www.arnauddevilleneuve.com
Ouvert du lundi au samedi en haute saison. Oenotourisme, soirées vigneronnes et concerts.

La Cave Arnaud de Villeneuve a regroupé ses plus vieux millésimes de Rivesaltes dans la cave historique au centre du village. Dans le chai datant du début du XIXe siècle, vous découvrez le parc de barriques, mais aussi l'étonnante terrasse sur laquelle sont élevés certains vins dans des bonbonnes de verre. Vous retrouvez aussi cette atmosphère toute particulière d'une cave : les valeurs de la coopération ; la solidarité, l'équité, la transparence, la responsabilité et la confiance.

CAZES

4, rue Francisco-Ferrer ✆ 04 68 64 08 26
www.cazes-rivesaltes.com
100 % bio. Ouvert toute l'année du lundi au samedi. Restaurant La Table d'Aimé, 5 chambres d'hôtes avec piscine et spa.

Créée en 1895, la Maison Cazes a su s'imposer comme le porte-drapeau historique de la viticulture du Roussillon. Tout en restant vigilante sur l'excellence de ses vins produits avec des rendements limités, elle propose ainsi un large éventail de flacons issus de terroirs catalans qui s'étendent sur 220 hectares, convertis en agriculture BIO et biodynamique depuis 20 ans. Le temps d'une visite, découvrez l'espace dégustation chaleureux et authentique puis plongez dans les secrets de fabrication des vins du Roussillon, notamment une salle des foudres centenaire.

LA CHÈVRERIE DU MAS D'EN BLANC

Mas d'en Blanc - **OPOUL-PÉRILLOS**
✆ 06 61 33 75 72
www.lachevreriedumasdenblanc.com
100% Bio. Ouvert mardi, vendredi et dimanche de 9h à 12h30. Epicerie fine et produits du terroir bio.

Ophélie et Félix ont choisi Opoul pour élever leur troupeau de chèvres. 150 bêtes qui gambadent sur plus de 300 ha : «un élevage extensif sur les garrigues sauvages où le thym, le romarin et les chênes constituent l'essentiel de la nourriture des chèvres», nous commente Félix. La gamme des fromages est variée : frais, demi-sec, tomme de chèvre, meli-mato, pâte recuite… et tout est en bio, bravo ! Vous trouverez également des produits du terroir et en bio s'il vous plaît. Bravo !

DOMAINE AMAGAT

47, traverse de Baixas
CASES-DE-PÈNE
✆ 06 34 41 37 90
Ouvert tout l'été. Hors saison accueil au domaine et visite sur RDV.

Pierre Dannoy, viticulteur passionné et grand défenseur de l'agriculture BIO vous accueille pour vous présenter ses vins naturels, mais aussi pour vous faire goûter ses figues, grenades, jus de raisins, confitures et huile d'olive. Cet homme a plus d'un tour dans son sac, et selon la saison, on trouve toujours quelque chose à déguster. On adore l'environnement du domaine, sauvage, aride et tellement attachant. Les vins naturels de Pierre sont frais et légers - un vrai jus de fruit en bouche ! Ils sont parfaits pour accompagner les repas d'été !

DOMAINE BOUDAU

6, rue Marceau
✆ 04 68 64 45 37
www.domaineboudau.fr
100% BIO. Ouvert du lundi au samedi. Visite sur RDV.

Le Domaine Boudau est une histoire de famille qui remonte au début du siècle dernier. Ce domaine baigné de soleil, s'étend sur des sols argilo-calcaires mais d'altitudes différentes qui laissent s'exprimer à merveille le cépage favori de la famille : le Grenache noir. Nous avons craqué pour les cuvées en rouge Le Clos (très gourmande et ronde) et Patrimoine (plus sur la fraîcheur et la finesse). Un même cépage et pourtant deux vins différents - superbe ! La conversion en BIO est la consécration pour ce domaine régulièrement salué par les grands dégustateurs.

DOMAINE DU CLOS DES FÉES

1, rue Brillat-Savarin
✆ 04 68 53 40 00
www.closdesfees.com
Ouvert du lundi au vendredi matin et soir. Prise de RDV conseillée pour visite complète.

Hervé Bizeul, Perpignanais revenu en Roussillon après bien des périples, croit dur comme fer que ce terroir catalan est magique et qu'il peut faire naître des grands vins. Parti de rien mais avec beaucoup de rêves... Ses vins sont aujourd'hui considérés comme faisant partie du top 100 français. Hervé a choisi des noms poétiques qui aujourd'hui résonnent à l'oreille des meilleurs restaurateurs : la Petite Sibérie, Images Dérisoires ou De Battre mon Cœur s'est Arrêté. Des vins connus dans le monde entier et un personnage si simple et passionnant !

DOMAINE DU VIEUX GENEVRIER

Avenue Pierre Estirac
OPOUL-PÉRILLOS
✆ 06 28 28 42 33
www.le-vieux-genevrier.fr
100% BIO. Accueil, visite et dégustation sur RDV.

La fratrie Jordi et Dorian pratique depuis 10 ans une culture BIO sur 20 ha de vignes, 3 ha d'oliviers et 1 ha d'amandiers. « Le bio c'est du labeur » mais ils sont fiers de cette philosophie et auront plaisir à en discuter avec vous lors d'une dégustation au caveau. Et en parlant de vignes, peut-être vous indiqueront-ils le chemin pour vous rendre dans cette parcelle où trône en son cœur le majestueux genévrier qui a 1 600 ans. Une belle aventure familiale et des vignerons engagés !

DOMAINE IN NOMINE

OPOUL-PÉRILLOS
✆ 06 11 28 02 88
www.domaine-in-nomine.com
100% Bio. Accueil, visite et dégustation sur RDV.

A Opoul, petit village catalan accroché aux derniers contreforts calcaires des Corbières, et dominé par le château de Perillos qui surveille la plaine du Roussillon, Sophie et Cyril conduisent en BIO un petit vignoble de 5 ha. Terre caillouteuse, climat sec et rude sans parler de la tramontane qui claque. Respect de la terre et travail minutieux sont le choix, comme une évidence, pour Sophie et Cyril afin de produire des flacons très aromatiques et concentrés. Beaucoup de fraîcheur et de finesse dans un pays où l'eau se fait si rare qu'elle a sa propre fête.

DOMAINE LE VIEUX CHÊNE

Route de Vingrau
ESPIRA-DE-L'AGLY
✆ 04 68 38 92 01
www.hautvaloir.com
100% BIO. Accueil au domaine et visite sur RDV.

Sur des collines de schistes noirs au-dessus d'Espira de l'Agly, Denis Sarda travaille ses vignes en biodynamie dans le respect des rythmes naturels des saisons. Et de renchérir : « Au Vieux Chêne, c'est l'alchimie d'une culture attentive de la vigne, le sérieux du vigneron et de toute son équipe ». Une brave jument joliment baptisée « Venise », aide Denis aux soins de la vigne. Les vins du domaine sont à l'image de ce garçon, ils respirent la garrigue et l'amour du travail exécuté en harmonie avec la nature. Ils sont droits et puissants, on adore !

DOMAINE MAS CREMAT

Mas Cremat - **ESPIRA-DE-L'AGLY**
✆ 04 68 38 92 06
www.mascremat.com
Label HVE. Ouvert du lundi au samedi. Le dimanche et jours fériés sur rendez-vous.

Le terroir, composé de schistes noirs, se situe le long de la vallée de l'Agly, au pied de la tour del Far. Les vignes entourent une belle demeure du siècle dernier. La terre noire (cremat signifie « brûlée ») des coteaux produit des vins très colorés, rubis foncé, réglisse et griotte. Belle complexité aromatique et tanins fin. Parmi la gamme de 12 vins, nous avons eu un coup de cœur pour la cuvée Bastien en rouge et les Sentinelles en blanc. Comme le dit un confrère, le domaine Mas Cremat produit des « vins racés » et nous ajouterons « dans un cadre enchanteur ».

L'ÉTOILE DE MER

27, place de la République
✆ 04 68 64 48 04
Ouvert du mardi au dimanche de 7h à 13h. Plateaux de fruits de mer à emporter.

Une poissonnerie de village qui fait de plus en plus parler d'elle. Pas de secret : arrivage de Bretagne et bien entendu de la criée de Port-la-Nouvelle : sardines, anchois, baudroie, loups, rougets... Vous trouverez aussi selon la saison des tellines, violets ou des anguilles de l'Etang. Un pur régal et c'est ultra frais ! L'établissement prépare également des plateaux de fruits de mer à emporter. Les gastronomes ne seront pas déçus. Et n'oublions pas les précieux conseils de Sylvie qui vous livrera quelques secrets de poissonnière, toujours avec le sourire.

CHEZ JULIETTE

13, rue Jean Jaurès
✆ 04 68 38 53 25
Ouvert du mardi au samedi de 7h à 12h30 et de 16h à 19h30. Plateaux pour événements spéciaux sur commande.

Fabriqués directement dans les fermes ou par des ateliers artisanaux, les fromages, beurres et autres yaourts sont majoritairement issus de circuits courts et sont parfois assez rares. Juliette procède elle-même à la réalisation de spécialités telles que les camemberts truffés et bleus au rancio. Si vous cherchez des plateaux pour différentes occasions, n'allez pas plus loin, Juliette s'occupe de tout pour vos apéros, réceptions... Même chose si vous souhaitez des conseils pour les meilleures alliances entre Muscat de Rivesaltes et fromages.

LE MOULIN DE L'AGLY D'ALBERT

3, rue des Oliviers - **CASES-DE-PÈNE**
✆ 06 86 33 99 00
http://www.moulindelagly.fr/
100% BIO. Huile d'olive et gîtes. Ouvert du lundi au samedi de 10h à 12h et de 15h à 18h30. Boutique.

Le Moulin de l'Agly d'Albert, c'est un verger de 5,5 ha, composé de 5 variétés d'oliviers (Bouteillan, Lucques, Manzanille, Sevillan, Dahbia), c'est à dire 1 500 arbres ! Cultivées avec le plus grand soin en agriculture BIO, les huiles d'olive extraites à froid d'une qualité exceptionnelle sauront accompagner tous vos plats avec originalité et authenticité. Venez les déguster, elles sont délicieuses ! Egalement vous trouverez 2 gîtes (pour et 2 pers) ouverts entre juin et septembre.

MOULIN À HUILE DE COMBUSTA

Domaine et moulin, Rn9/km9 ✆ 04 68 52 73 19
www.huile-olive-papillon.fr
Boutique ouverte de 10h à 12h et de14h à 17h30. Vente aussi au moulin et directement en ligne toute l'année.

Avec ses 45 000 arbres soit 30 ha, l'oliveraie s'étend entre les collines des Corbières et l'étang de Salses. 3 variétés sont cultivées en BIO : arbequine et arboussane (catalanes) et koronéiki (grecque). De la culture à la récolte en passant par la pression à froid, tout est fait dans les règles de l'art. Pour la protéger de la lumière, elle est conditionnée dans des bidons métalliques sous la marque PAPILLON, marque prestigieuse que l'on trouve sur les meilleures tables de la région

AUX SAVEURS PAYSANNES

Route de Perpignan
SAINT-ESTÈVE
✆ 04 68 51 35 13
www.auxsaveurspaysannes.com
Ouvert du mardi au samedi de 9h30 à 12h30 et de 16h à 19h30. Label vente à la ferme.

Patrice Ey est le chouchou des restaurateurs, ses tomates enchantent leur cuisine. Rose de Berne, cœur de bœuf, petite poire sont quelques-unes des jolies appellations que vous trouvez sur les étals. La réputation de ce paysan n'est plus à faire, on y va les yeux fermés. Vous avez chez lui aussi de belles volailles, des fromages de chèvre et de brebis, des olives, de l'huile, des confitures et du miel de la région. La ferme se trouve à l'entrée de Saint-Estève quand on arrive de Perpignan. A ne pas manquer, la nouvelle ferme pédagogique pour les «nins».

VIGNOBLES DOM BRIAL

14, avenue Maréchal-Joffre - **BAIXAS**
✆ 04 68 64 22 37
www.dom-brial.com
Accueil, visite et dégustation. Animations oenologiques, soirées vigneronnes, balades dans les vignes...

Créés en 1923, les Vignobles Dom Brial exploitent à ce jour plus de 2 500 ha de vignes dont le plus grand vignoble de Muscat de Rivesaltes de tout le Roussillon. La diversité de ce terroir permet d'élaborer des cuvées très différentes, des vins doux aux vins secs. Investis dans une démarche respectueuse et solidaire, les Vignobles Dom Brial sont reconnus par le label Vignerons en Développement Durable depuis 2010. Plusieurs formules sont proposées pour une visite passionnante du vignoble au cœur d'un paysage exceptionnel expliqué par des vignerons dynamiques.

YUM YUM

Avenue de Baixas
SAINT-ESTÈVE
✆ 04 68 29 01 36
Cave à vin. Ouvert du lundi au vendredi et le samedi matin. restaurant : menus entre 15 et 21€. Lieu privatisable.

Yum yum by Caro et Léo, c'est un peu comme une caverne d'Ali baba. Ils font un peu de tout : épicerie, cave à vin et restaurant. Mais en privilégiant les produits fins et de haute qualité. Les plats sont un régal et un grand souci est apporté à la présentation. La cuisine est ouverte non stop du matin au soir. Caro et Léo, très dynamiques, organisent de nombreux événements dont vous retrouvez toute l'actualité sur leur page Facebook. Ils proposent également un service de traiteur. Une belle adresse très conviviale pour déguster du local... of course !

DOMAINE EQUESTRE DES ESCOUMETTES

OPOUL-PÉRILLOS ✆ 06 85 52 44 48
www.les-escoumettes.com
Ouvert toute l'année. Promenades à cheval : 1h 18€, demi-journée 45€, balades à poneys : 1/2h 12€, 1h 16€.

Au pied du massif des Corbières, ce centre héberge une vingtaine de chevaux et poneys et propose de l'enseignement, de la promenade, de la pension, du débourrage... Les stages se déroulent pendant les vacances scolaires et permettent d'élargir les connaissances équestres ou simplement de prendre du bon temps avec chevaux et cavaliers. Les promenades à cheval ou à poney vous feront découvrir les collines calcaires du massif, les vignes et aussi les plantes méditerranéennes.

PYRÉNÉES ROUSSILLON AVENTURES [PRA 66]

63, rue Van Gogh
✆ 06 13 01 18 36
www.pyrenees-roussillon-aventures.fr
Ouvert toute l'année. Quad, paintball, canyoning, rafting, hydrospeed.

PRA 66 cultive l'esprit famille, et les clients aiment ça. Essayez le canyoning du débutant au sportif confirmé avec des équipements de haute qualité et la vidéo de vos exploits offerte. Pour les randos quad, le permis A ou B est exigé et c'est parti pour l'aventure dans des chemins avec vue sur le Canigó et les étangs de Salses. Les enfants quant à eux découvriront les jeux d'habilité sur cible et les plus grands se défouleront au paint ball. Uniquement sur réservation.

CAP LOISIRS - BOWLING / LASER GAME

Rue Henri-Chrétien ✆ 04 68 80 48 04
www.espace-cap-loisirs.com
Ouvert toute l'année à partir de 13h. Diverses formules avec réductions. Privatisation pour groupes, anniversaires...

12 pistes de bowling dernière génération avec des jeux de lumière superbes et un laser game sur plus de 500 m² avec deux labyrinthes surmontés d'une mezzanine ! En famille ou entre amis, quel que soit l'âge, chacun y trouve son bonheur. Pour un un moment de détente, vous trouverez sur la carte du bar un large choix de propositions, petits et grands seront ravis. Vous serez reçu par une équipe jeune, dynamique, sympathique, qui met gentiment son expérience au service de vos loisirs.

CALCE

Le village est installé sur un « causse » de calcaire, d'où son nom ; il y avait des fours à chaux dans ce site au XIXe siècle. C'est autour du château, forteresse seigneuriale jusqu'à la Révolution française, que se sont regroupés maisons et celliers depuis le XVIIe siècle. L'activité essentielle de Calce aujourd'hui est celle de la viticulture, on dénombre 6 caves privées et la cave coopérative du village qui réunit quelque quarante adhérents. Calce, si près de Perpignan et pourtant hors du temps. On aime l'ambiance unique de ce village. Croyez-nous, et allez le découvrir pour vous imprégner de cette énergie.

DOMAINE GAUBY

La Mutanda

✆ 04 68 64 35 19

www.domainegauby.fr

Accueil, visite et dégustation sur RDV

Gérard Gauby est un vigneron d'exception à la renommée internationale. Très tôt convaincu qu'il faut créer et préserver un écosystème naturel, il conserve la moitié des 85 ha du domaine en bois, prairies et garrigue, et puis tout naturellement se convertit au BIO. La biodynamie vient couronner le tout peu de temps après. Lionel, son fils, tombé très jeune dans le raisin accompagne son père aujourd'hui. Rarement, on croise des gens qui parlent avec autant d'amour et de respect de la nature et de leur métier. Un domaine incontournable sur l'Olympe de la vigne.

NADA

3, rue de l'Horloge

✆ 06 52 46 10 05

www.vandal-wine.com

Accueil, visite et dégustation sur rendez-vous.

«Je fais du vin nature peinture : je me sers de ce que la nature me donne comme matière pour la capturer, la transformer, l'interpréter, l'affiner pour vous donner une œuvre la plus proche cette substance brute et noble en y mettant mes tripes et mon cœur». Tu as tout dit Raphaël. Tu fais un vin libre et fou, mais aussi un vin élaboré dans le plus grand respect de l'agriculture en biodynamie et on adore. Nada est un peu un OCNI (objet coulant non identifié) dans le monde du vin mais il a su se faire respecter de ses pairs et a aujourd'hui le vent en poupe.

LES VIGNERONS DU CHÂTEAU DE CALCE

8 route d'Estagel

✆ 04 68 64 47 42

www.chateaudecalce.com

Accueil, visite et dégustation du lundi au vendredi et le samedi matin.

Le vignoble de Calce est implanté sur les coteaux de la vallée de l'Agly et bénéficie d'une excellente exposition. Le village est entouré de vignes qui s'épanouissent sur des collines de calcaire ou de schiste. Les vignerons de Calce sont l'âme des vins du village et ils le revendiquent. Peu de caves coopératives ont une telle âme et une telle force. Peu de cuvées, un choix minimaliste pour se concentrer sur la qualité. Goûtez les tous, ils sont délicieux, surprenants et enchanteurs !

SALSES-LE-CHÂTEAU ★★

Porte d'entrée du Roussillon, Salses est surtout connue pour sa forteresse rectangulaire. Vieille de plus de cinq siècles et unique en son genre, elle fut construite en plaine avec des murailles de brique et de mortier d'une épaisseur de 6 à 12 mètres afin de s'adapter au mieux à l'artillerie à boulets. Dotée d'un système de défense impressionnant, elle fut construite par les Espagnols en 1497, elle avait pour rôle essentiel de contrôler l'étroit passage entre les Corbières et les étangs. Elle perdra son intérêt stratégique vers 1659 avec la signature du traité des Pyrénées. Restaurée par Vauban elle servira de prison, puis de poudrière.

CAMP DE RIVESALTES ★★★★

Avenue Christian-Bourquin

✆ 04 68 08 34 90

www.memorialcamprivesaltes.eu

Ouvert toute l'année. Accès au camp (visite extérieure) libre. Visite guidée. Librairie. Événements culturels.

Le Mémorial est un espace de référence de l'histoire de l'internement et des flux migratoires, restituant les conflits du XXe siècle qui ont précipité dans ce lieu plus de 60 000 personnes considérées comme indésirables. Tant par sa durée que par le nombre de personnes qui y furent internées emprisonnées ou reléguées, il est considéré aujourd'hui comme l'un des plus grands camp d'Europe occidentale. Entre les ruines des baraquements de l'ancien camp, l'architecte Rudy Ricciotti a conçu un monolithe de béton ocre tout en longueur et partiellement enfoui dans la terre. (Grand Prix spécial du jury de l'Équerre d'argent en 2016). La salle d'exposition permanente retrace l'histoire de ce camp du sud de la France, témoin des évènements de la seconde moitié du XXe siècle, qui ont provoqué de vastes déplacements forcés de population ainsi que la création de plus de 200 camps d'internement en France. Une table centrale présente documents et objets qui racontent la rétention des républicains espagnols, juifs, tsiganes, collaborateurs et prisonniers de guerre, puis des harkis, des tirailleurs guinéens, malgaches indochinois… Le visiteur peut également accéder à un ensemble de témoignages d'anciens internés et à un grand nombre de films d'archive. Le mémorial invite ainsi le visiteur à interroger un passé qui travaille toujours en profondeur le présent et l'actualité. Une programmation culturelle, artistique et scientifique (expositions temporaires, conférences, rencontres, lectures, projections…) est proposée tout au long de l'année.

ARRIÈRE-PAYS

LA FORTERESSE DE SALSES ★★★★

✆ 04 68 38 60 13 - www.forteresse-salses.fr

Ouvert toute l'année du mardi au dimanche. Toutes les infos (horaires, tarifs...) sur le site internet.

Un chef-d'œuvre de l'architecture militaire. L'édifice est un véritable spécimen de transition entre le château médiéval et la forteresse moderne géométrique et enfoncée dans le sol. Elle commandait la frontière entre le Roussillon, alors appartenant à l'Espagne, et le royaume de France. Au cœur de la plaine viticole, les énormes murs de brique et de pierre s'enfoncent dans le sol. Le fort rectangulaire couvre près d'un ha. Il est cerné de fossés larges de 12 à 15 m et profonds de 7 m. Le rempart atteint 12 m d'épaisseur, dont seule la partie haute dépasse du sol, afin de résister plus fortement encore à l'artillerie. On y retrouve les éléments classiques de l'architecture défensive médiévale : douves, donjon, meurtrières, courtines et pont levis. Les logements, sous le chemin de ronde, étaient conçus pour 1 500 hommes (les étables pour 300 chevaux !). Le donjon, haut de sept étages, était destiné au logement du gouverneur.

Salses, porte du Roussillon. Depuis l'antiquité, ce lieu hautement stratégique en bordure de la via Domitia qui menait jusqu'à Cadix, a été place forte. Mais c'est à partir de 1497, que le roi d'Espagne Ferdinand initie le projet d'une forteresse imprenable capable de résister aux boulets de canon et à toutes les dernières innovations dans le domaine de l'art de la guerre. Au cours des nombreux conflits entre la France et l'Espagne, Salses changera souvent de mains jusqu'en 1659, date de la signature du traité des Pyrénées. Le Roussillon appartient désormais à la France de Louis XIV.

CASA MONTES €€

1, clos des Abricotiers ✆ 06 11 10 90 28

www.casa-montes.com

3 chambres. Chambre double de 95 € à 150 €. Petit déjeuner inclus. Personne supplémentaire : 30 €.

Mas du XVIIIe siècle blotti dans un écrin de verdure, la Casa Montes est la propriété de Michel et Alain, qui vous accueillent chaleureusement dans leur univers fait de bon goût, de raffinement et de simplicité. Décorée d'œuvres d'art, de beaux meubles et d'objets choisis, cette demeure est ravissante. Outre deux belles chambres au charme fou et parfaitement bien équipées, la Casa Montes offre une suite indépendante composée d'une chambre parentale et d'une chambre d'enfants. Pour vous baigner, il y a une piscine naturelle et le jardin est tout simplement sublime.

VIA DOMITIA €€

11, rue Aimé-Verdié

✆ 04 68 38 68 45

www.chambresdhotesviadomitia.com

Gîtes de France (3 épis). 3 chambres, Petit déjeuner inclus. Table d'hôtes sur réservation, Patio.

Ces chambres d'hôtes dans une belle maison de maître tiennent leur nom de la célèbre voie aménagée par les Romains voilà plus de 2 000 ans, pour joindre l'Italie à l'Espagne. Jean-Yves se fera un plaisir de vous faire partager sa passion pour l'histoire des Cathares le soir autour de plats qu'il mitonne lui-même, Annie son épouse y met de temps en temps son grain de sel. Dans cette demeure à la déco faite d'objets et mobilier chinés, les chambres sont simples et confortables. Une suite familiale avec 2 chambres communicantes est parfaite pour 5 personnes.

LA LOGE €€

38, avenue Xavier-Llobères

✆ 04 68 38 62 86

www.lalogesalses.com/don-site

Ouvert toute l'année. Fermé lundi et dimanche soir en basse saison. Terrasse. Exposition au 1er. Monument historique.

Bâtisse créée en 1825 et classée aux Monuments historiques, la Loge émerveille d'abord les yeux. Ce qui interpelle les clients est avant tout le sol avec son pavé mosaïque ainsi que l'empreinte laissée par les Compagnons du Tour de France à qui l'on doit la décoration. C'est donc dans une déco XIXe, conservée « dans son jus » avec cariatides autour du grand miroir et moulures d'époque au plafond que l'on prend place pour déguster une irrésistible cuisine maison à l'accent définitivement catalan. Un vrai petit chef-d'œuvre patrimonial et culinaire !

DOMAINE AULIUS D'EN GUITER

Route De Saint Hippolyte

✆ 04 68 38 68 51

Label HVE. Accueil, visite et dégustation sur RDV. Huile d'olive.

Sur un terroir argilo-calcaire sont plantés des cépages et des variétés d'oliviers traditionnels du Roussillon. « Nous sommes attentif à l'impact que nous pouvons avoir sur l'environnement et la biodiversité », insistent les vignerons en commentant leur label HVE. Les vins de ce domaine sont plutôt fruités au nez avec une complexité en bouche pour les blancs et les rosés et une belle structure pour les rouges. Peu de cuvées, juste les 3 couleurs, mais c'est rudement bon !

AMÉLIE-LES-BAINS-PALALDA ★★

La vivante cité d'Amélie-les-Bains combine, avec un accent souriant, air pur et microclimat, douceur des températures et ciel lumineux. Et pour rester en harmonie avec la nature, notez que dès le mois de février, le site environnant se pare des premiers mimosas en fleur. Amélie est la plus méridionale des stations thermales françaises. Restaurants, hôtels et commerces ne manqueront pas de vous charmer. Petites routes et sentiers de randonnée mènent vers des sites exceptionnels sur les contreforts pyrénéens ou les Aspres. Hameaux du bout du monde, torrents et cascades… ces vallées encaissées sont le paradis des amoureux de la nature.

LE MUSÉE DE LA POSTE ★

Parvis de l'Église
✆ 04 68 39 34 90

Fermé de mi-décembre à début mars. Voir le site internet ou l'OT pour horaires en saison.

A Palalda, le village en face d'Amélie-les-Bains, de l'autre côté du Tech bouillonnant, ce lieu retrace l'histoire de la Poste et des Télécommunications en France, mais aussi en Catalogne nord. Le musée est installé au pied de la tour à signaux sur le parvis de l'église Saint-Martin. Saviez-vous que le timbre-poste a été instauré en France par un Catalan (Etienne Arago 1802-1892) ? Saviez-vous que le *cursus publicus*, premier système de poste organisé, a été mis en place dans les Pyrénées-Orientales avant d'être étendu à la France ? Que de surprises ! Outre ces informations, vous découvrirez également une fidèle reconstitution d'un bureau de poste de la fin du XIXe siècle, de nombreux objets utilisés jadis par les facteurs, ainsi qu'un documentaire photos qui dévoile les secrets de la fabrication d'un timbre en taille douce. A visiter également sur place, un espace muséal « arts et traditions populaires » présentant de nombreux objets anciens, des métiers disparus et des objets insolites utilisés jadis en Pays Catalan. Un espace est consacré aux œuvres de Charles Rennie Mackintosh (1868-1928), architecte, concepteur britannique, faisant partie du mouvement Arts and Crafts (il séjourna à Palalda durant l'hiver 1924 et est enterré à Collioure). Les collectionneurs trouveront un choix d'enveloppes très intéressant et vous pourrez faire oblitérer votre courrier avec le cachet local avant de partir ! Un petit musée tout simple en apparence mais si riche et didactique quand on prend le temps de le visiter.

OFFICE DE TOURISME DU PAYS VALLESPIR

22, avenue du Vallespir
✆ 04 68 39 01 98
www.amelie-les-bains.com

Ouvert du lundi au dimanche midi en haute saison. Et jusqu'au samedi midi en basse saison.

Une équipe qui fourmille d'idées pour vous faire bouger, rêver et découvrir la région. 9 circuits de randonnées autour d'Amélie, 8 circuits à vélo, et des nouveautés pour la marche nordique (www.stationsnordicwalk.com). En tout plus de 180 km entre mer et montagne. L'Office de tourisme propose également de découvrir la ville d'Amélie mais aussi le village médiéval de Palalda. Les environs versant sud ou nord sont tout simplement magiques. Sans oublier les délicieuses thermes.

FOREST AVENTURE

Chemin de la Piscine
✆ 04 68 39 23 49
www.forestaventure.com

Entrée adulte accrobranche 16 €, enfants jusqu'à 16 ans 14 €, enfants de moins de 140 cm 10 €.

Sur les berges du Tech vous découvrez le parc aventure forestier avec ses pistes dans la canopée et ses tyroliennes. Sensations garanties et sans limitation de temps. Forest aventure c'est aussi un bureau des guides et accompagnateurs de montagne pour partir à la découverte des sentiers, canyons et rivières de cette magnifique région des Pyrénées : hydrospeed, via ferrata et ascensions de sommets, canyoning… ! A noter également que Forest Aventure propose la location de VTT avec ou sans assistance électrique, des balades guidées à deux roues ou à cheval.

APPART HOTEL CASTEL ÉMERAUDE*** €

Route de la Corniche ✆ 04 68 88 34 89
www.castelemeraude.fr

Ouvert toute l'année. 55 chambres (studios). Petit déjeuner buffet. Tarif spécial curiste. Immense terrasse et jardin !

Castel Emeraude est un endroit exceptionnel pour séjourner au calme. Ce petit château, dont les studios meublés et équipés ont été refaits à neuf et climatisés, disposent chacun d'un balcon. On apprécie le parc centenaire avec sa plage en bordure du Tech, son solarium et ses terrasses. Le petit déjeuner est uniquement fait de produits de saison, bio et locaux. Jean Christophe et Maxime vous proposent la vie de château accessible à tous en quelque sorte. On y passerait tout l'été.

HÔTEL-RESTAURANT COMBES* €

20, avenue du Vallespir ✆ 04 68 87 85 00
www.hotelcombes.com

23 chambres. Petit-déjeuner buffet, tarif spécial pour curistes. Restaurant avec menus midi et soir.

Situé en cœur de ville et tout proche des thermes, cet établissement simple et familial réserve bien des services pour rendre votre séjour le plus agréable possible. Les 23 chambres sont soignées : sol en parquet, insonorisation, double vitrage, TV écran plat et balcon ou terrasse. Vous serez également séduit par sa table tout à fait honorable. Le chef élabore une cuisine traditionnelle, avec à l'appui : anchoïade, charcuterie catalane, grillades, magrets de canard... Un établissement au bon rapport qualité-prix où règne une agréable ambiance familiale.

ALOHA CAMPING CLUB*** €€

Lieu-dit la Forge de Reynes
✆ 04 68 39 43 12
www.aloha-camping-amelie.com

Ouvert du 15 mars au 15 novembre. 110 emplacements. Mobil-home et cottage. Tarifs spéciaux pour les curistes. Navette

Le camping se trouve en lisière de forêt entre Céret et Amélie, loin du bruit. En location, chalets de bois spacieux et cottages offrent tout le confort d'une petite maison et sont proposés sous différentes formules. Ici, les activités ne manquent pas : clubs enfants et ados, soirées animées avec repas à thème. La piscine chauffée et le terrain de pétanque se prêtent idéalement aux plaisirs de vacances tranquilles. Sans oublier la navette thermale que le camping met à votre disposition. Tout le confort et la modernité dans un vrai cadre sylvestre et bucolique !

CAN TILLET €€

LA BASTIDE
✆ 06 23 12 43 26
www.cantillet.com/fr

Yourtes et 1 gîte. De 250 à 700 € la semaine selon période. De 100 à 150 € le week-end. Élevage.

Sur les contreforts du Canigó, Can Tillet vous propose un grand gîte, sa piscine privée et deux yourtes, le tout dans un cadre naturel et sauvage à 950 m d'altitude au cœur d'une ferme écologique qui élève moutons, chevaux arabes et vaches d'Écosse (aux longs poils). Les enfants vont adorer ! La vue sur la vallée est superbe et par beau temps, on voit même la mer. Can Tillet n'est pas si isolé que ça : Prades est à 30 minutes de route, la mer à 1h et le Canigó à deux pas. Le coin offre de nombreuses randos, notamment autour de Valmanya ou vers la tour de Batère.

THERMALISME

Entre mer et montagnes, les Pyrénées-Orientales offrent un large éventail de soins et de plaisirs autour de ses sources d'eau qui jaillissent du massif pyrénéen. Thermalisme, spa, ou thermoludisme ont trouvé ici une terre de prédilection. Connues depuis l'Antiquité pour leurs bienfaits, les eaux thermales du département venues des entrailles de la terre, nous parviennent naturellement chaudes ou froides, parfois ferreuses ou sulfurées. Situées de part et d'autre des flancs du massif du Canigó, dans un environnement verdoyant noyé de soleil, au cœur ou proches de villages authentiques, 5 stations vous accueillent : Amélie-les-Bains bien sûr, mais aussi Le Boulou, Prats-de-Mollo-La Preste, Molitg-les-Bains, Vernet-les-Bains. Chaque station s'étant orientée en fonction de la qualité de ses eaux thermo-minérales et de l'intérêt médical de leur utilisation, vous trouverez tous les traitements adaptés à vos problèmes de santé. Modernes, accueillantes et inventives, outre les soins à visées médicales, ces stations proposent des mini-cures de remise en forme. Elles disposent d'espaces spas qui mettent au service du bien-être et de l'esthétique les bienfaits d'une eau riche en oligo-éléments et le savoir-faire d'un personnel qualifié. Dans une ambiance feutrée qui vous enveloppe comme un cocon, des programmes à la carte sont proposés. Pour une heure ou une journée on lâche prise et on pense à soi : bassins d'eau thermale, massages, soins cosmétiques, bains d'argile, douches puissantes, bains à remous, sauna... tout est mis en œuvre pour prendre soin de son corps, se relaxer, faire une pause anti-stress. Les stations thermales des Pyrénées-Orientales sauront vous faire découvrir des moments « plaisir » uniques. Très prisés également, au cœur des montagnes catalanes, entre 1 150 m et 1 450 m d'altitude, nous avons des petits trésors dignes de vos rêves les plus fous. Imaginez-vous vous prélassant dans un bain d'eau chaude naturelle à 37 °C, en plein air, alors que tombe la neige. Les Pyrénées-Orientales vous offrent, à côté des stations de ski, des pauses bien-être dans des sites au panorama somptueux. A Llo, Saint-Thomas et Dorres, tout au long de l'année, été comme hiver, vous vous immergerez dans des bassins d'eau bienfaitrice aux vertus relaxantes et tonifiantes : bains romains, piscines à vagues, jets d'eau, cascades, sauna, hammam et soins esthétiques.

LE DOMAINE DES ASPRES €€

La Bastide
✆ 04 68 39 42 28
www.chambresdhotes-gites.fr

Chambre simple à partir de 45 € ; chambre double de 55 € à 70 € ; chambre triple de 90 € à 110 €. Petit déjeuner inclus.

On aime cette maisonnée pour son confort, le salon et sa cheminée, la bibliothèque, la salle à manger cossue et bien sûr les chambres. Spacieuses et personnalisées, elles ont des intitulés inspirés par notre belle région, la Catalane, la Côte Vermeille, les Aspres et la Porte de France... La décoration a suivi le mouvement. Chacune de ces chambres bénéficie d'une spacieuse salle de bains. La table d'hôtes sert une cuisine familiale et régionale, réalisée avec des produits frais et locaux. Tout autour, au cœur d'une nature sauvage, des sentiers à perte de vue...

LA FARGASSA €€

Mas de la Fargassa, Route de Pujol
✆ 04 68 39 01 15
https://www.lafargassa.com/

Plusieurs gîtes et «cabanes». Camping au bord du ruisseau. Table d'hôtes.

Un petit coin de paradis. La vieille bâtisse a été retapée avec soin et surplombe le ruisseau dans un cadre sauvage au bout du monde. La maison de vacances de vos rêves si vous avez l'âme écolo. La Fargassa est tenue par une famille de Hollandais qui vous accueille en gîte, cabane dans les bois ou camping sur leur terrain (et il est vaste !). La table d'hôtes est végétarienne et réalisée avec les produits de leurs cultures. Un lieu formidable pour les enfants qui gambadent dans les prés ou jouent dans le ruisseau... Un esprit «Captain Fantastic» y règne.

GRAND HÔTEL DE LA REINE AMÉLIE*** €€

32, boulevard de la Petite-Provence
✆ 04 68 39 04 38
www.reineamelie.com

Fermé entre novembre et février. 60 chambres et 6 studios. Restaurant, espace bien-être et relaxation.

Etablissement réputé et apprécié des curistes et des sportifs, la façade blanche du Grand Hôtel de la Reine Amélie ne passe pas inaperçue. les chambres rénovées, exposées plein sud disposent de la clim, une salle de bains balnéo, mini bar, coffre-fort, lit « king size » avec loggia et vue sur la rivière. Le personnel est aux petits soins avec les clients. Le restaurant de très bonne qualité, la piscine avec l'espace détente, massage et cours de yoga sont des atouts supplémentaires.

HÔTEL-RESTAURANT LA PINÈDE*** €€

2, carrer Del-Pigot ✆ 04 68 87 95 00
www.chainethermale.fr

Fermé en janvier. 18 chambres (dont studios de 28 m²). Offres combinées (pour cures) à découvrir sur le site Internet.

Dans un quartier calme et verdoyant, au cœur d'une pinède, chambres et studios offrent un bel espace et une décoration soignée et lumineuse. Les larges balcons tournés vers la nature sont une invite à la contemplation. Côté restauration, le chef interprète la « cuisine santé-nature® » du chef Michel Guérard. Une cuisine qui allie santé, légèreté et gourmandise. L'établissement dispose d'une salle de conférence, d'un parking privé et d'un service de navette privée vers les thermes.

HÔTEL-RESTAURANT LE ROUSSILLON** €€

37, avenue Beau-Soleil
✆ 04 68 39 34 39
www.chainethermale.fr

Fermé entre décembre et mars, 30 chambres restauration, animations, accueil de séminaires

Situé dans un magnifique parc arboré, au cœur du domaine du château de Can Day un peu à l'écart du village, l'hôtel Roussillon vous propose de spacieuses chambres confortables joliment décorées avec balcon offrant une vue sur la montagne ou la piscine. Au restaurant ou sur la terrasse ombragée, vous aurez plaisir à déguster une très bonne cuisine traditionnelle joliment mâtinée de saveurs méditerranéennes. A noter qu'une navette vous permet d'aller aux thermes et d'en revenir.

LE MAS DE LA BALMA €€

Km 12 -Route de Taulis
MONTBOLO
✆ 04 68 39 08 88
www.masdelabalma.fr

Camping naturiste. Ouvert de juin à sept. Terrain de 62 ha. Plan d'eau et rivière.

Le centre naturiste du Mas de la Balma marque sa différence par la mise en valeur de son environnement. Le plan d'eau aménagé sous la cascade des ruines du moulin apporte une touche particulière à la baignade. On ne manquera pas non plus le "Paradis", vasque naturelle au pied d'une faille rocheuse baptisée ainsi par les premiers enfants naturistes des années 70. De purs moments de quiétude et de bonheur en perspective dans la sérénité de ce lieu vraiment particulier, où l'authenticité n'est pas un vain mot. Le lieu est juste divin et l'accueil si sincère.

MAS DE LA RIVIERE AMPLE €€

Mas d'en Basses (accès par la D15) - **REYNÈS**
✆ 06 80 52 05 22
www.lemasdelarivièreample.com
3 gîtes de 4 à 8 pers. dès 80 € la nuit hors été. Location semaine en été. Piscine. Accueil de stages. Parc immense !

Attention bijou ! Le Futé en avait rêvé - le gîte champêtre idéal niché dans un écrin sublime - Lydic et Alain ont exaucé nos voeux ! 2 maisons en pierre indépendantes à la décoration juste exquise, une belle cabane en bois adossée à la colline, une superbe piscine et sa plage en bois, 55ha de verdure, de ruisseaux et de sentiers pour s'évader et se ressourcer en toute quiétude, et des hôtes délicieux et attentionnés. Le parc entourant la maison et ses arbres majestueux sont une déclaration d'amour aux auteurs romantiques. Coup de cœur du Petit Futé !

LE VIEUX MAS €€

Lieu-dit Can paret - **SAINT-MARSAL**
✆ 04 68 85 43 69
www.levieuxmas.fr
Gîtes de France (3 épis). Chambres de 65 à 100 €. Table d'hôte 25 €. Gîte 13 pers. de 230 à 260 € la nuit. Piscine.

Sur les contreforts sud du massif du Canigó, au cœur de 20 ha de bois et de prés, Marie-Hélène et Gilles vous accueillent dans leur mas catalan du XVIIe siècle, restauré avec soin, en préservant les volumes et l'architecture traditionnelle. Ce que l'on aime au Vieux Mas, c'est que d'emblée, on ressent que l'on est en pleine nature, à presque 800 m d'altitude, là où les influences méditerranéennes et montagnardes se rencontrent, à mi-chemin entre Saint-Marsal et La Bastide. C'est perdu, c'est vrai, mais Dieu que c'est beau et reposant !

LE MAS SABE €€

D618 Route de Taulis (10km après Amélie)
MONTBOLO ✆ 06 84 83 46 73
https://mas-saber.jimdofree.com
Piscine. 5 ha : cabane, yourte, bulle, nid dans les arbres et bus ! Cuisine et salle commune. De 60 à 95 € selon saison.

Chic et bucolique ! Un vrai « coup de charme » pour ces 5 hébergements insolites nichés entre Vallespir et Aspres. Les lieux sont reposants, respirent la nature sauvage et le calme, un endroit où l'on se sent bien pour se retirer du monde urbain sans renoncer au confort. Et que dire des hôtes ? Une famille passionnante avec une vraie culture de l'accueil et de l'écologie et qui vous transmettra ses « good vibes » ! Qualité des matériaux, choix de l'emplacement et décoration intérieure... chacun des hébergements nous a époustouflés. Coup de cœur du *Petit Futé* !

RÉSIDENCE LE CATALOGNE** €

67, avenue du Vieux-Pont
✆ 04 68 87 88 14
www.amelie-vacances.com
Ouvert toute l'année. 26 chambres. Studio, apparts F2 et F3. Tarif spécial cure. Nombreuses promotions selon la saison.

En cure ou tout simplement en vacances, à la recherche d'une chambre, d'un studio ou appartement, au Catalogne vous trouverez de l'espace avec une grande terrasse ensoleillée et sa magnifique vue sur le village de Palalda, un garage pour votre voiture, un garage à vélos, et sur l'arrière un jardin de 1 000 m². Un lieu idéal pour se ressourcer au son du Tech qui chante au pied de la résidence et des diverses variétés d'oiseaux qui nidifient alentour. Les Thermes sont à 1 500 mètres à pied, mais la navette passe toutes les heures, que du bonheur...

MAS SOLAR D'EN MALCION €€

11 Route de Can-Malcion
✆ 04 68 83 42 49
www.solardenmalcion.fr
Ouvert toute l'année. 4 gîtes : dont 3 apparts pour 2 pers. et 1 appart de 2 à 4 pers. Forfaits pour curistes.

Exposé plein sud, le Mas Solar d'en Malcion offre une vue panoramique sur les reliefs du Vallespir. La piscine extérieure dans le vaste jardin avec sa grande terrasse découvrante sont autant d'atouts pour poser ses valises. Les appartements sont tous très bien équipés. Cédric, votre hôte, sera aux petits soins des vacanciers en quête de farniente ou des curistes à la recherche d'un lieu où ils se sentiront immédiatement chez eux. Tout est prévu pour passer un séjour reposant, au calme et loin du stress dans un cadre magnifique et une vallée sauvage.

LE COURT BOUILLON €€

RD 115
REYNÈS
✆ 04 68 07 54 88
Ouvert du mercredi au samedi midi et soir. Carte et menu à 20 et 25 € (2 et 3 services). Belle cave. Terrasse.

Cyril est un vrai chef talentueux qui nous épate et nous enchante de ses créations originales à mille lieues des classiques de la cuisine catalane (et à prix doux). Cuisine à base de produits frais des producteurs du coin, associations subtiles et audacieuses, on aime cette prise de risque pour le plus grand plaisir des papilles. Et Dieu que c'est bon et raffiné ! Dans la salle à la déco épurée et tendance, on peut voir derrière la vitre de la cuisine Cyril le magicien redoubler d'imagination aux fourneaux. Côté vin, que de belles signatures locales. Bravo !

LA DULCINE €€

1, route de Ceret - **REYNÈS**
✆ 04 68 87 02 22
www.ladulcine.com
Ouvert du jeudi au samedi le soir ; du jeudi au mardi le midi. Menus de 34 à 45 €. Carte 50 € environ. Jardin. Terrasse.

La Dulcine remplace le Chat qui Rit avec un nouveau propriétaire à la cuisine créative et une démarche produits de saison et locaux bien sûr. Quelle belle découverte ! Ghislain, le chef, grand voyageur, vous propose une cuisine aux saveurs multiples, avec ce petit mélange de sucré-salé distillé avec parcimonie. Juste le petit plus qui va titiller vos papilles et attiser votre curiosité sans agresser votre palais. Le menu du midi est très abordable au regard du travail des produits et, pour la carte, nous avons adoré les originalités pleines d'audace. A découvrir.

SOUS LE MÛRIER €€

32, avenue du Vallespir
✆ 04 68 39 00 19
www.hotelleregina.com/restaurant.php
Ouvert tous les jours de mars à décembre. carte : 30 € pour 3 plats. Pas de menu le soir ni le week-end. Hôtel (24 ch).

Sous les Mûriers peut être considérée comme l'une des meilleures tables d'Amélie-les-Bains. La carte, volontairement courte, se renouvelle régulièrement sans jamais perdre de son authenticité. Les assiettes sont généreuses et les mets goûteux. Les plus pressés opteront pour les grandes assiettes-repas fort copieuses. Les amateurs de parillades ne seront pas déçus. Dès les beaux jours, réservez votre table, à l'ombre, sous le grand mûrier platane de la terrasse, l'emplacement est idyllique. Le Mûrier, c'est aussi le Régina, un hôtel historique d'Amélie.

CHEZ CORINNE ET MARCEL

Route du Ventous
REYNÈS
✆ 04 68 87 10 37
Producteurs de fruits, légumes et plantes aromatiques. Ouvert de 9h30 à 12h30 et de 16h à 19h. Fermé le dimanche.

Bienvenue à la ferme ! Cerises exquises, raisin divin, oignon mignon... La rime s'épuise hélas. Que dire de ce petit paradis des fruits et légumes, sur la route entre Céret et Amélie-les-Bains ? Un vrai bonheur pour les yeux et les papilles, car l'éventail est large (et toujours de saison !) et la culture est plus que raisonnée. Corinne et Marcel n'utilisent aucun intrant chimique, juste du souffre et du cuivre et quelques petits secrets de jardinier. Au pays de la cerise et des plus beaux vergers de France, voilà une adresse que l'on vous recommande.

LES JARDINS DE PAILLE

Mas Sobraques - **TAILLET**
✆ 04 68 68 74 21
lesjardinsdepaille.com
100 % BIO. Accueil et vente sur RDV. Vente en ligne sur le site internet.

Les jardins de Paille sont nés d'une histoire d'amour entre une passionnée des plantes médicinales et un médecin. La sorcière et le scientifique ont trouvé l'harmonie et vous proposent mille créations comme des hydrolats, des eaux florales, des huiles essentielles... issues de leurs cultures. Des créations originales gourmandes et bienfaisantes. La spécialité de la maison c'est l'amansio : amandes du Roussillon torréfiées, légèrement salées, au cumin. Il amène croquant et saveurs pour les viandes et poissons grillés, soupes, crudités, pâtes... Un régal !

LES VOUTES

Place de la République
✆ 04 68 87 80 71
Epicerie fine et restaurant. Ouvert du lundi au vendredi de 9h30 à 14h et de 15h45 à 19h30. Le samedi matin.

Une échoppe comme on les aime, dans une vraie cave voutée, finement décorée, bien remplie et avec beaucoup de diversité et de choix. On y trouve de tout parmi les produits artisanaux du terroir : miel, confitures, anchois, bières locales... Un beau condensé des saveurs catalanes. Envie de casser la croûte sans plus attendre : sachez que tous les produits à la vente se dégustent sur la terrasse ! Une adresse sympa pour faire un bon apéro avec des produits locaux ou passer la soirée entre amis sur une jolie place à l'écart de l'axe principal.

THERMES D'AMÉLIE-LES-BAINS

Groupe Chaîne Thermale du Soleil
✆ 04 68 87 99 00 - www.chainethermale.fr
Ouvert du lundi au samedi. Fermé en décembre et janvier. Forfait « Spa Sérénité » et forfait « Spa Découverte ».

Deux établissements vous accueillent : Les thermes Romains, construits sur les fondations des bains antiques et dans lesquels vous pourrez admirer une piscine romaine classée et, une voûte datant du XIXe siècle. Les thermes du Mondony parient sur une architecture contemporaine avec ses vastes structures et bénéficient de toute l'expérience acquise au fil des années pour vous faire profiter de ses équipements perfectionnés dans des conditions exceptionnelles de confort et d'efficacité.

SPA THERMAL

✆ 08 25 82 63 66

Le Spa Thermal d'Amélie-les-Bains est ouvert de fin janvier à mi-décembre, tous les jours sauf le dimanche.

Les Thermes romains d'Amélie sont le lieu idéal pour découvrir cette forme de soin bien-être qui, depuis quelques années, a le vent en poupe. En effet, c'est dans un site chargé d'histoire (voûtes et piscine classées aux monuments historiques) contrebalancé par un spa thermal résolument contemporain que l'on vient prendre du temps pour soi. Sur 7 000 m² répartis en 3 étages, des espaces soins ultra-fonctionnels avec cabines individuelles. Une vaste piscine d'eau thermale, un espace fitness et un bain de vapeur en accès libre pendant les soins complètent l'offre. Dans ce cocon de plénitude, accordez-vous enfin du temps pour vous. Pour ce faire, divers forfaits s'offrent à vous :

- **Forfaits d'accès** au Spa avec des soins d'hydrothérapie et des jets sous-marins, la découverte des bains de kaolin en apesanteur (une exclusivité de la Chaîne thermale du Soleil).
- **Modelage sous l'ondée thermale,** pour se relaxer avec un massage doux sous une pluie d'eau chaude.
- **Bain reminéralisant hydromassant :** massage en baignoire par de puissants jets d'eau thermale.
- **Ondée thermale hydromassante :** libère votre organisme des tensions grâce à une pluie d'eau chaude qui vous masse de la tête aux pieds.
- **Watermass :** soin spécifique de la peau d'orange associant eau thermale chaude, huiles essentielles et modelage mécanique.
- **Des Formules demi-journée avec :** Spa Liberté, Spa Découverte, Spa Délices, Spa Pur Méditerranée, Spa Sérénité, Spa Premium.
- **Des soins relaxants en institut de beauté :** soins du visage et modelages aux huiles essentielles.

ARLES-SUR-TECH ★

Au confluent du Tech et du Riuferrer, Arles-de-Tec, en catalan, est un village construit dans la vallée le long du Tech dans un site verdoyant et tempéré. Il constitue un agréable lieu de villégiature ou d'excursions. Riche en patrimoine architectural et historique, avec en particulier son abbaye millénaire, la ville est aussi fière de ses fêtes – L'ours et les Médiévales – et de ses traditions artisanales – les ateliers de tissage catalan, d'espadrilles et les rousquilles. La petite place centrale et ses rues piétonnes valent vraiment le détour. Quant aux amoureux de nature, Arles offre de belles possibilités de randonnées ou de parcours de pêche.

L'ABBAYE SAINTE-MARIE ET SON CLOÎTRE ★★★

✆ 04 68 83 90 66

www.tourisme-haut-vallespir.com

Ouvert du lundi au samedi en basse saison et le dimanche après-midi en haute saison. Entrée par l'office de tourisme.

La célèbre abbaye Sainte-Marie est une ancienne halte des pèlerins de Saint-Jacques-de-Compostelle. Fondée en 778 aux premières heures de la reconquête mettant fin aux incursions arabes au nord des Pyrénées, l'abbaye Sainte-Marie peut s'enorgueillir d'être la plus ancienne abbaye carolingienne de Catalogne. L'édifice, consacré en 1046, possède une particularité unique en Roussillon : un chevet orienté vers l'ouest, et non vers l'est à une époque où toutes les monuments religieux étaient orientés vers le tombeau du Christ. L'intérieur surprend par la hauteur de la nef (17 m) et une certaine austérité, ce qui valut à l'édifice d'être qualifié « d'imposant et sévère » par Prosper Mérimée. En pénétrant dans le cloître, accolé à l'église, on est tout de suite frappé par son élégante légèreté. Les ogives sont bâties en marbre de Céret, et le calcaire gris de Gérone fut choisi afin d'élancer les fines colonnes géminées. Le déambulatoire est non voûté. Outre le silence et la quiétude, c'est le jeu des ombres et de la lumière qui fait le charme de cet ensemble gothique sobre et gracile.

- **La Sainte Tombe :** sur le parvis de l'église, un sarcophage du IVe siècle contient une eau très pure depuis qu'il abrita les reliques des saints Abdon et Sennen, patrons d'Arles. Il produit en continu Environ 250 litres par an sans être alimenté par aucune source Ne pouvant expliquer l'origine de cette eau, il est devenu un objet de vénération qui, à lui seul, contribua à la renommée de l'abbaye.

ARRIÈRE-PAYS

LES GORGES DE LA FOU

Route de Prats-de-Mollo
✆ 04 68 39 16 21
Fermeture provisoire pour mise en sécurité. Ouverture au printemps 2023.

Les Gorges les plus étroites du monde avec des passages d'une largeur inférieure à 80 cm ; elles ont effrayé la population persuadée qu'elles étaient habitées par les *bruixes* (des sorcières maléfiques). Les légendes se confondent avec l'Histoire, celle des *Trabucayres,* ces bandits de grands chemins qui sévirent dans la région vers 1840. Ce canyon de 1 700 m de long et de 200 m de profondeur est si resserré à certains endroits que la lumière du jour n'en atteint pas le fond, c'est là où vivent les *Simiots*, ces êtres hideux tout droit sortis des contes pour enfants.

MAISON DU PATRIMOINE ET DE LA MÉMOIRE ANDRÉ-ABET

Rue Joseph-Nivet - **SAINT-LAURENT-DE-CERDANS**
✆ 04 68 39 55 75
Entrée : 1 €.

Mémoire des traditions du Vallespir, ce musée retrace la vie économique et industrielle de la ville. Au premier étage, reconstitution d'une usine d'espadrilles, un espace consacré au châtaignier, reconstitution d'une forge de maréchal-ferrant, d'un métier de bourrelier, mais aussi une peau d'ours et l'ensemble des instruments d'une cobla (orchestre des sardanes). Au 2e étage évocation de la Retirada (retraite des Républicains espagnols fuyant l'Espagne franquiste en 1939) en vidéo.

LE MOULIN DES ARTS

Rue du 14-Juillet
✆ 07 72 17 64 90
Ouvert tous les jours de 10h à 18h. Pour les horaires de présence des artistes, voir sur le site Internet. Gratuit.

Au cœur du vieux Arles, le Moulin des Arts et de l'Artisanat, installé dans l'ancienne usine de tissage, est une authentique vitrine de la créativité locale. Les bâtiments de pierre ont repris vie, transformés en ateliers. Dans la salle des machines, les vieux métiers à tisser sont toujours là, comme prêts à reprendre du service et dans la claire et vaste boutique, vitrine de la création « Made in Vallespir », 18 artistes locaux se sont mutualisés pour présenter leurs œuvres en une exposition chaleureuse et colorée. C'est beau, vivant et superbement rénové.

LA SAINTE TOMBE

Parvis de l'abbaye Sainte-Marie
La Sainte Tombe est visible lors de la visite de l'Abbaye Sainte-Marie. Entrée : 4 €.

Située sur le parvis de l'abbaye, la « Sainte Tombe », seul vestige du sanctuaire paléochrétien du site des thermes romains d'Arles, attire foule pour sa source que l'on imagine magique. Celle-ci est entourée d'une aura de mystère et de croyances ancestrales... Il est dit que cette tombe abrita les reliques des saints patrons d'Arles, Abdon et Sennen. Mais ces vestiges auraient disparu subitement. La tombe consiste en un sarcophage du IVe siècle en marbre blanc bleuté de Céret, au-dessus duquel est encastré le gisant de Guillaume de Gaucelme, seigneur de Tellet qui avait été inhumé en 1211. L'austérité de l'ensemble et l'environnement troublant ont certainement joué un rôle dans les croyances populaires en des phénomènes paranormaux. Ce tombeau produit dans les 250 litres d'eau par an, sans être alimenté par aucune source, croit-on. Ainsi quotidiennement, il émane de l'intérieur du sarcophage près d'un litre d'eau réputée pure qui aurait des vertus miraculeuses et curatives. On peut puiser l'eau par un trou situé sur l'un des côtés du sarcophaque. Même si un panneau indique que « la Sainte Tombe n'a pas livré son mystère », cette étrangeté a tout de même été expliquée. Il s'agit en fait du résultat de la pénétration, puis de la condensation de l'eau de pluie dans le sarcophage fait de marbre assez perméable. L'eau est aujourd'hui distribuée aux fidèles lors de la fête des saints Abdon et Sennen, le 30 juillet. Le sarcophage est inscrit à l'inventaire des monuments historiques depuis 1892.

OFFICE DE TOURISME - DESTINATION SUD CANIGÓ

Voie Communale VALLS ✆ 04 68 39 11 99
www.tourisme-haut-vallespir.com
Ouvert en haute saison du lundi au samedi et le dimanche après midi. Fermé en basse saison le dimanche.

L'équipe de l'Office de Tourisme d'Arles sur Tech - Corsavy - Montferrer vous accueille et vous donne les clés pour découvrir cette « Destination Sud Canigó » au riche patrimoine historique, naturel et culturel. Vous y trouvez toutes les informations culturelles, sportives, et événementielles désirées. A partir de leur site Internet, vous aurez accès à tous les renseignements pratiques sur la destination. Dans ses locaux, l'Office de Tourisme vous offre une connexion Wifi gratuite.

CAMPING VERTE RIVE €

Route d'Arles sur Tech
SAINT-LAURENT-DE-CERDANS ✆ 04 68 39 54 64
www.camping-verterive.fr
Terrain de 2 ha. 33 emplacements. Chalets, bungalows, restauration. Accès piscine municipale.

Jessy et Pascal donnent un coup de jeune à l'ancien camping municipal de St-Laurent et contribuent au dynamisme de ce petit village de montagne très prisé des amoureux de nature. Au choix, des emplacements pour tentes (ombragés, au soleil ou en bordure du ruisseau), et des structures en dur très récentes : chalets, bungalows et caravanes. Un esprit familial et nature règne sur les lieux et permet de profiter pleinement de l'environnement sauvage et de la quiétude de l'environnement. Randonneurs, pêcheurs à la truite ou cyclistes, voilà votre bonheur à petit prix !

MAS BIGORATS DE BAIX €

CORSAVY
✆ 04 68 98 28 99
Ouvert de mars à décembre. Gîte, Tipi. Refuge pour les randonneurs. Pension et demi-pension.

L'eldorado du ressourcement dans les montagnes et de la béatitude existe à 750m d'altitude. Le lieu est tout simplement époustouflant, la vue est grandiose et les bâtiments du XVIIe ont été magnifiquement rénovés par un architecte spécialisé dans la restauration de chapelles romanes ! Catherine vous propose 4 types d'hébergement pour tous les budgets. On vous le dit à nouveau, le Mas Bigorrat de Baix a vraiment une âme, c'est un vrai paradis pour renouer avec un art de vivre loin de la ville et de sa « ruche bourdonnante » (*dixit* Balzac).

REFUGE DE BATÈRE €

CORSAVY ✆ 04 68 39 12 01
www.gite-refuge-batere.com
Fermé d'octobre à avril. Restaurant et bar ouverts du 1er juin au 15 sept. 38 pers (6 chambres). 2 dortoirs.

Idéalement situé sur le GR10 à 1 470 m d'altitude, le refuge est bien connu des randonneurs, des amoureux du VTT, du parapente et des balades équestres. Car ici on accepte aussi vos chevaux ou autres ânes de bât. La cuisine est généreuse, élaborée avec les produits frais et locaux. Les chambres sont douillettes pour un refuge et les dortoirs propres avec la possibilité de location de draps. A la belle saison, nos deux hôtes proposent également des événements festifs avec repas inclus (infos sur le site). Ambiance et bonne humeur garanties... et quelle vue !

REFUGE DE SANT GUILLEM €

LE TECH
✆ 09 78 04 96 85
www.refugesantguillem.com
Fermé de novembre à avril. 40 couchages. Salle hors sac à l'année (12 pers.). Resto et bar. Location de VTT électriques

Une très belle réalisation qui fait la fierté de Sud Canigó. Un bâtiment flambant neuf, ultra moderne s'intégrant parfaitement à la nature. Situé au cœur d'un *arboretum* aux essences rares à 1 283 m d'alt., sur les boucles de grande randonnée, ce refuge est une merveille ! L'accès se fait en voiture depuis le village du Tech puis une piste conduit au refuge (fermée en juillet et août). La meilleure solution revient encore de monter à pied (1h30) sur un chemin ombragé. Là haut, le sourire vous est offert, car il est comme le soleil et les gens d'ici... généreux.

L'ANDREU €€

Lieu dit Andreu - **CORSAVY** ✆ 04 68 37 57 22
www.landreu.fr
Gîte 4 pers (55 m2 - 1 chambre). Chambres d'hôtes avec petit déj inclus. Piscine et Bain bouillonnant.

Loin de tout en Vallespir dans un cadre enchanteur, le gîte de l'Andreu vous accueille dans les anciennes écuries. Sur le toit, on adore la vaste terrasse avec barbecue et meubles de jardin. Piscine et bain bouillonnant pour couronner le tout, sans oublier les 4 chambres d'hôtes spacieuses, très bien équipées, et aussi bien décorées que le gîte. La grande classe et la vie de château... Et bien sûr au calme. L'Andreu est le mas (ferme en catalan) idéal pour passer quelques jours ou une semaine au vert à pêcher, se relaxer et se promener... tout simplement vivre !

CAN LLOUQUETTE €€

MONTFERRER
✆ 04 68 89 16 64
www.can-llouquette.com
2 gîtes pour 4 pers, 1 appart. pour 2 pers. Location semaine en saison. Hors saison 2 nuits min. Piscine.

Can Llouquette est une ferme catalane traditionnelle, récemment rénovée à un standard de haut niveau, tout en gardant un cachet rustique et montagnard. Les 4 gites sont tous indépendants avec accès direct à la piscine et au jardin. Question équipement, rien à dire, tout y est, et les enfants n'ont pas été oubliés. Le mas s'étend sur 5 ha de prairies et forêts où il fait bon gambader sans oublier la rivière tout proche. Pour des idées de balades dans les environs, Ashley et Simon connaissent le coin comme leur poche et sauront vous orienter.

CASE GUILLAMO €€

Case Guillamo - **SERRALONGUE**
✆ 04 68 39 60 50
www.caseguillamo.fr

Gîtes de France (3 épis). Ouvert toute l'année. 3 chambres (8 personnes). Table d'hôtes gastronomique.

Cette bâtisse tout en pierre peut accueillir jusqu'à 8 personnes réparties en 2 chambres et une suite. Et il faut vous dire que la déco est soignée, poutres apparentes, des cheminées jusque dans les chambres et des salles de bains presque « creusées » dans la pierre. La demi-pension offre un rapport qualité-prix assez rare au vu de la splendeur de cette demeure du bout du monde, de la qualité des produits des repas et petits déjeuners. les plats sont réalisés dans un four à pain ! Le paradis de Rabelais est sur terre et il est dans le Vallespir !

LA CORRENT SANA €€

Route Baillie
✆ 04 68 83 92 09
www.la-corrent-sana.com

3 chambres d'hôtes avec petit déjeuner. Tarif dégressif à partir de 3 nuitées.

Des « chambres d'hôtes de charme », c'est ainsi que Joëlle et Joël définissent leur petit paradis perdu sur les pentes du massif du Canigó. On est tout de suite conquis par les noms évocateurs des chambres : Tramontane, Marinade ou Vent d'Espagne. « L'idée était de créer une oasis de verdure et de tranquillité loin du stress quotidien », commente fièrement Joëlle. Ici, tout est pensé pour votre bien-être. Une cuisine délicieuse à découvrir avec des produits du jardin. Un vrai bonheur qui allie à merveille gastronomie, plaisir et bien-être.

LE COULOUMÉ €€

Mas le Couloumé
SAINT-LAURENT-DE-CERDANS
✆ 04 68 68 42 88

Gîtes de France. 2 gîtes pour 4 personnes et 1 pour 6 de 300 à 600 € selon saison. Lave-linge, lave-vaisselle.

Dans ce grand mas isolé qui est aussi et surtout une ferme d'élevage, vous découvrirez 3 superbes gîtes installés dans l'ancienne paillère. Les vaches et le foin sont partis, rassurez-vous. Mais les murs en pierre et les poutres apparentes sont toujours là. Le Couloumé, vous vous en doutez, c'est le bonheur pour les amoureux de la nature, mais c'est aussi un petit paradis pour les enfants car ils sont dans une vraie ferme en activité (pas un musée), une exploitation agricole qui produit un succulent fromage de chèvre. Un lieu de caractère et de vie !

DEMEURE DES DEUX SOURCES €€

✆ 06 03 57 30 17
www.demeuredes2sources.com

3 gîtes. Petit déjeuner sur demande. Possibilité de réunir deux gîtes. Piscine.

Entre Arles et le Tech, la Demeure des deux Sources est un mas catalan posé au milieu de quelques hectares de champs et de forêts. 3 gîtes de haut standing sont proposés avec tous un cachet différent. La conservation, la mise en valeur des murs en pierre et des poutres apparentes, font tout le charme de ces habitations. Les propriétaires ont voulu dédier ce lieu unique aux amateurs de nature, de confort et de sérénité, en quête d'un séjour réussi en couple, famille ou amis. Un lieu propice à la méditation ou la relaxation, un lieu qui nous a séduits.

GÎTE ÉCOLOGIQUE MOULIN DE GALANGAU €€

La Palme
MONTFERRER
✆ 06 22 19 64 29

Ouvert toute l'année. Pour 5 personnes (60 m², 2 chambres). Possibilité d'hébergement à partir de deux nuits.

Juste en face des gorges de la Fou, se cache une autre merveille du Vallespir : un gîte beau comme une pépite ! Pascal, sculpteur sur marbre et Isabelle, artiste plasticienne, sont à l'origine de ce projet un peu fou mais ô combien merveilleux. On est tout de suite emballé par l'escalier en fer forgé qui monte à la mezzanine ou par la douche de style marocain. En fait, on se croirait dans une galerie d'art tant l'alliance entre le bois, le fer et la pierre est réussie !

MAS CLOT D'EN GUARDIA €€

✆ 06 66 29 45 07

Deux gites (pour 10 p) à louer en totalité ou en partie. Week-end deux nuit ou semaine en été.

Le Mas Clot d'en Guardia est une ferme catalane du XVe siècle située à quelques km d'Arles. Le gite est une ancienne grange rénovée avec soin (qui peut accueillir jusqu'à 10 p) et qui jouxte la bâtisse principale. On peut choisir de réserver l'ensemble pour un séjour entre amis ou juste une partie pour des vacances en famille ou en amoureux. Au milieu de la forêt, vous apprécierez le calme du vaste jardin et la superbe piscine à débordement. Vous serez ébloui par l'accueil que vos hôtes vous réservent, disponibles, à vos petits soins et très attachants.

MAS DEL ROURE €€

MONTFERRER

✆ 04 68 39 11 29

www.roure.co.uk

Ouvert toute l'année. Gîte El Roure (65 m²) et la Rosella (55 m2) tous deux pour 6 personnes. Formules week-end.

Le bonheur est dans le pré, et c'est à Montferrer chez Katia et Yann, éleveurs de bovins en bio. Le Mas del Roure, c'est une grande bâtisse en pierre qui se compose de l'habitation de vos hôtes et de deux gîtes fort bien aménagés et indépendants (terrasse et jardin privé). Plein sud, face aux sommets frontaliers et au massif de la Alta Garrotxa, vous profiterez d'un immense parc qui abrite un chêne séculaire. Les enfants peuvent se défouler jusqu'à perdre haleine en gambadant sur l'immense terrain. A noter que la piscine de Montferrer (à 2 km) est gratuite.

MAS GRAMATXO €€

SAINT-LAURENT-DE-CERDANS

✆ 06 12 49 69 65

www.gite-gramatxo.com

Gîtes de France (3 épis). Pour 4 personnes (80 m², 2 chambres). Chambre chez l'habitant.

Le Mas Gramatxo est un ancien domaine agricole catalan situé à 450 m d'altitude sur un domaine de 15 ha, dominant la confluence des 2 rivières le Tech et La Quera. Sis au rez-de-chaussée d'une ancienne grange, le gîte dispose d'un équipement moderne. Il s'ouvre sur un jardin privatif fleuri et arboré qui invite à une reposante sieste au calme ou à une bonne grillade entre amis. L'intérieur, très lumineux, est rustique et la décoration très soignée. Si vous avez un peu chaud, vous aurez le choix entre la rivière un peu plus bas ou la piscine hors sol.

MAS LA TAILLEDE €€

Route de Batère - **CORSAVY**

✆ 06 67 70 08 44

www.lataillede.com

4 gites (de 2 à 8pers) et 1 yourte. Grande salle de yoga. Bain nordique et sauna. Animaux sur la ferme. stages wellness.

L'histoire familiale du mas est à découvrir dans son joli album photo qui retrace la conversion de cette ancienne bergerie en un lieu dédié au bien-être. Ali et sa famille vous emmèneront à la découverte des lieux de baignade en rivière et sur les sentiers alentour. La piscine avec sa vue imprenable, les bains nordiques ou le sauna sauront vous ressourcer. N'oubliez pas de vous poser dans la pièce lecture ou encore sur l'une des terrasses ombragées qui invitent au farniente. Là haut, les énergies sont douces et bienveillantes, l'accueil est celui du cœur.

MAS LOU POUN €€

Route de Batère - **CORSAVY**

✆ 04 68 85 56 99

https://fr.masloupoun.com

Gites : la maison (12 p), le casot (2p), la bergerie (4p). Piscine et bain nordique. Parc immense et piano à queue !

Le Mas Lou Poun est un petit bijou bien caché. Un lieu qui dégage une impression de sérénité et qui invite à la méditation. Sur 9 ha de prairies et de bois bordés par un ruisseau, le Mas propose plusieurs logements : la maison, le casot et notre préféré le gîte la bergerie situé en contrebas à l'orée de la forêt. On a craqué pour la décoration et l'ameublement dignes d'une belle brocante aux accents victoriens. Revenons à ce siècle et plongeons l'été dans la piscine naturelle ou en saison fraîche prélassons-nous dans le bain nordique face aux montagnes. On adore !

MAS MANYAQUES*** €€

LE TECH

✆ 04 68 39 89 47

www.mas-manyaques.com

Gîtes de France (3 épis). 6 gîtes magiques de 4 à 8p. Tarifs selon saison. Séminaires et réceptions. piscine immense !

Cet ancien moulin du XVIIe siècle, restauré avec goût, au cœur d'un parc arboré de 3 ha, bordé par le Tech et adossé à une petite chapelle, est l'endroit idéal pour les amoureux de la nature, de la randonnée et inconditionnels du chant des oiseaux et du murmure de la rivière où les coins de baignade abondent. La piscine (20 m de long et éclairée la nuit) est là pour vos après-midi de farniente. Même les animaux de la propriétaire sont source d'apaisement tant la vie au Mas Manyaques y est douce et reposante. Le *Petit Futé* est revenu enchanté de ce paradis !

MAS VILALTE €€

Route de Batère

CORSAVY

www.masvilalte.com

Hameau et centre de retraite. Jusqu'à 40p. Accueil pour stages en développement personnel. Piscine naturelle, sauna.

Loin de tout et le regard tourné plein sud vers les monts frontaliers, le Mas Vilalte est un lieu précieux et rare. Un hameau de pierre comme surgi de nulle part et entièrement dédié aux retraites spirituelles et à l'écologie. Un lieu hypnotique où une fois qu'on y a posé ses valises, on ne veut plus en partir : immense salle de yoga tout en bois, piscine écologique avec phyto-épuration, jardin potager 100% BIO, parc fleuri de mille essences, pièces à vivre dignes d'un château et panorama à couper le souffle. Soulignons aussi l'accueil qui touche droit au coeur !

LE MOLI D'EN DAGUES €€

SAINT-LAURENT-DE-CERDANS
✆ 04 68 39 59 01

Gîtes de France. 2 gîtes pour 4 et 6 personnes.

A la fromagerie du Mouli d'En Dagues, Sophie et Laurent ont créé deux superbes gîtes pour des vacances au calme dans une ferme. En bordure du torrent, cet ancien moulin rénové dispose de tous les équipements nécessaires. Vous adorerez le bruit de la petite cascade en dessous ou la compagnie des vaches qui paissent dans les prés alentours. Et surtout, au Moli d'En Dagues, Sophie et Laurent vous feront goûter leurs excellents fromages fermiers BIO et au lait cru (que l'on retrouve dans les meilleures crémeries du département). Vacances nature par excellence !

LA VIE EN PENTE DOUCE €€

Ancienne route d'Arles sur tech - Vall du Riuferrer
CORSAVY ✆ 09 72 21 26 88
https://lavieenpentedouce.com

3 gites au paradis pour 2, 4 et 6 pers. Piscine, sauna et jacuzzi. Salle de jeux avec arcade games, billard, baby foot

C'est un écrin de verdure, un ilot de sérénité, que dis-je ? C'est un placenta de nature ! Un lieu rare et précieux, emmitouflé dans la forêt, bercé par le chant des oiseaux et tout près d'un ruisseau magique. Le Mas l'Andreu sera votre choix pour la sérénité, le raffinement et les espaces sauvages. Nous avons été bluffés par les 3 gîtes indépendants au charme fou : décoration, meubles de haut standing et touches de finesse. Et puis il y a ce vaste jardin en herbe, serti de sa piscine, sauna et jacuzzi... Un petit air de paradis. Notre coup de cœur en vallespir !

VILLA BONHEUR VALLESPIR €€

Chemin du Mas Pecan ✆ 06 64 86 06 76
www.villabonheurvallespir.com

5 chambres d'hôtes de 55 à 155€ selon choix et saison. Buffet petit déjeuner inclus. Piscine.

Tout près d'Arles-sur-Tech mais dans un écrin de verdure et sans vis-à-vis, Renilde et Wim vous ouvrent les portes de leur magnifique maison : 5 chambres d'hôtes avec petit déjeuner buffet inclus, un vaste jardin et une superbe piscine. La déco intérieure est vraiment soignée, literie de qualité et petites touches fines par ci par là. Les propriétaires misent vraiment sur la qualité de l'accueil et l'attention apportée aux hôtes. Las du farniente et de la bronzette ? Laissez-vous tenter par le badminton, le ping pong ou le vélo électrique !

DOMAINE DE FALGOS*** €€€

SAINT-LAURENT-DE-CERDANS ✆ 04 68 39 51 42
www.falgos.com

Résidence hôtelière ouverte toute l'année. Hôtel fermé entre mars et nov. 25 chambres. Appartements. Accès spa inclus.

Sur les hauteurs de Saint Laurent se blottit ce vaste complexe hôtelier et sportif bâti en pleine nature à 1 100 m d'alt. L'un de ses principaux atouts est un magnifique golf 18 trous. Les 5 177 m du parcours vallonné offrent un panorama exceptionnel vers le Canigó ou la baie de Rosas. Un superbe spa est là pour vous redonner du tonus : piscine chauffée, bain bouillonnant, sauna, hammam, salons de massage... Les chambres luxueuses et très bien équipées sont dotées de balcons à l'étage et de terrasses privatives en rez-de-jardin. Luxe et bien-être en un seul lieu.

MAS CAN GAILLARD €€€

Can Gaillard
MONTFERRER
✆ 06 81 79 39 08

Gîtes de France (3 épis). Pour 18 pers (250 m², 8 chambres). Bains norvégiens à l'eau de source chauffée. Jeux enfants.

Can Gaillard, entouré d'une végétation luxuriante et sauvage, est le lieu rêvé pour partir en groupe d'amis ou organiser des vacances de « réunion de famille ». Un vrai mas catalan du XVIIIe siècle à l'ambiance montagnarde. Un petit paradis, au milieu d'un grand jardin de 2 000 m², qui offre tout le confort moderne et le charme de l'ancien avec ses pierres apparentes, sa belle cheminée et son mobilier choisi. Lionel a créé un potager 100 % bio et une basse-cour, aussi vous pouvez avoir des œufs frais tous les matins et lui acheter ses fruits et légumes.

LES CAVES MOURAGUES €

2, rue Font-d'Avall
✆ 04 68 54 97 72
www.lescavesmouragues.fr

Ouvert tous les jours de juin à sept. Fermé le mercredi les autres mois. Plusieurs menus. Pizzas. Jardin et terrasse.

Voilà un restaurant traditionnel, populaire et pour tous les budgets. Les Caves Mouragues est une véritable institution à Arles. On y vient en famille ou entre amis selon l'humeur. Et celle du patron est toujours égale, qu'il pleuve, qu'il neige ou qu'il vente ! Les plats sont assez copieux, la cuisine est de qualité mais ce qui fait surtout le charme de ce restaurant, c'est sa grande terrasse ombragée l'été et chauffée l'hiver. On peut vous dire que les pizzas sont délicieuses ! Un endroit sympa, sans prétention mais très chaleureux.

CRÊPERIE EL CORTAL €

Cortal de l'Aloy - **CORSAVY**
✆ 04 68 39 31 57
www.restaurantelcortal.com
Ouvert du mardi au samedi midi et soir. Le dimanche midi. Menus à 16,90 et 19,90 € midi et soir. Terrasse unique !

On aime El Cortal pour sa cuisine et ses propositions variées mais c'est surtout pour la fabuleuse terrasse et le point de vue sur les montagnes. Qu'est ce qu'on se sent bien là haut ! Cette ancienne étable tenue par un couple catalano-hollandais propose viandes, poissons, salades et crêpes et même des plats de là-haut. L'offre est vaste et savoureuse. Le lieu est chaleureux et convivial à souhait, la grande salle de restaurant séduit par son caractère rustique. On est en montagne et ça se sent. L'offre de menus midi et soir est très louable.

CHEZ FLEUR, L'HOSTAL DE CABRENC €

16, rue Abdon-Poggi
SERRALONGUE
✆ 06 87 67 46 11
Ouvert toute l'année. Menu unique à 25 € et diverses formules l'été.

Les gens du village ont de quoi être heureux : un bistrot sympathique et familial, un grand comptoir jamais inoccupé, deux canapés en cuir accolés à la cheminée, des œuvres d'artistes locaux aux murs. Fleur a pas mal bourlingué et ramené de ses voyages la passion des épices qu'elle met à l'honneur dans une cuisine savoureuse et créative. Priorité aux produits locaux et frais. Plats copieux, tarifs raisonnables et ambiance façon pub anglais comme on aime dans les petits villages.

LA FONTAINE DES BUIS €

Chemin du stade
✆ 06 20 95 56 49
Du mercredi au samedi en été. Dimanche et lundi le midi seulement. Hors saison ouvert le midi. Jardin. Terrasse.

Un vent de jeunesse souffle sur la Fontaine des Buis depuis le changement de propriétaire. Une ginguette sur les bords du Tech, un peu de fraîcheur, de l'ombre et la musique du torrent. Un lieu convivial et populaire pour les habitants de la vallée et ceux d'ailleurs. Le résultat est à la hauteur des espérances. On y vient pour se désaltérer, manger local et de saison à petit prix ou bien danser. Et on aimerait que ça dure toute la nuit… Le petit plus : l'aire de pique-nique (avec tables et barbecues) juste à côté est en accès libre. Idéal pour les familles.

RESTAURANT CHEZ FRANÇOISE €€

Rue Baptiste-Pams - **CORSAVY**
✆ 04 68 39 12 04
Fermé de décembre à fin février. Ouvert du jeudi au mardi. Réservation recommandée. Menu unique à 33 € (vin compris).

Poussez la porte de la pittoresque épicerie, le restaurant est au fond de celle-ci. Depuis plus de 60 ans, on s'attable chez Françoise pour déguster un immuable menu unique mais pantagruélique… Charcuterie maison, puis les trois plats : une truite sauvage poêlée, de l'omelette aux cèpes, et la pintade fermière et ses accompagnements. Et, enfin, arrive le flan aux œufs, lequel, vous diront certains, se mange sans faim. Plus qu'un restaurant, c'est une institution. Unique !

PÂTISSERIE TOURON

6, placette d'Avall
✆ 04 68 39 10 47
www.patisserie-touron.com
Ouvert du mardi au dimanche de 7h30 à 12h et de 16h à 19h.

Un ancien du village me disait en roulant les r : « Petit, il y a rousquille et Rousquille, mais là, c'est La Rousquille, elle est aussi connue que la Tour Eiffel à Paris ! » La clientèle vient de loin pour goûter les spécialités de cette pâtisserie familiale dont l'aïeul a initié la recette en 1850. Nous avons là un fleuron de la gastronomie du Pays Catalan que le monde entier nous envie, quelque fois copiée mais jamais égalée. Merci à la famille Touron de perpétuer cette tradition gourmande. Cette Maison est aujourd'hui un patrimoine culinaire bien vivant.

LA BOÎTE À MIEL

Hameau de Galdares
SERRALONGUE
✆ 04 68 53 05 97
100 % bio. Accueil et visite sur rendez-vous.

Jean-François est apiculteur à Serralongue sur un territoire boisé et sauvage. La miellerie est installée sur la propriété familiale dans le petit hameau de Galdarès. Elle n'est pas très vaste mais comme il le dit lui même, «J'aime accueillir les gens et leur parler de mon métier». Le produit récolté est à l'image de ce passionné et amoureux de la nature : un miel bio unique qui rafle souvent des prix. N'hésitez pas à aller à sa rencontre, il vous fera découvrir sa miellerie, goûter ses trésors et vous révèlera peut être quelques secrets.

BOUCHERIE-CHARCUTERIE DE LA PLACE

2, place de l'Église
✆ 04 68 39 31 33
Spécialités de charcuteries catalanes. Fermé dimanche après-midi et lundi.

Sous les arcades de la place de l'Eglise, sévissent les deux derniers Simiots d'Arles : Joël et Patrick. Ne soyez pas effrayés, allez à leur rencontre car ces deux amoureux de la bonne chère et incontournables personnages d'Arles vous diront que chez eux on fait de la charcuterie « dans la tradition, que du sel et du poivre, pas de conservateur, comme on a appris à la ferme. » Deux vrais défenseurs du bon goût et du propre, sans adjonction de cochonneries ! Une adresse incontournable.

FLORENCE LOSA CHOCOLAT CRU

12, baills Jean-Vilar ✆ 07 83 15 93 18
www.florencelosachocolat.wordpress.com
Mercredi et samedi de 15h30 à 19h, dimanche de 10h à 12h30. Sur rdv lundi et mardi. Marché de Céret le samedi matin.

Pour la petite histoire, au XIXe siècle, Arles comptait 7 chocolateries. Contrairement à l'élaboration du chocolat traditionnel qui implique la torréfaction des fèves à haute température, le cacao de Florence Losa est moulu artisanalement à basse température et conserve ainsi toutes les substances bénéfiques pour la santé. Florence façonne ensuite son produit sans sucre raffiné et ajoute au gré de sa fantaisie et des saisons divers ingrédients locaux et bio. Tout simplement délicieux !

CRÉATION CATALANE

Chemin du Baynat-d'En-Pouly
SAINT-LAURENT-DE-CERDANS
✆ 04 68 54 08 68
www.espadrille-catalane.com
Haute saison : ouvert du lundi au samedi matin et soir, et le dimanche après-midi.

Cette fabrique artisanale d'espadrilles et de vigatanes créée par deux enfants du pays prouve que la tradition est plus forte que tout. Des sportifs ont couru le marathon de Paris avec ces espadrilles, les couturiers de renom ont fait défiler leurs modèles espadrilles aux pieds. L'envie de faire évoluer cette vigatane est permanent, en créant de nouveaux modèles masculins et féminins, pour enfants aussi, à talons, dans des coloris plus fantaisie, mais toujours bayadères, aux tissus signés Toiles du Soleil, « l'autre poumon » de Saint Laurent.

FROMAGERIE CAN NADAL

MONTFERRER
✆ 04 68 87 88 12
Accueil, visite et dégustation sur rendez-vous.

Dans un mas catalan perché sur une soulane (versant sud) Ghislaine et Yves élèvent des brebis laitières et produisent un fromage dont la réputation n'est plus à faire. Les 120 brebis de race Lacaune produisent un lait exceptionnel qui une fois transformé se décline en tome, crémons (crottins), et fromages frais, caillés, mato et brousse. Le travail de la famille Coste est régulièrement récompensé dans les salons. Nos bergers et maîtres fromagers proposent aussi un gîte pour deux personnes à la location. Une super idée pour des vacances gourmandes et reposantes !

L'ÉTOILE DE LA BERGÈRE

Mas Sobraquès
MONTFERRER
✆ 07 79 46 39 42
Accueil, visite et dégustation des glaces sur rendez-vous.

Vous aimez les glaces ? Mais pas n'importe lesquelles, celles faites avec un peu de lait de brebis et surtout beaucoup d'amour et de tendresse ! Bio, onctueuses, douces, digestes et sans œuf. La faute à qui ? A une race de brebis corse choisie pour sa rusticité et la richesse de son lait. Pour vous mettre le lait à la bouche, il y a une dizaine de parfums tous exquis. Et la cerise sur le gâteau, car l'amour du travail bien fait finit toujours par payer, c'est que vous retrouvez les «étoiles glacées» de la Bergère sur les meilleures tables du département.

FROMAGERIE MOLI D'EN DAGUES

SAINT-LAURENT-DE-CERDANS
✆ 04 68 39 59 01
Accueil, visite et dégustation sur RDV. 2 gîtes sur la propriété.

Sophie et Laurent vous accueillent dans leur petit paradis : un vieux moulin dans la forêt au bord d'un ruisseau. Ils élèvent des vaches de race tarentaise et leur fromage, un des plus réputés du département, reçoit régulièrement des récompenses. Au menu : lait frais, tomme, fromage blanc, faisselle, fromages lactiques et brousse. Sophie et Laurent sont adorables, ils ont un bel esprit Paysan. Bon à savoir si vous tombez amoureux du lieu, ils disposent de deux gîtes à la location.

GAEC LA CAZETTE

Route de Batère
CORSAVY
✆ 04 68 39 29 63
www.fromagerielacazette.com
Vente de fromage à la ferme de 8h à 19h30 et traite des brebis de mi-avril à fin novembre.

Quelques km après Corsavy sur la route Batère, la bergerie de la Cazette est facile à trouver, c'est la première et unique ferme à main droite. Quel panorama sur la frontière avec l'Espagne et les sommets de la Alta Garrotxa ! Il faut dire qu'on est à plus de mille mètres d'altitude ici. Dans la bergerie installée sous la maison, vous aurez le choix entre la tomme, les fromages à pâte molle et les fromages frais : mato, yaourt et brousse. La cerise sur le fromage, c'est la visite de la petite cave d'affinage où les tommes sont alignées sur des planches d'épicéa.

LE MOULY BENC

SERRALONGUE
✆ 06 80 43 79 39
Accueil et visite de la ferme l'après-midi sur rendez-vous.

Après 1 km de piste plutôt carrossable, vous voilà au bout du monde, à la ferme de Kevin et Jonathan, au bord du ruisseau de Lamanère, tout près de l'ancien moulin. Partis de rien (la bâtisse était une ruine), ils élèvent aujourd'hui 12 vaches laitières de races Montbéliarde et Brune des Alpes qui paissent en sous-bois et prairies. Quand on goute leurs produits, on ne s'étonne pas qu'ils fussent les lauréats du prix de la dynamique agricole en 2017. Tout est un régal : le lait cru de vache, la faisselle, les tommes, les yaourts. Il ne manque que le canon de vin !

LE PASCANTO

SAINT-LAURENT-DE-CERDANS
✆ 06 14 11 80 69
100 % bio. Fromage de chèvre. Accueil à la ferme sur RDV. Camping à la ferme.

L'exploitation caprine bio de Pascale et Antoine vous propose tome, crottins et fromages frais, sans oublier une petite production de framboises que l'on peut venir cueillir sur place, ou acheter en confiture ou en vinaigre. Et parole de Futé, le mariage entre le fromage de chèvre et la framboise est un délice ! Les enfants seront également ravis puisqu'ils croiseront sur la ferme des poules, des cochons et des chevaux. Pascale et Antoine vous proposent aussi le camping à la ferme. Dans un cadre si bucolique et enchanteur, on en raffole.

LES TOILES DU SOLEIL

Avenue Jean-Jaurès
SAINT-LAURENT-DE-CERDANS ✆ 04 68 39 33 93
www.toiles-du-soleil.com
Entreprise du Patrimoine Vivant. Horaires d'ouverture (variables) sur le site. Vente en ligne. Livraison gratuite.

Cette Manufacture de tissage Catalan, installée à Saint-Laurent-de-Cerdans depuis plus plus de 150 ans, a conservé les mêmes techniques de tissage. Les Toiles du Soleil connaissent un succès mondial, outre les 8 boutiques présentent au Japon, des boutiques consacrées aux produits des Toiles sont également implantées à Paris et New York... une véritable *success story* à la catalane. Pour notre plus grand plaisir, la boutique de Saint-Laurent-de-Cerdans a été relookée et agrandie. Autre boutique à Perpignan, place Saint-Jean à coté de la cathédrale.

TRAMUNTANA 66

11 Can Bile - **LAMANÈRE**
✆ 06 17 16 11 25
www.tramuntana66.com
100 % bio. Accueil sur RDV. Réservation recommandée pour la viande au détail. Vente directe de viande de veau bio.

Éleveur de bovins bio, Patrick est installé sur les hauteurs du village le plus méridional de France. L'air frais et humide du Haut-Vallespir n'a pas son pareil pour la qualité de l'herbe dans notre département. Ce fou de nature, des vaches et du bon goût élève ses bêtes en bio depuis 20 ans (il n'a pas attendu que la mode arrive). Il y a trois choses à découvrir à Can Bile : les vaches si belles que l'on danserait presque un tango avec elles, la viande d'une qualité inimitable et enfin le lieu niché en pleine montagne et d'une beauté à couper le souffle.

CENTRE PLEINE NATURE SUD CANIGÓ

Lieu-dit la Baillie ✆ 04 68 39 37 82
www.centresudcanigo.com
Ouvert à l'année 98 couchages répartis sur 4 bâtiments. Location VTT, restaurant. Location de salle. Sauna, hammam.

Ce lieu est désormais une résidence digne de ce nom avec des chambres rénovées. Une salle de restauration relookée... Bluffé le Petit Futé ! Et que dire des moniteurs pour le tir à l'arc, VTT, des professionnels extérieurs pour la randonnée, le canyoning et on en passe. Côté équipement une salle multifonctions de 1 200 m^2 dédiée à tous les sports *indoor*, un lieu de détente avec sauna, hammam, bain bouillonnant et cryo, Et enfin, des salles de réunions avec auditorium et écran géant.

PRATS-DE-MOLLO-LA-PRESTE ★

À 740 m d'altitude, Prats-de-Mollo-la Preste mêle avec bonheur le cachet d'une authentique cité médiévale bien conservée et une ambiance toute catalane. Le bourg est célèbre pour sa ville close fortifiée par Vauban, le fort Lagarde sur les hauteurs et la fête de l'Ours, un des événements majeurs de l'agenda départemental. La petite station thermale de la Preste est située à 7 km à l'ouest de Prats-de-Mollo, en remontant la vallée du Tech. Les vertus de ses eaux sont connues depuis le XIVe siècle. Le site est somptueux, un magnifique cirque de montagnes qui offre de nombreuses possibilités de randonnées dans la réserve naturelle toute proche.

LE FORT LAGARDE ★

✆ 04 68 39 70 83

www.pratsdemollolapreste.com

Ouvert toute l'année. Tous les jours de matin et soir. Visite guidée (différents modes de découverte). Animations.

Le fort fut construit par Vauban entre 1677 et 1682 pour renforcer les frontières avec l'Espagne. 3 possibilités pour y accéder : le sentier classique qui grimpe à flanc de montagne (15 min), le souterrain qui comporte quelque 142 marches avant d'arriver au fossé entourant l'édifice, en haute saison la navette. Au centre, une tour ronde, appelée la Guardia, a donné son nom au monument. Autour, une quarantaine de salles : armurerie, chapelle, cuisine avec four à pain, poudrière, et bien sûr les logements de la centaine d'hommes affectés ici. A découvrir.

OFFICE DE TOURISME

Place du Foiral

✆ 04 68 39 70 83

www.pratsdemollolapreste.com

Ouvert tous les jours en haute saison. Hors saison, du lundi au samedi (ou vendredi).

Une équipe dynamique de professionnels pour répondre au mieux à vos attentes. Il faut vous dire que le personnel de l'office est natif du Vallespir et qu'il connait toutes les bonnes adresses. Séjourner, se restaurer, se déplacer, visiter, s'amuser, découvrir, randonner... une foule de renseignements et d'idées pour une ville qui déborde de ressources et d'énergie... Ne manquez pas la Fête de l'Ours en février et les visites théâtralisées du Fort Lagarde en été, un spectacle qui retrace l'histoire dels Angelets de la Terra lors de la révolte du sel.

RÉSERVE NATURELLE DE PRATS-DE-MOLLO-LA-PRESTE

28, rue du Faubourg

✆ 04 68 39 74 49

Fermé de novembre à mars. Ouvert tous les jours. Gratuit. Visite guidée.

Au-dessus de la Preste, au pied du Costabonne, dans la partie la plus occidentale de la commune, la Réserve naturelle offre sur plus de 2 300 hectares, une montagne sauvage et préservée sur un territoire s'étirant des sources du Tech jusqu'au Pla Guillem. Ce site fragile, et par conséquent protégé, occupe un cirque de montagnes grandioses occupant le versant sud du massif du Canigó. Originale par sa diversité végétale, tous les étages montagnards s'y succèdent de 1 000 mètres à 2 500 mètres, elle l'est par la présence d'une faune exceptionnelle, composée d'isards, de sangliers, de quelques chats sauvages, de desmans des Pyrénées, de vautours fauves, de grands tétras, de lagopèdes, de gypaètes barbus, mais aussi d'espèces de papillons aussi belles que rares. En tout, 125 espèces de vertébrés dont 5 espèces d'amphibiens, 10 de reptiles, 80 d'oiseaux et 30 de mammifères ont été observées. En outre, vous aurez peut-être la chance et le plaisir d'assister, au-dessus des Esquerdes de Rotja, au vol majestueux d'un Panorama à aigle royal. Le site est aussi connu pour sa diversité géologique et sa richesse en minéraux. Pour gagner son point culminant, le pic de Costabonne, comptez 3h de montée depuis le chalet des Conques ou 4h depuis la Preste. Panorama à 360° depuis le sommet ! Comme dans toutes les réserves naturelles, les chiens, même en laisse ne sont pas admis, et un comportement civique est demandé, afin de ne pas perturber la faune ou de détériorer la végétation.

DOMAINE ÔZ'ARBRES €

Route d'Espagne

✆ 06 51 06 02 54

https://www.domaineozarbres.fr

Plusieurs cabanes grand luxe dans les arbres à partir de 95 € par nuit. Petit déjeuner et repas possibles.

Endroit idéal pour vous ressourcer, au milieu de 5 hectares de forêt préservée, à quelques minutes de la frontière espagnole. Des cabanes dominant la vallée, pour 2 ou 4 personnes, un lodge de 80 m² pour 6 avec la possibilité du service petit déjeuner sur la terrasse de 50 m² avec le chant des oiseaux comme compagnie. Et puis la multitude d'activités à tester comme les cours de yoga avec Fanny, le canyoning, ou les randonnées aux alentours. Offrez-vous ce luxe à petit prix, car ici, c'est le calme, la sérénité, la bonté et la gentillesse, un monde ailleurs...

Prats-de-Mollo.

LA COSTA DE DALT €€

Route du col d'Ares (fléché)
✆ 06 03 35 31 05
www.gites-ruraux-catalogne.com

5 Gîtes pour 4 à 8 pers. A partir de 550 € selon le gîte et la saison. Piscine et bain finlandais.

Un chemin de terre vous amènera à ce joli mas catalan à 1 200 m d'alt, point de chute idéal pour les épicuriens de la nature. Michelle et Gilbert, vos hôtes, sont éleveurs de bovins en BIO. Les enfants se feront une joie de participer à la vie de la ferme. Dans l'enceinte du mas du XVIIe siècle, chacun des 5 superbes gîtes est une splendeur de décoration qui allie le rustique à l'élégant. L'été on s'attable sur la terrasse ombragée avec vue panoramique, on se prélasse au bord de la piscine, on court dans les bois... Une certaine idée du bonheur champêtre !

EL CASAL €€

Route d'Espagne
✆ 06 72 82 28 61
www.chambres-hotes-catalogne.com

2 vastes chambres tout confort avec coin salon. 90 € pour 2 pers, petit déjeuner inclus. Salle commune et cuisine.

Situées au sein d'une ferme d'élevage de vaches de race Aubrac, El Casal vous propose deux belles et vastes chambres pour des vacances bucoliques. Vous êtes en pleine montagne et vous vivrez au rythme de la ferme, un mas catalan superbement rénové. Le coin est dépaysant à souhait mais le confort et les prestations n'ont pas été oubliés : clim, terrasse privative, petit déjeuner fermier... La vue sur les montagnes est saisissante et le lieu invite à la relaxation. Vous êtes chez des vrais paysans qui ne manqueront pas de vous faire partager leur mode de vie.

HÔTEL - RESTAURANT LE GRAND HÔTEL*** €€

Thermes de La Preste
✆ 04 68 87 55 00
www.laprestelesbains.com

Ouvert tous les jours d'avril à décembre. Restauration. Hammam, bain bouillonnant. Excursions. Forfait cure.

Hôtel de grand charme avec de vraies chambres spacieuses rénovées avec goût, un beau mobilier ancien et de jolies étoffes avec une vue sur la nature du Vallespir. Un accès direct aux thermes ainsi qu'au restaurant par les ascenseurs, la Chaîne Thermale du Soleil à pensé à tout pour votre bien-être. Vous allez adorer le spa thermal et son ambiance feutrée. Enfin, le soir, il y a les soirées dansantes du Grand Hôtel ou encore les coins lecture du grand salon.

HOTEL RESTAURANT AUSSEIL** €€

Place Joseph-de-la-Trinxeria
✆ 04 68 39 70 36
www.hotel-ausseil.com

Fermé entre décembre et janvier. 9 chambres. Forfaits cures. restaurant : menus à 14, 17 à 30 €. Menu végétarien.

A l'intérieur de la ville close ce petit hôtel charmant est une belle surprise. Les chambres sont simples mais coquettes. On peut s'attabler sur la place et déguster des spécialités catalanes à un prix très doux. Le chef, c'est Cathy, la maîtresse de maison, son mari Gilles et sa fille sont en salle. Le restaurant est doté d'une spacieuse terrasse ombragée. Une petite affaire bien sympathique à quelques pas des ruelles moyenâgeuses de la vieille ville.

HÔTEL RESTAURANT LE VAL DU TECH*** €€

La Preste les Bains
✆ 04 68 39 71 12
www.hotel-levaldutech.com

Ouvert de mai à octobre. 20 chambres. Tarifs spéciaux curistes. Restauration : menus midi et soir et menu végétarien.

Un vrai hôtel de montagne comme on les aime, un peu hors du temps, en pleine nature, adossé à la falaise qui surplombe le Tech et à deux pas du centre thermal. Le rustique a su s'allier au moderne et c'est ce qui fait son charme. Les chambres sont confortables, spacieuses et avec vue sur la vallée du Tech. Quant à la cuisine, elle est goûteuse et authentique, à l'image des propriétaires, Christine et Bernard. « Une maison d'amis », comme ils le précisent.

MAS LA TARDOSSE €€

Route départementale 115
✆ 06 03 35 19 61
www.mas-la-tardosse.com

Chambre double 80 €. Petit déjeuner inclus. Un gite pour 4 personnes de 420 € à 640 €, 280 € le week-end.

Ce mas de famille rénové dans l'esprit contemporain offre une magnifique architecture aux amoureux des vieilles pierres et de paysages à couper le souffle. Les 3 épis sont ici parfaitement mérités tant pour l'accueil de Bernard que pour le cadre. Les chambres sont spacieuses, très confortables, avec salle de bains privative ; le mobilier est en bois clair et certaines pièces comme les têtes de lit sont réalisées par le maître de céans. Le gîte permet à six personnes de séjourner confortablement en toute indépendance, et la table d'hôtes vaut le détour !

LE TEMPS DES CERISES €

11, rue Porte-de-France
✆ 04 68 95 40 10
Ouvert du mercredi au dimanche midi & soir. Menus de 20 à 29 €. Carte environ 30 € (pour 3 plats). Terrasse & pizzeria.

Entrez par la porte de France et allez chercher à travers ses ruelles le restaurant le plus audacieux de Prats-de-Mollo. On vous sert une cuisine créative au fil des saisons. La carte est plutôt succincte, car elle s'appuie sur le terroir et les producteurs locaux. Les associations sont originales et talentueuses et libèrent des classiques de la cuisine locale. C'est un couple passionné qui vous reçoit, très à l'écoute du client et qui aime parler de ses valeurs. On aime autant le cadre extérieur que la décoration de la salle.

HÔTEL - RESTAURANT LE BELLEVUE €€

Place du Foiral ✆ 04 68 39 72 48
www.hotel-le-bellevue.fr
Toque Blanche. Fermé de déc. à février. Ouvert tous les jours en haute saison. Menus de 20 à 56 €. Jardin et terrasse.

Denis et Patricia Visellach tiennent cette table gastronomique depuis plus de 25 ans, lui en cuisine, elle en salle. Denis (Toque Blanche du Roussillon) travaille des produits locaux pour des recettes inspirées par la région, il les réinterprète, y ajoute son grain de sel bien à lui et cela donne des plats plein de saveurs. L'hôtel propose 17 chambres confortables de style contemporain, certaines disposent d'une terrasse donnant sur la place du village et les montagnes.

SNACK-RESTAURANT LE SUD €€

3, rue Porte-d'Espagne
✆ 04 68 39 71 78
2 terrasses, produits locaux avec mise en avant des producteurs du Vallespir. Snack, pizzas, formules midi et carte.

Patrick a gardé la formule snack pratique à midi quand on est pressé. Côté menu, vous aurez du terroir dans votre assiette, avec beaucoup de fromages locaux. Escalivade avec chèvre frais et demi-sec, gésiers confits confiture tomate et chèvre, jambon Serrano à la tomme de brebis, poulet farci aux petits légumes et amandes avec pulpe de pomme de terre au roquefort, brochettes de gambas mousseline de crustacés, les desserts sont maison. En salle, la souriante Fanny est au service. Deux terrasses, l'une donnant sur les remparts, l'autre ombragée sur la rue piétonne.

LES CHEVRIERS CATALANS

Ferme Plana Nera
✆ 04 68 39 73 61
Fromages de chèvre. Camping à la ferme (sanitaires, espace grillades...).

Au bout de la route, au départ des sentiers de randonnée vers les sources du Tech et le célèbre pic de Costabone, se trouve une petite ferme de caractère, joliment restaurée. Le site est splendide, nous sommes à 1150 mètres d'altitude, en haute montagne dans un petit coin de paradis. La ferme de Plana Nera, ce sont 60 ha de pâturages (jusqu'à 1500 m) où paissent chèvres laitières et chevrettes. Leur lait est transformé en tomme et en fromages lactiques (frais, demi-frais et sec, yaourts). Le petit plus, c'est le charmant mini-camping installé sur les terres.

CÉRET ★★

Avec ses 7 600 habitants, la petite capitale du Vallespir est le principal foyer de la tradition et du folklore catalan. Ici plus qu'ailleurs, les drapeaux sang et or flottent aux fenêtres, ici plus qu'ailleurs l'espadrille se porte avec fierté. La sardane y est aussi la principale manifestation de cette tradition vivace et colorée. La fête, c'est ici toute l'année, avec ses bars de nuit qui ferment plus tard qu'ailleurs et cette atmosphère déjà espagnole. On aime Céret pour son célèbre marché du samedi matin, animé été comme hiver. La situation de la ville, à 30 km au sud de Perpignan, à l'endroit où la vallée du Tech s'élargit pour former une vaste plaine, bien abritée de la tramontane par les contreforts des Aspres, a favorisé l'implantation de vergers, qui font de la région un important centre de primeurs. La ville mérite son nom de capitale de la cerise ! Céret, c'est aussi et surtout une des capitales de l'art du XXe siècle. Tous les grands noms de la sculpture, de la peinture, et l'art graphique y ont séjourné à un moment ou à un autre : Picasso, Matisse, Soutine, Manolo, Dufy, Cocteau ou dans le domaine musical Saint-Saëns pour n'en citer que quelques-uns. On ne peut quitter Céret sans avoir visité le col de Font-frède. Accessible en voiture par une petite route à flanc de colline, ce lieu culminant à plus de 1000 m d'altitude est tout simplement magique. Le pic du même nom (juste au-dessus) offre un des plus beaux panoramas à 360° sur les deux Catalognes!

GALERIE ODILE OMS

12, rue Commerce
✆ 04 68 87 38 30
www.odileoms.com

Ouvert du mardi au samedi de 10h30 à 12h30 et de 14h à 19h. Gratuit.

La galerie Odile Oms se démarque des autres car elle est intégralement dédiée à l'art moderne et contemporain. Collections douces, collections chocs, il y en a pour tous les goûts dans ce lieu où l'éclectisme et le refus de l'utile sont rois. « L'art pour l'art » disait Théophile Gautier. Le lieu est vaste et beau, et les collections sont renouvelées régulièrement. Notez que le site Internet est très riche en explications sur chaque artiste (son univers et sa démarche) et nous invite à lire un beau texte sur l'art et son avenir.

L'ERMITAGE SAINT-FERRÉOL

Accessible par la D615 au niveau du pont. 4 km au nord de la ville.

Ouvert au public toute l'année. Jardin et espace pique-nique.

Amoureux des belles balades, nous vous emmenons au sommet d'un plateau rocheux (300 m d'altitude), à 4 km au nord de Céret, où se trouve l'ermitage de Saint-Ferréol. Erigé à la fin du XIIIe siècle par les moines bénédictins de l'abbaye d'Arles-sur-Tech, c'est un petit ensemble de bâtiments entourés de chênes verts et construit dans un style roman assez dépouillé. L'autre intérêt de cette balade demeure le magnifique panorama sur la vallée du Tech, la plaine et ses vergers. Et puis, le cadre se prête à de beaux pique-niques en famille ou entre amis.

© IAKOV FILIMONOV - SHUTTERSTOCK.COM

Le village de Céret.

LE LAC DE SAINT-JEAN-PLA-DE-CORTS

SAINT-JEAN-PLA-DE-CORTS

Ouvert toute l'année. Entrée 2,50 € par voiture en période estivale. Restauration. En été baignade surveillée.

Dans un cadre de verdure exceptionnel, avec le Canigó et les Albères en toile de fond, la petite mer du Vallespir, comme on l'appelle aussi, se compose de deux plans d'eau de 7 ha et 3 ha dédiés aux sports et aux loisirs : baignade surveillée, activités aquatiques pour tous les âges, pêche, et resto-guinguette… Un parcours de santé vient compléter l'éventail des possibilités offertes à chacun. Ce plan d'eau est à nos yeux la plus belle retenue artificielle en plaine du département.

MUSÉE D'ART MODERNE DE CÉRET ★★★

8, boulevard du Maréchal-Joffre
✆ 04 68 87 27 76
www.musee-ceret.com

Ouvert tous les jours entre juillet et sept. Voir site pour autres périodes. Visites guidées. Animations, bibliothèque.

Le Musée d'art Moderne de Céret (le MAM) fait partie des 100 plus grands musées d'art moderne de France. Céret a été surnommé par André Salmon « la Mecque du Cubisme » et ce musée est le fruit des passages et des séjours des plus grands artistes du XXe siècle dans la ville et ses alentours. Il présente des œuvres de Picasso, Soutine, Chagall, Matisse, Masson… Pour ne citer que ceux-là ! Car peu de gens le savent, mais Céret, comme sa voisine Collioure, ont toujours attiré les artistes de tous temps, les œuvres exposées sont la preuve que la lumière de la Catalogne est incomparable et qu'il y fait bon vivre. Le « nouveau musée », avec son extension achevée récemment, donne aux œuvres exposées une nouvelle lecture de l'art accessible à tous. Un grand bravo aussi à Madame la conservatrice, qui a tissé un partenariat avec l'Education Nationale afin de former les enseignants en leur fournissant les outils pédagogiques pour la mise en œuvre de programmes d'activités autour de l'art. Bravo aussi pour la salle réservée aux enfants, au dernier étage du musée, où eux aussi peuvent laisser aller leur imagination avec pour certains – il faut le reconnaître – un réel talent. Finalement, bravo encore d'avoir permis à des musiciens de déambuler, certains jours, parmi les visiteurs pour une visite en musique très réussie. Un endroit à ne pas rater, nous dirions même : incontournable. Ce musée, tout comme la ville de Céret ne laisse personne indifférent.

ARRIÈRE-PAYS

MUSIC : MUSEE DES INSTRUMENTS DE CERET

14, rue Pierre-Rameil ✆ 04 68 87 40 40
www.music-ceret.com

Ouvert tous les jours de juin à septembre D'octobre à mai du mardi au samedi. Visite guidée. Restauration. Animations.

MúSIC est un musée atypique car ici tout est vivant, sonore et en éveil. Il regroupe une superbe collection d'instruments de musiques du monde : 560 instruments répartis sur 3 niveaux en 12 univers géographiques. Tous les continents sont représentés car l'espace se veut un lieu d'échange entre les cultures d'Orient et d'Occident. L'expérience sensible se vit comme un préambule à toute autre forme de connaissance. Pour une après-midi culturelle et sensorielle, voilà une belle idée.

LE PIC DE FONTFRÈDE

Accès facile en voiture ou à moto depuis la vieille ville de Céret. Au niveau de la place des Tilleuls, près du monument aux morts de Maillol, prendre la petite D13F

Au départ de Céret, bien suivre les panneaux vers le sud. 20 min en voiture. Aire de pique-nique.

En sortant de la ville vers le sud (être attentif aux panneaux), peu à peu la route s'élève et serpente dans une végétation typiquement méditerranéenne composée de chênes lièges et de chênes verts sur un sol schisteux. Après le col de la Brousse à 861 m d'altitude, prendre la direction du col de Fontfrède, à 1 000 m. On compte environ 20 min depuis Céret. Idéal pour le pique-nique (aire aménagée) ou prendre un peu le frais quand la canicule sévit en bas, l'endroit héberge aussi une petite stèle dite des Evadés de France. C'est en effet par cette zone qu'un grand nombre d'entre eux, durant la Seconde Guerre mondiale franchirent la frontière, guidés par des « passeurs » pour rejoindre les forces libres. Le pic de Fontfrède, juste au-dessus est facilement accessible en peu de temps et se gagne en traversant une magnifique forêt de hêtres. Culminant à 1 093 m d'altitude, il offre un des plus beaux panoramas, à 360° sur le Canigó à l'ouest, les Corbières au nord, et à l'est la chaîne des Albères. La vue est tout aussi spectaculaire vers l'Espagne et la plaine de l'Ampurda, avec en point de mire la demi-lune du golfe de Rosas. Une très belle balade à cheval sur la frontière vers le pic des salines puis le roc de Frausse est réalisable au départ de Fontfrède. Vous trouverez tous les itinéraires de randonnée à partir de Céret ou du col de Fontfrède à l'office de tourisme ou dans notre dossier «Randonnée». Il est aussi intéressant de gagner le col en cyclotourisme, ça monte dru, mais que de paysages saisissants !

OFFICE DE TOURISME

1, avenue Georges-Clemenceau
✆ 04 68 87 00 53
www.ot-ceret.fr

En été, ouvert du lundi au samedi et le dimanche matin. Hors saison, fermé le dimanche matin. Visites guidées.

A l'office, vous trouverez de nombreux documents sur les points d'intérêt de la ville et de la région, l'agenda des manifestations, des idées de balades et de visites ainsi que sur toutes les offres d'hébergement, de restauration et de produits du terroir. En haute saison, sur réservation, des visites guidées de la ville sont organisées régulièrement sur des thématiques telles que « Les secrets du vieux Céret » ou « Dans les pas de Picasso ». Pour préparer d'ores et déjà vos vacances, vous pouvez vous connecter sur le site Internet de l'office de tourisme.

HÔTEL VIDAL €

4, place Soutine
✆ 04 68 87 00 85
www.hotel-ceret.com/lhotel

9 chambres (dont une chambre sup. de 35 m² pour 4 adultes). Restauration (restaurant El Bisbe).

A l'intérieur des anciens rempart de la ville, ce petit hôtel de charme se niche dans une demeure du XVIIIe siècle. L'endroit est intimiste et très chaleureux, le cadre raffiné des parties communes est fait de beaux meubles et de plafonds hauts d'un autre temps. Les chambres sont simples et agréables. L'ambiance surannée des lieux est très reposante. Côté table, c'est le restaurant del Bisbe qui vous reçoit pour déguster une cuisine traditionnelle d'inspiration fortement catalane à savourer aux beaux jours sur la belle terrasse ombragée d'une treille.

MAS VIDALOU €

✆ 04 68 87 32 33

Du 15 juin au 30 août. Sur 8 ha. 6 emplacements (bungalows toilés + emplacements pour tentes et caravanes). Piscine.

Le Mas Vidalou est un camping à la ferme qui propose des bungalows toilés au cœur de l'exploitation agricole. Les «toiles» sont composées de 2 chambres et sont équipées d'un coin cuisine avec un réchaud à gaz et un frigo. Si vous êtes plutôt «roots», vous pouvez aussi planter votre tente ou installer une petite caravane. Vous pourrez profiter de la piscine familiale, jouer au volley ou laisser les enfants dans la pièce réservée aux jeux de société ou goûter les produits de la ferme : pommes et cerises. Un camping familial à l'accueil plus que vrai et chaleureux.

LE CASTELL DU VILA €€

Le Vila, Reynès
✆ 04 68 85 01 81
www.lecastellduvila.com

Gîtes de France (3 épis). 4 chambres (3 chambres de 20 m² et un studio de 30 m²).

Le Castell du Vila porte bien son nom car c'est un vrai château avec ses tours et ses créneaux. La bâtisse était à l'origine une villa romaine remaniée au cours des siècles. Située dans un environnement sauvage, tout près des rives du Tech, cette maison de caractère est un lieu ressourçant et reposant. Le mobilier et la décoration de chaque espace sont soignés, les parties communes respirent encore l'histoire. Prendre le petit-déjeuner sur la terrasse exposée au sud et surplombant le jardin arboré est un plaisir délicieux… C'est la vie de château !

CHAMBRES D'HOTES DU MAS CANTUERN €€

Route de Calmeilles
OMS
www.mascantuern.fr

Gîtes de France (3 épis). Chambres de 60 à 95€ selon la saison. Table d'hôte sur réservation. Piscine.

Au cœur de collines boisées, le Mas Cantuern est un petit havre de paix loin de tout. Christine, votre hôte, vous propose 4 chambres rustiques et très agréables. Ce qui fait la force de ce lieu, c'est la bâtisse construite au XVIIe siècle dans un lieu vraiment sauvage et à l'abri du vent. A l'orée du village dans un lieu chargé d'histoire, vous apprécierez la quiétude du site, la piscine de 12 m de long ou tout simplement la fraîcheur des intérieurs, même au plus fort de l'été.

CHE VILLARGEIL €€

Hameau de Villargeil - **SAINT-JEAN-PLA-DE-CORTS**
✆ 06 80 26 71 99

Grand gîte pour 12p / 6 chambres ; de 1 300 à 3 300 € la semaine. Week-end à partir de 850 €. Piscine.

Au hameau de Villargeil, petit paradis perdu entre Céret et St-Jean Pal de Corts, François vous reçoit dans un immense gîte de 250 m² qui peut accueillir jusqu'à 15 couchages. Ce vieux mas catalan est un véritable havre de paix très agréable pour groupes ou familles nombreuses. La piscine (au sel), le billard dans la grange, le barbecue et le coin repas extérieur dans un jardin privatif très sympa vous enchanteront. Le hameau est très bien situé entre mer et montagne et tout proche de l'Espagne. Sans parler des belles randos à faire et des coins de baignade.

LA FADRINA €€

Hameau de Villargeil - **SAINT-JEAN-PLA-DE-CORTS**
✆ 04 68 83 46 95
www.la-fadrina.fr

Accueil vélo. Gîtes de France 4 épis. 2 gites pour 4/5 p. Tarifs selon la saison. Forfait spécial cure. Piscine.

Cette ancienne maison d'ouvriers agricoles située dans un petit hameau en retrait des grands axes, abrite deux chambres d'hôtes (ouvertes sur la nature et confort pour deux) et un gîte. C'est spacieux, décoré avec goût sans oublier le confort et les équipements modernes. Découvrir la terrasse surélevée agrémentée d'une vraie cuisine d'été et sa vue sur la piscine et les Albères, est une invitation au pastis et aux grillades. La Fadrina est le lieu idéal pour venir se reposer ou partir en excursion à la découverte des montagnes environnantes.

HÔTEL DES ARCADES** €€

1, place Picasso
✆ 04 68 87 12 30
www.hotel-arcades-ceret.com

22 chambres (et 8 chambres avec cuisinette, pour 2 pers. en location à la semaine). Chambres de 60 à 95€ (triple).

Très bien placé au cœur même de Céret, là où les anciens remparts ouvrent leurs arcades à l'ombre des platanes centenaires, l'hôtel propose 22 chambres simples et confortables, toutes avec salle de bains complète, TV écran plat et balcon. Egalement 8 petits studios avec cuisinette pour plus d'indépendance, pratique pour un séjour d'une semaine voire plus. Les propriétaires, purs Catalans, ne manquent jamais d'anecdotes sur le pays. Aux cimaises de l'hôtel, une collection privée d'œuvres réalisées par des artistes ayant séjourné à Céret.

LE MAS DES COLOMBES €€€

17, Chemin de Reynes - **OMS**
✆ 06 17 42 87 14
www.mas-des-colombes.com

5 chambres. Assiettes gourmandes de produits locaux et du jardin sur demande. Piscine. Hammam, bain bouillonnant.

Le luxe, c'est avant tout le calme et la sérénité ! Ici, Nadège et Eric ont tout fait pour que vous soyez en symbiose avec la nature. Au milieu d'un parc naturel de 1,5 ha, vous profiterez d'une piscine à débordement de 20 mètres et d'un spa tous deux traités au sel. Avant le retour dans votre chambre, vous ne résisterez pas à passer par l'espace fitness creusé dans la roche. Nous retiendrons aussi la convivialité de nos hôtes pour le repas du soir avec les légumes bio du jardin d'Eric et les produits naturels des éleveurs du Vallespir. Fabuleux !

LE MAS TRILLES*** €€€

Avenue du Vallespir ✆ 04 68 87 38 37
www.le-mas-trilles.com

Les Collectionneurs. Ouvert de mi-avril à fin octobre. 11 chambres. Offres spéciales hors saison. piscine extérieure

Tout proche de Céret, ce mas catalan du XIVe siècle se blottit dans un océan de verdure. Bordé par une rivière et entouré d'un luxuriant parc, le Mas Trilles est un havre de calme et de sérénité. Les chambres, qui ont presque toutes une terrasse privée, offrent une déco personnalisée qui mélange harmonieusement meubles d'antiquaires et éléments contemporains. Au Mas Trilles, vous vous sentirez bien, les charmants propriétaires, font régner une agréable ambiance où se mêlent courtoisie et sens de l'accueil. L'ensemble est tout simplement enchanteur.

L'ATELIER DE FRED €€

12, rue Saint-Ferréol
✆ 04 68 95 47 41

Fermé le dimanche et le lundi. Restaurant semi-gastronomique. Réservation fortement recommandée.

Les bonnes et les mauvaises langues disent que c'est le meilleur restaurant de Céret, et au fil des ans le Petit Futé constate qu'il est indétrônable et toujours aussi exquis. Dîner dans l'Atelier de Fred, c'est entrer dans la cour des grands. Et pourtant, notre homme est un personnage simple qui parle d'une cuisine faite « avec amour et créativité » par son associé David. Chez Fred et David, vous dégusterez une cuisine méditerranéenne inventive, gorgée de soleil et exquise. Une cuisine qui a du talent et de l'audace au pays de l'art moderne !

LA GALERIE €€

95, rue Saint Ferréol
✆ 04 68 09 71 33

Ouvert midi et soir du mardi au dimanche. Carte : 35 € environ (pour trois plats). Formule du midi.

Au pays de l'art moderne, un peu de nouveauté ne fait pas de mal. Deux copains, Mathieu et Jean Thomas ont investi la place de l'Om et sa superbe terrasse qui jouxte la fontaine. A la Galerie, les tableaux se mangent et se dévorent même tellement ils sont succulents. L'innovation n'est pas seulement dans la qualité des produits mais aussi dans le travail des plats. La métaphore est facile mais ce sont de belles oeuvres d'art qui sont servies dans vos assiettes. Et pour épater la galerie, on vous dit que le service est au top. Une adresse à suivre de près !

RESTAURANT GUY MOLAS €

rue de Batère
✆ 04 68 21 84 62
www.molas-traiteur.com

Traiteur, banquets, cocktails, réceptions, buffets chauds ou froids, repas d'entreprise, mariages, cérémonies.

Guy Molas est réputé dans le Vallespir, cet ancien charcutier traiteur n'a pas perdu ses habitudes du fait maison. Son restaurant lui permet d'accueillir les commerciaux de passage, les couples, les repas de famille, les repas d'entreprise et autres cérémonies grâce à sa grande salle climatisée et sa terrasse avec une vue imprenable sur les montagnes catalanes. La qualité de ses prestations en extérieur en fait un personnage incontournable pour ses prestations sucrées et salées, mais aussi par sa gentillesse et son professionnalisme. Approuvé par le Petit Futé !

© GUY MOLAS

© GUY MOLAS

LA GUINGUETTE DU LAC €€

SAINT-JEAN-PLA-DE-CORTS ✆ 04 68 37 58 70
www.laguinguettedulac.com
Ouvert tous les midis vendredi et samedi soir de mai à sept, tous les midis et soirs en juillet et août. Jardin.

Un établissement vraiment charmant et au concept original à découvrir sur les bords de la petite mer du Vallespir. A la Guinguette, l'ambiance est chaleureuse, décontractée avec une touche « comme à la maison ». On vous sert une cuisine méditerranéenne qui s'est débarrassée des clichés. Le cadre est splendide, embelli par la grande terrasse qui s'ouvre sur le lac à ses pieds et les Albères en toile de fond. Une guinguette ne saurait exister sans musique aussi vous apprécierez les soirées repas-concert et les apéro-mix. Une seule règle : pensez à réserver !

LE JARDIN €€

7, rue de la République
✆ 04 11 64 41 12
Fermé le dimanche soir et lundi en été, le mercredi soir hors saison. Menu midi et soir. Superbe jardin.

C'est un des plus beaux jardins de Céret, l'endroit idéal pour un repas entre amoureux un soir d'été. Un lieu de beauté à la décoration raffinée qui fait écho aux plats proposés et au service impeccable, toujours attentionné. On vous propose ici non pas une cuisine de la région mais de toutes les régions, des plats présentés comme des œuvres d'art, Vous vous en doutez, les circuits courts et les producteurs locaux sont mis à l'honneur, la qualité et les saveurs sont à l'image du lieu. Et puis ce jardin est si envoûtant.. C'est beau, délicieux et reposant.

RESTAURANT DEL BISBE €€

4, place chaim Soutine
✆ 04 68 87 00 85
www.hotel-ceret.com/le-restaurant
Basse saison ouvert du mercredi au dimanche. Haute saison du mardi au dimanche. Menus midi et soir. Jardin. Terrasse.

Dans une ancienne demeure bourgeoise, au cœur de Céret, à l'ambiance feutrée et à l'accueil chaleureux, le restaurant de l'Hôtel Vidal fait partie des incontournables. Au menu, on trouve la célèbre morue pochée à la crème d'aïoli et le poisson d'arrivage du jour grillé à la plancha. En hiver, le velouté de potiron aux châtaignes remporte un franc succès. C'est dans l'ensemble une cuisine traditionnelle bien exécutée et inscrite en valeur sûre. La terrasse ombragée d'une immense treille est quant à elle délicieusement irrésistible été comme hiver.

LE LEZARD

4, rue Pierre-Rameil
www.lezardasso.fr
Café Associatif. Divers ateliers : cours de langue, théâtre, création... Concerts et autres événements à thème.

Le Lézard, situé à deux pas du Musée de la Musique, est un café associatif proposant des activités très variées. En étant adhérant, on peut y prendre un verre simplement ou bien participer à un des ateliers proposés : théâtre, œnologie, philo, tricot, chant, partage de connaissances, jeux, musique... Toutes les boissons sont bio et locales. C'est LE lieu de rencontres et d'échanges, on y vient principalement pour connaître d'autres personnes au départ puis pour participer aux ateliers et/ou aux soirées festives. Une jolie touche « alternatif et militant ».

LE PABLO

1, Place Pablo Picasso
✆ 07 86 72 11 94
https://pablo-restobar.fr/
Ouvert tous les jours. Spécialités italiennes et catalanes. Carte environ 25€ (pour 3 plats). Animations. traiteur.

Au Pablo on aime la cuisine italienne mais on aime avant tout notre terroir. Ce resto-bar revendique une filiation entre les cuisses italiennes et catalanes. Pas si éloignées que ça avec la Méditerranée et un certain art de vivre comme points communs. Sur la carte, de jolies entrées façon tapas et de belles pizzas ou pastis. La provenance des produits est mentionnée et nous saluons cette initiative trop rare dans la région. Du local, du BIO et surtout que du bon ! enfin, le Pablo c'est aussi un bar «animé» qui offre de très beaux cocktails ou bières locales.

ALORTUJOU

2, rue du Très-Vents
✆ 04 68 87 25 84
www.alortujou.com
Atelier artisanal de fabrication de jeux en bois.

Jean-Michel fabrique des jeux de société en bois. Adresse, réflexion, stratégie, jeux familiaux ou géants, il remet au goût du jour le ludisme traditionnel ou invente carrément de nouvelles idées pour s'amuser. A travers leurs créations, l'artisan et sa femme souhaitent valoriser la fabrication artisanale française, de même que les plaisirs simples des jeux en famille. Avec les jeux Alortujou, pas besoin en effet de tablette ou de smartphone pour se creuser les méninges, défier ses proches ou ses potes et se payer une bonne tranche de rire.

BOUCHERIE CHARCUTERIE MACH

3, boulevard Jean-Jaurès
✆ 04 68 87 07 53
www.boucherie-charcuterie-mach.fr

Lorsqu'on pousse la porte de la boutique de Sylvie et José, il suffit de regarder les murs couverts de récompenses pour savoir qu'on est dans la cour des grands ! Cher lecteur du Petit Futé, vous êtes chez un des bouchers-charcutiers les plus primés de France ! José et Sylvie sont devenus célèbres grâce à leur fameux boudin à la cerise (une tuerie !). Enfin, tout est bon et à tomber par terre dans cette caverne d'Ali Baba, charcuteries et viandes confondues. Immanquable !

LE CHEVAL DANS L'ARBRE

26, boulevard Maréchal-Joffre
✆ 04 68 87 68 38

Ouvert du mardi au vendredi 9h30-12h et 15h-18h. le samedi de 9h30 à 12h30.

Déjà le nom de la librairie a quelque chose de surréaliste. On aime Jean-Luc et ses bouquins avant d'entrer. Le lieu n'est pas très grand mais on trouve de tout, nous avons particulièrement apprécié le rayon cinéma et photographie, qui regorge de vraies pépites. Le différence entre une librairie et un rayon livres en grande surface, c'est un peu la même qu'entre le point chaud et la boulangerie. Dans une librairie comme dans une boulangerie, vous êtes à face à quelqu'un qui connaît son métier et se fera toujours un plaisir de prodiguer des conseils !

LE CANARD BIEN ÉLEVÉ DU MAS CANÉ

Gaec le Chevrefeuille - **OMS**
✆ 04 68 39 49 76
www.lecanardbienelevedumascane.com

Ouvert du lundi au vendredi de 10h à 16h. « casse-croûte à la ferme » le mercredi et le dimanche sur réservation.

La famille Vassail-Planes vous accueille dans leur ferme d'une façon conviviale, autour d'un casse-croûte très copieux, et servis avec des vins des locaux. Foies gras, entiers, mi-cuits, à la figue, aux deux poivres, à la truffe, rillettes de canard, confit, magret, terrines et petits plats cuisinés du pays. Vous aurez tout le temps durant la visite de l'élevage et de la conserverie au milieu des chênes lièges et des chênes verts, d'apprécier le travail quotidien de cette famille.

MA COOP

21, avenue de la Gare
✆ 04 68 87 00 50
www.macoop66.fr

Fruits, légumes, charcuteries et fromages. Épicerie fine. Produits bio et locaux.

Adeptes des aliments sains en circuit court, bienvenue dans les magasins Ma Coop. Les produits issus des Pyrénées-Orientales sont mis à l'honneur. Les fruits et légumes de saison proviennent des producteurs locaux travaillant en culture raisonnée ou en bio. Fromages, viandes et charcuteries sont issus des exploitations alentour. Une nouvelle façon de consommer est née avec Ma Coop de Céret, mais aussi à Argelès-sur-Mer. Des adresses incontournables pour les «locavores» catalans. En plus, le personnel est super sympa et on y fait de belles rencontres.

LE CELLIER DES ARCADES

3, rue Danton
✆ 04 68 87 19 58
www.lecellierdesarcades.com

Ouvert du lundi au samedi et le dimanche matin en haute saison. Du lundi au samedi en basse saison.

Au Cellier des Arcades, l'accent est mis sur les vins du département et le BIO. D'avril à juillet, deux samedis par mois, dans cette belle demeure au plafond de voûtain et aux murs en pierre apparente de galets du Tech, Henri organise de belles dégustations en présence du vigneron pour faire découvrir un domaine. Quand on lui demande de citer ses cuvées préférées, il nous répond : « impossible de répondre, j'aime tout ! ». Une bonne adresse pour accompagner les bons et délicieux produits du terroir ramenés du célèbre marché de Céret.

DOMAINE EOLE

2, rue du Roc Nègre
✆ 06 23 65 53 88
www.domaine-eole.com

100% BIO ; Accueil, visite et dégustation sur RDV.

Un tout petit domaine de 4 ha qui a le vent en poupe. Un petit domaine qui a fait le choix du BIO et du vin nature : zéro intrants chimiques et que du vivant ! La cave est à Céret mais les vignes se trouvent sur le piémont des Albères sur des sols sable-caillouteux. Hervé, en grand défenseur de l'écologie, bichonne ses vignes du pied de cep au verre à pied. On aime ses vins car ils sont vrais et débarrassés de toute intervention... ils sont vivants ! On aime beaucoup les étiquettes et les noms des cuvées, il y a de la poésie là dedans. Un vigneron à suivre.

GALERIE D'ARTS AFRICAINS

Boulevard Joffre

✆ 09 63 59 03 69

Ouvert du lundi au samedi de 10h à 18h30.

Le Petit Futé a tout simplement craqué en passant devant cette boutique. Mais quel est le rapport avec l'art moderne ? Ce serait oublier que l'inspiration de Picasso lorsqu'il créa le cubisme fut en partie nourrie d'art africain ! Véronique, la créatrice de la galerie, a sillonné l'Afrique de l'Ouest en taxi-brousse et ramené de ses voyages une passion pour l'art Touareg et les sculptures du pays Dogon. Face au musée d'Art moderne, Fabrice, son fils, vous accueille à la galerie. Que vous soyez néophytes ou connaisseurs, c'est un régal pour les yeux.

LE ROUXBIO

7, rue du Soleil-Levant

✆ 07 62 72 52 29

www.rouxbio.fr

100% Bio. Visite de l'élevage sur RDV. Vente à la ferme et sur les marchés. Commande en ligne sur le site internet.

Encore un qui fait parler de lui, quelle vie de cochon ! Ronan élève des porcs rustiques de race Duroc en BIO en Vallespir. La croissance des animaux est lente, nourris principalement de glands qu'ils trouvent sous une forêt de 23 ha. Et ça change tout ! Les porcs sont élevés dans le respect et le bien-être animal. Vous pouvez trouver ses produits (viande fraîche, salaisons : ventrèche affinée, copa, jambon blanc sans sels nitrités) dans divers marchés proches de Céret. Les meilleures tables ont misé sur lui. Les cochonneries de Ronan sont un délice !

MAISON BRIERE

1 bis, rue de Batère

✆ 04 68 88 36 88

www.maison-briere.eatbu.com

Cave, bar à vin et cave à manger. Restauration (avec un vrai chef). Afterwork, dégustations, soirées à thème.

Notre sommelier préféré (11e au concours 2018) nous emmène dans de nouvelles aventures : une cave, un bar à vin et une cave à manger. Julien sélectionne les meilleurs vins d'ici et d'ailleurs, recherche le meilleur rapport qualité/prix et surtout... on l'aime pour tous les conseils avisés qu'il prodigue. Le soir est l'occasion d'afterwork autour de tapas à la Barcelonaise pour accompagner une dégustation. *The place to be* pour un environnement propice à la détente et à la délectation. Sans oublier les soirées à thème magiques. On vous le répète, on adore !

SAFRAN DES ASPRES

Pav. N° 1, 11 rue de l'Orme

OMS

✆ 04 34 29 21 45

www.safran-des-aspres.fr

Ouvert toute l'année. Visites gratuites sur RDV.

Nous vous offrons cette pépite, à la limite des Aspres et du Vallespir où Laurent y cultive le safran au pied du Canigó. Attaché à sa terre, fier de son travail, Laurent vous contera le safran depuis la cueillette, en passant par l'émondage et le séchage. Mais aussi son utilisation médicinale depuis 8 000 ans, anti-dépresseur, antiseptique, cicatrisant, aphrodisiaque, anti-cancérigène... Un vrai « alicament ». Il vous délivrera quelques recettes comme le tiramisu au safran, la crème brûlée au safran et vous fera déguster ses miels et ses agrumes.

LE MAS PY

Route de Llauro

✆ 04 68 87 45 25

www.lemaspy.com

100% Bio. Vente à la ferme du lundi au vendredi. Visites guidées.

Le Mas Py se distingue des autres exploitations BIO par la diversité des produits cultivés ou élevés. Il y a d'abord les cerises de Céret et notamment la cerise séchée qui est devenue le fleuron du domaine. Ensuite, la culture des oliviers de différentes variétés qui produisent une huile d'olive extra-vierge. Enfin, Brigitte et Erwin se consacrent à l'élevage de cochons noirs ibériques, qui gambadent en plein air sous les chênes-lièges et les taillis. Charcuteries incomparables ! Pour résumer, le Mas Py est une vraie caverne d'Ali Baba pour les épicuriens.

VRAC ET BIO

1, rue de Batère

✆ 09 50 60 53 36

www.vracengros.fr

Ouvert du mardi au samedi midi et soir. lundi après-midi.

Un nom tout simple et un magasin indépendant comme on les aime : des produits locaux et bien sûr du vrac pour réduire les emballages plastiques. L'équipe de Vrac et Bio met en avant les produits fabriqués en France en les associant à une étiquette bleu blanc rouge ; et ils sont nombreux, même dans le vrac ! Vous trouverez des fruits et des légumes à prix plutôt raisonnables, des cosmétiques et un rayon réfrigéré. Le développement durable est ici une priorité : fourgonnette électrique pour l'approvisionnement, panneaux solaires et traitement des déchets. Bravo !

AQUA JUMP

Lac de Saint-Jean
SAINT-JEAN-PLA-DE-CORTS
✆ 06 71 36 93 98
Ouvert tous les jours de mi-juin à mi-septembre. Tarif dégressif pour les groupes. Anniversaires, soirées pour groupes

Ca saute, ça glisse, ça rebondit et splash, dans l'eau ! Bienvenue à l'Aqua Jump du lac de Saint-Jean-Pla-de-Corts, une activité ludique et sportive pour les grands et petits. Plusieurs parcours installés sur des modules gonflables posés sur l'eau vous sont proposés. Il y en a pour tous les goûts : toboggan, catapulte (on a adoré !), trampoline, *moonwalk* (essayez donc de marcher sur un tapis mouillé qui glisse !) et mur d'escalade. Fiesta, Bonne ambiance et rigolade garantie sous la vigilance de deux moniteurs B.N.S.S.A. Très rafraichissant !

ATTRAPE REVES

14, Clos du Château d'Aubry ✆ 07 82 82 05 84
www.attrapereves.net
Séjours enfants de 7 à 9 jours de 380 à 600€ (aides de l'état acceptées). Pédagogie orientée sur le respect de la nature

Voilà une idée originale et noble pour vos enfants en été : des séjours pédagogiques sous tipi en bord de rivière à Ballestavy ou à la Llagone en Cerdagne. La joyeuse équipe d'animateurs propose selon leurs termes « une éducation à la vie, à toute forme de vie, humaine, végétale et animale ». Vos enfants découvrent un contact plus proche et intime avec la nature. Lors de ces séjours, les petits et les grands prennent conscience de notre impact sur la planète et aussi apprennent à faire des cabanes, vivent comme les Indiens, observent les animaux... Merveilleux !

LES AVENTURIERS DE SAINT-JEAN

SAINT-JEAN-PLA-DE-CORTS
✆ 06 71 60 37 44
www.lesaventuriers66.com
Ouvert tous les jours en juillet-août de 9h30 à 20h ; hors saison et vacances scolaires voir site internet.

Fans de Tarzan, Avatar ou de Patrick Edlinger, votre bonheur est ici, au bord du lac dans un espace naturel à 2 min de l'autoroute. Vous découvrirez le plaisir d'évoluer dans des arbres massifs (platanes bicentenaires !) et d'explorer les parcours allant de 3 à 20 mètres de haut avec des difficultés différentes. Tous les parcours sont ultra sécurisés avec une ligne de vie continue. C'est ludique, sportif et varié. Nous, on a adoré... Avant de faire un plouf dans le lac !

ÇA TROTT

4, avenue de la République
✆ 06 18 48 16 06
4 circuits en trottinette tout terrain pour découvrir le département : Vallespir (2), Côte Vermeille et Fenouillèdes.

Osez la découverte du Pays Catalan avec un nouveau moyen de locomotion : la trottinette tout terrain électrique. Balades insolites garanties. Laissez -vous transporter au gré du relief, sur les chemins, en forêt, sur les hauteurs frontalières, dans nos villages. Ces trottinettes ressemblent plus à des motos de trial ou des VTT qu'à l'engin de Fantomette. Le véhicule vite apprivoisé et c'est du bonheur en barre... sans forcer et sans un bruit ! Voilà pour le programme chargé mais ô combien merveilleux et si pétillant. Le *Futé* a tout simplement adoré !

CANYONS DES TERRES CATALANES

366, route du Ventous
✆ 04 68 87 31 51
www.canyons-catalans.com
Canyon, randonnée et escalade. Journées, demi-journées ou week-end. Randonnées en montagne.

De mai à septembre, découvrez le canyoning avec des professionnels, dans les rivières et torrents des Pyrénées-Orientales. Randonnées aquatiques, découverte progressive et confirmée du canyoning principalement sur les flancs du massif du Canigó. Des gorges de Galamus au canyon du Llech, en passant par le gourg des Anelles, l'équipe de Jean Guitard vous fait parcourir des gorges, cascades, vasques circulaires et toboggans permettant les glissades les plus folles... Ambiance conviviale.

FUN BIKE CENTER

1 bis, rue de Batère
✆ 04 68 22 29 34
www.funbike-center.com
Location de VTT à assistance électrique. Ouvert du lundi au Samedi.

Fun Bike center, c'est d'abord un magasin de cycles. Mais pour parcourir les chemins du Vallespir, on vous propose à la location des VTT électriques de marque Haibike, modèle 2018. Toute l'équipe du magasin est aussi là pour vous orienter vers des sentiers et des boucles balisées selon votre niveau. Et dans le coin, les chemins et les sentiers ne manquent pas et ils vous mèneront jusque sur les crêtes frontalières à plus de 1000 m d'altitude. Nous saluons cette initiative car c'est la seule boutique de location de VTT et VTAE dans le Vallespir.

IN EXTREMIS AVENTURA

1291, avenue du Vallespir
✆ 09 80 85 05 65
www.inextremis-aventura.com
Canyoning tous niveaux, via ferrata, escalade et VTT

Organisateur de sorties, week-ends et stages plein air comme le canyoning, le VTT, l'escalade, le rafting, l'hydrospeed, le kayak de mer et de rivière, la via ferrata... Pluridisciplinaires et très pros, Sabrina et Jean de In Extremis Aventura vous feront découvrir le département version aventure et grand air. Quelle que soit l'activité, un matériel de qualité est fourni. Le fer de lance de In Extremis demeure le canyoning, activité qui commence dès 8 ans et se décline en plusieurs versions selon le niveau de chacun. Et en Vallespir, les canyons sont magnifiques !

LES SENTIERS DE PYRÈNE

6, allée des Pyrénées ✆ 06 03 92 03 36
www.sentiersdepyrene.com
Ouvert toute l'année. Entrée : 15 €. Prix spéciaux pour les randos de deux jours et plus. Gratuit moins de 15 ans.

Vous voulez observer des marmottes avec leurs petits, apprendre à reconnaître les baies de genièvre, vous émerveiller devant la majesté du vol d'un aigle... ? Contactez Jacques Martin. Domicilié dans les Pyrénées orientales depuis plus de trente ans, ce guide accompagnateur vous emmène sur les sentiers de la Méditerranée aux sommets des Pyrénées, de l'Aude à l'Ariège en passant par la Catalogne sud. Grâce à ses conseils et à son expérience, vous effectuerez une randonnée passionnante. Dépaysement et élévation (au propre comme au figuré) garantis !

TÉLÉSKI SAINT-JEAN (TSJ)

SAINT-JEAN-PLA-DE-CORTS
✆ 06 67 83 56 62
Ouvert d'avril à octobre (infos sur le site). Diverses formules pour tous les budgets, prix dégressifs selon la saison.

Vous vous souvenez de *Point break* ? Buddy n'est pas mort, il a pris sa retraite au TSJ, et il a tout compris : une grande terrasse en bois semi-couverte à deux pas de l'eau, une décoration soignée qui allie le rustique au moderne, musique *lounge* façon Buddha Bar et une équipe sympa. Et quand le jour tombe, c'est soirée à thème tout l'été. Oublions le *farniente*, côté glisse et adrénaline, le water park du TSJ propose plusieurs activités de 4 à 77 ans : téléski, water jump... Un site unique en France grâce à l'aménagement des modules de saut.

MONTAGNE

Les Pyrénées catalanes couvrent un tiers du territoire et sont constituées de trois zones distinctes. D'est en ouest, on distingue le Haut Conflent avec le massif du Canigó et du Madres, entaillés par le fleuve Têt. Vallées encaissées et petits villages qui s'accrochent aux pentes sont une belle illustration de cette région. La montagne des Catalans, comme on dit ici, est plus qu'un sommet et une invitation à la randonnée, elle est le symbole d'une identité. A partir de Mont-Louis, on découvre les plateaux de Cerdagne et du Capcir dont l'altitude moyenne est de 1 600 m. Le premier est chaud, couvert de prairies et baigné de soleil, alors que le second est plus froid et couvert de forêts de résineux. Ces deux régions sont le paradis des sportifs été comme hiver : stations de ski de grande envergure, chapelets de lacs et sommets majestueux. Ces trois entités font partie du parc naturel des Pyrénées catalanes.

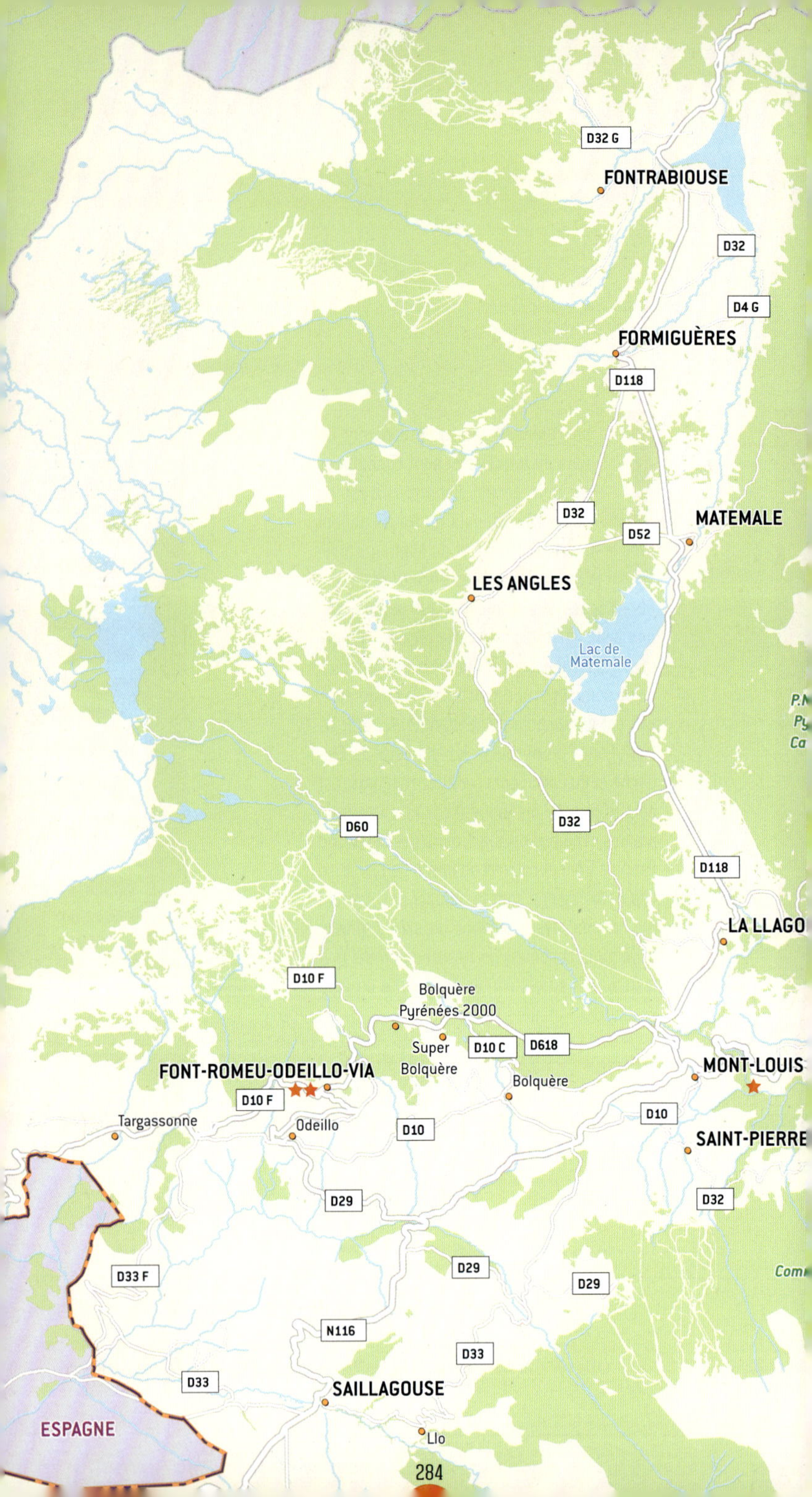
D32 G
FONTRABIOUSE
D32
D4 G
FORMIGUÈRES
D118
D32
D52
MATEMALE
LES ANGLES
Lac de Matemale
P.N
Py
Ca
D32
D60
D118
LA LLAGO
D10 F
Bolquère Pyrénées 2000
Super Bolquère
D10 C
D618
FONT-ROMEU-ODEILLO-VIA
MONT-LOUIS
Bolquère
D10 F
Targassonne
Odeillo
D10
D10
SAINT-PIERRE
D29
D32
D33 F
D29
D29
Com
N116
D33
D33
SAILLAGOUSE
Llo
ESPAGNE

Montagne
Réserve Naturelle Nohèdes
Réserve Naturelle de Conat
Réserve Naturelle de Jujols
D4
D4 F
D4 A
D57
OLETTE
D4 C
N116
D28
D57
D28
RCATS
Réserve Naturelle Nyer
Réserve Naturelle Mantet
2 KM

PAGES

287 ●● CAPCIR
287 LES ANGLES
291 FONTRABIOUSE
291 FORMIGUÈRES
294 LA LLAGONNE
295 MATEMALE

297 ●● CERDAGNE
297 FONT-ROMEU-ODEILLO-VIA ★★
303 SAILLAGOUSE

312 ●● HAUT-CONFLENT
312 MONT-LOUIS ★
314 OLETTE
316 SAINT-PIERRE-DELS-FORÇATS

LES ANGLES

Devenu station de sports d'hiver en 1965, ce village a conservé son charme d'antan. Les maisons sont restées telles quelles dans le centre ancien autour de l'église romane. Côté sport, les Angles accueillent de nombreux vacanciers qui trouvent à leur disposition 55 km de pistes situées entre 1 600 et 2 400 m d'altitude, soit 45 pistes de différents niveaux sillonnant entre forêt de pins et grandes étendues blanches. Un snowpark, des pistes de ski de fond et de nombreuses autres activités été/hiver complètent l'offre. Les Angles, c'est aussi un étonnant parc animalier, des lacs pour la pêche et un vaste maillage de sentiers de randonnée tous niveaux.

HÔTEL LE BEL ANGLE €

chemin de Planes

✆ 04 68 04 40 60

Fermé 15 jours mi avril. 20 chambres de 68€ à 94€ selon saison. Petit déjeuner 11€. Demi pension. Chiens admis 7,50€.

Un vent de jeunesse a soufflé sur les Angles. Stéphanie et Benjamin sont les nouveaux propriétaires et leur première année a été une réussite. Idéalement situé à 400 m des télécabines, vous laissez votre voiture sur le parking privé de l'hôtel et vous profitez des pistes. Une vue sur le lac de Matemale et la forêt des pins, des packs pour Angléo, forfaits de ski, descente en luge... et un restaurant très bon rapport qualité/prix. Le soir, le Patou Bar ouvre pour une partie de billard, une bière ou quelques cocktails au coin du feu pour un moment de convivialité.

LE COQ D'OR** €€

Place du Coq-d'Or

✆ 04 68 04 42 17

www.hotel-lecoqdor.fr

36 chambres. De 66 à 136 € selon catégorie. Réceptions et mariages. Restauration. Hammam, bain bouillonnant.

Situé au cœur du vieux village, l'hôtel le Coq d'Or est à 300 m de l'accès aux pistes de ski et dispose d'un spa hammam sous les toits, d'où on a une très belle vue sur les montagnes. Côté cuisine, le fait maison est garanti, le foie gras, le magret au miel de fleur de pissenlit, le confit de canard aux cèpes, l'omelette aux petits mousserons, etc. Après une bonne journée de ski ou de rando, le feuilleté de foie gras aux cèpes et un civet de cerf de la région rassasieront les affamés. Un panier-repas est proposé pour les randonneurs demi-pensionnaires.

GÎTE EQUISUD €€

Route Forêt

✆ 04 68 04 43 62

www.equisud.com

Demi-pension pour 1 nuit : 45 €/p. A partir de 2 nuits : demi-pension en chambre 42 €/p, 33 € par enfant. Table d'hôtes.

Au cœur de la forêt de pins sylvestres de Matemale et de son lac éponyme, dans un environnement boisé magnifique, Kerstin et Olivier vous accueillent dans leur gîte essentiellement construit en bois et composé de 4 chambres [avec salle de bains et toilettes] et d'un dortoir. La décoration est simple et rustique, façon chalet de montagne avec parquet et poutres apparentes mais il n'en faut pas plus pour apprécier les lieux. Toutes les chambres ont une vue sur les montagnes. La table d'hôte réalisée en majorité avec des produits locaux est très appréciée.

MONTAGNE

© LAURENT PIERSON

Les lacs du Carlit.

HÔTEL LE LLARET*** €€

12, rue de Balcère ✆ 04 68 30 90 90
www.hotel-llaret.com
Hotel de renommée très bien placé avec son restaurant de spécialités fromagères et produits locaux. Carte de 30 à 50 €

Cet hôtel domine le vieux village des Angles et le lac de Matemale. Les chambres possédant toutes un balcon donnent sur le village et la montagne ou sur le plateau du Capcir et le lac de Matemale. Bien exposées, la terrasse panoramique et la véranda vous feront profiter du soleil d'hiver. Les chambres avec écran plat ont été refaites ainsi que les salles de bains. Côté restaurant, le chef vous fera partager son amour de la cuisine devant le spectacle majestueux des montagnes, car le restaurant possède également une salle panoramique avec vue sur le lac !

HÔTEL LE YAKA** €€

32, avenue de Mont-Louis
✆ 04 68 04 46 46
www.hotelyaka.com
Fermé en mai et novembre. 35 chambres. Tarifs selon saison. Chambre familiale. Petit déjeuner buffet.

Les pistes de ski sont à 40 m, qui dit mieux ? Au Yaka, on aime soigner la clientèle avec des petites attentions qui font la différence : dans chaque chambre vous trouverez un plateau de courtoisie avec bouilloire électrique, sachets d'infusion et thé. Dans la salle du petit déjeuner, un buffet présente 28 produits salés et sucrés, confitures, fruits, viennoiserie, céréales, charcuterie, fromages, chacun peut garder ses habitudes du matin. Depuis les chambres, belle vue d'ensemble sur le lac de Matemale, les montagnes et le village. L'ambiance est inoubliable !

CHALET ANA €€€

4, chemin du Soula ✆ 04 68 04 09 69
www.chalet-ana.com/fr
Ecolabel européen. Ouvert à l'année appartements, duplex et triplex. De 900€ à 3500€ la semaine. Hammam, sauna...

Prestation de luxe pour les appartements de ce magnifique chalet qui s'inscrit dans une démarche environnementale avec eau chaude solaire et distributeur de savon. Hébergement récompensé par l'Ecolabel européen. Pour la détente après ski, vous avez un sauna finlandais, un spa à débordement et le solarium, mais aussi des massages avec un professionnel de la relaxation en bioénergie. Nouveauté un triplex grand luxe exceptionnel. Sur place, une petite épicerie avec produits bio du terroir. Pour le reste, les commerces ne sont qu'à 150 mètres. Que demander de plus ?

CHEZ ANTOINE €

11, avenue de Mont-Louis
✆ 04 68 30 09 21
Ouvert toute l'année midi et soir. Carte 40 € pour 3 plats. Menu à 36 €. Plat du jour 15 €. Terrasse.

Antoine, c'est le catalan incontournable aux Angles ! L'endroit lui ressemble, l'ambiance est à la bonne humeur. Evidemment les spécialités régionales sont bien rodées, de la belle charcuterie du Capcir, l'escalivade, de la terrine maison, des escargots, des joues de porc, des boules de picoulat, des gambas... et des grillades au feu de bois : agneau, belles pièces de bœuf et de veau des Pyrénées. Tous les produits sont de saison et locaux. Vous ne serez pas déçus, et les bons mangeurs apprécieront les généreuses portions. Valeur sûre 100% esprit catalan !

LA LOUVE €€

Pla del Mir
✆ 04 68 30 06 26
Ouvert à l'année. En été du jeudi au samedi jusqu'à 18h30 soirées tapas, cocktails et vins.

La Louve, restaurant d'altitude du Parc Animalier est ouvert à l'année. Situé au pied des pistes, il offre une très belle terrasse extérieure et une salle intérieure chaleureuse. Charles, le propriétaire des lieux, a voulu un restaurant à son image, convivial, où le bois, le verre et la pierre sont en harmonie et donnent ce cachet montagnard sans fausses notes. Côté cuisine, la part belle est faite aux produits du terroir de saison avec cette touche catalane dont on ne saurait se passer. Au menu grillades, poissons, charcuterie catalane et tapas et collation.

LA RAMBALLADE €€

1, rue de la Ramballade
✆ 04 68 04 46 32
Ouvert tous les jours le soir à partir de 19h. Spécialités locales, cuisine de montagne, grillades.

Au cœur du village, cette bâtisse reconvertie en restaurant avec sa grande cheminée et son cadre rustique offre un beau contraste avec l'esprit un peu trop « fun » de la station de ski. Ici, c'est traditions montagnardes et valeurs sûres dans l'assiette. Les patrons travaillent dans la mesure du possible avec des producteurs locaux et revendiquent une cuisine d'altitude, simple mais réussie. La spécialité du chef est le camembert au feu de bois sur lit de pommes des terres et lardons mais nous avons craqué pour leurs viandes - qualité et cuisson irréprochables !

© PARC ANIMALIER

© PARC ANIMALIER

© PARC ANIMALIER

PARC ANIMALIER LES ANGLES ★

Pla del Mir

✆ 04 68 04 17 20

www.faune-pyreneenne.fr

Haute saison ouvert tous les jours de 9h à 18h. Adulte : 15 €. Enfant de 4 à 14 ans : 13 €.

Il est situé à 1 800 mètres d'altitude, sur l'un des versants du massif du Carlit. Les marcheurs emprunteront le grand circuit pour faire le tour du parc, et observer les cervidés, les marmottes, les loups, les bisons et les ours. La balade est ponctuée d'aires de pique-nique et d'affûts photographiques. Les familles préféreront probablement le circuit court pour voir quelques cervidés et les ours, ou bien suivre le sentier des traces, le sentier préhistorique ou le sentier botanique.

© PARC ANIMALIER

© PARC ANIMALIER

ANGLEO

Avenue de Mont Louis
04 68 04 39 33
https://angleo.com
Massages, baignades, soins esthétiques, aquagym. Plusieurs formules. Horaires variables selon saisons.

Angléo est le nouveau centre de balnéothérapie de la station des Angles. Un lieu unique, comme dans un rêve où se mêlent l'eau, la pierre, le bois, la neige, l'imaginaire et le plaisir. Massages, baignades, soins esthétiques, aquagym, c'est à vous de choisir... et pourquoi pas tout essayer ? L'architecture résolument moderne est superbe, l'accueil et l'attention sont irréprochables, nous avons eu un coup de cœur pour ce lieu de détente et de relaxation qui tend les bras aux sportifs après une bonne journée de ski ou de randonnée. A découvrir absolument !

CLUB NAUTIQUE DE L'OURSON

8, route du Lac de Matemale
04 68 04 30 77
www.clubnautique-fontromeu.fr
Ouvert de début juin à fin septembre. Restauration. Bar. Plage aménagée avec maître nageur.

Faire de la voile, du dériveur ou du catamaran à 1 500 m d'altitude, c'est possible, le club nautique de l'Ourson vous propose la plage à la montagne. Une plage surveillée avec jeux aquatiques et activités nautiques variées. Location de bateaux à pédales, canoës, stand-up paddles, kayaks et planches à voile. Vous bénéficiez également d'un service de restauration dans un cadre paradisiaque au cœur de la forêt de la Matte et de nombreuses activités pour enfant à côté du club nautique.

EQUISUD

Route de la Forêt
04 68 04 43 62
www.equisud.com

À travers montagnes et forêts, Equisud vous accompagne au cœur des grands espaces du Capcir à la découverte du far-west local à cheval. Mathieu et son équipe partagent avec vous des moments uniques lors d'une journée ou de plusieurs journées de randonnée ou de stages d'initiation à l'équitation d'extérieur. L'amour des chevaux, le respect de la nature et la passion du métier animent les animateurs d'Equisud. Une attention toute particulière est portée au bien-être animal tout comme leurs confrères de Cheval-rando et de la Tramontane. Tentez l'expérience !

LOU BAC MONTAIN

Gare des télécabines
04 68 04 32 76
Ouvert été et hiver, se renseigner sur le site. Tarif 15 €/1 descente, 50 €/4 descentes et 88 €/8 descentes.

Classé dans le Top 10 des équipements mondiaux (si, si), Lou Bac Montain est l'attraction à ne pas manquer. Le principe ? Une luge sur un monorail que vous pilotez à la vitesse souhaitée, pouvant atteindre les 42 km/h maximum sur 2 000 mètres de descente, 430 mètres de dénivelé avec des passages à 70 % de déclinaison, en toute sécurité. Ajoutez à cela un panorama incroyable en été ou en hiver avec une possibilité de descente nocturne en saison hivernale. Taille minimum 1,25 m pour une descente solo, sinon les enfants peuvent descendre entre les jambes d'un adulte.

RÉDERIS PLONGÉE

04 68 88 31 66
www.rederis.com
En janvier et février tous les week-ends sur réservation. Combinaison et matériel fournis. À partir de 16 ans.

Plonger sous la glace en hiver, c'est une expérience inoubliable, presque poétique pour certains adeptes : les bulles se collent au plafond glacé, le soleil se fraie un passage à travers le trou creusé sur le lac, les rayons lumineux sont presque palpables, pas de bleu autour de vous mais du vert. Si l'expérience vous tente, lancez-vous pour 20 minutes de sensations extrêmes, bien au chaud dans une combinaison étanche, sécurisé par une ligne de vie. La plongée s'effectue avec un moniteur de Réderis Plongée. Agréé par la Fédération de plongée et jeunesse et sports.

SNAKE GLISS

06 87 08 06 75
www.snake-gliss.com/stations/lesangles
Départ au pied des télécabines. Se pratique aussi aux stations de Font Romeu et Pyrénées 2000. Ouvert de fin nov. à mars

Des luges attachées les unes aux autres pour former un serpent articulé, un moniteur dans la première luge et aux commandes... et en avant la descente ! Le Snake Gliss est une activité ultra ludique, quelque part entre le bobsleigh et la luge. Sensations garanties pour les grands et les petits car l'activité est ouverte à partir de 3 ans. Votre pilote, c'est Julien, enfant du pays qui va vous faire passer un bon moment en toute sécurité. Différentes formules sont proposées, même une nocturne avec un bon repas ou la découverte du site lacustre des Camporells.

VAGABOND'ÂNE

PUYVALADOR ✆ 04 68 04 41 22
www.vagabondane.com
Ouvert toute l'année. Fermé en septembre. Activités avec les ânes de mai à octobre. Tarifs détaillés sur le web.

Le Tour du Capcir en 6 jours c'est possible chez Bruno et Claudine. Le temps de votre randonnée, c'est un âne de bât qui porte votre paquetage. Nuit en gîte, bivouac ou soirée autour du feu, pour des séjours itinérants au plus près de la nature. Des séjours sont organisés spécifiquement pour les enfants de 7 à 14 ans, la découverte de la montagne des plantes et de sa faune sauvage, ils adorent ça et en redemandent. Vagabond'âne, c'est aussi une petite ferme avec une culture de fruits rouges – complétée par la cueillette sauvage – pour produire des confitures.

MAISON SARDA €

Hameau d'Espousouille
✆ 04 68 04 40 05
www.maisonsarda.com
Chambre d'hôtes : semaine de 360 à 400€. Week-ends, Gite d'étape, Animaux non autorisés. Restauration.

A moins de 15 min de pistes de ski et blottie dans un écrin de verdure à l'entrée d'une vallée sauvage, « la maison aux volets bleus » vous accueille toute l'année. Gîte de séjour, gîte d'étape ou chambre d'hôte, choisissez la formule qui vous convient. La maison a été entièrement restaurée et le bois omniprésent réchauffe les cœurs et les esprits. Vincent, cuisinier de métier (et qui a œuvré dans des « gastro »), est aux fourneaux et vous régalera de plats mijotés élaborés avec les produits locaux où les herbes aromatiques et sauvages sont mises à l'honneur.

FONTRABIOUSE

Ces deux petits villages, à 6 kilomètres au nord de Formiguères ne connaissent pas l'animation et l'activité des autres communes du Capcir. Ici, tout est authenticité, peu de chalets récents, pas de stations de sports d'hiver, la nature est parfaitement préservée, l'habitat rural traditionnel y est préservé avec ses maisons un peu austères, aux fenêtres surmontées de linteaux. Authenticité on vous dit ! Deux véritables villages de montagne. Si Espousouille est connue pour être le point de départ de la vallée sauvage du Galbe à la flore et faune exceptionnelles, Fontrabiouse l'est pour ses grottes, parmi les plus intéressantes des Pyrénées.

FORMIGUÈRES

Située à 5 km au nord des Angles, au centre du rude plateau du Capcir et à 1 500 m d'alt. Formiguères est une petite station qui attire un public familial. Nature, neige naturelle de qualité et un patrimoine préservé au cœur du Parc naturel Régional des Pyrénées, c'est dans cet écrin qu'elle a gardé tout son charme et son authenticité. En été tous les amoureux de la nature y trouvent leur bonheur à travers les activités sportives et culturelles. Formiguères est considérée comme la petite capitale de la région. L'âme de ce village de montagne est sans doute sa convivialité et le savoir-faire que tous les artisans et commerçants mettent à votre service !

LA GROTTE DE FONTRABIOUSE ★

Rue des Soulanets ✆ 04 68 30 95 55
www.fontrabiouse.com
Fermeture en novembre. Visites toutes les 45 min en haute saison. Boutique. Pensez à vous couvrir - température fraîche.

La grotte de Fontrabiouse vaut le détour pour la beauté et la variété de ses concrétions toujours en activité. C'est la partie du réseau supérieur de la grotte qui a été aménagée. Suivez le guide ! A travers un cheminement en deux niveaux, la visite sur plus de 1 km, vous offre un rendez-vous avec une véritable cathédrale de style gothique flamboyant ! Un éclairage bien étudié, ainsi que la proximité des concrétions donnent une sensation de « vraie » découverte du monde souterrain.

OFFICE DE TOURISME

1, place de l'Église
✆ 04 68 04 47 35
www.formigueres.fr
Ouvert en haute et basse saison du lundi au samedi.

Dès les premières neiges, c'est avec plaisir et dynamisme que la station de Formiguères vous ouvre ses pistes. Des événements ponctuent la saison hivernale, vous retrouverez tous les services de la station : navette gratuite en vacances scolaires, restaurant et point chaud au pied de pistes, espaces ludiques... Quand les jours s'allongent et les températures se font plus douces, alors randonnée, VTT, cueillette de champignons ou pêche vous font découvrir l'autre visage de ce paysage grandiose qui ne perd rien de sa splendeur. Le Petit Futé adore le Capcir !

LE CHALET POMME DE PIN €€

18, carrer Cora-de-la-Guilla ✆ 04 68 04 45 77
www.chalet-pomme-de-pin.com
5 chambres. Petit déjeuner inclus. Parking. Restauration (sur réservation). Hammam, bain bouillonnant, sauna.

Bois blond, couettes et courtepointes aux teintes assorties créent une chaleureuse ambiance ; les peignoirs et chaussons sont chaleureusement fournis. Un petit déjeuner copieux, servi l'hiver au coin du feu et l'été en terrasse : du bon pain, charcuterie, fromages et confitures framboises et myrtilles maison ! Et après une journée de ski, vous pourrez opter pour une séance de hammam ou de sauna à moins que vous ne préfériez profiter du paysage tout en vous prélassant dans le Spa installé dans le jardin. La table d'hôtes est délicieuse et conviviale. Onirique !

LA DEVÈZE*** €€

Route de la Devèze
✆ 06 37 59 73 89
www.campingladeveze.com
Ouvert toute l'année. 30 emplacements. Chalets, roulottes, tentes trappeur, tipis. restauration.

Presque du camping sauvage ! En pleine nature, posez votre tente sur des parcelles à l'état vierge sans terrassement afin de préserver la flore environnante. Les chalets sont équipés de chauffages dans toutes les pièces et l'isolation est renforcée. La nouveauté qui s'intègre encore plus dans le paysage naturel sont les roulottes et tentes trappeur, en bois ou toile et entièrement équipées. Un lieu idéal pour les randonneurs et les amoureux de la nature, le magnifique lac de Matemale est à quelques minutes avec sa base ludique pour la plus grande joie des enfants.

HÔTEL-RESTAURANT PICHEYRE** €€

2, place de l'Église
✆ 04 68 04 40 07
www.hotel-picheyre.com
Congés en novembre. 14 chambres, restauration, terrasse.

Au centre du village, tout près de l'église, hôtel familial de 17 chambres où nous avons apprécié le salon cosy et sa grande cheminée et la jolie terrasse à l'écart et au calme. La table traditionnelle est généreuse, d'un bon rapport qualité-prix. En toute saison, les amateurs de fromage pourront commander une raclette ou une tartiflette car ici on cuisine des plats mitonnés. Une institution en Capcir, à l'image du village, authentique et chaleureuse où il fait bon se poser et revenir.

RÉSIDENCE LES ESPLANEILLES €€

5, cami de las Ascoumas
✆ 06 84 64 18 25
Résidence de vacances ouvert à l'année. Navette gratuite pour les pistes de ski.

Pour un séjour l'hiver, cette résidence de tourisme, en pleine nature, est située à 650 m du centre du village et à 2,5 km des pistes de ski. Chaque hébergement propose un balcon ou une terrasse. La décoration scandinave comme un « chalet » avec du bois au sol et au mur vous ravira. Les appartements d'une capacité de 2 à 6 personnes sont très confortables ont une vue sur le jardin et la montagne. Les prestations y sont complètes : cuisine équipée, TV écran plat et connexion internet…

Le Massif du Cambre d'Aze.

MONTAGNE

LE CHALET DE LA CALMAZEILLE €

La Calmazeille

© 04 68 04 86 90

Self service avec buffets d'entrée et de dessert, plats chauds servis à la commande. Accueil des groupes. Terrasse.

Restaurant avec terrasse situé au pied des pistes de la station de Formiguères. Une salle hors-sac, un point chaud et un service de repas simples (avec un grand buffet) à prendre sur la terrasse panoramique rendront agréable votre moment de détente... Gaufres ou crêpes pour la pause-goûter. Des animations thématiques sont parfois organisées. Un petit troquet sympathique et bien chauffé au pied des pistes et des belles forêts du Capcir pour les skieurs et les amoureux de la montagne.

LE CARCANET

7, rue de la Rivière

© 04 68 04 33 25

Ouvert toute l'année. Plats et tapas entre 5 et 15€. Crêpes. Cave à vins.

Le Carcanet est un bar et crêperie à la décoration simple et « boisée », façon auberge de montagne. Les gens du village y viennent autant que les touristes pour y déguster des crêpes ou des plats, boire des bières locales et surtout pour profiter de la plus belle terrasse de Formiguères : une série de tables qui surplombe le ruisseau. Bruit magique de l'eau qui court sur le granit poli ou qui berce nos oreilles... Un village de montagne sans ces bruits-là n'est plus un village de montagne, et Formiguères est chanceuse, car le fleuve Aude y coule en son sein.

LE PAIN DE PAPOU

7, place de l'Église

© 04 68 04 44 96

www.lepaindepapou.fr

Mardi à vendredi : 7h-12h30 et 15h-19h30, samedi et dimanche : 7h-13h et 15h-19h30.

Boulangerie traditionnelle, confiseries maison : tout est bon chez Papou. Véritable institution à Formiguères et en Capcir, cette boulangerie est le lieu où tout le monde s'arrête pour acheter son pain, son croissant ou son gâteau. Les gens font la queue jusque dans la rue. Les propriétaires sont adorables. Un véritable accueil avec le cœur, un esprit de chaleur villageoise, un sens aigu de la tradition qui donnent envie de séjourner plus longtemps à Formiguères. Les petits villages de montagnes vivent réellement et sont dynamiques grâce à leurs commerçants !

LE CALMADOU

6, cami del Couillet

© 09 70 35 63 56

www.lecalmadou.fr

Ouvert tous les jours sauf le mercredi hors vacances scolaires. Fromage de brebis et viande d'agneau. Gîte 3 épis.

Bienvenue à la ferme ! Tout en haut de Formiguères, Françoise et Jean-Pierre vous feront découvrir leur élevage de brebis pour le plus grand bonheur des petits et des grands. L'amour qu'ils ont pour leurs animaux se ressent dans la production et ils seront heureux de vous faire goûter les yaourts et fromages au lait de brebis. Tommes, briques, Pérail, lactiques et brousses, ici tout sent bon la nature et la tradition. Un superbe gîte en bois et pierre labellisé 3 épis est en location à la semaine ou au week-end, une invitation à découvrir les merveilles du Capcir.

FERME PERARNAUD

Cami de Fontrabiosa

© 06 16 12 53 08

Vacances scolaires : ouvert tous les jours de la semaine de 18 à 20h. Autres périodes : tous les soirs de 18h30 à 19h30.

Dans la famille Pérarnaud, on est fier d'être paysan de père en fils avec le même souci de faire perdurer une tradition qui s'inscrit dans la modernité. A la ferme, on vous propose une succulente viande de bœuf et de veau (on ne vous ment pas, on l'a goûtée !) au détail ou en colis, du lait cru et des fromages frais. Le tourisme devenant un moteur économique de l'agriculture, les Pérarnaud vous ouvrent leurs portes tous les jours à l'heure de la traite des vaches pour vous faire découvrir ce monde paysan de l'intérieur. Un beau voyage au pays de l'authentique.

CHEZ YANNICK BOUCHERIE

2, route de Mont-Louis

© 04 68 04 41 43

Ouvert tous les jours pendant les vacances scolaires. Hors saison : fermé le jeudi et le dimanche après-midi.

A quoi reconnaît-on une bonne boucherie-charcuterie ? Tout simplement aux gens qui font la queue jusque dans la rue ! Chez Yannick, il faudrait presque prendre rendez-vous pour être servi rapidement. Si vous ne connaissez pas la différence de goût entre un cochon qui gambade et un cochon élevé sur paille, précipitez-vous chez ce commerçant dynamique de Formiguères. Le Petit Futé a littéralement craqué pour la qualité et la saveur de la viande (un goût d'antan), mais aussi pour la simplicité et l'amour du métier de ce jeune homme plein d'avenir. Félicitations !

STATION DE FORMIGUÈRES

1, place de l'Église ✆ 04 68 04 47 35
www.formigueres.fr

Station ouverte de fin novembre à début avril. Baby club, boutique, navette. Jardin des neiges et garderie enfants.

Situé au cœur des pins, entre 1 500 et 2 400 mètres d'altitude, le petit village de Formiguères jouit d'un environnement naturel exceptionnel. Les skieurs de tous niveaux trouveront facilement leur bonheur à travers les 65 ha skiables répartis sur 19 pistes et une zone de free-ride. Alliant la vie traditionnelle de montagne à la culture catalane, la station vous garantie une ambiance joviale. De nombreuses activités vous sont proposées tout au long de l'année comme la pêche au lac des Camporells, le VTT, l'escalade et plus récemment la location de VTT électriques.

HÔTEL CORRIEU*** €€

Rue de La Quillane
✆ 04 68 04 22 04
www.hotel-corrieu.fr

Fermé hors saison hors vacances scolaires. 18 chambres (dont 4 familiales et 2 suites). Hammam, bain bouillonnant.

Cet ancien relais de diligences héberge aujourd'hui un hôtel cossu dont les chambres rénovées, et confortables ont toutes de jolies vues sur les environs. Dans le restaurant panoramique avec sa terrasse ensoleillée, «la table du Capil», vous est servie une cuisine de saveurs et du terroir. Des lodges ont vu le jour et offrent le confort de petites suites, équipées de coin salon, grand lit double et grande salle de bains, le tout avec une vue imprenable sur les sommets du Capcir et l'espace spa est équipé pour un séjour « sport et bien-être ».

LA LLAGONNE

Depuis le XIe siècle, ce petit village fait communiquer le Haut Conflent avec le Capcir par le col de la Quillane. Encadré de forêts et dominé par son église fortifiée et sa tour à signaux, le village s'est aggloméré autour de ces deux édifices. Le presbytère garde des traces de l'ancien château. Au col de la Quillane, on peut profiter d'une petite station de ski, ainsi que d'un aérodrome. A partir du village, on peut également faire de belles randonnées et accéder au lac des Bouillouses, l'écrin des Pyrénées. Pour la petite histoire, La Llagonne est une terre de sportifs puisque Simon et Martin Fourcade sont nés ici et viennent souvent au village.

LA TABLE DU CAPIL €€

8, rue de la Quillane
✆ 04 68 04 94 48

Disciple d'Escoffier. Toques Blanches. Réservation recommandée. Menus de 21 à 31 €. Terrasse.

Heureux les gourmands qui se posent à la Table du Capil. Fabrice Dubos qui a racheté avec son épouse l'hôtel Corrieu en 2016 s'est familiarisé avec la vie en montagne. Il propose une cuisine de saison avec les produits locaux que nous offre le territoire catalan. Du porc de nos Pyrénées au miel de montagne en passant par les moutardes de Saillagouse et les herbes de nos garrigues, il sublime ses compositions en «trichant» avec le piment d'Espelette, proche de ses terres de Gascogne, quelques condiments d'Asie ou le chocolat noir pour ses incomparables moelleux.

ESPACE NORDIQUE - MAISON DU CAPCIR

Col de la Quillane ✆ 04 68 04 49 86
www.capcir-pyrenees.com

Ouvert toute la semaine en saison été et hiver. Du lundi au vendredi hors saison. Salle hors sac et toilettes.

Point de départ des randonnées pédestres l'été et du domaine nordique l'hiver, la maison du Capcir est une adresse précieuse pour vos vacances. Vous y trouverez les brochures nécessaires à votre séjour mais aussi les guides pour vos randonnées en raquettes, les moniteurs pour le ski de fond, les balades en chiens de traineau ou encore les circuits de pistes VTT. Vous êtes au cœur d'un véritable paradis protégé, préservez la nature en toute saison, respectez-la et rapportez vos déchets.

ASSOCIATION AÉRONAUTIQUE LA LLAGONNE

Col de la Quillane
✆ 04 68 04 28 02
http://planeur-la-llagonne.com/

Vol initiation en été. Stages et cours.

L'Association Aéronautique La LLagonne est une association de loi 1901 qui ne fonctionne qu'avec des bénévoles – le seul salarié est le chef pilote, pendant les deux mois d'été – passionnés de vols à voile. Ce sont eux qui font fonctionner le club aéronautique et l'école de pilotage de planeur en montagne, sur l'aérodrome. Un club légendaire dans toute la France parce que cette région est sublime vue d'en haut, des vols d'initiation ont lieu en été, toutes les infos sont sur le site.

MONTAGNE

BASE DE LOISIRS DU COL DE LA LLOSE

✆ 04 68 04 84 79
www.onaturel66.com
VTT électriques. Biathlon laser. Nombreuses activités en hiver (voir site internet).

Le col de la Llose offre aux amateurs de nature et d'activités sportives de plein air un site splendide et sauvage.Au cœur du site Natura 2000 Madres Coronat, à 1 866 m d'altitude, vous pouvez compter sur Fred Maugery et l'équipe d'O Naturel pour vous accueillir correctement et vous aider à donner des couleurs dynamiques à votre séjour dans les Pyrénées-Orientales. Vous aurez peut-être la chance de croiser, dans cet environnement dédié à une multitude de disciplines sportives estivales et hivernales, des équipes nationales en entraînement pour des préparations pré-olympiques. Au catalogue vous avez des skis ou des VTT électriques en location pour une pratique libre ou encadrée, tout le matériel et les équipements pour vous adonner au biathlon laser ou au parapente. Sorties VTT enduro, leçons de skating, séjours en itinérance, séjours VTT, nocturnes en raquettes vous sont proposées au fil des saisons. Les enfants ne sont pas oubliés avec le Ludic Park VTT, une aire spécialement aménagée pour eux avec plusieurs parcours, un jeu doté de deux chasses au trésor gratuites pour les tout-petits. En hiver, dès que la neige est tombée, place au ski de fond, aux raquettes et à la marche nordique sur les 70 km de pistes balisées et entretenues. Le point de ralliement de cette base de loisirs multi-services et conviviale consiste en un joli chalet montagnard doté d'une agréable terrasse orientée plein sud qui fait office de bar-restaurant et propose des plats très abordables.

CHEVAUX DE LA TRAMONTANE

Carrer de la Quillane ✆ 04 68 04 17 98
www.chevauxdelatramontane.com
Balades à cheval, séjours équestres, randonnées thématiques à cheval de 1 à plusieurs jours.

Dans les Pyrénées-Orientales, le grand Ouest, c'est le Capcir. Claire, Yves et leur fils vous emmènent à cheval sur de grands espaces sauvages lors de randonnées d'un jour ou plus avec bivouac dans la nature ou nuit en gîte. Au menu : découverte des Garrotxes, tour du Carlit, brame du cerf, lac des Bouillouses... Les chevaux élevés dans de grands parcs en semi-liberté transhument deux fois l'an sur les sentiers de montagne, depuis leur plus jeune âge, pour relier les pâturages d'été en altitude et ceux d'hiver dans les garrigues des Fenouillèdes.

STATION DE SKI DE LA QUILLANE

rue de la qillane
✆ 04 68 04 22 25
https://www.laquillane.fr/
Ouvert toute l'année. Chèque Vacances.

« La » station familiale par excellence. Bon nombre de petits Catalans, ou autres, ont chaussé les skis pour la première fois ici, à la station de la Quillane. Seulement 5 pistes et 2 remontées mécaniques, des moniteurs (trices) agréables avec les débutants, idéal pour se familiariser avec la pratique du ski. Une convivialité jusqu'au restaurant de la station où les larges sourires affichent le bonheur de vous recevoir. Station 4 saisons, ouverte à l'année pour le plein d'activités..

MATEMALE

A mi-chemin entre les Angles et Formiguères, Matemale est un village de montagne typique, à 1 500 mètres d'alt. sur le plateau du Capcir aux portes d'un vaste lac artificiel. Véritable « petit Canada », c'est un site sportif grâce en hiver, à ses dizaines de km de pistes de ski de fond qui sillonnent la forêt de la Matte, en bordure du lac. Sentiers nordiques, pistes damées et balisées pour les raquettes aussi... qui deviennent à la belle saison des sentiers fréquentés par les amateurs de randos pédestres, équestres ou VTT. Baignade surveillée, base nautique, parcours d'arbre en arbre, location de vélos, etc., vous attendent autour du lac.

CAMPING DU LAC*** €

Route des Carriolettes
✆ 04 68 30 94 49
www.camping-lac-matemale.com
Ouvert de juin à sept. Hors saison week-end et vacances. 110 emplacements. Chalets. Sauna, bain bouillonnant.

Une bouffée d'air pur en altitude, au cœur d'une forêt de pins et en bordure du lac de Matemale où on peut pratiquer de nombreuses activités : ski nordique ou alpin, randonnées en raquettes et traîneaux à chiens l'hiver, à cheval l'été, mais aussi VTT, voile, bateau à pédales, canoë, dériveur sur le lac, natation... Mais aussi à l'intérieur du camping : volley, ping-pong, pétanque et 2 aires de jeux pour enfants. N'oublions pas le sauna et le bain bouillonnant, au top en hiver ! Les emplacements sont ombragés et vastes, les chalets très agréables.

MONTAGNE

REFUGE DU COL DEL TORN €

✆ 06 31 11 97 84
www.refugeducoldeltorn.fr
Refuge gardé à l'année. Réservation obligatoire. Nuitée en dortoir (12 places) et cuisine excellente ! Astronomie.

Situés au cœur du site Natura 2000 Madres Coronat, à 1870 mètres d'altitude, le refuge du Col del Torn est un petit bijou d'authenticité et de calme avec vue panoramique sur les montagnes du Capcir. La piste d'accès étant fermée en été, comptez environ 1 h de marche sur un chemin souvent plat depuis le col de Creu. Ce refuge n'est pas seulement l'endroit idéal pour se ressourcer et renouer avec la nature, c'est aussi un lieu de rencontres et d'échanges autour d'une table toujours bien garnie. Ouvert aussi en hiver, on peut y accéder en raquettes ou à ski.

CARIPOREL

RD 118
✆ 06 47 22 42 83
www.cariporel.com
Ouvert du lundi au samedi de 8h30 à 12h30 et de 14h à 18h30.

« Faire entrer la nature dans votre intérieur », voilà le concept à la base de cette belle initiative qui dépoussière la décoration d'intérieur. Des pièces uniques en bois de pin local d'aspiration classique, moderne ou design et conçues par la Nature, le meilleur des créateurs ! Carine et Sylvain convertissent leurs rêves en supports pour bougies, luminaires, fleurs, mobilier... Tout est fait de lignes pures et douces... C'est même sensuel ! Vous trouverez plus de pièces sur la boutique en ligne qu'au showroom mais la visite vaut vraiment le détour.

LA BONA CUINA €€

12, rue du Casteil
✆ 04 68 30 96 79
Ouvert le soir tous les jours en juillet et août, hors saison du jeudi au dimanche. carte et menu. Terrasse. Carte 35 €.

Une adresse fort sympathique nichée au cœur de Matemale. Nicolas est installé depuis 2015 et prépare une cuisine gourmande, traditionnelle et de terroir. Les plats font honneur aux produits locaux, ils sont généreux et toujours teintés d'un brin de délicatesse. C'est ça « una bona cuina » (une bonne cuisine). Pas de menu ici mais une ardoise qui s'efface et se réécrit souvent pour varier les plats et respecter les saisons. Cuisine sans bavure et délicieuse ! Nous avons aimé l'ambiance familiale et chaleureuse de vrai petit resto de montagne comme on les aime.

GAEC LE DOURMIDOU

Rue de la Mouline
✆ 04 68 30 13 55
Ouvert au public tous les jours entre 9h et 12h et de 16h30 à 19h30. En hiver de 10h à 12h et de 17h à 19h.

A Matemale où il règne encore une authentique ambiance de village de montagne, Aurélia, Claire et Jean-Pierre vous accueillent et vous présentent leurs délicieux fromages de chèvre et vous convient à une démonstration de la traite des chèvres en saison entre 18h et 19h. La palette de fromages est large : faisselle, lactiques, chèvres parfumés, chèvres fumés et enfin la tomme. À 1 500 m d'altitude sur des alpages riches et exempts de toute pollution, rien d'étonnant de voir la qualité au rendez-vous et les récompenses tomber lors des concours agricoles.

BRASSERIE LA BRAMETTE

23, rue de la Mouline
✆ 06 03 35 48 30
Ouvert tous les jours de 15h à 19h sauf le lundi.

Blanche, blonde ou ambrée, venez découvrir les créations de Mathieu dans sa jolie petite brasserie de Matemale qui se distingue par son concept minimaliste. À la Bramette, la bière est brassée avec de l'eau de source et les ingrédients qui entrent dans la fabrication sont en majorité issus de l'agriculture BIO. Cette passion de la bière a poussé ce jeune homme à créer des mousses brassées avec les plantes du coin : gentiane, primevère et ortie. Bien entendu, vous retrouverez les bières de Mathieu dans toutes les bonnes adresses de la région.

CHEVAL RANDO

✆ 06 82 09 54 24
www.cheval-rando66.com
Balades à cheval et location de poneys. Circuits sur mesure.

Sur la route entre Mont Louis et les Angles se nichent les écuries de Sabine. Cette cavalière vous propose des cours d'équitation, la location de poneys et enfin des balades à cheval pour découvrir la forêt de la Matte ou les rives du lac de Matemale. Nous avons été autant touchés par le sérieux et le professionnalisme de ce centre équestre que par l'attention apportée au bien-être animal. Sabine y met un point d'honneur. On sent dans son écurie que les animaux sont heureux et ne sont pas là pour plaire aux touristes. Vive le respect de la dignité animale.

FONT-ROMEU-ODEILLO-VIA ★★

Font-Romeu l'hiver, c'est bien entendu l'un des domaines skiables les plus importants et les plus séduisants du massif, un lieu où la qualité des pistes se marie magnifiquement à la beauté du paysage.
C'est aussi le Centre d'entraînement en altitude avec ses équipements ouverts au public (piscine et patinoire olympiques), un complexe sportif indoor avec tennis couverts, squash, salle de musculation, badminton, practice de golf couvert, centre équestre. Une station familiale de qualité, le site de tous les plaisirs ludiques de l'après-ski avec ses nombreux commerces, ses restaurants, ses bars musicaux, ses discothèques, son bowling et son casino.

Font-Romeu.

CHAPELLE SAINT MARTIN D'ENVALLS

Route des Pyrénées
ANGOUSTRINE-VILLENEUVE
✆ 04 68 30 22 89
https://angoustrine.info/
Visite guidée (sur réservation à la Mairie).

Pour vous rendre à la Chapelle Saint Martin d'Envalls, il vous faudra grimper par le chemin de la vallée d'Angoustrine, celui qu'empruntent les chevaux Mérens pour la transhumance et jadis les pèlerins de St Jacques de Compostelle. À 1600 mètres d'altitude, vous trouverez cette belle chapelle du XIIème siècle que vous pourrez visiter si vous en avez fait la demande en Mairie. Et si vous êtes en grâce, vous pourrez poursuivre vers le lac de Bouillouses ou la vallée du Carlit.

TERMANAL DES LOISIRS

Avenue du Grand-Termanal - **BOLQUÈRE**
✆ 04 68 30 39 70
www.pyrenees2000.com
Ouvert toute l'année tous les jours de 9h à 20h. Les tarifs sont à l'heure pour les activités à l'intérieur du centre

Voilà un endroit très prisé par les enfants et les adultes. 8 ha extérieurs et 2 500 m² couverts dédiés aux sports et aux loisirs dans la splendide clairière du Pla. Tennis intérieur ou extérieur, squash, badminton, ping-pong, golf, athlétisme et des sports collectifs tels que foot en salle, basket, hand... Mais vous pouvez également préparer votre séjour en offrant des stages, été comme hiver, à vos enfants dès 8 ans. En hiver, le Termanal des loisirs c'est aussi de la luge, du snowball party et une boucle de 3 km qui permet de découvrir le ski nordique.

LE TRAIN JAUNE

Font-Romeu Odeillo Via
✆ 04 68 96 63 33

Vous pouvez programmer à partir de Font-Romeu, une promenade touristique inoubliable entre Villefranche-de-Conflent et Latour-de-Carol. En toute saison, une expérience à ne rater sous aucun prétexte au milieu de paysages de montagne à vous couper le souffle et à un rythme qui permet vraiment d'apprécier l'instant. C'est la ligne électrifiée la plus haute d'Europe, sur 63 km de trajet avec 22 gares traversées. Comptez 3 heures pour l'aller et 3 heures pour le retour. Afin d'éviter les déconvenues, il est prudent de se renseigner auprès de la gare sur les horaires.

ALTISERVICE

Domaine de Font-Romeu
✆ 04 68 30 60 61
www.altiservice.com

Altiservice, créé en 1990, est le leader dans la gestion des domaines skiables pyrénéens. Labels qualité et environnement, les employés de Altiservice entretiennent à l'année le domaine skiable pour le plus grand bonheur des skieurs. Damage, remontées mécaniques, sécurité des pistes, maintenance des infrastructures et des engins roulants, navettes et bus, tel est le quotidien des femmes et des hommes d'Altiservice. Alors lorsque vous prendrez un forfait, ayez une pensée pour eux qui vous permettent de profiter des plaisirs de la montagne en toute quiétude.

CHALET L'ANGÉLIQUE €

27, avenue du Grand-Termanal - **BOLQUÈRE**
✆ 04 68 30 02 71
http://montagnenature.free.fr
Gîtes de France 2 épis. 5 chambres. Table d'hôtes sur réservation. Local pour entreposer vélos, skis...

Anne Arbelet est une monitrice de ski, une professionnelle de la montagne et une naturaliste de terrain qui se fait un plaisir d'accueillir les hôtes dans son chalet neuf, fonctionnel et harmonieux, d'un grand confort, construit avec des matériaux naturels à 1 750 m d'altitude. Chaque chambre est équipée de balcons ensoleillés avec une pleine vue sur le massif montagneux. La grande salle à vivre comprend un coin repas, une belle cheminée pour les soirées au coin du feu, une bibliothèque, un piano, le tout s'ouvrant sur une grande terrasse. Émouvant !

CAL XANDERA €€

49, route de Font-Romeu
ANGOUSTRINE-VILLENEUVE ✆ 09 54 50 41 47
www.calxandera.com
Ouvert toute l'année. réservation conseillée. 2 chambres de 95 à 105 €/nuit et 2 suites familiales à partir de 110 €.

A la sortie d'Angoustrine en direction de Font Romeu, Cal Xandera est un petit bijou de vieille pierre : une ferme cerdane du XVIIIe siècle superbement restaurée avec goût et amour. Dans son enceinte vous attend un grand jardin avec sa terrasse ombragée sur laquelle vous passerez de belles soirées d'été, les yeux tournés vers les étoiles.Le restaurant et les 4 chambres allient confort, modernisme et matériaux écologiques (bois, pierre, ardoise, chaux). Une belle suite familiale permet de séjourner tous ensemble. Le petit déjeuner est copieux et frais, fait maison.

LE CARLIT HÔTEL*** €€

Avenue d'Espagne
✆ 04 68 30 80 30
www.carlit-hotel.com
Ouvert toute l'année. Réceptions, séminaires et mariages. Spa. Club enfant durant les vacances scolaires.

L'imposante bâtisse de l'hôtel est située en cœur de ville. Le Carlit propose des chambres très propres et plutôt bien équipées. Les chambres familiales en duplex avec mezzanine sont vraiment sympathiques. Côté cuisine, une carte variée, qui se décline en plusieurs formules. Aux beaux jours, on se laissera ravir par le charme des extérieurs. Une piscine d'été chauffée vous permettra de vous détendre après vos randonnées. Eté comme hiver, on apprécie l'espace sport et bien-être et l'accueil chaleureux, attentionné des propriétaires et du personnel.

GÎTE-AUBERGE LA CHOUETTE €€

2, rue de la Liberté ✆ 04 68 30 42 93
www.chouette.fr
Ouvert toute l'année, sauf qq semaines en basse saison. 14 chambres. Petit déjeuner buffet. Restauration midi et soir.

La Chouette n'est pas un hôtel, mais bel et bien une auberge-gîte qui s'apparente à une conviviale pension de famille. Les chambres sont simples, confortables et propres avec salle d'eau et wc privatifs. Toutes ont une vue sur le village et les montagnes. Les occupants se retrouvent dans le salon, pour discuter, bouquiner, jouer ou jeter un coup d'œil sur la TV. Pour les repas, on s'assied autour de grandes tables, souvent aux côtés d'inconnus, qui ne le restent pas longtemps, et Lionel, le propriétaire, sert de bons plats mijotés par ses soins. A découvrir !

HUTTOPIA FONT-ROMEU*** €€

Route de Mont-Louis ✆ 04 68 30 09 32
7ha. Epicerie, restaurant, piscine extérieure chauffée, location de vélos. Canadiennes, chalets et cabanes.

Un nouvel art de camper alliant nature, confort et esthétique. Huttopia Font Romeu offre des emplacements spacieux et ombragés, répartis sur plus de 7 ha en forêt domaniale. Vous pourrez séjourner sur les grands emplacements de camping ou bien louer des hébergements originaux en bois (cabanes entièrement équipées) ou toile (tentes canadiennes très bien aménagées). Chacune des trois formules vous fera vivre dans et avec la nature pour partager des joies simples et revenir à l'essentiel. Une vie de Robinson améliorée qui nous a conquis !

RESIDENCE HOTELIERE L'INSOLITE***** €€

29, Boulevard François Arago ✆ 06 26 59 37 92
https://www.residence-linsolite.com
Résidence hôtelière de standing avec appartements tout équipés de 2 à 3 pièces pour 2 à 8 personnes, vue exceptionnelle.

Nous n'avons pas résisté un seul instant pour référencer L'Insolite, cette résidence hôtelière de luxe de Font-Romeu fraîchement ouverte. Les appartements sont bien agencés avec terrasse et vue exceptionnelle sur les montagnes. Un endroit chaleureux bien pensé par les propriétaires qui se mettent en quatre pour satisfaire la clientèle. Heureux ceux qui pourront bénéficier de ce standing lors d'un séminaire et profiter de l'espace détente et de ses deux cabines de massage ! On adore.

OFFICE DE TOURISME DE FONT-ROMEU

38, avenue Emmanuel-Brousse
✆ 04 68 30 68 30 - www.font-romeu.fr
Qualité Tourisme. Ouvert tous les jours de 9h à 12h et de 14h à 18h. Vacances scolaires été de 9h à 12h et de 14h à 19h.

Situé au pied de la télécabine des Airelles, l'office sera votre allié pour « changer d'altitude », comme le clame le slogan. Ils vous renseigneront sur les activités de la station été comme hiver ainsi que sur les hébergements disponibles. Bon à savoir : des « skibus » gratuits circulent tous les jours pendant la saison de ski entre Via-Odeillo et Font-Romeu. Sur leur site Internet, visualisez les pistes avec la webcam, tenez-vous informé de l'enneigement et de la météo en temps réel.

HÔTEL LE GRAND TETRAS*** €€

14, avenue Emmanuel-Brousse
✆ 04 68 30 01 20
www.hotelgrandtetras.fr

Ouvert toute l'année. 36 chambres (dont 4 suites familiales). Animaux acceptés. Séminaires. Bain bouillonnant, sauna.

L'hôtel offre 36 chambres coquettes, rénovées dont certaines exposées plein sud avec balcon, confort garanti, literie haut de gamme et couettes douillettes. Les petits déjeuners sont servis en chambre ou sous forme de buffet (produits régionaux, bio et de qualité). Nouveauté, 2 appartements neufs pour 4 à 5 personnes, cuisine équipée ouverte sur le salon à la déco montagnarde avec vue sur les Pyrénées. Un espace bien-être vous accueille à tout moment, terrasse solarium panoramique, bain bouillonnant, piscine et sauna. La Poule au Pot est le restaurant de l'hôtel.

© HÔTEL GRAND TETRAS

© HÔTEL GRAND TETRAS

RÉSIDENCE HÔTELIÈRE LA PRADELLA*** €€

Avenue de Cerdagne - **BOLQUÈRE**
✆ 04 68 30 03 31
www.pradella.fr

Ouvert à l'année, tarifs selon saison et nombre de personnes.

Sans aucun doute l'une des plus belles résidences hôtelière des environs. Appartements de standing, lumineux (baie vitrée et grande terrasse) et très cosy. La décoration joue la carte des tons chaleureux et des matières naturelles (bois blond, laine brodée, osier tressé). De nombreuses prestations vous sont proposées en option, kit linge, kit bébé (gratuit). Les résidents ont accès gratuitement au bel espace de détente de la Pradella, piscine, bain bouillonnant, sauna et salle de sport

CHALET AGUILA €€€

Chemin de Font-Romeu - **BOLQUÈRE**
✆ 06 73 45 86 38
www.chalet-aguila.fr

Ouvert toute l'année. Pour 10 personnes. Tarif selon saison. Bain bouillonnant.

Magnifique chalet de prestige au pied des pistes pour 10 personnes, services hôteliers, entièrement équipé, bain nordique au bois, sauna extérieur, vue magnifique sur la vallée et les montagnes. Un véritable luxe avec des chambres spacieuses sur 2 étages plus rez-de-chaussée. Salon au 1er étage avec coin lecture, grande cheminée et salle à manger donnant sur la cuisine ouverte entièrement équipée. Au même étage, l'espace détente avec Storwatt en extérieur et sauna. Vous serez chez vous le temps d'une semaine en famille ou entre amis dans un endroit inoubliable.

CHALET LES ARTIGUES €€€

3, Route des Artigues - **BOLQUÈRE**
✆ 06 67 55 61 69
www.chalet-lesartigues.com

Pour 12 pers (3 ch). Week-end 590 €, semaine été de 1 100 à 2 000 €, hiver de 2 000 à 3 900 €. Bain bouillonnant.

Si vous aimez les vacances façon trappeur avec le luxe en plus, votre paradis est aux Artigues. Florence et Olivier vous accueillent été comme hiver dans leur fuste, c'est à dire leur maison en rondins de bois brut. Leur chalet est en harmonie avec l'environnement : gros rondins de pays non traités, énergies renouvelables, matériaux sains ou recyclés, isolation par toiture végétale pour faire face au froid de l'hiver et consommer peu d'énergie. Un vrai bijou qui est un lieu harmonieux par ses volumes et sa décoration soignée. L'appel de la forêt retentit !

LES CHALETS SECRETS €€€

Chemin de Font-Romeu - **BOLQUÈRE**
✆ 04 68 30 97 12 - www.leschalets-secrets.com
10 chalets de 35 à 170 m², de 2 à 16pers. Restaurant. Hammam, bain bouillonnant, sauna. Storwatt (bain nordique)

Chalets meublés avec goût, cuisine équipée, douches italiennes ou baignoires, quelquefois les deux, terrasse privative, sauna finlandais le « Storwatt », hammam, bains à bulles, parking fermé en sous-sol, des services à la carte comme les copieux paniers déjeuner servis en chambre avec des produits frais, le service traiteur et sa cave à vins et champagnes. Nouveau chalet le Nashira, encore plus spacieux avec hammam habillé de granit, bain bouillonnant extérieur à débordement, sauna en lames de mélèze et ses prestations haut de gamme pour une escapade raffinée.

LA CHAUMIERE €€

96, avenue Emmanuel-Brousse
✆ 04 68 30 04 40
https://restaurantlachaumiere.fr/
Fermé en très basse saison. Maître Restaurateur. Toques Blanches. Disciple d'Escoffier. Cuisine gastronomique. Terrasse.

Nous vous recommandons cette adresse tant pour la carte, gourmande et soignée, que pour l'accueil. François accommode si bien les produits du terroir montagnard et ceux de la mer qu'on y revient toujours, ne serait-ce que pour goûter ses nouveaux plats « coup de cœur » ! À la carte, pêle-mêle : le risotto noir au homard et ses copeaux de fromage, le fameux tartare de thon et son escalope de foie gras frais, les couteaux à la planxa, subtilement iodés et déglacés au vin blanc. François est un orfèvre et il emballe nos papilles à toutes les étapes du repas !

MAS CLARA €€€

7, rue des Prés
✆ 06 08 05 85 92
www.lemasclara.com
Gîte de charme. Pour 7 pers. De 980 à 1 580 € la semaine selon saison. De 95 à 270 € le week-end. Table d'hôtes.

Le Mas Clara est un gîte de charme blotti dans le petit village d'Odeillo. En poussant la porte de cette belle demeure de granit, on entre dans une atmosphère cosy et raffinée. Inès et Jean Claude ont su aménager et décorer le gîte avec beaucoup de soin, de délicatesse et une très belle touche qui sait mêler des notes raffinées et champêtres. Cette alliance somptueuse du bois et de la pierre nous a beaucoup séduits. La terrasse offre une superbe vue sur les montagnes, quant au jardin, c'est le lieu idéal pour se reposer avec un bon bouquin.

L'ESCUDELLA €€

7, rue des Prés
✆ 06 08 05 85 92
www.lemasclara.com
Ouvert toute l'année. Réservation obligatoire.

Les propriétaires du gîte de charme Le Mas Clara (situé à deux pas) ont eu la bonne idée de créer un concept original : un restaurant-brocante. Peu de couverts car les objets de brocante (tout est à vendre !) prennent beaucoup de place dans les deux salles. On est réellement dans une veille ferme cerdane avec sa grande cheminée, ses poutres apparentes et ses murs de pierre. Les produits sont du coin ou du jardin, notamment les légumes. L'ambiance est très familiale mais jamais trop familière, et nous avons beaucoup apprécié l'attention portée au client.

LE MAILLOL €

8, rue Maillol
✆ 04 68 30 65 63
Ouvert toute l'année. Du lundi au vendredi de 16h30 à 2h. Menus de 12 € à 22 €. Chèque Restaurant. Terrasse. Animations.

Bar bien connu au-delà de la Cerdagne et même du département, le Maillol, en 25 ans d'existence a vu passer beaucoup de monde. Endroit festif, prisé des étudiants en STAPS, il s'est quelque peu assagi depuis sa reconversion en restaurant. Néanmoins, si l'ambiance est toujours là les soirs de concerts, jazz ou rock, nous pouvons désormais déguster de délicieux tapas, des tartares, des volailles, porc et autres steaks et bien sûr les fameux burgers. Une mention spéciale pour le sourire et la gentillesse du personnel aux petits soins pour satisfaire la clientèle.

LA GALLINA €€

Col dela Gallinèra ✆ 06 72 90 12 77
www.restaurant-lagallina.com
Restaurant d'altitude 4 saisons depuis le télésiège des Airelles, accessible en raquettes ou dameuse en soirées privées.

Une expérience à vivre en été au départ des Airelles en bas des pistes, en randonnée, en VTT, ou en télécabine pour un repas à 2 127 m d'altitude et une vue à couper le souffle depuis la terrasse de 150 m². En hiver, venez avec un guide pour une montée en raquettes, en télécabine ou pourquoi pas en dameuse la nuit tombée pour une privatisation du lieu ? Le restaurant se transforme alors en lieu gastronomique avec sur commande caviar, homard, et tout le luxe souhaité par le client. Et pourquoi pas redescendre en mode snake-glisse ? À la Gallina tout est possible !

RESTAURANT EL FOC €€

Avenue du Docteur-Capeille

✆ 04 68 30 80 30

Ouvert uniquement le soir pour les saisons été et hiver. Cuisine de montagne. Réservation recommandée.

Il y a déjà bien des années que le Petit Futé connaît le restaurant de l'Hôtel Carlit et nous ne sommes pas les seuls... De nombreuses sportifs de haut niveau qui viennent profiter des infrastructures à Font-Romeu ont fait de leur résidence le Carlit et de leur « cantine » El Foc. Une cuisine avec des produits frais, de saison, une pêche du jour, des viandes et des fromages de Cerdagne, irréprochable ! Si le XV de France, Martin Fourcade ou les sportifs du monde entier en stage d'oxygénation ont pris pour habitude de manger ici, allez-y les yeux fermés.

LE SCHUSS €€

33, rue Les-Verts-Sapins

BOLQUÈRE

✆ 04 68 30 01 63

Ouvert toute l'année. Fermé lundi et mardi hors vacances. Prix à la carte : 7€ à 25 €. Menus de 15 à 22 €.

Restaurant chaleureux avec sa cheminée au centre de la salle. A la carte, spécialités montagnardes mais également le très demandé couscous, la tartiflette maison gratinée au feu de bois, et la brazzérade (bœuf coupé en lamelles, cuit sur braise à table). Vous pourrez également commander des pizzas cuisinées au feu de bois, à déguster sur place ou à emporter. Ce que l'on retiendra de ce restaurant est la qualité des plats servis, les assiettes sont généreuses, les viandes de qualité et les frites sont «maison». Une adresse à essayer les yeux fermés !

LA TABLE DES SAVEURS €€

5, avenue Maréchal-Joffre

✆ 04 68 04 88 49

www.tabledessaveurs.fr

Ouvert toute l'année. Du lundi au samedi et les jours fériés. Réservation recommandée. Menus et carte. Terrasse.

Voilà un restaurant qui s'est fait un nom en Cerdagne. La qualité des produits servis y est pour beaucoup, mais également l'accueil toujours souriant, la décoration raffinée, tout comme l'imprenable vue panoramique sur les Pyrénées. L'ambiance chaleureuse vous invite à la dégustation des petits plats mitonnés par Pierre. Installés sur du mobilier comme on en trouve qu'en montagne, laissez-vous aller à vos envies. A la carte, viande, ou pourquoi pas un poisson, car ici, vous pouvez aussi déguster les produits de la mer, les arrivages sont journaliers.

LA FERME DES LLOSES

3, avenue Maréchal-Joffre

✆ 04 68 04 79 51

Basse saison : ouvert du mardi au samedi de 10h à 12h30. Haute saison : tous les jours de 10h à 12h30 et de 16h à 19h30

La clientèle est unanime, la Ferme des Lloses est un univers de saveurs à elle seule. A la fois fromager affineur, épicerie bio, bar à vin, cave et restaurant traiteur, on y trouve des fruits et légumes bio de saison ainsi que des produits frais et naturels sélectionnés et labellisés. Le rayon fromage est bien sûr la pierre d'angle de l'établissement, avec un grand choix de fromages fermiers des Pyrénées, des Alpes, du Jura et d'ailleurs, qui font l'objet des plus grands soins. Alain et son fils sont fromagers affineurs « éleveurs de grands crus fromagers » !

DEVALKART

✆ 06 80 42 53 02

www.deval-kart.com

Ouvert tous les jours en juillet et août. Devalkart, trottinettes, aéro-trampoline et quad.

On ne s'ennuie pas l'été au centre de loisirs des Airelles. La neige a fondu mais pas les activités. Le principe du Devalkart est simple : un engin non motorisé que l'on hisse sans effort en haut d'une piste de ski (grâce au téléski qui fonctionne en été) et grâce auquel on descend en toute tranquillité ou à fond les manettes... et c'est vraiment fun ! On peut le pratiquer sans danger de 7 à 77 ans. Vous pouvez aussi découvrir selon votre humeur ou votre âge la trottinette, le quad ou l'aéro-trampoline. Plein de choses à faire dans un cadre exceptionnel.

GOLF DE FONT-ROMEU

Avenue Jean-Paul ✆ 04 68 30 10 78

www.golf-font-romeu.fr

Ouvert du 01/05 au au 30/06 et du 01/10 au 31/12 de 9h à 19h. Tarifs en fonction de la saison. Snack.

Novices, confirmés, tous les golfeurs apprécieront la vue panoramique, le parcours naturellement vallonné offrant une multitude de situations de jeu et l'emplacement exceptionnel à plus de 1 800 mètres d'altitude de ce golf 9 trous par 36 de 2 517 m de long. Parcours de 9 trous homologués (l'un des plus hauts d'Europe) est un parcours à fort dénivelé, les trous sont une succession de fairways montants et descendants. Stages intensifs et de détente, compétitions de juin à fin septembre et en hiver tournoi de *snow golf* dans la neige avec des petites balles orange.

OZONE 3

38, avenue Emmanuel-Brousse
✆ 04 68 30 36 09
www.ozone3.fr

Activités sportives en cadre naturel. Ouvert tous les jours en saison et sur RDV hors saison.

Chez Ozone 3, il y en a pour tous les goûts du débutant au confirmé, mais toujours du sport et de la nature. Des activités les plus paisibles en hiver : raquettes, astro-randos, ski nordique, canyon en eaux chaudes, balades avec des chiens de traîneaux – aux plus extrêmes : rafting sur neige, plongée sous glace, quad-VTT sans moteur… En été, place aux randos, VTT et quad-VTT, via ferrata, rafting, hydrospeed, canyoning. À savoir, qu'Ozone 3 met aussi son expérience au profit de personnes en situation de handicap avec des moniteurs formés et expérimentés. Bravo !

ROC LINE

Lieu dit les Cortals - **ANGOUSTRINE-VILLENEUVE**
✆ 06 38 48 64 64
www.roc-line.fr

Ouvert dès avril sur rdv et tous les jours en juillet et août 10h/18h. Enfants de -12 ans accompagnés par un adulte.

Entre Ur et Font Romeu, osez le grand frisson et une bonne poussée d'adrénaline avec la tyrolienne géante, l'accro-rocher (sorte de via ferrata) ou la slack-highline (un câble tiré entre deux parois). Dans ce parc aventure ultra sécurisé et offrant de belles vues sur la Cerdagne et les sommets environnants, accroché à la falaise, vous découvrirez de véritables sensations, partagé entre l'aigle et le chamois ! C'est drôle, il y en a pour tous les niveaux (échelle de couleur au départ de chaque activité), c'est très bien encadré, et en plus c'est sportif.

SKI DE FOND PYRÉNÉES 2000 ET FONT ROMEU

Avenue Serrat-de-l'Ours
BOLQUÈRE
✆ 04 68 30 12 42
www.pyrenees2000.com

Ouvert de novembre à fin mars.

La station bicéphale de Font-Romeu et Pyrénées 2000 vous offre plus de 110 kilomètres de pistes de ski nordique, balisées et tracées. Fort de la qualité de sa neige et de ses aménagements, le domaine est plébiscité par les plus grands athlètes, qui viennent s'y entraîner. Pour autant, rassurez-vous, il y en a pour tous les goûts et tous les niveaux : avant de devenir un grand champion, vous pourrez déjà progresser sur des pistes vertes, bleues et rouges. Agréables randonnées en été.

CASINO CINÉMA DISCOTHÈQUE

46, avenue Emmanuel-Brousse
✆ 04 68 30 01 11
www.casino-font-romeu.fr

Ouvert toute l'année. Horaires sur le site internet. Le Casino est interdit aux mineurs. Restauration.

1 lieu, 4 ambiances ! Font Romeu est une des rares stations de montagne à posséder un casino : salles de jeux, boule 2000, Texas Holden poker et 45 machines à sous. La programmation du cinéma change toutes les semaines. quant à la discothèque le Papagayo, c'est « the place to be » pour faire la fête. Enfin, le restaurant le Llat vous accueille dans une ambiance boisée et propose des assiettes traditionnelles et semi-gastro. Le bar est ouvert en même temps que les jeux.

SAILLAGOUSE

Situé au cœur de la Cerdagne entre Font Romeu et Bourg Madame, la situation et l'environnement de ce gros village de près de 1 000 habitants, en font le lieu idéal pour rayonner sur la région. Avant la Seconde Guerre mondiale, la terre et l'élevage étaient les seules véritables activités. Aux cultures du seigle, des pommes de terre et du blé, on associait quelques bêtes, moutons, cochons, vaches ou chevaux. Les choses ont bien changé, le village s'est agrandi, mais une chose se maintient, la charcuterie traditionnelle cerdane. Une petite ville très dynamique, remplie de commerces, fleurie, pleine de charme et qui ne demande qu'à vous séduire.

BAINS DE DORRES

Carrer dels Banys - **DORRES** ✆ 04 68 04 66 87
www.dorres66.com

Fermé 3 semaines en novembre. Adulte 5,5 €, enfant 3,5 €. En été accès au musée des tailleurs de pierre.

A 8 km de Font-Romeu, le paisible village montagnard préservé de Dorres est connu pour ses bains romains, bien aménagés, dans un site naturel préservé, au pied des montagnes. On se prélasse dans une eau naturellement chaude (entre 38 et 40 °C) et sulfureuse remontant des profondeurs du massif des Pyrénées. Si les eaux chaudes étaient déjà exploitées durant la Préhistoire, ce sont les Romains qui créèrent les bassins de granit. Idéal après une randonnée ou une journée de ski. On en sort détendu et revigoré avec une sensation de bien-être et la peau toute douce.

EGLISE SAINT MARTIN D'HIX

BOURG-MADAME
✆ 04 68 04 52 41
www.pyrenees-cerdagne.com
Visite sur RDV 24h avant auprès de la Mairie de Bourg-Madame. Festival de musique classique d'Hix en août.

Cette église du XIIe siècle a été construite pour les rois catalans. Elle possède, aux dires des experts en art religieux les chapiteaux les mieux ciselés de Cerdagne. Une corniche témoigne de la prouesse des compagnons pour la taille de la pierre utilisant la divine proportion. La perfection architecturale appelée à servir d'écrin à la prière royale abrite également une Vierge à l'Enfant du XIIe, un Christ roman du XIIIe et un retable baroque du XVIe. Concerts musique en août.

OFFICE DE TOURISME COMMUNAUTAIRE PYRÉNÉES CERDAGNE

1, place del Roser ✆ 04 68 04 15 47
www.pyrenees-cerdagne.com
Ouvert du lundi au samedi. En basse saison fermé le samedi après-midi. Guide rando et jeu de rôle/piste à la vente.

Faites le plein d'informations à l'Office de tourisme Pyrénées Cerdagne et profitez de conseils personnalisés à l'espace accueil. Que vous soyez en famille, en duo, seul ou entre amis, venez vivre des activités de pleine nature accessibles à tous. Loisirs, patrimoine, bains d'eaux chaude sulfureuse, sports de sensation, gastronomie, produits du terroir, hébergements, les lieux et les acteurs de ce fabuleux territoire catalan n'attendent que vous !

ESPACE AQUALUDIQUE DE CERDAGNE

Carrer de l'Adjuntament - **ERR** ✆ 04 68 04 72 94
www.pyrenees-cerdagne.com
Ouvert de mi-juin à fin août. Aire de pique-nique, snack bar, parking et sanitaires. Base de loisirs avec aire de jeux.

Base de loisirs à 1 350 m d'altitude qui vous propose de mi-juin à mi-septembre la plage à la montagne. Un incontournable des vacances en Cerdagne. Fabuleux espace de 1 000 m² d'eau chauffée avec cascades, piscine à vagues, toboggan 3 pistes, bains bouillonnants et une aire de 320 m² avec de nombreux jeux d'eau et de belles pelouses pour faire bronzette. Ajoutez le PullUp Cerdanya et le parcours accrobranches Err Aventure pour les enfants dès 4 ans et vous avez tout pour un été réussi.

STATION DE SKI DE PORTE-PUYMORENS

1, route de la Vignole - **PORTÉ-PUYMORENS**
✆ 04 68 04 82 41
www.porte-puymorens.net
Ouvert dès les premières neiges jusqu'aux vacances de Pâques.

Domaine skiable à 2470 mètres d'altitude sur un dénivelé de 900 mètres avec 10 remontées mécaniques pour 35 pistes soit un total de 50 kms damés et préparés par un personnel aux petits soins pour la clientèle. Snow Park de 500 mètres de long, espace freestyle, half-pipe, raquettes, ski de randonnée, balade en chiens de traineaux, snowkite, bâptème en dameuse, kite-school, mais aussi un espace ludique enfants avec construction d'igloo. Sûr que vous tomberez amoureux de Porté-Puymorens.

LE MUSÉE DE CERDAGNE

Ferme Cal Mateu
SAINTE-LÉOCADIE
✆ 04 68 04 08 05
Ouvert toute l'année. 7j/7 en juillet et août. Expositions permanentes et temporaires. Animations.

Installé dans une très belle ferme du XVIIIe siècle, le musée de Cerdagne n'est pas un musée pas tout à fait comme les autres. Il narre au visiteur la grande et la petite histoire, les gestes et les paroles des hommes et des femmes qui depuis 300 ans ont donné vie à ce lieu et à la Cerdagne. Véritable lieu vivant avec sa collection ethnologique qui réunit 20 000 pièces mises en valeur au gré des expositions temporaires ou permanentes et son instructif jardin potager. Coup de cœur pour les ateliers enfants vraiment très pédagogiques qui raviront aussi les parents.

CAMPING LAS CLOSAS*** €

1, place Saint-Genis - **ERR**
✆ +33 4 68 04 71 42
www.camping-las-closas.com
Fermé uniquement en octobre. 110 emplacements. Altitude : 1 350 m. Mobil-home, bungalow. Location au week-end possible.

Respirez ! Vous êtes au cœur du parc naturel régional des Pyrénées Catalanes. Situé dans le centre du petit village d'Err, ce camping est un havre de paix. Les propriétaires, très conviviaux, vous feront partager leur passion pour les randonnées dans la nature environnante. Camping familial par excellence, l'aire de jeux sécurisée pour les enfants à l'ombre des grands arbres est un vrai bonheur pendant les fortes chaleurs et puis, la base de loisirs d'Err est à 1 minute à pied. Ici, on vient pour la qualité de l'accueil et pour ce magnifique village si attachant.

LE GÎTE DE LLO €

Voie communale Carretera d'Eina - **LLO**
✆ 04 68 04 08 98
www.gitedello.fr
15 chambres (non fumeur). À partir de 52 € la nuit. Petit déjeuner buffet. Restauration.

C'est dans l'ancienne école du village faite de granite, de bois et d'ardoise que vous séjournez pour vos vacances au gré de vos envies sportives, culturelles ou évasion-détente… Les hôtes disposent d'une cuisine indépendante, d'un salon avec cheminée et bibliothèque, d'une terrasse extérieure pour les repas, d'un jardin avec jeux pour enfants. Idéalement situé au cœur du Parc Naturel Régional des Pyrénées Catalanes, c'est un camp de base idéal. Chaque matin, un petit-déjeuner complet vous est proposé et certains soirs, une table aux saveurs locales est possible.

LE MAS CARELL €

Simone Baurens
VALCEBOLLÈRE
✆ 04 68 04 67 32
www.lemascarell.com
Gîtes de France (4 épis). Pour 4 personnes (100 m²). 644 € la semaine et 200 € le week-end.

Un incendie a détruit l'hiver dernier une partie du magnifique gîte, une bâtisse du XIIe siècle qui avait été restaurée avec goût. Exposé plein sud, à 1 600 m d'altitude, le superbe loft douillet de 100 m² est en travaux pour vous offrir une pause zen d'ici quelques mois. Simone a la force de rendre son rêve encore plus beau qu'avant afin que le chant des oiseaux et le bruissement des feuilles bercées par le souffle du vent perturbent le silence du lieu. Le Mas Carell symbolise à lui seul la devise de Valcebollère : « Le village où le temps s'est arrêté ».

LA MASÍA DEL TAULAT*** €

42, Route d'Eyne - **LLO**
✆ 07 72 50 46 87
Ouvert toute l'année. 5 chambres, doubles ou triple de 100 € à 170 €. Petit déjeuner inclus. Restauration 26 € à 30 €.

Luxe, raffinement, tout est dans les détails. Un accueil exceptionnel et une cuisine de «vrai» chef avec des produits locaux, de saison cuisinés maison par Michel. Tony, quant à lui s'occupe du service, et quel service. Aux petits soins pour la clientèle, il fera tout pour rendre votre séjour agréable. Le Petit Futé est véritablement tombé amoureux de la Masía del Taulat. Bâtisse de montagne rénovée avec goût, après avoir été fermée pendant 30 ans, elle vous offre une vue sur le Pic du Carlit et le village de Llo avec ses bains d'eaux chaudes à 10 minutes à pied.

CHATEAU DE BRANGOLY €€€

4, rue de Brangoly
ENVEITG
✆ 04 68 04 92 55
www.lechateaubrangoly.com
Ouvert toute l'année. 5 chambres. De 155 € à 192 €. Petit déjeuner inclus. Table d'hôte.

Dans le village d'Enveitg, aux portes de l'Andorre, le château de Brangoly, qui doit son mon à la rivière proche, est une demeure du XVIIIème siècle convertie en une somptueuse maison d'hôtes. L'endroit, chargé d'histoire, apportera aux chanceux qui auront la chance d'y séjourner, un moment unique. Des chambres spacieuses et magnifiques, une table de bonne facture, le charme des vielles pierres et un accueil sur mesure sont les maitres mots pour un séjour en totale déconnection avec nos vies d'actifs pressés et stressés. Le Petit futé a beaucoup aimé.

GÎTE FLEURY**** €€

Hameau de Fleury - **UR**
✆ 04 68 04 18 07
Gîtes de France (3 épis). Ouvert toute l'année. Pour 8 pers (170 m², 4 ch). Tarifs variables selon saison

Magnifique gîte de caractère pour amoureux du calme et des grands espaces. Dans cette grande bâtisse en pierre de deux niveaux, meublée avec goût, tout est fait pour passer un agréable séjour rythmé par le chant des oiseaux. Les propriétaires, discrets, mais à l'écoute de leurs pensionnaires, feront tout pour rendre votre séjour agréable. Du mobilier de jardin est à votre disposition pour profiter du bon air et du soleil de Cerdagne en été, du réveil de la nature au printemps, des jolies couleurs de l'automne et de la blancheur de l'hiver. Un lieu magique...

HÔTEL PLANOTEL*** €€

Rue du Torrent
✆ 04 68 04 72 08
www.planotel.fr
Ouvert du 01/06 au 30/09.

Au cœur du village de Saillagouse, face à l'hôtel Planes et son restaurant réputé et recommandé, qui appartient à la même famille, vous êtes dans un véritable havre de paix. 20 chambres labellisées Logis de France, Qualité Tourisme, Qualité Tourisme Occitanie... et on en oublie, dans un parc arboré de 1 400 m² avec piscine couverte chauffée, espace forme et sauna un endroit magique. Les chambres, agréables, ont cette petite touche catalane des rideaux aux coussins en passant par l'habillage des fauteuils. Et pour vos repas, c'est en face, Chez Planes !

LE VEDRIGNANS**** €€

Route de Vedrignans
✆ 04 68 04 04 79 - www.levedrignans.com
4 étoiles. Ouvert toute l'année. Réservation recommandée. Départ de nombreuses randonnées. 65 chalets de 2 à 8 pers.

Proche des bains d'eau chaude de Llo et du parc aquatique de Err, le Vedrignans est un endroit idéal pour des vacances nature. Ce parc résidentiel de taille humaine est situé en plein parc régional des Pyrénées catalanes à 1 300 mètres d'altitude. Le Vedrignans est un havre de paix, tout est fait pour votre repos, les parcelles délimitées mesurent au minimum 240 m². Mais quelle que soit la saison, vous tomberez réellement amoureux de la Cerdagne, vous succomberez à la beauté des paysages, à la gentillesse naturelle des habitants et au confort de votre location.

HOTEL RESTAURANT PLANES*** €€

6, Place De Cerdagne
✆ 04 68 04 75 93
www.chezplanes.com
39 chambres. Wifi gratuit. Télé satellite. 4 étages avec ascenseur.

Cet ancien relais de diligences a vu se succéder 5 générations et vient de fêter ses 120 ans, perpétuant cet esprit familial et chaleureux propre aux gens de la montagne. L'hôtel a un charme fou et les chambres sont à l'image de la famille, chaleureuses et contemporaines. Vous disposez également d'une piscine extérieure chauffée à 28 °C, d'un espace de détente et remise en forme avec sauna. Les gourmets n'ont pas été oubliés puisque l'hôtel possède son propre restaurant gastronomique.

MAS RONDOLE €€

A partir de la RN 116 sur la gauche juste après le camping illisa ✆ 04 68 04 00 51
2 chambres d'hôtes (30 m²) avec petit déjeuner inclus. Roulotte 2 pers. en autonomie (coin cuisine, salle d'eau et WC).

Sophie et Philippe vous accueillent dans une authentique ferme cerdane du XVIIIe siècle toujours en activité. Amateurs de vacances authentiques dans le monde rural et non dans un musée de la vie paysanne, vous avez trouvé votre bonheur. Les deux chambres d'hôtes sont spacieuses, fraîchement rénovées et équipées d'un joli petit coin salon. Elles jouissent d'un beau panorama sur les montagnes. Coup de cœur pour la roulotte, un peu à l'écart et posée au cœur d'un vaste jardin et son beau noisetier... face aux seigneurs cerdans – le Cambre d'Aze et le Puigmal !

VILLAGE CLUB YRAVALS**** €€

2, rue de Saneja - **LATOUR-DE-CAROL**
✆ 04 68 30 64 00
www.yravals.com
Ouvert toute l'année. 150 chambres. Restauration. Gîtes. Piscine extérieure ; parc ; tennis ; équitation.

A la frontière avec l'Espagne et l'Andorre, dans un parc arboré de 20 hectares, à 1 250 m d'altitude, le Village Club d'Yravals est un point de villégiature idéal en toute saison, l'hiver à proximité des stations de ski, et l'été au cœur des paysages de Cerdagne. Différents types d'hébergements : chambres, appartements, gîtes et 4 dortoirs de 12 couchages. Des vacances animées en toute tranquillité assurée pour un séjour sportif ou de détente, c'est l'endroit parfait pour des retrouvailles en famille ou entre amis. 3 salles de restaurant sont à votre disposition.

CAMPING L'ESCAPADE**** €€

Cami del Sègre - **ESTAVAR**
✆ 04 68 30 81 00
www.lescapade.com
Ouvert à l'année. Location de chalets week-end, semaine ou longue durée. Tarifs pour séminaires et comités d'entreprise.

Au centre des « Neiges catalanes » et de ses 12 stations de ski, nous aimons ce parc résidentiel de loisirs Cerdan, à deux pas de l'Espagne et de l'Andorre au cœur du parc naturel des Pyrénées catalanes. Sur 6 hectares verdoyants, des chalets douillets, confortables sur des parcelles de 200 m² arborées sont à la location, semaine, week-end ou courts séjours. La détente au bord du Sègre, rivière qui longe le parc, vous portera cette sérénité des gens de la montagne. À recommander pour ses prestations et son cadre privilégié pour un séjour nature et authentique.

EL PASTURAL**** €

Route du Puigmal - **ERR** ✆ 04 68 04 04 79
www.levedrignans.com
Ouvert toute l'année. Pour 5 pers. de 330 à 890 € la semaine selon saison. Location week-end 2 nuits de 180 à 290 €.

Heureux les vacanciers qui auront le plaisir de séjourner à Err, joli village de Cerdagne à 1300 mètres d' altitude, au cœur du Parc naturel des Pyrénées Catalanes. El Pastural vous propose 26 chalets en bois tous équipés du confort moderne pour 2 à 8 personnes en toute saison. En été, vous pourrez profiter de la base de loisirs du village avec piscine, toboggans et jeux pour enfants. De somptueuses balades vous attendent dans des paysages alentour à vous couper été comme hiver à pied ou avec le train jaune. Un superbe endroit magique à deux pas des bains de Llo.

LE JARDIN D'ALIONE €

Cami del Camp del Rec
LLO
✆ 09 66 81 74 87
Ouvert tous les jours en juillet et août. Le reste de l'année pendant les vacances scolaires et les week-ends.

Resto du bout du monde dans un village du bout du monde, le Jardin d'Alione nous a séduits pour son ambiance minimaliste et conviviale. On aime tout simplement déjeuner sur la terrasse avec sa vue imprenable sur le cirque des sommets cerdans. Tout est fait maison avec des produits locaux et bio si possible, la carte change tous les jours selon l'inspiration du chef. Le rapport qualité-prix est excellent. Un lieu apaisant et à l'écart des circuits touristiques où l'on peut venir se rafraîchir en dégustant des jus de fruits locaux et des bières artisanales.

AU MATIN CALME €

19, Avenue du Roussillon
✆ 06 63 24 82 63
30 couverts. Réservation conseillée. Entrées de 6 à 10 €. Plats de 9 à 20 €. Terrasse.

L'emplacement de ce restaurant n'est pas des plus flatteur (une bâtisse toute simple dans un camping), mais le Matin Calme propose une délicieuse cuisine franco-coréenne. Le chef Lee et sa femme Marie vont vous surprendre au pays de la joue de porc ou des escargots à l'aïoli. Nous n'avons pas retenu tous les noms des plats (bœuf mariné, poulet croustillant, frit ou sauté, tofu maison...) mais il y en a pour tous les goûts et les palais (plus ou moins épicé). C'est réellement bon, les portions sont généreuses et ça change d'un restaurant asiatique classique.

LES TERRASSES DU BOURG €

Place de Catalogne - **BOURG-MADAME**
✆ 06 25 00 24 72
Ouvert le lundi 8h/16h ; du mardi au vendredi 8h/23h ; samedi 10h/23h. Entrée + plat + dessert 20€.

Changement de propriétaire et de look pour ce super endroit au cœur du village. Bistrot ouvert dès le matin pour le café et les palabres autour du journal pour l'actualité du jour (ou de la veille). C'est un lieu comme le Petit Futé les aime, convivial chaleureux, avec sa terrasse ombragée et ses mezzanines. Le midi, une cuisine généreuse avec une formule entrée, plat, dessert pour du fait maison comme à l'époque de nos mamies avec des produits locaux. Et pensez aux fameuses planches de tapas et cocktails pour réchauffer vos débuts de soirées au moment de l'apéro.

MONTAGNE

CHEZ PLANES €€

6, place des Comtes-de-Cerdagne
✆ 04 68 04 72 08
www.chezplanes.com
Maître Restaurateur. Ouvert tous les jours en haute saison. Terrasse. Hôtel 3 étoiles. Label Tourisme & Handicap.

Autrefois, un relais de diligences devait apporter le coucher et le souper. C'est toujours le cas aujourd'hui dans ce charmant village proche de Font-Romeu. Qui dit montagne dit cuisine traditionnelle et Jean-Luc Planes en est un grand défenseur. Dans sa jolie salle typique, on attaque les festivités par une assiette de charcuteries du pays avant l'arrivée de la brandade de morue à l'huile d'olive, croustillant de poitrine fumée et coulis de crustacés. Et puis on termine par une crème catalane. Une institution depuis des lustres et on adore !

AH LA LAITERIE

RN 116 - **ERR**
✆ 06 16 32 64 13
Produits du terroir. Ouvert du lundi au samedi de 9h30 à 12h30 et de 15h à 19h ; le dimanche de 9h30 à 12h30.

« Plus besoin de courir de ferme en ferme ou de marché en marché pour dénicher les bons produits fermiers », telle est la devise de Ah la Laiterie. Son concept, un regroupement de producteurs locaux faisant la part belle aux agriculteurs de Cerdagne et du Capcir. Fruits de saisons, légumes, viandes et bien sur la charcuterie catalane, les fromages des fermes alentour chèvre, brebis ou vache, lait et yaourts, les bières et vins d'ici. La traçabilité est le mot d'ordre de la boutique. Un lieu convivial et intelligent de commerce équitable qui a un véritable succès.

CHARCUTERIE BONZOM

Avenue des Comtes-de-Cerdagne
✆ 04 68 30 14 27
www.charcuterie-catalane-bonzom.com
Ouvert tous les jours. Visite du séchoir à jambons en haute saison. Vente à ligne.

La famille Bonzom vous accueille dans une vieille ferme cerdane rénovée de 1808. Cette charcuterie est devenue une véritable institution. 200 m² sont consacrés à la vente, vieilles pierres apparentes et jambons sous les voûtes, et pas moins de 70 spécialités toutes plus tentantes les unes que les autres : saucissons secs, fuets, longanisses, soubressade… La dégustation se fait dans les étables rénovées, avec du bon pain de campagne et un vin du Roussillon. A noter que les Bonzom ne travaillent que des viandes du Conflent, de Cerdagne et du Capcir.

CRÈMERIE PETITE

15, avenue Porte de France - **BOURG-MADAME**
✆ 04 68 04 66 80
www.cremeriepetite.com
Ouvert du mardi au samedi de 9h45 à 12h30 et de 15h30 à 19h. Plateaux de fromage pour événements spéciaux sur commande.

Du Jura aux Pyrénées, lorsque les montagnes se rencontrent, naît une histoire d'amour. Romain, petit-fils de Marcel Petit, créateur de la légendaire fromagerie éponyme dans le haut Doubs, et Rosa, Catalane cerdane, vous ouvrent les portes d'une crèmerie peu commune qui, tout en favorisant les fromages locaux, n'oublie pas de faire la part belle aux saveurs du Jura. Produits de haute qualité, principalement en AOP, et issus de la cave personnelle de la famille Petite ou de grands crémiers de France, ils s'occupent de vos événements et dressent de jolis plateaux.

L'ÉCHOPPE DES ARTISANS

Salle de la Mairie
✆ 04 68 04 72 89
Ouvert tous les jours de mi-juin à mi-septembre du lundi au samedi. Ouvert le dimanche après-midi.

Juste en face de l'office de tourisme, de l'autre côté du ruisseau, les artisans d'art et les producteurs du Pays Catalan vous invitent à découvrir leurs créations et leurs produits du terroir. L'Echoppe des Artisans est plus qu'un regroupement de savoir-faire, c'est une exposition originale et gourmande qui ouvre tous les étés depuis 30 ans dans la salle de la mairie. Le lieu est vaste et on a plaisir à déambuler et à découvrir toutes ces pépites de nos montagnes. Des dégustations et des rencontres sont organisées régulièrement. Infos sur la page Facebook.

INTENSE DOUCEUR

Galerie extérieure
EGAT
✆ 04 68 30 36 60
Ouvert du mardi au samedi de 9h à 12h30 et de 15h à 19h30 ; le dimanche de 9h à 12h30.

Avis aux gourmands de passage en Cerdagne, le temple de la gourmandise, c'est à l'Intense Douceur à Egat qu'il se trouve. Arnaud Geslin, pâtissier chocolatier et magicien du bon gout, confectionne avec passion des gâteaux et entremets à pêcher par gourmandise. Si vous êtes hésitant devant les bouchées ganache fraise-basilic, passion, whisky, pate d'amande,, poivre Sichuan,..., vous avez le droit, mais ne manquez surtout pas son incomparable hérisson qui a fait sa renommée ainsi que son chocolat chaud artisanal au cacao grand cru 70% de Madagascar une tuerie !

MONTAGNE

LA LÉGENDE DE PYRÈNE

2, Pla de Dalt ✆ 04 68 04 63 69
www.lalegendedepyrene.fr
Moutarde de Saillagouse, herbes, condiments, huiles, ketchup, produits, naturels, magrets et vinaigres.

Entreprise artisanale créée par deux anciens restaurateurs passionnés. Corinne et Laurent fabriquent dans leur atelier tout une gamme de condiments pour ensoleiller vos plats. Vous y trouverez la véritable moutarde de Cerdagne, mais aussi toute une gamme de vinaigres, d'épices, d'herbes pour grillades et de condiments, des sels de table, du ketchup maison, des olivades ou encore des confits de muscat ou de Banyuls, de la confiture d'olive noire et la très surprenante poudre de cèpes. Etonnez vos amis, rapportez un souvenir de Cerdagne de la Légende de Pyréne !

MAISON POUGET

4, Impasse Sant-Joan - **ERR**
✆ 04 68 04 71 28
www.maison-pouget.fr
Ouvert du mardi au samedi (plus le lundi en haute saison), et le dimanche matin. Livraison possible.

Famille d'artisans charcutiers qui détient tous les secrets de fabrication de la charcuterie traditionnelle cerdane est une référence dans le domaine. Les viandes sont achetées sur la Cerdagne et le Capcir auprès de petits éleveurs locaux. La charcuterie maison est élaborée à partir de porc Tirabuixo de Sainte-Léocadie. Les jambons, saucissons, saucisses et autres fuets embaument la boutique donnant envie de tout acheter. Chez les « Pouget » on est toujours prêt à vous faire goûter « une tranchette » et vous expliquer les recettes et les traditions de la Cerdagne.

MAISON POUGET

2, avenue des Pyrénées - **BOURG-MADAME**
✆ 04 68 04 34 41
www.maison-pouget.fr
Autre adresse à Err. Label Produits du Parc naturel régional des Pyrénées catalanes.

La célèbre Maison Pouget de Err et toutes les cochonnailles «Made in Cerdagne» qui ont fait sa renommée a depuis quelques années une nouvelle boutique à Bourg Madame. On retrouve tout le savoir-faire et tous les produits de cette famille d'artisans dans cette belle enseigne flambant neuve et fière de son superbe linéaire. Plus de 10 m de produits à déguster : jambon, pâté, spécialités catalanes (fuet, soubressade), viande de porc locale... A noter le grand parking devant la boutique. Une adresse immanquable pour les gastronomes. *Petit Futé* est un inconditionnel..

MAS TERREGALLS

Cami de Védrinyans - **ERR**
✆ 04 68 30 57 62
www.mas-terregalls.com
Ouvert le lundi, le mercredi, le vendredi et le samedi de 8h à 12h et de 17h à 19h ; le mardi et le jeudi de 17h à 19h.

Séverine et Franck élèvent canards gras, pintades et poulets dans leur exploitation de montagne au cœur du parc naturel régional. Ces volailles élevées en «plein Err» sont nourries dans les règles de l'art avec une alimentation 100 % végétale. Toute la chaîne de l'élevage à la vente est maîtrisée - pas d'intermédiaire et surtout un point d'honneur est mis au bien-être animal. Grâce à des formations complémentaires (Séverine a fait des études agricoles et Franck l'école hôtelière), ce couple propose des produits sains et de haute qualité. Le Petit Futé a craqué.

LA VIE BIO

1, rue des Chevreuils
✆ 04 68 30 13 87
www.laviebio66.com
Ouvert du lundi après midi au samedi.
Supermarché écologique

Véronique et Mélodie vous accueillent dans leur bel espace de 150 m^2 dédié au bio et aux valeurs durables de notre terre. Vous trouverez un large choix d'épicerie sucrée ou salée, des fruits et des légumes et des produits sans gluten. A part pour les compléments alimentaires et les cosmétiques, l'accent n'est pas seulement mis sur l'agriculture bio mais aussi sur le circuit court. Ici on retrouve l'essentiel de la production écologique de Cerdagne et du Capcir. Le contact et l'accueil sont dignes d'une petite épicerie de campagne où vos deux hôtes sont à l'écoute.

LES BAINS DE LLO

Route des Gorges - **LLO**
✆ 04 68 04 74 55
www.bains-de-llo.com
Ouvert tous les jours. Forfait famille. Soins. Restaurant.

Dans le cadre exceptionnel des Gorges du Sègre, ressourcez-vous en toutes saisons aux Bains de Llo, dans ses eaux chaudes sulfureuses à 35 °C, aux qualités reconnues pour la relaxation, la peau, et les douleurs musculaires. Avec 3 bassins extérieurs et 2 bassins intérieurs, adonnez-vous aux plaisirs et aux bienfaits de l'eau. Hammam et sauna complètent l'ensemble. Faites-vous du bien avec l'espace balnéo, un lieu de détente et de bien-être où vous sont proposés des soins du corps et du visage. L'offre du SPA très complète est à découvrir sur le site Internet.

LES BALCONS CERDANS

✆ 04 68 04 15 47
www.pyrénées-cerdagne.com
Ouvert toute l'année. Chèques non acceptés.

Balade cyclo-touristique intelligente qui allie sport et culture. La boucle des Balcons Cerdans est le complément de l'espace Outdoor Puigmal Pyrénées-Cerdagne et prochainement du site enduro de La Tour de Carol. 38 km de sentiers aux panoramas de carte postale et 700 m de dénivelé positif pour découvrir les villages et hameaux du plateau Cerdan en passant par l'enclave espagnole de Llivia. La Cerdagne vous est contée à l'entrée de chaque village par des panneaux explicatifs sur la faune, la flore, l'agriculture, l'histoire, gastronomie, bien-être et l'art sacré.

MONTGOLFIÈRES DES PYRÉNÉES

11, Rue du Torrent - **BOURG-MADAME**
✆ 07 69 16 48 64
www.montgolfieresdespyrenees.com
Ouvert toute l'année. De 189 €/personne pour une nacelle jusqu'à 10 personnes vol 1h30.

Tel un oiseau, prenez de la hauteur, à deux en amoureux, ou dans une nacelle de dix personnes. La Cerdagne vue d'en haut quelle que soit la saison est d'une beauté insolente. Des pilotes chevronnés vous feront découvrir, en toute sécurité, les fabuleux paysages de montagne au gré des vents, d'un massif à l'autre, tout en traversant librement la frontière des Pyrénées. Un cadeau merveilleux à offrir ou à partager pour de superbes photos et des souvenirs inoubliables, croyez-moi...

PUIGMAL 2900

ERR
www.puigmal2900.com
Domaine gratuit et libre d'accès toute l'année. Remontées mécaniques payantes.

C'est la station des 4 saisons et le premier espace *outdoor* expériences multi-activités des Pyrénées. Puigmal Pyrénées-Cerdagne, écrin de nature pour un tourisme respectueux de l'environnement, offre un terrain idéal pour la pratique des sports de plein air avec des parcours dédiés au trail, au ski de randonnée, la marche nordique et le VTT/VAE. Au cœur de Pyrénées-Cerdagne, entre 1100 m et 2921 m d'altitude, ce massif est un site emblématique et une destination prisée de longue date côté catalan et français. L'ancienne station de ski a réussi sa reconversion.

PUIGMAL PYRENEES CERDAGNE

ERR
✆ 04 68 04 15 47
Espace outdoor pour activités 4 saisons. Renseignements à l'office de tourisme de Saillagouse.

Nous sommes heureux de vous annoncer la réouverture de la station du Puigmal. Un espace outdoor 4 saisons qui combine la marche nordique, le trail, le ski de randonnée et le VTT autour d'itinéraires balisés. Accessible à tous les niveaux, l'aventure commence au cœur d'une flore et d'une faune préservées où aigles, vautours, isards et marmottes cohabitent dans leur milieu naturel. La nature vous invite à découvrir ce lieu magique et ses panoramas fabuleux. *Definitely into the wild* !

LES TRAINEAUX DE LA VALLEE DES OURS

Camping de Porté-Puymorens
PORTÉ-PUYMORENS ✆ 06 29 42 13 15
www.apachiens.wixsite.com
Ouvert toute l'année. Baptêmes chiens de traineaux 40€/adulte ; 20€/ enfant.

Vous rêvez d'une balade en traîneau avec 4 ou 6 huskys sibériens dans un décor de Noël ? Sylvain exhausse votre vœu. Au programme, un baptême de 5 kilomètres au milieu des forêts de Cerdagne pendant 30 minutes. Et puis, si vous le souhaitez, une initiation «musher» pour mener vous-même votre équipage. Pendant la période sans neige, la solution est la Cani-Trottinette, avec un ou deux chiens, assez sportif car il faut un bon mollet pour aider le chien mais tellement agréable !

MONT-LOUIS ★

Louis XIV décida de faire édifier une place forte au carrefour des voies de communication entre Capcir, Cerdagne et Conflent, pour marquer la frontière avec l'Espagne. Il confia le projet de construction à Vauban. En moins de 2 ans, la cité devint la plus haute ville fortifiée de France, et prit le nom de Mont-Louis, en l'honneur du Roi Soleil. La cité est à la confluence de trois régions: le haut Conflent, la Cerdagne et le Capcir. départ de belles randos vers les hauteurs (Cambre d'Aze, Carlit ou Puigmal) mais aussi d'une région du département plutôt méconnue: les Garrotxes. Un chapelet de petits villages où le temps semble s'être arrêté.

© DESTINATION PYRÉNÉES CATALANES

Mont-Louis.

OFFICE DE TOURISME

6, boulevard Vauban
✆ 04 68 04 21 97
www.mont-louis.net

Ouvert tous les jours en été. Visite guidée de la citadelle tous les jours en été.

L'équipe de l'office de tourisme vous accueille au cœur de la cité de Mont Louis. Vous trouverez sur place une foule de renseignements sur la citadelle mais aussi sur le Haut Conflent, le Capcir et la Cerdagne car Mont Louis se trouve à la confluence de ces trois régions. A ne rater sous aucun prétexte pendant la saison estivale, les visites commentées d'édifices romans « sur les chemins de St Jacques en Pyrénées Cerdagne ». Si vous trouvez l'OT fermé pendant les heures d'ouverture, pas d'inquiétude, ils accompagnent des visites guidées et reviennent vite.

LE FOUR SOLAIRE DE MONT-LOUIS ★★★

Résidence Vauban
✆ 04 68 04 14 89
www.four-solaire.fr

Fermé du 1er mai au 15 juin. En juillet et août, visite toutes les heures. Durée : 45 min. Visite guidée. Animations.

On ne peut pas venir à Mont-Louis sans visiter le premier four solaire expérimental du monde. La région bénéficiant de plus de 3 000 heures de soleil par an, c'est tout naturellement ici que les scientifiques vinrent tester des travaux sur l'énergie solaire. La construction a débuté en 1947 dans l'enceinte de la citadelle, sa mise en en service est effective en 1951. C'est un immense miroir parabolique qui sert à concentrer les rayons du soleil vers un point unique. Ce four préfigure déjà son grand frère d'Odeillo par ses performances et sa technologie (après plusieurs années d'essais, le four sera abandonné au profit d'une plus grande structure à Odeillo). La visite est à la fois ludique et didactique. Il est ainsi possible de vivre des expériences fascinantes grandeur nature, comme celle de la concentration solaire, où les 850 facettes du four, en se positionnant de façon optimale, fournissent une température de 2 000 à 3 000 °C, permettant l'inflammation de bois, la fusion de métaux, mais aussi la cuisson de céramiques. À l'occasion d'une visite passionnante, les guides du four solaire vous dévoileront les secrets de la technique et vous mèneront au cœur des installations. Vous découvrirez à la boutique les productions de céramiques d'art et de bronze réalisées sur place. Une visite unique, spectaculaire et passionnante, d'un site qui œuvre pour le développement des pays du Sud : le soleil est une source d'énergie inépuisable, gratuite, et surtout non polluante.

CAMPING DU PLA DE BARRES €

Route des Bouillouses ✆ 04 68 04 26 04

Ouvert de juin à septembre. Plusieurs formules consulter le site. Epicerie, animations, pains et viennoiseries, wifi.

À 3 km de la citadelle de Mont Louis dans un écrin de verdure au cœur du parc naturel régional des Pyrénées catalanes. 160 emplacements créés dans un cadre sauvage : à l'écart de la route, au bord d'une rivière et dans une forêt domaniale. Nous avons aimé son engagement écologique, le camping adhère à la charte Camping ONF, et a obtenu la marque Valeurs du parc naturel. Enfin, le camping est placé à proximité de nombreux chemins de randonnées pédestres ou à VTT et est idéalement situé à la jonction du Capcir, du Haut Conflent et de la Cerdagne.

MONTAGNE

GITE ECOLOGIQUE L'ORRI DE PLANÈS €€

Cases del Mitg - **PLANÈS**
✆ 04 68 04 29 47
www.orrideplanes.com
Ecolabel européen. La Clef Verte. Ecogîtes. Ouvert toute l'année. Gite d'étape et chambre d'hôtes. Table d'hôtes.

Tout proche des GR 10 et 36, les randonneurs sont accueillis dans le Refugi. Après une bonne journée de marche, vous apprécierez d'y trouver un dortoir de 16 lits en mezzanine, ainsi qu'un salon et une cuisine équipée. Dans le gîte de l'Orri, vous attendent 9 confortables chambres. La table d'hôtes est d'inspiration locale, généreuse, goûtue et BIO. En été, les clients du refuge et du gîte ont accès à une piscine traitée au sel et chauffée à l'énergie solaire.

RESTAURANT DES REMPARTS €

6, boulevard Vauban
✆ 04 68 04 74 79
Ouvert tous les jours midi et soir en saison.

Au cœur de la cité Vauban, le Restaurant des Remparts ne vous proposera pas que des crêpes : les spécialités sont la tartiflette, le camembert au four et les pizzas. Il y a bien sûr le cadre inimitable de la cité, la grande salle de restaurant voûtée ou la terrasse qui donne sur une rue piétonne, mais surtout nous avons aimé le choix de miser sur des farines bio pour offrir de délicieuses galettes. Les prix sont très raisonnables au regard de la qualité (fromages et charcuteries en provenance de producteurs locaux). Et en plus, c'est copieux !

FROMAGERIE CAL GILET

Route de Llo
EYNE
✆ 06 88 47 88 73
Ouvert tous les jours de 17h30 à 20h. Sur RDV en octobre et novembre. Fromages entre 15 et 25 €/kg.

Arnaud a décidé il y a quelques années de reprendre l'exploitation de son aïeul. Cet amoureux de la nature est très attaché aux traditions : « Je fais l'agriculture comme mon grand-père, réalise tout de A à Z, de la sélection des animaux à la naissance à la fabrication du fromage ». L'alimentation des bêtes et les volumes (les vaches ne produisent pas plus de 25 litres de lait par jour) sont très soignés. Les fromages sont vendus à un prix très raisonnable et sont tout simplement délicieux : tomme, bleu ou pâte molle sont réellement à tomber.

FROMAGERIE CAL ROUS

PLANÈS
✆ 04 68 04 65 22
www.fromagerie-cal-rous.com
Ouvert tous les jours. Hébergement en yourte 5 places

Stéphanie et Stéphane ont repris l'exploitation en 2017 et vous accueillent toute l'année pour vous faire découvrir leurs fromages au lait de brebis : tome, tomette, brousse, yaourt, fromage frais aux herbes... Vous pouvez participer à la traite et au nourrissage des animaux et surtout, dès l'aube, accompagner le berger, son chien et le troupeau sur les estives. Et si vous voulez loger sur place, Stéphanie et Stéphane vous proposent la bergerie et des yourtes mongoles avec cuisine et sanitaires. Vous êtes à deux pas du GR10 qui traverse les Pyrénées.

LA GRANGE D' EYNE

Place San-Miquel
EYNE
✆ 06 19 74 22 50
www.grange-eyne.com
Produits du terroir. Horaires selon saison. Ouvert à l'année.

Corinne, Philippe, Stéphane et Charlotte élèvent des bœufs et des canards gras en agriculture BIO dans leur ferme d'Eyne, à 1 500 m d'alt. entre Cerdagne et Capcir. Cette famille de passionnés et d'épicuriens est régulièrement citée dans la presse régionale et nationale, autant vous dire que les conditions d'élevage et la qualité des produits sont irréprochables. L'élevage de bovins ne se limite pas à la viande pure car ces agriculteurs ont eu l'idée de faire des charcuteries : saucisson de vaches de veau, viande séchée... A déguster sans modération.

LA MIELLERIE DU CAMBRE

5, avenue de Cerdagne
EYNE
✆ 06 71 99 33 98
Horaires variables, se renseigner. Marché de Eyne de mi-juillet à fin août.

Au cœur du vieux village d'Eyne, Amandine et Aurélien vous accueillent dans leur petite boutique au sein de la miellerie. Vous retrouverez bien sûr leurs miels (notre préférence va au miel de montagne - rhododendron) et les produits de la ruche : propolis, savon, miel en rayons... Très engagés écologiquement, ils vous raconteront pourquoi il faut sauver les abeilles et stopper les pesticides à tout prix. Moins résistant que militant, ce couple amoureux de la région (la vallée d'Eyne est une des plus belles des Pyrénées), sillonne les marchés de la région.

LES BAINS DE SAINT-THOMAS

Village Saint-Thomas
FONTPÉDROUSE
✆ 04 68 97 03 13
www.bains-saint-thomas.fr

Fermé 3 semaines en novembre. Sinon ouvert tous les jours en haute et basse saison. Soins. Snack et boutique.

Au fond de la vallée, à 1 150 mètres d'altitude, surgit un amphithéâtre en pierres abritant des bassins d'eau chaude thermale sulfureuse naturelle. En extérieur, 3 bassins vous attendent. Toute la famille peut profiter d'un moment de bonheur unique en se relaxant dans ces bassins où la température de l'eau est en moyenne de 37 °C. L'espace bien-être offre une gamme très variée de soins En hiver, environnés de neige et au clair de lune, les bains deviennent absolument magiques !

ECO BIKE

Gare de Mont Louis
✆ 07 87 71 64 72
www.rent.ecobike.fr

VTT et VTC électrique, VTT de descente. Points relais pour récupérer un vélo dans toute la Cerdagne et le Capcir.

Envie de flâner sur les petites routes de montagne ou de dévaler des pentes comme un fou ? Eco Bike vous livre un vélo à domicile ou en point relais sur l'ensemble du terroir de la Cerdagne et du Capcir. Le casque et l'antivol sont fournis, assistance dépannage incluse. Tous les renseignements et les différentes formules sont sur leur site. Le Petit Futé a aimé ce concept innovateur qui démocratise le vélo électrique. L'espace VTT-FFC Pyrénées Catalanes compte plus de 40 circuits homologués sur plus de 690 km de pistes et sentiers... alors, en selle !

MAISON DE LA VALLÉE

Cal Martinet - Avinguda de Cerdanya - **EYNE**
✆ 04 68 04 97 05

Fermé en avril et novembre. Infos sur les événements sur le site. Aire de pique-nique, bar-restaurant, point d'eau, wc.

La Maison de la Vallée est un musée et un centre d´interprétation, en bref un lieu de découverte et de sensibilisation au patrimoine naturel. L'association propose des visites guidées sur le thème de la botanique. Des balades sont organisées pour découvrir la réserve naturelle floristique de la vallée d'Eyne, surnommée « la vallée aux 1 000 fleurs ». Ces diverses espèces sont étudiées depuis près de trois siècles et aujourd'hui elle sert de référence aux botanistes du monde entier. Un après-midi dans la vallée d'Eyne est un pur enchantement ne vous en privez pas !

OLETTE

On ne fait souvent que traverser ce village pour aller en Cerdagne ou Capcir, quel dommage . Il y a un hameau, situé à deux kilomètres au nord-ouest du bourg, le hameau d'Evol qui est classé plus beau village de France. On y découvre les ruines du château, le musée des Arts et Traditions populaires, la maison natale de Ludovic Massé, romancier libertaire catalan... La Maison du parc naturel régional des Pyrénées catalanes est installée à la Bastide d'Olette afin d'y accueillir le public également à la Bastide, la champignonnière spécialisée dans la production de champignons de Paris qui est un des principaux pourvoyeurs d'emplois du Haut Conflent.

PARC NATUREL REGIONAL DES PYRÉNÉES CATALANES

RN 116 - La Bastide ✆ 04 68 04 97 60
www.parc-pyrenees-catalanes.fr

Haute saison : ouvert de 9h à 13h et de 14h à 17h.

Ce serait gageure de ne pas vous présenter le Parc Naturel Régional des Pyrénées Catalanes, même de manière succincte, tellement ses compétences sont vastes. Il faut vous dire que son territoire s'étend sur 130 000 hectares sur un dénivelé de 300 à 3 000 mètres d'altitude et dont 60% de la superficie du territoire est classé : 7 réserves naturelles, 5 sites naturels classés, 7 sites Natura 2000, 2 sites classés au patrimoine Mondial de l'UNESCO (les citadelles Vauban de Mont-Louis et de Villefranche de Conflent), 3 sites aménagés de baignade en eaux naturellement chaudes (Dorres, Fontpédrouse et Llo), thermalisme et activités de bien-être (Vernet les bains et Molitg les bains) ainsi que la mobilité des habitants des 66 communes avec le développement du co-voiturage (Rezo Pouce) et bien évidemment de la pérennité de notre célèbre Train Jaune. Aidé par la Région, le Département, l'Europe, le PNR s'engage aussi, au travers de dispositifs Découverte envers les scolaires, à la préservation et l'étude de la faune et de la flore des Pyrénées Catalanes, à l'étude et au développement des plantes aromatiques et médicinales sylvestres, au développement des filières de production des semences locales, mais également à la préservation du patrimoine bâti par le passage de savoir intergénérationnel autour d'ateliers pierres sèches. La transmission des savoirs entre nos anciens et les jeunes, est une des missions du PNR pour que notre territoire et notre culture soient préservés.

Que la montagne est belle !
Parc naturel régional des Pyrénées catalanes
Parc del Pirineu català
Campagne de sensibilisation aux pollutions et aux bonnes pratiques en espaces naturels.
"Retiens la nuit"
PRESERVONS L'OBSCURITE !
"Love is all"
PRESERVONS LES RIVIERES, LACS ET MARAIS...
"Les histoires de feu finissent mal... en général"
PROTEGEZ LA FORET CONTRE LES INCENDIES
"Laissez-moi pousser... Laissez-moi"
PAS DE CUEILLETTE
ÉVITEZ DE FAIRE DES BOUQUETS
"Il était où, hein... le Youki ?"
TENEZ VOTRE CHIEN EN LAISSE
"Ne me quitte pas"
AUCUN DECHET N'A DE PLACE DANS LA NATURE
"Simple basique"
FACE AU PATOU RESTEZ CALME
"Je vous parle d'espèces que les moins de 20 ans ne peuvent pas connaître"
NOUS SOMMES LA BIODIVERSITE
"Les papillons en l'air Et les fourmis par terre"
NE DEPLACEZ PAS LES ANIMAUX
"Reste zen, zen, zen, dans ta Benz Benz Benz"
LEVEZ LE PIED !
"Oh... j'vais tout casser si vous touchez au fruit de mes entrailles"
TENEZ-VOUS A DISTANCE DES TROUPEAUX
"Ferme la barrière Djaja, y'a pas moyen Djaja"
REFERMEZ LES BARRIERES DERRIERE VOUS
"Chacun sa route, chacun son chemin, passe le message à ton voisin"
RESTEZ SUR LES SENTIERS
"Dépassé le chacun pour soi, quand je pense à toi, je pense à moi"
PARTAGEONS LA MONTAGNE EN HARMONIE
#QueLaMontagneEstBelle
www.parc-pyrenees-catalanes.fr

ECOGITE DU MAS DE TRAPE €

route d'Ayguatébia - **AYGUATÉBIA-TALAU**
✆ 04 68 05 22 18
www.gitelemasdetrape.com
Chambre d'hôte 34 € petit déjeuner compris. Demi-pension adulte 45 €, enfant - 10 ans 39 €. Pique-nique terroir 10 €.

Voici un hébergement écologique en pleine nature, signataire de la charte Oasis Nature et du label Parc régional des Pyrénées Catalanes. À 1 000 m d'altitude en bordure de la rivière Cabrils, cette ancienne métairie du XIXe siècle adossée à un moulin à seigle, propose 4 chambres ainsi qu'une table d'hôtes. Ici, Edwige vous sert des produits du terroir, légumes et fruits de son jardin biologique et anime des stages de cuisine à base de plantes sauvages et des rando accompagnées ou non. Si vous partez seul, Edwige vous prête cartes et topo-guides.

GITE DES GARROTXES €

Le village - **SANSA**
✆ 04 68 96 46 31
https://gitesansa.blog4ever.com
Nuits en dortoir 22€, 1/2 pension 45€, repas du soir 22€, petit déjeuner 7€, panier pique-nique 12€. Appart 75€ la nuit.

Le Gite des Garrotxes est un lieu atypique où le temps s'est arrêté et où la nature impose son rythme, lent et au calme. Au gite, Paul vous propose deux types d'hébergement : un lit dans le dortoir du gite d'étape ou l'appartement. A table, comme dans une vraie auberge de montagne, on vous sert des viandes à l'épée produits issus de producteurs locaux. Pour les randonnées, vous êtes dans le parc naturel régional des Pyrénées catalanes, suivez les conseils avisés de vos hôtes pour planifier vos balades. Conseil, venez à la fin de l'été assister au brame du cerf !

AVENTURE PRÉHISTORIK

✆ 06 80 14 18 98
www.aventure-prehistorik.com
Ouvert à l'année sur réservation. Ateliers adultes, enfants, soirées préhistoriques..., renseignements sur le site.

Vous rêvez d'un voyage hors du temps pour redécouvrir la magie de l'allumage du feu, le rêve de construire sa cabane ou sa hutte en peau, les plaisirs de la chasse avec les armes ancestrales et l'expérience de la taille du silex ? Les anciens qui ont passé leur jeunesse à lire les aventures de Rahan auront plaisir à revivre ses aventures avec leurs enfants ou petits enfants. Tout cela est possible au parc préhistorique crée par Norbert Aumasson, véritable puits de science sur la préhistoire et aussi excellent pédagogue qui a installé son « campement » dans un petit vallon sauvage en bordure de ruisseau tout près de Saint-Pierre-dels-Forcats. Chaque atelier est bien plus qu'un cours sur la préhistoire ou une simple démonstration, car on la vit réellement ! Nouveauté pour cette année en été : le stage survie en immersion, c'est-à-dire silex et débrouille comme au temps de la Préhistoire. Et en hiver, la sculpture d'animaux en neige qui serviront de cible pour les tirs aux propulseurs. On se prêterait presque à voir surgir un tigre féroce sorti d'un bosquet (ou de notre imagination). Plusieurs formules vous sont proposées à la journée ou demi-journée : tout est détaillé sur le site. Enfin, ce «fils des âges farouches» a plus d'une corde à son arc (ou de flèches à sa sagaie) et vous propose également des sorties spéléologie, canyoning... À mi-chemin entre la Caune de l'Arago de Tautavel et la grotte de Niaux, voilà une belle expérience passionnante et ludique qu'on a vraiment adorée, parole de Rahan !

SAINT-PIERRE-DELS-FORÇATS

Saint-Pierre-Dels-Forcats est un village d'environ 300 âmes rattaché à Mont-Louis, capitale du Haut Conflent. Le toponyme Dels Forcats n'a rien à voir avec de quelconques forçats, désolé, la racine de ce nom viendrait de fourche. Étalé sur une superficie de près de 13 km² il n'a que 4% de son territoire bâti, le reste étant partagé entre forêts et prairies. Ce village est connu pour sa station de ski du Cambre d'Aze, amis aussi pour ses randonnées en raquettes ou ski nordique. Station quatre saisons, de nombreux chemins de randonnées à pied ou en VTT, vous permettrons de découvrir les *orrys*, ces abris de berger en pierre juste au-dessus du village.

STATION DE SKI CAMBRE D'AZE

21, Grand Rue ✆ 04 68 04 25 25
www.cambre-d-aze.com
Station ouverte tous les jours de décembre à fin mars (selon conditions météorologiques) de 9h à 17h. Chèque Vacances.

La station de ski du Cambre d'Aze est accessible par les villages d'Eyne et de Saint-Pierre Dels Forcats qui constituent les deux portes d'entrée. Son domaine skiable, de 1 640 à 2 400 m d'altitude, vous propose 22 km de pistes à l'abri des pins et du vent, il s'étend sous un imposant cirque glaciaire, vous offrant un panorama d'exception sur la mer, le Capcir, la Cerdagne et l'Espagne. Vous y trouverez 23 pistes de ski alpin pour tous niveaux, des espaces débutants et pistes de luge.

MONTAGNE

ORGANISER SON SÉJOUR

Organiser son séjour dans les Pyrénées Orientales est devenu très facile avec le guide du Petit Futé qui référence les meilleures adresses du département. Grâce au téléchargement gratuit du guide sur votre smartphone ou votre tablette, vous avez les liens cliquables des établissements référencés pour réserver en direct et sans intermédiaire. Si votre choix reste indécis, demandez aux Offices de Tourisme, chacun d'eux est à votre écoute pour vous conseiller en fonction de votre budget, de vos goûts ou de vos activités souhaitées. Vous avez choisi un des plus beaux départements de France, un département nature où toutes les possibilités vous sont offertes, : mer, montagne, campagne en toutes saison. l'A.D. T. 66 (Agence de Développement Touristique des Pyrénées Orientales) dont voici le lien : https://www.tourisme-pyreneesorientales.com/ , téléphone 04 68 51 52 53 est également là pour vous aider. Bon séjour chez nous.

S'Y RENDRE

Vous n'avez aucune excuse pour ne pas venir dans les Pyrénées-Orientales. Par les airs, des lignes directes depuis Paris-Orly fonctionnent tous les jours et, dès le printemps, les villes du Nord de la France, de l'Ouest du Grand-Est et même depuis de la Corse font des rotations au moins une fois par semaine. Beaucoup d'entre vous préfèrent la voiture, plus pratique, vous arriverez alors par l'autoroute A9 ou la D900 si vous venez «du nord» ! Route qu'empruntent également les lignes nationales et internationales de cars bien connues. Le réseau ferroviaire est très pratique et beaucoup plus écologique. Le TGV vous transportera depuis votre gare de départ jusqu'au *Centre Del Món* cher à Salvador Dali. Le maillage des trains régionaux est également intéressant pour ceux qui viennent de départements limitrophes. Beaucoup d'entre vous optent pour le covoiturage, idéal pour partager les frais mais aussi pour la convivialité.

AEROPORT PERPIGNAN SUD DE FRANCE

avenue Maurice Bellonte - **RIVESALTES**
✆ 04 6852 60 70
www.aeroport-perpignan.com
Ouvert tous les jours, Navette toutes les 10 minutes ligne Sankéo N°7.

Situé à seulement 3 km au nord de Perpignan, l'aéroport international, de Perpignan-Sud de France (récemment relooké) est desservi par plusieurs compagnies chaque jour ou chaque semaine tout au long de l'année : Air France, Ryanair, Hop, Volotea, Chalair, Aer Lingus, Iberia Régional. Une borne multi-services dans le hall permet de consulter les horaires et tarifs des vols, d'effectuer des réservations, achat des billets et enregistrement. Wifi gratuit et grand parking.

OUIBUS

PERPIGNAN
✆ 08 92 68 00 68
www.fr.ouibus.com
Liaisons vers toutes les villes du grand sud. Départ et arrivée de la gare routière de Perpignan (à côté gare TGV).

Ouibus se veut être une alternative économique mais de tout confort à la voiture. C'est pourquoi les Ouibus offrent un maximum de commodités avec des autocars 4 étoiles en mettant à disposition des passagers les dernières technologies avec connexion wifi gratuite et prises électriques. Vous pourrez faire le choix de votre siège lors de la réservation et des sièges adaptés sont réservés aux personnes à mobilité réduite. Ouibus dessert toutes les villes du grand sud et aussi Barcelone. On aime chez eux le confort et surtout le prix imbattable !

GARE SNCF ET GARE TGV DE PERPIGNAN

Place Salvador-Dali (gare régionale) - **PERPIGNAN**
✆ 36 35
www.sncf.com
Les deux gares sont installées de part et d'autre des rails et communiquent par un souterrain.

- **Du côté de la gare TGV « Centre del Món »**, liaisons quotidiennes avec Paris (4 TGV), Lyon (3 TGV), Marseille, Metz, Strasbourg, Lille, Toulouse, Genève, Bruxelles, Barcelone (6 aller-retour quotidiens en 1h20).
- **Du côté de la gare régionale et inter-régionale**, liaisons quotidiennes avec Narbonne, Montpellier, Nîmes, Avignon, Villefranche, Cerbère, etc. par TER ou intercités. Depuis 2015, le dispositif du « Train à 1 euro » est appliqué pour tous les TER sur certaines destinations.

GARE ROUTIÈRE DÉPARTEMENTALE

Boulevard Saint-Assiscle - **PERPIGNAN**
✆ 08 06 80 80 90
www.laregion.fr
Cars LIO à 1 € sur l'ensemble du département hors Communauté urbaine (réseau Sankeo).

Contiguë de la gare Centre Del Món, la gare routière départementale est une vaste plateforme de départs et d'arrivées de tous les bus du département et de la région. Navette toute les 10 minutes avec le centre-ville afin de vous permettre d'avoir des correspondances régulières avec les bus du réseau Sankeo (agglo de Perpignan). Avantage, voyage à 1 euro ! Toutes les infos (lignes, horaires, carte téléchargeable...) sur le site : www.laregion.fr/transports-pyrenees-orientales-regulier

SÉJOURS ET CIRCUITS

Pour partir sans stress, peut-être préférez-vous opter pour un voyage sur mesure, qui colle au plus près de vos attentes ? Un programme bien ficelé, une équipe attentive, des rencontres : voilà les raisons qui poussent de plus en plus de voyageurs à faire appel à des compagnies touristiques. Elles facilitent vos recherches et vous accompagnent dans les démarches. Certaines d'entre elles se sont spécialisées dans les trésors locaux et vous proposeront une découverte des Pyrénées-Orientales en fonction de vos préférences, que vous soyez plutôt nature, culture, ou sportif. Au cours des sorties, vous serez plongé dans tout ce qui fait la richesse et la beauté du département. Dans une ambiance généralement très conviviale, au milieu de la nature ou dans les rues des villes de la région, vous serez amené à découvrir une autre facette des lieux. Vous repartirez la tête pleine de souvenirs !

AGENCE DE DÉVELOPPEMENT TOURISTIQUE €€

2, boulevard des Pyrénées - **PERPIGNAN**
✆ 04 68 51 52 53
www.tourisme-pyreneesorientales.com
Ouvert du lundi au vendredi de 9h à 12h30 et de 14 à 17h30.

Méditerranée, Pyrénées ou Perpignan, voici le site officiel du tourisme en Pyrénées-Orientales. Selon votre humeur ou votre forme, plusieurs formules vous sont proposées pour vous présenter tout l'éventail des activités en complément du « Pass Découvertes » pour des réductions sur 65 sites. Pratique, ce site vous permet de réserver en ligne : vous retrouverez toutes les actualités en Pays Catalan (festivals, fêtes et manifestations), les restaurants, les hébergements... Tout y est !

CATAMARAN NAVIVOILE

CANET-EN-ROUSSILLON
✆ 06 23 20 69 76
www.navivoile.com
Fermé du 25 octobre au 1er avril. Plusieurs formules. Voir le site internet.

Navivoile, c'est un catamaran à la coque de couleur jaune, de 24,70 x 10 m à bord duquel trois marins diplômés vous accueillent tout l'été. Pour une journée inoubliable au cours de laquelle vous aurez l'opportunité de longer la côte Rocheuse, nous vous conseillons d'opter pour la « baignade et grillade ». Les romantiques pourront en effet choisir de profiter de la douceur méditerranéenne en choisissant l'option « coucher de soleil ». De plus, une nouvelle croisière a été créée « A la rencontre du Grand dauphin » au départ/retour Port-Vendres en été.

FÉDÉRATION DU TOURISME DE TERROIR

19, avenue de Grande-Bretagne
PERPIGNAN
✆ 04 68 51 21 22
www.roussillon.wine

Cette association multi-partenariale s'applique à structurer et animer la filière œnotouristique du Roussillon. Objectif : permettre aux acteurs d'orienter leur activité vers une dimension touristique porteuse de sens et de valeur ajoutée comme le Bacchus Festival, mariage de la musique et du vin. En charge du pilotage de la démarche Vignobles & Découvertes au sein de la Destination Roussillon, elle porte l'ambition de faire rayonner ce territoire singulier au-delà de ses frontières.

OFFICE DE TOURISME PERPIGNAN MÉDITERRANÉE

Place de la Loge - **PERPIGNAN**
✆ 04 68 66 30 30
www.perpignantourisme.com
Ouvert du lundi au samedi et le dimanche (sauf entre novembre et janvier).

L'Office de tourisme Perpignan Méditerranée est désormais installé dans le magnifique bâtiment de la Loge de Mer contigu à la Mairie. La ville vous étonnera par son riche patrimoine culturel et son goût pour la fête. Vous serez accueilli par une équipe dynamique de professionnels du tourisme prête à vous donner les meilleurs conseils afin que votre séjour à Perpignan et ses environs soit des plus agréables. Sourire, disponibilité et compétences sont les mots qui résument cette équipe !

ALFMED

21, avenue du Général-de-Gaulle
PERPIGNAN
✆ 04 68 62 20 20
www.perpignan.alfmed.com
Académie de langue - formations qualifiantes en anglais, espagnol pour enfants et adultes.

Professionnels, étudiants français ou étrangers, jeunes à partir de 7 ans, pour se former aux langues étrangères (au nombre de 9 !), apprendre le français, ou encore participer à un projet Erasmus, une seule adresse, ALFMED ! Située au cœur de Perpignan dans un magnifique hôtel particulier, centre agréé de formation continue, centre d'examen pour les certifications linguistiques, ALFMED propose des programmes et des séjours linguistiques, avec des formateurs qui enseignent leur langue maternelle, une équipe polyglotte et une véritable passion ! GO FOR IT !

VINOHRANDO

33, rue Arago - **BOMPAS** ✆ 06 76 49 00 63
www.vinohrando.fr
Expériences de découvertes du vignoble. Plusieurs circuits. Tous les renseignements sur le site internet.

« Voyages secrets au cœur de la vigne ». C'est ainsi que Robert Martin, fondateur de Vinohrando, présente ses prestations. Ce professionnel de l'œnotourisme vous emmène sur des itinéraires choisis en fonction de vos envies pour associer le plaisir d'une randonnée dans le vignoble en petit groupe à celui de rencontres exclusives et de dégustations. Robert met à votre service 30 ans de passion et d'expérience. Pour le plaisir, la convivialité ou tout simplement l'amour du vin et du partage, Vinohrando est un concept rare d'œnotourisme à taille humaine. Chapeau !

QUOTATRIP

www.quotatrip.com
Voyages sur mesure.

QuotaTrip est une nouvelle plateforme de réservation de voyage en ligne qui met en relation des voyageurs à la recherche d'expériences authentiques et uniques et des agences de voyages locales sélectionnées pour leurs compétences et leur sérieux. Le réseau de QuotaTrip couvre près de 200 destinations dans le monde entier. Le but de ce rapprochement est simple : proposer un séjour entièrement personnalisé aux utilisateurs. QuotaTrip promet ainsi l'assurance d'un voyage serein, sur mesure, sans intermédiaires et sans frais supplémentaires.

SE LOGER

Bien que le département des Pyrénées-Orientales soit réputé pour ses 300 jours de soleil par an, il serait dommage de dormir à la belle étoile et de vous priver de la multitude d'offres d'hébergement et ses 640 094 lits touristiques. Selon les sources de l'ADT 66, il a été comptabilisé 35,1 millions de nuitées en 2019 (année référence sans restrictions sanitaires). Soit 12 103 lits répartis en 152 hôtels (dont 37 % sont en 4 étoiles) ; 114 420 lits répartis en 173 campings (dont 36 % dans la catégorie 4 ou 5 étoiles) ; les chambres d'hôtes, gîtes et autres hébergements insolites complètent l'offre. Alors que vous soyez du style cocooning avec piscine, bains à remous et tout le confort ou bien dans la tendance retour à la terre dans des endroits isolés, perdus au cœur de nos montagnes ou au bord d'une rivière, dans les arbres, une roulotte, une yourte, un tipi, une bulle... vous avez la chance d'avoir toutes ces possibilités ici chez nous.

FÉDÉRATION DE L'HÔTELLERIE DE PLEIN-AIR €€

145, Impasse John Locke - **PÉROLS**
✆ 04 67 15 82 05
www.campinglanguedocroussillon.com
Renseignements sur l'ensemble des établissements de plein air au standard ou sur le site de la Fédération.

La Fédération de l'Hôtellerie de Plein-Air Languedoc-Roussillon (HPA-LR) regroupait 448 adhérents : Aude 48 ; Gard 92 ; Hérault 165 ; Lozère 44 et Pyrénées-Orientales 135. Avec la fusion récente avec son homologue de Midi-Pyrénées, elle a créé une nouvelle entité : la Confédération Occitane de l'HPA. Désormais plus forte, elle représente 1 387 établissements générant un chiffre d'affaires de 700 millions d'euros et employant 15 000 salariés pour environ 900 campings.

GÎTES DE FRANCE DES PYRENEES ORIENTALES €€

3, Boulevard de Clairfont - **TOULOUGES**
✆ 04 68 68 42 88
www.gites-de-france-66.com
Standard ouvert de 8h30 à 19h du lundi au samedi.

Gîtes de France 66 regroupe de nombreux biens de loisirs mis en location par des propriétaires adhérant au réseau du département des Pyrénées-Orientales. Que vous soyez mer ou montagne, ville ou arrière-pays, il y aura toujours un hébergement à votre convenance. Classés par épis en fonction de critères bien définis d'équipements et de standing, il y en a pour tous les budgets. Couples ou familles nombreuses, valides ou à mobilité réduite : vous êtes à la bonne adresse...

BIENVENUE À LA FERME 66 €

19, Avenue de Grande Bretagne
✆ 04 68 35 74 22
www.bienvenue-a-la-ferme.com
Contact à la Chambre d'Agriculture du lundi au vendredi.

Le réseau Bienvenue à la Ferme compte plus de 8 000 agriculteurs adhérents en France. Dans le département des Pyrénées-Orientales, vous pourrez revenir aux sources de ce qui était auparavant la vraie vie, rythmée par les saisons et le chant du coq. Vous serez accueilli avec la chaleur des gens de la terre, ces paysans, viticulteurs, éleveurs ou maraîchers qui se lèvent le matin pour vous offrir leurs plus beaux produits. Un séjour à la ferme, en plaine, en moyenne ou haute montagne, vous fera un bien fou et vous ne pourrez plus vous passer de cet art de vivre !

SE DÉPLACER

Longs trajets, sauts de puce, par route ou par les airs, en bateau, sur rail, à travers les chemins ou à ski et raquettes en hiver, notre département peut vous proposer tout ces moyens de locomotion. Un petit tour en montgolfière ? C'est possible en Cerdagne, l'O.T. Pyrénées-Cerdagne à Saillagouse vous donnera tous les renseignements. En bateau ? Les sociétés nautiques du littoral sont nombreuses et compétentes, renseignez vous auprès des O.T. de nos côtes Catalanes. Le rail, mis à part le TER, a ici deux petits trains incontournables. Le Train Jaune , au départ de Villefranche de Conflent, est une véritable institution. Symbole du Pays catalan, le «*canari*» traverse le Haut Conflent et la Cerdagne tous les jours de l'année depuis plus d'un siècle. De l'autre côté du département le Train Rouge, Train du Pays Cathare et des Fenouillèdes, vous amène de Rivesaltes à Axat dans un décor bucolique avec des quelques journées à thèmes.

AVIS

13, boulevard du Conflent - **PERPIGNAN**

✆ 04 68 34 26 71

www.avis.fr

Ouvert du lundi au vendredi de 10h à 12h et de 13h15 à 18h ; le samedi de 8h30 à 12h et de 13h15 à 18h30.

De la simple réservation d'une journée à plus d'une semaine, Avis s'engage sur plusieurs critères, sans doute les plus importants. Proposition d'assurance, large choix de véhicules (petites citadines, berlines équipée, 4x4, cabriolets, minibus, prestige etc…) avec un système de réservation rapide et efficace. Avis vous propose plusieurs produits et services additionnels selon votre profil et votre durée de location. Possibilité de retour en dehors des horaires d'ouverture. Les agences de l'aéroport et de la gare sont ouvertes tous les jours.

EUROPCAR FRANCE

Boulevard Saint-Assiscle

PERPIGNAN

✆ 04 68 34 89 80

Ouvert du lundi au vendredi de 8h à 19h ; le samedi de 8h à 12h et de 13h à 19h15.

Que vous voyagiez pour des raisons professionnelles ou pour vos loisirs, Europcar se fera un plaisir de vous servir à Perpignan dans l'une de ses agences. Si vous arrivez en train ou en avion, vous pourrez effectuer vos démarches directement au comptoir de la gare et de l'aéroport. Egalement calculer votre devis en ligne et réserver votre véhicule à Perpignan grâce au moteur de réservation simple et sécurisé ! A vous de choisir entre la petite voiture économique à la grande familiale, mais aussi des cabriolets sports, des minibus ou des véhicules prestige.

RENT A CAR

Imapsse Jacques de Noell - **PERPIGNAN**

✆ 04 68 50 10 00

www.rentacar.fr

Ouvert du lundi au samedi de 8h à 18h30. Horaires variables en fonction des 3 agences.

Vous souhaitez louer un véhicule de tourisme, un minibus de 6 ou 9 places, un utilitaire jusqu'à 20 m^3 ? Rent A Car Perpignan a ce qu'il vous faut dans chacune de ses 3 agences. Tarifs adaptés en fonction de la durée de location et du type de véhicule, siège bébé ou rehausseur pour votre enfant. Vous pouvez aussi réserver par téléphone ou sur Internet. Le sourire est l'autre « petit plus » chez Rent A Car, mais là il vous est offert.

Autres adresses : Perpignan Gare, Boulevard Saint Assiscle, 04 11 300 270 – Perpignan Centre 16, rue Philippe Lebon, 04 68 50 20 20.

ACCUEIL PERPIGNAN TAXI

52, avenue Maréchal-Foch - **PERPIGNAN**

✆ 04 68 35 15 15

www.accueilperpignantaxi.fr

Stations : Gare TGV, Castillet, place Gabriel-Perri et aéroport. Prise en charge 2,65€. Tarif au km de 1,05€ à 3,15€.

Sans aucun doute le numéro de téléphone le plus connu du département. De jour comme de nuit, et 365 jours par an, une flotte de 34 taxis conduits par des chauffeurs indépendants est le moyen le plus rapide pour vous rendre à destination. Elle est composée de berlines, breaks, monospaces et vans qui répondent à vos besoins pour vous mener à toute heure là où vous le désirez. Vous pouvez prévoir également un accueil personnalisé à la descente de votre avion ou de votre train, ils vous attendront même si vous arrivez en retard… avec le sourire garanti !

S'INFORMER

À l'heure du numérique, il est facile de trouver l'information, quelquefois contradictoire et pas toujours avérée. Nous n'allons pas à l'encontre du progrès, mais la presse écrite, en l'occurrence, le quotidien *l'Indépendant*, les hebdomadaires *la Semaine du Roussillon*, *le Travailleur catalan* et *l'Agri* ont gardé leur public, et pour certains augmenté leur nombre de lecteurs. Concernant les radios, France Bleu Roussillon est la radio N°1 sur le département. Néanmoins, Littoral FM avec ses nouvelles fréquences sur la Cerdagne gagne de plus en plus d'audience auprès des habitants des P.O. et au-delà dans l'Aude voisine. Il est normal de citer Pyrénées FM (surtout en Cerdagne), Radio Arrels en langue catalane et 100% radio. Pour la télévision France 3 Pays Catalan (en suris), TCAT de notre ami J. m. Martinez et Vià Occitanie. Pour le net citons : la-clau.net souvent bien informé et l'Ouillade (oullade.eu) directe mais jamais diffamatoire.

OFFICE DE TOURISME PERPIGNAN MÉDITERRANÉE

Place de la Loge - **PERPIGNAN**
✆ 04 68 66 30 30
www.perpignantourisme.com
Ouvert du lundi au samedi et le dimanche (sauf entre novembre et janvier).

L'Office de tourisme Perpignan Méditerranée est désormais installé dans le magnifique bâtiment de la Loge de Mer contigu à la Mairie. La ville vous étonnera par son riche patrimoine culturel et son goût pour la fête. Vous serez accueilli par une équipe dynamique de professionnels du tourisme prête à vous donner les meilleurs conseils afin que votre séjour à Perpignan et ses environs soit des plus agréables. Sourire, disponibilité et compétences sont les mots qui résument cette équipe !

LE CHEVAL DANS L'ARBRE

26, boulevard Maréchal-Joffre
CÉRET
✆ 04 68 87 68 38
Ouvert du mardi au vendredi 9h30-12h et 15h-18h. le samedi de 9h30 à 12h30.

Déjà le nom de la librairie a quelque chose de surréaliste. On aime Jean-Luc et ses bouquins avant d'entrer. Le lieu n'est pas très grand mais on trouve de tout, nous avons particulièrement apprécié le rayon cinéma et photographie, qui regorge de vraies pépites. Le différence entre une librairie et un rayon livres en grande surface, c'est un peu la même qu'entre le point chaud et la boulangerie. Dans une librairie comme dans une boulangerie, vous êtes à face à quelqu'un qui connaît son métier et se fera toujours un plaisir de prodiguer des conseils !

LE PRESSE PAPIER

6, avenue François-Mitterrand
THUIR
✆ 04 68 53 05 94
Ouvert du mardi au samedi de 9h à 12h et de 15h à 19h.

Le Presse Papier fait partie de ces commerces qui font plaisir à voir à l'heure où beaucoup disparaissent, avalés par la grande distribution. Littérature, polar, science-fiction, romans à l'eau de rose, on trouve de tout et si le bouquin que vous vouliez à tout prix n'y est pas, il arrive en quelques jours. Les jeunes parents apprécieront le beau rayon jeunesse, les intellos une belle collection de classiques. Et le petit plus qui fait la différence, c'est qu'il y a un vrai libraire avec qui on peut échanger pendant des heures. Vive le partage et la culture !

100% CATALOGNE

59, Avenue du Général de Gaulle - **PERPIGNAN**
✆ 04 69 51 21 21
www.centpourcent.com
Fréquences : 98,8 Mhz Perpignan - 90,5 Vallespir - 94,5 Cerdagne - 90,5 Conflent - 93,1 Côte Vermeille.

100% Catalogne, la nouvelle radio pour toute la famille, avec de nombreux rendez-vous d'informations locales dès le matin, l'agenda des sorties et manifestations de tout le Roussillonnais au-delà. La musique est bien sûr toujours au rendez-vous, en plus des souvenirs des 20 dernières années et des principaux tubes français et internationaux, la programmation est élargie aux nouveautés. Une équipe jeune et dynamique dont le but avoué est de renforcer la présence locale à l'antenne et faire rayonner le Pays Catalan à travers la région.

CAP CATALOGNE

www.capcatalogne.com

Cap Catalogne se définit comme un magazine de loisirs et d'escapades en Pays Catalan... de Salses à Tarragone ! On découvre au fil des pages de papier glacé toutes les raisons d'aimer la Catalogne et elles sont nombreuses ; Histoire, culture, gastronomie et vins, festivités... Une mine d'informations sur le passé et le présent. Tous les bons plans sont dans ce magazine bimestriel de référence sur la grande région Catalane dont nous saluons la qualité des articles et des photos.

LITTORAL FM

✆ 04 68 08 17 18

www.littoralfm.com

Fréquences / Perpignan 102 mhz - Narbonne 95.9 mhz

1re radio locale privée du département et de Perpignan. Sur 102.0 FM, de la musique, du sport, de l'actu locale et d'ailleurs, des jeux... Littoral FM est une radio bien implantée dans son terroir et ça se sent ! Le matin, des rendez-vous quotidiens avec le sport, les concerts, l'histoire et les jeux avec des cadeaux à gagner tout au long de l'année. L'après-midi, musique continue au rythme des tubes et de l'info. Une programmation très vivante avec des plateaux en direct, des interventions d'auditeurs et de la musique live avec des groupes et chanteurs locaux.

LA CLAU

✆ 06 76 55 12 53

www.la-clau.net

Journal Web d'actualités et société de la Catalogne Nord et Sud en accès gratuit.

La Clau est un journal bilingue français/catalan en ligne – et uniquement en ligne – qui fournit des constats et analyses concernant les principaux aspects de l'actualité : société, économie, territoires, politique, identités, histoire, culture, médias, sports, etc. Avec une rédaction constituée d'une quinzaine de personnes, la Clau c'est aussi un regard depuis la Catalogne Nord sur le reste du monde. Nous sont donnés à lire des articles de fond bien menés et pertinents. Une presse libre avec des journalistes indépendants dérangeants mais tellement vrais.

RADIO FG

✆ 01 40 13 88 00

www.radiofg.com

Fréquence : 98.2 FM.

Radio FG est la radio musicale de référence électro. Elle propose un programme axé sur la deep et la house-music. Acteur unique du paysage radiophonique français, Radio FG est la radio « Feel Good ». FG diffuse son programme dans 28 villes françaises. Radio FG est à l'origine du mouvement French Touch. C'est le découvreur et l'incubateur des nouveaux talents, pionnier dans la diffusion et le rayonnement de l'électro en France et dans le monde depuis 1992. Ecoutez FG en FM, DAB+, sur radioFG.com, Applis, Boxes, Satellite et 4G.

ECHAPPEES BELLES

8, rue Buffon - **CLERMONT-FERRAND**

✆ 04 73 14 03 00 - www.turbulencespresse.fr

Trimestriel inspiré de l'émission éponyme diffusée sur France 5.

Le nouveau magazine *Échappées Belles*, inspiré de l'émission éponyme, met en lumière la rencontre et la découverte de l'autre par le voyage. Curiosité, tolérance, partage et respect des autres cultures sont les valeurs clés de ce trimestriel. Avec la participation des animateurs Sophie Jovillard, Ismaël Khelifa et Jérôme Pitorin, *Échappées Belles* fait découvrir de superbes destinations en France et dans le monde, via de nombreuses rubriques dédiées au patrimoine, à l'artisanat, à la gastronomie et à la nature. À retrouver en kiosque et sur www.turbulencespresse.fr

LA SEMAINE DU ROUSSILLON

www.lasemaineduroussillon.com

En kiosque au tarif de 1,80 €. Abonnement mensuel version numérique et abonnement numérique + papier

Tout comme votre guide Futé préféré, la Semaine du Roussillon est extrêmement bien documentée. Elle paraît en kiosque tous les mercredis et est l'hebdomadaire le plus vendu dans les Pyrénées-Orientales. Très ancré dans son terroir, ce journal développe chaque semaine des sujets inhérents au Pays Catalan. Désormais, le côté sud de la Catalogne est traité par un jeune journaliste talentueux qui vous proposera des sorties, expos et randonnées de l'autre côté des Pyrénées. Chaque semaine, un dossier singulier est traité sur 4 pages ainsi qu'un portrait reportage.

PIERRE MATHIS

RÉDACTEUR EN CHEF DE L'INDÉPENDANT

© L'INDÉPENDANT

Pierre, quelle est la priorité de L'Indépendant ?

L'information. Dans un monde où tout le monde peut publier tout ce qu'il veut partout, nous fournissons une information vérifiée et totalement indépendante. Elle est construite par des journalistes professionnels, installés sur leur territoire et en proximité avec ses habitants. Ce contenu est accessible de multiples manières et nous voulons désormais insister sur l'intérêt qu'il y a à être abonné, numérique ou papier, afin d'accéder à ce contenu vérifié qui est aujourd'hui d'une très grande valeur.

Comment se porte L'Indépendant ?

Très bien ! Notre titre s'est engagé à fond dans la grande mutation des médias d'information. L'Indépendant, c'est toujours un journal, le plus ancien de France, qui accompagne la vie quotidienne des habitants de l'Aude et des Pyrénées-Orientales chaque matin, en kiosque ou dans la boîte aux lettres pour les abonnés. Nous sommes le compagnon du café matinal. Dans le même temps, notre titre s'est engagé résolument dans la mutation de notre métier sur différents supports.

Vous vous développez sur le numérique ?

Exactement. Notre site internet est devenu l'un des 20 premiers sites d'information français. En janvier 2022, nous étions même le 5e. C'est une réussite exceptionnelle pour toutes les équipes de L'Indépendant qui se sont engagées dans cette nouvelle façon d'exercer leur métier avec beaucoup de volonté. Par ailleurs, nous innovons en permanence. En 2019, nous nous sommes lancés dans les podcasts qui connaissent depuis un véritable succès et cette année, nous avons lancé une web radio, Radio Indep. Notre avenir passe par la qualité et par l'innovation.

L'INDÉPENDANT

✆ 04 68 64 88 88

www.lindependant.com

L'INDÉPENDANT

✆ 04 68 64 88 88
www.lindependant.com
Presse quotidienne régionale

L'*Indépendant* est le quotidien le plus lu dans les Pyrénées-Orientales et dans l'Aude. Sa force réside dans sa culture locale et historique. Chaque lecteur y trouve les échos de sa commune, de son village ou de son quartier. Actualité politique, économique, faits divers, infos pratiques, courrier des lecteurs et petites annonces, le tout en deux cahiers bien distincts, dans l'un Perpignan et l'actu en France et dans le monde ainsi que la vie dans les villages et dans l'autre les rubriques sportives et les résultats de tous les sports dans le cahier du lundi.

SUD RADIO

104, avenue du Président-Kennedy
PARIS (16e) ✆ 08 26 30 03 00
www.sudradio.fr
Fréquence FM Gers : 102.

Née dans les années 1960 en Andorre, la station Sud Radio n'a cessé de se développer. Allongeant ses ondes tout d'abord dans le Sud-Ouest, elle a conquis l'Ile-de-France, et donc Cergy-Pontoise et ses environs, en 2011. La radio propose un programme de débats et de libre expression. L'animation est assurée par des personnalités reconnues. Enfin, même si elle émet dorénavant exclusivement de Paris, elle conserve une journaliste correspondante à Toulouse et reste fidèle à l'Ovalie en faisant une large part aux retransmissions de matches de rugby.

TERRES CATALANES

PERPIGNAN
✆ 06 82 82 14 12
Magazine mensuel de caractère qui traite de tous les sujets des deux Catalognes : la française et l'espagnole.

Trimestriel consacré au territoire catalan, Terres Catalanes lève le voile sur toute la beauté et la richesse de notre remarquable région au travers de passionnants sujets. Ce magazine est destiné à tous les amoureux de balades insolites, de découvertes culturelles totalement inattendues, mais aussi aux inconditionnels de l'authenticité et des plaisirs gourmands. Les articles magnifiquement illustrés de Terres Catalanes sont de brillants hommages rendus à cette terre de sang et d'or. Un magazine qui, au fil des ans, a su s'imposer comme une référence.

TVCAT

PERPIGNAN
✆ 08 99 96 17 17
www.tvcat.fr

La chaîne de télé qui fait du bruit ! Née de dons et de partenariats, TVCAT est en passe de devenir incontournable. Une sorte de télé libre et indépendante, faite par et pour des Catalans, mais pas que… TVCAT propose des reportages, des interviews, et du direct sur Internet. Jean-Michel Martinez et son équipe sont sur tous les fronts : festivals, manifestations culturelles ou politiques aux 4 coins du département des Pyrénées-Orientales. Pour les fans de la version papier, vous pouvez recevoir le magazine mensuel par abonnement dans votre boite aux lettres.

VIÀOCCITANIE

✆ 04 67 41 88 15
www.viaoccitanie.tv
Box : canal 30. TNT : canal 31 pour Montpellier et Toulouse, canal 33 pour Pays gardois et Pays catalan.

Télévision locale, ViaOccitanie se décline en quatre stations différentes : Vià Montpellier, Vià Pays catalan, Vià Pays gardois et Vià Toulouse. Toute l'année, elle vous permet de suivre l'actualité politique, culturelle, sportive et économique de la région. Côté information, le journal télévisé est actualisé toutes les trente minutes et un flash info apparaît tous les quarts d'heure. Quarante journalistes couvrent le territoire de Mende à Toulouse et de Foix à Uzès. Le site Internet permet de retrouver les contenus journalistiques de toutes les antennes.

Votre radio locale
LittoralFM
+ DE TUBES + DE SUD
Perpignan 102 FM
Narbonne 95.9 FM
Cerdagne-Capcir 101.8 FM
HITS CADEAUX INFOS
Littoral FM
16 bis Cour Lazare Escarguel
66000 PERPIGNAN
04 68 08 17 18
www.littoralfm.com
Réalisation ARC ENSEIGNES - 04 68 50 12 24 - ARC-ENSEIGNES.FR - Crédit photo fotolia

INDEX

100% CATALOGNE 323
66 SUR VINS 187

A

A' MEN' DONNÉ 139
À FLEUR D'EAU 105
A FLEUR DE PEAU 105
A LA CAVE 99
A LA RUCHE 203
ABIES LAGRIMUS 238
ACCUEIL PERPIGNAN TAXI 63, 322
AÉROPORT DE PERPIGNAN - SUD DE FRANCE 62
AEROPORT PERPIGNAN SUD DE FRANCE 318
AGENCE DE DÉVELOPPEMENT TOURISTIQUE 319
AH LA LAITERIE 309
AILLEURS MAIS ICI BY STEPH 104
ALFMED 320
ALOHA CAMPING CLUB*** 257
ALORTUJOU 278
ALTISERVICE 297
ALZINA 218
AMÉLIE-LES-BAINS-PALALDA ★★ 256
AMELIE DODINET 240
ANCHOIS DESCLAUX 172
ANCHOIS ROQUE 172
ANGLEO 290
ANSIGNAN 209
AOTINTIK 76
AP SARA 106
APPART' CITY PERPIGNAN CENTRE GARE*** 72
APPART HOTEL CASTEL ÉMERAUDE*** 256
AQUA JUMP 281
AQUAGLISS 66 221
AQUARIUM ONIRIA - CANET-EN-ROUSSILLON 16, 136
ARBEQUINA 196
ARBOR & SENS 129
ARGELÈS-SUR-MER ★ 123
ARLES-SUR-TECH ★ 261
ART ET SAVEURS 195
ASSOCIATION AÉRONAUTIQUE LA LLAGONNE 294
ATTRAPE REVES 281
AU CRÉMIER GOURMAND 98
AU FOURNIL DE CAIXAS 198
AU FUT PERPIGNAN 92
AU MATIN CALME 308
AU PETIT CAMION ARGENTIN 139
AU REMP'ARTS 115
AU RUCHER DE FLORA 209
AUBERGE DE PY 232
AUBERGE DE SOURNIA 236
AUBERGE DU CELLIER 244
AUBERGE DU CHÊNE 184
AUBERGE DU ROUA**** 128
AUBERGE DU VAL D'AMONT 217
AUX 2 SAVEURS 248
AUX BONNES OLIVES 97
AUX DÉLICES DES ASPRES 201
AUX SAVEURS BRETONNES 86
AUX SAVEURS PAYSANNES 252
AUX TOURONS CATALANS - PATISSERIE HENOC 227
AVENTURE ACTIVE 228
AVENTURE PRÉHISTORIK 316
AVIS 322

B

BABINES 77
BAINS DE DORRES 303
BALADA ' DEUCHE 166
BAMBINO II 77
BAMBU BAR 141
BANYULS-SUR-MER ★ 155
BANYULS L'ÉTOILE 162
BAR CELONE 90
BAR LE CANIGOU 238
BARRIO TCHINO 77
BASE DE LOISIRS DU COL DE LA LLOSE 295
BEAU VALLON 235
BÉDÉ EN BULLE 102
BÉLESTA 209
BELLA COSA 196
BENEDICTE'S BED AND BREAKFAST 125
BIENVENUE À LA FERME 66 321
BIOCOOP LE BOULOU 187
BIODIVERSARIUM 155
BISCUITERIE LE PASTADOU 206
BISTROT LE CORTAL 236
BISTROT VERQUIN 196
BOUCHERIE-CHARCUTERIE DE LA PLACE 268
BOUCHERIE CASENOVE 131
BOUCHERIE CHARCUTERIE DU CENTRE 110
BOUCHERIE CHARCUTERIE GONZALES ..199
BOUCHERIE CHARCUTERIE MACH 279
BOUCHERIE CHEZ VANESSA ET BERTRAND 207
BOULANGERIE PENSUET 115
BOULANGERIE SUNYER 197
BOULZ'ÂNES 205
BOUTIQUE L'IMPÉRATRICE 104
BRASSERIE 3055 88
BRASSERIE BALTHAZAR 78
BRASSERIE CAP D'ONA 131
BRASSERIE CHEZ SHICK 88
BRASSERIE DE L'EUROPE 89
BRASSERIE L'EAGLE 151
BRASSERIE LA BRAMETTE 296
BRASSERIE LA FAUCEILLE (BLF) 84
BRASSERIE LE FOULON 78

C

ÇA TROTT 282
CABESTANY 109
CAFÉ CARTON 213
CAFÉ D'ELFÉA 91
CAFÉ DE LA FARGA 226
CAFE DE LA SOURCE 78
CAL XANDERA 298
CALCE 253
CALICÉO 104
CAMP DE RIVESALTES 16, 254
CAMPING CALA GOGO***** 150
CAMPING CARAVANING MAS LLINAS*** 184
CAMPING CLUB LE FRONT DE MER**** 125
CAMPING DE MONTAGNE EL MANAU 229
CAMPING DES RANDONNEURS** 205
CAMPING DU LAC*** 295
CAMPING DU LAC** 213
CAMPING DU PLA DE BARRES 312
CAMPING L'ESCAPADE**** 308
CAMPING L'OLIVETTE** 184
CAMPING LA COSTE ROUGE*** 127
CAMPING LA PRESQU'ÎLE**** 147
CAMPING LA SOURCE*** 233
CAMPING LAS CLOSAS*** 304
CAMPING LAS CLOSES 233
CAMPING LE FLORIDA***** 114
CAMPING LE FLORIDE ET L'EMBOUCHURE***** 147
CAMPING LE P'TIT BONHEUR** 233
CAMPING LE SOLEIL***** 125
CAMPING LES SAUTERELLES 233
CAMPING MUNICIPAL CAP PEYREFITE ..158
CAMPING VERTE RIVE 263
CAMPO SANTO 65
CAN LLOUQUETTE 263
CAN MARCEL 140
CAN MARTY 197
CAN PLA 170
CAN TILLET 257
CANET-EN-ROUSSILLON ★.... 136
CANYONS DES TERRES CATALANES 282
CAP CATALOGNE 324
CAP LOISIRS – BOWLING / LASER GAME 253
CARAMANY 213
CARAVANIGOU 222
CARIPOREL 296
CAROLINE L M BIO ENERGIE 105
CASA9 HÔTEL**** 195
CASA GALA 178
CASA LEON 170
CASA MONTES 255
CASA MUSICALE 106
CASA PAÏRAL**** 168
CASA ROSA E VIRGILIO 78
CASA XANXO 65
CASA XURIT 79
CASE GUILLAMO 264
CASINO CINÉMA DISCOTHÈQUE 303
CASINO D'ARGELÈS PLAGE 136
CASINO JOA DE CANET-PLAGE 144
CASINO JOA DU BOULOU 189
CATALOGNE CAFE 79
CATAMARAN NAVIVOILE 144, 319
CATHÉDRALE SAINT-JEAN-BAPTISTE 67
CAVE ARNAUD DE VILLENEUVE 250
CAVES BYRRH 199
CAZES 250
CÉMOI 97
CENTRE D'ART CONTEMPORAIN WALTER BENJAMIN 65
CENTRE DE SCULPTURE ROMANE – MAITRE DE CABESTANY 109

Balade dans les rues de Collioure.

CENTRE PLEINE CONSCIENCE 105
CENTRE PLEINE NATURE SUD CANIGÓ ..269
CENTRO ESPAGNOL....................65
CÉRET ★★ 273
CHALET AGUILA 300
CHALET ANA.........................288
CHALET L'ANGÉLIQUE.................298
CHALET LES ARTIGUES.............. 300
CHAMBRES D'HÔTES CAN OLIBA 114
CHAMBRES D'HOTES
DU MAS CANTUERN...................276
CHAPELLE NOTRE-DAME DES ANGES.... 67
CHAPELLE SAINT-VINCENT 241
CHAPELLE SAINT MARTIN
D'ENVALLS 297
CHARCUTERIE BONZOM 309
CHÂTEAU-MUSÉE DE LA PRÉHISTOIRE .. 210
CHATEAU CAP DE FOUSTE 116
CHÂTEAU D'ORTAFFA..................114
CHATEAU DE BRANGOLY.............. 306
CHÂTEAU DE CALADROY...............210
CHÂTEAU DE PEYRALADE 206
CHÂTEAU DE REY.................137, 142
CHATEAU DES HOSPICES..............142
CHATEAU DONA BAISSAS..............244
CHÂTEAU DU MAS DEU................199
CHÂTEAU LAURIGA
DOMAINES PAUL MAS.................200
CHÂTEAU MONTANA...................200
CHÂTEAU NADAL HAINAUT........193, 200
CHÂTEAU PLANÈRES 188
CHÂTEAU ROYAL.....................165
CHÂTEAU VALMY 128
CHE VILLARGEIL 276
CHEVAL RANDO 296
CHEVAUX DE LA TRAMONTANE.........295
CHEZ ANTOINE......................288
CHEZ CORINNE ET MARCEL............260
CHEZ FLEUR, L'HOSTAL DE CABRENC ...267
CHEZ GUBBI 154
CHEZ IRIS 99
CHEZ JULIETTE 252
CHEZ LAURENCE JONQUÈRES
D'ORIOLA...........................114
CHEZ PLANES 309
CHEZ PUJOL.........................175
CHEZ SIMONE........................172
CHEZ SYL VINS......................172
CHEZ YANNICK BOUCHERIE............293
CHOCOLATERIE DE NEUVILLE...........98
CINÉMA LE CASTILLET 107
CINEMATHÈQUE :
INSTITUT JEAN VIGO 107
CIP COLLIOURE – CENTRE
INTERNATIONAL DE PLONGÉE..........173
CLOS CASTELL 162
CLOS CERIANNE......................200
CLOS DES VINS D'AMOUR.............212
CLOS DU ROUGE GORGE 244
CLOS MASSOTTE 200
CLOS SAINT-GEORGES.................200
CLOT DE L'OUM 210
CLUB NAUTIQUE DE L'OURSON 290
COLLECTION FRANÇOIS DESNOYER.....149
COLLIOURE 2CV TOUR.................166
COLLIOURE ★★★........... 165
COMME CHEZ MÉMÉ....................198
COMPAGNIE NOCTAMBULE...............250
CONFITURES ARTISANALES
DU VAL DE SOURNIA 239
CONSEIL DÉPARTEMENTAL
DES PYRÉNÉES-ORIENTALES............68
CONSERVERIE LA BELLE ILOISE........173
COOPERATIVE OLEICOLE
LA CATALANE 219
CORNER SHOP COFFEE 91
CÔTÉ CAVE..........................201
CÔTÉ JARDINS 206
CÔTÉ SAISONS 126, 129
COTE TERROIR 98
CÔTÉ THALASSO......................158
CÔTES D'AGLY.................207, 244
COULEUR JARDIN 188
COWORKING COFFEE 79
CREAHARMONIE.......................105
CREATION CATALANE 101, 268
CRÈMERIE LA VOIE LACTÉE............201
CRÊMERIE PETITE....................309
CRÊPERIE EL CORTAL................267
CRÊPERIE LA FORGE D'AUGUSTE.......236
CROC D'AQUI.........................91

D

DALI HÔTEL PERPIGNAN**** 72
DANS LES PAS D'ARISTIDE............157
DEL BOSC*** 233
DEMEURE DES DEUX SOURCES 264
DEVALKART..........................302
DINOSARIUM.........................152
DOMAINE AMAGAT 251
DOMAINE ARGUTI.....................207
DOMAINE AULIUS D'EN GUITER.........255
DOMAINE BERTA MAILLOL.............162
DOMAINE BOUDAU.....................251
DOMAINE CARDONER «LES TINES» 178
DOMAINE CAUSADIAS 132
DOMAINE DE CASTELL DE BLES........126
DOMAINE DE COUSSÈRES 206
DOMAINE DE FALGOS*** 266
DOMAINE DE L'ARBRE BLANC 133
DOMAINE DE L'ARCA 142
DOMAINE DE L'ARCHITECTE............201
DOMAINE DE L'AUSSEIL 244
DOMAINE DE L'ÈDRE 244
DOMAINE DE LA DIFFÉRENCE...........245
DOMAINE DE LA MER BLANCHE.........132
DOMAINE DE LA MEUNERIE.............201
DOMAINE DE LA PERDRIX 201
DOMAINE DE LA PETITE BAIGNEUSE 207
DOMAINE DE LA RECTORIE.............162
DOMAINE DE LA TANNERIE 224
DOMAINE DE LA TOURASSE.............178
DOMAINE DE MAJAS 208
DOMAINE DE RANCY 245
DOMAINE DE ROMBEAU 249
DOMAINE DE VALCROS 175
DOMAINE DE VENUS 212
DOMAINE DES ARBRES BLANCS.........202
DOMAINE DES HÉLIANTHÈMES 186
DOMAINE DES SCHISTES 245
DOMAINE DU CLOS DES FÉES 251
DOMAINE DU MAS BAZAN 137
DOMAINE DU MAS D'EN FELIX 192
DOMAINE DU MASCAREIL 202
DOMAINE DU TRAGINER................163
DOMAINE DU VIEUX GENEVRIER.........251
DOMAINE EOLE.......................279
DOMAINE EQUESTRE
DES ESCOUMETTES....................253
DOMAINE FORÇA RÉAL.................219
DOMAINE FRÉDÉRIC SCHRAM 132
DOMAINE GAUBY 254
DOMAINE GIOCANTI...................245
DOMAINE GRAIN D'ORIENT.............208
DOMAINE IN NOMINE 251
DOMAINE LAGUERRE 208
DOMAINE LE SOULA 208
DOMAINE LE VIEUX CHÊNE 251
DOMAINE MADELOC 163
DOMAINE MANYA PUIG 173
DOMAINE MAS CREMAT 252
DOMAINE MAS D'EN LLINAS 192
DOMAINE MAS DE LAVAIL..............212
DOMAINE MODAT 227
DOMAINE MONT-NOIR..................245
DOMAINE OLÉICOLE
DU MAS BOUTET......................132
DOMAINE ÔZ'ARBRES..................270
DOMAINE PARCE RAMOS 202
DOMAINE PIC JOAN...................163
DOMAINE PIETRI-GERAUD 173
DOMAINE POTRON-MINET 202
DOMAINE RIÈRE-CADÈNE 98
DOMAINE SAINT-THOMAS...............132
DOMAINE SANT JORDI 163
DOMAINE SANT MARTI 192
DOMAINE SEMPER 212
DOMAINE SINGLA.....................149
DOMAINE SOL PAYRÉ 116
DOMAINE THUNEVIN CALVET 212
DOMAINE TRELOAR....................202
DOMAINE VAL DE RAY.................246
DOMAINE VIAL MAGNERES 163
DROP IN WATER JUMP 134
DU BON MIEL 199

E

EARL LE TEMPS BIO 219
EASY WIN TRAINING GAMES 108
ECHAPPEES BELLES...................324
ECO BIKE 314
ECOGITE DU MAS DE TRAPE............316
ÉCOLE OLIVIER BAJARD...............106
ÉCOMUSÉE DE L'ABEILLE –
LES RUCHES DE TAUTAVEL 241
ECOPARC CATALAN 71
ECOZONIA 247
ÉGLISE NOTRE-DAME-DES-ANGES......165
EGLISE SAINT MARTIN D'HIX 304
EGLISE SAINT MICHEL
ET SON CLOITRE......................123
ÉGLISE SAINTE-MARIE 183
EL CAPILLO..........................170
EL CASAL............................272
EL COCO RICO.........................80
EL MEDIATOR 107
EL MILAGRO 92
EL PASSATGE 217
EL PASTURAL**** 308
EL PICA PICA........................154
EL SUQUET 243
EL TALLER............................218
EL XADIC DEL MAR 160
ELECTRO BEACH FESTIVAL
(EMF) 6, 53, 145
ELFE D'AQUÍ 116
ELNE ★★ 111
EQUISUD 290
ERMITAGE NOTRE DAME
DE CONSOLATION.....................167
ESPACE AQUALUDIQUE
DE CERDAGNE 304
ESPACE NORDIQUE -
MAISON DU CAPCIR..................294

ESPARCEL....99
ESPI²....92
ET FLEUR ET MOI....116
EUROPCAR FRANCE....322
EUROVÉLO 8 & PIRINEXUS....189
EXTÉRIEUR NATURE - BASE EAUX VIVES....228

F

FANTASSIA....113
FÉDÉRATION DE L'HÔTELLERIE DE PLEIN-AIR....321
FÉDÉRATION DU TOURISME DE TERROIR....319
FERME DE LA CANTERRANE....202
FERME PERARNAUD....293
FESTIVAL PABLO CASALS....6, 54, 224
FESTIVAL VOIX DE FEMMES....7, 53
FETE DE LA BUNYETTE ET DE L'OLIVE....6, 52
FÊTE DE LA CERISE....7, 53
FÊTE DE LA SANT JORDI....7, 53
FÊTE DES VENDANGES....54, 157
FÊTES DE L'OURS....6, 52
FEUX DE LA SAINT JEAN....7, 53
FLIXBUS....62
FLORENCE LOSA CHOCOLAT CRU....268
FONT-ROMEU-ODEILLO-VIA ★★....297
FONTRABIOUSE....291
FOREST AVENTURE....256
FORÊT DE BOUCHEVILLE....205, 230
FORMIGUÈRES....291
FORT LIBERIA....230
FORT SAINT-ELME....166
FOURNIL DES ALBERES....131
FROMAGERIE CAL GILET....313
FROMAGERIE CAL ROUS....313
FROMAGERIE CAN NADAL....268
FROMAGERIE D'AYTUA....239
FROMAGERIE LA CALLOLA....239
FROMAGERIE MOLI D'EN DAGUES....268
FROMAGERIE REYNAL....99
FROMTON....81
FUN BIKE CENTER....282

G

GAEC LA CAZETTE....269
GAEC LE DOURMIDOU....296
GALERIE D'ARTS AFRICAINS....280
GALERIE ODILE OMS....274
GARE ROUTIÈRE DÉPARTEMENTALE....62, 318
GARE SNCF ET GARE TGV DE PERPIGNAN....62, 318
GILLES TROULLIER....246
GINGER - D'AQUÍ Y D'ALLÁ....140
GITE&TERROIRS OCCITANIE....206
GÎTE-AUBERGE LA CHOUETTE....298
GITE DES GARROTXES....316
GITE ECOLOGIQUE L'ORRI DE PLANÈS....313
GÎTE ÉCOLOGIQUE MOULIN DE GALANGAU....264
GÎTE EQUISUD....287
GITE ET OLIVIERS....217
GÎTE FLEURY****....306
GÎTES D'ÉTAPE DE BAILLESTAVY....221
GÎTES DE BAILLESTAVY....224
GÎTES DE FRANCE DES PYRENEES ORIENTALES....321
GOLF DE FONT-ROMEU....302
GOLF GREEN 66....118
GRAND CAFÉ DE LA POSTE....82
GRAND HÔTEL DE LA REINE AMÉLIE***....258
GRAND HÔTEL DU GOLFE***....128
GRAND HÔTEL DU LIDO***....126
GROTTE DES GRANDES CANALETTES....16, 231

H

HELENE COLLS....99
HERBORISTERIE MODERNE....101
HOSTAL DELS TRABUCAYRES....187
HÔTEL-BISTROT LA DORADE**....158
HÔTEL-RESTAURANT COMBES*....257
HÔTEL-RESTAURANT L'ESPASSOLE....196
HÔTEL-RESTAURANT LA PINÈDE***....258
HÔTEL-RESTAURANT LE ROUSSILLON**....258
HÔTEL-RESTAURANT PICHEYRE**....292
HÔTEL - RESTAURANT LE BELLEVUE....273
HÔTEL - RESTAURANT LE GRAND HÔTEL***....272
HOTEL AMBEILLE**....167
HOTEL BEST WESTERN CANET PLAGE****....138
HOTEL BLEU AZUR**....124
HÔTEL CENTRE PLAGE**....126
HÔTEL CORRIEU***....294
HÔTEL CORTIE**....193
HÔTEL DE LA LOGE**....73
HÔTEL DE LA MER**....147
HÔTEL DES ARCADES**....276
HÔTEL DU VILLAGE CATALAN***....193
HÔTEL KYRIAD PERPIGNAN SUD***....73
HÔTEL L'ARAPÈDE***....167
HÔTEL LA BONA CASA....167
HOTEL LA MIRABELLE**....235
HÔTEL LE BEL ANGLE....287
HÔTEL LE BELVÉDÈRE**....150
HÔTEL LE CARASOL***....114
HÔTEL LE CATALAN***....158
HÔTEL LE CENTRE*....184
HÔTEL LE GRAND TETRAS***....300
HÔTEL LE LLARET***....288
HÔTEL LE NÉOULOUS**....186
HÔTEL LE PARIS-BARCELONE....73
HOTEL LE REGINA***....138
HÔTEL LE YAKA**....288
HÔTEL LES ELMES***....158
HÔTEL LES II MAS***....109
HÔTEL MERCURE CENTRE-VILLE****....74
HÔTEL MONDIAL***....73
HÔTEL PLANOTEL***....306
HÔTEL PRINCES DE CATALOGNE***....167
HOTEL RESTAURANT AUSSEIL**....272
HÔTEL RESTAURANT LE VAL DU TECH***....272
HOTEL RESTAURANT PLANES***....307
HÔTEL SAINT GEORGES - FACE A LA MER**....138
HÔTEL TRITON**....167
HÔTEL VIDAL....275
HUTTOPIA FONT-ROMEU***....298

I

ICE SENSATIONS....143
IGLESIA DE NOTRE-DAME-DES-ANGES....109
ILLE-SUR-TÊT ★....215
IMAGINE ROUSSILLON....15, 139
INDOCHINE....83
IN EXTREMIS AVENTURA....282
INTENSE DOUCEUR....309

J

JANSON CONFETTI....102
JARDIN CATALAN....152
JARDIN EXOTIQUE....191
JARDIN MÉDITERRANÉEN DU MAS DE LA SERRE....155
JARDINS DU PRIEURÉ DE SERRABONA....215
JOK I BAR....108
JONQUÈRES D'ORIOLA VIGNOBLES....116
JOYAUX CATALANS - MANUFACTURE DU GRENAT....225

K

KAYAK DE MER ALÉOUTES....164
KIMCHI KIMCHI....82
KITE SCHOOL LEUCATE....149
KYRIAD PRESTIGE PERPIGNAN GARE****....74

L

L'ABBAYE DE SAINT-GÉNIS DES FONTAINES....123
L'ABBAYE SAINT-MARTIN DU CANIGOU....230
L'ABBAYE SAINT MICHEL DE CUXA....223
L'ABBAYE SAINTE-MARIE ET SON CLOÎTRE....261
L'ABRI SOUS ROCHE....242
L'ALÉGRIA....226
L'ALMANDIN....151
L'ALTO....128
L'AMBROISIE....168
L'ANCIENNE ÉCOLE....117
L'ANCIENNE GARE....186
L'ANCIENNE POSTE....232
L'ANDREU....263
L'APOTHICAIRE....90
L'APPARTEMENT....90
L'ARAMON GOURMAND....197
L'ARBRE À VINS....90
L'ARBRE DU VOYAGEUR....170
L'ARCHIPEL....67, 107
L'ARDOISE....76
L'ART DE VIVRE....242
L'ARTICHAUT....153
L'AS DU ROI....102
L'ATELIER 66....170
L'ATELIER DE FRED....277
L'ATELIER DE SANT VICENS....72
L'AUBERGE DU GRAND ROCHER....213
L'AUTHENTIQUE....76
L'EAU VIVE***....235
L'ÉCHOPPE DES ARTISANS....309

L'ECHOPPE....98
L'ÉGLISE SAINT-ANDRÉ....247
L'ÉGLISE SAINTE-MARIE....231
L'EMILE....81
L'ENTRACTE....237
L'EPICURIENNE....133
L'ERMITAGE SAINT-FERRÉOL....274
L'ESCALE BLEUE....171
L'ESCALIBAR....92
L'ESCUDELLA....301
L'ESPACE DES ARTS....183
L'ESSENTIEL AU NATUREL....188
L'ÉTANG DE SALSES....145
L'ÉTOILE DE LA BERGÈRE....268
L'ÉTOILE DE MER....252
L'HERITAGE....142
L'HORLOGE....82
L'HOSPICI D'ILLA....215
L'HOSTAL....197
L'HOSTALET....126
L'ID'YLLE....218
L'ÎLE DE LA LAGUNE*****....151
L'ÎLE DES PÊCHEURS....148
L'INDÉPENDANT....326, 327
L'INTERMÈDE....82
L'O À LA BOUCHE....160
LA 7ÈME VAGUE....76
LA BALETTE....14, 172
LA BARTAVELLE....130
LA BASTIDE DE JULES....192
LA BÊLE CHÈVRE....227
LA BELLE AUDE....145
LA BELLE AURIOLE....248
LA BOC....97
LA BOÎTE À MIEL....267
LA BONA CUINA....296
LA BOUCHERIE URBAINE....97
LA BOUTIQUE DU CHAMPIGNON....239
LA BRASSERIE DU VILLAGE....88
LA CARMAGNOLE....78
LA CASA DE L'ALBERA....123
LA CASA DEL JOKER....129
LA CASA PIZZA....187
LA CAUNE DE L'ARAGO....241
LA CAVE GUSTUMO....142
LA CHAPELLE DE JUHÈGUES....152
LA CHAPELLE SAINT-MARTIN-DE-FENOLLAR....183
LA CHAUMIERE....301
LA CHÈVRERIE DU MAS D'EN BLANC....250
LA CLAU....324
LA CORRENT SANA....264
LA COSTA DE DALT....272
LA COSTELLE....197
LA CÔTE CATALANE....178
LA CÔTE VERMEILLE....176
LA COUME DEL MAS....162
LA COUR DU BARON....91
LA CRÊPERIE DU THÉÂTRE....79
LA CUEILLETTE DE PYRÈNE....64
LA CUISINE-COMPTOIR....170
LA CUISINE DES FILLES....148
LA DÉCOUVERTE....80
LA DEMEURE SAINT-VINCENT....242
LA DEVÈZE***....292
LA DIVINE COMEDIE....91
LA DROGUERIE....80
LA DULCINE....260
LA FABRIQUE....243
LA FADRINA....276
LA FAMILLE....81
LA FARGASSA....258
LA FERME AUX ÂNES....204
LA FERME D'ARSA....239
LA FERME DES LLOSES....302
LA FERME DES MYRS....247
LA FERME DES NINS....247
LA FERME DU BIO SILLON....142
LA FEUILLE DU BOUCHER....111
LA FIGUERA....193
LA FINE MOUSSE....131
LA FOIRE SAINT-MARTIN....7, 54
LA FONT CAFÉ....198
LA FONTAINE DES BUIS....267
LA FONT....193
LA FORTERESSE DE SALSES....255
LA GALERIE....277
LA GALINETTE....14, 81
LA GALLINA....301
LA GANOTTE....159
LA GARRIANE....81
LA GRANGE D' EYNE....313
LA GRAPPE ESCALADE....103
LA GROTTE DE FONTRABIOUSE....291
LA GUARIDA....92
LA GUINELLE....178
LA GUINGUETTE DU LAC....278
LA LANGOUSTE QUI CHANTE....148
LA LÉGENDE DE PYRÈNE....310
LA LITTORINE....160
LA LLAGONNE....294
LA LOGE....255
LA LOUVE....288
LA MAISON DE L'AMANDE....133
LA MAISON DE VÉROTTE....248
LA MAISON DU JAMBON....99
LA MAISON DU MAS....242
LA MAISON DU TERROIR....211
LA MAISON ENTRE DEUX RIVIERES....229
LA MANUFACTURE....228
LA MASÍA DEL TAULAT***....15, 306
LA MIELLERIE DU CAMBRE....313
LA MIRABELLE : RESTAURANT GASTRONOMIQUE....237
LA NAPAJO....209
LA ORNELLA BATEAU A QUAI....159
LA PART DES ANGES....100
LA PASSERELLE....85
LA PAUSE....160
LA POISSONNERIE....89, 115
LA PROCESSION DE LA SANCH....7, 52
LA RAMBALLADE....288
LA RENCONTRE....86
LA RESERVE NATURELLE DE NYER....222
LA ROMEUFONTAINE....6, 52
LA RUELLE....94
LA SAINTE TOMBE....262
LA SALLE 66....103
LA SEMAINE DU ROUSSILLON....324
LA SENYERA....238
LA SIESTA....141
LA SOUS-PRÉFÈTE....87
LA SUITE ROMANTIQUE....74
LA TABLE D'ALEX....128
LA TABLE DE JORDI....14, 161
LA TABLE DE MAY LI....218
LA TABLE DES SAVEURS....302
LA TABLE DU CAPIL....294
LA TABLE DU COIN....130
LA TABLE DU MAS....87
LA TAVERNA DEL GALET....197
LA TRENCADIS....130
LA VIE BIO....310
LA VIE EN PENTE DOUCE....15, 266
LA VILLA DUFLOT PERPIGNAN HÔTEL & SPA****....74
LABSIX....89
LABYRINTHES AUX 1000 FLEURS....204
LAC DE VILLENEUVE-DE-LA-RAHO....71, 118
LADY JAJA....83
LAITERIE FROMAGERIE DU MAS GUITER....240
LAURIE HOLISTIQUE....203
LE 17....14, 77
LE BAR À LAIT....77
LE BAR DE LA MARÉE....91
LE BARCARÈS ★....144
LE BISTROT À LA MER....129
LE BOULOU ★....183
LE BUENA BOCA....154
LE CAFÉ DE LA PAIX....226
LE CAFÉ VIENNE....78
LE CALMADOU....293
LE CANARD BIEN ÉLEVÉ DU MAS CANÉ....279
LE CANIGOU....217
LE CARCANET....293
LE CARLIT HÔTEL***....298
LE CARRÉ....140
LE CASOT....115
LE CASTELL DU VILA....276
LE CASTILLET ET LE MUSÉE CASA PAÏRAL....66
LE CELLIER DES ARCADES....279
LE CHALET DE LA CALMAZEILLE....293
LE CHALET POMME DE PIN....292
LE CHANT DE L'EAU – SPIRULINE....239
LE CHANT DU POULPE....175
LE CHÂTEAU DE CASTELNOU....191
LE CHÂTEAU DE JAU....250
LE CHÂTEAU DE L'ESPARROU....136
LE CHÂTEAU DE NYER....226
LE CHAUDRON....198
LE CHEVAL DANS L'ARBRE....279, 323
LE CLOÎTRE ET LA CATHÉDRALE D'ELNE....112
LE CLOS DES ASPRES....114
LE CLOS DES LYS....79
LE CLOS DU CHENE....73
LE COEUR DES HOMMES....101
LE COIN CATALAN....196
LE COL DE L'ULLAT....123
LE COMPTOIR DE PAPA OURS....79
LE COMPTOIR DES CRUS....98
LE COMPTOIR JOA....187
LE COMPTOIR ROCATIN....131
LE COQ D'OR**....287
LE COULOUMÉ....264
LE COUP DE FOURCHETTE DU CAYROU....130
LE COURT BOUILLON....259
LE COUVENT....219
LE DIVIL....80
LE DOMAINE DES ASPRES....258
LE DOMINICAIN....173
LE DOUBLE 6....80
LE FANAL....160
LE FIGUIER CAL TAP....81
LE FORT DE BELLEGARDE....190
LE FORT LAGARDE....270
LE FOUR D'ANTAN....116
LE FOUR SOLAIRE DE MONT-LOUIS....312
LE GALIE....14, 227
LE GÎTE DE LLO....306

LE GRAIN DE FOLIE 82
LE JARDIN D'ALIONE 308
LE JARDIN D'ARIANE 154
LE JARDIN DE COLLIOURE 171
LE JARDIN DES 5 ARCHANGES 96
LE JARDIN DES PLANTES 150
LE JARDIN DU JASMIN 237
LE JARDIN 278
LE JEAN 82
LE JET SET 93
LE KIOSQUE DE LA PRADE 151
LE LAC DE SAINT JEAN PLA DE CORTS .. 274
LE LAMPARO 148
LE LEZARD 278
LE MAILLOL 301
LE MAS CABANIDS 186
LE MAS CARELL 306
LE MAS CAZEILLES 186
LE MAS DE LA BALMA 258
LE MAS DE LA LUNE 208
LE MAS DES COLOMBES 15, 276
LE MAS FLEURI 236
LE MAS PY 280
LE MAS SABE 259
LE MAS SARAGOSSE 217
LE MAS TRILLES*** 277
LE MAS 111
LE MELBA 148
LE MENJE ECAILLE 129
LE MIRADOU 159
LE MIRAMAR 140
LE MOLI D'EN DAGUES 266
LE MONASTIR DEL CAMP 191
LE MOULIN DE BREUIL 195
LE MOULIN DE L'AGLY D'ALBERT 252
LE MOULIN DE PERLE*** 236
LE MOULIN DES ARTS 262
LE MOULIN DES AUXELLES 220
LE MOULY BENC 269
LE MUSÉE DE CERDAGNE 304
LE MUSÉE DE LA POSTE 256
LE MUSÉE DU LIÈGE 183
LE MUSÉE TERRUS 111
LE NEPTUNE ET BRASSERIE LA VOILE 171
LE NID** 127
LE P'TIT MAILLY 94
LE PABLO 278
LE PAIN DE PAPOU 293
LE PAS DE LA BARRIÈRE 235
LE PASCANTO 269
LE PATIO 110, 237
LE PAYSAN CATALAN 143

LE PERTHUS 190

LE PESCADOU 188
LE PETIT CHEZ SOI 141
LE PETIT GROS 85
LE PETIT PASTIS 85
LE PETIT TIBET 85
LE PETIT TRAIN DE PERPIGNAN 64
LE PETIT TRAIN TOURISTIQUE DE BANYULS-SUR-MER 157
LE PIC DE FONTFRÈDE 275
LE POISSON ROUGE 176
LE PORCHE DU GOUT 198
LE PORT DE VÉNUS 176
LE POTAGER DE LOUIS 100
LE POTAGER DE SERGE 204
LE PRESSE PAPIER 204, 323
LE PRIEURÉ DE SERRABONE 215
LE QUAI 176
LE QUART D'HEURE 86
LE QUINTESSENCE 162
LE REDJINI 86
LE RELAIS DE SCEAURY 218
LE RELAIS DES CHARTREUSES*** 186
LE ROUXBIO 280
LE SAINT JEAN 238
LE SCHUSS 302
LE SENTIER SOUS-MARIN 164
LE SITE CLASSÉ DE L'ANSE DE PAULILLES 174
LE SITE DES ORGUES 216
LE SQUARE 218
LE STELSIA CASINO COLLIOURE 174
LE SUD 87
LE TEMPS DES CERISES 273
LE TEMPS RETROUVÉ 134
LE TINC SET 95
LE TIO PEPE 95
LE TRAIN JAUNE 16, 232, 297
LE VALMYA – LA TABLE DE VALMY 131
LE VEDRIGNANS**** 307
LE VIEUX MAS 259
LE VILLAGE DE NOËL 7, 54
LE VILLAGE 95
LE VIN SUR VIN 148
LE YUCCA 87
LE ZINC – WINE & COCKTAIL BAR 95
LEONIE 83
LES AMIS DES PONEYS 191

LES ANGLES 287

LES ANTIQUAIRES 76
LES ATELIERS 76
LES AVENTURIERS DE SAINT-JEAN 188, 281
LES BAINS DE LLO 311
LES BAINS DE SAINT-THOMAS 314
LES BALCONS CERDANS 311
LES BERGERS DE MANTET 238
LES CABANONS DE MÉMÉ JEANNETTE 175
LES CAVES DU ROUSSILLON 97
LES CAVES MAILLOL 97
LES CAVES MOURAGUES 266
LES CERISIERS** 233
LES CHALETS SECRETS 301
LES CHEVAUCHEES CATALANES 134
LES CHÈVRES DE CONAT 227
LES CHEVRIERS CATALANS 273
LES CLOS DE PAULILLES 176
LES COMPTOIRS DE LA BIO 132
LES CONFITURES DE MARIE 221
LES CROQUANTS À L'ANCIENNE 173
LES DÉFERLANTES 6, 54
LES DÉLICES DU TECH 110
LES DRAGONS CATALANS 103
LES DUDU 92
LES ENFANTS TERRIBLES 129
LES FLAMANTS ROSES**** 138
LES FLAMANTS ROSES 141
LES FRAYETTES 138
LES GANIVELLES 151
LES GORGES DE LA FOU 262
LES GOURMANDS DISENT 88
LES GOUTEURS DE FROMAGE 203
LES HIRONDELLES 235
LES JARDINS DE CORNEILLA 115
LES JARDINS DE PAILLE 260
LES JARDINS DU CÈDRE*** 175
LES JARDINS DU CÈDRE 176
LES LOGES DU JARDIN D'AYMERIC 224, 227
LES NEUF CAVES 160
LES OLIVERAIES DE LA BAILLAURY 163
LES PÊCHERS 125
LES PERLES CATALANES 221
LES REMPARTS DE VILLEFRANCHE 231
LES ROCHES BRUNES 168
LES SAVEURS DE BLANDINE ET THIERRY 240
LES SENTIERS DE PYRÈNE 282
LES TERRASSES DU BOURG 308
LES THERMES DU BOULOU 189
LES TOILES DU SOLEIL 269
LES TRAINEAUX DE LA VALLEE DES OURS 311
LES VIGNERONS DE CONSTANCE ET DU TERRASSOUS 204
LES VIGNERONS DE LATOUR DE FRANCE 246
LES VIGNERONS DE MAURY 213
LES VIGNERONS DE TAUTAVEL VINGRAU 246
LES VIGNERONS DE TRÉMOINE 220
LES VIGNERONS DU CHÂTEAU DE CALCE 254
LES VIGNERONS DU VALLESPIR 188
LES VIGNERONS EN TERRES ROMANES 221
LES VOUTES 260
LESCUR'SION A CHEVAL 135
LIBRAIRIE-PAPETERIE CAJELICE 102
LITHOSUD 96
LITTORAL FM 324
LOCATION 5 ÉTOILES DE THIERRY BOURGAIT***** 159
LOU BAC MONTAIN 290
LOU GRILLADOU 83
LOUIS JAUBERT 118

M

MA COOP 279
MADELY BY GIGI 96
MAISON 225 224
MAISON ALBERA 133
MAISON BRIERE 280
MAISON DE L'EAU ET DE LA MÉDITERRANÉE M.E.M. 184
MAISON DE L'HISTOIRE CASA DEL VOLÓ 183
MAISON DE LA BEAUTÉ ANGELS 105
MAISON DE LA VALLÉE 314
MAISON DES ARTS 145
MAISON DU FAUVISME 165
MAISON DU PATRIMOINE ET DE LA MÉMOIRE ANDRÉ-ABET 262
MAISON ESPIAGO 84
MAISON GEORGET 93
MAISON LAFONT 88
MAISON PARÉ 100
MAISON POUGET 310, 310
MAISON SARDA 291
MARC DOURY 174
MARCHÉ DE LA PLACE CASSANYES 100
MARCHÉ PLACE DE LA RÉPUBLIQUE 100
MARCHÉ PLEIN AIR 228
MARISOL***** 153
MARTINE FAIT SA CUISINE 84
MAS ALEGRIA 89, 250
MAS AMAGAT 248
MAS AMIEL 211
MAS ARAGON 118
MAS BADIE 127
MAS BAUX 143
MAS BECHA 203

MAS BIGORATS DE BAIX 263
MAS CAN GAILLARD 266
MAS CLARA....301
MAS CLOT D'EN GUARDIA....264
MAS CRISTINE....133
MAS D'EN BENISSAC....235
MAS D'EN RATÉRO....194
MAS DE L'HORTE 72
MAS DE LA COULOUMINE....115
MAS DE LA DEVEZE....246
MAS DE LA PRADE....195
MAS DE LA RIVIERE AMPLE....259
MAS DE LA VILLE....194
MAS DEL ROURE 265
MAS DES CITRONNIERS*** 168
MAS DES OLIVETTES....194
MAS DU CANIGOU....224
MAS DU DOMAINE DE MONTCALM 194
MAS GRAMATXO....265
MAS JANEIL 246
MAS JOURDA 220
MAS L'ARCADIE....194
MAS LA TAILLEDE 265
MAS LA TARDOSSE 272
MAS LATOUR-LAVAIL....74
MAS LES ALBAS....209
MAS LOU POUN 265
MAS MANYAQUES*** 15, 265
MAS MUDIGLIZA....208
MAS ORFILA 110
MAS PEU DEL CAUSSE 194
MAS PUJOL....203
MAS RONDOLE....307
MAS SAINT JOSEPH....217
MAS SENYARICH 127
MAS SOLAR D'EN MALCION....259
MAS TERREGALLS....310
MAS VIDALOU 275
MAS VILALTE....265
MATEMALE.... 295
MATERNITÉ SUISSE D'ELNE - CHÂTEAU D'EN BARDOU....113
MAURY 211
MEDIATHÈQUE CENTRALE....106
MELONS BONS....203
MER ET GOLF APPART'HÔTEL** 73
MEUNIER CATALAN 93
MIELLERIE COOPERATIVE D'ORTAFFA 118
MIELLERIE RAYON D'OR 220
MINAMI....84
MISTINGUETT'....84
MON FARÉ....126
MONT-LOUIS ★....312
MONTGOLFIÈRES DES PYRÉNÉES....311
MOTEL 101
MOULIN À HUILE DE COMBUSTA....252
MOULIN DE CANTERRANE....195
MOULIN DU LLEVANT 134
MOULIN SAINT-PIERRE....220
MURMURE DES VIGNES....195
MUSÉE D'ART MODERNE DE CÉRET....274
MUSÉE DE LA VIE QUOTIDIENNE....231
MUSÉE DE TAUTAVEL - CENTRE EUROPÉEN DE PRÉHISTOIRE....241
MUSÉE DES ARTS ET TRADITIONS POPULAIRES....192
MUSÉE DES BEAUX-ARTS – HYACINTHE RIGAUD....68
MUSÉE DES MONNAIES ET DES MÉDAILLES JOSEPH PUIG 67
MUSÉE DES PREMIERS HABITANTS DE L'EUROPE....242
MUSÉE DU MARÉCHAL JOFFRE 248
MUSÉE MAILLOL – LA MÉTAIRIE 156
MUSÉUM D'HISTOIRE NATURELLE 68
MUSIC : MUSEE DES INSTRUMENTS DE CERET 275
MY LITTLE WARUNG 84

N

NADA 254
NATIVE....93
NATUR'SANTE....189
NATURAVÉLO 154
NAYADORA SUSHI....196
NIKKEI....85
NOHÈDES.... 229
NOTRE-DAME-DE-LA-SALETTE....156
NYX HOTEL*** 74

O

O'BISTRO 140
O'FLAHERTY'S 94
O'PARC À TYROLIENNES....153
O'SHANNON 94
Ô CABANON....139
Ô CASOT....140
Ô GRAIN DE SEL....85
OFFICE DE TOURISME COMMUNAUTAIRE PYRÉNÉES CERDAGNE.... 304
OFFICE DE TOURISME D'ARGELÈS-SUR-MER....124
OFFICE DE TOURISME DE BARCARÈS 147
OFFICE DE TOURISME DE FONT-ROMEU....299
OFFICE DE TOURISME DU PAYS VALLESPIR 256
OFFICE DE TOURISME INTERCOMMUNAL AGLY FENOUILLÈDES 205
OFFICE DE TOURISME INTERCOMMUNAL ASPRES THUIR....192
OFFICE DE TOURISME INTERCOMMUNAL CONFLENT-CANIGÓ....232
OFFICE DE TOURISME PERPIGNAN MÉDITERRANÉE.... 64, 320, 323
OFFICE DE TOURISME ROUSSILLON CONFLENT 215
OFFICE DE TOURISME – DESTINATION SUD CANIGÓ....262
OFFICE DE TOURISME.... 113, 137, 150, ...153, 156, 165, 174, 184, 222, ... 232, 270, 275, 291, 312
OFFICE MUNICIPAL DE TOURISME 248
OH ! KAKOU....149
OLETTE.... 314
OLIVIER BAJARD 94
ORIGINES....243
OUIBUS....318
OXYGEN AVENTURE....209
OZONE 3 303

P

PAIN & CO 138
PALAIS DES CONGRES - PARC DES EXPOSITIONS....108
PALAIS DES ROIS DE MAJORQUE 70
PAMPA 171
PARADISE AVENTURE PARC - CANYONING PARC 135
PARC ANIMALIER DE CASTEIL....231
PARC ANIMALIER LES ANGLES 16, 289
PARC DE LA PRADE....150
PARC LE SERRAT D'EN VAQUER 68
PARC MUNICIPAL DE VALMY 124
PARC NATUREL REGIONAL DES PYRÉNÉES CATALANES....314
PARC SANT-VICENS....70
PASSION VERTICALE....144
PÂTISSERIE CORALIE COMS....110
PATISSERIE FLORENT....198
PÂTISSERIE TOURON 267
PAYOTE ESPADRILLES....101
PETIT TRAIN TOURISTIQUE COLLIOURE - PORT-VENDRES....166
PITAYA....86
PIZZA AVENUE 66 139
PIZZA BONICI....110
PLAGE DE CANET-EN-ROUSSILLON 137
PLAGE DU BOCAL DE TECH 150
PLONGÉE BLEUE....164
PLONGÉE CAP CERBÈRE 164
PORT-VENDRES ★....174
PRADES ★.... 222
PRATS-DE-MOLLO-LA-PRESTE ★.... 270
PRIEURÉ DE MARCEVOL.... 222
PRIEURÉ SANTA MARIA DEL VILAR....124
PUIGMAL 2900....311
PUIGMAL PYRENEES CERDAGNE....311
PYRÉNÉES ROUSSILLON AVENTURES (PRA 66)....253

Q

QUOTATRIP....320

R

RADIO FG....324
RÉDERIS PLONGÉE 164, 290
REFUGE DE BATÈRE 263
REFUGE DE SANT GUILLEM....263
REFUGE DU COL DEL TORN 296
REFUGE MADELOC 175
RELAIS DE LAVAL....206
RELAIS DES 3 MAS**** 168
RELAIS DES 3 MAS 172
RENT A CAR.... 63, 322
RÉSERVE NATURELLE DE PRATS-DE-MOLLO-LA-PRESTE....270
RESIDENCE BLEU MER....151
RESIDENCE HOTELIERE L'INSOLITE*****....298
RÉSIDENCE HÔTELIÈRE LA PRADELLA***.... 300
RÉSIDENCE LA GRANDE BLEUE 158
RÉSIDENCE LE CATALOGNE**....259
RÉSIDENCE LES ESPLANEILLES 292
RESSOURCEMENT MER FORET 127
RESTAURANT CHEZ FRANÇOISE....267
RESTAURANT D'APPLICATION ACADÉMIE LAX....89
RESTAURANT DEL BISBE 278
RESTAURANT DES REMPARTS....313
RESTAURANT EL FOC 302
RESTAURANT GUY MOLAS 277
RESTAURANT L'ORIENTAL....149
RESTAURANT LA PAILLOTE 141
RESTAURANT LE NÉOULOUS....187

EDITION

Directeurs de collection et auteurs : Dominique AUZIAS et Jean-Paul LABOURDETTE

Responsable d'édition : Gérard MARION

Auteurs : Laurent PIERSON, Anne MERLIN, Sarah MASFERRER, Virginie DULCET, Emilie LENNOZ, Maria Christina CRIVELLONE, Véronique DARDOIZE, Jean-Paul LABOURDETTE, Dominique AUZIAS et alter

Directeur Editorial : Stéphan SZEREMETA

Rédaction France : Briséis CREAC'H-MENUT, Mélanie COTTARD, Audrey VEDOVOTTO, Nicolas WODARCZAK

Rédaction Monde : Laure CHATAIGNON, Morgane VESLIN, Pierre-Yves SOUCHET, Natalia COLLIER

FABRICATION

Maquette et Montage : Romain AUDREN, Julie BORDES, Delphine PAGANO

Iconographie et Cartographie : Anne DIOT, Julien DOUCET

WEB ET NUMERIQUE

Directeur Web : Louis GENEAU DE LAMARLIERE

Développeurs : Guillaume BARBET, Adeline CAUX et Roland SPOUTIL

Intégrateur Web : Mickael LATTES, Antoine DION

Webdesigner : Caroline LAFFAITEUR

Community Traffic Manager : Alice BARBIER, Mariana BURLAMAQUI et Noémie LE SAUX

DIRECTION COMMERCIALE

Directeur commercial : Guillaume VORBURGER

Coordinatrice des Régies commerciales : Manon GUERIN assistée de Jonas HESOL

Account Manager Marketplace : Leila ROUGEOT assistée de Lola FAVRE-MOT

Responsable Régies locales : Michel GRANSEIGNE

Responsables Développement régie inter : Jean-Marc FARAGUET et Guillaume LABOUREUR et Camille ESMIEU

Chefs de Publicité Régie nationale : Caroline AUBRY, François BRIANCON-MARJOLLET, Perrine DE CARNE MARCEIN, Jonathan TOUTOUX et Amélie NOEL

DIFFUSION ET PROMOTION

Directrice des Ventes : Bénédicte MOULET assistée d'Aissatou DIOP

Responsable des ventes : Jean-Pierre GHEZ assisté de Nelly BRION

Relations Presse-Partenariats : Jean-Mary MARCHAL

ADMINISTRATION

Président : Jean-Paul LABOURDETTE

Directrice des Ressources Humaines : Dina BOURDEAU assistée de Sandra DOS REIS et Eva BAELEN

Directrice Administrative et Financière : Valérie DECOTTIGNIES

Comptabilité : Guillaume PETIT, Aminata BAGAYOKO, Jeannine DEMIRDJIAN

Recouvrement : Fabien BONNAN assisté de Sandra BRIJLALL

Responsable informatique : Elie NZUZI-LEBA

PETIT FUTÉ PYRÉNÉES-ORIENTALES

LES NOUVELLES EDITIONS DE L'UNIVERSITE
18, rue des Volontaires - 75015 Paris.
✆ 01 53 69 70 00 - Fax 01 42 73 15 24
Internet : www.petitfute.com
SAS au capital de 1 000 000 € - RC PARIS B 309 769 966
Couverture : Les orgues d'Ille et le Canigou enneigé © Yvann K - stock.adobe.com
Impression : IMPRIMERIE CHIRAT - 42540 Saint-Just-la-Pendue
Achevé d'imprimer : septembre 2022
Dépôt légal : 02/11/2022
ISBN : 9782305082974

Pour nous contacter par email, indiquez le nom de famille en minuscule suivi de @petitfute.com
Pour le courrier des lecteurs : info@petitfute.com

IMPRIMÉ EN FRANCE

RESTAURANT LE PETIT GRIS 243
RESTO-CAVE LE PICHENOUILLE 212
RIBERACH – HÔTEL, RESTAURANT ET CAVE**** 210
RIBERACH – HÔTEL, RESTAURANT ET CAVE 210, 211
RIVERSIDE PADDLE 135
RIVESALTES ★ 247
ROC LINE 303
ROUTE DES VINS ET DES TERROIRS DU ROUSSILLON 70

S

SAFRAN DE MARIE 220
SAFRAN DELLA ROMA 240
SAFRAN DES ASPRES 280
SAGI 86
SAILLAGOUSE 303
SAINT-CYPRIEN ★ 149
SAINT-PAUL-DE-FENOUILLET ★ 205
SAINT-PIERRE-DELS-FORÇATS 316
SAINTE-MARIE 154
SALSES-LE-CHÂTEAU ★★ 254
SANKEO 63
SANT VICENS 70
SAORVY 134
SCUBA PASSION 178
SEA BIKE AND SUN 144
SENTIER HISTORIQUE DE LA BATAILLE DU BOULOU 189
SENTIER SOUS-MARIN 156
SEVEN STREET KFÉ 130
SILOS AND CO 100
SIRÈNE HOLIDAYS CAMPINGS CLUBS***** 128
SITE ARCHEOLOGIQUE DE RUSCINO 71
SITE DE PANISSARS 190
SKI DE FOND PYRÉNÉES 2000 ET FONT ROMEU 303
SNACK-RESTAURANT LE SUD 273
SNAKE GLISS 290
SO SEXY 102
SOINS CORPS ET ÂMES 229
SOUS LE MÛRIER 260
SPA THERMAL 261
SPAGHETERRI 'ALDO 87
STADE AIMÉ-GIRAL 103
STADE GILBERT-BRUTUS 104
STATION DE FORMIGUÈRES 294
STATION DE SKI CAMBRE D'AZE 316
STATION DE SKI DE LA QUILLANE 295
STATION DE SKI DE PORTE-PUYMORENS 304
STEVEN CABEDO 94
SUD RADIO 327
SUN BIKE 66 144

T

TARDIVEL 102
TAUTAVEL ★★ 240
TÉLÉSKI SAINT-JEAN (TSJ) 282
TERMANAL DES LOISIRS 297
TERRES CATALANES 327
TERRES DES TEMPLIERS 156, 164
TERROIR & CANIGOU 238
TET 95
THE LOFT 236
THERMES D'AMÉLIE-LES-BAINS 260
THERMES DE VERNET-LES-BAINS 240
THUIR ★ 191
TI PAILLE EN QUEUE / TI MAL 88
TOGYOSA 87
TORREILLES ★ 152
TORRES CHOCOLATIER 228
TOT VA VI 143
TRAIN DU PAYS CATHARE ET DU FENOUILLÈDES 205
TRAMUNTANA 66 269
TRÉSORS 66 64
TROPICAL GOLF 152
TROPIQUE DU PAPILLON 113
TVCAT 327
TY' BREIZH 130

U

UNIVERSITIUM 101
USAP TENNIS 104

V

V&B 111
VAGABOND'ÂNE 291
VIA DOMITIA 255
VIÀOCCITANIE 327
VIBRA SONS 106
VIGATANE 141
VIGNERONS DE CARAMANY 213
VIGNOBLE RÉVEILLE 228
VIGNOBLE VACQUIN 134
VIGNOBLES DOM BRIAL 253
VILLA BAUSIL 242
VILLA BONHEUR VALLESPIR 266
VILLA DU PARC 225
VILLA LAFABRÈGUE 225
VILLA MIRANDA 168
VILLAGE CLUB YRAVALS**** 308
VILLEFRANCHE-DE-CONFLENT ★★ 229
VINÇA 221
VINCOEUR CATALAN 118
VINOCHOPE 95
VINOHRANDO 320
VIRGULE SERVIETTE 143
VISA POUR L'IMAGE 6, 54
VISCA 96
VITALEO 106
VRAC ET BIO 280

W

WATERSPORT AVENTURE 136
WAVE SURF CAFÉ 104

Y

YUM YUM 253